Olfert/Rahn · Einführung in die Betriebswirtschaftslehre

... weil auf chlor- und säurefreiem Papier gedruckt.

Kompendium der praktischen Betriebswirtschaft

Herausgeber Prof. Dipl.-Kfm. Klaus Olfert

Einführung in die Betriebswirtschaftslehre

von

Prof. Dipl.-Kfm. Klaus Olfert
und Dipl.-Kfm. Dipl.-Betriebswirt
Horst-Joachim Rahn

4., überarbeitete
und erweiterte Auflage

Zur Herstellung dieses Buches wurde chlor- und säurefreies Papier, zur Umschlagkaschierung eine Folie verwendet, die bei der Entsorgung keine Schadstoffe entstehen läßt. Auf diese Weise wollen wir einen aktiven Beitrag zum Schutz unserer Umwelt leisten.

Die Deutsche Bibliothek - CIP-Einheitsaufnahme

Olfert, Klaus:
Einführung in die Betriebswirtschaftslehre / von Klaus Olfert und Horst-Joachim Rahn - 4., überarb. und erw. Aufl. - Ludwigshafen (Rhein) : Kiehl, 1997
  (Kompendium der praktischen Betriebswirtschaft)
  ISBN 3-470-45304-7 brosch.

Herausgeber:
Prof. Dipl.-Kfm. Klaus Olfert
Hochschule für Technik, Wirtschaft und Kultur Leipzig
Fachbereich Wirtschaftswissenschaften
Postfach 66, 04251 Leipzig

ISBN 3 470 **45304** 7 · 4. Auflage · 1997^2
© Friedrich Kiehl Verlag GmbH, Ludwigshafen (Rhein) 1992
Alle Rechte vorbehalten. Ohne Genehmigung des Verlages ist es nicht gestattet, das Buch oder Teile daraus nachzudrucken oder auf fotomechanischem Weg zu vervielfältigen, auch nicht für Unterrichtszwecke.
Herstellung: Druckhaus Beltz, Hemsbach

Kompendium der praktischen Betriebswirtschaft

Das Kompendium der praktischen Betriebswirtschaft soll dazu dienen, das allgemein anerkannte und praktisch verwertbare Grundlagenwissen der modernen Betriebswirtschaftslehre praxisgerecht, übersichtlich und einprägsam zu vermitteln.

Dieser Zielsetzung gerecht zu werden, ist gemeinsames Anliegen des Herausgebers und der Autoren, die durch ihr Wirken an Hochschulen, als leitende Mitarbeiter von Unternehmen und in der betriebswirtschaftlichen Unternehmensberatung vielfältige Kenntnisse und Erfahrungen sammeln konnten.

Das Kompendium der praktischen Betriebswirtschaft umfaßt mehrere Bände, die einheitlich gestaltet sind und jeweils aus zwei Teilen bestehen:

- Dem **Textteil**, der systematisch gegliedert sowie mit vielen Beispielen und Abbildungen versehen ist, welche die Wissensvermittlung erleichtern. Zahlreiche Kontrollfragen mit Lösungshinweisen dienen der Wissensüberprüfung. Umfassende Literaturverzeichnisse zu jedem Kapitel verweisen auf die verwendete und weiterführende Literatur.

- Dem **Übungsteil**, der eine Vielzahl von Aufgaben und Fällen enthält, denen sich ausführliche Lösungen anschließen, die schrittweise und in verständlicher Form in die betriebswirtschaftlichen Fragestellungen einführen.

Als praxisorientierte Fachbuchreihe wendet sich das Kompendium der praktischen Betriebswirtschaft vor allem an:

- **Studierende** der Fachhochschulen und Universitäten, Akademien und sonstigen Institutionen, denen eine systematische Einführung in die betriebswirtschaftlichen Teilgebiete vermittelt werden soll, die eine praktische Umsetzbarkeit gewährleistet.

- **Praktiker** in den Unternehmen, die sich innerhalb ihres Tätigkeitsfeldes weiterbilden, sich einen fundierten Einblick in benachbarte Bereiche verschaffen oder sich eines umfassenden betrieblichen Handbuches bedienen wollen.

Für Anregungen, die der weiteren Verbesserung der Fachbuchreihe dienen, bin ich dankbar.

Klaus Olfert
Herausgeber

Vorwort zur 4. Auflage

Nachdem die Vorauflage wiederum nach kurzer Zeit vergriffen war, ist es erforderlich geworden, das Buch neu aufzulegen. Im Textteil erfolgte eine Durchsicht und Aktualisierung. Der Aufgabenteil wurde völlig neu bearbeitet und erheblich erweitert.

Die Anregungen von Kolleginnen und Kollegen aus Hochschule und Praxis erwiesen sich als wertvoll.

Leipzig/Neckargemünd, im März 1997

Klaus Olfert
Horst-Joachim Rahn

Vorwort zur 1. Auflage

Es ist sicher nicht üblich, eine Einführung in die Betriebswirtschaftslehre in eine Buchreihe aufzunehmen, die sich bereits über Jahre hinweg mit nahezu allen betriebswirtschaftlichen Fragen befaßt hat. Wenn dies nun dennoch geschieht, liegt es daran, daß der Verlag und der Herausgeber von seinen Lesern immer wieder dazu angeregt wurden, dem Kompendium der praktischen Betriebswirtschaft einen »Einstiegsband« voranzustellen, der geeignet ist, einen praxisbezogenen Überblick über die gesamte Betriebswirtschaftslehre zu vermitteln.

Gerne sind wir den gegebenen Anregungen nachgekommen. Indes wollen wir nicht einfach ein weiteres Buch neben die Vielzahl bereits am Markt befindlicher Einführungen in die Betriebswirtschaftslehre stellen. Die vorliegende Betriebswirtschaftslehre versteht sich als führungsorientierte Betriebswirtschaftslehre. Soweit es sich sinnvoll anbietet, werden die betrieblichen Prozesse als Führungs- und Leitungsprozesse beschrieben. Dabei wird nicht nur auf ökonomische, sondern auch auf grundlegende ökologische Erfordernisse eingegangen.

In Kapitel A werden die Entwicklung der Betriebswirtschaftslehre, ihre Prozesse und Teilnehmer, betriebswirtschaftliche Kennzahlen, die Arten und Bereiche der Unternehmen sowie die für die Unternehmen bedeutsamen wirtschaftsrechtlichen Rahmenbedingungen behandelt. Kapitel B befaßt sich mit der Entwicklung der Unternehmen von ihrer Gründung bis zu ihrer Liquidation, den Rechtsformen der Unternehmen, ihrer Organisation und den Zusammenschlüssen von Unternehmen.

Kapitel C ist der betrieblichen Führung gewidmet. Es werden Führungsstile, Führungstechniken und Führungsmittel ebenso beschrieben wie die Leitung des Unternehmens, seiner Bereiche und Gruppen. Außerdem wird mit dem Führungsprozeß vertraut gemacht, der Zielsetzung, Planung, Durchführung und Kontrolle umfaßt.

Die Kapitel D bis I befassen sich mit den betrieblichen Bereichen. Zunächst wird der Leistungsbereich behandelt, dem der Materialbereich, Fertigungsbereich und das Marketing zugerechnet werden. Beim Finanzbereich wird auf die Investition, Finanzierung und den Zahlungsverkehr eingegangen. Es folgt der Informationsbereich, in dem die Informationen und Informatik beschrieben werden. Das Rechnungswesen umfaßt die Buchführung, den Jahresabschluß und die Kostenrechnung. Den Schluß bildet der Controllingbereich, dessen Aufgaben, Organisation und Ablauf erläutert werden.

Herr Dipl.-Kfm. Wolfgang Schmitt hat uns Vorarbeiten geleistet, wofür ihm unser Dank gilt.

Neckargemünd, im August 1992

Klaus Olfert
Horst-Joachim Rahn

Benutzungshinweis

Kontrollfragen

Die Kontrollfragen dienen der Wissenskontrolle. Sie finden sich am Ende eines jeden Kapitels. Zur Wissenskontrolle wird folgende Vorgehensweise vorgeschlagen:

- Beantwortung der Kontrollfragen und Vermerk in der Spalte »bearbeitet«.

- Vergleich der beantworteten Kontrollfragen mit den in der Spalte »Lösungshinweis« gegebenen Textstellen.

- Vermerk in der Spalte »Lösung«, ob die beantworteten Kontrollfragen befriedigend (+) oder unbefriedigend (-) gelöst wurden.

Aufgaben/Fälle

Die Aufgaben/Fälle im Übungsteil dienen der Wissens- und Verständniskontrolle. Auf sie wird jeweils im Textteil hingewiesen:

1
2
3
4
5
.
.
.

Der Übungsteil befindet sich als »blauer Teil« am Ende des Buches. Es wird empfohlen, die Aufgaben/Fälle unmittelbar nach Bearbeitung der entsprechenden Textstellen zu lösen.

Inhaltsverzeichnis

Zur Reihe: Kompendium der praktischen Betriebswirtschaft 5
Vorwort 7
Inhaltsverzeichnis 9
Abkürzungsverzeichnis 20

A. Grundlagen 21
1. Betriebswirtschaftslehre 22
   1.1 Ansätze 24
      1.1.1 Produktionsfaktoransatz 24
      1.1.2 Entscheidungsansatz 25
      1.1.3 Systemansatz 26
      1.1.4 Führungsansatz 26
   1.2 Prozesse 27
      1.2.1 Güterwirtschaftlicher Prozeß 27
      1.2.2 Finanzwirtschaftlicher Prozeß 28
      1.2.3 Informationeller Prozeß 29
   1.3 Teilnehmer 30
      1.3.1 Interne Teilnehmer 31
      1.3.2 Externe Teilnehmer 32
   1.4 Kennzahlen 33
      1.4.1 Wirtschaftlichkeit 33
      1.4.2 Produktivität 34
      1.4.3 Rentabilität 35
      1.4.4 Liquidität 35

2. Einzelwirtschaften 36
   2.1 Arten der Unternehmen 38
      2.1.1 Faktorbezug 38
      2.1.2 Branchenbezug 39
      2.1.3 Standortbezug 40
      2.1.4 Rechtsformbezug 41
      2.1.5 Größenbezug 41
   2.2 Entscheidungen 42
      2.2.1 Gründungsentscheidungen 44
      2.2.2 Organisationsentscheidungen 45
      2.2.3 Durchführungsentscheidungen 46
      2.2.4 Zusammenschlußentscheidungen 46
      2.2.5 Krisenentscheidungen 47
   2.3 Bereiche 48
      2.3.1 Leistungsbereich 48
      2.3.2 Finanzbereich 50
      2.3.3 Personalbereich 51
      2.3.4 Informationsbereich 52
      2.3.5 Rechnungswesen 53
      2.3.6 Controllingbereich 54

2.4 Führung 54
  2.4.1 Unternehmensführung 55
  2.4.2 Bereichsführung 56
  2.4.3 Gruppenführung 57
  2.4.4 Individualführung 57
3. Wirtschaftsrecht 58
  3.1 Bürgerliches Recht 58
    3.1.1 Rechtsgeschäfte 59
      3.1.1.1 Arten 59
      3.1.1.2 Willenserklärungen 60
      3.1.1.3 Nichtigkeit 61
      3.1.1.4 Anfechtung 62
    3.1.2 Rechts-/Geschäftsfähigkeit 63
    3.1.3 Leistungsstörungen 63
  3.2 Handelsrecht 65
    3.2.1 Kaufleute 65
    3.2.2 Firma/Handelsregister 67
    3.2.3 Vollmachten 67
  3.3 Gesellschaftsrecht 69
  3.4 Besondere Schutzgesetze 69
    3.4.1 Gewerblicher Rechtsschutz 70
    3.4.2 Wettbewerbsschutz 70
    3.4.3 Datenschutz 72
    3.4.4 Umweltschutz 72
  3.5 Arbeitsrecht 73
    3.5.1 Individualarbeitsrecht 73
    3.5.2 Kollektivarbeitsrecht 74
  3.6 Sozialrecht 76
  3.7 Verfahrensrecht 78
  3.8 Steuerrecht 79

Kontrollfragen 80

B. Unternehmen 87

1. Phasen 87
  1.1 Gründung 88
    1.1.1 Voraussetzungen 89
    1.1.2 Firma 91
    1.1.3 Handelsregister 92
  1.2 Entwicklung 93
    1.2.1 Positive Entwicklung 97
    1.2.2 Negative Entwicklung 97
  1.3 Krise 98
    1.3.1 Sanierung 99
    1.3.2 Vergleich 100
    1.3.3 Konkurs 101
    1.3.4 Zwangsvergleich 103
    1.3.5 Liquidation 104

Inhaltsverzeichnis

- 2. Rechtsformen 106
  - 2.1 Einzelunternehmen 106
    - 2.1.1 Gründung/Auflösung 108
    - 2.1.2 Rechte/Pflichten 108
    - 2.1.3 Bedeutung 108
  - 2.2 Personengesellschaften 109
    - 2.2.1 Offene Handelsgesellschaft 109
      - 2.2.1.1 Gründung/Auflösung 109
      - 2.2.1.2 Rechte/Pflichten 110
      - 2.2.1.3 Bedeutung 111
    - 2.2.2 Kommanditgesellschaft 111
      - 2.2.2.1 Gründung/Auflösung 111
      - 2.2.2.2 Rechte/Pflichten 112
      - 2.2.2.3 Bedeutung 113
    - 2.2.3 Stille Gesellschaft 113
    - 2.2.4 Gesellschaft des bürgerlichen Rechts 114
  - 2.3 Kapitalgesellschaften 115
    - 2.3.1 Gesellschaft mit beschränkter Haftung 115
      - 2.3.1.1 Gründung/Auflösung 116
      - 2.3.1.2 Rechte/Pflichten 116
      - 2.3.1.3 Organe 117
      - 2.3.1.4 Bedeutung 117
    - 2.3.2 Aktiengesellschaft 118
      - 2.3.2.1 Gründung/Auflösung 119
      - 2.3.2.2 Rechte/Pflichten 119
      - 2.3.2.3 Organe 120
      - 2.3.2.4 Bedeutung 121
    - 2.3.3 Kommanditgesellschaft auf Aktien 122
  - 2.4 Gemischte Rechtsformen 123
    - 2.4.1 GmbH & Co KG 123
    - 2.4.2 Doppelgesellschaft 123
  - 2.5 Sonstige Rechtsformen 124
    - 2.5.1 Stiftung 124
    - 2.5.2 Genossenschaft 124
    - 2.5.3 Verein 125
    - 2.5.4 Versicherungsverein auf Gegenseitigkeit 126
  - 2.6 Öffentliche Unternehmen 126
- 3. Organisation 127
  - 3.1 Projektorganisation 127
    - 3.1.1 Projektprozeß 127
    - 3.1.2 Projektgruppe 128
    - 3.1.3 Projektleiter 128
  - 3.2 Aufbauorganisation 129
    - 3.2.1 Stellenbildung 129
    - 3.2.2 Aufbaugestaltung 130
    - 3.2.3 Organisationsstruktur 132
    - 3.2.4 Dokumentation 135
  - 3.3 Ablauforganisation 136

3.3.1 Systemanalyse 136
3.3.2 Systemgestaltung 137
3.3.3 Systemeinführung 138

4. Zusammenschlüsse 138
   4.1 Interessengemeinschaften 140
   4.2 Gelegenheitsgesellschaften 141
   4.3 Kartelle 141
      4.3.1 Anmeldekartelle 142
      4.3.2 Widerspruchskartelle 142
      4.3.3 Erlaubniskartelle 143
   4.4 Konzerne 144
      4.4.1 Horizontale/vertikale Konzerne 145
      4.4.2 Unterordnungs-/Gleichordnungskonzerne 145
      4.4.3 Organische/anorganische Konzerne 146
   4.5 Fusionierte Unternehmen 146
   4.6 Unternehmensverbände 147
      4.6.1 Fachverbände 147
      4.6.2 Kammern 147
      4.6.3 Arbeitgeberverbände 148

Kontrollfragen 149

C. Führung 155

1. Instrumente 158
   1.1 Führungsstile 159
   1.2 Führungstechniken 160
   1.3 Führungsmittel 160

2. Leitung 161
   2.1 Unternehmensleitung 163
      2.1.1 Entscheidungsaufgaben 164
      2.1.2 Eigenschaften 165
   2.2 Bereichsleitung 165
      2.2.1 Entscheidungsaufgaben 166
      2.2.2 Eigenschaften 167
   2.3 Gruppenleitung 169

3. Prozeß 170
   3.1 Zielsetzung 171
      3.1.1 Zielbeziehungen 172
      3.1.2 Zielränge 172
      3.1.3 Zielkonkretisierung 173
   3.2 Planung 174
      3.2.1 Strategische Planung 175
      3.2.2 Taktische Planung 176
      3.2.3 Operative Planung 177
   3.3 Durchführung 178
      3.3.1 Realisierungsebenen 178
      3.3.2 Realisierungsfunktionen 180

Inhaltsverzeichnis

3.3.3 Realisierungsstörungen	181
3.4 Kontrolle	181
3.4.1 Arten	182
3.4.2 Vorgehensweise	183
4. Strategie	184
4.1 Situationsanalyse	185
4.2 Vorstellungsprofile	186
4.3 Strategieentwurf	186
Kontrollfragen	191

D. Leistungsbereich 195

1. Materialbereich	196
1.1 Planung	199
1.1.1 Materialbedarfsplanung	199
1.1.1.1 Programmorientierte Materialbedarfsplanung	200
1.1.1.2 Verbrauchsorientierte Materialbedarfsplanung	201
1.1.2 Materialbestandsplanung	203
1.1.2.1 Bestandsarten	203
1.1.2.2 Bestandsstrategien	204
1.1.2.3 Bestandsergänzung	206
1.1.3 Materialbeschaffungsplanung	207
1.1.3.1 Beschaffungsprinzipien	208
1.1.3.2 Beschaffungstermine	208
1.1.3.3 Beschaffungsmengen	209
1.2 Durchführung	210
1.2.1 Materialbestand	210
1.2.2 Materialbeschaffung	211
1.2.3 Materiallagerung	212
1.2.3.1 Materialeingang	212
1.2.3.2 Materiallagerung	213
1.2.3.3 Materialabgang	214
1.2.4 Materialentsorgung	214
1.3 Kontrolle	216
2. Fertigungsbereich	216
2.1 Planung	217
2.1.1 Erzeugnisplanung	218
2.1.1.1 Zeichnung	218
2.1.1.2 Stückliste	219
2.1.1.3 Nummerung	221
2.1.2 Programmplanung	222
2.1.3 Arbeitsplanung	223
2.1.4 Bereitstellungsplanung	225
2.1.5 Prozeßplanung	225
2.1.5.1 Aufträge	225
2.1.5.2 Zeiten	226
2.1.5.3 Kapazitäten	233
2.2 Durchführung	233

	2.2.1 Fertigungsverfahren	234
	2.2.2 Fertigungssteuerung	235
2.3	Kontrolle	236

3. Marketingbereich 237
   3.1 Planung 239
       3.1.1 Marktforschung 239
           3.1.1.1 Daten 239
           3.1.1.2 Formen 240
           3.1.1.3 Methoden 241
           3.1.1.4 Auswertung 242
       3.1.2 Pläne 243
           3.1.2.1 Absatzplan 243
           3.1.2.2 Maßnahmenplan 244
           3.1.2.3 Kostenplan 245
   3.2 Durchführung 246
       3.2.1 Produktpolitik 246
           3.2.1.1 Produktpolitik i.e.S. 246
           3.2.1.2 Programmpolitik 250
           3.2.1.3 Kundendienstpolitik 251
           3.2.1.4 Garantieleistungspolitik 251
       3.2.2 Kontrahierungspolitik 252
           3.2.2.1 Preispolitik 252
           3.2.2.2 Rabattpolitik 255
           3.2.2.3 Konditionenpolitik 256
           3.2.2.4 Kreditpolitik 257
       3.2.3 Distributionspolitik 257
           3.2.3.1 Direkte Absatzwege 258
           3.2.3.2 Indirekte Absatzwege 260
           3.2.3.3 Marketing-Logistik 262
       3.2.4 Kommunikationspolitik 262
           3.2.4.1 Werbung 263
           3.2.4.2 Verkaufsförderung 266
           3.2.4.3 Öffentlichkeitsarbeit 266
   3.3 Kontrolle 267

Kontrollfragen 268

E. Finanzbereich 275

1. Investition 280
   1.1 Planung 280
       1.1.1 Einzelinvestitionen 281
           1.1.1.1 Statische Investitionsrechnungen 282
           1.1.1.2 Dynamische Investitionsrechnungen 286
       1.1.2 Investitionsprogramm 290
   1.2 Durchführung 292
       1.2.1 Objektbezogene Investitionen 292
       1.2.2 Wirkungsbezogene Investitionen 293
   1.3 Kontrolle 293

2. Finanzierung ... 294
2.1 Planung ... 296
2.1.1 Kapitalbedarfsrechnung ... 297
2.1.2 Finanzplan ... 298
2.2 Durchführung ... 300
2.2.1 Beteiligungsfinanzierung ... 300
2.2.1.1 Personengesellschaften ... 301
2.2.1.2 Kapitalgesellschaften ... 301
2.2.1.3 Genossenschaften ... 302
2.2.2 Fremdfinanzierung ... 302
2.2.2.1 Sicherheiten ... 303
2.2.2.2 Kurzfristige Fremdfinanzierung ... 304
2.2.2.3 Langfristige Fremdfinanzierung ... 307
2.2.3 Innenfinanzierung ... 311
2.2.3.1 Finanzierung aus Umsatzerlösen ... 312
2.2.3.2 Finanzierung aus sonstigen Kapitalfreisetzungen ... 314
2.3 Kontrolle ... 314
Kontrollfragen ... 317

F. Personalbereich ... 321

1. Planung ... 322
1.1 Individualplanung ... 322
1.2 Kollektivplanung ... 323

2. Durchführung ... 324
2.1 Personalbeschaffung ... 324
2.1.1 Beschaffungswege ... 324
2.1.2 Bewerbung ... 326
2.1.3 Auswahl ... 327
2.1.4 Arbeitsvertrag ... 328
2.2 Personaleinsatz ... 328
2.2.1 Arbeitsplatz ... 329
2.2.2 Arbeitszeit ... 330
2.2.3 Arbeitsaufgabe ... 331
2.3 Personalführung ... 331
2.3.1 Führungskräfte ... 332
2.3.2 Führungsinstrumente ... 333
2.3.3 Geführtes Personal ... 334
2.4 Personalentlohnung ... 335
2.4.1 Arbeitsbewertung ... 335
2.4.2 Arbeitslöhne ... 337
2.4.3 Zusatzkosten ... 339
2.5 Personalentwicklung ... 339
2.5.1 Ausbildung ... 340
2.5.2 Fortbildung ... 341
2.5.3 Umschulung ... 342
2.6 Personalanpassung ... 342
2.6.1 Interne Personalanpassung ... 342

    2.6.2 Externe Personalanpassung 343

3. Kontrolle 344

Kontrollfragen 345

G. Informationsbereich 349

1. Informationen 349
    1.1 Planung 349
        1.1.1 Bedarfsanalyse 350
        1.1.2 Zielanalyse 350
    1.2 Durchführung 351
        1.2.1 Arten 351
            1.2.1.1 Personalinformationen 351
            1.2.1.2 Güterinformationen 355
            1.2.1.3 Kapitalinformationen 356
        1.2.2 Verarbeitung 356
    1.3 Kontrolle 359

2. Informatik 359
    2.1 Software 360
        2.1.1 Arten 361
        2.1.2 Einsatzbereiche 362
        2.1.3 Programmiersprachen 363
    2.2 Orgware 364
    2.3 Hardware 366

Kontrollfragen 368

H. Rechnungswesen 371

1. Buchführung 372
    1.1 Grundsätze 372
    1.2 Konten 374
        1.2.1 Bestandskonten 376
        1.2.2 Erfolgskonten 379
    1.3 Abschlußarbeiten 383

2. Jahresabschluß 386
    2.1 Bilanz 386
        2.1.1 Arten 386
        2.1.2 Grundsätze ordnungsmäßiger Bilanzierung 389
        2.1.3 Ansatzvorschriften 390
        2.1.4 Gliederungsvorschriften 390
            2.1.4.1 Aktiv-Seite 391
            2.1.4.2 Passiv-Seite 393
        2.1.5 Bewertungsvorschriften 395
            2.1.5.1 Bewertung des Anlagevermögens 395
            2.1.5.2 Bewertung des Umlaufvermögens 396
            2.1.5.3 Bewertung der Passivseite 398
    2.2 Gewinn- und Verlustrechnung 398

Inhaltsverzeichnis

2.3 Anhang/Lagebericht 401

3. Kostenrechnung 402
   3.1 Begriffe 403
      3.1.1 Leistungen 403
      3.1.2 Kosten 404
   3.2 Elemente 408
      3.2.1 Kostenartenrechnung 408
         3.2.1.1 Materialkosten 409
         3.2.1.2 Personalkosten 410
         3.2.1.3 Kalkulatorische Kosten 411
      3.2.2 Kostenstellenrechnung 413
         3.2.2.1 Betriebsabrechnungsbogen 413
         3.2.2.2 Innerbetriebliche Leistungsverrechnung 416
      3.2.3 Kostenträgerrechnung 417
         3.2.3.1 Kostenträgerstückrechnung 417
         3.2.3.2 Kostenträgerzeitrechnung 419
   3.3 Systeme 421
      3.3.1 Vollkostenrechnungen 421
         3.3.1.1 Istkostenrechnung 422
         3.3.1.2 Plankostenrechnung 422
      3.3.2 Teilkostenrechnungen 423
         3.3.2.1 Deckungsbeitragsrechnung 423
         3.3.2.2 Grenzplankostenrechnung 424

Kontrollfragen 425

I. Controllingbereich 431

1. Organisation 433

2. Prozeß 436

3. Aufgaben 438
   3.1 Strategische Planung 438
   3.2 Frühwarnung 439
   3.3 Budgetierung 441
   3.4 Budgetkontrolle 442
   3.5 Berichtswesen 443

Kontrollfragen 444

Gesamtliteraturverzeichnis 447

Übungsteil 463

Stichwortverzeichnis 563

Übungsteil (Aufgaben/Fälle)

1: Magisches Dreieck 465
2: Betriebliche Prozesse 465
3: Interne/externe Teilnehmer 465
4: Kennzahlen............................... 466
5: Liquidität 466
6: Faktor-/Branchenbezug 467
7: Größe des Unternehmens 467
8: Entscheidungen 467
9: Bereiche 468
10: Führung 468
11: Bürgerliches Recht 469
12: Handelsrecht 469
13: Sonstiges Wirtschaftsrecht 470
14: Gründung 470
15: Entwicklung 471
16: Sanierung/Vergleich 472
17: Konkurs 472
18: Liquidation 473
19: Offene Handelsgesellschaft 473
20: Kommanditgesellschaft 474
21: Stille Gesellschaft/GdbR 474
22: Gesellschaft mit beschränkter Haftung..................................... 475
23: Aktiengesellschaft/KGaA 475
24: Sonstige Rechtsformen.............. 476
25: Projektorganisation................... 476
26: Aufbau-/Ablauforganisation 476
27: Unternehmenszusammenschlüsse 477
28: Kartelle 477
29: Konzerne 478
30: Verbände 478
31: Führung/Instrumente 479
32: Leitung..................................... 479
33: Zielsetzung 480
34: Prozeß 480
35: Strategie 481
36: Materialbedarfsplanung 481
37: Materialbestands-/beschaffungsplanung 482
38: Materialwirtschafts-Durchführung 483
39: Materialwirtschafts-Kontrolle .. 484
40: Fertigungsbereich (Erzeugnisplanung) 484
41: Fertigungsbereich (Arbeits-/Prozeßplanung) 484
42: Marketing (Marktforschung) 485
43: Marketingpläne 485
44: Produktpolitik 486
45: Kontrahierungspolitik 487
46: Distributionspolitik 487
47: Kommunikationspolitik 488
48: Marketingkontrolle 488
49: Statische Investitionsrechnungen 489
50: Dynamische Investitionsrechnungen 489
51: Investitionskontrolle 491
52: Planung im Finanzbereich 491
53: Beteiligungsfinanzierung.......... 491
54: Fremdfinanzierung, kurzfristige..................................... 492
55: Fremdfinanzierung, langfristige..................................... 492
56: Innenfinanzierung.................... 493
57: Finanzkontrolle 493
58: Personalplanung 494

59:	Personalbeschaffung 494	**71:**	GuV-Rechnung/Anhang/ Lagebericht 502
60:	Personaleinsatz 495	**72:**	Kosten/Leistungen 502
61:	Personalführung 495	**73:**	Kostenartenrechnung 503
62:	Personalentlohnung 496	**74:**	Kostenstellenrechnung 503
63:	Personalentwicklung 496	**75:**	Kostenträgerstückrechnung 504
64:	Personalanpassung 497	**76:**	Kostenträgerzeitrechnung 505
65:	Informationsbereich 498	**77:**	Vollkostenrechnung 505
66:	Software 498	**78:**	Teilkostenrechnung 506
67:	Hardware 499	**79:**	Controlling (Organisation/Prozeß) 507
68:	Buchführung 499		
69:	Bilanz (Grundsätze) 500	**80:**	Controlling (Frühwarnung) 507
70:	Bilanz (Gliederungsvor- schriften) 501		

Abkürzungsverzeichnis

Abs.	=	Absatz
AfA	=	Absetzung für Abnutzung
AFG	=	Arbeitsförderungsgesetz
AG	=	Aktiengesellschaft
Anm.	=	Anmerkung
Art.	=	Artikel
AVG	=	Angestelltenversicherungsgesetz
BAB	=	Betriebsabrechnungsbogen
Bd.	=	Band
BDA	=	Bundesvereinigung der Deutschen Arbeitgeberverbände
BDI	=	Bundesverband der Deutschen Industrie
BFH	=	Bundesfinanzhof
BGB	=	Bürgerliches Gesetzbuch
BGBl	=	Bundesgesetzblatt
BKGG	=	Bundeskindergeldgesetz
BRD	=	Bundesrepublik Deutschland
BSHG	=	Bundessozialhilfegesetz
DGB	=	Deutscher Gewerkschaftsbund
DIHT	=	Deutscher Industrie- und Handelstag
DIN	=	Deutsche Industrie Norm
Diss.	=	Dissertation
DV	=	Datenverarbeitung
EDV	=	Elektronische Datenverarbeitung
EG	=	Europäische Gemeinschaft
Erl.	=	Erlaß
f. oder ff.	=	folgende
GdbR	=	Gesellschaft des bürgerlichen Rechts
GmbH	=	Gesellschaft mit beschränkter Haftung
HGB	=	Handelsgesetzbuch
Hrsg.	=	Herausgeber
IdW	=	Institut der Wirtschaftsprüfer
IHK	=	Industrie- und Handelskammer
incl.	=	inclusive
KG	=	Kommanditgesellschaft
KGaA	=	Kommanditgesellschaft auf Aktien
LSP	=	Leitsätze für die Preisermittlung aufgrund von Selbstkosten
OHG	=	Offene Handelsgesellschaft
PC	=	Personal Computer
RegE	=	Regierungsentwurf
RVO	=	Reichsversicherungsordnung
S.	=	Seite
SGB	=	Sozialgesetzbuch
Sp.	=	Spalte
u.a.	=	unter anderem
u.E.	=	unseres Erachtens
USt	=	Umsatzsteuer
UWG	=	Gesetz gegen den unlauteren Wettbewerb
VOB	=	Verdingungsordnung für Bauleistungen
VOL	=	Verdingungsordnung für Leistungen - ausgenommen Bauleistungen
VPöA	=	Verordnung über die Preise bei öffentlichen Aufträgen
ZDH	=	Zentralverband des Deutschen Handwerks
Ziff.	=	Ziffer

A. Grundlagen

Die Betriebswirtschaftslehre befaßt sich mit den **Unternehmen**. Darunter versteht man planmäßig organisierte Einzelwirtschaften, in denen Güter bzw. Dienstleistungen beschafft, verwertet, verwaltet und abgesetzt werden.

In der Literatur werden die Unternehmen auch als Unternehmungen und Betriebe bezeichnet. Dabei sind folgende Abgrenzungen möglich:

- **Unternehmungen** stellen historische, nur in der Marktwirtschaft vorzufindende, Erscheinungsformen der **Betriebe** *(Gutenberg)* dar.

- **Unternehmungen** bilden die rechtlich-finanzielle Seite der Unternehmen, **Betriebe** sind ihre produktionswirtschaftliche Seite *(Schäfer)*.

Die heutigen Betriebswirtschaftslehren entwickelten sich aus traditionellen Vorstellungen heraus. Sie zeigen kein einheitliches Erscheinungsbild, sondern es existieren verschiedene Ansätze zur Erklärung der Betriebswirtschaftslehre.

Die vorliegende Betriebswirtschaftslehre versteht sich als **führungsorientierte Betriebswirtschaftslehre**. Sie bezieht sich nicht nur auf wirtschaftliche Fragestellungen, sondern schließt auch ein:

- Erkenntnisse der Führungs-, Management-, Motivationslehre,

- Ergebnisse der Psychologie, Pädagogik, Soziologie, Kybernetik, Rechtswissenschaft, Arbeitswissenschaft, Betriebstechnik, Ökologie.

Die Unternehmen haben in der Marktwirtschaft die Aufgabe, Bedürfnisse zu decken. Das geschieht, indem sie Güter bzw. Dienstleistungen am Markt bereitstellen. Die **Bedürfnisse** der Menschen sind praktisch unbegrenzt, die dafür vorhandenen Mittel aber knapp. Die Summe der Bedürfnisse, die mit Kaufkraft ausgestattet ist, wird als **Bedarf** bezeichnet.

Das Spannungsverhältnis zwischen den Bedürfnissen und ihren Deckungsmöglichkeiten zwingt die Menschen zu wirtschaften. Sie müssen die knappen Mittel zur Befriedigung der Bedürfnisse zielgerecht einsetzen. Dabei gilt es, folgende Prinzipien zu beachten, die als **magisches Dreieck der Betriebswirtschaftslehre** bezeichnet werden:

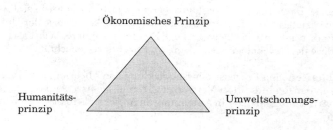

Die **Prinzipien** sind mit unterschiedlichen Zielsetzungen verbunden:

- Das **ökonomische Prinzip** zielt auf ein möglichst günstiges Verhältnis von Aufwand und Ertrag ab. Es ist in zwei Formen denkbar:

Maximalprinzip	Mit gegebenem Aufwand (Mitteln) soll ein größtmöglicher Ertrag (Erfolg) erreicht werden, beispielsweise mit 200.000 DM Werbeaufwand ein höchstmöglicher Absatz.
Minimalprinzip	Mit geringstmöglichem Aufwand (Mitteln) soll ein bestimmter Ertrag (Erfolg) erreicht werden, beispielsweise mit möglichst wenig Geld die Anschaffung einer Maschine.

- Das **Humanitätsprinzip** stellt den Menschen in den Mittelpunkt des Leistungsprozesses. Seinen Erfordernissen ist gleichermaßen Rechnung zu tragen, beispielsweise durch menschengerechte Arbeitsorganisation und Führung.
- Das **Umweltschonungsprinzip** hat die ökologischen Interessen zu berücksichtigen. Umweltbelastungen sind so gering wie möglich zu halten, indem sie verhindert oder vermindert werden (*Hopfenbeck*).

Nach *Jakob* sollte nicht einem Prinzip absoluter Vorrang eingeräumt werden. Vielmehr ist ein vernünftiger Ausgleich zwischen den verschiedenen Interessenlagen anzustreben.

1

Als Grundlagen der Betriebswirtschaftslehre werden behandelt:

	Betriebswirtschaftslehre
Grundlagen	Einzelwirtschaften
	Wirtschaftsrecht

1. Betriebswirtschaftslehre

Die moderne Betriebswirtschaftslehre versteht sich als interdisziplinäre Wissenschaft. Sie bezieht in ihre Betrachtungen nicht nur Erkenntnisse der Unternehmensforschung ein, sondern berücksichtigt auch Ergebnisse anderer Wissenschaftsbereiche, insbesondere der Psychologie, Soziologie und Rechtswissenschaft.

Wissenschaften sind Prozesse der Entwicklung von Theorien, der Überprüfung der Theorien an der Realität, ihrer Verwerfung, Annahme bzw. Anpassung (*Heinen*). Die Betriebswirtschaftslehre ist - in Anlehnung an *Raffée* - wie folgt in die Wissenschaften eingeordnet:

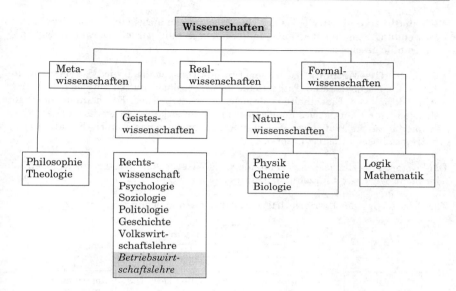

Die Betriebswirtschaftslehre ist also eine **Geisteswissenschaft**. Sie umfaßt:

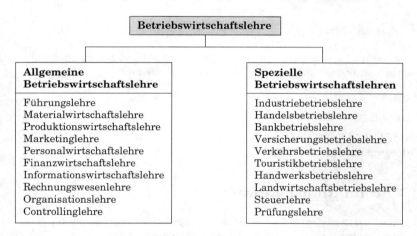

Jede Wissenschaft hat die Aufgabe, aussagefähige **Theorien** zu entwickeln, die beim Nachdenken über Phänomene helfen und Zusammenhänge erklären bzw. zukünftige Ereignisse voraussagen können. Sie sollen anwendungsorientiert sein und Erkenntnisse vermitteln. Mit ihrer methodisch ausgewogenen Gestaltung beschäftigt sich die Wissenschaftstheorie (*Albert, Opp, Popper, Raffée, Schanz*). Dabei gibt es zwei **Vorgehensweisen**:

- Die **deduktive Methode**, bei der vom Allgemeinen ausgegangen wird bzw. unter Anwendung logischer Regeln Hypothesen aufgestellt werden. Daraufhin wird auf Einzelfälle geschlossen.

- Die **induktive Methode**, bei der vom Einzelfall ausgegangen wird. Sie versucht, die tatsächlich beobachteten Tatbestände zu beschreiben und zu vergleichen. Durch Abstraktion von Einzelheiten versucht sie zu typischen Erscheinungen vorzudringen. Durch induktives Folgern wird nach einer kausalen Erklärung der Wirklichkeit gesucht. Auf diese Weise gelangt man zu einer empirisch-realistischen betriebswirtschaftlichen Theorie.

Die Frage, ob die Betriebswirtschaftslehre als Wissenschaft Werturteile abgeben soll oder nicht, wird seit Jahrzehnten diskutiert.

Zur Erläuterung der Betriebswirtschaftslehre werden behandelt:

1.1 Ansätze

Es gibt zahlreiche Auffassungen zur Erklärung der Betriebswirtschaftslehre. Als wesentliche Ansätze sind heute wissenschaftlich anerkannt:

- **Produktionsfaktoransatz**
- **Entscheidungsansatz**
- **Systemansatz**
- **Führungsansatz**.

1.1.1 Produktionsfaktoransatz

Die deutsche Betriebswirtschaftslehre wurde entscheidend von *Gutenberg* beeinflußt, der als erster eine anspruchsvolle und in sich geschlossene Lehre vorlegte. Sie kann als Produktionsfaktoransatz bezeichnet werden.

Als **Produktionsfaktoren** unterscheidet er:

- **Elementare Produktionsfaktoren**

    - Arbeit(skräfte) als die im Unternehmen tätigen Mitarbeiter
    - Betriebsmittel als die der Leistungserstellung dienenden Mittel

- Werkstoffe   als die in die Erzeugnisse eingehenden oder im Verlaufe ihrer Herstellung verbrauchten Stoffe

Die Kombination dieser Produktionsfaktoren obliegt den dispositiven Faktoren.

• **Dispositive Produktionsfaktoren**

- Leitung   als sachbezogene Führung eines Unternehmens
- Planung   als gegenwärtige gedankliche Vorwegnahme zukünftigen Handelns unter Beachtung des Rationalprinzips
- Organisation   als Strukturierung von Systemen zur Erfüllung von Daueraufgaben

Das Ziel des betrieblichen Handelns besteht in der Leistungserstellung (Produktion) und Leistungsverwertung (Absatz), die in unterschiedlichen Wirtschaftssystemen vorkommen können. Als Determinanten gelten:

• **Systemindifferente Tatbestände**, die in allen Wirtschaftssystemen gleich sind:

- Produktionsfaktoren
- Wirtschaftlichkeit

Wöhe hat sie um das finanzielle Gleichgewicht ergänzt.

• **Systembezogene Tatbestände**, die vom Wirtschaftssystem abhängen:

Markt- wirtschaft	Erwerbswirtschaftliches Prinzip = Streben nach Gewinn
	Autonomieprinzip = Selbständigkeit des Unternehmers
	Alleinbestimmungsprinzip = Entscheidungsfreiheit des Unternehmers
Plan- wirtschaft	Plandeterminierte Leistungserstellung = Mehr-Jahrespläne
	Organprinzip = Betriebe als unselbständige Organe
	Mitbestimmung = Mitwirkung der Belegschaft

1.1.2 Entscheidungsansatz

Der entscheidungsorientierte Ansatz von *Heinen* stellt die menschlichen Entscheidungen auf allen hierarchischen Ebenen des Unternehmens in den Mittelpunkt. Der **Entscheidungsprozeß** enthält die Phasen:

• Willensbildung
• Willensdurchsetzung.

Ein wesentlicher Teil dieses Ansatzes besteht in der Darstellung der betriebswirtschaftlichen **Ziele**. Im Unterschied zu *Gutenberg* bezieht *Heinen* die Erkenntnisse der Sozial- und Verhaltenswissenschaften ein und entwickelt die Betriebswirtschaftslehre bereits in Richtung einer Führungslehre.

1.1.3 Systemansatz

Während die entscheidungsorientierte Betriebswirtschaftslehre einzelne Entscheidungen oder Entscheidungssituationen hervorhebt, entwickelt *Ulrich* mit seinem systemorientierten Ansatz eine Lehre über die Gesamtführung des Unternehmens, das er im Sinne der Kybernetik, die eine Steuerungslehre ist, als ein in sich vernetztes Regelkreissystem versteht.

Nach dem allgemeinen Prinzip des **Regelkreises** wirkt ein Regler auf eine Stellgröße bzw. auf eine Regelstrecke ein, nachdem er eine Rückmeldung über die Regelgröße erhalten hat. Die Regelstrecke wird von einer Störgröße beeinflußt. Dieses Grundprinzip dient ihm zur Erklärung betrieblicher Prozesse.

Beispiel:

Regelstrecke	Sie ist das zu regelnde Wirksystem, beispielsweise die Verringerung von Fehlzeiten.
Störgröße	Das ist eine negative Einflußgröße auf die Regelstrecke, beispielsweise der autoritäre Führungsstil eines Vorgesetzten.
Regler	Er erfaßt als Controller die Regelgröße, d.h. den gegebenen IST-Wert, beispielsweise Fehlzeiten von 15 %.
Führungsgröße	Sie bildet den SOLL-Wert, der Fehlzeiten von 3 % höchstens umfaßt. Der SOLL-IST-Vergleich zeigt, daß die Fehlzeiten viel zu hoch sind.
Stellgröße	Das ist die Maßnahme, die hier darin besteht, daß der autoritäre Vorgesetzte z.B. entlassen wird, um die Fehlzeiten zu senken.

Der Systemansatz ist in verschiedenen Varianten weiterentwickelt worden.

1.1.4 Führungsansatz

Die Vertreter der klassischen Betriebswirtschaftslehre - beispielsweise *Gutenberg* - treten dafür ein, die Betriebswirtschaftslehre auf die »wirtschaftliche Seite« des Unternehmens zu begrenzen. *Heinen* erweitert den rein wirtschaftlichen Ansatz, indem er die Individuen bzw. deren Handlungen und damit verhaltenswissenschaftliche Elemente einbezieht. *Ulrich* sieht das Unternehmen als produktives, zweckgerichtetes und soziales Regelkreissystem.

Bleicher, Hill und *Gaugler* treten für eine - mit unterschiedlichen Akzenten versehene - Integration der wirtschaftlichen und sozialwissenschaftlichen Auffassungen ein.

Auch *Kirsch* sieht die Betriebswirtschaftslehre als Führungslehre. Eine umfassende allgemeine Betriebs- und Managementlehre hat *Hopfenbeck* 1989 vorgestellt.

Die vorliegende Einführung in die Betriebswirtschaftslehre versteht sich ebenfalls als führungsorientierte Lehre.

1.2 Prozesse

Als Prozeß wird im allgemeinen ein Ablauf, ein Verlauf, ein Hergang bezeichnet. Die betrieblichen Prozesse vollziehen sich zwischen dem Beschaffungs- und dem Absatzmarkt. Sie können sein:

- **Güterwirtschaftlicher Prozeß**
- **Finanzwirtschaftlicher Prozeß**
- **Informationeller Prozeß.**

1.2.1 Güterwirtschaftlicher Prozeß

Die Mittel, die zur Befriedigung der Bedürfnisse des Menschen geeignet sind, nennt man **Güter**. Sie lassen sich unterteilen in:

- **Materielle Güter**, die sein können:

Rohstoffe	Sie gehen unmittelbar in die zu fertigenden Erzeugnisse ein und bilden ihre Hauptbestandteile.
Hilfsstoffe	Sie gehen ebenfalls in die zu fertigenden Erzeugnisse ein, erfüllen aber nur Hilfsfunktionen.
Betriebsstoffe	Sie werden keine Bestandteile der zu fertigenden Erzeugnisse, sondern bei deren Herstellung verbraucht.
Betriebsmittel	Das sind alle beweglichen und unbeweglichen Mittel, die der Leistungserstellung dienen.
Erzeugnisse	Das sind selbstgefertigte Vorräte, die versandfertig sind, d.h. zum Verkauf bereitstehen.
Waren	Sie stellen gekaufte Vorräte dar, die zum Verkaufsprogramm gehören.

- **Immaterielle Güter**, die umfassen können:

Dienste	Das sind Dienstleistungen jeglicher Art bzw. die Arbeitskraft des Menschen.
Rechte	Konzessionen, Patente, Lizenzen, Urheberrechte, Pachtrechte, Mietrechte, Erfindungen, Rezepte.

Der Produktionsbereich zeigt das Ergebnis der Kombination von Gütern und Arbeit. In Handels-, Bank-, Versicherungs- bzw. Verkehrsunternehmen besteht die Produktionsfunktion vorrangig in dispositiven Tätigkeiten. Dort wird nicht - wie in der Industrie - gefertigt.

In industriellen Unternehmen werden die Roh-, Hilfs-, Betriebsstoffe und Waren von der Materialwirtschaft bereitgestellt. Die Be- und Verarbeitung der Roh-, Hilfs- und Betriebsstoffe erfolgt in der Fertigungswirtschaft, die sich im wesentlichen auch mit den Betriebsmitteln zu befassen hat. Der Marketingbereich ist mit dem Absatz der Erzeugnisse und Waren befaßt.

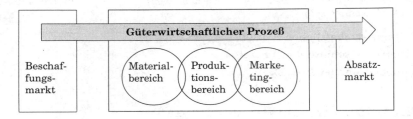

Aus der Darstellung ist zu erkennen, daß der Material-, Fertigungs- und Marketingbereich nicht losgelöst voneinander arbeiten. Vielmehr bilden sie miteinander verwobene Bereichsketten, die als **Leistungsbereich** bezeichnet werden können.

Die Planung, Steuerung und Kontrolle des güterwirtschaftlichen Prozesses wird von der Führung des Materialbereiches, Fertigungsbereiches und Marketingbereiches wahrgenommen.

Bezieht man in diese Betrachtung die Beschaffung des Personals ein, ergibt sich ein personalwirtschaftlicher Prozeß.

1.2.2 Finanzwirtschaftlicher Prozeß

Die zur Durchführung des leistungwirtschaftlichen Prozesses erforderlichen Mitarbeiter bzw. Güter bewirken am Beschaffungsmarkt entsprechende Ausgaben, die erstellten Erzeugnisse führen zu Einnahmen. Diese Vorgänge stellen den finanzwirtschaftlichen Prozeß dar.

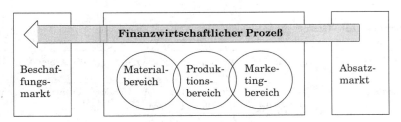

Die Planung, Steuerung und Kontrolle der Einnahmen und Ausgaben erfolgt durch die finanzwirtschaftliche Führung.

1.2.3 Informationeller Prozeß

Informationen fließen als Daten von Organisationseinheiten und an Organisationseinheiten bzw. vom Personal und an Personal des Unternehmens. Organisationseinheiten können sein:

- **Plurale Einheiten**,
  beispielsweise Abteilungen, Hauptabteilungen.

- **Singulare Einheiten**,
  beispielsweise Stellen, Plätze.

Im Informationsbereich unterscheidet man die Eingabe, Verarbeitung und Ausgabe von Informationen durch Organisationseinheiten bzw. Personal. Dadurch entstehen informationelle Prozesse. Sie lassen sich unter Einbeziehung der Leitung schaubildlich vereinfacht darstellen:

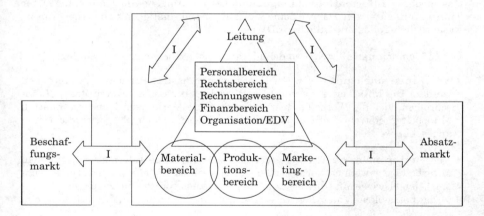

Informationen (I) können sein:

- **Externe Informationen**

  Sie werden zwischen dem Beschaffungs- bzw. Absatzmarkt und dem Unternehmen ausgetauscht.

- **Interne Informationen**

  Sie fließen von der Leitung zu einem Bereich und umgekehrt, aber auch zwischen den Bereichen.

Dabei lassen sich unterscheiden:

Material- informationen	Sie beziehen sich auf die Betriebsmittel und Werkstoffe. Beispielsweise informiert der Materialbereich die Leitung, daß der güterwirtschaftliche Prozeß die Beschaffung von Rohstoffen erforderlich macht.
Kapital- informationen	Sie hängen mit der Beschaffung, Verwendung und Verwaltung des Kapitals zusammen. Beispielsweise erhält die Leitung die Information, daß Finanzmittel in einer bestimmten Höhe bereitzustellen sind.
Personal- informationen	Sie fließen in den Bereichen von, an und über Personal. Beispielsweise werden dem Personalbereich Informationen über Beurteilungen von Personal des leistungswirtschaftlichen Bereiches zugeleitet.

Informationen über Kenntnisse, Fähigkeiten, Einstellungen, Erwartungshaltungen und Arbeitsplätze des Personals sowie über das betriebliche Material und Kapital stellen zweckorientiertes, personen- und arbeitsplatzbezogenes Wissen dar, das eine wesentliche Grundlage der betrieblichen Führung bildet.

Das moderne **Informationsmanagement** hat die Aufgabe, im Unternehmen für Transparenz zu sorgen. Dabei ist eine Vielzahl von Informationen zu bewegen, was zu wesentlichen Teilen mit Hilfe der EDV geschieht.

Der **Informationsfluß** zwischen den hierarchischen Ebenen kann verlaufen:

- Von »**oben nach unten**«, wenn Informationen an das Personal weitergegeben werden. Die Mitarbeiter werden beispielsweise über das Schwarze Brett, Rundschreiben oder die Werkzeitschrift informiert. Da Wirkungen beim informierten Mitarbeiter erstrebt werden, können diese Informationen als gerichtete Daten angesehen werden.

- Von »**unten nach oben**«, wenn betrieblich bedeutsame Informationen von den Mitarbeitern gewonnen werden sollen. Quellen dieser Aufwärtsinformationen können beispielsweise Mitarbeitergespräche, Gruppengespräche, Befragungen, Berichte, das betriebliche Vorschlagswese sowie Informationen aus Qualitätszirkeln sein.

1.3 Teilnehmer

In der betrieblichen Umwelt, dem Beschaffungsmarkt und Absatzmarkt sowie im Unternehmen selbst gibt es viele Teilnehmer, die mit unterschiedlichen Interessenlagen die Unternehmensprozesse verfolgen:

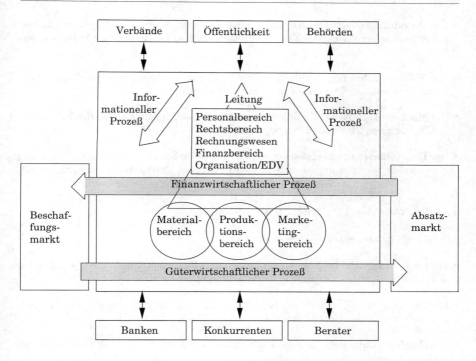

Sie können unterteilt werden in:

- **Interne Teilnehmer**
- **Externe Teilnehmer**.

1.3.1 Interne Teilnehmer

Interne Teilnehmer können sein:

- Die **Eigentümer** des Unternehmens, die das erforderliche Eigenkapital bereitstellen, wenn sie mit dem betrieblichen Geschehen verbunden sind.

Eigentümer, die keine unmittelbare Beziehung zum betrieblichen Geschehen haben, beispielsweise vielfach die Aktionäre einer AG, können nicht ohne weiteres als interne Teilnehmer angesehen werden.

- Die **Vorstandsmitglieder** und **Geschäftsführer**, die als Unternehmensleiter die Aufgabe haben, das gesamte Unternehmen zu führen.

- Der **Aufsichtsrat**, der in Kapitalgesellschaften die Interessen der Eigenkapitalgeber gegenüber der Unternehmensleitung wahrzunehmen und sie zu überwachen hat.

- Die **Führungskräfte**, die als Bereichsleiter, Gruppenleiter oder sonstige Vorgesetzte betriebliche Führungsaufgaben wahrnehmen.

- Die **Mitarbeiter**, die als ausführendes Personal die Entscheidungen der Führungskräfte in das Betriebsgeschehen umsetzen.

- Der **Betriebsrat**, der als Interessenvertreter der Arbeitnehmer auf die Einhaltung gesetzlicher Bestimmungen - z.b. des Betriebsverfassungsgesetzes - zu achten hat.

1.3.2 Externe Teilnehmer

Als externe Teilnehmer kommen in Betracht:

- Die **Lieferanten** des In- bzw. Auslandes, die dem Unternehmen die zu beschaffenden Werkstoffe, Betriebsmittel und Dienstleistungen verkaufen.

- Die **Kunden**, die als inländische bzw. ausländische Unternehmen oder als Haushalte die Produkte des Unternehmens kaufen bzw. seine Dienstleistungen nutzen.

- Die **Konkurrenten**, die sich ebenfalls um die Kunden des Unternehmens bemühen und mit diesem in Wettbewerb stehen.

- Die **Kreditinstitute**, die dem Unternehmen Fremdkapital zum Zwecke der Finanzierung bereitstellen.

- Die **Gläubiger**, die aufgrund vertraglicher Vereinbarungen einen Anspruch auf die Erfüllung ihrer Forderungen an das Unternehmen haben.

- Die **Schuldner**, die ihre Verbindlichkeiten gegenüber dem Unternehmen zu begleichen haben.

- Die **Börsen** und **Messen**, die als Märkte bzw. Treffpunkte für das Unternehmen bedeutsam sind.

- Die **Absatzmittler** wie Handelsvertreter, Kommissionäre, Spediteure und Makler, die als selbständige Kaufleute Geschäfte vermitteln.

- Die **Unternehmerverbände**, die als Fachverbände, Industrie- und Handelskammern, Handwerkskammern oder Arbeitgeberverbände die Interessen der Unternehmen vertreten.

- Die **Arbeitnehmerverbände**, die als Gewerkschaften die Interessen der Arbeitnehmer vertreten, beispielsweise die Gewerkschaften des DBG und die DAG.

- Die **Behörden** des Bundes, der Länder und der Gemeinden, mit denen das Unternehmen in Verbindung steht, beispielsweise Ministerien, Arbeitsamt, Finanzamt.

- Die **Unternehmensberater**, welche die Leitung des Unternehmens bei ihren Erfolgsbemühungen unterstützen.

- Die **interessierte Öffentlichkeit**, die als Bildungs- und Forschungsinstitute, freie Aktionsgruppen oder Medien zunehmend Bedeutung erlangen.

Die am Unternehmensgeschehen beteiligten Teilnehmer lösen wirtschaftliche Prozesse aus, die von der Leitung rationell zu gestalten sind.

1.4 Kennzahlen

Kennzahlen haben im Unternehmen einen hohen Stellenwert, weil sie der Unternehmensleitung Hinweise darüber geben, ob die Maßstäbe rationellen Wirtschaftens erfüllt werden oder nicht. Sie sind vor allem im zeitlichen Ablauf aussagekräftig, indem sie die Unternehmensentwicklung offenlegen. Hervorzuheben sind (*Olfert*):

- **Wirtschaftlichkeit**
- **Produktivität**
- **Rentabilität**
- **Liquidität**.

1.4.1 Wirtschaftlichkeit

Die rechnerische Ermittlung der Wirtschaftlichkeit ist auf verschiedene Weise möglich. In der betrieblichen Praxis bedient man sich vor allem folgender Formeln:

$$(\text{Ertrags-}) \text{ Wirtschaftlichkeit} = \frac{\text{Erträge}}{\text{Aufwendungen}}$$

$$(\text{Kosten-}) \text{ Wirtschaftlichkeit} = \frac{\text{Leistungen}}{\text{Kosten}}$$

Die Wirtschaftlichkeit ist bei beiden Formeln um so höher, je größer der Wert des sich ergebenden Quotienten ist.

Nachteilig bei dieser Berechnung ist, daß es sich um bewertete Größen handelt, die zueinander in Beziehung gesetzt werden. Bei Veränderungen der Beschaffungspreise von Produktionsfaktoren und/oder der Absatzpreise verändert sich die Wirtschaftlichkeit.

Problematisch ist außerdem, daß alle Werte in den Gleichungen variabel sind. Damit gibt es keine feste Bezugsbasis, die für eine aussagekräftige Beurteilung notwendig wäre.

Zweckmäßiger erscheint deshalb die folgende Berechnung der Wirtschaftlichkeit:

$$\text{Wirtschaftlichkeit} = \frac{\text{Sollkosten}}{\text{Istkosten}}$$

Die Wirtschaftlichkeit ist um so höher, je größer der Wert des Quotienten wird.

Auch bei dieser Berechnung der Wirtschaftlichkeit muß auf mögliche Preisschwankungen geachtet werden. Die Aussagekraft einer so ermittelten Wirtschaftlichkeit ist aber wesentlich größer als bei den obigen Gleichungen, sofern die Sollkosten in geeigneter Weise ermittelt werden. Die Erträge bleiben allerdings unberücksichtigt.

1.4.2 Produktivität

Die Produktivität ist ein Maß für die mengenmäßige Ergiebigkeit der Kombination der Produktionsfaktoren:

$$\text{Produktivität} = \frac{\text{Mengenergebnis der Faktorkombination}}{\text{Faktoreinsatzmengen}}$$

$$\text{Produktivität} = \frac{\text{Output}}{\text{Input}}$$

Die **Produktivität** als einzelne Maßzahl ermöglicht keine Aussagen. Erst durch den Vergleich mit anderen Produktivitäten, beispielsweise ähnlich strukturierter Unternehmen oder früherer Perioden, ist diese Kennzahl für die betriebliche Führung bedeutsam.

Dem Produktionsprozeß liegen viele Leistungsarten zugrunde. Deshalb ist es erforderlich, Teilproduktivitäten zu ermitteln, beispielsweise:

$$\text{Materialproduktivität} = \frac{\text{Erzeugte Menge}}{\text{Materialeinsatz}}$$

$$\text{Arbeitsproduktivität} = \frac{\text{Erzeugte Menge}}{\text{Arbeitsstunden}}$$

Betriebswirtschaftslehre

$$\text{Betriebsmittelproduktivität} = \frac{\text{Erzeugte Menge}}{\text{Maschinenstunden}}$$

1.4.3 Rentabilität

Die Rentabilität ist das Verhältnis des Periodenerfolges als Differenz von Aufwand und Ertrag zu anderen Größen. Als einzelne Maßzahl führt sie zu keiner Aussage. Erst durch den Vergleich mit anderen Rentabilitäten, beispielsweise ähnlich strukturierter Unternehmen oder früherer Perioden, ist diese Kennzahl für die betriebliche Führung bedeutsam.

Eine gute Wirtschaftlichkeit oder Produktivität läßt nicht darauf schließen, daß auch die Rentabilität positiv zu beurteilen ist, beispielsweise wenn unter günstigen Bedingungen produzierte Erzeugnisse am Markt nicht absetzbar sind.

Die Rentabilität tritt in mehreren **Arten** in Erscheinung:

$$\text{Umsatzrentabilität} = \frac{\text{Erfolg}}{\text{Umsatz}} \cdot 100$$

$$\text{Eigenkapitalrentabilität} = \frac{\text{Erfolg}}{\text{Eigenkapital}} \cdot 100$$

$$\text{Gesamtkapitalrentabilität} = \frac{\text{Erfolg + verrechnete Fremdkapitalzinsen}}{\text{Gesamtkapital}} \cdot 100$$

1.4.4 Liquidität

Die Liquidität ist für die Erhaltung des Unternehmens lebensnotwendig. Sie wird unterschiedlich definiert als:

- **Absolute Liquidität**, die eine Eigenschaft von Vermögensteilen ist, als Zahlungsmittel verwendet oder in Zahlungsmittel umgewandelt zu werden. Sie bezieht sich nur auf die Aktiv-Seite der Bilanz und beschreibt eher die Liquidierbarkeit der Vermögensgegenstände, die nicht geeignet ist, den Bestand des Unternehmens zu sichern.

- **Relative Liquidität**, die zeitpunkt- oder zeitraumbezogen sein kann:

Statische Liquidität	Sie beschreibt als **kurzfristige** Kennzahl das Verhältnis zwischen Teilen des Umlaufvermögens und kurzfristigen Verbindlichkeiten: $$\text{Liquidität 1. Grades} = \frac{\text{Zahlungsmittelbestand}}{\text{Kurzfristige Verbindlichkeiten}} \cdot 100$$ $$\text{Liquidität 2. Grades} = \frac{\text{Kurzfristiges Umlaufvermögen}}{\text{Kurzfristige Verbindlichkeiten}} \cdot 100$$ $$\text{Liquidität 3. Grades} = \frac{\text{Gesamtes Umlaufvermögen}}{\text{Kurzfristige Verbindlichkeiten}} \cdot 100$$ **Langfristig** können vor allem Eigenkapital, langfristiges Fremdkapital und Anlagevermögen zueinander in Beziehung gesetzt werden. Die statische Liquidität ist lediglich zeit**punkt**bezogen und bilanzorientiert, weshalb der Bestand des Unternehmens mit ihr nicht gesichert werden kann.
Dynamische Liquidität	Das ist die Fähigkeit des Unternehmens, die zu einem Zeitpunkt zwingend fälligen Zahlungsverpflichtungen uneingeschränkt erfüllen zu können. Sie wird durch ein geeignetes Finanzmanagement erreicht und ist als zeit**raum**bezogene Liquidität imstande, den Erhalt des Unternehmens zu sichern.

Das Finanzmanagement hat darauf zu achten, daß sich das Unternehmen im finanziellen Gleichgewicht befindet.

Störgrößen der Liquidität sind beispielsweise:

- Beschaffungsprobleme bei den Produktionsfaktoren
- Fertigungsprobleme, beispielsweise Störungen im Fertigungsablauf
- Absatzprobleme, beispielsweise unerwartete Absatzeinbrüche
- Finanzierungsprobleme, beispielsweise Zahlungsausfälle, gekündigte Kredite.

Wird das Unternehmen **illiquide**, kann von einer Unternehmenskrise gesprochen werden.

2. Einzelwirtschaften

Zu den Einzelwirtschaften, mit denen sich die Betriebswirtschaftslehre befaßt, zählen Unternehmen und Haushalte:

Einzelwirtschaften

- **Unternehmen** können öffentliche und private Unternehmen sein:

Öffentliche Unternehmen	Sie erhalten ihre finanziellen Mittel von Gebietskörperschaften, beispielsweise Bund, Länder und Gemeinden, haben gemeinwirtschaftliche Zielsetzungen und wirtschaften nach dem Prinzip der **Kostendeckung** bzw. der **Verlustminimierung**. Sie können eine eigene Rechtspersönlichkeit haben, beispielsweise Sparkassen, oder ohne eigene Rechtspersönlichkeit sein, beispielsweise die Bundesbahn (nach früherer Rechtslage).
Private Unternehmen	Sie erhalten ihre finanziellen Mittel von Privatpersonen, streben nach **Gewinnerzielung** und tragen ein unternehmerisches Risiko. Sie sind durch die Chance des Erfolges, aber auch durch das Risiko des Mißerfolges gekennzeichnet.

- **Haushalte** können gleichermaßen öffentliche oder private Haushalte sein:

Öffentliche Haushalte	Das sind Einzelwirtschaften des Bundes, der Länder und Gemeinden, die ihre Einnahmen durch Steuern bewirken. Sie haben Ausgaben und gewähren Subventionen.
Private Haushalte	Sie treten insbesondere als Nachfrager der von Unternehmen erstellten Güter auf, die sie aus ihrem Einkommen oder durch Kreditaufnahme finanzieren.

Damit lassen sich folgende Einzelwirtschaften zusammenstellen:

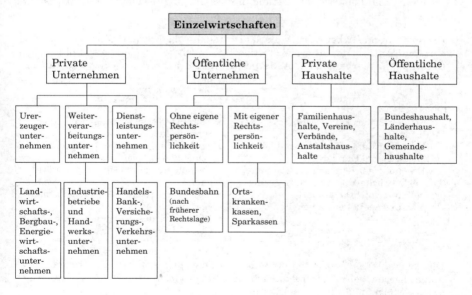

2.1 Arten der Unternehmen

Die Betriebswirtschaftslehre befaßt sich vor allem mit den privaten Unternehmen in einer marktwirtschaftlich orientierten Wirtschaftsordnung. Sie können nach verschiedenen **Merkmalen** unterteilt werden:

- **Faktorbezug**
- **Branchenbezug**
- **Standortbezug**
- **Rechtsformbezug**
- **Größenbezug.**

Die Unternehmen lassen sich auch nach der Art der von ihnen erstellten Leistungen in **Sachleistungsunternehmen** und **Dienstleistungsunternehmen** unterteilen - siehe ausführlicher den Abschnitt »Branchenbezug«, Seite 39.

2.1.1 Faktorbezug

Nach dem vorherrschenden **Produktionsfaktor** gibt es:

- **Arbeitsintensive Unternehmen**, die sich durch einen besonders hohen Lohnkostenanteil an den gesamten Produktionskosten auszeichnen. Er bezieht sich auf die ausführende Arbeit. Das sind alle Tätigkeiten, die unmittelbar mit der Leistungserstellung und Leistungsverwertung in Zusammenhang stehen, ohne dispositiver Natur zu sein.

Die ausführende Arbeit wird vielfach arbeitsteilig abgewickelt. Dabei erledigen die einzelnen Mitarbeiter stets gleichartige Teilaufgaben, beispielsweise Bohr-, Säge-, Dreh-, Montagearbeiten. Die **Arbeitsteilung** hat mehrere Vor- und Nachteile:

Vorteile	Nachteile
o Steigerung des Ertrages durch Spezialisierung o Erhöhung der Geschicklichkeit bei gleichartigen Handgriffen o Erhöhung der Leistung pro Zeiteinheit o Bestmögliche Maschinenausnutzung o Nutzung von Standortvorteilen o Nutzung spezieller Fähigkeiten	o Eintönige Tätigkeit bei gleichartigen Handgriffen o Entfremdung und Stumpfsinn bei monotoner Arbeit o Krankheiten durch einseitige Betätigung o Mangelnde Flexibilität durch Spezialisierung o Kein Bezug des Arbeitenden zur Gesamtleistung

Die Nachteile der Arbeitsteilung haben zu Konzepten geführt, die Arbeitswelt zu humanisieren, beispielsweise die Arbeitsteilung zu begrenzen, die Arbeit inhaltlich anzureichern, in Gruppen zu arbeiten.

Einzelwirtschaften 39

- **Anlageintensive Unternehmen** haben einen besonders hohen Stand an Betriebsmitteln. Wesentliche Teile der Produktionskosten bestehen aus Abschreibungen und Zinsen. Die Entwicklung geht vielfach zu spezialisierten und automatisierten, insbesondere computergesteuerten Betriebsmitteln, beispielsweise numerisch-gesteuerten (codierten) Werkzeugmaschinen.

    Mit zunehmender **Spezialisierung** und **Automatisierung** der Betriebsmittel wird der Leistungsprozeß unflexibler. Das Unternehmen ist wegen der mit diesen Betriebsmitteln verbundenen hohen Kosten darauf angewiesen, sie optimal auszulasten.

- **Materialintensive Unternehmen** haben einen besonders hohen Anteil an Werkstoffkosten, insbesondere für Rohstoffe. Ihre Verknappung und ansteigenden Preise führen dazu, daß die Unternehmen dem Recycling zunehmend Beachtung schenken.

    Mit dem **Recycling**, das die Wiederverwendung, Weiterverwendung und Weiterverwertung von Abfallstoffen darstellt, versuchen die Unternehmen verschiedener Branchen, dem Prinzip der Umweltschonung gerecht zu werden.

2.1.2 Branchenbezug

Die Unternehmen lassen sich nach unterschiedlichen **Wirtschaftszweigen** - und damit auch Leistungen - unterteilen in:

- **Industrieunternehmen**, die sich beispielsweise mit der Rohstoff- bzw. Materialgewinnung oder der Veredlung und Herstellung von Gütern befassen. Sie sind Gegenstand der Industriebetriebslehre - siehe *Heinen, Kilger, Mellerowicz*.

- **Handelsunternehmen**, die selbst keine Produkte fertigen, sondern ausschließlich die Aufgabe der Distribution der angebotenen Güter wahrnehmen. Sie werden in der Handelsbetriebslehre behandelt - siehe *Barth, Falk/Wolf, Lerchenmüller, Tietz*.

- **Bankunternehmen**, die Finanzmittel der Sparer aufnehmen und damit in der Lage sind, Kredite zu vergeben. Mit diesen Geschäften setzt sich die Bankbetriebslehre auseinander - siehe ausführlich *Büschgen, Eilenberger, Obst-Hintner*.

- **Verkehrsunternehmen**, die im Luft-, Schienen-, Wasser- und Straßenverkehr tätig sind, beispielsweise Personentransportunternehmen, Speditionen, Luftfahrtgesellschaften. Mit ihnen beschäftigt sich die Verkehrsbetriebslehre - siehe *Bischof/ Meister, Diederich, Ihde*.

- **Versicherungsunternehmen**, die sich mit der Deckung von Schäden oder Vermögensbedarfen beschäftigen, die durch bestimmte Ereignisse hervorgerufen werden. Sie sind Gegenstand der Versicherungsbetriebslehre - siehe *Farny, Müller-Lutz*.

- **Sonstige Dienstleistungsunternehmen**, die beispielsweise als Hotelunternehmen, Wirtschaftsprüfungsgesellschaften oder Steuerberaterbetriebe tätig sind.

2.1.3 Standortbezug

Der günstigste Standort ist derjenige, der den größtmöglichen Gewinn und damit die bestmögliche Verzinsung des eingesetzten Kapitals ermöglicht (*Wöhe*). Dabei darf das Prinzip der Umweltschonung aber nicht unbeachtet bleiben.

Betriebswirtschaftlich gesehen ist das Problem der Standortwahl eine Entscheidung über den Sitz einer Niederlassung oder Ansiedlung. Dabei kann zwischen dem Standort der Betriebsstätte als **Fabrik** und dem Sitz eines Unternehmens als **Stammhaus** unterschieden werden.

Der Standort eines Unternehmens kann sich an verschiedenen **Kriterien** orientieren:

- Bei der **Materialorientierung** geht es um das Bestreben, die Transportkosten für die Materialien so günstig wie möglich zu gestalten. So hat die Orientierung am Fundort der benötigten Materialien zur Bildung großer Industriegebiete geführt. Beispielsweise orientieren sich roheisengewinnende Unternehmen an der Kohle, Walzwerke an Hüttenwerken, Maschinenfabriken an Walzwerken.

- Bei der **Arbeitsorientierung**, die für arbeitsintensive Unternehmen von besonderer Bedeutung ist, kann es zwei Überlegungen geben:
  - In welchen Regionen finden sich die benötigten Arbeitskräfte?
  - In welchen Regionen sind die Löhne niedrig?

  Regionen, die sich durch niedrige Lohnkosten auszeichnen, verfügen häufig nicht über die erforderlichen Fachkräfte. Insofern müssen nicht selten Kompromisse geschlossen werden. In Zeiten guter Konjunktur kann die Arbeitsorientierung für industrielle Unternehmen ein Begrenzungsfaktor sein, der ein Ausweiten der Produktion aus Mangel an Arbeitskräften verhindert.

- Bei der **Abgabenorientierung** wird berücksichtigt, daß in verschiedenen Orten oder Regionen unterschiedliche Steuer- und Abgabensätze gelten können. Das kann sich ergeben durch

  - das Steuersystem (Hebesätze bei Gewerbe- und Grundsteuern der Gemeinden)
  - die Finanzverwaltung (Abschreibungssätze, Steuerstundung)
  - die Steuerpolitik (steuerliche Entlastung für strukturschwache Gebiete)

  Mit diesen Maßnahmen kann die Ansiedlung von Unternehmen in einer Region gefördert bzw. die Abwanderung verhindert werden.

- Bei der **Verkehrsorientierung** wird angestrebt, daß die Transportleistungen der Unternehmen kostengünstig, rasch und sicher erfolgen. Deshalb kann es sich anbieten, die Standorte in die Nähe von Verkehrsknotenpunkten zu legen, beispielsweise an Häfen, Flugplätze, Autobahnkreuze.

- Die **Energieorientierung** kann für ein Unternehmen ebenfalls einen hohen Stellenwert haben. Sie hat heute aber vielfach nicht die gleich hohe Bedeutung wie in der Vergangenheit, beispielsweise weil die Kohle durch die vorhandene elektrische Energie verdrängt wurde.

- Die **Umweltorientierung** hat in den letzten Jahren immer mehr an Bedeutung gewonnen. Sie macht die Ansiedlung von Unternehmen in bestimmten Regionen nicht mehr bzw. nur noch unter erheblichen Auflagen möglich. Es erscheint richtig, daß das Prinzip der Umweltschonung einen immer höheren Stellenwert erhält.

- Die **Absatzorientierung** spielt vor allem für den Groß- und Einzelhandel eine entscheidende Rolle. Bei Gütern des täglichen Bedarfs, beispielsweise Lebensmitteln, ist heute eine günstige Lage in der Innenstadt häufig nicht mehr ausschlaggebend. Zunehmend werden Mietkosten bzw. das Angebot von Parkplätzen entscheidend.

- Die **Landschaftsorientierung** ist für Unternehmen des Fremdenverkehrs von zentraler Bedeutung. Die Ansprüche an Landschaft und Klima sind beim Verbraucher in den letzten Jahren größer geworden.

- Bei der **Auslandsorientierung** geht es darum, daß einige Staaten direkte Investitionen in ihrem Land fördern. Damit wird für die Unternehmen ein Anreiz geschaffen, ihren Standort ins Ausland zu verlagern.

Den oftmals niedrigen Lohnkosten und/oder günstigen Steuersätzen stehen mitunter Probleme gegenüber, die bei uns weniger bekannt sind, beispielsweise das zwangsweise Hereinnehmen von Teilhabern, Schutz- und Schmiergeldzahlungen, eine unseren Maßstäben nicht entsprechende Gerichtsbarkeit.

⑥

2.1.4 Rechtsformbezug

Die Art des Unternehmens wird auch durch die Rechtsform festgelegt. Dabei können vor allem unterschieden werden - siehe ausführlich *Kapitel B*:

- **Einzelunternehmen**, die nur einen einzigen Eigentümer haben.

- **Personengesellschaften**, die mindestens zwei Eigentümer als Gesellschafter haben und keine eigenen Rechtspersonen sind.

- **Kapitalgesellschaften**, die meistens mehrere Eigentümer als Gesellschafter bzw. Aktionäre haben und stets eigenständige Rechtspersonen sind.

Daneben gibt es noch Genossenschaften, Vereine und Versicherungsvereine.

2.1.5 Größenbezug

Die Unternehmen können in Groß-, Mittel- und Kleinbetriebe eingeteilt werden. **Bezugsgrößen** zur Messung der Betriebsgröße können sein:

- Anzahl der Beschäftigten
- Umsatz pro Geschäftsjahr
- Investiertes Kapital
- Anzahl der Arbeitsplätze
- Lohn- und Gehaltssumme
- Ausbringungsmenge
- Rohstoffeinsatz.

Dabei können mehrere Bezugsgrößen nebeneinander die Grundlage zur Bestimmung der Betriebsgröße bilden. Beispielsweise klassifiziert § 267 HGB die Betriebsgrößen wie folgt:

	Kleinbetrieb	Mittelbetrieb	Großbetrieb
Zahl der Beschäftigten	bis 50	bis 250	über 250
Bilanzsumme	bis 3,9 Mill. DM	bis 15,5 Mill. DM	über 15,5 Mill. DM
Höhe des Umsatzes	bis 8,0 Mill. DM	bis 32,0 Mill. DM	über 32,0 Mill. DM

Wöhe stellt die Zahl der Unternehmen den Beschäftigten-Größenklassen gegenüber. Er kommt u.a. zu dem Ergebnis, daß etwa 85 % aller Unternehmen lediglich 1 bis 9 Beschäftigte haben. Nur 13 % aller Beschäftigten arbeiten in Unternehmen mit mehr als 1.000 Beschäftigten:

Unternehmen und Beschäftigte nach Größenklassen auf Grund der Beschäftigtenzahl 1987, in % der jeweiligen Summe				
Unternehmen mit ... Beschäftigten	Zahl der Unternehmen	Anteil in %	Beschäftigte	Anteil in %
1	650.235	25,19	650.235	2,41
2 - 4	1.037.629	40,20	2.811.621	10,42
5 - 9	495.188	19,18	3.190.986	11,83
10 - 19	211.826	8,21	2.808.343	10,41
20 - 49	114.254	4,43	3.425.401	12,70
50 - 99	38.114	1,48	2.628.278	9,75
100 - 199	18.518	0,72	2.551.991	9,46
200 - 499	10.904	0,42	3.296.334	12,22
500 - 999	2.970	0,11	2.038.904	7,56
1.000 und mehr	1.563	0,06	3.570.843	13,24
insgesamt	2.581.201	100,00	26.972.936	100,00

7

2.2 Entscheidungen

Eine Entscheidung ist ein Akt der Willensbildung, bei der ein Mensch sich entschließt, etwas so und nicht anders zu tun (*Heinen*). Die Entscheidung kann auch als die

Einzelwirtschaften

Auswahl einer von mehreren Handlungsmöglichkeiten verstanden werden, die dem Entscheidungsträger zur Realisierung eines Zieles zur Verfügung stehen (*Hörschgen*). Der **Entscheidungsprozeß** geht dabei in zwei Phasen vor sich - siehe ausführlich *Kapitel C*:

- Der Prozeß der **Willensbildung** besteht aus:

Anregung	Ein Problem wird erkannt, die Ausgangssituation analysiert und die Entscheidungsaufgabe festgelegt.
Suche	Sie dient der Vorbereitung der Entscheidung, indem die Entscheidungskriterien bestimmt und alternative Lösungsmöglichkeiten gesucht werden.
Entscheidung	Die alternativen Lösungsmöglichkeiten werden beurteilt, und die vorteilhafteste Lösung wird ausgewählt.

- Der Prozeß der **Willensdurchsetzung** bringt die tatsächliche Verwirklichung der gewählten Alternative. Die ausführenden Personen werden informiert, beispielsweise durch Anordnung, Vorgabe, Instruktion, Verhandlung.

Der Entscheidungsprozeß bedarf der laufenden **Kontrolle**. Erforderlichenfalls sind Anpassungsmaßnahmen einzuleiten, die den Entscheidungsprozeß wieder neu beginnen lassen.

Entscheidungen lassen sich nach verschiedenen Kriterien unterteilen. Beispielsweise können das sein:

- **Entscheidungen unter Sicherheit bzw. Ungewißheit**

Entscheidungen unter Sicherheit	Dabei sind die Daten eindeutig und bekannt. Sie unterstellen vollkommene Voraussicht, was in einem marktwirtschaftlichen System unrealistisch ist.
Entscheidungen unter Ungewißheit	Sie sind dadurch gekennzeichnet, daß nicht bekannt ist, welche Werte die Daten annehmen werden. Die Ungewißheit ist grundsätzlich um so größer, je länger sich der Planungszeitraum erstreckt. Sie kann auftreten: ○ Als **Risiko**, bei dem eine bedingte Ungewißheit darüber herrscht, wie die Daten sich entwickeln werden. Sie läßt sich überbrücken, indem objektive Wahrscheinlichkeiten über die Entwicklung der Daten ermittelt werden. Das ist möglich, wenn Informationen aus der Vergangenheit vorliegen, die nutzbar gemacht werden können. ○ Als **Unsicherheit**, bei der die Ungewißheit vollkommen ist, also keine objektiven Wahrscheinlichkeiten ermittelbar sind. Es ist denkbar, daß überhaupt keine Wahrscheinlichkeiten über die Entwicklung der Daten gebildet werden können. Möglich ist aber auch, daß subjektive Wahrscheinlichkeiten, welche die persönliche Einschätzung des Planers wiedergeben, zugrundegelegt werden.

- **Konstitutive Entscheidungen**, die langfristige Wirkungen für das Unternehmen haben, beispielsweise als Entscheidungen über die Rechtsform, den Standort und die Organisation des Unternehmens.

Als Entscheidungen sollen behandelt werden:

- **Gründungsentscheidungen**
- **Organisationsentscheidungen**
- **Durchführungsentscheidungen**
- **Zusammenschlußentscheidungen**
- **Krisenentscheidungen**.

2.2.1 Gründungsentscheidungen

Die Gründungsentscheidungen umfassen insbesondere:

- Den **Standort**, der material-, arbeits-, abgaben-, verkehrs-, energie-, landschafts-, umwelt-, absatz-, auslandsorientiert sein kann, wie oben beschrieben. Auch kann zu entscheiden sein, wo der Sitz des Stammhauses sein soll und wo die Fabrik(en) bzw. Niederlassung(en) anzusiedeln sind.

- Die **Rechtsform**, die sein kann - siehe ausführlich *Kapitel B*:

    - Einzelunternehmen
    - Personengesellschaften
      (OHG, KG, Stille Gesellschaft, GdbR, GmbH & Co KG, Partnerschaftsgesellschaft)
    - Kapitalgesellschaften
      (GmbH, AG, KGaA)
    - Sonstige Rechtsformen
      (Genossenschaft, VVaG).

    Welche Rechtsform gewählt werden soll, hängt von einer Reihe von Kriterien ab, insbesondere von den damit verbundenen Kosten sowie den Rechten und Pflichten der Gesellschafter.

- Die **Firma** als der Name des Vollkaufmannes, unter dem er seine Geschäfte betreibt, seine Unterschrift abgibt und klagen bzw. verklagt werden kann.

Um eine Firma zu gründen, ist es erforderlich, sich umfassend zu informieren und gegebenenfalls von Fachleuten, Berufsverbänden oder Industrie- und Handelskammern beraten zu lassen. Im Verlaufe der Gründung muß eine Vielzahl von Entscheidungen getroffen werden, beispielsweise über:

- die zugrundeliegenden Verträge
- die Bankverbindung
- den Gesellschaftervertrag
- den Druck der Geschäftsbriefe und Formulare

- die Geschäftsräume
- den Telefon-/Telefaxanschluß
- die erforderlichen Versicherungen
- die Art der Buchführung.

Dabei ist es bereits erforderlich, Organisationsentscheidungen zu treffen.

2.2.2 Organisationsentscheidungen

Aus der Vielzahl organisatorischer Entscheidungen sind zunächst die **formellen Entscheidungen** hervorzuheben. Die Unternehmensleitung hat zu entscheiden über
- siehe ausführlich *Kapitel B*:

* Die **Aufbauorganisation** als formelle Strukturierung des gesamten Unternehmens. Sie kann gestaltet werden als:

Sektoral-organisation	Sie ist bei kleinen Unternehmen möglich, die lediglich in einen technischen und kaufmännischen Teil gegliedert werden.
Funktional-organisation	Hier wird in betriebliche Funktionen untergliedert, beispielsweise Material-, Fertigungswirtschaft, Marketing, Personal-, Finanzwirtschaft, Rechnungswesen.
Sparten-organisation	Dabei werden dezentrale Beschäftigungsbereiche geschaffen, die beispielsweise als Profit-Center mit Gewinnverantwortung arbeiten.
Matrix-organisation	Hier werden Dezentral- und Zentralabteilungen relativ gleichberechtigt als Faktoren der Matrix nebeneinander gestellt. Die Zeilen sind die Verbindungen zwischen den zweidimensional angeordneten Abteilungen.
Tensor-organisation	Sie geht vom Matrixaufbau aus, hat aber mindestens drei Dimensionen, die beispielsweise Gliederungen nach der Verrichtung, dem Objekt und nach der Region enthalten können.

* Die **Ablauforganisation**, welche die betrieblichen Prozesse strukturiert. Sie soll eine hohe Wirtschaftlichkeit und Arbeitsgüte sowie eine schnelle und terminsichere Arbeitsabwicklung sicherstellen.

Bei der Gestaltung der Ablauforganisation sind auch Entscheidungen über den Einsatz der erforderlichen Hilfsmittel zu treffen, beispielsweise Diagramme, Netzpläne, Datenflußpläne.

* Die **Projektorganisation**, die von einem Mitarbeiter oder von einer Personenmehrheit durchgeführt werden kann. Es sind Entscheidungen über die Aufgaben bzw. die Zusammensetzung der Projektgruppen zu treffen.

Beispiele für Projekte: Errichtung eines Werkes, Einführung eines neuen Produktes, größere Bauvorhaben, umfangreiche Forschungsvorhaben.

2.2.3 Durchführungsentscheidungen

Als Durchführungsentscheidungen werden alle realisierungsbezogenen Entscheidungen von Führungskräften bezeichnet, die in der gesamten **Entwicklungsphase** des Unternehmens anfallen.

Damit die Entwicklung eines Unternehmens positiv gestaltet wird, sind die Entscheidungen gut abzuwägen, die sein können:

- Personalentscheidungen, beispielsweise zum Entgelt
- Materialentscheidungen, beispielsweise über die Beschaffung
- Produktionsentscheidungen, beispielsweise zur Rationalisierung
- Marketingentscheidungen, beispielsweise zur Werbung
- Finanzentscheidungen, beispielsweise über Kredite
- Rechnungswesenentscheidungen, beispielsweise über Bewertungsfragen
- Informationsentscheidungen, beispielsweise über die Datenverarbeitung
- Kontrollentscheidungen, beispielsweise zum Controlling.

Die Unternehmensleitung arbeitet dabei mit den jeweiligen Bereichsleitern eng zusammen.

2.2.4 Zusammenschlußentscheidungen

Für ein Unternehmen kann es unter bestimmten Umständen zweckmäßig sein, über einen Unternehmenszusammenschluß nachzudenken. Darunter ist die Verbindung von bisher rechtlich und wirtschaftlich selbständigen Unternehmen zu größeren Wirtschaftseinheiten zu verstehen.

Zusammenschlußentscheidungen können sich vor allem beziehen auf - siehe ausführlich *Kapitel B*:

- **Interessengemeinschaften**, bei denen die rechtliche Selbständigkeit der zusammengeschlossenen Unternehmen erhalten bleibt, die wirtschaftliche Selbständigkeit aber teilweise verloren geht.

- **Kartelle**, bei denen die kapitalmäßige und rechtliche Selbständigkeit erhalten bleibt, die wirtschaftliche Selbständigkeit allerdings durch den Gegenstand der Kartellbildung eingeschränkt wird.

- **Konzerne**, bei denen die zusammengeschlossenen Unternehmen zwar rechtlich selbständig bleiben, aber die wirtschaftliche Selbständigkeit verlorengeht, beispielsweise durch die Abhängigkeit einer Tochtergesellschaft von der Muttergesellschaft.

- **Fusionierte Unternehmen**, die Zusammenschlüsse darstellen, bei denen die zusammengeschlossenen Unternehmen sowohl ihre rechtliche als auch ihre wirtschaftliche Selbständigkeit aufgeben.

2.2.5 Krisenentscheidungen

Unternehmerische Entscheidungen unterliegen der Ungewißheit des zukünftigen Geschehens. Die für unternehmerische Entscheidungen notwendigen Informationen sind auch beim Einsatz der modernen Technik nie ganz vollständig.

Viele Entscheidungen werden unter Unsicherheit gefällt. **Krisen** können nicht ausgeschlossen werden. Das Risiko ist um so größer, je lückenhafter und ungenauer die zugrunde gelegten Informationen sind und je größer die Planungsperiode ist.

Krisen können das Unternehmen in Not bringen. Sie können sich in (vorübergehenden) Zahlungsschwierigkeiten oder in einer Zahlungsunfähigkeit äußern. Als der Not abhelfende Maßnahmen kommen in Betracht - siehe ausführlich *Kapitel B*:

- Die **Sanierung**, die alle Entscheidungen umfaßt, die den »gesunden Zustand« des Unternehmens wiederherstellen sollen. Ihr Ziel besteht darin, das Unternehmen zu erhalten und fortzuführen.

  Die Sanierung kann durch finanzielle, sachliche, personelle und organisatorische Maßnahmen bewirkt werden.

- Der **Vergleich**, der in einer Vereinbarung eines Schuldners mit seinem Gläubiger bzw. seinen Gläubigern zur Überwindung der Krise besteht. Er kann sein:

Außergerichtlicher Vergleich	Er erfolgt ohne Einschaltung eines Gerichtes, beispielsweise indem die Gläubiger die Forderungen stunden und einem Tilgungsplan zustimmen.
Gerichtlicher Vergleich	Er ist der Versuch, unter Einschaltung des Amtsgerichtes eine Einigung zwischen dem Schuldner und den Gläubigern zu erzielen.

- Der **Konkurs** ist ein gerichtliches Verfahren, das eine zwangsweise gesetzlich geregelte Auflösung des Unternehmens zum Ziel hat. Durch die Einschaltung des Amtsgerichts soll vermieden werden, daß einzelne Gläubiger versuchen, durch raschen Zugriff die volle Befriedigung ihrer Forderungen zu erhalten, während andere leer ausgehen würden.

- Der **Zwangsvergleich** ist ein gerichtliches Verfahren zur Abwendung eines bereits eröffneten Konkurses. Er kommt zustande, wenn der Schuldner durch Kapitaleinlagen eine höhere Quote bietet als beim Konkurs zu erwarten ist. Dies kann beispielsweise dadurch geschehen, daß ein Verwandter des Schuldners finanzielle Mittel flüssig macht.

- Die **Liquidation** ist die freiwillige oder zwangsweise Auflösung des Unternehmens. Gründe für eine freiwillige Liquidation können im Tod des Unternehmers oder auch in schlechten Ertragsaussichten liegen.

Die jeweils zu treffenden Entscheidungen können sich auf die nachfolgenden Bereiche beziehen.

2.3 Bereiche

Bereiche sind einheitlich geleitete, plurale Organisationseinheiten, beispielsweise als Abteilungen oder Hauptabteilungen. Zu unterscheiden sind:

- **Leistungsbereich**
- **Finanzbereich**
- **Personalbereich**
- **Informationsbereich**
- **Rechnungswesen**
- **Controllingbereich.**

2.3.1 Leistungsbereich

Der Leistungsbereich wird auch als güterwirtschaftlicher Bereich bezeichnet. Er umfaßt die Beschaffung, Nutzung bzw. Umformung und gegebenenfalls die Lagerung der Produktionsfaktoren sowie die Abgabe bzw. Verwertung der erstellten Leistungen. Im industriellen Unternehmen besteht er aus folgenden **Teilbereichen** - siehe ausführlich *Kapitel D*:

- Dem **Materialbereich**, der sich mit den Materialien als Rohstoffen, Hilfsstoffen, Betriebsstoffen, Zulieferteilen, Waren befaßt. Zu nennen sind:

Material-bedarf	Er wird durch den Bedarf im Fertigungsbereich ausgelöst und ist nach Art, Menge und Zeit zu ermitteln.
Material-bestand	Er ist der im Lager vorhandene und bereits bestellte, aber noch nicht eingetroffene Bestand an Materialien, soweit er nicht bereits für Fertigungsaufträge reserviert ist.
Material-beschaffung	Sie hat die Materialien art-, mengen- und zeitgerecht zu beschaffen, deren Bedarf größer ist als ihr Bestand.
Material-lagerung	Sie umfaßt die Annahme, Prüfung, Einlagerung und Auslagerung der Materialien, die von der Materialbeschaffung angefordert wurden.
Material-entsorgung	Sie ist das Erfassen, Sammeln, Selektieren, Separieren, Einstufen der Rückstände nach der Möglichkeit der Verwertung, ihrer Gefährlichkeit und Umweltbelastungswirkung sowie das Aufbereiten, Umformen, Regenerieren, Bearbeiten und Sichern der Materialien.

Einzelwirtschaften

- Dem **Fertigungsbereich**, in dem die Be- und Verarbeitung der Werkstoffe unter Einsatz von Arbeitsleistungen und Betriebsmitteln erfolgt. Zu unterscheiden sind:

Erzeugnisse	Sie sind Gegenstand der Fertigung. Das Unternehmen hat festzulegen, ○ welche Erzeugnisse in sein Fertigungsprogramm aufgenommen werden, ○ welche Merkmale die Erzeugnisse aufweisen sollen.
Fertigungsprogramm	Es ist die Aufstellung der zu fertigenden Erzeugnisse und stellt für die Fertigung eine Vorgabe dar.
Arbeitsplan	Er ist das Ergebnis der für die Fertigung erzeugten Arbeitspapiere und wird durch die Zeichnungen und Stücklisten um diejenigen Angaben ergänzt, die für die Ausführung der Fertigung erforderlich sind.
Bereitstellung	Sie bezieht sich auf die Betriebsmittel, Arbeitskräfte und Werkstoffe, die in der richtigen Quantität und Qualität zur richtigen Zeit am richtigen Ort bereitzustellen sind.
Fertigungsprozeß	Er wird auf der Grundlage der geplanten Aufträge, fertigungsbezogenen Zeiten und betriebsmittelbezogenen Kapazitäten durchgeführt.

Eng mit der Fertigung ist der **Forschungs- und Entwicklungsbereich** verbunden. Er umfaßt alle planvollen und schöpferischen Aktivitäten, die auf den Erwerb neuer Kenntnisse im naturwissenschaftlich-technischen Sektor ausgerichtet sind.

- Dem **Marketingbereich**, der für die Leistungsverwertung der erstellten Erzeugnisse zu sorgen hat. Er umfaßt:

Marktforschung	Sie ist das systematische und methodisch einwandfreie Untersuchen eines Marktes mit dem Ziel, marktbezogene Informationen zu erlangen.

Marketingpolitische Instrumente sind:

Produktpolitik	Sie bezieht sich auf das einzelne Produkt, das in das Leistungsprogramm des Unternehmens aufzunehmen, zu gestalten und erforderlichenfalls zu eliminieren ist sowie auf das gesamte Leistungsprogramm, das festzulegen ist.
Kontrahierungspolitik	Sie befaßt sich mit der finanziellen Abgeltung der angebotenen Leistungen durch die Abnehmer. Dazu dienen beispielsweise die Preispolitik, Rabattpolitik, die Liefer- und Zahlungsbedingungen.
Distributionspolitik	Mit ihr wird der Weg der Produkte vom Hersteller zum Verbraucher bzw. Verwender gestaltet, der ein indirekter, über den Handel laufender oder ein direkter Absatzweg sein kann.

Kommuni-kations-politik	Sie befaßt sich mit der Gestaltung der Kommunikation zwischen dem Unternehmen und den Teilnehmern des Absatzmarktes. Dabei kommt der Werbung eine besondere Bedeutung zu.

2.3.2 Finanzbereich

Dem Leistungsbereich steht der Finanzbereich gegenüber, in dem Kapital beschafft, verwendet, wieder freigesetzt und verwaltet wird. Im Finanzbereich werden dementsprechend die Einnahmen und Ausgaben des Unternehmens geplant, gesteuert und kontrolliert. Er umfaßt - siehe ausführlich *Kapitel E*:

- Die **Finanzierung**, die zur Aufgabe hat, das Unternehmen mit dem erforderlichen Kapital zu versorgen. Das kann mit Hilfe folgender Finanzierungsarten geschehen:

Beteiligungs-finanzierung	Sie dient dazu, **Eigenkapital** von außerhalb des Unternehmens zuzuführen. Das kann in Form von Geldeinlagen, Sacheinlagen oder dem Einbringen von Rechten - beispielsweise von Patenten, Wertpapieren - erfolgen. Die Zuführungen können von bisherigen oder neuen Gesellschaftern erfolgen.
Fremd-finanzierung	Sie dient dazu, dem Unternehmen **Fremdkapital** von außen zuzuführen. Dabei kommen vor allem Kreditinstitute, Lieferanten, Kunden als Fremdkapitalgeber in Betracht, die Geld oder Sachgüter zur Verfügung stellen.
Innen-finanzierung	Sie nimmt das Unternehmen **aus eigener Kraft** vor. Dabei fließen ihm Umsatzerlöse und sonstige Erlöse zu, die für Maßnahmen der Finanzierung verwendet werden können, soweit ihnen keine auszahlungswirksamen Aufwendungen gegenüberstehen.

- Die **Investition**, die Ausgaben für Vermögensteile darstellt. Sie beginnen mit den Anschaffungsausgaben für das Investitionsobjekt, denen laufende Ausgaben - beispielsweise für Löhne und Materialien - folgen können. Das so gebundene Kapital wird durch die Verwertung der mit Hilfe des Investitionsobjektes erstellten Leistungen in Form von Einnahmen wieder freigesetzt. Zur Beurteilung der Vorteilhaftigkeit dienen:

Statische Investitions-rechnungen	Sie berücksichtigen nicht den Zeitfaktor, sondern rechnen praktisch nur mit **einer Periode**, beispielsweise einer Durchschnittsperiode. Ihre Handhabung ist einfach, ihre Ergebnisse sind aber relativ ungenau.
Dynamische Investitions-rechnungen	Sie beziehen sich auf **mehrere Perioden** und bedienen sich finanzmathematischer Methoden. Mit ihnen können rechnerisch genaue Werte ermittelt werden.
Nutzwert-rechnungen	Mit ihrer Hilfe wird der Nutzwert für jedes alternative Investitionsobjekt festgestellt. Darunter versteht man den zahlenmäßigen Ausdruck für den subjektiven Wert einer Investition im Hinblick auf das Erreichen vorgegebener Ziele.

Einzelwirtschaften

- Der **Zahlungsverkehr**, der zur Abwicklung der finanziellen Transaktionen dient. Er kann sein:

Barzahlungs-verkehr	Dabei wird Bargeld in Form von Geldscheinen oder Münzen übertragen. Im Geschäftsverkehr hat er im wesentlichen nur bei Handels- und Dienstleistungsunternehmen größere Bedeutung, die private Kunden haben.
Halbbarer Zahlungs-verkehr	Bei ihm wird Bargeld in Buchgeld umgewandelt und umgekehrt. Dabei muß eine der am Zahlungsverkehr beteiligten Personen über ein Konto bei einem Kreditinstitut verfügen.
Bargeldloser Zahlungs-verkehr	Dabei kommt weder der Zahlungspflichtige noch der Zahlungsempfänger mit Bargeld in Berührung. Beide verfügen über ein Konto, das nicht beim gleichen Kreditinstitut geführt werden muß.

2.3.3 Personalbereich

Dem Personalbereich obliegen alle planerischen, gestaltenden und kontrollierenden Aktivitäten, die auf die im Unternehmen tätigen Arbeitskräfte ausgerichtet sind. Sie umfassen - siehe ausführlich *Kapitel F*:

- **Rahmenfunktionen**

Personal-führung	Mit ihrer Hilfe werden die Ziele und grundlegenden Strategien bzw. Entscheidungen auf den einzelnen hierarchischen Ebenen durch Vorgesetzte umgesetzt.
Personal-politik	Sie umfaßt Grundsatzentscheidungen zum Personalmanagement und auch Einzelentscheidungen der Vorgesetzten. Es wird beispielsweise Arbeitszeit-, Entgelt-, Einsatz-, Beschaffungs- und Entwicklungspolitik betrieben.
Personal-organisation	Darunter werden alle Tätigkeiten und Ergebnisse verstanden, die sich auf Strukturierungen im Personalbereich beziehen, mit deren Hilfe eine zielorientierte Ordnung für das ganze Unternehmen geschaffen und erhalten werden soll.
Personal-controlling	Sie ist eine aktuelle Form der Planung, Steuerung und Überwachung der gesamten Personalwirtschaft im Unternehmen.

- **Kernfunktionen**

Personal-planung	Darunter versteht man die planvolle gedankliche Vorwegnahme des zukünftigen Personalgeschehens im Unternehmen. Sie bezieht sich sowohl auf den einzelnen Mitarbeiter als auch auf Gesamtheiten von Mitarbeitern.
Personal-beschaffung	Sie befaßt sich mit der Bereitstellung der für das Unternehmen erforderlichen Arbeitskräfte in quantitativer, qualitativer und zeitlicher Hinsicht.

Personal-einsatz	Dabei werden die im Unternehmen vorhandenen Mitarbeiter den gegebenen Arbeitsplätzen zugeordnet. Er beginnt am ersten Tag und endet am letzten Tag der Beschäftigung der Mitarbeiter.
Personal-entwicklung	Hier geht es um die Maßnahmen, die darauf ausgerichtet sind, die Qualifikation der Mitarbeiter zu verbessern, beispielsweise die Ausbildung, Weiterbildung und Umschulung.
Personal-entlohnung	Sie besteht aus den geldlichen Leistungen des Unternehmens an das Personal, die in unmittelbarem Zusammenhang zu den von den Mitarbeitern erbrachten Arbeitsleistungen stehen, beispielsweise die Löhne und Gehälter.
Personal-betreuung	Sie umfaßt alle Maßnahmen bzw. Leistungen, die den Mitarbeitern vom Arbeitgeber über das vereinbarte Entgelt hinaus zukommen, beispielsweise Sozialleistungen.
Personal-anpassung	Sie umfaßt alle Maßnahmen, mit denen eine personelle Überdeckung im Unternehmen abgebaut wird, beispielsweise wegen rückläufigen Umsatzes, Rationalisierung oder Automatisierung.
Personal-verwaltung	Dabei geht es insbesondere um die Personaldatenverwaltung, die Personaladministration und die Personalstatistik.

2.3.4 Informationsbereich

Der Informationsbereich beschäftigt sich mit der Eingabe, Verarbeitung und Ausgabe von Informationen. Zu unterscheiden sind - siehe ausführlich *Kapitel G:*

- Die **Informatik**, die sich mit dem Aufbau von Anlagen der Elektronischen Datenverarbeitung und ihrer Programmierung befaßt. Informatik bedeutet Datenverarbeitung mit dem Computer. Dazu werden benötigt:

Software	Darunter versteht man einerseits die Gesamtheit aller Programme und andererseits das Anwendungssystem an einem Computer zur wiederholten Aufgabendurchführung.
Orgware	Das Ergebnis der Organisationstätigkeit ist die Vorgabe für den Programmierer, um die Software zu gestalten. Organisation als Vorgabe wird als Orgware bezeichnet.
Hardware	Sie umfaßt die Gesamtheit der physischen Bestandteile von Datenverarbeitungsanlagen, beispielsweise auch Bildschirme, Tastaturen.

- Die **Informationsarten**, die in unterschiedlicher Weise eingeteilt werden können. Sie lassen sich gliedern in:

Einzelwirtschaften

Kapital-informationen	Kapital**beschaffungs**informationen fallen an, wenn Projekte zu finanzieren sind. Kapital**verwendungs**informationen benötigt man, wenn investiert werden soll. Kapital**verwaltungs**informationen dienen der Abwicklung des Zahlungsverkehrs.
Material-informationen	**Betriebsmittel**informationen liefern Daten über Maschinen und Werkzeuge. **Werkstoff**informationen geben Auskünfte über Roh-, Hilfs- und Betriebsstoffe.
Personal-informationen	Sie fließen in den Unternehmensbereichen von, an und über Personal. Gehen Informationen vom Personal aus, fließen die Daten »**von unten nach oben**«. Werden Daten an das Personal gegeben, fließen die Informationen von »**oben nach unten**«.

2.3.5 Rechnungswesen

Als betriebliches Rechnungswesen bezeichnet man denjenigen Bereich des Unternehmens, der alle Verfahren zu der systematischen Erfassung und Auswertung von quantifizierbaren Vorgängen im Unternehmen umfaßt. Das sind - siehe ausführlich *Kapitel H*:

Buchhaltung	Dabei handelt es sich um eine Zeitrechnung, die im zeitlichen Ablauf alle Geschäftsvorfälle lückenlos aufzeichnet, die sich rechnerisch niederschlagen. Sie verbindet die Bilanzen und überbrückt den dazwischen liegenden Zeitraum.
Bilanz	Sie ist die Gegenüberstellung von Vermögen und Kapital eines Unternehmens zu einem Stichtag. Das Vermögen umfaßt - als Aktiva - die gesamten Vermögensgegenstände und Geldmittel, das Kapital ist - als Passiva - die Gesamtheit aller Verpflichtungen gegenüber Beteiligten und Gläubigern des Unternehmens.
Gewinn- und Verlust-rechnung	Sie ist eine Zeitraumrechnung. Den Erträgen werden die Aufwendungen gegenübergestellt. Aus der Differenz ergibt sich der Erfolg, der im positiven Falle ein Gewinn und im negativen Falle ein Verlust ist.
Kosten-rechnung	Mit ihr wird - als Kosten - aller in Geld gemessener Verzehr an Gütern und Dienstleistungen ermittelt, der notwendig ist, um die betrieblichen Leistungen - als Erträge - zu bewirken. Sie kann eine Zeitrechnung oder Stückrechnung sein.
Statistik	Sie wertet neben anderen Unterlagen die Zahlen der Buchhaltung, der Bilanz, der Gewinn- und Verlustrechnung und der Kostenrechnung aus. Durch Vergleichen von betrieblichen Tatbeständen mit Hilfe von Kennzahlen gewinnt man zusätzliche Erkenntnisse.
Planungs-rechnung	Sie stellt die mengen- und wertmäßige Schätzung der erwarteten betrieblichen Entwicklungen dar. Die betriebliche Planung wird in Form von Vorschlägen zu den zukünftigen Ausgaben und Einnahmen konkretisiert.

Das Rechnungswesen muß sich auch mit den **Steuern** - beispielsweise als Körperschaftsteuer, Gewerbesteuer, Umsatzsteuer - auseinandersetzen - siehe ausführlich *Grefe*.

2.3.6 Controllingbereich

Das Controlling betrifft alle genannten betrieblichen Bereiche. Es kann funktional - in Verbindung mit Planung und Kontrolle - oder institutionell - unter unternehmensorganisatorischen Gesichtspunkten - gesehen werden. Das Controlling kann umfassen - siehe ausführlich *Kapitel I*:

Strategische Planung	Sie dient der Formulierung von Strategien und der langfristigen Abgrenzung von Erfolgsobjekten. Besonderes Kennzeichen einer Strategie ist, daß man sie mit keiner anderen vergleichen kann. Die situativen Faktoren des Zeitpunkts, der Branche, des Marktes und des Unternehmens sind stets einmalig.
Frühwarnung	Es wird nach strategisch bedeutsamen Signalen Ausschau gehalten, um sie zu erfassen und auszuwerten. Unerwartet auftretende Ereignisse sollen bereits im Frühstadium entdeckt werden, damit gegengesteuert werden kann.
Budgetierung	Sie ist ein formaler Prozeß, aus dem sich das Gesamtbudget ergibt. Es ist so zu gestalten, daß sich das Umsatz-, Produktions-, Investitions-, Personal-, Material-, Kosten-, Ergebnis-, Finanz- und Bilanzbudget nach dem Baukastenprinzip in einer sachlich zweckmäßigen Reihenfolge ergeben.
Budgetkontrolle	Die geplanten Budgetdaten sind auf ihre Einhaltung zu überprüfen. Grundsätzlich sollten Budgetkontrollen zunächst durch die Entscheidungsträger selbst erfolgen. Aufgrund der Forderung nach Neutralität und Objektivität sowie im Interesse der übergreifenden Koordination sind zusätzliche Fremdkontrollen unerläßlich.
Internes Berichtswesen	Es umfaßt die Erstellung und Weiterleitung von speziellen oder bereichsübergreifenden Berichten an das Management. Sie können beispielsweise regelmäßig an gleichbleibende Empfänger oder fallweise bei der Überschreitung von Toleranzgrenzen zu erstellen sein.

⑨

2.4 Führung

Betriebliche Führung ist die situationsbezogene Beeinflussung des Unternehmens bzw. des Personals, die unter Einsatz von Führungsinstrumenten auf einen gemeinsam zu erzielenden Erfolg hin ausgerichtet ist. Ihre Aufgabenfelder sind - siehe ausführlich *Kapitel C*:

Einzelwirtschaften 55

- **Unternehmensführung**
- **Bereichsführung**
- **Gruppenführung**
- **Individualführung.**

2.4.1 Unternehmensführung

Die Unternehmensführung ist Ausdruck der Gesamtheit aller Handlungen des Top Managements. Sie erfolgt durch die **Unternehmensleitung**, die Grundsatzentscheidungen über die Gründung oder Auflösung des Unternehmens, Führungs- und Ausführungsentscheidungen, Entscheidungen über die Organisationsform, Bereichsentscheidungen, Entscheidungen zum Jahresabschluß, Vertretungs- und Entwicklungsentscheidungen, Entscheidungen zur Corporate Identity* zu treffen hat.

Wesentliche **Funktionen** der Unternehmensführung sind:

- Die **Unternehmensplanung**, die eine gegenwärtige gedankliche Vorwegnahme des gesamten zukünftigen wirtschaftlichen Handelns unter Beachtung des Rationalprinzips darstellt. Ihr Grundproblem besteht in der Ungewißheit als mangelnde Vorausbestimmbarkeit bzw. Vorhersehbarkeit der in der Zukunft liegenden Ereignisse.

In der Regel ist die Unternehmensplanung eine strategische Planung, die einen langfristigen Zeitraum umfaßt, der über 4 Jahre hinausgeht, und ausschließlich die oberste Führungsebene betrifft *(Ehrmann)*.

- Die **Unternehmensgestaltung**, welche die Realisierung der Planung ist.

  Beispiele:
  - Entscheidungen werden getroffen.
  - Informationen werden gegeben.
  - Kommunikationsformen werden gepflegt.
  - Beurteilungen werden abgegeben.
  - Weisungen werden erteilt.
  - Lob oder Tadel wird ausgesprochen.
  - Anreize werden gegeben.
  - Steuerungsmaßnahmen werden ausgelöst.

- Die **Unternehmenskontrolle**, bei der geprüft wird, inwieweit die Ergebnisse des betrieblichen Handelns mit den Zielen bzw. der Planung übereinstimmen. Wenn Abweichungen gegeben und die Gründe hierfür nicht bekannt sind, muß eine Abweichungsanalyse erfolgen. Mit ihrer Hilfe können betriebliche Schwachstellen aufgedeckt werden.

---

* Darunter kann man das schlüssig dargestellte Erscheinungsbild eines Unternehmens nach innen und außen verstehen. Es ergibt sich aus den Zielsetzungen, der Kommunikation und dem Verhalten der Unternehmensleitung.

2.4.2 Bereichsführung

Die Bereichsführung ist die gezielte Beeinflussung des Bereichspersonals auf einen gemeinsam zu erzielenden Bereichserfolg hin. Die Steuerung bzw. Gestaltung des Handelns der Bereichsmitarbeiter erfolgt unter Berücksichtigung der jeweiligen Bereichssituation.

Die Bereichsführung umfaßt im industriellen Unternehmen:

- Die **güterwirtschaftliche Führung**, die den güterwirtschaftlichen Prozeß gestaltet. Sie schließt ein:

Führung im Materialbereich	Der Leiter der Materialwirtschaft hat auf seine Mitarbeiter einzuwirken und alle Anstrengungen zur Zielerreichung zu unternehmen. Es werden materialwirtschaftliche Planungen vorgenommen, die zu realisieren und zu kontrollieren sind.
Führung im Fertigungsbereich	Der Leiter der Fertigungswirtschaft führt seine Mitarbeiter so, daß zweckmäßige Erzeugnis- bzw. Arbeitspläne erstellt werden. Außerdem hat er Sorge dafür zu tragen, daß der Fertigungsablauf einwandfrei verläuft. Mit der Kontrolle schließt sich der Regelkreis.
Führung im Marketingbereich	Der Marketingleiter plant die Gegebenheiten im Absatzbereich und gibt seinen Mitarbeitern Realisierungsanreize, damit die Plandaten erfüllt werden können. Aufgabe der Marketingkontrolle ist es, eine objektive Beurteilung der Ergebnisse des Marketing zu erreichen.

Der güterwirtschaftlichen Führung kann auch die *Führung im Forschungs- und Entwicklungsbereich* zugerechnet werden. Der Leiter der Forschung und Entwicklung sorgt für die Planung, Durchführung und Kontrolle der Grundlagen- bzw. Zweckforschung und für die Neu- bzw. Weiterentwicklung bzw. Erprobung der Produkte.

- Die **finanzwirtschaftliche Führung**, die den finanzwirtschaftlichen Prozeß gestaltet:

Führung im Finanzbereich	Der Finanzleiter ist für die Planung, Realisierung und Kontrolle der Kapitalbeschaffung, der Kapitalverwendung und der Kapitalverwaltung zuständig. Er motiviert seine Mitarbeiter so, daß die Finanzierungs- und Investitionsziele erreicht werden können.

- Die **sonstigen** betriebswirtschaftliche Prozesse gestaltenden **Führungen**:

Führung im Informationsbereich	Der Leiter der Informationswirtschaft hat darauf zu achten, daß die gesetzten Informationsziele erfüllt werden. Die Planung, Realisierung und Kontrolle der Informationswirtschaft wirkt sich auf alle Unternehmensbereiche aus.

Führung im Personalbereich	Vom Leiter des Personalbereiches werden Ziele formuliert, die von allen Mitarbeitern zu beachten sind. Die Mitarbeiter haben die Aufgabe, das Geschehen im Personalbereich so zu beeinflussen, daß die Ziele erfüllt werden. Die Kontrolle im Personalbereich ist vor allem auch eine Führungsaufgabe.
Führung im Organisationsbereich	Der Leiter der Organisationsabteilung ist dafür zuständig, daß die Aufbau-, Ablauf- bzw. die Projektorganisation einwandfrei funktionieren. Auch das Führungskonzept im Organisationswesen besteht aus Planung, Realisation und Kontrolle.
Führung im Rechnungswesen	Der Leiter des Rechnungswesens führt seine Mitarbeiter so, daß die Ziele der Buchhaltung, der Kosten- und Leistungsrechnung bzw. der Bilanzierung erreicht werden. Dazu sind zweckentsprechende Planung, Durchführung und Überprüfung notwendig.

2.4.3 Gruppenführung

Betriebliche Gruppenführung bedeutet, daß ein einzelnes Gruppenmitglied oder eine Gruppe unter Berücksichtigung der jeweiligen Gruppensituation auf einen gemeinsam zu erzielenden Gruppenerfolg hin zu beeinflussen ist (*Rahn*).

Wenn eine Gruppe erfolgreich sein soll, muß sie von ihrem Gruppenleiter entsprechend geführt werden. In der Gruppe werden gemeinsam zu erreichende Gruppenziele vereinbart, an die sich alle Gruppenmitglieder zu halten haben. Die Gruppenziele sind jeweils aus den Bereichs- bzw. Unternehmenszielen abgeleitet. Der Gruppenleiter nimmt eine entsprechende operative Planung vor, die kurzfristig angelegt ist.

Im Rahmen der Realisierung der vereinbarten Ziele führen die Wechselbeziehungen zwischen Gruppenmitgliedern zur Aufgabenteilung und damit zur Zuordnung von Gruppenrollen, die man als Gruppenzielrollen, Gruppenerhaltungsrollen und Individualrollen interpretieren kann.

Am Ende einer Periode wird kontrolliert, ob die Gruppenziele bzw. die Plandaten der Gruppe erfüllt wurden.

2.4.4 Individualführung

Jede Führungskraft hat die Aufgabe, das Arbeitsverhalten des Individuums zu steuern. Die Wirkungen der Führung äußern sich im Verhalten des Geführten (*Neuberger*), das von mehreren **Faktoren** abhängig ist:

- Die Persönlichkeit des Geführten und seine Persönlichkeitsfaktoren wirken auf das Arbeitsverhalten.

- Das Arbeitsverhalten wird auch von der Persönlichkeit der Führungskraft und ihrem Führungsverhalten beeinflußt.

- Die Art des Einsatzes der Führungsmittel wirkt sich auf das Arbeitsverhalten des Geführten aus.

- Der individuelle Erfolg des Geführten kann als Erfolgserlebnis sein Arbeitsverhalten positiv beeinflussen.

- Die Führungssituation ist schließlich auch für das Arbeitsverhalten des Geführten bedeutsam.

Unternehmens-, Bereich-, Gruppen- und Individualführung stehen in wechselseitiger Abhängigkeit zueinander. Auf allen diesen Ebenen ist eine Leitung vorhanden, werden Ziele vorgegeben und Wege zur Zielerreichung gesucht. Die aus der Planungs- und Durchführungsphase gegebenen Daten werden kontrolliert und analysiert. Sie dienen der Unternehmensleitung zur Festlegung ihrer strategischen Entscheidungen.

10

3. Wirtschaftsrecht

Die unternehmenspolitischen Gestaltungsmöglichkeiten sind durch vielfältige Rechtsvorschriften geregelt bzw. begrenzt, die beachtet werden müssen. Für das Unternehmen bedeutsame Rechtsgrundlagen sind:

3.1 Bürgerliches Recht

Das Bürgerliche Recht ist im Bürgerlichen Gesetzbuch (BGB) festgelegt. Es regelt die Rechtsverhältnisse natürlicher und juristischer Personen. Natürliche Personen sind Menschen, juristische Personen sind Gesellschaften, die über eine eigene Rechtsfähigkeit verfügen, beispielsweise die GmbH, AG, KGaA.

Das BGB besteht aus:

- einem Allgemeinen Teil,
- dem Schuldrecht, in dem beispielsweise Verträge behandelt werden,
- dem Sachenrecht, in dem beispielsweise Besitz und Eigentum geregelt sind,
- dem Familienrecht,
- dem Erbrecht.

Für das Unternehmen sind vor allem das **Schuldrecht** und **Sachenrecht** bedeutsam. Das Bürgerliche Recht soll unter folgenden Gesichtspunkten behandelt werden:

- **Rechtsgeschäfte**
- **Rechts-/Geschäftsfähigkeit**
- **Leistungsstörungen.**

3.1.1 Rechtsgeschäfte

Rechtsgeschäfte sind rechtliche Tatbestände, die Rechtsfolgen bewirken. Die **Willenserklärung** ist das Grundelement eines Rechtsgeschäfts. Darunter ist das Verhalten einer Person zu verstehen, das einen auf die Herbeiführung einer Rechtsfolge gerichteten Willen zum Ausdruck bringt.

Es lassen sich unterscheiden:

3.1.1.1 Arten

Rechtsgeschäfte können aus einer oder mehreren Willenserklärungen bestehen. Dementsprechend sind zu unterscheiden:

- **Einseitige Rechtsgeschäfte**, die durch die Willenserklärung einer Person entstehen. Sie sind:

Empfangs-bedürftige Willenserklärungen	Sie müssen in den Herrschaftsbereich des Empfängers gelangen, um rechtswirksam zu werden, beispielsweise die Kündigung. Zu diesen Willenserklärungen werden auch die Mahnung und das Angebot gezählt.
Nicht empfangs-bedürftige Willenserklärungen	Sie werden bereits bei ihrer Abgabe rechtswirksam, beispielsweise das Testament. Es ist eine einseitige Willenserklärung des Erblassers, sein Vermögen auf Erben zu übertragen. Diese kann in eigenhändig geschriebener Form und/oder zur Niederschrift beim Notar erfolgen.

- **Mehrseitige Rechtsgeschäfte** bestehen auf mindestens zwei Willenserklärungen. Sie können einseitig verpflichtend, beispielsweise die Bürgschaft, oder mehrseitig verpflichtend sein, beispielsweise:

Kaufvertrag	Der Käufer erwirbt eine Sache gegen Entgelt. Der Verkäufer übergibt den Gegenstand und verschafft das Eigentum daran.	§§ 433 - 458 BGB
Werkvertrag	Ihm liegt zugrunde, daß ein Werk gegen Entgelt hergestellt wird. Der Besteller beschafft das Material dazu.	§§ 631 - 650 BGB
Werklieferungsvertrag	Er verpflichtet den Unternehmer zur entgeltlichen Herstellung eines Werkes, zu dem er selbst das Material zu beschaffen hat.	§ 651 BGB
Dienstvertrag	Er bringt für den Arbeitnehmer die Pflicht der Verrichtung einer Arbeit mit sich. Der Arbeitgeber hat die vereinbarte Vergütung zu zahlen.	§§ 611 - 630 BGB
Schenkungsvertrag	Hier ist eine unentgeltliche Zuwendung von Sachen oder Rechten gegeben.	§§ 516 - 534 BGB
Mietvertrag	Der Vermieter überläßt dem Mieter Sachen zum Gebrauch gegen Entgelt. Dieser hat die Miete vertragsgemäß zu bezahlen.	§§ 535 - 580 BGB
Pachtvertrag	Es erfolgt eine Überlassung von Sachen und Rechten zum Gebrauch und Fruchtgenuß gegen Entgelt.	§§ 581 - 597 BGB
Leihvertrag	Der Verleiher überläßt dem Entleiher eine Sache unentgeltlich, der sich zur Rückgabe derselben Sache verpflichtet.	§§ 598 - 606 BGB
Darlehensvertrag	Er beinhaltet die unentgeltliche oder entgeltliche Überlassung von vertretbaren Sachen, beispielsweise von Geld.	§§ 607 - 610 BGB
Auftrag	Er verpflichtet den Beauftragten zur unentgeltlichen Besorgung eines Geschäftes für den Auftraggeber.	§§ 662 - 676 BGB

3.1.1.2 Willenserklärungen

Willenserklärungen können abgegeben werden als:

- **Formlose Willenserklärungen**, die unterschieden werden in:

Ausdrückliche Willenserklärung	Sie ist beispielsweise gegeben, wenn eine Person in einem Ladengeschäft ein Buch bestellt oder wenn ein Vermieter eine Kündigung schreibt und diese dem Mieter zuschickt.
Schlüssige Willenserklärung	Sie entsteht, wenn eine Person schlüssig (konkludent) handelt, d.h. wenn sie beispielsweise im Supermarkt die Ware an der Kasse vorlegt. Aus der bloßen Handlung läßt sich der Wille erkennen.

Wirtschaftsrecht

- **Formgebundene Willenserklärungen**, die zu ihrer Wirksamkeit erfordern:

Schriftform	Bestimmte Willenserklärungen sind schriftlich abzugeben, beispielsweise alle Bürgschaftserklärungen unter Nichtkaufleuten; ebenso Mietverträge, die länger als ein Jahr laufen.
Notarielle Beurkundung	Das ist die protokollarische Aufnahme von Willenserklärungen durch einen Notar, der sowohl den Inhalt der Willenserklärung als auch die Echtheit der Unterschrift bestätigt, beispielsweise bei Grundstücksverträgen, Erbverträgen.
Notarielle Beglaubigung	Sie ist die schriftliche Bestätigung der Echtheit einer Unterschrift durch einen Notar, beispielsweise bei einer Anmeldung zum Handelsregister. Der Inhalt einer Willenserklärung wird nicht bestätigt.

3.1.1.3 Nichtigkeit

Ein nichtiges Rechtsgeschäft erzeugt keine Rechtswirkungen. Es ist in der Regel von Anfang an unwirksam. Die Nichtigkeit kann beruhen auf:

- **Mangel im Inhalt des Rechtsgeschäfts,** dem zugrundeliegen kann:

Verstoß gegen gesetzliches Verbot	Er ist dann gegeben, wenn beispielsweise ein Dealer an eine Person Rauschgift verkauft. Diese Handlung verstößt gegen ein gesetzliches Verbot (§ 134 BGB).
Verstoß gegen gute Sitten	Er liegt vor, wenn das Rechtsgeschäft mit dem Empfinden billig und gerecht denkender Menschen nicht in Einklang zu bringen ist, beispielsweise wenn ein Kapitalgeber für ein Darlehen Wucherzinsen verlangt (§ 138 BGB).

- **Mangel im rechtsgeschäftlichen Willen,** der beruhen kann auf:

Willenserklärung mit Störung	Sie wird im Zustand der Bewußtlosigkeit oder bei vorübergehender Störung der Geistestätigkeit abgegeben, beispielsweise wenn jemand total betrunken ist und sein Fahrrad verschenkt (§ 105 BGB).
Willenserklärung zum Schein	Sie ist z.B. gegeben, wenn der Käufer eines Hauses beim Notar eine niedrigere Kaufsumme eintragen läßt, um die Grunderwerbsteuer zu vermindern (§ 117 BGB).
Willenserklärung zum Scherz	Sie ist offensichtlich nicht ernst gemeint, beispielsweise wenn jemand ein Grundstück auf dem Planeten Pluto kauft (§ 118 BGB).

- **Mangel in der Form**, der auf gesetzlichen Formvorschriften beruht, beispielsweise wird ein über zwei Jahre laufender Mietvertrag nur mündlich abgeschlossen (§ 125 BGB).

- **Mangel in der Geschäftsfähigkeit** als Fähigkeit, Willenserklärungen abzugeben und entgegenzunehmen - siehe näher S. 63.

3.1.1.4 Anfechtung

Zunächst zustande gekommene Rechtsgeschäfte können durch Anfechtung mit rückwirkender Kraft nichtig werden (§ 142 BGB). Gründe, die eine Anfechtung rechtfertigen, sind:

- Der **Irrtum** als eine falsche Vorstellung über Tatsachen (§ 119 BGB). Die Anfechtung hat unverzüglich nach der Entdeckung des Irrtums zu erfolgen (§ 121 BGB). In folgenden Fällen kann angefochten werden:

Inhalts-irrtum	Der Erklärende irrt sich um die Bedeutung seiner Erklärung. Er verwendet z.B. fälschlicherweise Fremdwörter.
Erklärungs-irrtum	Dabei entspricht die Willenserklärung objektiv nicht dem, was geäußert werden soll, beispielsweise wenn sich jemand verschreibt und für einen Kugelschreiber 5 DM statt 50 DM genannt werden.
Übermittlungs-irrtum	Eine Willenserklärung wird durch einen Dritten (Boten) falsch wiedergegeben, beispielsweise wird in einem Telegramm versehentlich ein falscher Preis übermittelt (§ 120 BGB).
Irrtum über wesentliche Eigenschaften	Sie können sich auf wertbildende Faktoren einer Person oder Sache beziehen und müssen für die Willenserklärung ursächlich sein. Beispielsweise wird die Fälschung eines Gemäldes verkauft, die der Käufer für das Original hält.

- Die **arglistige Täuschung** als eine bewußte Handlung, jemanden irrezuführen, beispielsweise wenn ein Auto »unfallfrei« verkauft wird, obwohl dem Verkäufer der Schaden des Wagens bekannt ist. Die Anfechtung hat binnen Jahresfrist ab Entdeckung der Täuschung zu erfolgen (§§ 123, 124 BGB).

- Die **widerrechtliche Drohung** als eine rechtswidrige Beeinflussung, um eine Handlung zu erzwingen, beispielsweise wenn ein Vertragspartner einen anderen zu erpressen versucht. Die Anfechtung muß ebenfalls binnen Jahresfrist seit Wegfall der Zwangslage erfolgen (§§ 123, 124 BGB).

Kein Anfechtungsgrund besteht bei einem **Motivirrtum** als einem Irrtum im Beweggrund, der zur Abgabe einer Willenserklärung geführt hat, und bei **schuldhafter Unkenntnis** der Rechtslage.

Wirtschaftsrecht

3.1.2 Rechts- / Geschäftsfähigkeit

Die **Rechtsfähigkeit** des Menschen beginnt mit der Vollendung der Geburt und endet mit dem Tode (§ 1 BGB).

Von ihr ist die **Geschäftsfähigkeit** zu unterscheiden. Das ist die Fähigkeit, Willenserklärungen abzugeben und entgegenzunehmen. Zu nennen sind:

- Personen, die **geschäftsunfähig** sind. Geschäftsunfähig ist (§ 104 BGB):
  - wer nicht das siebente Lebensjahr vollendet hat,
  - wer sich in einem die freie Willensbestimmung ausschließenden Zustande krankhafter Störung der Geistestätigkeit befindet, sofern nicht der Zustand seiner Natur nach ein vorübergehender ist.

  Ihre Willenserklärungen sind nichtig (§ 105 BGB).

- **Beschränkt geschäftsfähige Personen**, das sind Personen vom vollendeten 7. Lebensjahr bis zum vollendeten 18. Lebensjahr (§ 106 BGB),

  Willenserklärungen von beschränkt geschäftsfähigen Personen bedürfen in der Regel der vorherigen **Zustimmung** des gesetzlichen Vertreters. Bis zur späteren Genehmigung sind die Geschäfte schwebend unwirksam, sofern der beschränkt Geschäftsfähige nicht ausschließlich rechtliche Vorteile aus dem Geschäft erlangt (§ 107 BGB).

- **Voll geschäftsfähige Personen**, wenn sie das 18. Lebensjahr vollendet haben. Ihre Willenserklärungen sind voll wirksam (§ 2 BGB).

3.1.3 Leistungsstörungen

Die im Rahmen des güterwirtschaftlichen Prozesses erbrachten Leistungen eines Unternehmens können Störungen unterliegen. Sie können sich beziehen auf - siehe ausführlich *Steckler*:

- Den **Leistungs-** oder den **Erfüllungsort**, an dem die Leistungen zu erbringen sind. Dabei sind zu unterscheiden:

Holschuld	Haben die Vertragsparteien den Leistungsort nicht bestimmt oder eine Holschuld vereinbart, hat die Leistung am Wohnsitz des Schuldners oder am Sitz seiner gewerblichen Niederlassung zu erfolgen (§ 269 BGB). Erfüllungsort ist also der Wohnsitz bzw. Geschäftssitz des Schuldners.
Bringschuld	Es ist die am Sitz des Gläubigers zu erbringende Schuld. Erfüllungsort ist der Sitz des Gläubigers. Bringschulden beruhen meistens auf Vereinbarung bzw. Verkehrssitte.
Schickschuld	Dabei liegt der Leistungsort am Wohnsitz des Schuldners. Dort hat er die Leistung einem Versand- oder Transportunternehmen zu übergeben. Geldschulden sind immer Schickschulden (§ 270 Abs. 1 BGB). Erfüllungsort ist der Sitz des Gläubigers.

- Die **Leistungszeit**, welche festlegt, wann die Ware zu liefern bzw. wann die Kaufsumme zu zahlen ist. Die Leistungszeit ergibt sich durch ausdrückliche Vereinbarung oder durch stillschweigende Übereinkunft. Wenn nichts vereinbart ist, muß die Leistung sofort erbracht werden (§ 271 Abs. 1 BGB).

- Die **Leistungspflicht**, die in einem Handeln oder in einem Unterlassen des Schuldners bestehen kann (§ 241 BGB). Sie kann sein:

Haupt-leistungs-pflicht	Es ist jene Leistungspflicht, die den Vertragstyp kennzeichnet bzw. nach dem Willen der Vertragspartner von besonderem Interesse ist. Diese Pflicht ist im Kaufvertrag die Zahlungspflicht des Käufers und die Übertragungspflicht der Sache durch den Verkäufer.
Neben-leistungs-pflicht	Sie sichert lediglich die vertragstreue Erfüllung der Hauptleistungspflicht oder andere Rechtsgüter der Vertragsparteien. Beim Kaufvertrag sind beispielsweise die Art und Weise der Kaufpreiszahlung, Ratenzahlung, Höhe der Raten, Beginn und Dauer der Ratenzahlungen zu nennen.

Die **Leistungsstörungen** können beruhen auf:

- Einer **Unmöglichkeit**, bei der ein Schuldner nicht mehr in der Lage ist, die versprochenen Leistungen auszuführen. Sie kommt vor als:

Objektive anfängliche Unmöglich-keit	Die Leistung kann von niemandem erbracht werden, denn der Vertrag ist von Anfang an auf eine objektiv unmögliche Leistung gerichtet. Die Vertragspartner wissen beispielsweise bei Vertragsabschluß nicht, daß das verkaufte Auto zum Zeitpunkt des Vertragsabschlusses bereits einen Totalschaden hatte (§§ 306, 307 BGB).
Subjektive nachträgliche Unmöglich-keit (Unvermögen)	Die Leistung kann nur vom Schuldner subjektiv nicht erbracht werden. Gegenstand des Kaufvertrages ist ein Pkw, den der Verkäufer für seinen Geschäftsbetrieb nutzt. Noch vor der Lieferung wird der Pkw im Ausland gepfändet und versteigert. Die Leistung ist objektiv möglich, kann aber vom Schuldner als Verkäufer subjektiv nicht erbracht werden (§§ 275, 323-325, 440 BGB).

- Einem **Verzug** als einer Verspätung, die Rechte für den anderen Teil nach sich zieht. Er kann sein:

Lieferungs-verzug	Der Verkäufer liefert schuldhaft nicht oder nicht rechtzeitig, beispielsweise wenn die Lieferung am 10.03. vereinbart war, aber schuldhaft erst am 15.03. geliefert wird (§§ 284-292, 326, 440 BGB).
Zahlungs-verzug	Der Käufer bezahlt den vereinbarten Kaufpreis schuldhaft nicht oder nicht rechtzeitig, beispielsweise wenn die Zahlung schuldhaft erst 6 Wochen nach dem vereinbarten Zahlungstermin erfolgt (§§ 284-292, 326 BGB).
Annahme-verzug	Der Käufer nimmt die Ware oder der Verkäufer die Zahlung nicht oder nicht rechtzeitig an, beispielsweise wenn der Käufer am Tage der vereinbarten Lieferung nicht zu Hause ist und die ordnungsgemäß gelieferte Ware nicht entgegennimmt (§§ 293-304 BGB).

- Einem **Sachmangel**, wenn der Kaufgegenstand mit einem Fehler behaftet ist oder ihm eine zugesicherte Eigenschaft fehlt (§ 459 BGB).

- Eine **positive Vertragsverletzung**, welche alle schuldhaften Vertragsverletzungen des Schuldners umfaßt, die *nicht* durch die Vorschriften über
  - Mängelgewährleistung,
  - Verzug,
  - Unmöglichkeit

  geregelt sind.

  Das ist beispielsweise dann der Fall, wenn bestimmte Sorgfaltspflichten nicht beachtet wurden, etwa ein Hausflur durch den mit dem Transport der Möbel beauftragten Spediteur beschädigt wird.

- **Culpa in Contrahendo** (Verschulden bei Vertragsschluß), die bei schuldhaften Handlungen im vorvertraglichen Vertrauensverhältnis bis zum Vertragsabschluß gegeben ist, beispielsweise
  - Verletzung von Aufklärungspflichten
  - Verletzung von Mitteilungspflichten,

  die für den Vertragspartner bedeutsam sind.

  Ein Käufer wird beispielsweise nicht über die erforderliche »Einlaufphase« einer Maschine informiert.

11

3.2 Handelsrecht

Das BGB gilt für die Rechtsgeschäfte aller natürlichen und juristischen Personen. Es ist damit für Nichtkaufleute und Kaufleute bedeutsam. Das Handelsrecht regelt ausschließlich die **Rechtsverhältnisse von Kaufleuten**.

Das **Handelsgesetzbuch** (HGB) umfaßt die Bücher über den Handelsstand, die Handelsgesellschaften, die Handelsbücher, die Handelsgeschäfte und den Seehandel.

Es sollen dargestellt werden:

- **Kaufleute**
- **Firma/Handelsregister**
- **Vollmachten**.

3.2.1 Kaufleute

Kaufmann ist, wer ein Handelsgewerbe betreibt (§ 1 HGB). Ein Gewerbe ist eine erlaubte, planmäßige und dauerhafte Tätigkeit zum Zwecke der Gewinnerzielung.

Kaufleute können unterschieden werden:

- Nach dem **Erwerb der Kaufmannseigenschaft**

Mußkaufleute	Das sind Kaufleute, die ein Grundhandelsgewerbe* nach § 1 HGB betreiben. Sie müssen ihre Firma gemäß § 29 HGB in das Handelsregister eintragen lassen.
Formkaufleute	Kaufleute kraft Rechtsform (§ 6 HGB) sind alle Handelsgesellschaften (OHG, KG), Kapitalgesellschaften (GmbH, AG), Genossenschaften, Versicherungsvereine auf Gegenseitigkeit.
Sollkaufleute	Das sind handwerkliche oder sonstige gewerbliche Unternehmen, die nicht in § 1 HGB genannt sind, aber nach Art und Umfang einen kaufmännischen Geschäftsbetrieb erfordern (§ 2 HGB), beispielsweise: Großhandwerker, Bauunternehmer, Grundstücksmakler, Dienstleistungsunternehmen. Die Unternehmen müssen in das Handelsregister eingetragen werden. Durch die Eintragung werden sie Kaufleute.
Kannkaufleute	Land- oder forstwirtschaftliche Unternehmen, die nach Art und Umfang einen kaufmännischen Geschäftsbetrieb erfordern, können in das Handelsregister eingetragen und damit Kaufleute werden (§ 3 HGB). Das gilt auch für Nebengewerbe wie Mühlen, Brauereien, Molkereien.

- Nach dem **Umfang der Rechte und Pflichten**

Vollkaufleute	Das sind alle Soll-, Kann- und Formkaufleute sowie diejenigen Mußkaufleute, deren Gewerbebetrieb nach Umsatzhöhe und kaufmännischer Organisation über das Kleingewerbe hinausgeht. Für sie findet das HGB volle Anwendung.
	Rechte der Vollkaufleute: ○ Führung einer Firma ○ Ernennung von Prokuristen ○ Gründung einer OHG oder KG	**Pflichten** der Vollkaufleute: ○ Eintragung ins Handelsregister ○ Führung von Handelsbüchern (Bilanzierung)

---

* Unternehmer mit reinem Warenhandel (Groß- und Einzelhandel)
Fabrikmäßige Be- und Verarbeitung fremder Waren (Maschinenfabrik, Großwäscherei)
Versicherungen
Banken (Kreditinstitute)
Transportunternehmer, Spediteur
Kommissionäre (handeln im eigenen Namen für fremde Rechnung mit Waren/Wertpapieren)
Lagerhalter
Handelsvertreter (Waren, Versicherungen, Bausparkassen)
Handelsmakler (handeln mit Sachen/Wertpapieren)
Verlagsunternehmer, Buch- und Kunsthändler

Wirtschaftsrecht

Minder-kaufleute	Sie führen ihr Gewerbe unter ihrem bürgerlichen Namen oder einer Geschäftsbezeichnung, beispielsweise als kleine Bäckerei, Zeitungskiosk, Tante-Emma-Laden. Ihre Abgrenzung zu den Vollkaufleuten ist nicht immer einfach. Ein unter 100.000 DM liegender Umsatz kann ein Anhaltspunkt sein.
	Minderkaufleute haben weder die oben genannten Rechte noch Pflichten der Vollkaufleute. Die restlichen Vorschriften des HGB finden jedoch Anwendung. Sie müssen die steuerlichen Vorschriften beachten, ihre täglichen Umsätze buchen und eine Mindestbuchführung einrichten.

3.2.2 Firma/Handelsregister

Für die Gründung eines Unternehmens sind die Firma und das Handelsregister bedeutsam:

- Die **Firma** eines Kaufmanns ist der Name, unter dem er im Handel seine Geschäfte betreibt und die Unterschrift abgibt (§ 17 HGB). Der Kaufmann tritt im Handelsverkehr mit seiner Firma auf. Er kann unter seiner Firma klagen und verklagt werden. Außerdem erwirbt er Forderungen und geht Verbindlichkeiten unter seiner Firma ein. Die Firma stellt einen Bestandteil des Unternehmens dar und ist deshalb gesetzlich in mehrfacher Hinsicht geschützt (Firmenschutz, § 37 HGB).

- Das **Handelsregister** ist ein öffentliches Register, das von den Amtsgerichten geführt wird (§ 8 HGB). Sie nehmen die Eintragung für alle Kaufleute vor, die in dem jeweiligen Gerichtsbezirk ihren Geschäftssitz haben.

Das Gericht hat die Eintragungen in das Handelsregister durch den Bundesanzeiger und durch mindestens ein anderes Blatt (örtliche Tageszeitung) bekanntzumachen (§ 10 HGB). Die Einsicht in das Handelsregister sowie in die zum Handelsregister eingereichten Schriftstücke ist jedem gestattet (§ 9 HGB).

3.2.3 Vollmachten

Die Unternehmensleitung benötigt zur Durchführung der anfallenden Arbeiten geeignete Mitarbeiter, die bereit sind, Verantwortung zu übernehmen. Sie sind dementsprechend mit Vollmachten auszustatten. Zu unterscheiden sind:

- Die **Prokura**, die ausdrücklich mündlich oder schriftlich erteilt und zur Eintragung ins Handelsregister angemeldet werden muß (§§ 48-53 HGB). Ihre Wirkung beginnt mit der Erteilung, nicht erst mit der Eintragung und Veröffentlichung im Handelsregister.

Der Prokurist ist zu allen Arten von gerichtlichen und außergerichtlichen Geschäften und Rechtshandlungen ermächtigt, die der Betrieb irgendeines Handelsgewerbes mit sich bringen kann. Dazu zählen auch Handlungen, die über den üblichen Rahmen des Geschäftes hinausgehen:

- Handlungsvollmacht erteilen
- Prozesse für die Firma führen
- Betriebsdarlehen aufnehmen
- Wechselverbindlichkeiten eingehen
- Betriebsgrundstücke kaufen.

Für den Verkauf oder die Belastung von Betriebsgrundstücken bedarf er einer besonderen Vollmacht. Er darf nicht Prokura erteilen, Handelsregistereintragungen anmelden, Bilanzen und Steuererklärungen unterschreiben und Konkurs anmelden. Diese Aufgaben sind dem Unternehmer vorbehalten.

Die Prokura kann sein:

Einzelprokura	Ein Prokurist ist allein unterschriftsberechtigt. Er unterschreibt »ppa« (= per Prokura).
Filialprokura	Die Unterschriftsbefugnis des Prokuristen ist nur auf Geschäfte einer Filiale beschränkt (§ 50 Abs. 3 HGB). Die Filialfirma muß sich durch einen Zusatz von der Firma des Hauptgeschäfts unterscheiden.
Gesamt-prokura	Zwei oder mehr Prokuristen sind nur gemeinsam unterschriftsberechtigt. Dadurch wird eine gegenseitige Kontrolle erreicht und es werden voreilige Entschlüsse verhindert.

Die Prokura erlischt:

- mit Beendigung des Arbeitsverhältnisses
- durch den Tod des Prokuristen
- durch Widerruf des Geschäftsinhabers
- durch Geschäftseinstellung oder Konkurs
- beim Wechsel des Geschäftsinhabers (nicht jedoch bei dessen Tod).

- Die **Handlungsvollmacht** besitzt, wer durch den Inhaber zum Betreiben eines Handelsgewerbes oder zur Vornahme von Rechtsgeschäften ermächtigt ist, die dieses konkrete Handelsgewerbe gewöhnlich mit sich bringt (§ 54 HGB). Sie können folgende Personen haben:

General-Handlungsbevoll-mächtigter	Er ist zur Vornahme aller Rechtsgeschäfte ermächtigt, die dieses Handelsgewerbe gewöhnlich mit sich bringt.
	Er darf
	○ Zahlungsgeschäfte erledigen
	○ Arbeitskräfte einstellen
	○ Arbeitskräfte entlassen
	○ für das Unternehmen verkaufen
	○ für das Unternehmen einkaufen.

Eine **besondere Vollmacht** benötigt er, um

o Betriebsgrundstücke zu verkaufen
o Betriebsgrundstücke zu belasten
o Prozesse zu führen
o Wechselverbindlichkeiten einzugehen
o Darlehen aufzunehmen.

Der General-Handlungsbevollmächtigte unterschreibt mit dem Zusatz »i.V.« (in Vollmacht).

Art-Handlungsbevollmächtigter	Er ist zur Vornahme einer bestimmten Art von Rechtsgeschäften befugt, die im Handelsgewerbe dieses Geschäftszweiges laufend vorkommen, beispielsweise als Einkäufer, Verkäufer, Kassierer.
Einzel-Handlungsbevollmächtigter	Er ist zur Vornahme bestimmter Einzelgeschäfte befugt, zu denen er von Fall zu Fall beauftragt wird. Beispielsweise erhält er den Auftrag, eine bestimmte Maschine zu kaufen.

Wenn ein Kaufmann mehrere Bevollmächtigte ernennt, kann er jedem für sich - als Einzelvollmacht - oder mehreren Bevollmächtigten zusammen - als Gesamtvollmacht - Handlungsvollmacht einräumen.

12

3.3 Gesellschaftsrecht

Jede durch Vertrag begründete Personenvereinigung zur Verfolgung eines gemeinsamen Zwecks ist eine Gesellschaft. Der Vielgestaltigkeit der Bedürfnisse entsprechend werden Gesellschaften mit unterschiedlicher Zielsetzung gegründet. Bei einem Wirtschaftsunternehmen ist der Zweck regelmäßig auf den Betrieb eines bestimmten Gewerbes und Gewinnerzielung gerichtet.

Vorschriften über Gesellschaften finden sich im BGB, HGB, GmbHG, AktG und GenG. Auf sie wird ausführlich im *Kapitel B* eingegangen.

3.4 Besondere Schutzgesetze

Schutzgesetze können vielfältiger Art sein. Es sollen dargestellt werden:

- **Gewerblicher Rechtsschutz**
- **Wettbewerbsschutz**
- **Datenschutz**
- **Umweltschutz.**

3.4.1 Gewerblicher Rechtsschutz

Neue Erzeugnisse und Verfahren, die im Unternehmen entstanden sind, können über den gewerblichen Rechtsschutz gesichert werden. Es sind folgende Möglichkeiten denkbar:

- **Patente** werden für Erfindungen erteilt, die neu sind, auf einer erfinderischen Tätigkeit beruhen und gewerblich anwendbar sind (§ 1 PatG). **Erfindungen** sind technische Leistungen, die Lehren und Anweisungen zum technischen Handeln darstellen, beispielsweise Schaltungen, Maschinen, Verfahren.

  Der Patentinhaber kann durch **Lizenzvertrag** einem Dritten eine Nutzung des Patentrechts gestatten.

- **Gebrauchsmuster** dienen dem Schutz von Arbeitsgerätschaften und Gebrauchsgegenständen, die eine neue Gestaltung, Anordnung, Vorrichtung oder Schaltung aufweisen, auf einem erfinderischen Schritt beruhen und gewerblich anwendbar sind (§ 1 GebrauchsmusterG).

- **Geschmacksmuster** sind Schutzrechte, die das Recht beinhalten, ein gewerbliches Muster oder Modell ganz oder teilweise nachzubilden (§ 1 GeschmacksmusterG), wie beispielsweise das Design von Einrichtungs- und Gebrauchsgegenständen.

- **Marken**, geschäftliche Bezeichnungen und geographische Herkunftsangaben verleihen Produkten den Charakter von Markenartikeln. Der Markenschutz entsteht z. B. durch Benutzung eines Zeichens unter Verkehrsgeltung oder die Eintragung als Marke in das vom Patentamt geführte Register (§ 4 Markengesetz). Gegenstand der Marke können Wort-, Bild- oder Kombinationszeichen sein. Wortzeichen sind beispielsweise Persil oder Coca-Cola.

Die Rechte an Erfindungen, die ein Arbeitnehmer während des Arbeitsverhältnisses macht, regelt das Arbeitnehmererfindungs-Gesetz (ArbNErfG).

3.4.2 Wettbewerbsschutz

Das **Gesetz gegen den unlauteren Wettbewerb** (UWG) schützt die unternehmerische Tätigkeit des Kaufmanns im Wettbewerb gegenüber mißbräuchlichen Wettbewerbshandlungen. Dem Gesetz liegt der Rechtsgedanke der guten Sitten im Wettbewerb zugrunde. Danach hat eine wettbewerbswidrige Handlung einen Unterlassungs- und Schadensersatzanspruch des betroffenen Konkurrenten zur Folge.

Die Generalklausel des § 1 UWG besagt, daß auf Unterlassung und Schadensersatz in Anspruch genommen werden kann, wer im geschäftlichen Verkehr zu Zwecken des Wettbewerbs Handlungen vornimmt, die gegen die guten Sitten verstoßen.

Wirtschaftsrecht

Einzelfälle des **wettbewerbswidrigen Verhaltens** sind:

- Täuschung durch irreführende Werbung
- Nötigung durch Zwang, Bedrohung oder psychischen Druck
- Belästigung, z.B. durch Zusendung unbestellter Waren
- Verlockung durch unentgeltliche Zuwendungen von Wertgegenständen
- Vorspannangebote, Koppelungsgeschäfte.

Zum Schutz des Wettbewerbs enthält § 3 UWG ein **grundsätzliches Irreführungsverbot** für die Werbung mit Angaben über geschäftliche Verhältnisse. Das UWG wird durch zahlreiche Nebengesetze ergänzt, beispielsweise:

- Die **Zugabeverordnung**, durch die verbotene Zugaben untersagt werden. Dazu zählen beispielsweise:

  - wenn ein Kaffee-Versand die kostenlose Wartung der Kaffeemaschine bietet, sofern regelmäßig eine bestimmte Mindestmenge Kaffee abgenommen wird,

  - wenn ein Teppichhändler per Anzeige ankündigt: »Fünf Jahre Umtauschrecht zum alten Preis«.

- Das **Rabattgesetz**, das ein grundsätzliches Rabattverbot enthält. Ausnahmen für Rabatte als Preisnachlässe sind beispielsweise:

  - Der Barzahlungsrabatt bis zu 3 %, wenn die Bezahlung unverzüglich oder spätestens innerhalb eines Monats nach Lieferung erfolgt (§ 2 RabattG).

  - Der Mengenrabatt bei Abnahme größerer Mengen in handelsüblichem Umfang (§ 7 RabattG).

  - Der Sonderrabatt nach § 9 RabattG für berufliche und gewerbliche Zwecke bzw. Großabnehmer.

  - Der Treuerabatt in Form von Barvergütungen für Gutscheine bei Markenartikeln (§ 13 der 1. DurchführungsVO zum RabattG).

Das **Gesetz gegen Wettbewerbsbeschränkungen** (GWB) spricht ein grundsätzliches Kartellverbot aus - siehe ausführlich *Kapitel B*.

Das nationale Wettbewerbsrecht wird durch Generalklauseln auf der Ebene der Europäischen Gemeinschaft ergänzt. Die Art. 85 und 86 des EG-Vertrages beziehen sich auf eine Beeinträchtigung des Handels zwischen den Mitgliedstaaten, also auf den grenzüberschreitenden Verkehr. Gegen Kartelle, abgestimmte Verhaltensweisen, wettbewerbswidrige Maßnahmen und gegen den Mißbrauch marktbeherrschender Stellung kann die EG einschreiten.

3.4.3 Datenschutz

Der Datenschutz ist im **Bundesdatenschutzgesetz** (BDSG) und in den Landesdatenschutzgesetzen geregelt. Der Anwendungsbereich der Datenschutzgesetze betrifft auch die Verarbeitung personenbezogener Daten durch Unternehmen, soweit sie die Daten in oder aus Dateien geschäftlich oder beruflich nutzen oder verarbeiten.

Die personenbezogenen Daten unterliegen bei ihrer Verarbeitung einer staatlichen Kontrolle durch die Datenschutzbeauftragten des Bundes und der Länder. Ferner erfolgt eine Selbstkontrolle durch betriebliche Datenschutzbeauftragte.

In vielen Lebensbereichen haben sich Sonderregelungen zum Datenschutz entwickelt, etwa das Bankgeheimnis, das Betriebs- und Geschäftsgeheimnis, das Brief-, Post- und Fernmeldegeheimnis usw.

3.4.4 Umweltschutz

Als Umweltschutz bezeichnet man die auf Umweltforschung und Umweltrecht basierende Gesamtheit der Maßnahmen, die dazu dienen, die natürlichen Lebensgrundlagen von Pflanze, Tier und Mensch zu erhalten.

Das Umweltbewußtsein ist in der Bevölkerung und den Unternehmen in den letzten Jahren deutlich angestiegen. Grundwassergefährdungen, saurer Regen, Baumsterben und die Umweltbelastung durch Industrieabfälle haben diese Entwicklung gewiß gefördert.

Dem Umweltschutz gilt eine Vielzahl von **Gesetzen**, beispielsweise *(Oeldorf/Olfert)*:

- Abfallverbringungsgesetz
- Abwasserabgabengesetz
- Atomgesetz/Strahlenschutzvorsorgesetz
- Bundesimmissionsschutzgesetz
- Bundesnaturschutzgesetz
- Bundeswaldgesetz
- Gesetz über die Umweltverträglichkeitsprüfung
- Kreislaufwirtschafts- und Abfallgesetz
- Umweltinformationsgesetz
- Waschmittelgesetz
- Wasserhaushaltsgesetz.

Außerdem gibt es mehrere **Verordnungen**, beispielsweise

- Abfallbeförderungsverordnung
- Altölverordnung
- FCKW-Halon-Verbots-Verordnung
- Klärschlammverordnung
- Verordnung über Betriebsbeauftragte für Abfall
- Verpackungsverordnung.

3.5 Arbeitsrecht

Infolge der unterschiedlichen Interessen der Arbeitgeber, der Arbeitnehmer und der Allgemeinheit sind vielfältige **Rechtsquellen** zum Arbeitsrecht zu unterscheiden. Zu nennen sind:

- Arbeitnehmerüberlassungsgesetz (AÜG)
- Arbeitsplatzschutzgesetz (ArbPlSchG)
- Arbeitssicherheitsgesetz (ASiG)
- Arbeitsschutzgesetz (ArbSchG)
- Arbeitszeitgesetz (ArbZG)
- Berufsbildungsgesetz (BBiG)
- Betriebsverfassungsgsetz (BetrVG)
- Bundesurlaubsgesetz (BUrlG)
- Entgeltfortzahlungsgesetz (EFZG)
- Gewerbeordnung (GewO)
- Grundgesetz (Art. 9, 12 GG)
- Handelsgesetzbuch (HGB)
- Heimarbeitsgesetz (HAG)
- Jugendarbeitsschutzgesetz (JArbSchG)
- Kündigungsschutzgesetz (KSchG)
- Mutterschutzgesetz (MuSchG)
- Schwerbehindertengesetz (SchwbG)
- Tarifvertragsgesetz (TVG).

Das Arbeitsrecht kann unterteilt werden in:

- **Individualarbeitsrecht**
- **Kollektivarbeitsrecht.**

3.5.1 Individualarbeitsrecht

Die gesetzliche Regelung des einzelnen Arbeitsverhältnisses geht davon aus, daß eine Dienstleistung im Rahmen eines Arbeits- oder Dienstvertrages erbracht wird. Der wesentliche Inhalt eines Dienstvertrages ergibt sich aus § 611 BGB. Der Dienstberechtigte hat Anspruch auf die Dienstleistung, und der Dienstverpflichtete hat Anspruch auf die Vergütung.

Wesentliche **Teile** des Individualarbeitsrechtes sind:

- Das **Arbeitsvertragsrecht**, das die Rechte und Pflichten der Parteien des Arbeitsvertrages regelt. Arbeitgeber ist, wer mindestens einen Arbeitnehmer beschäftigt. Arbeitnehmer ist, wer im Rahmen eines unselbständigen Dienstverhältnisses eine entgeltliche Tätigkeit verrichtet, d.h. in den Betrieb des Arbeitgebers eingegliedert und weisungsgebunden ist.

Arbeitnehmer können sein:

Arbeiter	Das sind Arbeitnehmer, die überwiegend körperlich-mechanisch tätig sind.
Angestellte	Dabei handelt es sich um Arbeitnehmer, die überwiegend geistig-gedanklich tätig sind.
Leitende Angestellte	Auf diesen Personenkreis findet das Arbeitsrecht nur eingeschränkte Anwendung, weil leitende Angestellte in einer Vorgesetztenstellung typische Unternehmerfunktionen wahrnehmen.
Auszubildende	Für Personen, die in einem Berufsausbildungsverhältnis stehen, gilt das Arbeitsrecht nur eingeschränkt, da der Ausbildungszweck im Vordergrund steht. Hier gelten vor allem die Vorschriften des Berufsbildungsgesetzes (BBiG) und des Jugendarbeitsschutzgesetzes (JArbSchG).

- Das **Arbeitszeitgesetz** (ArbZG), das die tägliche Arbeitszeit, Mindestruhepausen, Nachtarbeit und Arbeitsruhe an Sonn- und Feiertagen regelt.

- Das **Arbeitnehmerschutzrecht**, das den Arbeitsplatzschutz, die Urlaubsgewährung, die Lohnsicherung, den Kündigungsschutz (KSchG) und den Sonderschutz für Schwerbehinderte und Schwangere umfaßt.

- Das **Arbeitssicherheitsrecht**, das verschiedene Regelungen zur Sicherheit der Arbeitnehmer enthält. Zur staatlichen Überwachung wurde die Gewerbeaufsicht eingerichtet. Auf den Gebieten der Unfallverhütung und der Unfallversicherung sind die Berufsgenossenschaften tätig.

Die Arbeitsstättenverordnung (ArbStättVO) regelt im einzelnen die Größe von Arbeitsräumen, die Beleuchtung, die Lüftung und die Raumtemperatur. Das Gerätesicherheitsgesetz verpflichtet Hersteller und Importeure, nur sichere Arbeitsmittel in den Verkehr zu bringen.

Das Arbeitssicherheitsgesetz, d.h. das Gesetz über Betriebsärzte, Sicherheitsingenieure und andere Fachkräfte, regelt Einzelheiten zum betrieblichen Arbeitsschutz.

3.5.2 Kollektivarbeitsrecht

Das Kollektivarbeitsrecht umfaßt Vereinbarungen zwischen Arbeitgeber und dem Betriebsrat sowie zwischen den Tarifvertragsparteien. Zum Kollektivarbeitsrecht zählen:

- Das **Tarifvertragsrecht**, das im Tarifvertragsgesetz (TVG) geregelt ist. Der Tarifvertrag ist eine schriftliche Vereinbarung zwischen einem Arbeitgeber oder einem Arbeitgeberverband und einer Gewerkschaft. Die Regelung von Inhalt (z.B. Vergütung), Abschluß und Beendigung von Arbeitsverhältnissen sowie einzelner betriebsverfassungsrechtlicher bzw. betrieblicher Fragen steht im Vordergrund.

Wirtschaftsrecht

Die Rechtsnormen des Tarifvertrages gelten unmittelbar und zwingend zwischen den beiderseits Tarifgebundenen, die unter den Geltungsbereich des Tarifvertrags fallen (§ 4 TVG).

- Das **Arbeitskampfrecht**, das sich auf die Arbeitskampfmaßnahmen der Tarifparteien bezieht, die dazu dienen, den Abschluß von Tarifverträgen nach ergebnislosen Verhandlungen zu erzwingen.

Als **Arbeitskampfmaßnahmen** sind möglich:

Streik	Er ist die planmäßige Arbeitsniederlegung einer größeren Zahl von Arbeitnehmern zur Durchsetzung tarifvertraglich regelbarer Forderungen. Anlaß für einen Streik kann insbesondere die Verbesserung bestehender Lohn- und Arbeitsbedingungen sein.
Aussperrung	Sie ist die planmäßige Nichtzulassung mehrerer Arbeitnehmer zur Arbeit durch Arbeitgeber. Die Aussperrung kann alle Arbeitnehmer eines Unternehmens betreffen oder nur gegen die streikenden Arbeitnehmer gerichtet sein.

- Das **Betriebsverfassungsrecht**, das den Umfang der Mitwirkung der Arbeitnehmer an mitbestimmungspflichtigen Angelegenheiten eines Betriebes regelt. Die Interessen der Arbeitnehmer werden überwiegend kollektiv von gewählten Vertretern der Arbeitnehmer (Betriebsrat) wahrgenommen.

Während die Gewerkschaften die Interessen der Arbeitnehmer auf überbetrieblicher Ebene u.a. durch Abschluß von Tarifverträgen vertreten, erfolgt die Mitwirkung der Arbeitnehmer im Unternehmen durch die von ihnen gewählten Betriebsräte.

Die Wahl von Betriebsräten, ihre Aufgaben im Unternehmen, insbesondere ihre Einwirkungsmöglichkeiten auf die Entscheidungen des Arbeitgebers hinsichtlich sozialer, personeller und wirtschaftlicher Angelegenheiten (betriebliche Mitbestimmung) sind im Betriebsverfassungsgesetz (BetrVG) geregelt.

Der **Betriebsrat** hat folgende Aufgaben bzw. Rechte:

Allgemeine Aufgaben (§ 80 BetrVG)	o Überwachungsrecht bei der Durchführung geltender Gesetze o Wahrnehmung von Antragsrechten beim Arbeitgeber o Antragsrecht bei Maßnahmen, die der Belegschaft dienen o Entgegennahme von Anregungen der Arbeitnehmer o Förderung der Eingliederung Schwerbehinderter o Vorbereitung und Durchführung der Wahl der Jugendvertretung o Förderung der Beschäftigung älterer Arbeitnehmer im Unternehmen o Förderung der Eingliederung ausländischer Arbeitnehmer
Mitwirkungsrechte (§§ 81 ff. BetrVG)	o Informationsrecht über nahezu alle betrieblichen Angelegenheiten (§ 90 BetrVG) o Vorschlagsrecht zur Einführung einer Personalplanung (§ 92 BetrVG) o Beratungsrecht über Änderungen im Unternehmen (§§ 111 ff. BetrVG)
Mitbestimmungsrechte	o Widerspruch gegen Kündigung (§ 102 BetrVG) o Mitbestimmung in sozialen Angelegenheiten (§ 87 BetrVG) o Zustimmung bei Einstellung, Ein- und Umgruppierung, Versetzung (§ 99 BetrVG)

- Mitbestimmung in sozialen Angelegenheiten (§ 87 BetrVG)

- Das **Betriebsvereinbarungsrecht**, das Regelungen für alle Arbeitnehmer eines Betriebes enthält. Die Betriebsvereinbarung ist ein schriftlicher Vertrag zwischen Arbeitgeber und Betriebsrat zur Regelung betriebsinterner Angelegenheiten, die zum Aufgabenbereich des Betriebsrats gehören (§ 77 BetrVG).

3.6 Sozialrecht

Das Sozialstaatsprinzip des Grundgesetzes (Art. 20 GG) ist die Grundlage des sozialen Auftrags unseres Staates. Zum Sozialrecht gehören die Sozialversicherung, die Sozialversorgung bzw. die Sozialhilfe oder Sozialfürsorge (*Steckler*). Im Zuge der Fortentwicklung der Sozialaufgaben des Staates sind zahlreiche Einzelgesetze entstanden. Gegenwärtig werden sie zu einem Sozialgesetzbuch (SGB) zusammengefaßt.

Zu unterscheiden sind:

- Das **Sozialgesetzbuch**, das zur Zeit folgende Teile enthält:

    - Allgemeiner Teil des Sozialgesetzbuches (SGB I)
    - Gesetzliche Unfallversicherung (SGB VII)
    - Gesetzliche Krankenversicherung (SGB V)
    - Gesetzliche Rentenversicherung (SGB VI)
    - Kinder- und Jugendhilfe (SGB VIII)
    - Soziale Pflegeversicherung (SGB XI)
    - Verwaltungsverfahren (SGB X)
    - Vorschriften für die Sozialversicherung (SGB IV).

    Das Recht des Sozialgesetzbuches soll der Verwirklichung sozialer Gerechtigkeit und sozialer Sicherheit dienen. Bis zu ihrer Einordnung in das SGB gelten u.a.:

    - Arbeitsförderungsgesetz (AFG)
    - Bundesausbildungsförderungsgesetz (BAföG)
    - Bundeskindergeldgesetz (BKGG)
    - Bundessozialhilfegesetz (BSHG)
    - Reichsversicherungsordnung (RVO)
    - Schwerbehindertengesetz (SchwbG).

- Die **Sozialversicherung** ist eine gesetzliche Zwangsversicherung, mit der eine Mindestversicherung garantiert wird, die durch freiwillige Zusatzversorgung ergänzt werden kann, beispielsweise private Sozialversicherungen.

Die Leistungen aus der Sozialversicherung dienen in erster Linie der **sozialen Sicherung des Arbeitnehmers** beim Ausfall der Arbeitsvergütung infolge von Krankheit, Arbeitsunfall, Alter und Arbeitslosigkeit. Dementsprechend kann die gesetzliche Sozialversicherung untergliedert werden:

Wirtschaftsrecht

Kranken-versicherung	Träger der gesetzlichen Krankenversicherung sind die Orts-, Betriebs- und Innungskrankenkassen, die Seekrankenkasse, die landwirtschaftlichen Krankenkassen und die Ersatzkassen. Die Mittel der gesetzlichen Krankenversicherung werden von den Versicherten, Arbeitgebern, Rehabilitationsträgern und dem Staat erbracht (§§ 20, 220 ff. SGB IV, 249 ff. SGB V).
	Die versicherungspflichtigen Beschäftigten und ihre Arbeitgeber tragen die Beiträge je zur Hälfte.
Pflege-versicherung	Die Pflegeversicherung gilt ab 1.1.1995 und sie verpflichtet Mitglieder gesetzlicher Krankenkassen und auch privat Versicherte. Die Leistungen der Pflegeversicherung beziehen sich auf die häusliche Pflege und auf die stationäre Pflege. Die Beiträge werden von den Arbeitgebern und Arbeitnehmern je zur Hälfte aufgebracht. Die Beiträge für Arbeitslose übernimmt die Bundesanstalt für Arbeit. Bei den Rentnern trägt die Rentenversicherung die Hälfte des Beitrages.
Unfall-versicherung	Zu den Aufgaben der Unfallversicherung zählen die Verhütung von Arbeitsunfällen, die Entschädigung der Verletzten und ihrer Angehörigen nach Eintritt des Arbeitsunfalls. Träger sind die Berufsgenossenschaften (§ 646 RVO).
	Die Mittel werden durch Beiträge der Arbeitgeber aufgebracht.
Renten-versicherung	Das Recht der gesetzlichen Rentenversicherung erfaßt die Versicherungsfälle der Erwerbs- und Berufsunfähigkeit und des Alters, einschließlich der Leistungen an Hinterbliebene. Die Finanzierung erfolgt durch die Beiträge der Versicherten und der Arbeitgeber je zur Hälfte und durch Zuschüsse des Bundes.
Arbeits-förderung	Die Beiträge zur Arbeitslosenversicherung werden je zur Hälfte vom Arbeitgeber bzw. vom Arbeitnehmer aufgebracht. Der Arbeitsförderung dienen auch Mittel der Bundesanstalt für Arbeit.

Die Maßnahmen zur Arbeitsförderung sollen nach dem Arbeitsförderungsgesetz dazu beitragen, daß

○ weder Arbeitslosigkeit noch ein Mangel an Arbeitskräften eintritt,
○ die berufliche Beweglichkeit der Erwerbstätigen gesichert wird,
○ die berufliche Eingliederung Behinderter gefördert wird,
○ Frauen beruflich eingegliedert und gefördert werden,
○ ältere Erwerbstätige wieder eingegliedert werden,
○ die illegale Beschäftigung bekämpft wird.

Diese Maßnahmen werden von der Bundesanstalt für Arbeit bzw. den Arbeitsämtern durchgeführt, so insbesondere die Berufsberatung, die Arbeitsvermittlung, die Förderung der beruflichen Bildung, die Erhaltung und Schaffung von Arbeitsplätzen (Kurzarbeitergeld, Arbeitsbeschaffungmaßnahmen für Ältere, Schlechtwettergeld).

> Diese Maßnahmen der Arbeitsförderung dienen vorrangig dem Zweck, Arbeitslosigkeit zu verhindern (§ 2 AFG). Sofern die Arbeitslosigkeit bereits eingetreten ist, hat der Arbeitslose einen Rechtsanspruch auf die Gewährung von Arbeitslosengeld oder Arbeitslosenhilfe (§§ 134 ff. AFG). Der Höhe nach liegt die Arbeitslosenhilfe unter dem Arbeitslosengeld.
>
> Die Arbeitsförderung umfaßt auch Ansprüche des Arbeitnehmers auf Konkursausfallgeld wegen Zahlungsunfähigkeit des Arbeitgebers in den letzten drei Monaten vor Konkurseröffnung.

3.7 Verfahrensrecht

Im Bereich des Bürgerlichen, des Handels-, des Arbeits- und Sozialrechts entstehen unterschiedliche Ansprüche, für die der Rechtsweg zu den Arbeits-, Sozial-, Verwaltungs- und Zivilgerichten gegeben ist. Das zuständige Gericht wird durch den Streitgegenstand bestimmt:

- Bei **zivilrechtlichen Streitigkeiten** aus dem Bürgerlichen Recht, dem Handels- und Gesellschaftsrecht, den gewerblichen Schutzrechten, den UWG und GUB sind die ordentlichen Gerichte (Amts- und Landgerichte) erstinstanzlich zuständig. Das Verfahren richtet sich nach der Zivilprozeßordnung (ZPO). Zweite und dritte Instanz sind die Oberlandesgerichte (OLG) und der Bundesgerichtshof (BGH).

- Bei **arbeitsrechtlichen Streitigkeiten** ist der Rechtsweg zu den Arbeitsgerichten gegeben. Hier sind die Regelungen des Arbeitsgerichtsgesetzes (ArbGG) bzw. der Zivilprozeßordnung (ZPO) zu beachten. Arbeitsgerichte gibt es in drei Instanzen:

  - Arbeitsgericht als erste Instanz
  - Landesarbeitsgericht als Berufungsinstanz
  - Bundesarbeitsgericht als Revisionsinstanz (in Kassel).

- Im Falle **sozialrechtlicher Streitigkeiten** ist der Rechtsweg zu den Sozialgerichten gegeben. Das Sozialgerichtsverfahren ist im Sozialgerichtsgesetz (SGG) geregelt. Sozialgerichte gibt es in drei Instanzen:

  - Sozialgericht als erste Instanz
  - Landessozialgericht als Berufungsinstanz
  - Bundessozialgericht als Revisionsinstanz (in Kassel).

3.8 Steuerrecht

Steuern werden nach § 3 Abs. 1 Abgabenordnung (AO) als Geldleistungen definiert, die nicht eine Gegenleistung für eine besondere Leistung darstellen und von einem öffentlich-rechtlichen Gemeinwesen zur Erzielung von Einnahmen auferlegt werden. Zölle und Abschöpfungen sind ebenfalls Steuern.

Mit den Steuern beschäftigt sich die betriebliche Steuerlehre - siehe ausführlich *Grefe*. Steuern werden in einem Rechtsstaat aufgrund von Steuergesetzen erhoben. Die Steuergesetzgebung hat ihre Grundlage im Art. 105 GG.

Rechtsquellen auf dem Gebiet der Besteuerung sind Gesetze, Rechtsverordnungen, Rechtsprechung und Verwaltungsanweisungen (Richtlinien, Erlasse, Verfügungen).

Rechtliche Grundlagen sind:

- Das **Grundgesetz** (Art. 104a bis 115 GG) regelt u.a. die Gesetzgebungskompetenz, Steuerverteilung, Steuerverwaltung und die Angaben zum Haushalt.

- Die **Abgabenordnung** (AO) regelt die Rechte und Pflichten der Steuerzahler, allgemeine Verfahrensvorschriften, die Durchführung der Besteuerung und das Erhebungsverfahren.

- Das **Bewertungsgesetz** enthält Vorschriften zur Einheitsbewertung. Die **Einzelsteuergesetze** haben jeweils die Regelungen bestimmter Steuerarten zum Gegenstand.

Als Steuerarten können unterschieden werden:

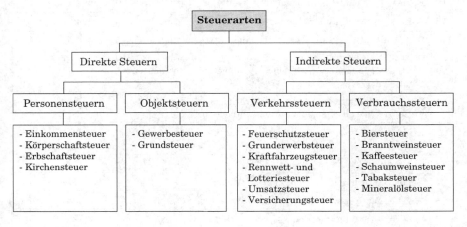

Kontrollfragen

Nr.	Frage	bearbeitet	Lösungshinweis	Lösung +	Lösung -
01	Was versteht man unter einem Unternehmen?		21		
02	Welche Erkenntnisse schließt die führungsorientierte Betriebswirtschaftslehre außer den ökonomischen Faktoren ein?		21		
03	Unterscheiden Sie die Begriffe Bedürfnisse und Bedarf!		21		
04	Zeichnen Sie das magische Dreieck der Betriebswirtschaftslehre!		21 f.		
05	Erklären Sie das Minimalprinzip des Wirtschaftens!		22		
06	Wie unterscheidet sich davon das Maximalprinzip?		22		
07	Kennzeichnen Sie das Humanitätsprinzip!		22		
08	Welche Interessen berücksichtigt das Umweltschonungsprinzip?		22		
09	Was verstehen Sie unter Wissenschaften?		22		
10	Ordnen Sie die Betriebswirtschaftslehre in die Wissenschaften ein!		23		
11	Welche Lehren umfaßt die Allgemeine Betriebswirtschaftslehre?		23		
12	Welche speziellen Betriebswirtschaftslehren kennen Sie?		23		
13	Wie sollten Theorien gestaltet sein?		23		
14	Kennzeichnen Sie die deduktive Methode!		24		
15	Wovon wird bei Anwendung der induktiven Methode ausgegangen?		24		
16	Begründen Sie, welche der beiden Methoden vorzuziehen ist!		24		
17	Erklären Sie den Produktionsfaktoransatz!		24		
18	Was sind systemindifferente und systembezogene Tatbestände?		25		
19	Welche Phänomene stellt der Entscheidungsansatz in den Vordergrund?		25 f.		
20	Welches Grundprinzip trägt den Systemansatz der Betriebswirtschaftslehre?		26		
21	Welche Autoren treten für eine Integration der wirtschaftlichen und sozialwissenschaftlichen Auffassungen ein?		26		
22	Erklären Sie die Arten der Prozesse in der Betriebswirtschaftslehre!		27		
23	Erklären Sie Arten materieller Güter!		27		
24	Geben Sie Beispiele für immaterielle Güter!		27		
25	Welche materiellen Güter werden in der Industrie beschafft?		28		
26	Was versteht man unter dem Leistungsbereich?		28		
27	Erläutern Sie den finanzwirtschaftlichen Prozeß!		28		

Kontrollfragen

	Kontrollfragen	bear-beitet	Lösungs-hinweis	Lösung +	-
28	Skizzieren Sie den informationellen Prozeß!		29		
29	Unterscheiden Sie plurale und singulare Organisationseinheiten!		29		
30	Stellen Sie interne und externe Informationen gegenüber!		29		
31	Unterscheiden Sie Material- und Kapitalinformationen!		29		
32	Welche Aufgabe hat das moderne Informationsmanagement?		30		
33	In welcher Weise kann der Informationsfluß verlaufen?		30		
34	Zählen Sie interne Teilnehmer des Betriebsgeschehens auf!		31 f.		
35	Welche externen Teilnehmer kennen Sie?		32		
36	Wieso haben Kennzahlen im Unternehmen einen hohen Stellenwert?		33 f.		
37	In welcher Weise kann man die Wirtschaftlichkeit errechnen?		33 f.		
38	Was ist an dieser Berechnungsweise nachteilig?		34.		
39	Welche Berechnungsart erscheint deshalb zweckmäßiger?		34		
40	Schreiben Sie Formeln zur Ermittlung der Produktivität auf!		34		
41	Wieso ermöglicht die Produktivität als einzelne Meßzahl keine Aussagen?		34		
42	Was versteht man unter Rentabilität?		35		
43	Kennzeichnen Sie die Arten der Rentabilität!		35		
44	Was versteht man unter absoluter Liquidität?		35		
45	Schreiben Sie die Kennzahlen zur statischen Liquidität auf!		36		
46	Kennzeichnen Sie das Wesen der dynamischen Liquidität!		36		
47	Zählen Sie Störgrößen der Liquidität auf!		36		
48	Was folgt aus der Illiquidität eines Unternehmens?		36		
49	Geben Sie Beispiele für Einzelwirtschaften!		37		
50	Wie unterscheiden sich öffentliche und private Unternehmen?		37		
51	Skizzieren Sie die Arten der Haushalte!		37		
52	Gliedern Sie die Arten der Unternehmen nach Merkmalen!		38		
53	Was sind arbeitsintensive Unternehmen?		38		
54	Welche Vorteile hat die Arbeitsteilung?		38		
55	Welche Nachteile sind mit ihr verbunden?		38		
56	Wozu haben die Nachteile der Arbeitsteilung geführt?		38		
57	Was versteht man unter anlageintensiven Unternehmen?		39		
58	Kennzeichnen Sie materialintensive Unternehmen!		39		

Kontrollfragen

		bear-beitet	Lösungs-hinweis	Lösung +	Lösung -
59	Was versuchen die Unternehmen mit dem Recycling?		39		
60	Kennzeichnen Sie das Wesen von Industrieunternehmen!		39		
61	Wie unterscheiden sie sich von Handelsunternehmen?		39		
62	Welche grundlegenden Aufgaben haben Bankunternehmen?		39		
63	In welchen Bereichen sind Verkehrsunternehmen tätig?		39		
64	Womit beschäftigen sich Versicherungsunternehmen?		39		
65	Welche sonstigen Dienstleistungsunternehmen kennen Sie?		39		
66	Welches ist der günstigste Standort?		40		
67	Worum geht es bei dem materialorientierten Standort?		40		
68	Welche Überlegungen gibt es bei der Arbeitsorientierung?		40		
69	Was wird bei der Abgabenorientierung berücksichtigt?		40		
70	Was strebt man bei der Verkehrsorientierung an?		40		
71	Wieso hat auch die Energieorientierung einen hohen Stellenwert?		40		
72	Warum hat die Umweltorientierung an Bedeutung gewonnen?		41		
73	Wieso spielt die Absatzorientierung eine entscheidende Rolle?		41		
74	Ist die Landschaftsorientierung von Bedeutung?		41		
75	Worum geht es bei der Auslandsorientierung?		41		
76	Welche grundlegenden Rechtsformen kann man unterscheiden?		41		
77	Kennzeichnen Sie Bezugsgrößen zur Messung der Betriebsgröße!		41		
78	Wie klassifiziert § 267 HGB die Betriebsgrößen?		42		
79	Wieviel Prozent aller deutschen Unternehmen haben 1 bis 9 Beschäftigte?		42		
80	Was verstehen Sie unter einer Entscheidung?		42 f.		
81	Woraus besteht der Prozeß der Willensbildung?		43		
82	Zu welchem Ergebnis führt der Prozeß der Willensdurchsetzung?		43		
83	Skizzieren Sie Entscheidungen unter Sicherheit!		43		
84	Wodurch sind Entscheidungen unter Unsicherheit gekennzeichnet?		43		
85	In welcher Weise können diese Entscheidungen auftreten?		43		
86	Was sind konstitutive Entscheidungen?		44		
87	Welche Entscheidungen umfassen diejenigen zur Gründung?		44		
88	Was versteht man unter einer Firma?		44		

Kontrollfragen

	Kontrollfragen	bear-beitet	Lösungs-hinweis	Lösung +	-
89	Worüber muß im Laufe einer Gründung entschieden werden?		44 f.		
90	In welcher Weise kann die Aufbauorganisation gestaltet werden?		45		
91	Was soll die Ablauforganisation sicherstellen?		45		
92	Geben Sie Beispiele zur Projektorganisation!		45		
93	Kennzeichnen Sie die Durchführungsentscheidungen!		46		
94	Worauf können sich Zusammenschlußentscheidungen beziehen?		46		
95	Wie können sich Unternehmenskrisen äußern?		47		
96	Welche Entscheidungen umfaßt die Sanierung?		47		
97	Was versteht man unter dem außergerichtlichen Vergleich?		47		
98	Wie unterscheidet sich davon der gerichtliche Vergleich?		47		
99	Was ist ein Konkurs?		47		
100	Erklären Sie kurz das Wesen des Zwangsvergleichs!		47		
101	Was verstehen Sie unter Liquidation?		47		
102	Zählen Sie die verschiedenen Unternehmensbereiche auf!		48		
103	Welche Aktivitäten umfaßt der Leistungsbereich?		48		
104	Womit befaßt sich der Materialbereich?		48		
105	Was versteht man unter dem Materialbestand?		49		
106	Welche Entscheidungen hat das Unternehmen bezüglich der Erzeugnisse zu treffen?		49		
107	Erläutern Sie, was der Arbeitsplan ist!		49		
108	Welcher Bereich ist eng mit der Fertigung verbunden?		49		
109	Kennzeichnen Sie die grundlegenden Marketingbereichsaufgaben!		49 f.		
110	Was versteht man unter Beteiligungsfinanzierung?		50		
111	Wozu dient die Fremdfinanzierung?		50		
112	Kennzeichnen Sie kurz das Wesen der Innenfinanzierung!		50		
113	Was stellen Investitionen dar?		50		
114	Unterscheiden Sie statische und dynamische Investitionsrechnungen!		50		
115	Was sind Nutzwertrechnungen?		50		
116	Kennzeichnen Sie kurz das Wesen des Barzahlungsverkehrs!		51		
117	Welche grundlegenden Merkmale hat der halbbare Zahlungsverkehr?		51		

#	Kontrollfragen	bear-beitet	Lösungs-hinweis	Lösung +	Lösung -
118	Skizzieren Sie das Wesen des bargeldlosen Zahlungsverkehrs!		51		
119	Erklären Sie kurz die Rahmenfunktionen des Personalwesens!		51		
120	Welche Kernfunktionen des Personalwesens kennen Sie?		51 f.		
121	Womit befaßt sich die Informatik?		52		
122	Was wird zur Datenverarbeitung mit dem Computer benötigt?		52		
123	Unterscheiden Sie die Informationsarten!		53		
124	Welche Aufgaben hat das betriebliche Rechnungswesen?		53		
125	Erklären Sie kurz die Aufgaben des Controllingbereichs!		54		
126	Was versteht man unter betrieblicher Führung?		54		
127	Kennzeichnen Sie die Unternehmensplanung!		55		
128	Unterscheiden Sie Unternehmensdurchführung und -kontrolle!		55		
129	Erläutern Sie den Begriff »Corporate Identity«!		55		
130	Skizzieren Sie die güterwirtschaftliche Führung in den Unternehmensbereichen!		56		
131	Wie ist die Führung im Finanzbereich gestaltet?		56		
132	In welchen weiteren Bereichen wird ebenfalls geführt?		56 f.		
133	Wie unterscheiden sich Gruppenführung und Individualführung?		57 f.		
134	Wie läßt sich das Wirtschaftsrecht einteilen?		58		
135	Aus welchen Teilen besteht das BGB?		58		
136	Unterscheiden Sie einseitige und mehrseitige Rechtsgeschäfte!		59		
137	Erklären Sie die Arten der Willenserklärung!		60 f.		
138	Welche Willenserklärungen sind nichtig? (mit Erläuterungen)		61 f.		
139	Welche Willenserklärungen sind anfechtbar?		62		
140	Stellen Sie die Rechts- und die Geschäftsfähigkeit gegenüber!		63		
141	Was wissen Sie über den Leistungsort oder Erfüllungsort?		63		
142	Unterscheiden Sie vertragliche Haupt- und Nebenleistungspflichten!		64		
143	Unterscheiden Sie die Arten der Unmöglichkeit und des Verzugs!		64		
144	Erklären Sie die Mängelarten beim Kaufvertrag!		65		
145	Was versteht man unter positiver Vertragsverletzung?		65		
146	Was bedeutet culpa in contrahendo?		65		
147	Welche Bücher umfaßt das Handelsgesetzbuch?		65		

Kontrollfragen

		bear-beitet	Lösungs-hinweis	Lösung +	Lösung -
148	Erklären Sie die Arten der Kaufleute nach dem Erwerb der Kaufmannseigenschaft!		66		
149	Wie unterscheiden sich Kaufleute nach dem Umfang der Rechte und Pflichten?		66 f.		
150	Was wissen Sie über das Handelsregister?		67		
151	Stellen Sie die Arten der Vollmacht gegenüber!		67 f.		
152	Aus welchen Möglichkeiten besteht der gewerbliche Rechtsschutz?		70		
153	Unterscheiden Sie den Wettbewerbs- und den Daten- bzw. Umweltschutz!		70 f.		
154	Zählen Sie Gesetze auf, die zum Individualarbeitsrecht zählen!		73 f.		
155	Was versteht man unter Kollektivarbeitsrecht?		74		
156	Welche Arbeitskampfmaßnahmen kennen Sie?		75		
157	Welche Aufgaben hat der Betriebsrat?		76		
158	Geben Sie einen Überblick über das Sozialrecht!		76 f.		
159	Was wissen Sie über das Verfahrensrecht?		78		
160	Stellen Sie die Steuerarten übersichtlich dar!		79		

B. Unternehmen

Unternehmen sind planmäßig organisierte, private Einzelwirtschaften, in denen Güter bzw. Dienstleistungen beschafft, verwertet, verwaltet und abgesetzt werden. Sie sollen unter mehreren Gesichtspunkten betrachtet werden:

Unternehmen	Phasen
	Rechtsformen
	Organisation
	Zusammenschlüsse

Das Grundgesetz (GG) bzw. die Gewerbeordnung (GewO) garantieren die Gewerbefreiheit, sichern die freie Berufswahl und deren Ausübung, soweit keine rechtlichen Beschränkungen bestehen.

1. Phasen

Der erste Schritt zur Eröffnung eines Gewerbes besteht in der Gründung. Danach kann ein Unternehmen unterschiedliche Phasen durchlaufen, die positive Entwicklungen darstellen, aber auch negative Entwicklungen beinhalten und damit zu Unternehmenskrisen führen können.

In der betriebswirtschaftlichen Literatur wird häufig von **Organisationsentwicklung** gesprochen.

Die führungsorientierte Betriebswirtschaftslehre unterscheidet folgende Unternehmensphasen:

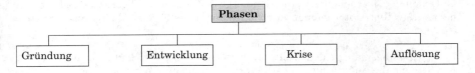

Für die einzelnen Phasen ist jeweils das Gründungs-, Entwicklungs- bzw. Krisenmanagement zuständig.

Am Anfang steht meist die **Idee** für eine bestimmte Marktleistung. Zunächst muß geprüft werden, ob sie sich am Markt durchsetzen bzw. ob sich eine Marktlücke finden läßt. Dabei ist es hilfreich, wenn Engpässe bei Kunden genutzt und Leistungsvorteile gegenüber Konkurrenten ausgeschöpft werden.

1.1 Gründung

Unter einer Gründung versteht man alle Maßnahmen zur Errichtung eines Unternehmens. Sie muß gut überlegt sein. Vielfach erfordert die Gründung einen zumindest auf mittlere Frist hohen persönlichen Arbeitseinsatz, der nicht selten 60 bis 80 Stunden in der Woche ausmacht.

Weitere Merkmale sind (*Bach / Kilian*):

- Nicht vorherbestimmbares Einkommen
- Risiko des Kapitalverlustes
- Anpassungsfähigkeit und Lernbereitschaft im Wettbewerb
- Kontaktbereitschaft auch zu Vereinen und Kommunen.

Ist die Entscheidung des Gründungsmanagements gefallen, am Markt aufzutreten, kann die Gründung erfolgen. Darunter ist die Errichtung eines funktionsfähigen Unternehmens in einer marktwirtschaftlichen Ordnung zu verstehen.

Specht nennt **Motive** für Gründungen:

- Selbständigkeit/Unabhängigkeit
- Leistungsgerechteres Einkommen
- Höheres Ansehen, Geltungsbedürfnis
- Durchsetzung eigener Ideen
- Umgehung des Kündigungsrisikos
- Vermeidung von Arbeitslosigkeit
- Nutzung steuerlicher Vorteile
- Wirtschaftlich sinnvolle Investitionen
- Übernahme eines Unternehmens
- Ausnutzung von Marktchancen
- Nutzung von öffentlichen Förderungen.

In die Überlegungen zur Gründung kann auch die Frage einbezogen werden, ob ein Unternehmen übernommen werden kann. Ein Generationswechsel oder eine bevorstehende freiwillige Unternehmensauflösung kann dabei für eine Übernahme sprechen (*Nathusius*).

Das Gründungsmanagement sollte berücksichtigen, daß sich die Bedürfnisse der Kunden und die Anforderungen des Marktes schnell ändern können. Ein heute gutes Geschäftskonzept kann nach wenigen Jahren überholt sein.

Je nach Innovationsgrad, Flexibilität, Können und Risikofreude werden die Ideen am Markt unterschiedlich verwirklicht. Manche Unternehmen haben eine lange Beständigkeit, andere Firmen geraten innerhalb kurzer Zeit in eine Krise.

Die Gründung kann unterschiedlich erfolgen, indem in das Unternehmen eingebracht werden:

- **Einzelne Vermögensgegenstände**, wobei die Gründung sein kann:

Bargründung	Es werden Geldmittel eingebracht.
Sachgründung	Es werden Sachmittel eingebracht, beispielsweise Grundstücke, Maschinen als Gegenstände oder Wertpapiere als Rechte.
Gemischte Gründung	Es werden sowohl Geldmittel als auch Sachmittel in das Unternehmen eingebracht.

- **Ganze Unternehmen**, wobei *Wöhe* unterscheidet:

Fusion	Sie ist ein Unternehmenszusammenschluß, der durch eine Verschmelzung mit einer anderen Firma entsteht. Durch diese Neubildung wird eine neue Gesellschaft gegründet.
Rechtsformwechsel	Dabei kann beispielsweise die Umwandlung einer Offenen Handelsgesellschaft in eine GmbH erfolgen.

Es empfiehlt sich für die Gründung, den Rat erfahrener Fachleute einzuholen. Berufsverbände, Handwerks- bzw. Industrie- und Handelskammern bieten sich als Ratgeber an*.

Bei der Gründung sind zu betrachten:

- **Voraussetzungen**
- **Firma**
- **Handelsregister.**

1.1.1 Voraussetzungen

Als Voraussetzungen für die Gründung können genannt werden:

- **Persönliche Voraussetzungen**, die vor allem umfassen:

    - Geschäftsfähigkeit
    - Fachliche Kenntnisse und Erfahrungen
    - Einstellung zur unternehmerischen Aufgabe
    - Entschlußkraft, Urteilsfähigkeit, Wagemut, Wendigkeit, Menschenkenntnis.

---

* Als Gründungsberater können beispielhaft genannt werden:
Bundesverband Deutscher Unternehmensberater BDU e.V. Friedrich-Wilhelm-Str. 2, 53113 Bonn, Tel. (0228) 238055
Bundesverband der Wirtschaftsberater, J.-S.-Bach-Str. 24, 86356 Neusäß, Tel. (0821) 482058
Bundesverband Deutscher Volks- und Betriebswirte e.V., Meckenheimer Allee 65, 53115 Bonn, Tel. (0228) 656511

- **Örtliche Voraussetzungen**, die den Standort betreffen - siehe ausführlich *Kapitel A*:

  - Materialorientierung
  - Arbeitsorientierung
  - Abgabenorientierung
  - Verkehrsorientierung
  - Energieorientierung
  - Landschaftsorientierung
  - Umweltorientierung
  - Absatzorientierung
  - Auslandsorientierung.

- **Sachliche Voraussetzungen**, die beispielsweise einschließen:

  - Die Bestimmung des Geschäftszweiges
  - Die Festlegung der Kapitalbeschaffung
  - Die Klärung der Investitionsmöglichkeiten
  - Die Bestimmung der Bankverbindung(en)
  - Die Beschaffung der Informationen
  - Die Knüpfung der Kontakte.

- **Rechtliche Voraussetzungen**, die sich beziehen auf:

  - Die Wahl der Rechtsform
  - Die Wahl, ob als Vollkaufmann eine Firma oder als Minderkaufmann ein Gewerbe ohne Firma betrieben werden soll
  - Die Anmeldung des Gewerbes
  - Die Anmeldung zum Handelsregister-Eintrag

Unter einem Gewerbe ist jede auf Gewinn gerichtete selbständige Tätigkeit zu verstehen. Wer den selbständigen Betrieb eines stehenden Gewerbes anfängt, muß dies der für den betreffenden Ort zuständigen Behörde gleichzeitig anzeigen (§ 14 Abs. 1 GewO). Die Behörde stellt eine Empfangsbescheinigung aus (§ 15 GewO).

Für zahlreiche Gewerbezweige benötigt der Gründer keine Erlaubnis bzw. keinen Nachweis einer Qualifikation, die Gewerbeanmeldung reicht zum Betreiben des Gewerbes aus. Davon abweichende **Sonderregelungen** sind bei folgenden Unternehmen zu beachten:

Handwerks-unternehmen	Sie haben besonders strenge Vorschriften. In der Regel ist der Nachweis einer erfolgreich abgelegten Meisterprüfung erforderlich.
Handelsunter-nehmen	Für den Handel mit Waffen/Munition, freiverkäuflichen Arzneimitteln, loser Milch, speziellen Tierarten bzw. giftigen Stoffen ist ein besonderer Sachkundenachweis erforderlich.
	Der Handel mit Edelmetallen, Altmetallen und Gebrauchtwagen ist zwar nicht erlaubnispflichtig, es gelten aber besondere Anforderungen an die betriebliche Buchführung.

Verkehrs-unternehmen	Im Beförderungsverkehrsgewerbe sind alle Tätigkeiten erlaubnispflichtig. Beim »**Nahverkehr**« mit 50 km Radius ab Ortsmitte des Betriebsortes benötigt man eine Erlaubnis der Kreis- bzw. Stadtverwaltung. Für den »**Fernverkehr**« ist eine Konzession erforderlich, die beim zuständigen Regierungspräsidium beantragt werden muß. Auch für den Betrieb eines Taxis benötigt man eine Konzession der Ordnungsbehörde. Nähere Auskünfte erteilt die Industrie- und Handelskammer.
Dienstleistungsunternehmen	Auskunfteien, Bauträger, Bewachungsgewerbe, Ehevermittler, Makler bzw. Versteigerer zählen zu den »**Vertrauensgewerben**«, die an die Zuverlässigkeit des Inhabers besondere Anforderungen stellen. Bei der Anmeldung eines solchen Gewerbes wird ein polizeiliches Führungszeugnis beim Bundeszentralregister eingeholt. Negative Auskünfte können dazu führen, daß die Ausübung des Gewerbes untersagt wird. Wer ein gastronomisches Unternehmen eröffnen will, muß an einem Unterrichtungsverfahren bei der zuständigen IHK über hygiene- und lebensmittelrechtliche Vorschriften teilgenommen haben. Außerdem gelten zusätzlich raumbezogene Auflagen der Gewerbeaufsichtsämter.

- **Betriebswirtschaftliche Voraussetzungen**, die folgende Tätigkeiten umfassen:

- Grundsätzliche steuerliche Überlegungen sind anzustellen.
- Das erforderliche Kapital ist zu beschaffen.
- Die notwendigen Betriebsmittel und Materialien sind zu besorgen.
- Das erforderliche Personal ist zu beschaffen.
- Die grundsätzlichen Organisationsentscheidungen sind zu treffen.
- Die absatzpolitischen Entscheidungen sind zu fällen.

Von betriebswirtschaftlicher Bedeutung sind auch die Gründungskosten, beispielsweise Steuern, Bankgebühren, Zinsen für die Übernahme von Anteilen, Prüfungsgebühren und Notariats- bzw. Gerichtskosten.

1.1.2 Firma

Nach § 17 HGB ist die Firma der Name, unter dem der Vollkaufmann seine Geschäfte betreibt und seine Unterschrift abgibt. Der Kaufmann kann unter seiner Firma klagen und verklagt werden. Zu unterscheiden sind:

- Die **Firmengrundsätze**, die nach §§ 3, 18, 21, 22, 30, 37 HGB beinhalten:

Wahrheit	Der Firmenkern muß bei der Gründung wahr sein, beispielsweise »Hubert Kranz OHG«.

Klarheit	Sie bezieht sich im wesentlichen auf den Firmenzusatz, beispielsweise »Baustoffe«.
Beständigkeit	Beim Wechsel in der Person des Inhabers kann die bisherige Firma beibehalten werden.
Ausschließlichkeit	Jede Firma muß sich von allen an demselben Ort bereits bestehenden und ins Handelsregister eingetragenen Unternehmen unterscheiden.

- Die **Arten der Firma**, die sein können:

Personenfirma	Sie enthält einen oder mehrere Namen vollhaftender Personen, beispielsweise »Hubert Kranz« oder »Frank & Meier«.
Sachfirma	Sie ist vom Gegenstand des Unternehmens abgeleitet, beispielsweise »Deutsche Bank AG«.
Gemischte Firma	Sie enthält sowohl Personennamen als auch sachbezogene Teile, beispielsweise »Photo Porst KG«.

- Die **Anmeldung der Firma**, die bei folgenden Institutionen erfolgen muß:

  - bei der Krankenkasse (Mitarbeiter)
  - bei der Berufsgenossenschaft (Unfallversicherung)
  - bei der Ortsbehörde (Geschäftsbetrieb)
  - beim Gewerbeaufsichtsamt (Arbeitsschutzüberwachung)
  - beim Finanzamt (Steuernummer)
  - bei der Industrie- und Handelskammer (Pflichtmitgliedschaft)
  - beim Arbeitsamt (Betriebsnummer)
  - bei der Post (Anschrift, Postfach, Telefon usw.)
  - beim Amtsgericht (Handelsregister-Eintragung).

1.1.3 Handelsregister

Das Handelsregister ist ein amtliches Verzeichnis der Vollkaufleute eines oder mehrerer Amtsgerichtsbezirke, das vom Registergericht des zuständigen Amtsgerichts geführt wird. Sein Hauptzweck liegt in der Erhöhung der Rechtssicherheit im Geschäftsverkehr.

Beim Handelsregister bestehen zwei **Abteilungen**:

- In der **Abteilung A** werden die Einzelunternehmungen und Personengesellschaften erfaßt. Einzutragende Inhalte sind:

  - Firma
  - Sitz der Gesellschaft
  - Gegenstand des Unternehmens

- Namen der Geschäftsinhaber
- Namen der persönlich haftenden Gesellschafter
- Namen der Prokuristen
- Rechtsverhältnisse (bezogen auf die Unternehmensform)

* In der **Abteilung B** werden die Kapitalgesellschaften eingetragen. Außer den obigen Daten wird auch die Höhe des gezeichneten Kapitals erfaßt.

Mit der Eintragung ins Handelsregister erwirbt der Unternehmer die **Kaufmannseigenschaft**. Er unterliegt damit den strengen Vorschriften des HGB. Die Eintragung, aber auch alle Änderungen, werden im Bundesanzeiger und einer örtlichen Zeitung veröffentlicht. Die Löschung von Daten im Handelsregister erfolgt durch Unterstreichen.

Die Eintragung ins Handelsregister kann unterschiedliche **Wirkungen** haben:

* Sie ist **konstitutiv** (= rechtsbegründend), wenn die Rechtswirkung erst durch die Eintragung eintritt. Das gilt beispielsweise für die Kaufmannseigenschaft der Soll- und Kannkaufleute und die Rechtsform der Kapitalgesellschaften.

    Beispiel: Eine GmbH wird am 12.05. gegründet und am 25.05. eingetragen. Die Rechtswirkung tritt am 25.05. ein.

* Sie ist **deklaratorisch** (= rechtserklärend), wenn die Rechtswirkung bereits vor der Eintragung eintritt. Das gilt beispielsweise für die Kaufmannseigenschaft der Mußkaufleute, die Rechtsstellung der Prokuristen, die Rechtsform der Personengesellschaften.

    Beispiel: Ein Prokurist wird am 01.08. ernannt, aber erst am 30.08. eingetragen. Die Rechtswirkung beginnt am 01.08.

Das Gründungsmanagement hat so zu entscheiden, daß ein Unternehmenserfolg eintritt. Das setzt voraus, daß ausgewogene und gründliche Überlegungen erfolgen. Siehe die Abbildung Seite 94.

Falsche Entscheidungen können für ein Unternehmen bereits frühzeitig zu einer negativen Entwicklung führen.

14

1.2 Entwicklung

Nach seiner Gründung kann sich das Unternehmen unterschiedlich entwickeln. Der Erfolg der unternehmerischen Leistung hängt nicht nur von der Qualität der eingesetzten Betriebsmittel und Werkstoffe ab, sondern vor allem auch von der Produktivität der Mitarbeiter.

Gründung eines Unternehmens

Persönliche Überlegungen
- Kenntnisse
- Fähigkeiten
- Erfahrungen

Geschäftliche Überlegungen
- Gesellschaftsvertrag
- Bankverbindungen
- Geschäftsbriefe
- Formulargestaltung
- Allgemeine Geschäftsbedingungen
- Geschäftsräume
- Grundstücke

Standortüberlegungen
- Materialbezug
- Arbeitsbezug
- Abgabenbezug
- Verkehrsbezug
- Absatzbezug

Rechtsformüberlegungen
- Einzelunternehmen
- Personengesellschaft
- Kapitalgesellschaft

Firmenanmeldung bei
- Ortsbehörde
- Ind.- u. Handelskammer
- Handelsregister
- Arbeitsamt
- Krankenkasse
- Berufsgenossenschaft

Informationsüberlegungen
- EDV-Anlagen
- Telefonanschluß
- Telefaxanschluß
- Postfach
- Schließfach

Versicherungsüberlegungen
- Persönliche Versicherung
- Sozialversicherung
- Haftpflicht
- Einbruch
- Feuer
- Wasser und Sturm

Rechnungswesenüberlegungen
- Ertragsaussichten
- Kostenüberlegungen
- Gewinnaussichten
- Art der Buchführung
- Steuerliche Fragen

Organisationsüberlegungen
- Projektorganisation
- Aufbauorganisation
- Ablauforganisation

Finanzierungsüberlegungen
- Fremdmittel
- Eigenmittel
- Tilgungsarten
- Zinsbelastung

Beschaffungsüberlegungen
- Lieferanten
- Betriebsausstattung
- Lagervorräte

Personalüberlegungen
- Beschaffung
- Arbeitsamt
- Stellenanzeigen
- Personalleasing
- Personalberater

Produktionsüberlegungen
- Produktionsprogramm
- Produktionsablauf
- Produktionskontrolle
- Forschung

Absatzüberlegungen
- Marktbeobachtung
- Einführungswerbung
- Konkurrenzunternehmen
- Eröffnungsveranstaltung
- Handelsvertretereinsatz
- Absatzlagerkapazitäten

Kontaktüberlegungen
- Kooperation
- Firmenübernahme
- Pressekontakte
- Messekontakte
- Verbandskontakte

Dabei hat die **betriebliche Führung** die Aufgabe, die güterwirtschaftlichen, finanzwirtschaftlichen und informationellen Prozesse miteinander zu verbinden. Die von innen bzw. außen kommenden Einflußgrößen sind dabei zu berücksichtigen.

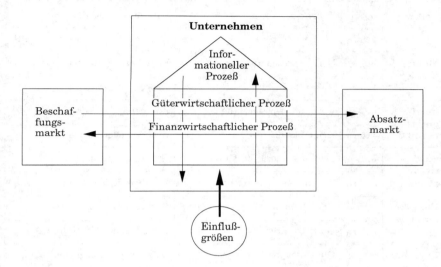

Während positive Einflüsse erfolgssteigernd wirken, können Störgrößen die Entwicklung negativ beeinflussen.

Die Unternehmen unterliegen einer ständigen Entwicklung, die vielfach als **Wandel** bezeichnet wird. Die Mehrzahl der Wandlungsprozesse ist nicht geplant, sondern läuft unbemerkt ab. Demgegenüber steht der geplante (organisatorische) Wandel als Absicht, die Funktionsweise einer Gesamtorganisation oder wesentliche Teile davon mit dem Ziel der Effizienzverbesserung zu ändern (*Staehle*). Die **Organisationsentwicklung** ist eine Form des geplanten Wandels von und in Organisationen.

Die Unternehmensentwicklung ist diejenige Phase des Unternehmensprozesses, die den positiven bzw. negativen Wandel eines Unternehmens offenbart. Sie kann vor allem durch folgende interne und externe **Einflüsse** bewirkt werden - siehe Seite 96.

Wie zu sehen ist, kann die grundsätzliche Entwicklung des Unternehmens sein:

- **Positive Entwicklung**
- **Negative Entwicklung.**

In der Praxis wird es keine kontinuierliche Entwicklung nach »oben« oder »unten« geben. Positive Phasen können durch Phasen der Stagnation oder negative Entwicklungen unterbrochen werden. Entsprechend müssen negative Entwicklungen nicht kontinuierlich verlaufen, sondern können stagnierende bzw. positive Phasen beinhalten.

Bereiche		Einflüsse	
		positive Einflüsse	negative Einflüsse
Leitung	intern	Führungsgeschick	Führungsfehler
	extern	Fähige Berater	Konzernkrise
Materialbereich	intern	Geringe Beschaffungskosten	Hohe Beschaffungskosten
	extern	Kurze Lieferzeiten	Lange Lieferzeiten
Fertigungsbereich	intern	Einwandfreie Maschinen	Ausschußproduktion
	extern	Keine Streiks	Arbeitsniederlegung
Marketingbereich	intern	Leistungsstarke Verkäufer	Preiserhöhungen
	extern	Zunehmende Kaufkraft	Niedrige Preise der Konkurrenz
Finanzbereich	intern	Hohe Liquidität	Geringes Eigenkapital
	extern	Günstige Kredite	Erreichen der Kreditgrenze
Personalbereich	intern	Gutes Betriebsklima	Zu geringes Engagement
	extern	Angemessene Tariferhöhung	Hohe Tarifabschlüsse
Rechnungswesen	intern	Kostenentlastung	Kostensteigerung
	extern	Wenig Gesetzeszwang	Gesetzesdruck
Organisation	intern	Einwandfreie Ablauforganisation	Kompetenzprobleme
	extern	Wenig Holdingabhängigkeit	Weitgehende Holdingabhängigkeit
Informationsbereich	intern	Fortschrittliche EDV-Programme	Veraltete EDV-Programme
	extern	Moderne Technik	Staatliche Auflagen
Controllingbereich	intern	Effektives Frühwarnsystem	Fehlendes Frühwarnsystem
	extern	Wenig Gesetzesauflagen	Hohe gesetzliche Forderungen

1.2.1 Positive Entwicklung

Die positive Entwicklung eines Unternehmens wirkt sich in fast allen Bereichen eines Unternehmens aus. Beispielsweise zeigt sich der Wandel:

- Im **Marketingbereich** durch einen erheblichen Umsatzanstieg, volle Auftragsbücher, verstärkte Werbung und Öffentlichkeitsarbeit, zunehmende Lieferzeiten.

- Im **Fertigungsbereich** durch die Aufnahme neuer Erzeugnisse in das Fertigungsprogramm, überlastete Fertigungsplanung, hohe Auslastung in den Kapazitäten.

- Im **Materialbereich** durch verstärkte Aktivitäten in der Materialbeschaffung, dem Materialzugang, dem Materialabgang und der Materialverteilung.

- Im **Finanzbereich** durch verstärkte Kapitalbeschaffung und Kapitalverwendung als Folge eines erhöhten Bedarfes an Werkstoffen, Betriebsmitteln und Personal.

- Im **Personalbereich** durch die Notwendigkeit, mehr Personal für die Leistungserstellung, aber auch für die übrigen Unternehmensbereiche einzusetzen.

Die positive Entwicklung kann dazu führen, daß die Unternehmensleitung überlegt, ob eine **Expansion** angebracht ist. Sie kann durch eine eigenständige Erweiterung des Unternehmens, einen Aufkauf von Unternehmen oder durch einen Zusammenschluß mit Unternehmen erfolgen.

Die Expansion sollte sorgfältig geplant und umsichtig vorgenommen werden, da sie auch Gefahren birgt, beispielsweise Überkapazitäten oder auf lange Sicht zu hohe Fixkostenblöcke.

1.2.2 Negative Entwicklung

Wenn im Controllingbereich die Frühindikatoren beispielsweise auf sinkende Umsätze, steigende Kosten und sinkende Produktivität bzw. abnehmende Rentabilität hinweisen, deutet sich eine negative Unternehmensentwicklung an. Der Wandel bewirkt beispielsweise:

- Im **Marketingbereich** eine starke Reduzierung der Werbung.
- Im **Fertigungsbereich** eine Drosselung der Stückzahlen.
- Im **Materialbereich** eine Verminderung zu beschaffender Materialien.
- Im **Finanzbereich** eine Verschlechterung der Liquidität.
- Im **Personalbereich** einen Abbau der Mitarbeiterzahl.

Die Unternehmensleitung muß damit rechnen, daß eine negative Entwicklung sich in eine Krisensituation ausweitet. Nicht selten wird die **Kooperation** mit anderen Unternehmen gesucht oder von existentiell bedeutsamen Abnehmern angeboten. Sie kann zu einer Unternehmenskonzentration führen.

Unternehmerische Entscheidungen erfordern Informationen, die jedoch auch beim Einsatz moderner Technik nie ganz vollständig und deshalb unsicher sind. Das **Risiko** unternehmerischer Entscheidungen ist um so größer, je lückenhafter und ungenauer die zugrunde liegenden Informationen sind und je länger die Planungsperiode ist.

Ein Risiko im ökonomischen Sinne ist die mit jeder wirtschaftlichen Tätigkeit verbundene Gefahr, die den geplanten Betriebsablauf bedroht und zu Verlusten führen kann.

15

1.3 Krise

Eine Krise kann ein Unternehmen in Not bringen. Damit sind häufig Zahlungsschwierigkeiten bis hin zur Zahlungsunfähigkeit verbunden.

Sie kann verschiedene Gründe haben:

- **Innerbetriebliche Gründe**

    - Mangel an Kapital
    - Fehlerhafte Finanzierung
    - Falsche Finanzierungs- und Abschreibungspolitik
    - Fehlinvestitionen
    - Mangelnde Rationalisierung
    - Fehlender technischer Fortschritt
    - Organisationsmängel
    - Hohe Privatentnahmen des Unternehmers
    - »Frisieren« von Bilanzen
    - Ungenügendes Controlling
    - Mangelhafte Mitarbeiterqualifikation

- **Außerbetriebliche Gründe**

    - Änderung des Verbraucherverhaltens
    - Hohe Forderungsausfälle
    - Wirtschaftspolitische Maßnahmen
    - Rückläufige Konjunktur
    - Verschärfte Konkurrenz.

Die Überwindung von existenzgefährdenden Krisen erfordert ein **Krisenmanagement**, durch das die Ursachen einzuschätzen und Gegenmaßnahmen zu ergreifen sind. Größere Unternehmen können dabei eher externe Faktoren beeinflussen als kleinere Unternehmen (*Krystek*).

Die Krise eines Unternehmens kann zu seiner Gesundung oder Auflösung führen. Zu unterscheiden sind:

- **Sanierung**
- **Vergleich**
- **Konkurs**
- **Zwangsvergleich.**

Während die Sanierung und der außergerichtliche Vergleich selbst herbeigeführte Möglichkeiten der Krisenbewältigung darstellen, sind der gerichtliche Vergleich, Konkurs und Zwangsvergleich mit gerichtlichen Verfahren verbunden.

1.3.1 Sanierung

Durch die Sanierung soll das Unternehmen »geheilt« werden. Ihr Ziel ist seine Erhaltung und Fortführung durch die Wiederherstellung seiner Leistungsfähigkeit.

Der erste Schritt bei einer Sanierung ist die **Analyse der Ursachen**, die zu der Krise geführt haben. Daraufhin sind **Sanierungsmaßnahmen** zu ergreifen, als:

- **Allgemeine Sanierungsmaßnahmen.** Sie können getrennt oder miteinander kombiniert ergriffen werden:

Personelle Maßnahmen	Dabei können bedeutsame Unternehmensinstanzen neu besetzt werden, beispielsweise Geschäftsführer oder Prokuristen neu bestellt werden.
Organisatorische Maßnahmen	Durch Veränderungen im Aufbau und/oder Ablauf des Unternehmens kann rationalisiert werden, wodurch Kosteneinsparungen möglich sind.
Finanzielle Maßnahmen	Es können neue zahlungskräftige Gesellschafter aufgenommen werden, um die Kapitalbasis des Unternehmens zu verbessern.
Sonstige Maßnahmen	Unwirtschaftlich arbeitende Betriebsmittel oder Teile des Unternehmens sollten abgestoßen werden.

- **Spezielle Sanierungsmaßnahmen**, bei denen buchhalterische Besonderheiten zu beachten sind - siehe ausführlich *Olfert / Körner / Langenbeck*. Insbesondere können sie bei Kapitalgesellschaften in einer Herabsetzung des gezeichneten Kapitals oder/und in einer Zuführung neuen Eigenkapitals bestehen.

Die Durchsetzung von Maßnahmenprogrammen stößt in der Praxis oft auf erhebliche Widerstände. Zum Teil liegt die Begründung in den meist hohen Anforderungen des Tagesgeschäfts bzw. in einer gewissen Abneigung gegen Veränderungen. Deshalb ist es sinnvoll, zur Durchsetzung der Sanierungsprogramme eine systematische Erfolgskontrolle durchzuführen.

1.3.2 Vergleich

Der Vergleich dient dazu, das Unternehmen zu erhalten. Er stellt praktisch eine Sanierung mit Hilfe der Gläubiger dar. Dementsprechend müssen diese ein berechtigtes Vertrauen in die Lebensfähigkeit des vorübergehend zahlungsunfähigen oder überschuldeten Unternehmens haben. Der Vergleich kann sein:

- Ein **außergerichtlicher Vergleich**, bei dem die Bewältigung der Unternehmenskrise ohne Einschaltung des Gerichts erfolgt. Er kann beispielsweise zustandekommen, indem die Gläubiger dem Schuldner ihre Forderungen stunden und einem Tilgungsplan zustimmen. Die Verhandlungen werden meist vertraulich geführt.

Vorteile des außergerichtlichen Vergleichs sind:

- Er ist rasch durchführbar.
- Das Unternehmen bleibt vorerst erhalten.
- Es erfolgt keine Veröffentlichung.
- Es entstehen keine Gerichtskosten.

Für die Gläubiger ist nachteilig, daß sie bei einem gegebenenfalls nachfolgenden Konkurs nur noch ihre Restforderung geltend machen können.

- Der **gerichtliche Vergleich** ist der Versuch, unter Einschaltung des Amtsgerichts eine Einigung zwischen Schuldner und Gläubigern zu erzielen. Er ist eine gerichtlich bestätigte Vereinbarung der Gläubiger und des Schuldners zur Überwindung der bestehenden Schwierigkeiten, um einen drohenden Konkurs abzuwenden. Dabei unterscheidet man:

    - **Bevorrechtigte Gläubiger** aufgrund von Lohn- und Gehaltsforderungen, Steuerforderungen, Forderungen von Kirchen, Schulen, öffentlichen Verbänden, Ärzten, Apothekern. Sie nehmen nicht am Vergleichsverfahren teil.

    - **Nicht bevorrechtigte Gläubiger**, z.B. Personen, die über Forderungen aus Warenlieferungen und Dienstleistungen verfügen (Vergleichsgläubiger).

Nach der Vergleichsordnung ist in folgender Weise vorzugehen:

Antrag auf Vergleichseröffnung	Der Schuldner stellt ihn beim Amtsgericht. Er muß den Gläubigern mindestens anbieten: ○ 35 % ihrer Forderungen binnen 12 Monaten ○ 40 % ihrer Forderungen binnen 18 Monaten.
Prüfung durch das Amtsgericht	○ Es bestellt einen vorläufigen Vergleichsverwalter. ○ Es veröffentlicht den Eingang des Antrags. ○ Es holt Gutachten der IHK ein. ○ Es prüft die Vergleichswürdigkeit des Schuldners.
Verfahrenseröffnung durch das Amtsgericht	○ Es eröffnet das Vergleichsverfahren. ○ Es gibt die Eröffnung öffentlich bekannt. ○ Es läßt eine Handelsregister-Eintragung vornehmen. ○ Es fordert die Gläubiger zur Anmeldung ihrer Forderungen auf und lädt sie zum Vergleichstermin. ○ Es bestellt den endgültigen Vergleichsverwalter.

Vergleichs- **verwalter**	○ Er prüft die wirtschaftliche Lage des Schuldners. ○ Er überwacht dessen Geschäftsführung und Ausgaben.
Vergleichs- **termin**	Die Vergleichsgläubiger stimmen über den Vergleichsvorschlag ab. Er kommt zustande, wenn bei einem Vergleichsvorschlag von: ○ 50 % und mehr die Mehrheit der Vergleichsgläubiger zustimmen, die mindestens 75 % der Forderungen vertreten, ○ 35 % bis weniger als 50 % die Mehrheit der Vergleichsgläubiger zustimmen, die mindestens 80 % der Forderungen vertreten.
Bestätigung **des Amts-** **gerichts**	○ Es bestätigt den für alle Vergleichsgläubiger geltenden Vergleich. ○ Es teilt ihn den Vergleichsgläubigern mit.

Die Aufhebung des Verfahrens erfolgt, wenn der Schuldner erfüllt hat. Die Restforderungen der Gläubiger sind damit erloschen. Wird vor der Erfüllung das Konkursverfahren eröffnet, spricht man von einem **Anschlußkonkurs**. Damit ist die Stundung bzw. der Schuldenerlaß den Gläubigern gegenüber hinfällig.

1.3.3 Konkurs

Die Krise eines Unternehmens kann auch in einem Konkursverfahren enden (in den neuen Bundesländern: Gesamtvollstreckung). Der Konkurs ist ein gerichtliches Verfahren. Es handelt sich um eine zwangsweise, gesetzlich geregelte Auflösung des Unternehmens (*Olfert / Körner / Langenbeck*).

Das gerichtliche Konkursverfahren soll vermeiden, daß einzelne Gläubiger versuchen, durch raschen Zugriff volle Befriedigung ihrer Forderungen zu erhalten, während andere Gläubiger leer ausgehen würden.

Ein **Bankrott** liegt dann vor, wenn der Schuldner den Konkurs selbst verschuldet hat, beispielsweise durch überhöhte Privatentnahmen, die zu Liquiditätsproblemen führen. Ein Schuldner, der den Verfall des Vermögens durch Fahrlässigkeit verursacht hat, kann eine Freiheitsstrafe von bis zu zwei Jahren erhalten (§ 283 StGB).

Das Konkursverfahren wird in folgender Weise abgewickelt:

- Das für die Konkursabwicklung zuständige Gericht ist stets das **Amtsgericht**, in dessen Bezirk der Schuldner seinen Wohnsitz bzw. seine gewerbliche Niederlassung hat. Die Durchführung des Konkursverfahrens erfolgt:

Antrag auf **Konkurs-** **eröffnung**	Er kann gestellt werden: ○ vom Schuldner selbst durch Einreichen eines Gläubiger- und Schuldner bzw. Vermögensverzeichnisses. ○ von dem/den Gläubiger(n) unter Nachweis der Zahlungsunfähigkeit/Überschuldung.

Prüfung durch das Amtsgericht	o Es prüft, ob das Vermögen zur Deckung der Kosten des Verfahrens ausreicht. o Es weist den Antrag mangels Masse ab, wenn die Kosten nicht gedeckt werden. o Die Gläubiger können dann wieder Einzelvollstreckungen durchführen.
Verfahrenseröffnung durch das Amtsgericht	o Es eröffnet das Konkursverfahren und bestellt einen Konkursverwalter. o Es gibt die Eröffnung öffentlich bekannt. o Es läßt Eintragungen im Handelsregister und gegebenenfalls im Grundbuch vornehmen. o Es teilt den Gläubigern den Termin für die erste Gläubigerversammlung mit. o Mit der Konkurseröffnung geht das Verfügungsrecht über das Vermögen des Gemeinschuldners (Konkursmasse) auf den Konkursverwalter über.
Gläubigerversammlung(en)	o Sie dient der Wahrnehmung der Gläubigerinteressen. o Sie wird vom Gericht einberufen und geleitet. o Die Stimmenmehrheit berechnet sich nach den Forderungsbeträgen.
Konkursverwalter	o Er steht unter Aufsicht des Amtsgerichts. o Er hat Gläubiger- und Schuldner-Interessen zu wahren. o Er haftet allen Beteiligten. o Er hat die Konkursmasse festzustellen, zu verwalten, zu verwerten, zu verteilen, d.h. die Gläubiger (anteilig) zu befriedigen (Konkursquote).
Beendigung des Verfahrens	Der Konkursverwalter reicht die Schlußabrechnung dem Amtsgericht ein, das einen Schlußtermin zur Abnahme der Abrechnung und des Schlußverzeichnisses bestimmt. Im Schlußtermin können Gläubiger noch Einwendungen vorbringen. Nach dem Schlußtermin erfolgt die Schlußverteilung.

- Die **Konkursquote** wird vom Konkursverwalter in mehreren Schritten ermittelt:

- Zunächst ist das **Vermögen des Schuldners** zu erfassen.

- Beim Vermögen des Schuldners sind bestimmte **Zu- und Abschläge** zu berücksichtigen, um die Konkursmasse festzustellen:

    − Nicht pfändbares Vermögen, das zum Existenzminimum des Schuldners gehört (z.B. Kleidung, Bett, Haushaltsgeräte).
    − Auszusondernde Gegenstände, die fremdes Eigentum sind (z.B. unter Eigentumsvorbehalt gelieferte Waren).
    + Ansprüche aus eventuellen Anfechtungen (z.B. Schenkungen 1 Jahr vor Konkurseröffnung) bzw. Ergänzungsposten (Ansprüche aus Nachschußverpflichtungen).

- Von der Konkursmasse sind folgende **Forderungen** abzusetzen:

> - Abzurechnende Forderungen, deren Gläubiger zur abgesonderten Befriedigung berechtigt sind, z.b. durch ein Pfandrecht oder eine Sicherungsübereignung.
> - Aufzurechnende Forderungen als Forderungen an den Schuldner, denen Forderungen des Schuldners an die Gläubiger gegenüberstehen.
> - Masseschulden, welche z.b. ausstehende Löhne und Gehälter oder Forderungen aus Geschäften des Konkursverwalters bis zu 6 Monate vor Eröffnung des Verfahrens umfassen.
> - Massekosten, die sich aus Gerichts- und Verfahrenskosten zusammensetzen.

- Außerdem sind **Abschläge** vorzunehmen, die durch bevorrechtigte Forderungen entstehen. Dazu können folgende Forderungen jeweils für das letzte Jahr vor Verfahrenseröffnung zählen:

> - Lohn- und Gehaltsforderungen, einschließlich der Sozialversicherungsbeiträge
> - Abgabenforderungen von Bund, Ländern bzw. Gemeinden
> - Forderungen der Kirchen, Schulen bzw. öffentlicher Verbände
> - Forderungen der Ärzte, Apotheker bzw. Krankenpfleger
> - Forderungen der Kinder des Schuldners.

- Der verbleibende Betrag ist die **Restmasse**. Sie ist das verfügbare Vermögen zur Befriedigung der nicht gesicherten oder bevorrechtigten Gläubiger.

- Die **Konkursquote** wird ermittelt:

$$\text{Konkursquote} = \frac{\text{Restmasse}}{\text{Nicht bevorrechtigte Gläubigerforderungen}} \cdot 100$$

Bei einer Konkursquote von beispielsweise 10 % sind 90 % der Forderungen der betreffenden Gläubiger verloren. Für nicht vollständig befriedigte Forderungen haftet der Schuldner noch 30 Jahre lang.

Das Nebeneinander von Vergleichs- bzw. Konkursordnung und Gesamtvollstreckungsordnung wird durch die Insolvenzordnung ab 1.1.1999 aufgehoben werden.

17

1.3.4 Zwangsvergleich

Wenn ein Unternehmen in Konkurs geraten ist, gibt es noch die Möglichkeit, das Unternehmen durch einen Zwangsvergleich zu retten. Der Zwangsvergleich ist ein gerichtliches Verfahren zur Abwendung eines bereits eröffneten Konkurses.

Zu einem Zwangsvergleich kommt es in der Regel dann, wenn der Schuldner durch Kapitalzuflüsse - beispielsweise durch das Einspringen von Verwandten - eine höhere Quote bietet als bei einem Konkurs zu erwarten ist. Kapitalgeber springen mit ihren Mitteln unterstützend ein, weil sie damit die letzte Möglichkeit nutzen wollen, das Unternehmen vor der Abwicklung zu retten.

Das Zwangsvergleichsverfahren läuft in folgender Weise ab:

- Der **Vergleichsvorschlag** des Schuldners muß angeben, in welcher Weise die Befriedigung der Gläubiger erfolgen soll (§ 174 KO). Er muß sicherstellen, daß die Masseverbindlichkeiten und die bevorrechtigten Gläubiger voll befriedigt werden sowie für die nicht bevorrechtigten Gläubiger eine Quote für die Befriedigung ihrer Forderungen vorsehen.

- Das Amtsgericht setzt einen **Vergleichstermin** fest, in dem die Gläubiger über den Vorschlag abstimmen. Zur Annahme des Zwangsvergleichs ist erforderlich, daß die Mehrzahl der anwesenden nicht bevorrechtigten Gläubiger zustimmt und die zustimmenden Gläubiger mindestens 75 % der Gesamtforderungen vertreten (§ 182 KO).

Der angenommene Zwangsvergleich bedarf der Bestätigung des Konkursgerichts (§ 184 KO). Das Konkursgericht hat ihn zu verwerfen, wenn die Gläubiger nicht mindestens 20 % ihrer Forderungen erhalten und dies auf ein unredliches Verhalten des Schuldners (Konkursverschleppung) zurückzuführen ist. Der vom Gericht bestätigte Zwangsvergleich ist für alle nicht bevorrechtigten Gläubiger bindend, auch wenn diese gegen den Vergleich gestimmt haben (§ 193 KO).

1.3.5 Liquidation

Die Liquidation ist die freiwillige oder zwangsweise Auflösung des Unternehmens. Damit wird der Erwerbstätigkeit des Unternehmens ein Ende gesetzt - siehe ausführlich *Olfert / Körner / Langenbeck*.

Nach Einleitung der Liquidation besteht der Betriebszweck nur noch in der Abwicklung. Aus der Erwerbsgesellschaft wird eine **Abwicklungsgesellschaft**. Deren Aufgabe besteht in der Verwertung der Vermögensgegenstände, d.h. in der Umwandlung der Werte in Geld. Aus dem Liquidationserlös werden die Gläubiger befriedigt. Der verbleibende Rest steht dem bzw. den Eigenkapitalgebern als Liquidationserlös entsprechend ihrer Anteile zu.

Gründe für eine Liquidation können sein:

- **Personenbezogene Gründe**

    Tod des Unternehmers, Arbeitsunfähigkeit, Alter des Unternehmers, Fehlen geeigneter Erben, Ausscheiden eines Vollhafters.

- **Sachliche Gründe**

  Schlechte Ertragsaussichten, Erreichen des Unternehmenszieles, Ablauf der satzungsgemäß festgelegten Zeit, strukturelle Branchenveränderungen.

  Die Durchführung der Liquidation erfolgt beim Einzelunternehmen durch den Unternehmer, bei Personengesellschaften (OHG, KG) durch alle Gesellschafter (§ 146 Abs. 1 HGB), bei der GmbH durch den bzw. die Geschäftsführer (§ 66 GmbHG), bei der AG durch die Vorstandsmitglieder (§ 265 Abs. 1 AktG).

  Auf Beschluß der Gesellschafter bzw. der Hauptversammlung können bei GmbH und AG auch außerhalb des Unternehmens stehende Personen mit der Durchführung der Liquidation beauftragt werden. Unter besonderen Voraussetzungen werden die Liquidatoren durch das Gericht bestellt.

Die Liquidation läuft in folgender Weise ab:

- Die Liquidation wird zur **Eintragung ins Handelsregister** angemeldet und die Firma ist mit dem Zusatz »i.L.« (in Liquidation) zu versehen.

- Der Liquidator nimmt die **Neubewertung** der Vermögensteile und der Schulden vor und erstellt die Liquidations-Eröffnungsbilanz.

- Bei Industrieunternehmen wird die Produktion beendet. Wie bei den Handelsbetrieben erfolgt der Ausverkauf aller Erzeugnisse und Handelswaren. Während der Liquidation dürfen nur noch Käufe getätigt werden, die zur vollständigen Abwicklung des Auftragsbestandes nötig sind.

- Die Vermögensteile werden so früh wie möglich verkauft und die Forderungen eingezogen. Aus den Liquidationserlösen sind zunächst die Schulden zu tilgen.

- Am Ende der Liquidation wird eine **Liquidations-Schlußbilanz** erstellt. Der Liquidationserlös wird an die Anteilseigner verteilt. Die Beendigung der Liquidation wird zur Löschung der Gesellschaft im Handelsregister angemeldet.

Persönlich haftende Gesellschafter einer OHG oder KG haften noch fünf Jahre ab Eintragung der Auflösung in das Handelsregister für Schulden des liquidierten Unternehmens (§ 159 HGB).

Die Bücher und Belege der aufgelösten Gesellschaft werden einem der Gesellschafter oder einem Dritten in Verwahrung gegeben.

2. Rechtsformen

Die Rechtsformen beruhen auf denjenigen rechtlichen Regelungen, die ein Unternehmen zu einer rechtlich faßbaren Einheit machen (»Unternehmensverfassung«).

Die geeignete Rechtsform festzulegen, ist eine Aufgabe des Gründungsmanagements. Es können unterschieden werden:

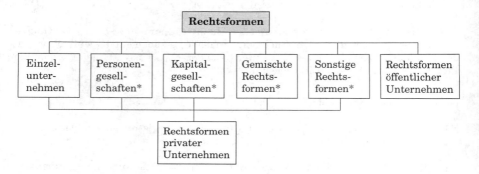

Die einzelnen Rechtsformen sind zahlenmäßig, allgemein wie auch in den einzelnen Wirtschaftszweigen, sehr unterschiedlich vertreten. Aus der Arbeitsstättenzählung des Statistischen Bundesamtes vom 25.05.1987 ergeben sich die auf Seite 107 aufgeführten Werte.

2.1 Einzelunternehmen

Das Einzelunternehmen ist ein Gewerbebetrieb, dessen Vermögen einer Person zusteht. Der Inhaber eines Einzelunternehmens ist Eigentümer bzw. Unternehmer. Er führt das Unternehmen selbständig und eigenverantwortlich. Als Rechtsgrundlage gelten die Vorschriften des BGB und HGB.

Es sollen dargestellt werden:

- **Gründung/Auflösung**
- **Rechte/Pflichten**
- **Bedeutung.**

---

* **Personengesellschaften** sind die Offene Handelsgesellschaft, Kommanditgesellschaft, Stille Gesellschaft, Gesellschaft des bürgerlichen Rechts. Ab 1.7.1995 gibt es eine neue Personengesellschaft: die **Partnerschaftsgesellschaft**. Die Partnerschaft ist eine Gesellschaft, in der sich Angehörige Freier Berufe (z.B. Ärzte, Steuerberater, Rechtsanwälte) zur Ausübung ihrer Berufe zusammenschließen. Sie übt kein Handelsgewerbe aus. Angehörige einer Partnerschaft können nur natürliche Personen sein. - § 1 Abs. 1 Partnerschaftsgesellschaftsgesetz (PartGG). **Kapitalgesellschaften** stellen die Gesellschaft mit beschränkter Haftung, Aktiengesellschaft, Kommanditgesellschaft auf Aktien dar. **Gemischte Rechtsformen** können die GmbH & Co KG und die Doppelgesellschaft sein. **Sonstige Rechtsformen** sind die Stiftung und Genossenschaft sowie der Verein und der Versicherungsverein auf Gegenseitigkeit.

Rechtsformen

Wirtschafts-zweige	Einzelunter-nehmen		OHG/KG		GmbH		AG/KGaA		Genossen-schaft		Unternehmen mit sonstiger privater Rechtsform		Unternehmen von Körper-schaft des öffentlichen Rechts	
	Anzahl	%	Anzahl	%	Anzahl	%	Anzahl	%	Anzahl	%	Anzahl	%	Anzahl	%
Landwirtschaft, Forstwirtschaft, Fischerei	26.401	1,50	574	0,56	976	0,44	–	–	98	1,40	118	2,81	16	0,52
Energiewirt-schaft, Wasser-versorgung, Bergbau	583	0,03	126	0,12	426	0,19	164	6,04	85	1,20	30	0,72	1.596	51,85
Verarbeitendes Gewerbe (ohne Baugewebe)	250.457	14,24	31.026	30,45	53.471	24,34	671	24,72	682	9,71	171	4,08	82	2,66
Baugewerbe	137.920	7,84	11.273	11,07	82.261	14,69	–	–	37	0,53	33	0,79	–	–
Handel	485.620	27,60	36.072	35,40	61.299	27,91	308	11,35	1.445	20,58	296	7,06	33	1,07
Verkehr, Nach-richtenüber-mittlung (incl. Eisenbahn)	64.747	3,68	5.649	5,54	9.987	4,55	249	9,17	122	1,74	176	4,20	109	3,53
Kreditinstitute, Versicherungen	70.637	4,02	1.239	1,22	2.953	1,34	634	23,36	3.487	49,66	370	8,82	732	23,77
sonstige Dienst-leistungen und freie Berufe	722.827	41,09	15.942	15,64	58.292	26,54	688	25,36	1.066	15,18	2.999	71,52	510	16,60
Summe	1.759.192	100,00	101.901	100,00	219.665	100,00	2.714	100,00	7.022	100,00	4.193	100,00	3.078	100,00
= Anteil an Gesamtzahl	91,2 %		5,8 %		1,8 %		0,1 %		0,7 %		0,2 %		0,2 %	

2.1.1 Gründung/Auflösung

Die **Firma** eines einzelkaufmännischen Unternehmens muß bei der **Gründung** den **Familiennamen** und mindestens einen ausgeschriebenen **Vornamen** des Inhabers (Gründers) enthalten. Da Außenstehende wissen sollen, welche Person für das Unternehmen zuständig ist, wird von einer Übereinstimmung der Firma mit dem bürgerlichen Namen ausgegangen.

Beispiele: Jürgen Schröter, Jürgen Schröter Baustoffe.

Das kaufmännische Einzelunternehmen wird in die Abteilung A des Handelsregisters eingetragen. Eine Kapitalausstattung ist bei der Gründung nicht erforderlich.

Als Gründe für die **Auflösung** eines Einzelunternehmens können Arbeitsunfähigkeit, hohes Alter, Tod, Fehlen von Nachfolgern, Strukturveränderungen in der Branche, erdrückender Wettbewerb oder Konkurs des Inhabers genannt werden.

2.1.2 Rechte/Pflichten

Der kaufmännische Einzelunternehmer hat alle **Rechte** eines Eigentümers:

- Er schließt die Geschäfte des Unternehmens ab, kann hierfür aber Vertreter (Prokurist, Handelsbevollmächtigte) bestellen.
- Ihm steht allein der erwirtschaftete Gewinn zu.
- Er kann über Privatentnahmen allein entscheiden.
- Ihm allein steht ein sich ergebender Liquidationserlös zu.

Andererseits muß der Einzelunternehmer aber auch **Pflichten** tragen:

- Er hat die erforderlichen Mittel allein bereitzustellen.
- Er trägt das unternehmerische Risiko allein.
- Er haftet unbegrenzt mit seinem Geschäfts- und Privatvermögen.
- Einen Verlust muß er allein tragen.

Der Einzelunternehmer unterliegt keiner Publizitätspflicht, d.h. er muß den Jahresabschluß nicht veröffentlichen.

2.1.3 Bedeutung

Zur Zeit sind über 80 % aller Unternehmen als Einzelunternehmen tätig. Zwar kommen sie in allen Sektoren der Volkswirtschaft vor, Schwerpunkte sind aber die Landwirtschaft, der Einzelhandel und das Handwerk. Der Anteil der beschäftigten Arbeitnehmer beträgt ca. 40 %.

Die Rechtsform der Einzelunternehmen kommt für Unternehmen mit kleineren bzw. mittleren Unternehmensgrößen in Frage. Das Einzelunternehmen kann Voll- oder Minderkaufmann, aber auch Nichtkaufmann sein).

Rechtsformen

Ein Einzelunternehmer kann schnell entscheiden, denn es sind keine langwierigen Abstimmungsprozesse nötig. Außerdem muß er den erwirtschafteten Gewinn nicht teilen. Dafür hat er aber das Risiko allein zu tragen. Die begrenzte Kapitalkraft beschränkt die Kreditbasis.

2.2 Personengesellschaften

Personengesellschaften sind Unternehmen, die keine eigene Rechtsfähigkeit besitzen und deren Gesellschafter meistens natürliche Personen sind. Zu ihnen zählen - siehe ausführlich *Olfert*:

- **Offene Handelsgesellschaft**
- **Kommanditgesellschaft**
- **Stille Gesellschaft**
- **Gesellschaft des bürgerlichen Rechts.**

2.2.1 Offene Handelsgesellschaft

Die offene Handelsgesellschaft (OHG) ist der Betrieb eines Handelsgewerbes unter gemeinschaftlicher Firma durch zwei oder mehr Personen, die unbeschränkt haften. Sie ist in §§ 105 - 160 HGB geregelt.

2.2.1.1 Gründung/Auflösung

Die **Gründung** bedarf eines Gesellschaftsvertrages, der formfrei ist, üblicherweise aber in Schriftform geschlossen wird. Im Außenverhältnis beginnt die Gesellschaft, sobald ein Gesellschafter Geschäfte in ihrem Namen tätigt bzw. sie im Handelsregister eingetragen wird.

Die Firma der OHG ist eine Personenfirma, die den Familiennamen mindestens eines Gesellschafters mit einem das Gesellschaftsverhältnis andeutenden Zusatz oder die Familiennamen aller Gesellschafter enthält. Sie wird in die Abteilung A des Handelsregisters eingetragen.

Beispiele: Schröter & Co.; Schröter & Buschmann; Schröter, Buschmann & Kaiser; Schröter OHG; Schröter & Buschmann OHG.

Die **Auflösung** einer OHG kann durch Beschluß der Gesellschafter, Zeitablauf, Tod eines Gesellschafters, Kündigung durch einen Gesellschafter bzw. durch Konkurseröffnung über das Vermögen der Gesellschafter erfolgen.

2.2.1.2 Rechte/Pflichten

Die Gesellschafter der OHG haben folgende **Rechte**:

- Jeder Gesellschafter ist nach HGB allein zur Geschäftsführung berechtigt, die vertraglich beschränkt oder aufgehoben werden kann.

- Nicht geschäftsführende Gesellschafter haben jederzeit ein Recht auf Information über die Geschäftslage.

- Jeder geschäftsführende Gesellschafter kann widersprechen, wenn er mit Geschäftsführungsmaßnahmen nicht einverstanden ist.

- Jeder Gesellschafter ist nach HGB allein zur Vertretung ermächtigt, die aber vertraglich ausgeschlossen werden kann.

- Jeder Gesellschafter erhält nach HGB vom jährlichen Reingewinn 4 % seines zu Beginn des Geschäftsjahres vorhandenen Kapitalanteils, der restliche Gewinn wird nach Köpfen verteilt.

- Jeder Gesellschafter darf bis zu 4 % seines zu Beginn des Geschäftsjahres vorhandenen Kapitalanteils privat entnehmen.

- Jeder Gesellschafter hat einen Anspruch auf den Liquidationserlös im Verhältnis der Kapitalanteile.

- Jeder Gesellschafter kann auf den Schluß eines Geschäftsjahres unter Einhaltung einer Frist von 6 Monaten kündigen.

Pflichten der OHG-Gesellschafter sind:

- Jeder Gesellschafter ist verpflichtet, den vertraglich festgelegten Beitrag fristgerecht zu leisten.

- Alle Gesellschafter haften für Verbindlichkeiten der OHG persönlich als Gesamtschuldner:

solidarisch	»Einer für alle, alle für einen«.
unbeschränkt	Auch mit dem Privatvermögen.
unmittelbar	Jeder Gläubiger kann sich an jeden Gesellschafter wenden.
rückbezogen	Neue Gesellschafter haften auch für Schulden der Gesellschaft, die bei ihrem Eintritt bestehen. Diese Haftung kann durch Eintragung in das Handelsregister ausgeschlossen werden.
abgangsbezogen	Aus der OHG ausscheidende Gesellschafter haften noch 5 Jahre lang für die bei ihrem Austritt vorhandenen Schulden der Gesellschaft.

- Jeder Gesellschafter ist an den Verlusten beteiligt. Sie werden nach Köpfen verteilt und vom Kapitalanteil abgezogen.

- Jeder Gesellschafter unterliegt dem Wettbewerbsverbot. Er darf ohne Einwilligung der anderen Gesellschafter im Handelsgewerbe der Gesellschaft keine Geschäfte auf eigene Rechnung machen und sich auch nicht an anderen, gleichartigen Gesellschaften beteiligen.

Eine Publizitätspflicht besteht für die OHG nur, wenn sie ein Großunternehmen nach dem Publizitätsgesetz ist.

2.2.1.3 Bedeutung

Die OHG ist nach der Zahl der Unternehmen die zweitbedeutendste Rechtsform von Unternehmen. Sie wird vor allem von kleineren und mittleren Unternehmen bevorzugt. Häufig handelt es sich um Familienunternehmen.

Die solidarische, unbeschränkte und unmittelbare Haftung macht die OHG relativ kreditwürdig. Andererseits schafft sie erhebliche Abhängigkeiten der Gesellschafter untereinander. Persönliche Streitigkeiten können den Bestand der OHG leicht gefährden.

Da Leitung und Kapitalbeteiligung zusammenfallen, bestehen erhebliche Leistungsanreize.

19

2.2.2 Kommanditgesellschaft

Die Kommanditgesellschaft (KG) ist der Betrieb eines Handelsgewerbes unter gemeinschaftlicher Firma durch zwei oder mehr Personen. Dabei haftet mindestens ein Gesellschafter unbeschränkt und mindestens ein Gesellschafter beschränkt. Der vollhaftende Gesellschafter wird **Komplementär** genannt, der teilhaftende Gesellschafter ist der **Kommanditist**.

Als Rechtsgrundlage gelten §§ 161 - 177a HGB.

2.2.2.1 Gründung/Auflösung

Für die Form der **Gründung** gelten dieselben Vorschriften wie für die OHG.

Die Firma der KG ist eine Personenfirma, die den Namen eines Komplementärs mit einem das Gesellschaftsverhältnis andeutenden Zusatz oder die Namen mehrerer bzw. aller Komplementäre zu enthalten hat. Sie wird in die Abteilung A des Handelsregisters eingetragen.

Beispiele: Schröter KG, Schröter & Co., Schröter & Buschmann.

Es ist aus der Firma nicht immer erkennbar, ob es sich um eine OHG oder KG handelt. In das Handelsregister werden die Namen der Komplementäre und Kommanditisten eingetragen. Veröffentlicht werden die Namen der Komplementäre, nicht aber die der Kommanditisten, von denen lediglich die Anzahl genannt wird.

Die **Auflösung** einer Kommanditgesellschaft erfolgt durch Tod eines Komplementärs, durch Zeitablauf, durch Beschluß der Gesellschafter, durch Kündigung von Gesellschaftern bzw. durch Konkurseröffnung über das Gesellschaftsvermögen. Der Tod eines Kommanditisten hat die Auflösung der Gesellschaft nicht zur Folge (§ 177 HGB).

2.2.2.2 Rechte/Pflichten

Die Rechte und Pflichten der **Komplementäre** entsprechen denen, die für die OHG-Gesellschafter genannt wurden.

Die Kommanditisten haben kein Recht auf Geschäftsführung, organschaftliche Vertretung und private Entnahmen. Ihre **Rechte** sind:

- Jeder Kommanditist kann Handlungen widersprechen, die über den gewöhnlichen Betrieb des Handelsgewerbes hinausgehen.

- Jeder Kommanditist erhält nach HGB vom jährlichen Reingewinn bis zu 4 % seines zu Beginn des Jahres vorhandenen Kapitalanteils. Der Restgewinn wird in angemessenem Verhältnis verteilt.

- Jeder Kommanditist kann nach § 166 HGB eine Abschrift des Jahresabschlusses verlangen, um ihn unter Einsicht in die Handelsbücher und Papiere zu prüfen.

- Jeder Kommanditist ist am Liquidationserlös in angemessenem Verhältnis zwischen Kommanditisten und Komplementären beteiligt.

- Jeder Kommanditist kann auf den Schluß des Geschäftsjahres unter Einhaltung einer Frist von 6 Monaten kündigen.

Pflichten der Kommanditisten sind:

- Jeder Kommanditist ist verpflichtet, die vertraglich festgelegten Beiträge fristgerecht zu leisten, ggf. die Kapitaleinlage.

- Jeder Kommanditist haftet bis zum Betrag seiner Kapitaleinlage, nicht dagegen mit seinem Privatvermögen; soweit er sie nicht an die Gesellschaft geleistet hat, haftet er den Gläubigern der Gesellschaft unmittelbar (§§ 171, 172 HGB).

Rechtsformen

- Jeder Kommanditist ist am Verlust in angemessenem Verhältnis der Kapitalanteile beteiligt.

Eine Publizitätspflicht besteht für die KG nur, wenn sie ein Großunternehmen nach dem Publizitätsgesetz ist.

2.2.2.3 Bedeutung

Die Rechtsform der KG wird vor allem von kleineren und mittleren Unternehmen genutzt. Häufig handelt es sich um Familienunternehmen.

Es ist für die Komplementäre vorteilhaft, daß zusätzliche Kapitalgeber mit beschränkter Haftung und ohne Geschäftsführungs- bzw. Vertretungsbefugnis in das Unternehmen aufgenommen werden können. Für das Unternehmen entstehen dabei keine festen Zinsverpflichtungen wie im Falle der Kreditaufnahme bei einer Bank.

Wie bei der OHG macht die solidarische, unbeschränkte und unmittelbare Haftung der Komplementäre die KG relativ kreditwürdig. Andererseits schafft sie erhebliche Abhängigkeiten der Komplementäre untereinander. Persönliche Streitigkeiten können den Bestand der KG gefährden.

Kommanditisten können rechtsgeschäftliche Vertretungsbefugnis und damit Einfluß eingeräumt werden, z.B. als Prokuristen.

20

2.2.3 Stille Gesellschaft

Die stille Gesellschaft ist der vertragliche Zusammenschluß eines Kaufmannes mit einem Kapitalgeber (Stiller Gesellschafter), dessen Einlage in das Vermögen des Kaufmanns eingeht. Rechtsgrundlagen sind §§ 230 - 237 HGB.

Beispiel: Ein Unternehmer schließt einen Vertrag mit einem Geschäftspartner, der ihm 100.000 DM zur Verfügung stellt und am Gewinn und Verlust beteiligt ist.

Es sollen betrachtet werden:
- Die **Gründung** basiert auf einem Vertrag. Es handelt sich allerdings nicht um den Betrieb eines Handelsgewerbes unter gemeinschaftlicher Firma, sondern um eine Innengesellschaft. Sie ist dadurch gekennzeichnet, daß sie nach außen nicht in Erscheinung tritt. Deshalb erfolgt keine Eintragung in das Handelsregister. Ein Mindestkapital ist für die Gründung nicht vorgeschrieben.
- Die **Auflösung** ist durch Zeitablauf des Vertrages, durch Kündigung, durch Konkurs des Inhabers oder durch den Tod des Kaufmanns möglich. Der Tod des stillen Gesellschafters ist kein Grund zur Auflösung.
- Die **Rechte** des stillen Gesellschafters bestehen in einem »angemessenen« Gewinnanteil bzw. in dem vertragsgemäßen Anteil. Der stille Gesellschafter hat einge-

schränkte Kontrollrechte, d.h. er kann beispielsweise eine abschriftliche Mitteilung der Bilanz verlangen und diese auf ihre Richtigkeit prüfen. Auf die Unternehmensleitung hat er keinen direkten Einfluß. Er hat keine Entnahmerechte, kann aber die Auszahlung seines Gewinnanteils fordern.

- Die **Pflichten** des stillen Gesellschafters sind begrenzt. Er nimmt am Verlust nur bis zum Betrag seiner Einlage teil, nicht dagegen mit seinem Privatvermögen. Die Höhe der zu leistenden Einlage tritt nach außen nicht in Erscheinung.

Die Bedeutung der **typischen** stillen Gesellschaft - wie sie oben beschrieben wurde - äußert sich darin, daß der Unternehmer seine volle Handlungsfreiheit behält und darüber hinaus seine Eigenkapitalbasis stärkt. Diese Innengesellschaft bietet ein Höchstmaß an individueller Gestaltungsfreiheit und Flexibilität. Sie eignet sich für Kapitalgeber, die nach außen nicht in Erscheinung treten wollen. Allerdings können hohe stille Beteiligungen langfristig zu einer Abhängigkeit des Inhabers führen.

Bei der **atypischen** stillen Gesellschaft wird das gesamte Gesellschaftsvermögen als Gemeinschaftsvermögen behandelt. Dem Gesellschafter steht damit ein Anteil an stillen Reserven bzw. am tatsächlichen Firmenwert zu. Stille Gesellschafter können gegebenenfalls auch als rechtsgeschäftliche Vertreter (Bevollmächtigte, Prokuristen) an der Geschäftsführung mitwirken.

2.2.4 Gesellschaft des bürgerlichen Rechts

Die Gesellschaft des bürgerlichen Rechts (GdbR) ist die vertragliche Vereinigung zwischen mehreren Personen, die sich verpflichten, vereinbarte Beiträge zu leisten und die Erreichung irgendeines gemeinsamen Zieles zu fördern. Rechtsgrundlage sind die §§ 705 - 740 BGB.

Beispiele: Arbeitsgemeinschaften (Arge) im Baugewerbe, Bankenkonsortien, Zusammenschlüsse im Versicherungsgewerbe zur größeren Risikoabdeckung, Gemeinschaftspraxen von Ärzten, gemeinsame Kanzleien von Rechtsanwälten.

Es sollen betrachtet werden:

- Die **Gründung** hat durch mindestens zwei Gründer zu erfolgen. Ein Mindestkapital ist nicht vorgeschrieben. Die Gesellschaft des bürgerlichen Rechts hat keine Firma, und sie wird nicht in das Handelsregister eingetragen. Das Vermögen ist gemeinschaftliches Vermögen. Die Beiträge können in Sach- und/oder Geldleistungen bestehen.

- Die **Auflösung** kann durch Auflösungsbeschluß oder Kündigung der Gesellschafter herbeigeführt werden. Weitere Gründe bestehen in der Zielerreichung, im Tod eines Gesellschafters und in der Konkurseröffnung über das Vermögen eines Gesellschafters.

- Die **Rechte** der Gesellschafter beziehen sich auf die Geschäftsführung bzw. Vertretung, die den Gesellschaftern gemeinschaftlich zustehen. In der Praxis wird die

Geschäftsführung aber oft einem Gesellschafter übertragen. Soweit die Gewinnverteilung nicht durch Vertrag geregelt ist, haben die Gesellschafter das Recht auf gleichen Gewinnanteil.

- Die **Pflichten** der Gesellschafter bestehen vor allem in der persönlichen Haftung. Sie besteht unbeschränkt und gesamtschuldnerisch mit dem Gesellschafts- und Privatvermögen. Eine Haftungsbeschränkung auf das Gesellschaftsvermögen muß den Gläubigern erkennbar gemacht werden (»GbRmbH«). Es besteht keine Verpflichtung zur Publizität.

Die **Bedeutung** der Gesellschaft des bürgerlichen Rechts liegt darin, daß größere Geschäfte durchgeführt werden können und dabei die Risikohaftung verteilt wird. Die Gesellschaft erfordert nur eine relativ einfache Organisationsstruktur. Es ist allerdings nachteilig, daß die BGB-Gesellschafter in der Regel mit ihrem ganzen Vermögen haftbar sind.

21

2.3 Kapitalgesellschaften

Kapitalgesellschaften sind Unternehmen, die - im Gegensatz zu den Personengesellschaften - rechtsfähig sind (juristische Personen) und über ein festes Nominalkapital verfügen. Sie haben folgende Rechtsformen - siehe ausführlich *Olfert*:

- **Gesellschaft mit beschränkter Haftung**
- **Aktiengesellschaft**
- **Kommanditgesellschaft auf Aktien.**

2.3.1 Gesellschaft mit beschränkter Haftung

Die Gesellschaft mit beschränkter Haftung (GmbH) ist eine Handelsgesellschaft mit eigener Rechtspersönlichkeit, deren Gesellschafter mit Einlagen auf das in Geschäftsanteile zerlegte Stammkapital (gezeichnetes Kapital) von mindestens 50.000 DM beteiligt sind. Jede Stammeinlage muß mindestens 500 DM betragen. Rechtsgrundlage ist das GmbH-Gesetz.

Es sollen dargestellt werden:

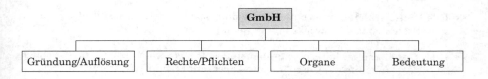

2.3.1.1 Gründung/Auflösung

Die **Gründung** der GmbH ist durch eine oder mehrere Personen möglich. Die Firma kann eine

- Personenfirma (Robert Bosch GmbH)
- Sachfirma (DER Deutsches Reisebüro GmbH, IBM Deutschland GmbH)
- Gemischte Firma (Reemtsma Cigarettenfabriken GmbH)

sein und muß den Zusatz »mit beschränkter Haftung« bzw. »mbH« enthalten. Sie entsteht als juristische Person durch die Eintragung in das Handelsregister, die in der Abteilung B erfolgt. Vor der Eintragung haften Gesellschafter, die Rechtshandlungen vornehmen, persönlich und gesamtschuldnerisch.

Die **Auflösung** der GmbH ist durch Gesellschafterbeschluß mit Dreiviertel-Mehrheit möglich. Die GmbH kann auch aufgrund des Zeitablaufes oder aufgrund der Eröffnung des Konkursverfahrens über das Gesellschaftsvermögen aufgelöst werden.

2.3.1.2 Rechte/Pflichten

Die GmbH-Gesellschafter haben folgende **Rechte**:

- Jeder Gesellschafter kann in der Gesellschafterversammlung nach dem Verhältnis der Geschäftsanteile mitstimmen.

- Jeder Gesellschafter hat Anspruch auf Anteile am Jahresüberschuß im Verhältnis der Geschäftsanteile aufgrund des Gewinnverwendungsbeschlusses.

- Jeder Gesellschafter hat ein Recht auf unverzügliche Auskunft des Geschäftsführers über Angelegenheiten der Gesellschaft.

- Jeder Gesellschafter kann vom Geschäftsführer die Einsicht in die Bücher und Schriften verlangen.

- Jeder Gesellschafter kann seinen Geschäftsanteil übertragen, wobei Voraussetzungen dafür im Gesellschaftsvertrag genannt sein können.

- Jeder Gesellschafter hat ein Recht auf Anteil am Liquidationserlös, der sich nach dem Verhältnis der Geschäftsanteile bemißt.

Pflichten der GmbH-Gesellschafter sind:

- Jeder Gesellschafter muß vor der Anmeldung zur Handelsregister-Eintragung auf seine Stammeinlage eine Einzahlung von mindestens 25 % leisten.

- Jeder Gesellschafter hat seine Stammeinlage fristgerecht einzuzahlen. Geschieht das nicht, kann ihm der Geschäftsanteil aberkannt (kaduziert) werden.

Rechtsformen 117

2.3.1.3 Organe

Die GmbH kann als juristische Person nicht selbst handeln. Das geschieht durch ihre Organe:

- Den oder die **Geschäftsführer**, denen die Leitung der GmbH obliegt. Sie müssen nicht Gesellschafter sein. Ein Arbeitsdirektor ist notwendig, wenn die GmbH mehr als 2.000 Arbeitnehmer hat.

- Den **Aufsichtsrat**, der nach dem BetrVG (Fassung 1952) aber erst bei mehr als 500 Arbeitnehmern, nach dem MitbG bei mehr als 2.000 Arbeitnehmern einzurichten ist. Er hat die Aufgabe, die Geschäftsführer zu überwachen.

- Die **Gesellschafterversammlung**, die das beschließende Organ der GmbH ist. Nach § 46 GmbHG hat sie u.a. folgende Aufgaben:

    - Die Feststellung der Jahresbilanz.
    - Die Verteilung des sich ergebenden Reingewinns.
    - Die Einforderung von Einzahlungen auf die Stammeinlagen.
    - Die Teilung sowie die Einziehung von Geschäftsanteilen.
    - Die Bestellung und die Abberufung von Geschäftsführern.
    - Die Entlastung der Geschäftsführer.
    - Die Maßregeln zur Prüfung und Überwachung der Geschäftsführung.
    - Die Bestellung von Prokuristen.
    - Die Bestellung von Handlungsbevollmächtigten zum gesamten Geschäftsbetrieb.
    - Die Geltendmachung von Ersatzansprüchen, die der Gesellschaft gegen Geschäftsführer oder Gesellschafter zustehen sowie die Vertretung der Gesellschaft in Prozessen, die sie gegen die Geschäftsführer zu führen hat.
    - Erteilung von Weisungen an die Geschäftsführer.

Bei mittelständischen Unternehmen erfreut sich der **Beirat**, der ein freiwilliges Aufsichtsorgan ist, steigender Beliebtheit. Für die Einrichtung eines Beirats können viele Gründe sprechen. Vor allem kann er der Versachlichung der Zusammenarbeit zwischen Kapitalgebern und Managern durch Beratung und Nutzung von Expertenwissen dienen.

2.3.1.4 Bedeutung

Die GmbH ist eine häufig vorzufindende Rechtsform bei Unternehmen mittlerer Größe, die als Familienunternehmen betrieben werden, aber auch bei Großunternehmen (Tochtergesellschaften). Von Vorteil ist, daß die Haftung der Gesellschafter auf die Stammeinlage beschränkt ist. Durch die Aufnahme neuer Gesellschafter kann die Kapitalbasis erweitert werden.

Zur Gründung der GmbH wird nur ein relativ niedriges Anfangskapital benötigt. Es besteht eine recht hohe Entscheidungs- und Gestaltungsfreiheit, ohne daß mit dem Privatvermögen gehaftet werden muß.

Diese Rechtsform ist auch zur Ausgliederung bestimmter Funktionen aus einem Unternehmen geeignet, beispielsweise einer Vertriebs-GmbH. Durch die Zulässigkeit einer Einmann-GmbH ist die Umwandlung aus einem Einzelunternehmen möglich.

Die GmbH erfordert eine etwas kompliziertere Gründung als die Personengesellschaften und höhere Kosten. Die Wahl der Rechtsform einer GmbH ist nur mit erheblichen steuerlichen Lasten rückgängig zu machen.

Im Vergleich zur AG bleibt der Kapitalmarkt der GmbH weitgehend verschlossen. Die Übertragung von Anteilen bedarf einer notariellen Beurkundung. Das erforderliche Mindest-Stammkapital bietet kaum eine ausreichende Basis für einen größeren Geschäftsumfang. Die hohe Konkursanfälligkeit dieser Rechtsform ist auffallend.

Die GmbH unterliegt der **Publizitätspflicht** nach §§ 325 ff. HGB. Die Rechnungslegung hängt nach §§ 266, 267 HGB von ihrer Größe ab. Für ihre Einordnung müssen jeweils zwei der folgenden Merkmale erfüllt sein:

	Kleine Kapitalgesellschaft	Mittelgroße Kapitalgesellschaft	Große Kapitalgesellschaft
Bilanzsumme (in DM)	≤ 5,31 Mio	≤ 21,24 Mio	> 21,24 Mio
Umsatzerlöse (in DM)	≤ 10,62 Mio	≤ 42,48 Mio	> 42,48 Mio
Arbeitnehmer	≤ 50	≤ 250	> 250

Diese Regelungen gelten auch für die Aktiengesellschaft.

2.3.2 Aktiengesellschaft

Die AG ist eine Handelsgesellschaft mit eigener Rechtspersönlichkeit, deren Gesellschafter mit Einlagen auf das in Aktien zerlegte Grundkapital beteiligt sind.

Das **Grundkapital** beträgt als gezeichnetes Kapital mindestens 100.000 DM. Die Nennwerte der Gesamtheit der Aktien und des Grundkapitals entsprechen sich. Der Mindest-Nennbetrag der Aktien ist 5 DM, höhere Beträge sind zulässig, jedoch müssen sie auf volle 5 DM lauten.

Aktien dürfen nicht unter ihrem Nennwert (= unter pari) ausgegeben werden. Dagegen ist es zulässig, Aktien über ihrem Nennwert (= über pari) auf den Markt zu bringen. Die Differenz zwischen Ausgabewert und Nennwert wird als Agio bezeichnet.

Rechtsgrundlage für die AG ist das Aktiengesetz.

Rechtsformen

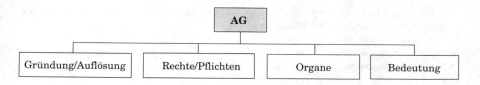

2.3.2.1 Gründung/Auflösung

Zur **Gründung** einer AG sind ein oder mehrere Gründer notwendig, die alle Aktien gegen Einlagen übernehmen müssen. Sie stellen den Gesellschaftsvertrag (Satzung) auf, der notariell zu beurkunden ist. Über die Gründung wird ein Gründungsbericht erstellt.

Die Gründer berufen den ersten Aufsichtsrat und den Abschlußprüfer für das erste Geschäftsjahr. Der Aufsichtsrat bestellt den ersten Vorstand.

Die Firma der AG ist grundsätzlich eine dem Gegenstand des Unternehmens entnommene Sachfirma, die den Zusatz »Aktiengesellschaft« bzw. »AG« enthalten muß.

Beispiele: Deutsche Bank AG, Badische Stahlwerke AG, Löwenbräu AG.

Bis zur Eintragung in das Handelsregister bilden die Gründer eine Vor-AG. Die Eintragung der AG in das Handelsregister der Abteilung B hat konstitutive Wirkung.

Die **Auflösung** einer Aktiengesellschaft kann durch Zeitablauf, durch Hauptversammlungsbeschluß mit Dreiviertel-Mehrheit oder durch die Eröffnung des Konkursverfahrens über das Gesellschaftsvermögen erfolgen (§ 262 AktG).

2.3.2.2 Rechte/Pflichten

Die Gesellschafter haben als Aktionäre folgende **Rechte**:

- Sie dürfen an der Hauptversammlung teilnehmen und haben ein Stimmrecht entsprechend ihrer Aktiennennbeträge.

- Sie haben ein Recht auf Auskunft über Angelegenheiten der Gesellschaft, soweit sie zur sachgemäßen Beurteilung des Gegenstandes der Tagesordnung nötig ist (§ 131 AktG).

- Sie dürfen einen Beschluß der Hauptversammlung gerichtlich anfechten, wenn dieser gegen ein Gesetz oder die Satzung verstößt.

- Sie haben ein Recht auf einen Anteil am Bilanzgewinn, der als Dividende nach dem Verhältnis der Aktiennennbeträge gezahlt wird.

- Sie haben i.d.R. ein Recht auf Bezug neuer (junger) Aktien im Verhältnis der Kapitalerhöhung zum alten Grundkapital.

- Sie haben ein Recht auf Anteil am Liquidationserlös nach dem Verhältnis der Aktiennennbeträge.

Pflichten der Aktionäre sind:

- Es besteht die Pflicht zur Leistung übernommener Einlagen. Bei Bargründungen sind mindestens 25 % des Nennwerts der Aktien und das volle Agio einzuzahlen. Im Falle der Sachgründung sind die Sacheinlagen voll einzubringen.

- Die Satzung kann den Aktionären Nebenverpflichtungen auferlegen. Diese können nicht in Geld bestehende Leistungen sein, beispielsweise die Lieferung von Zuckerrüben an die Zuckerfabrik (§ 55 AktG).

2.3.2.3 Organe

Die AG kann als juristische Person nicht selbständig handeln. Ihre Organe sind:

- Der **Vorstand** ist das leitende Organ der AG. Er besteht aus einer oder mehreren Personen, die vom Aufsichtsrat auf höchstens 5 Jahre bestellt werden und keine Mitglieder des Aufsichtsrats sein dürfen. Nach dem MitbG gehört dem Vorstand bei mehr als 2.000 Arbeitnehmern ein **Arbeitsdirektor** an.

    Zu den **Aufgaben** des Vorstandes gehört es,

    - die Geschäftsführung der AG eigenverantwortlich wahrzunehmen,
    - die AG nach außen zu vertreten,
    - dem Aufsichtsrat mindestens vierteljährlich Bericht zu erstatten,
    - den Jahresabschluß und Lagebericht aufzustellen und dem Abschlußprüfer vorzulegen,
    - die Hauptversammlung einzuberufen,
    - der Hauptversammlung einen Gewinnverwendungsvorschlag zu unterbreiten.

- Der **Aufsichtsrat** bestellt den Vorstand, beruft ihn ab und überwacht seine Geschäftsführung. Dabei ist er berechtigt, die Bücher und Unterlagen der Gesellschaft einzusehen. Der Aufsichtsrat besteht nach AktG aus drei Mitgliedern, die Satzung der AG kann eine höhere Zahl festlegen. Er wird von der Hauptversammlung auf 4 Jahre gewählt.

    Bei Gesellschaften, die regelmäßig über 500 bis 2.000 Arbeitnehmer beschäftigen, gilt, daß ein Drittel der Aufsichtsratsmitglieder von der Belegschaft zu wählen ist. Bei Gesellschaften mit regelmäßig mehr als 2.000 Arbeitnehmern und Gesellschaften der Montanindustrie ist der Aufsichtsrat paritätisch von Anteilseignern und Arbeitnehmern besetzt.

    In der Montanindustrie kommt zu den Arbeitgeber- und Arbeitnehmervertretern ein weiteres, neutrales Mitglied, um Mehrheiten zu ermöglichen. In Gesellschaften außerhalb der Montanindustrie mit regelmäßig mehr als 2.000 Arbeitnehmern entscheidet bei Stimmengleichheit die Stimme des Aufsichtsratsvorsitzenden, der aus den Reihen der Anteilseigner stammt (BetrVG 1952, MontanMitbestG, MitbestG).

- Die **Hauptversammlung** besteht aus den Aktionären und ist das beschließende Organ der Gesellschaft. Sie entscheidet in den im AktG und in der Satzung bestimmten Fällen über:

 - die Bestellung der Mitglieder des Aufsichtsrats, soweit sie nicht in den Aufsichtsrat zu entsenden oder als Aufsichtsratsmitglieder der Arbeitnehmer zu wählen sind,
 - die Verwendung des Bilanzgewinns,
 - die Entlastung der Mitglieder des Vorstands und des Aufsichtsrats,
 - die Bestellung der Abschlußprüfer,
 - Satzungsänderungen,
 - Maßnahmen der Kapitalbeschaffung und der Kapitalherabsetzung,
 - die Bestellung von Gründungs- oder Sonderprüfern,
 - die Auflösung der Gesellschaft.

Im Hinblick auf die Organe ergibt sich damit folgender Zusammenhang:

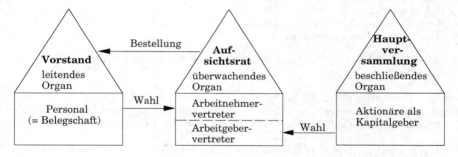

2.3.2.4 Bedeutung

Die AG ist die bedeutendste Rechtsform der Kapitalgesellschaften. Sie ist vorteilhaft, weil ein großes Finanzvolumen über den Kapitalmarkt (Börse) aufgebracht werden kann. Der Erwerb und die Übertragung von Aktien - in der verbreiteten Form der Inhaberaktie - ist unproblematisch. Die Aktionäre haften nicht mit ihrem Privatvermögen.

Demgegenüber ist die Gründung kompliziert. Die Gründungskosten und die laufenden Kosten sind hoch. Die Prüfungs- und Publizitätspflichten sind umfassend. Die organisatorische Aufbaustruktur ist vielfältig. Außerdem sind Interessenkonflikte über die Gewinnverwendung möglich.

Zunehmende Konzentration über Zusammenschlüsse von Aktiengesellschaften (Verschmelzung) ist möglich, was die Gefahr der Marktbeherrschung mit sich bringen kann.

2.3.3 Kommanditgesellschaft auf Aktien

Die Kommanditgesellschaft auf Aktien (KGaA) ist eine juristische Person mit mindestens einem persönlich haftenden Gesellschafter, der das Unternehmen leitet. Die übrigen Gesellschafter sind mit Einlagen auf das in Aktien zerlegte Grundkapital beteiligt, ohne daß die Kommanditaktionäre mit ihrem Privatvermögen haften.

Die KGaA ist eine Kombination zwischen der AG und KG, wobei der Charakter als Kapitalgesellschaft im Vordergrund steht. Rechtsgrundlagen sind das AktG (§§ 278 - 290) und das HGB (§§ 161 - 177). Die Organe der KGaA sind

- persönlich haftende Gesellschafter
- Aufsichtrat
- Hauptversammlung.

Zu betrachten sind:

- Die **Gründung**, zu der ein oder mehrere Gründer erforderlich sind, von denen mindestens einer persönlich haftender Gesellschafter sein muß. Zur Gründung ist ein Mindestkapital von 100.000 DM erforderlich. Die Firma muß den Zusatz KGaA bzw. »Kommanditgesellschaft auf Aktien« enthalten. Sie wird in Abteilung B des Handelsregisters eingetragen.
Beispiele: Trinkaus & Burkhardt KGaA, Henkel KGaA, Henninger KGaA, Steigenberger KGaA.

- Die **Auflösung** der KGaA kann dadurch erfolgen, daß ein persönlich haftender Gesellschafter kündigt und ein Beschluß der Hauptversammlung herbeigeführt oder über das Gesellschaftsvermögen ein Konkursverfahren eröffnet wird.

- Die **Rechte** der Geschäftsführung und Vertretung liegen allein beim Komplementär, der »geborener Vorstand« ist. Der Gewinn für Kommanditaktionäre wird nach dem Verhältnis der Aktiennennbeträge verteilt.

- Die **Pflichten** bestehen vor allem in der Haftung. Während persönlich haftende Gesellschafter - wie bei einer Kommanditgesellschaft - unbeschränkt haften, besteht die Haftung der Kommanditaktionäre nur mit der Einlage.

Die **Bedeutung** der KGaA zeigt sich bei der Kapitalbeschaffung, denn es kann über den Kapitalmarkt ein großes Finanzvolumen aufgebracht werden. Bei der voll haftenden Geschäftsführung ist eine stärkere persönliche Bindung als bei den managergeleiteten Aktiengesellschaften gegeben.

Nachteilig ist, daß die Konstruktion dieser Rechtsform relativ kompliziert ist und hohe Gründungskosten bzw. laufende Kosten verursacht werden.

2.4 Gemischte Rechtsformen

Gemischte Rechtsformen dienen dazu, die Unternehmensgeschäfte durch mehrere Gesellschaften unterschiedlicher Rechtsform abzuwickeln. Zu unterscheiden sind:

- **GmbH & Co KG**
- **Doppelgesellschaft.**

Mit den KG-bezogenen gemischten Rechtsformen wird meistens versucht, die begrenzte Haftung der teilhaftenden Gesellschafter einer KG und die steuerlichen Vorteile von Personengesellschaften mit Vorteilen der Kapitalgesellschaften zu verbinden.

2.4.1 GmbH & Co KG

Die typische GmbH & Co KG ist eine Kommanditgesellschaft, bei der eine GmbH der Komplementär ist. Die GmbH-Gesellschafter sind zugleich die Kommanditisten der KG. Die Firma der GmbH & Co KG muß den Namen des Komplementärs enthalten mit dem Zusatz »& Co«.

Beispiele: ALDI GmbH & Co KG, Brose Fahrzeugteile GmbH & Co, Gillette Deutschland GmbH & Co KG.

Mit der GmbH & Co KG werden die Vorteile der KG als einer Personengesellschaft erhalten, andererseits wird aber die volle Haftung des Komplementärs auf das Vermögen der GmbH beschränkt.

Die Gesellschafter sind mit einem geringen Betrag an einer GmbH beteiligt, die als Vollhafter fungiert. Sie bestellen sich als Geschäftsführer der GmbH, die wiederum geschäftsführender Gesellschafter der KG ist. Der Gewinn, der dem Komplementär zusteht, kann durch die Geschäftsführer-Gehälter aufgezehrt werden. Das erforderliche Kapital wird in Form von Kommanditeinlagen geleistet. Der Gewinn geht weitgehend an die Kommanditisten.

Die GmbH & Co KG ist in der Regel steuerlich vorteilhafter als die GmbH, z.B. bei der Gewerbesteuer. Außerdem ist ihr Jahresabschluß nicht publizitätspflichtig nach dem HGB.

2.4.2 Doppelgesellschaft

Als Doppelgesellschaft bezeichnet man ein Unternehmen, das seine wirtschaftlichen Zielsetzungen durch Verwendung von zwei rechtlich selbständigen Gesellschaften zu realisieren versucht (*Wöhe*).

Hopfenbeck spricht von einer Betriebsaufspaltung, weil ein ohne weiteres einheitlich betriebenes oder zu betreibendes Unternehmen aus zwei Gesellschaften besteht.

Beispiel: Errichtung einer Besitz-Personengesellschaft und einer Betriebs-Kapitalgesellschaft.

Üblich ist die Trennung in eine Personengesellschaft und eine Kapitalgesellschaft, von denen die eine als Produktionsgesellschaft und die andere als Vertriebsgesellschaft fungiert. Die eine Gesellschaft ist eine Art Besitzgesellschaft, die ihre Produktionsmittel an die eigentliche Betriebsgesellschaft verpachtet, die den Leistungsprozeß durchführt.

Die von der Betriebsgesellschaft zu zahlenden Pachtzinsen sind Betriebsausgaben und damit steuerlich gewinnmindernd, ebenso wie die Gehälter bei der Betriebsgesellschaft. Durch diese Betriebsausgaben wird der Gewinn bei der Kapitalgesellschaft gemindert.

2.5 Sonstige Rechtsformen

Als sonstige privatrechtliche Rechtsformen sollen betrachtet werden:

- **Stiftung**
- **Genossenschaft**
- **Verein**
- **Versicherungsverein auf Gegenseitigkeit.**

2.5.1 Stiftung

Die Stiftung des privaten Rechts (§§ 80 BGB ff.) ist eine juristische Person, die vom Stifter mit Vermögen ausgestattet wird. Eine Stiftung ist auf Dauer einem vom Stifter festgesetzten Zweck gewidmet. Bei der Abfassung der Stiftungsverfassung hat der Stifter volle Entscheidungsfreiheit. Laut BGB ist als Organ nur der Vorstand vorgeschrieben.

Beispiele: Bertelsmann-Stiftung, Max-Grundig-Stiftung.

Eine Stiftung sichert Unternehmenskontinuität und Kapitalerhaltung. Es wird beispielsweise eine Erbzersplitterung vermieden.

Nachteilig ist die begrenzte Kapitalbeschaffungsmöglichkeit, weil beispielsweise keine Beteiligungsfinanzierung möglich ist. Auch können organisatorische Probleme entstehen, die auf mangelnde Flexibilität zurückgehen.

2.5.2 Genossenschaft

Eine Genossenschaft ist eine Gesellschaft mit einer nicht geschlossenen Zahl von Mitgliedern (Genossen), die einen wirtschaftlichen Zweck verfolgen. Sie bedienen sich dazu eines gemeinsamen Geschäftsbetriebes.

Zur **Gründung** einer Genossenschaft sind mindestens sieben Gründer erforderlich, die eine Satzung (Statut) aufstellen. Die Genossenschaft ist erst entstanden, wenn sie in das Genossenschaftsregister eingetragen ist, das beim Amtsgericht geführt wird.

Die Firma muß eine Sachfirma sein und den Zusatz »eingetragene Genossenschaft« bzw. »eG« tragen.

Beispiele: VR-Bank Ludwigshafen eG, Volksbank Mannheim eG, Datev eG, Winzerkeller Leiningerland eG.

Die Genossen haften nur mit ihrer Einlage (Geschäftsanteil). Die Vereinbarung einer Nachschußpflicht ist möglich. Als Organe der Genossenschaft sind der Vorstand, der Aufsichtsrat und die Generalversammlung zu nennen.

Die **Bedeutung** der Genossenschaft liegt im Zusammenschluß von wirtschaftlich Schwachen, z.B. Bauern oder Handwerkern, zur Selbsthilfe im Wettbewerb mit Großbetrieben (*Kugler*). Sie wird noch dadurch erhöht, daß sich die Genossenschaften zu Verbänden zusammenschließen.

Die Genossenschaft ist weder Personen- noch Kapitalgesellschaft, sondern als wirtschaftlicher Verein eine juristische Person und Formkaufmann.

2.5.3 Verein

Vereine können nicht-rechtsfähige Vereine oder als juristische Personen rechtsfähige Vereine sein, die entweder einem wirtschaftlichen Zweck oder ideellen Zwecken dienen. Als Rechtsgrundlage gelten die § 21 - 79 BGB.

Beispiele: Verein Creditreform e.V., Verein Deutscher Oelfabriken, ADAC.

Wesentliche **Regelungen** für rechtsfähige Vereine sind:

- Es muß eine Vereinssatzung gegeben sein.

- Nicht wirtschaftliche Vereine werden beim Amtsgericht ins Vereinsregister eingetragen.

- Wirtschaftliche Vereine erhalten die Rechtsfähigkeit auf Antrag bei der Landesinnenbehörde.

- Die Mitgliederversammlung muß einen Vorstand wählen.

- Für die Schulden haftet nur das Vereinsvermögen, d.h. die Mitglieder haften nicht persönlich.

- Die Auflösung des Vereins erfolgt mit Dreiviertel-Mehrheit der Mitgliederversammlung.

2.5.4 Versicherungsverein auf Gegenseitigkeit

Der Versicherungsverein auf Gegenseitigkeit (VVaG) ist eine Rechtsform in der Versicherungswirtschaft, die Merkmale der Genossenschaft und der GdbR aufweist. Rechtsgrundlage ist das Versicherungsgesetz (VAG).

Beispiele: Haftpflichtverband der Deutschen Industrie VVaG, Vereinigte Postversicherung VVaG, DEBEKA Krankenversicherungsverein a.G.

Der Versicherungsnehmer wird mit Abschluß des Versicherungsvertrags gleichzeitig Mitglied des Vereins. Die Leistungen an die Versicherungsnehmer werden aus den Beiträgen bezahlt. Überschüsse werden an die Versicherungsnehmer verteilt. Eventuelle Fehlbeträge sind durch Beitragserhöhungen aufzubringen.

Mit der Beendigung des Versicherungsvertrages endet auch die Mitgliedschaft. Als Organe sind der Vorstand, der Aufsichtsrat und die sog. »oberste Vertretung« zu nennen.

2.6 Öffentliche Unternehmen

Öffentliche Unternehmen haben in der Regel gemeinwirtschaftliche Zielsetzungen und befinden sich ganz oder überwiegend im Eigentum von Gebietskörperschaften, das sind Bund, Länder, Gemeinden.

Die rechtliche und organisatorische Struktur der öffentlichen Unternehmen zeigt eine große Vielfalt. Man kann unterteilen:

- Bei Rechtsformen **mit eigener Rechtspersönlichkeit** handelt es sich um juristische Personen des öffentlichen Rechts in Form von Körperschaften, Anstalten, Stiftungen.

Beispiele: Ortskrankenkassen, Öffentliche Sparkassen, Öffentliche Bausparkassen, Öffentlich-rechtliche Stiftungen.

Die juristischen Personen des öffentlichen Rechts werden häufig von einem Vorstand nach einer von den Verwaltungsträgern oder von ihnen selbst erlassenen Satzung geleitet, der von einem Verwaltungsrat beaufsichtigt wird.

- Öffentliche Unternehmen **ohne eigene Rechtspersönlichkeit** sind keine juristischen Personen.

Beispiele: Reine Regiebetriebe (Müllabfuhr, Krankenhäuser), Eigenbetriebe der Gemeinden (Stadtwerke, Verkehrsbetriebe), Einheiten aus Sondervermögen des Bundes (Bundesdruckerei), unselbständige Anstalten.

3. Organisation

Grochla versteht unter Organisation die Strukturierung von Systemen zur Erfüllung von Daueraufgaben. Traditionell wird die Organisation als eine geregelte Verbindung der menschlichen Arbeit und der Sachmittel angesehen, die sich an Organisationsgrundsätzen und der betrieblichen Aufgabe orientiert.

Es lassen sich unterscheiden - siehe ausführlich *Steinbuch*:

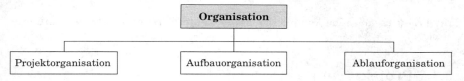

3.1 Projektorganisation

Ein **Projekt** ist ein einmaliges Vorhaben einer Aufgabenausführung. Unter Projektorganisation kann man die Strukturierung von Systemen als Einzelvorhaben mit hohem Schwierigkeitsgrad und mit Risikobeziehung verstehen. Sie kann als Zustand und als Tätigkeit angesehen werden.

Beispiele für Projekte: Große Bauvorhaben, Errichtung eines Werkes, Abwicklung einer Fusion, Einführung der gleitenden Arbeitszeit, Umweltschutzvorhaben.

Zu betrachten sind:

- **Projektprozeß**
- **Projektleiter**
- **Projektgruppe**.

3.1.1 Projektprozeß

Der Prozeß der Projektorganisation besteht aus drei **Phasen**:

- Der **Projektplanung**, die sich an den Organisationszielen orientiert. Sie legen fest, was von der Organisation erreicht oder bewirkt werden soll. Zu diesen Zielen zählen die Kostenminderung, die Anwendung effizienter Techniken und die Humanisierung der Arbeitswelt. In der Projektplanung wird überlegt, auf welchen Wegen die Ziele Schritt für Schritt zu erreichen sind.

- Der **Projektdurchführung**, die sich an die Phase der Projektplanung anschließt. *Burghardt* geht im Rahmen des Produkt-Projektprozesses von folgenden Projektarten aus, die zu realisieren sind:
  - Forschungsprojekte, beispielsweise die Gestaltung von Robotersystemen.
  - Entwicklungsprojekte, beispielsweise die Entwicklung von Software.

- Rationalisierungsprojekte, die Kosteneinsparungen zum Ziel haben.
- Projektierungsprojekte, die der kundenspezifischen Anpassung dienen.
- Vertriebsprojekte, die sich auf Großkunden beziehen.
- Betreuungsprojekte, beispielsweise Wartungs- und Pflegeprojekte.

• Der **Projektkontrolle**, die zu prüfen hat, ob die gesetzten Ziele erreicht worden sind. Damit wird nach Abschluß der Durchführung von Projekten die Effizienz der Projekte festgestellt. Zweck der Projektkontrolle ist es, die Übereinstimmung von Plan und Wirklichkeit zu sichern.

Die Projektorganisation kann durch einzelne Mitarbeiter oder Mitarbeitergruppen erfolgen.

3.1.2 Projektgruppe

Eine Projektgruppe ist eine Personenmehrheit, die gemeinsam und überwiegend hauptamtlich eine Projektlösung erarbeitet. Im Regelfall ist ein Projekt zeitlich begrenzt. Die Mitarbeiter einer Projektgruppe sind meistens vollzeitlich tätig.

Arbeiten die Mitarbeiter nebenamtlich und teilzeitlich in der Projektorganisation, so spricht man von einem **Ausschuß** oder **Kollegium**.

Aus der Arbeit von Projektgruppen resultiert eine Reihe von **Vorteilen**:

- Für das Projekt ergibt sich eine gemeinsame Verantwortung.
- Die Koordination einer Projektgruppe ist relativ einfach.
- Es können Spezialisten bzw. auch Unternehmensberater aufgenommen werden.
- Das Risiko der Gruppenlösung ist üblicherweise geringer.
- Der Einbezug verschiedener Fachbereiche und Hierarchiestufen ist förderlich.

Bei der Arbeit mit Projektgruppen können aber **Nachteile** auftreten:

- In größeren Gruppen kann die Kommunikation zeitaufwendig werden.
- Es besteht die Gefahr der Bürokratisierung der Projektgruppenarbeit.
- Mögliche Nachteile bei der weiteren Berufslaufbahn erschweren die Gewinnung geeigneter Mitarbeiter.
- Eine Übereinstimmung der Willensbildung ist oft schwierig oder nicht erreichbar.

3.1.3 Projektleiter

Der Führer einer Projektgruppe wird als Projektleiter bezeichnet. Er plant, steuert und überwacht die Projektgruppe und die Projektarbeiten in

- sachlicher
- personeller
- terminlicher
- budgetmäßiger

Sicht und trägt die Verantwortung für die Erfüllung der Projektaufgaben. Der Projektleiter muß persönlich für die Folgen der von ihm ausgelösten Handlungen und

Entscheidungen einstehen. Er hat im Rahmen der Einheitlichkeit von Aufgabe, Verantwortung und Kompetenz folgende **Verantwortung** zu übernehmen:

- Ergebnisverantwortung für die gesamte Systemlösung.
- Personalverantwortung für den qualitativen und quantitativen Personaleinsatz.
- Budgetverantwortung für die Einhaltung der Kostenvorgabe.
- Sachmittelverantwortung für die Projektmittel.
- Terminverantwortung für die Einhaltung der Zeitvorgabe.

25

3.2 Aufbauorganisation

Die Aufbauorganisation zeigt die betriebliche Ordnung der Zuständigkeiten und Bestandsphänomene. Sie kann auch als Strukturierung des Gebildes bezeichnet werden und umfaßt nach *Steinbuch*

- **Stellenbildung**
- **Aufbaugestaltung**
- **Organisationsstruktur**
- **Dokumentation.**

3.2.1 Stellenbildung

Zur Gestaltung der Aufbauorganisation müssen zunächst alle zur Aufgabenerledigung erforderlichen Stellen gebildet werden. Das geschieht mit Hilfe:

- Der **Aufgabenanalyse**, bei der eine schrittweise Zerlegung der Gesamtaufgabe in ihre einzelnen Bestandteile vorgenommen wird *(Kosiol)*. Sie kann erfolgen als:

Verrichtungs-analyse	Diese Analyseform stellt die Tätigkeit in den Vordergrund, beispielsweise das Einspannen, Tippen, Ausspannen, Ablegen von Briefen.
Objektanalyse	Jede Verrichtung muß an einem Objekt vorgenommen werden, beispielsweise mit Hilfe von Schreibmaschine, Farbband, Papier usw.
Ranganalyse	Jeder Ausführungsaufgabe geht in der Regel eine Entscheidungsaufgabe voraus, beispielsweise die Schreibentscheidung vor der Durchführung.
Phasenanalyse	Planungs-, Durchführungs- und Kontrollaufgaben sind zu analysieren, beispielsweise die Planung der Briefe, das Schreiben der Briefe und die Kontrolle der Briefe.
Zweck-beziehungs-analyse	Man kann Zweck- bzw. Verwaltungsaufgaben analysieren. Die Zweckbeziehungsanalyse kann sich beispielsweise auf Tätigkeiten in einem Schreibbüro beziehen. Die Verwaltungsaufgabe kann im Ablegen der Briefe bestehen.

Die Gesellschaft für Organisation hat ein vereinfachtes Verfahren für die Durchführung der Aufgabenanalyse erarbeitet. Der **Aufgabengliederungsplan** geht von den Zweckaufgaben aus und unterteilt sie in:

Sach-gliederung	Verrichtungen und Objekte werden hier gemeinsam analysiert und nicht - wie oben - auseinandergerissen. Aus der Sachgliederung ergibt sich die Aufgabe des Schreibens von Briefen.
Rang-gliederung	Wie oben wird in Entscheidungs- und Ausführungsaufgaben unterschieden, also in die Schreibentscheidung und in die Schreibausführung.
Phasen-gliederung	Sie enthält beispielsweise die Planung, die Durchführung und die Kontrolle des Schreibens von Briefen.

In der betrieblichen Praxis begnügt man sich vielfach mit einer Verrichtungsanalyse und Objektanalyse (*Steinbuch*). Die von *Kosiol* vorgeschlagene Vorgehensweise erfordert einen sehr hohen Zeitaufwand, dem die Praxis nicht immer entsprechen kann oder will.

- Die **Aufgabensynthese** fügt die mittels der Aufgabenanalyse ermittelten Aufgaben zu Stellen zusammen und bringt sie in einen synthetischen Gesamtzusammenhang. *Kosiol* unterscheidet:

  - den Verteilungszusammenhang durch Zusammenfassung von Aufgaben zu Stellen,
  - den Leitungszusammenhang durch Überordnung von Entscheidungsaufgaben,
  - den Stabszusammenhang, der bestimmte Aufgaben den Stabsstellen zuordnet,
  - den Arbeitszusammenhang, der die Verkehrswege zwischen den Stellen aufzeigt,
  - den Kollegienzusammenhang, der die Ausschüsse und Kommissionen offenlegt.

3.2.2 Aufbaugestaltung

Zur Aufgabenerledigung durch eine Stelle sind unterschiedliche Elemente erforderlich. Es können genannt werden:

- **Stellenelemente**, die im Rahmen der Aufbaugestaltung zu berücksichtigen sind: Vor allem für die Instanzenbildung gilt das Prinzip der Kongruenz von Aufgaben, Befugnissen und Verantwortung (*Gaugler*).

Aufgabe	Sie ist die Verpflichtung zur Vornahme bestimmter Verrichtungen, die für eine Stelle festgelegt werden.
Befugnis	Sie ist die Zuständigkeit für eine Aufgabe. *Ulrich* spricht von ausdrücklich zugeteilten Rechten. *Steinbuch* unterscheidet als Befugnisse (Kompetenzen): ○ Entscheidungsbefugnisse ○ Verfügungsbefugnisse ○ Weisungsbefugnisse ○ Informationsbefugnisse ○ Verpflichtungsbefugnisse

Verantwortung	Sie ist das persönliche Einstehen für die Folgen von Handlungen und Entscheidungen. Dabei sind die Eigenverantwortung und die Fremdverantwortung zu unterscheiden.

- **Organisationseinheiten**, die das Ergebnis der Aufgabenanalyse und Aufgabensynthese bilden. Zu nennen sind:

Unternehmensleitung	Sie ist die oberste Instanz eines Unternehmens o als Direktorialsystem mit einem allein entscheidenden Direktor, o als Kollegialsystem mit tendenziell gleichberechtigten Direktoren.
Stelle	Sie ist ein Aufgabenkombinat und kann aus einem oder mehreren Arbeitsplätzen bestehen. Zu unterscheiden sind folgende Stellen: o Linienstellen mit Leitungsaufgaben sind Instanzen. o Linienstellen ohne Leitungsaufgaben sind Ausführungsstellen. o Stabsstellen haben Beratungsaufgaben für höhere Instanzen.
Assistenz	Sie ist vor allem den obersten Instanzen zugeordnet und erhält ihre Aufgaben fallweise, beispielsweise die Direktionsassistenz.
Projektgruppe	Sie besteht aus einer Personenmehrheit mit unterschiedlichen Kenntnissen und aus unterschiedlichen Tätigkeitsgebieten, die überwiegend hauptamtlich und vollzeitlich für ein meist befristetes Projekt tätig ist.
Kollegium	Es besteht aus einer Personenmehrheit mit unterschiedlichen Tätigkeitsgebieten. Die Mitarbeiter von Kollegien treffen sich zu bestimmten Zeitpunkten an einem Ort und gehen innerhalb ihrer Stellen anderen Aufgaben nach.
Ausschuß	Er besteht aus nebenamtlich und teilzeitlich tätigen Mitgliedern und befaßt sich unbefristet mit Daueraufgaben.

Die Organisationseinheiten werden im Rahmen der Aufbaugestaltung so miteinander verbunden, daß Bereiche bzw. Abteilungen entstehen. Als **Verbindungswege** zwischen den Organisationseinheiten kann man unterscheiden (*Rahn*):

Längsverbindung	Sie ist mit voller Weisungsbefugnis ausgestattet, beispielsweise die Verbindung zwischen dem Unternehmensleiter und dem kaufmännischen Leiter.
Querverbindung	Sie enthält keine Weisungsbefugnis, sondern besteht aus reinen Sachkontakten. Beispielsweise besteht sie zwischen einer zentralen bzw. dezentralen Unternehmensleitung.
Diagonalverbindung	Sie bezieht sich auf Stellen, die Doppelunterstellungen unterliegen. Die vorgesetzten Instanzen haben jeweils begrenzte Weisungsbefugnis.

Durch das Zusammenfügen von Organisationseinheiten und den zugehörigen Verbindungen entstehen Organisationsstrukturen.

3.2.3 Organisationsstruktur

Die Organisationsstruktur zeigt das Abbild der Aufbauorganisation des gesamten Unternehmens als Organisationsform oder als Organisationssystem. Eine Organisationsform ist ein Gebilde, das die Struktur eines Unternehmens unter besonderer Berücksichtigung zentraler bzw. dezentraler Aspekte verdeutlicht. Das Organisationssystem hebt mehr die Art der Instanzenwege im Unternehmen hervor.

Es lassen sich folgende **Organisationsformen** unterscheiden:

- Die **Sektoralorganisation**, die sich auf eine Zweiteilung der Gesamtorganisation in einen technischen und einen kaufmännischen Bereich beschränkt:

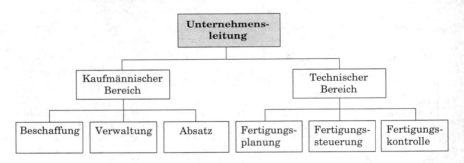

Sie ist häufig bei kleinen und mittleren Unternehmen vorzufinden. Die Durchsetzung des Leitungswillens soll durch die Zentralisierung gefördert werden.

- Die **Funktionalorganisation**, die bei zunehmender Unternehmensgröße erforderlich wird. Sie ist nach Verrichtungen aufgebaut, beispielsweise dem Beschaffen, Produzieren, Absetzen, Verwalten:

Die Unternehmensleitung erhält hier einen guten Überblick über das Gesamtunternehmen. Die Zentralisierung soll eine straffe Organisation gewährleisten.

- Die **Spartenorganisation**, die auch als Divisionalorganisation bezeichnet wird. Sie kann bei verstärkter Dezentralisierung genutzt werden. Sparten sind dabei profit centers.

Die Unternehmensbereiche, die nach Erzeugnissen, Werken, Regionen oder Branchen gegliedert sein können, bewältigen die Beschaffung, die Produktion und den Absatz jeweils selbständig und in eigener Gewinnverantwortung.

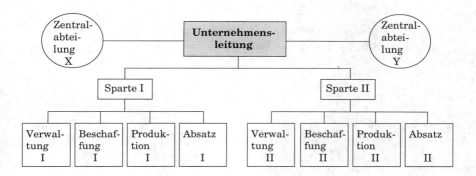

Die Zentralabteilungen leisten Koordinationsarbeit, wenn sich die Divisionsinteressen zu weit von den Unternehmenszielen entfernen. Die Sparten sind aber grundsätzlich dezentralisiert.

- Die **Matrixorganisation**, bei der dezentrale Einheiten und Zentralabteilungen relativ gleichberechtigt nebeneinander gestellt werden. Die Matrix kann beispielsweise nach Funktionen und nach Sparten gegliedert sein. Es ist aber auch möglich, sie nach Funktionen und Produkten, Produkten und Regionen, Funktionen und Regionen usw. zu gliedern.

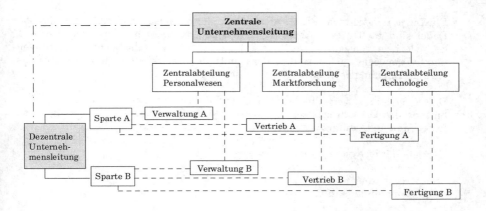

Durch die Mehrfach-Anbindung der Verwaltungs-, Vertriebs- bzw. Fertigungsstellen entstehen Doppelunterstellungen, die besondere Regelungen der Kompetenzabgrenzung notwendig machen.

- Die **Tensororganisation**, bei der von der simultanen Berücksichtigung aller Dimensionen der Unternehmensaufgabe ausgegangen wird. Sie umfaßt mindestens drei Dimensionen, die üblicherweise Verrichtungen, Objekte und Regionen darstellen:

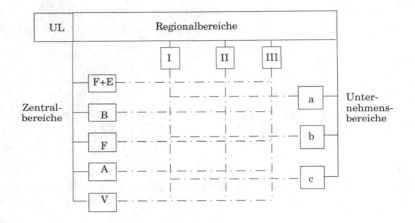

Tensororganisationen sind im wesentlichen bei multinationalen Großunternehmen zu finden.

Im Rahmen der strukturellen Überlegungen ist auch über das **Organisationssystem** zu entscheiden, das sein kann:

- Ein **Liniensystem**, das die straffeste Form der organisatorischen Gliederung ist. Dabei sind Stellen und Abteilungen in einem einheitlichen Instanzenweg eingegliedert, der von der obersten Instanz bis zur untersten Stelle reicht. Anweisungen und Informationen gehen stets an die unmittelbar unterstellten Stelleninhaber, bis die zum Empfang bestimmte Stelle erreicht wird.

Dieses System ist vorteilhaft, weil die einheitliche Auftragserteilung für die Einhaltung des Dienstweges sorgt bzw. weil durch klare Kompetenzregelungen ein hohes Maß an Ordnung besteht.

Typische Liniensysteme können sein:

- Sektoralorganisation
- Funktionalorganisation.

Organisation 135

In der Praxis nutzt man die Vorteile des Liniensystems, baut aber vielfach Querverbindungen in das Gesamtsystem ein. Die Dienstwege sollten nicht zu lang sein. Das Prinzip der Delegation von Aufgaben und Verantwortung sollte beachtet werden.

- Das **Stabliniensystem**, bei dem das Liniensystem mit dem Stabsprinzip verbunden wird. Dabei läßt sich die Leitung von Fachkräften beraten, die als Stäbe bezeichnet werden. Sie haben kein unmittelbares Weisungsrecht gegenüber Stellen anderer Abteilungen. Die Weisungsbefugnis liegt bei der zu beratenden Instanz.

Die oben abgebildete Spartenorganisation ist ein Stabliniensystem, das über Zentralabteilungen verfügt, die beispielsweise Controlling-, Revisions-, Planungs- oder Rechtsabteilungen sein können.

- Das **Funktionssystem**, bei dem der Informationsfluß nicht durch den Instanzenweg festgelegt wird, sondern vom Weg der jeweils auszuübenden Funktionen. Jeder Mitarbeiter ist funktionsbedingt mehreren Vorgesetzten unterstellt, die jeweils für ein bestimmtes Gebiet verantwortlich sind.

Als Beispiel kann die oben abgebildete Matrixform dienen, bei der die Verwaltungs-, Vertriebs- bzw. Fertigungsstellen sowohl Zentral- als auch Dezentralabteilungen unterstellt sind.

3.2.4 Dokumentation

Die Aufbauorganisation läßt sich mit verschiedenen Inhalten und in verschiedenen Darstellungstechniken dokumentieren. In der betrieblichen Praxis werden vor allem folgende Arten der Dokumentation für die Aufbauorganisation eingesetzt - siehe ausführlich *Steinbuch*:

- Der **Organisationsplan** als graphische Darstellung der Aufbauorganisation, der auch als Organigramm, Organisationsschaubild oder Strukturbild bezeichnet wird. Nach *Schwarz* veranschaulicht er das Verteilungssystem der Aufgaben und die Zuordnung von Teilaufgaben auf Stellen. Die hierarchische Ordnung der Stellen und Instanzen bzw. die Instanzenwege von Abteilungen werden offengelegt. Außerdem wird die Organisationsform ersichtlich.

- Die **Stellenbeschreibung** als formularmäßiger Ausweis aller wesentlichen Merkmale einer Stelle. Inhaltlich kann sie die Bezeichnung, Einordnung, Aufgaben, Befugnisse, Verantwortung und Ziele der Stelle umfassen. Häufig enthält sie auch Stellvertreterregelungen und Stellenanforderungen.

- Der **Stellenbesetzungsplan** als Ausweis der personalen Besetzung eingerichteter Stellen. In seiner einfachsten Form enthält er nur die Bezeichnungen der Stellen und die Namen der Stelleninhaber. Es können aber weitere Daten hinzukommen, beispielsweise Namen der Stellvertreter, Eintrittsdatum bzw. Dienstalter des Stelleninhabers.

- Das **Funktionendiagramm**, das die Aufgaben und Befugnisse eines Unternehmens mit seinen Stellen verknüpft. Es ist eine matrizenmäßige Darstellung, bei der üblicherweise in den Spalten die Stellen und in den Zeilen die Unternehmensaufgaben ausgewiesen werden.

Im Schnittpunkt von Spalten und Zeilen wird die Art der Aufgaben und Befugnisse dargestellt, beispielsweise mit Hilfe von Buchstaben (A = Ausführung, E = Entscheidung).

Die Aufbauorganisation eines Unternehmens ist nicht statischer Natur, sondern sie unterliegt einem ständigen Wandel.

3.3 Ablauforganisation

Die Ablauforganisation beschäftigt sich mit der Strukturierung der betrieblichen Prozesse bzw. Arbeitsabläufe. Werden Abläufe unter Einsatz der EDV gestaltet, spricht man auch von EDV-Organisation, DV-Organisation oder Software-Organisation.

Im Rahmen der Ablauforganisation spielen außer den Tätigkeiten vor allem die Zeit, die Mittel und der Raum eine hervortretende Rolle. Als **Ziele** der Ablauforganisation gelten:

- Arbeitsdurchführung mit möglichst geringem Aufwand
- Optimierung der Durchlaufzeiten aller Abläufe
- Maximierung der Kapazitätsausnutzung
- Minimierung der Zahl der Bearbeitungsfehler
- Termingerechte Arbeitsausführung
- Benutzerfreundlichkeit.

Steinbuch gliedert die ablauforganisatorische **Systementwicklung** in drei Aufgabenbereiche:

- **Systemanalyse**
- **Systemgestaltung**
- **Systemeinführung.**

Unter einem System versteht man eine Menge bzw. Gesamtheit von Elementen, die miteinander in Beziehung stehen. Elemente sind Aufgaben, Aufgabenträger, Sachmittel und Informationen.

3.3.1 Systemanalyse

Die Systemanalyse erfolgt aufgrund eines Organisationsauftrages. Sie umfaßt die Ist-Analyse eines Systems. Dabei bezieht sie sich auf die bestehende Struktur, welche durch ein zu gestaltendes System abgelöst werden soll.

Informationen über den gegebenen Arbeitsablauf lassen sich durch die Mitarbeiter, die organisatorische Dokumentation und die Arbeitsmittel mit Hilfe einer **Ist-Aufnahme** erhalten, die erfolgen kann als:

- Interview
- Fragebogen
- Dauerbeobachtung
- Multimomentaufnahme
- Selbstaufschreibung
- Dokumentationsauswertung
- Experiment
- Konferenz.

Die Dokumentation der Ist-Aufnahme kann beispielsweise in Listen, Ablaufdiagrammen, Blockschaltbildern, Datenflußplänen, Entscheidungstabellen erfolgen.

Die **Ist-Analyse** geht von den Ergebnissen der Ist-Aufnahme aus und ist beispielsweise als Wirtschaftlichkeitsanalyse denkbar.

3.3.2 Systemgestaltung

Die Systemgestaltung kann grundsätzlich in zwei **Schritten** durchgeführt werden:

- Zunächst erfolgt die **Groborganisation**. Dabei sind alle für ein neu zu gestaltendes System in Betracht kommenden Alternativen zu ermitteln. Es empfiehlt sich, sowohl manuelle als auch EDV-orientierte Lösungsansätze einzubeziehen.

Aus den ermittelten Systemalternativen sind eine oder mehrere Lösungen auszuwählen. Die ausgewählte Systemalternative ist daraufhin so auszuarbeiten, daß sie dem Entscheidungsträger als Soll-Vorschlag vorgelegt werden kann.

- Bei der **Detailorganisation** werden ein einführungsreifer Systementwurf bzw. ausführungsreife Programmvorgaben (EDV) ausgearbeitet.

Eine detaillierte Systemgestaltung umfaßt (*Kosiol*):

- Die **Arbeitsanalyse** als erfüllungsbezogene Untergliederung der durch die Analyse der Gesamtaufgabe gewonnenen Teilaufgaben (*Schwarz*). Inhaltmäßig beginnt sie in der Regel dort, wo die Aufgabenanalyse aufhört. Die Arbeitsanalyse ist die Verlängerung der Aufgabenanalyse. Sie kann nach den Kriterien Verrichtung, Objekt, Rang, Phase und Zweckbeziehung erfolgen.

- Die **Arbeitssynthese** als Gestaltung des Arbeitsablaufs im Detail. Die mit der Arbeitsanalyse ermittelten Elementaraufgaben werden zu Arbeitsgängen vereinigt. Die Reihenfolge der Arbeitsgänge ist so festzulegen, daß der Arbeits- und Datenfluß optimal ist. Jeder Arbeitsgang ist einem geeigneten Arbeitsträger zuzuordnen. Die Folge der Arbeitsgänge muß zeitlich geplant werden.

Die Systemgestaltung wird beispielsweise in Strukturablaufdiagrammen, Programmablaufplänen, Ablaufdiagrammen, Struktogrammen, Formularen dokumentiert.

Ebenfalls der Dokumentation, aber auch der Vorgabe der erarbeiteten Organisation dienen:

- Organisationsrichtlinien
- Organisationshandbuch.

3.3.3 Systemeinführung

Von der Art der Systemeinführung hängt der Erfolg des neuen Systems wesentlich ab. Die Vorbereitung der Einführung eines neuen Systems beinhaltet alle Aufgaben zwischen der Fertigstellung des Systementwurfes und dem Beginn des Systemablaufs, beispielsweise die Information oder Schulung der Mitarbeiter.

Im Rahmen der Anlaufphase sind den Betroffenen bestimmte Hilfestellungen zu geben, damit sie sich besser auf die neue Situation einstellen können. Außerdem ist damit zu rechnen, daß einer Neugestaltung mit Mißtrauen begegnet wird. Dann muß der Organisator oft auch psychologische Fähigkeiten haben.

Während einer Anlaufphase taucht beispielsweise die Forderung auf, bestimmte Veränderungen am neuen System vorzunehmen. Nur wenn Mängel erkannt werden, welche die Systemeinführung in Frage stellen, sollte hier sofort gehandelt werden. Ansonsten sollte man die Anlaufphase nicht schon mit Systemänderungen belasten.

Nach Abschluß der Anlaufphase erfolgt die Systemkontrolle. Sie hat einerseits die Aufgabe, die Ordnungsmäßigkeit der Systemeinführung zu kontrollieren, andererseits hat sie zu prüfen, inwieweit der Organisationsauftrag erfüllt wurde.

26

4. Zusammenschlüsse

Viele Unternehmen können ihre langfristigen Ziele besser erreichen, wenn sie mit anderen Unternehmen zusammenarbeiten. Ein Unternehmenszusammenschluß ist eine Verbindung von bisher rechtlich und wirtschaftlich selbständigen Unternehmen zu größeren Wirtschaftseinheiten.

Versteht man unter wirtschaftlicher Selbständigkeit das Maß des Einflusses auf die Geschäftsführung und unter rechtlicher Selbständigkeit die Eigenschaft als Rechtssubjekt (juristische Person), kann man - stark vereinfacht - folgende Unternehmenszusammenschlüsse unterscheiden:

Zusammenschlüsse

Art des Zusammenschlusses	Zusammenschluß-Beispiele	Rechtliche Selbständigkeit	Wirtschaftliche Selbständigkeit		Art der Verbindung
Bestimmte Kartelle	»Frühstückskartell«	bleibt voll erhalten	großer Teil erhalten	kleiner Teil verloren	Kooperation
Arbeitsgemeinschaft	Bauprojekt				
Konsortium	Bankenkonsortium				
Interessengemeinschaft (i.e.S.)	Gewinngemeinschaft	voll erhalten	Teil erhalten	großer Teil verloren	
Konzern	Mutter-Tochter-Gesellschaft	voll erhalten	voll verloren		Konzentration
Fusioniertes Unternehmen	Zusammenschluß selbständiger Unternehmen	voll verloren	voll verloren		

Unter **Kooperation** versteht man, daß die zusammengeschlossenen Unternehmen selbständig bleiben, aber einen mehr oder weniger großen Teil ihrer wirtschaftlichen Selbständigkeit aufgeben.

Bei der **Konzentration** verlieren die zusammengeschlossenen Unternehmen ihre wirtschaftliche Selbständigkeit und/oder ihre rechtliche Selbständigkeit.

Zusammenschlüsse bieten sich beispielsweise an zur:

- besseren Ausnutzung von Beschaffungsmöglichkeiten,
- besseren Auslastung der Kapazitäten,
- Verbesserung der Absatzmöglichkeiten,
- besseren Finanzierbarkeit von Großprojekten,
- Verbesserung der Forschungs- und Entwicklungsmöglichkeiten,
- Verbesserung des Images.

Vorteile der Zusammenschlüsse können sein:

- Preissenkungen wegen geringerer Kosten
- Verbesserte Verbraucherversorgung bei Leistungssteigerungen
- Größere Markttransparenz durch bereinigte Leistungsprogramme
- Existenzsicherung gefährdeter Unternehmen
- Förderung der außenwirtschaftlichen Wettbewerbsfähigkeit.

Zusammenschlüsse können aber auch zu **Nachteilen** führen:

- Überhöhte Preise durch Absprachen
- Steigende Preise durch unwirtschaftliche Leistungserstellung

- Hemmung des technischen Fortschritts
- Beschränkung des Angebots an Leistungen
- Verstärkte Arbeitslosigkeit durch Rationalisierung.

Das **Gesetz gegen Wettbewerbsbeschränkungen** (GWB) dient der Erhaltung des Wettbewerbs. Danach sind Kartelle anzumelden bzw. genehmigen zu lassen. Sie werden im Bundesanzeiger bekanntgemacht. In der Praxis ist es allerdings schwierig, im Falle der Nichtbefolgung von Vorschriften entsprechende Nachweise von Absprachen zu erbringen.

Das **Bundeskartellamt** in Berlin überwacht die Wettbewerbserhaltung. Bei Nichtbeachtung der Vorschriften des GWB können Geldbußen auferlegt werden, die in Millionenhöhe liegen können.

Der **Bundeswirtschaftsminister** kann Kartelle, die an sich nicht erlaubt sind, genehmigen. Die Erlaubnis wird erteilt, wenn die Beschränkung des Wettbewerbs aus überwiegenden Gründen der Gesamtwirtschaft und des Gemeinwohls notwendig ist.

Nach dem Art. 85 des EG-Vertrages sind allen Unternehmen der Mitgliedstaaten Vereinbarungen verboten, die dem **Wettbewerb** schaden. Es dürfen keine Absprachen getroffen werden, durch die der Wettbewerb innerhalb des Gemeinsamen Marktes beeinträchtigt, verhindert, eingeschränkt oder verfälscht wird. Auch die Ausnutzung einer marktbeherrschenden Stellung ist nicht erlaubt (Art. 86 EG-Vertrag).

Als Zusammenschlüsse sollen unterschieden werden:

4.1 Interessengemeinschaften

Interessengemeinschaften können begrifflich unterschiedlich weit gefaßt werden:

- Im **weiteren Sinne** sind Interessengemeinschaften vertragliche Verbindungen von mehreren Personen zur Erreichung eines gemeinsamen Ziels. Danach ist jede Interessengemeinschaft eine GdbR.

Die Interessengemeinschaften entstehen meist durch die horizontale Zusammenfassung von Unternehmen auf vertraglicher Basis, die rechtlich selbständig bleiben. Sie können beispielsweise dem gemeinsamen Einkauf, der gemeinsamen Forschung und Entwicklung, der gemeinsamen Fertigung oder dem gemeinsamen Absatz dienen.

Zusammenschlüsse

- In **engerem Sinne** können Interessengemeinschaften als Gewinn- und Verlustgemeinschaften gebildet werden, d.h. die Gewinne fließen in eine gemeinsame Kasse und werden nach einem bestimmten Schlüssel auf die Unternehmen verteilt. Das setzt entsprechende gesellschaftsvertragliche Vereinbarungen voraus.

Die in der Interessengemeinschaft zusammengeschlossenen Unternehmen erhoffen sich durch den Zusammenschluß einen höheren Erfolg als sie ihn allein erzielen würden.

4.2 Gelegenheitsgesellschaften

In Gelegenheitsgesellschaften schließen sich rechtlich und meistens auch wirtschaftlich selbständige Unternehmen zur Durchführung von Einzelgeschäften auf gemeinsame Rechnung - meist in der Rechtsform der **GdbR** - mit dem Ziel zusammen, eine bestimmte Aufgabe zu lösen. Zu unterscheiden sind:

- **Arbeitsgemeinschaften**, die sich vor allem bei der Errichtung größerer Projekte im Bau- und Industriebereich sowie zur Durchführung größerer Forschungs- und Entwicklungsprojekte finden.

- **Konsortien**, die vielfach Bankkonsortien sind. Sie übernehmen und verkaufen Wertpapiere (Emissionskonsortien), gewähren aber auch Kredite größeren Umfanges, beispielsweise im Außenhandel (Kreditkonsortien).

Mit dem Zusammenschluß der Konsorten geht ein kleiner Teil der wirtschaftlichen Selbständigkeit der einzelnen Bank verloren, da Absprachen erfolgen, die für alle Beteiligten Gültigkeit haben.

In den meisten Fällen tritt ein Konsortium nach außen auf. Der von den beteiligten Banken bestellte Konsortialführer vertritt das Konsortium gegenüber Dritten. Er führt das Konsortialkonto und verteilt das Konsortialergebnis nach dem Vertrag, der die Rechte und Pflichten der Konsorten regelt.

27

4.3 Kartelle

Kartelle sind vertragliche Zusammenschlüsse von Unternehmen, die ihre kapitalmäßige und rechtliche Selbständigkeit erhalten. Die wirtschaftliche Selbständigkeit wird allerdings durch den Gegenstand des Kartells eingeschränkt.

Das Hauptziel von Kartellverträgen besteht in der **Marktbeherrschung** durch die Beseitigung oder zumindest Beschränkung des Wettbewerbs. Die Kartellabsprachen können relativ weitreichend sein. Sie beziehen sich beispielsweise auf:

- Absatz- und Geschäftsbedingungen
- Festsetzung der Absatzpreise

- Einzelheiten zur Produktion
- Forschung und Entwicklung.

§ 1 des Gesetzes gegen Wettbewerbsbeschränkungen (GWB) ordnet die Unwirksamkeit von Zusammenschlußverträgen an, soweit sie geeignet sind, den Wettbewerb zu beschränken. Die Durchführung des Kartells, also das Hinwegsetzen über die Unwirksamkeit, ist verboten.

Bei der Überlegung, ob man Kartelle verbieten oder sie nur einer Mißbrauchsaufsicht unterstellen sollte, hat sich das **Verbotsprinzip** durchgesetzt. Nach dem **Mißbrauchsprinzip** sind Kartelle erlaubt, aber einer Aufsicht unterworfen, damit sie nicht zum Schaden der Gesamtheit mißbraucht werden.

Folgende Formen der Kartelle müssen beim Kartellamt angemeldet bzw. von ihm erlaubt werden:

- **Anmeldekartelle**
- **Widerspruchskartelle**
- **Erlaubniskartelle.**

4.3.1 Anmeldekartelle

Anmeldekartelle sind Kartellformen, die bereits mit der bloßen Anmeldung wirksam werden. Die Anmeldung dient hier nur zur Information der Behörde. Von diesem Zeitpunkt an unterliegen sie lediglich der Mißbrauchsaufsicht. Zu unterscheiden sind:

- **Normen- und Typenkartelle**, bei denen Unternehmen vereinbaren, nur genormte bzw. getypte Erzeugnisse herzustellen (§ 5 Abs. 1 GWB). Sie sind wenig verbreitet.

- **Kalkulationsverfahrenskartelle**, die im Baugewerbe auftreten können (§ 5 Abs. 4 GWB). Sie haben in der Praxis keine Bedeutung, nicht zuletzt wegen der durch die Verbände empfohlenen einheitlichen Kalkulationsschemata.

- **Reine Exportkartelle**, die der Sicherung und Stärkung der Position inländischer Unternehmen auf Auslandsmärkten dienen (§ 6 Abs. 1 GWB). Sie dürfen keine Auswirkungen auf den Inlandsmarkt haben. Ihre Bedeutung ist relativ groß, beispielsweise in der Elektro-, Chemie-, Maschinenbaubranche.

4.3.2 Widerspruchskartelle

Die Widerspruchskartelle bedürfen zunächst der Anmeldung und werden erst dann wirksam, wenn die Kartellbehörde innerhalb von 3 Monaten seit Eingang der Anmeldung nicht widerspricht. Sie können sein:

Zusammenschlüsse

- **Konditionenkartelle**, die sich auf die Geschäfts-, Lieferungs- und Zahlungsbedingungen einschließlich der Skontiregelungen beziehen (§ 2 GWB). Sie dürfen keine Vereinbarungen über Preise oder Preisbestandteile enthalten. Ihre Bedeutung ist in der Praxis sehr groß.

- **Rabattkartelle**, die sich auf die einheitliche Gewährung von Rabatten bei der Lieferung von Waren beziehen. Sie werden zugelassen, wenn die Rabatte ein echtes Leistungsentgelt darstellen, beispielsweise als Mengenrabatt oder Gesamtumsatzrabatt (§ 3 GWB).

- **Spezialisierungskartelle**, die der Rationalisierung wirtschaftlicher Vorgänge dienen (§ 5a GWB). Ihre praktische Bedeutung für kleine und mittlere Unternehmen ist groß. Die Spezialisierung kann sich beziehen auf:
  - bestimmte Fertigungsprogramme
  - bestimmte Funktionen.

- **Kooperationskartelle**, mit denen sich kleine und mittlere Unternehmen ihre Konkurrenzfähigkeit gegenüber Großunternehmen erhalten wollen. Sie können sich beispielsweise auf den Einkauf, die Fertigung oder den Vertrieb beziehen. Bloße Preisabsprachen sind unzulässig (§ 5b GWB).

4.3.3 Erlaubniskartelle

Erlaubniskartelle können vom Kartellamt genehmigt werden. Die Erlaubnis ist meist auf drei Jahre befristet und kann verlängert werden. Das Kartellamt kann auch Bedingungen oder Auflagen nennen oder die Erlaubnis widerrufen. Erlaubniskartelle können sein:

- **Strukturkrisenkartelle**, die gebildet werden, wenn ein gravierender Absatzrückgang zu verzeichnen ist, der auf nachhaltiger Nachfrageänderung beruht. Die Absprache richtet sich auf eine planmäßige Kapazitätsanpassung der beteiligten Unternehmen an die geänderte Marktlage (§ 4 GWB).

  Damit soll verhindert werden, daß an sich leistungsfähige kleine und mittlere Unternehmen am Markt ausscheiden. Die praktische Bedeutung dieser Kartellform ist allerdings gering.

- **Einfache Rationalisierungskartelle**, bei denen die Rationalisierung über rein technische Vorgänge der Normung und/oder Typung hinausgeht. Durch sie muß die Leistungsfähigkeit der beteiligten Unternehmen in technischer, betriebswirtschaftlicher oder organisatorischer Beziehung wesentlich angehoben werden, damit die Befriedigung des Bedarfs verbessert wird (§ 5 Abs. 2 GWB).

- **Syndikate**, die Rationalisierungskartelle höherer Stufe darstellen, indem gemeinsame Beschaffungs- und Vertriebseinrichtungen geschaffen werden (§ 5 Abs. 3 GWB). Sie sind die am weitesten entwickelten und straffsten Formen der Kartelle, die bei weitgehend standardisierten Produkten erfolgen können, beispielsweise Kohle, Kali, Eisen, Stahl.

- **Exportkartelle** mit Inlandswirkung, die nicht nur Absprachen für den Auslandsmarkt, sondern auch für den Inlandsmarkt mit sich bringen (§ 6 Abs. 2 und 3 GWB). Ihre Bedeutung ist gering.

- **Importkartelle**, die sich auf Einzelheiten zur Einfuhr nach Deutschland beziehen. Voraussetzung für eine Erlaubnis ist, daß die deutschen Nachfrager keinem oder nur unwesentlichem Wettbewerb der ausländischen Anbieter gegenüberstehen (§ 7 GWB). Sie haben nur geringe Bedeutung.

In bestimmten Fällen hat der Bundeswirtschaftsminister die Möglichkeit, einen vom Kartellamt nicht genehmigten Zusammenschluß innerhalb von 4 Monaten doch noch zu genehmigen, so beispielsweise wenn die Verbindung durch ein überragendes Interesse der Allgemeinheit gerechtfertigt ist (»Ministerkartell«, § 8 GWB).

28

4.4 Konzerne

Konzerne sind Zusammenfassungen rechtlich selbständiger Unternehmen unter einheitlicher Leitung. Die Unternehmen sind normalerweise wirtschaftlich miteinander verbunden. Aufgrund der einheitlichen Leitung sind sie in ihrer internen Willensbildung nicht selbständig. Die Zusammenfassung kann auf einem Beherrschungsvertrag (Vertragskonzern) oder aufgrund einer Mehrheitsbeteiligung (faktischer Konzern) beruhen.

Es lassen sich verschiedene Arten von Konzernen unterscheiden:

- **Horizontale/vertikale Konzerne**
- **Unterordnungs-/Gleichordnungskonzerne**
- **Organische/anorganische Konzerne.**

Im Rahmen der Konzernbetrachtung sind folgende Beteiligungsmöglichkeiten an Unternehmen zu unterscheiden:

bis 25 %	Sehr geringe Beteiligung, die nicht ins Gewicht fällt.
mehr als 25 %	Sperrminorität, die beispielsweise berechtigt, Satzungsänderungen zu blockieren.
mehr als 50 %	Einfache Mehrheitsbeteiligung, die die Beherrschung einer AG oder GmbH ermöglicht.
mehr als 75 %	Qualifizierte Mehrheitsbeteiligungen, welche zur Durchsetzung von Kapitalerhöhungen und Satzungsänderungen berechtigt.
100 %	Totalbeteiligung, die eine vollständige Beherrschung der Gesellschaft ermöglicht.

4.4.1 Horizontale/vertikale Konzerne

Der **horizontale Konzern** versucht durch Ausschaltung der Konkurrenz eine marktbeherrschende Position zu erringen, beispielsweise um die Möglichkeit einer autonomen Preispolitik zu schaffen. Hier erfolgt eine »waagerechte« Anordnung der Konzernunternehmen, d.h. eine Anordnung auf der gleichen Branchenebene.

Beispiel:

Vertikale Konzerne stellen einen Zusammenschluß von Unternehmen aufeinanderfolgender Produktionsstufen dar, also auf unterschiedlichen Branchenebenen:

Beispiel:

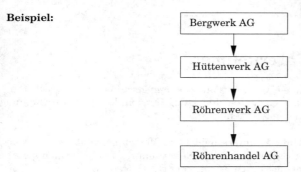

Ein solcher Konzern zielt weniger auf die Marktbeherrschung, sondern mehr auf die Sicherung der Rohstoffbasen und der Absatzmärkte ab.

4.4.2 Unterordnungs-/Gleichordnungskonzerne

Unterordnungskonzerne entstehen durch Abhängigkeitsverhältnisse der Tochtergesellschaft von der Muttergesellschaft. *Wöhe* bezeichnet sie so, weil das untergeordnete vom übergeordneten Unternehmen abhängig ist.

Beispiel:

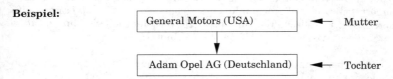

Bei **Gleichordnungskonzernen** haben mehrere Unternehmen eine gemeinsame Leitung, weil ein Unternehmen die Gesellschaftsanteile mehrerer anderer Unternehmen besitzt.

4.4.3 Organische/anorganische Konzerne

Wenn Unternehmen zusammengeschlossen sind, die aufgrund ihrer Branchenstruktur zusammenpassen, spricht man vom **organischen Konzern**.

Beispiel:

> Chemieunternehmen X
> Chemieunternehmen Y

Demgegenüber gehören Unternehmen **anorganischer Konzerne** zu verschiedenen Geschäftszweigen.

Beispiel:

> Brauereiunternehmen A
> Verlag B

4.5 Fusionierte Unternehmen

Unter fusionierten Unternehmen versteht man Zusammenschlüsse vorher selbständiger Unternehmen, die nach einer Verschmelzung (Fusion) keine rechtliche und keine wirtschaftliche Selbständigkeit mehr besitzen.

Das Umwandlungsgesetz (UmwG) unterscheidet die Verschmelzung bzw. Fusion durch Aufnahme und die Verschmelzung durch Neugründung. Beide Formen gelten für alle Arten juristischer Personen (AG, KGaA, GmbH, eG, Verein).

- Bei der **Verschmelzung durch Aufnahme** überträgt ein Unternehmen sein Vermögen als Ganzes auf ein anderes, bereits bestehendes Unternehmen. Nach der Fusion existiert nur noch die übernehmende Gesellschaft als selbständiger Rechtsträger.

- Bei der **Verschmelzung durch Neugründung** übertragen zwei oder mehr Gesellschaften ihr Vermögen jeweils als Ganzes auf eine neue, von ihnen gegründete Gesellschaft.

Die Verschmelzung durch Neubildung ist bei Aktiengesellschaften nur zulässig, wenn jede der sich vereinigenden Gesellschaften mindestens 2 Jahre im Handelsregister eingetragen war. Außerdem muß eine Fusion von den Hauptversammlungen der beteiligten Gesellschaften mit qualifizierter Mehrheit des anwesenden Aktienkapitals beschlossen werden (§§ 65, 73, 76 UmwG).

Als **Joint Ventures** bezeichnet man Gemeinschaftsunternehmen im internationalen Bereich. Ein solcher Unternehmensverbund erfreut sich in jüngerer Zeit zunehmender Beliebtheit, beispielsweise zur Nutzung gemeinsamer Betriebskapazitäten, zur Rohstoffsicherung oder zur Erschließung neuer Auslandsmärkte. Er kann in jeder rechtlich zulässigen Form betrieben werden.

4.6 Unternehmensverbände

Unternehmen können sich in Verbänden zusammenschließen, die ihre gemeinsamen Belange der Öffentlichkeit gegenüber vertreten. Es gibt:

- **Fachverbände**
- **Kammern**
- **Arbeitgeberverbände.**

4.6.1 Fachverbände

Die Mitgliedschaft in Fachverbänden der Wirtschaft ist freiwillig. Die Fachverbände bzw. Spitzenverbände werden in der Regel in der Rechtsform des eingetragenen Vereins geführt. Zu ihnen zählen:

- Der Bundesverband der Deutschen Industrie (BDI).
- Die Hauptgemeinschaft des deutschen Einzelhandels (HdE).
- Der Gesamtverband des Deutschen Groß- und Außenhandels.
- Die Innungen als freiwillige Zusammenschlüsse selbständiger Handwerker, die als Körperschaften des öffentlichen Rechts geführt werden. Handwerksinnungen, die in einem Stadt- und Landkreis ihren Sitz haben, bilden die Kreishandwerkerschaft.

4.6.2 Kammern

Die Kammern sind Zwangsverbände, deren Pflichtmitglieder jeweils die Unternehmen eines räumlichen Bereiches, des Kammerbezirkes sind. Sie werden als Körperschaften des öffentlichen Rechts geführt und sind:

- **Industrie- und Handelskammern**, welche die Interessen der gewerblichen Wirtschaft ihres Bezirkes vertreten. Ihre Mitglieder sind Handelsgesellschaften bzw. natürliche und juristische Personen, die im Kammerbezirk Betriebs- oder Verkaufsstellen unterhalten. Auch Angehörige freier Berufe oder landwirtschaftlicher Unternehmen sind Mitglieder, wenn sie in das Handelsregister eingetragen sind. Die Mitglieder finanzieren die Industrie- und Handelskammern durch ihre Beiträge.

Zu den **Aufgaben** der Industrie- und Handelskammern zählen:

- Die Wahrnehmung der Interessen der Gewerbetreibenden des Bezirks
- Die Förderung der gewerblichen Wirtschaft
- Die Unterstützung der Behörden (Vorschläge, Gutachten, Berichte)
- Die Planung, Koordination, Förderung der Berufsausbildung
- Die Führung des Verzeichnisses der Ausbildungsverhältnisse
- Die Förderung der beruflichen Weiterbildung und Umschulung
- Die Abnahme von Prüfungen im Bildungsbereich
- Die Einsetzung von Prüfungsausschüssen.

Die Industrie- und Handelskammern sind im Deutschen Industrie- und Handelstag (DIHT) als Spitzenverband zusammengefaßt. Er arbeitet auch mit den Kammern des Auslands zusammen und repräsentiert die deutsche Wirtschaft.

- **Handwerkskammern**, zu deren Mitgliedern vor allem selbständige Handwerker und Inhaber handwerksähnlicher Gewerbebetriebe zählen. Die Aufgaben der Handwerkskammern sind den Aufgaben der IHK ähnlich.

Die Handwerkskammern sind auf Landesebene im Handwerkstag und auf Bundesebene im Deutschen Handwerkskammertag zusammengeschlossen. Der Spitzenverband ist der Zentralverband des Deutschen Handwerks.

4.6.3 Arbeitgeberverbände

Im Gegensatz zu den genannten Unternehmensverbänden sind die Arbeitgeberverbände als Gegenpol zu den Gewerkschaften mehr sozialpolitisch orientiert.

Zu den **Aufgaben** der Arbeitgeberverbände zählen:

- Lohnpolitische und arbeitsrechtliche Aufgaben
- Auseinandersetzung mit Personalentwicklungsfragen
- Beschäftigung mit Problemen der Altersversorgung
- Unternehmervertretung bei der Sozialgesetzgebung
- Öffentlichkeitsarbeit.

Den Spitzenverband der Arbeitgeberverbände bildet die **Bundesvereinigung der Deutschen Arbeitgeberverbände** (BDA). Die Bundesvereinigung selbst schließt keine Tarifverträge ab. Die tarifpolitische Aufgabe der BDA beschränkt sich darauf, die Absichten ihrer Mitglieder zu vereinheitlichen und zu koordinieren.

Kontrollfragen

	Kontrollfragen	bearbeitet	Lösungshinweis	Lösung +	−
01	Nennen Sie die Phasen der Entwicklung eines Unternehmens!		87		
02	Zählen Sie Motive für Gründungen auf!		88		
03	Was kann bei der Gründung in das Unternehmen eingebracht werden?		89		
04	Welche Gründungsberater kennen Sie?		89		
05	Zählen Sie persönliche Voraussetzungen zur Gründung auf!		89		
06	Nennen Sie örtliche und sachliche Voraussetzungen der Gründung!		90		
07	Erläutern Sie die rechtlichen Gründungsvoraussetzungen!		90		
08	Welche betriebswirtschaftlichen Voraussetzungen sind zu nennen?		91		
09	Erklären Sie die Firmengrundsätze!		92 f.		
10	Kennzeichnen Sie die Arten der Firma!		92		
11	Welche Gesellschaften werden in Abteilung A und welche in Abteilung B des Handelsregisters eingetragen?		92 f.		
12	Welche Inhalte sind in Abteilung A bzw. Abteilung B zu finden?		92 f.		
13	Unterscheiden Sie die konstitutive und die deklaratorische Wirkung einer Eintragung in das Handelsregister!		93		
14	Ist die Mehrzahl der Wandlungsprozesse im Unternehmen geplant?		95		
15	Was versteht man unter Organisationsentwicklung?		95		
16	Wie kann sich die positive Entwicklung einzelner Unternehmensbereiche konkret auswirken?		96		
17	Zu welchen Entscheidungen kann sich die Unternehmensleitung bei einer positiven Entwicklung entschließen?		96 f.		
18	Welche Wirkungen auf die Bereiche kann eine Negativentwicklung mit sich bringen?		96 f.		
19	Zählen Sie innerbetriebliche Gründe für Krisensituationen auf!		98		
20	Welche außerbetrieblichen Gründe für Krisen kennen Sie?		98		
21	Wozu kann eine Unternehmenskrise führen?		99		
22	Welchen Zweck hat eine Sanierung?		99 f.		
23	Erklären Sie allgemeine Sanierungsmaßnahmen!		99		
24	Erläutern Sie spezielle Maßnahmen der Sanierung!		99		
25	Wozu soll der Vergleich dienen?		100 f.		
26	Erklären Sie das Wesen des außergerichtlichen Vergleichs!		100		

	Kontrollfragen	bear-beitet	Lösungs-hinweis	Lösung +	−
27	Welches sind die Vorteile des außergerichtlichen Vergleichs?		100		
28	Was versteht man unter einem gerichtlichen Vergleich?		100		
29	Wie unterscheiden sich die Gläubiger bzw. deren Forderungen?		100 f.		
30	Wie wird ein gerichtlicher Vergleich abgewickelt?		100 f.		
31	Was verstehen wir unter einem Konkurs?		101		
32	Was soll durch die Einschaltung des Amtsgerichts vermieden werden?		101		
33	Wann liegt ein Bankrott vor?		101		
34	In welcher Weise erfolgt die Abwicklung eines Konkurses?		101 f.		
35	Mit welchen Schritten wird die Konkursquote ermittelt?		102 f.		
36	Schreiben Sie die Formel zur Ermittlung der Konkursquote auf!		103		
37	Was bedeutet es für die Gläubiger, wenn die Konkursquote 5 % beträgt?		103		
38	Was versteht man unter einem Zwangsvergleich?		103		
39	In welcher Weise läuft das Zwangsvergleichsverfahren ab?		104		
40	Was muß der Zwangsvergleichsvorschlag des Schuldners enthalten?		104		
41	Welche Voraussetzungen sind zur Annahme des Zwangsvergleichs erforderlich?		104		
42	Was versteht man unter Liquidation?		104		
43	Zählen Sie Gründe für eine Liquidation auf!		104 f.		
44	Wer führt die Liquidaton bei den einzelnen Gesellschaften durch?		105		
45	Wie läuft das Liquidationsverfahren ab?		105		
46	Was geschieht am Ende der Liquidation?		105		
47	Was versteht man unter einer Einzelunternehmung?		106		
48	Welche Regeln gelten bei der Gründung einer Einzelunternehmung für die Firma?		108		
49	Ist bei der Gründung obiger Rechtsform ein Mindestkapital nötig?		108		
50	Welche Rechte bzw. Pflichten hat ein Einzelunternehmer?		108		
51	Schildern Sie die Bedeutung des Einzelunternehmens!		108 f.		
52	Zählen Sie die Arten der Personengesellschaften auf!		109		
53	Erklären Sie den Begriff OHG!		109		
54	Geben Sie Beispiele für Firmennamen einer OHG!		109		

Kontrollfragen

	Kontrollfragen	bear-beitet	Lösungs-hinweis	Lösung +	Lösung -
55	Welche Rechte bzw. Pflichten haben OHG-Gesellschafter?		110		
56	Würdigen Sie die Bedeutung der OHG!		111		
57	Was versteht man unter einer KG?		111		
58	Wie heißen die Vollhafter bzw. die Teilhafter noch?		111		
59	Geben Sie Beispiele für Firmennamen der KG!		112		
60	Welche Rechte bzw. Pflichten haben Kommanditisten?		112		
61	Schildern Sie die Bedeutung der KG!		113		
62	Definieren Sie den Begriff stille Gesellschaft!		113		
63	Geben Sie Beispiele dazu!		113		
64	Was ist bei der Gründung der stillen Gesellschaft zu beachten?		113		
65	Welche Rechte bzw. Pflichten haben stille Gesellschafter?		113 f.		
66	Welche Bedeutung hat die typische stille Gesellschaft?		114		
67	Welche Eigenheiten hat die atypische stille Gesellschaft?		114		
68	Was verstehen wir unter einer GdbR?		114		
69	Geben Sie Beispiele für die GdbR!		114		
70	Was ist bei der Gründung bzw. Auflösung der GdbR zu beachten?		114		
71	Welche Bedeutung hat die GdbR?		115		
72	Zählen Sie die Arten der Kapitalgesellschaften auf!		115		
73	Was versteht man unter einer GmbH?		115		
74	Welche Besonderheiten sind bei der Gründung bzw. Auflösung zu beachten?		115 f.		
75	Zählen Sie Rechte und Pflichten der GmbH-Gesellschafter auf!		116		
76	Was wissen Sie über die Organe der GmbH?		117		
77	Welche Aufgaben hat die Gesellschafterversammlung?		117		
78	Erläutern Sie das Wesen des Firmenbeirats einer GmbH!		117		
79	Schildern Sie die Bedeutung der GmbH!		117 f.		
80	Kennzeichnen Sie den Begriff AG!		118		
81	Wie hoch muß das gezeichnete Kapital der AG mindestens sein?		118		
82	Was versteht man unter dem Agio?		118		
83	Erläutern Sie Einzelheiten zur Gründung/Auflösung der AG!		118 f.		
84	Welche Rechte/Pflichten haben die Aktionäre?		119		
85	Erklären Sie Begriff und Aufgaben des Vorstands einer AG!		120		

Kontrollfragen

Nr.	Frage	bearbeitet	Lösungshinweis	Lösung +	Lösung −
86	Schildern Sie Wesen und Funktionen des Aufsichtsrats der AG!		120		
87	Erläutern Sie Begriff und Aufgaben der Hauptversammlung!		121		
88	Welche Bedeutung hat die AG?		121		
89	Skizzieren Sie das Wesen der KGaA!		122		
90	Was ist bei der Gründung/Auflösung der KGaA zu beachten?		122		
91	Kennzeichnen Sie die Bedeutung der KGaA!		122		
92	Schildern Sie das Wesen der GmbH & Co KG!		123		
93	Erklären Sie das Wesen der Doppelgesellschaft!		123		
94	Was versteht man unter einer Stiftung?		124		
95	Welche Beispiele kennen Sie für Stiftungen?		124		
96	Welche Vorteile/Nachteile hat eine Stiftung?		124		
97	Was wissen Sie über die Genossenschaft?		124 f.		
98	Schildern Sie Begriff, Beispiele und Regelungen des Vereins!		125		
99	Erklären Sie Wesensmerkmale des Versicherungsvereins auf Gegenseitigkeit!		125 f.		
100	Was versteht man unter einem öffentlichen Unternehmen?		126		
101	Geben Sie Beispiele für Rechtsformen öffentlicher Unternehmen mit eigener und ohne eigene Rechtspersönlichkeit!		126		
102	Was wird traditionell unter Organisation verstanden?		126 f.		
103	Definieren Sie die Begriffe Projekt und Projektorganisation!		127		
104	Welche Beispiele kennen Sie dazu?		127		
105	Aus welchen Phasen besteht der Prozeß der Projektorganisation?		127 f.		
106	Was versteht man unter einer Projektgruppe?		128		
107	Welche Vorteile/Nachteile haben Projektgruppen?		128		
108	Erklären Sie Begriff und Wesen des Projektleiters!		128		
109	Was zeigt die betriebliche Aufbauorganisaton?		129		
110	Zeigen Sie anhand eines Beispiels, wie man eine umfassende Aufgabenanalyse durchführen kann!		129 f.		
111	Welchen Zweck hat die Aufgabensynthese?		130		
112	Welche Verbindungswege kann man zwischen Organisationseinheiten unterscheiden?		131		
113	Erklären Sie den Aufbau einer Sektoralorganisation!		132		
114	Wie ist eine Funktionalorganisation aufgebaut?		132		

# Kontrollfragen

	Kontrollfragen	bearbeitet	Lösungshinweis	Lösung +	Lösung −
115	Kennzeichnen Sie den Aufbau einer Spartenorganisation!		133		
116	Wie ist demgegenüber eine Matrixform strukturiert?		133		
117	Erläutern Sie das Wesen der Tensororganisation!		134		
118	Wie ist ein Liniensystem gegliedert?		134		
119	Wie unterscheiden sich Linien- bzw. Stabliniensystem?		135		
120	Skizzieren Sie das Funktionssystem!		135		
121	Was veranschaulicht der Organisationsplan?		135		
122	Welche wesentlichen Inhalte kann eine Stellenbeschreibung haben?		135		
123	Was ist ein Stellenbesetzungsplan?		135		
124	Was wird in einem Funktionendiagramm dargestellt?		136		
125	Womit beschäftigt sich die Ablauforganisation?		136		
126	Welches sind die Ziele der Ablauforganisation?		136		
127	Anhand welcher Methoden kann eine Ist-Aufnahme erfolgen?		137		
128	In welcher Form ist die Ist-Analyse denkbar?		137		
129	Wie kann die Systemgestaltung erfolgen?		137		
130	Welche Schritte umfaßt eine detaillierte Systemgestaltung?		137		
131	Wie kann die Systemgestaltung dokumentiert werden?		138		
132	Was ist im Rahmen der Systemeinführung zu beachten?		138		
133	Unterscheiden Sie die Arten der Unternehmenszusammenschlüsse nach ihrer rechtlichen bzw. wirtschaftlichen Selbständigkeit!		139		
134	Was versteht man unter Kooperation und Konzentration?		139		
135	In welchen Fällen bieten sich Unternehmenszusammenschlüsse an?		139		
136	Welche Vorteile/Nachteile haben Unternehmenszusammenschlüsse?		140		
137	Welchen Zweck verfolgt das GWB?		140		
138	Welche grundlegende Aufgabe hat das Bundeskartellamt?		140		
139	Welche Funktion kann der Bundeswirtschaftsminister wahrnehmen?		140		
140	Unterscheiden Sie Interessengemeinschaften im weiteren und im engeren Sinne!		140 f.		
141	Was wissen Sie über Gelegenheitsgesellschaften?		141		
142	Kennzeichnen Sie das Wesen von Konsortien!		141		

Kontrollfragen

		bear-beitet	Lösungs-hinweis	Lösung +	Lösung −
143	Was versteht man unter Kartellen?		141		
144	Worauf können sich Kartellabsprachen beziehen?		141		
145	Unterscheiden Sie das Verbots- und das Mißbrauchsprinzip!		141		
146	Erklären Sie die Arten der Anmeldekartelle!		142		
147	Welche Widerspruchskartelle kennen Sie?		142 f.		
148	Kennzeichnen Sie das Wesen der Erlaubniskartelle!		143		
149	Skizzieren Sie Unterschiede zwischen horizontalen bzw. vertikalen Konzernen!		145		
150	Was sind Unterordnungs- bzw. Gleichordnungskonzerne?		145		
151	Unterscheiden Sie organische und anorganische Konzerne!		146		
152	Definieren Sie den Begriff fusionierter Unternehmen!		146		
153	Welche Arten fusionierter Unternehmen kennen Sie?		146		
154	Welche Zusammenschlüsse bezeichnet man als Joint Ventures?		146		
155	Geben Sie Beispiele für Fachverbände!		147		
156	Klären Sie das Wesen der Industrie- und Handelskammern!		147		
157	Wie heißt der Spitzenverband der IHK?		148		
158	Welche Personengruppen gehören zu den Handwerkskammern?		148		
159	In welcher Weise sind Handwerkskammern zusammengeschlossen?		148		
160	Welche Aufgaben haben Arbeitgeberverbände?		148		

C. Führung

Unter Führung kann die zielorientierte soziale Einflußnahme zur Erfüllung gemeinsamer Aufgaben verstanden werden, die in eine strukturierte Arbeitssituation eingebunden ist (*Wunderer / Grunwald*). Führung kann aber auch angesehen werden als:

- Betriebliche Funktion
- Sammelbegriff für Führungskräfte
- Institution mit Führungsaufgaben
- Führungslehre.

Die Führung ist ein wesentliches Element der **modernen Betriebswirtschaftslehre**. Mit dem Wandel der Produktionsformen vom Handwerk bis zur Fabrik wurde sie insbesondere wegen der vielschichtigen, arbeitsteiligen Arbeitsprozesse und größeren Mitarbeiterzahlen in den betrieblichen Organisationen immer bedeutsamer. Als Ansätze einer sich entwickelnden **Managementlehre** sind zu nennen - siehe ausführlich *Olfert / Rahn, Rahn, Staehle*:

- **Traditionelle Ansätze**, die den Ausgangspunkt unternehmensbezogener Führungsbetrachtungen durch Wissenschaft und Praxis bilden:

Scientific Management	Es wurde 1911 von *Taylor* entwickelt. Danach wird die Führung durch den rationellsten Einsatz von Menschen und Maschinen im Produktionsprozeß geprägt.
	Merkmale sind ein Leistungs- und Effizienzdenken, systematische Arbeitszeitstudien, die Trennung von Planung und Ausführung, wissenschaftliche Arbeitsmethoden, Kontrolle durch das Management, eine funktionale Organisation.
Bürokratiemanagement	Es wurde von *M. Weber* (1864-1920) als »reinste Form legaler Herrschaft« beschrieben.
	Merkmale sind ein streng hierarchischer Aufbau, eine Amtsführung durch Bürokraten nach technischen Regeln und Normen, eine Aktenmäßigkeit der Verwaltung.
Psychotechnik	Sie wurde 1900 von *Stern* entwickelt und geht von der Erkenntnis aus, daß eine Maximalleistung nicht permanent möglich ist, und daß auch physiologische, psychologische und ergonomische Faktoren die Leistung beeinflussen.
	Sie ist die Grundlage für die Entwicklung der Betriebspsychologie und Industriepsychologie.
Human-Relations-Bewegung	Sie beruht auf Untersuchungen von *Mayo, Roethlisberger, Dickson, Whitehead*. Im Hawthorne-Werk der Western Electric Corp. 1927-1932 durchgeführte Forschungsarbeiten legten offen, daß die menschlichen Beziehungen für das Arbeitsverhalten der Beschäftigten bedeutsam sind. Die Rolle der informellen Gruppen bzw. des informellen Gruppenführers wurde erkannt, ebenso die Notwendigkeit einer sozialen Einstellung des Managements.

- **Moderne Ansätze**, die auf der traditionellen Managementlehre basieren. Sie bilden ein wesentliches Fundament der neueren Betriebswirtschaftslehre.

Prozeß-Ansätze	Sie orientieren sich am Führungsprozeß, der Zielsetzung, Planung, Durchführung und Kontrolle. Zu den einzelnen Prozeßphasen werden Managementprinzipien entwickelt, beispielsweise von *Koontz/O'Donnell*.
	Dabei rücken sie das Individuum gegenüber der Gruppe in den Mittelpunkt, beispielsweise *Argyris, McGregor*.
Humanistische Ansätze	Nach *McGregor* ist die Fähigkeit eines Vorgesetzten zur Motivation seiner Mitarbeiter vom Menschenbild abhängig, das er von ihnen hat. Er unterscheidet:
	<table><tr><th>X-Theorie</th><th>Y-Theorie</th></tr><tr><td>Mitarbeiter sind träge, arbeitsscheu, wenig ehrgeizig, scheuen Verantwortung, sind straff zu führen und häufig zu kontrollieren, streben nach Sicherheit, erfordern Druck und Sanktionen.</td><td>Mitarbeiter sind nicht von Natur aus arbeitsscheu, akzeptieren Zielvorgaben, haben Selbstdisziplin und Selbstkontrolle, suchen unter geeigneten Bedingungen Verantwortung, wollen sich entfalten.</td></tr></table>
Human-Resources-Ansätze	Die Mitarbeiter werden als Reservoir einer Vielzahl potentieller Fähigkeiten und Fertigkeiten angesehen. Der Manager hat herauszufinden, wie diese Anlagen am besten zu fördern und weiterzuentwickeln sind. Im Mittelpunkt stehen: o Betriebliches Anreizsystem o Arbeitsstrukturierung o Partizipative Personalführung
Management by-Ansätze	Sie beschreiben grundsätzliche Verhaltens- und Verfahrensweisen, die in einem Unternehmen zur Bewältigung von Führungsaufgaben angewendet werden - siehe ausführlicher zu den Führungstechniken Seite 160.

- **Motivationsansätze**, wobei die Motivation als eigener Antrieb und als von außen kommender Anreiz angesehen werden kann, der auf innere Antriebe abzielt *(von Rosenstiel)*. Es sind folgende Theorien entwickelt worden:

S-O-R-Konzept	Es hat für die Erklärung des menschlichen Verhaltens im Unternehmen grundlegende Bedeutung. Dabei wird davon ausgegangen, daß der Mensch auf Stimuli (S) als Impulse seiner Umwelt eine Reaktion (R) zeigt, die aufgrund der Informationsverarbeitung seines Organismus (O) erfolgt. Sie ist von der momentan gegebenen inneren Motivation abhängig *(Lewin)*.
Zwei-Faktoren-Ansatz	Dieser Ansatz beruht auf der Pittsburgh-Studie von *Herzberg*. Er hat untersucht, welche Faktoren Unzufriedenheit vermeiden oder abbauen und welche Faktoren Zufriedenheit hervorrufen. Das Vorhandensein von **Motivatoren** führt zu Zufriedenheit:

Führung

	○ Leistungserfolg Erfolgserlebnisse mit Selbstbestätigung
	○ Anerkennung Lob des Vorgesetzten für gute Arbeit
	○ Arbeit selbst Inhalt der Aufgabe des Mitarbeiters
	○ Verantwortung Aufgabenentsprechende Verantwortung
	○ Aufstieg Beförderungsmöglichkeiten für Mitarbeiter
	○ Entfaltung Möglichkeiten der Selbstentfaltung
	Das Nicht-Vorhandensein von **Hygienefaktoren** führt zu Unzufriedenheit, wenn beispielsweise Unternehmenspolitik, Personalführung, Bedingungen am Arbeitsplatz, Arbeitsplatzsicherheit, Bezahlung (Wirkung umstritten) bzw. Beziehungen zu Vorgesetzten, Kollegen und Mitarbeitern negativ beurteilt werden.
Bedürfnis-pyramide	Die Pyramide von *Maslow* zeigt einzelne Bedürfnisse und ihr Verhältnis zueinander. Die höher steigenden **Bedürfnisse** gewinnen erst an Bedeutung, wenn die niedrigeren Bedürfnisse befriedigt sind.

Pyramide (von oben nach unten):
- Selbstverwirklichungsbedürfnisse — Mitbestimmung, Selbstaktualisierung
- Anerkennungsbedürfnisse — Beachtung, Prestige, Status
- Soziale Bedürfnisse — Zugehörigkeit zu einer Gruppe
- Sicherheitsbedürfnisse — Arbeitsplatzsicherheit
- Physiologische Bedürfnisse — Essen, Trinken, Kleidung

Beispiele:

Anreiz-Beitrags-Modell	Diese Theorie von *March* und *Simon* bringt die **Anreize** des Unternehmens mit den **Beiträgen** der Mitarbeiter in direkte Verbindung. Wesentliche Aussagen sind:
	○ Eine Organisation besteht aus Teilnehmern, zwischen denen sich ein System wechselseitiger sozialer Verhaltensweisen bildet.
	○ Jeder Teilnehmer bzw. jede Gruppe erhält Anreize von der Organisation und leistet Beiträge an die Organisation.
	○ Die Teilnehmer verbleiben solange in der Organisation, wie die angebotenen Anreize so groß oder größer als die geforderten Beiträge sind.
	○ Die von den Teilnehmern geleisteten Beiträge bilden die Quelle für neue Anreize an die Teilnehmer als Mitarbeiter.
	○ Eine Organisation ist nur solange existenzfähig, als die Beiträge in genügendem Maße ausreichen, den Teilnehmern Anreize zu bieten.

- **Führungsansätze**, wobei folgende Ergebnisse der **Führungsforschung** für die Betriebswirtschaftslehre von Bedeutung sind - siehe ausführlich *Rahn*:

Eigenschaftsansatz	Er geht davon aus, daß die Eigenschaften der Führungskraft für den Führungserfolg entscheidend sind. Der Führende zeichnet sich gegenüber den Geführten beispielsweise durch Sachkenntnis, Fähigkeiten, Selbstsicherheit und Intelligenz aus *(Schneider)*.
Verhaltensansatz	Er beschäftigt sich vor allem mit den Führungsstilen im Unternehmen. Während *Tannenbaum / Schmidt* beispielsweise den autoritären und den kooperativen Führungsstil gegenüberstellen, betrachten *Blake / Mouton* den personenorientierten und den aufgabenorientierten Führungsstil. *Hersey / Blanchard* zeigen die Art des Führungsstils in Abhängigkeit von der Reife des Mitarbeiters. Sie bringen die Reife und das Verhalten der Führungskraft mit vier Führungsstilen in Verbindung.
Situationsansatz	Danach richtet sich die Art der Führung nach der jeweiligen Situation. *Fiedler* bringt beispielsweise die Positionsmacht des Führers, die Beziehung zwischen Führer und Mitarbeiter und die Aufgabenstruktur in direkten Bezug zueinander. Je nach Situation ergibt sich dann der angemessene Führungsstil, der entweder aufgabenorientiert oder personenorientiert ist.
Interaktionsansatz	Er wird insbesondere im deutschen Sprachraum diskutiert *(Lukascyk, Macharzina, Schanz)*. Es werden die Persönlichkeitsstruktur des Führers, die Gruppenmitglieder, die Gruppe als Ganzes und die Situation hervorgehoben. Die genannten Faktoren stehen in interaktiver Beziehung zueinander, d.h. sie beeinflussen sich gegenseitig.

Traditionelle und moderne Ansätze, Motivations- und Führungsansätze bilden zusammen mit dem Produktionsfaktoransatz, dem Entscheidungsansatz und dem Systemansatz - siehe *Kapitel A* - die Basis einer **führungsorientierten Betriebswirtschaftslehre**. Die Führung ist ein Schlüssel zum Erfolg eines Unternehmens. Sie soll dargestellt werden als:

Führung	Instrumente
	Leitung
	Prozeß
	Strategie

1. Instrumente

Aus der Sicht der Führungspraxis versteht man unter Führung, das Unternehmen bzw. das Personal unter Einsatz von Führungsinstrumenten situationsbezogen auf einen gemeinsam zu erzielenden Erfolg hin zu beeinflussen - siehe ausführlich *Olfert / Rahn, Olfert / Steinbuch*:

1.1 Führungsstile

Der Führungsstil ist die Art und Weise, in der ein Vorgesetzter ihm unterstellte Mitarbeiter führt. Er drückt dasjenige Führungsverhalten aus, das auf einer einheitlichen Grundhaltung basiert.

Als Führungsstile können unterschieden werden:

- Nach unterschiedlicher **Orientierung des Vorgesetzten**

Aufgaben-orientierter Führungsstil	Dem Vorgesetzten kommt es vorrangig auf eine hohe Quantität und Qualität der Arbeit sowie darauf an, daß die Mitarbeiter ihre Arbeitskraft maximal einsetzen.
Personen-orientierer Führungsstil	Der Vorgesetzte berücksichtigt die Bedürfnisse und Erwartungen der Mitarbeiter, behandelt sie gleichberechtigt und unterstützt sie bei ihrer Aufgabenerfüllung.

- Nach unterschiedlicher **Art der Willensbildung**

Autoritärer Führungsstil	Dabei werden die betrieblichen Aktivitäten vom Vorgesetzten gestaltet, ohne daß die Untergebenen beteiligt werden. Der Vorgesetzte trifft seine Entscheidungen ohne Begründung und erwartet Gehorsam.
Kooperativer Führungsstil	Dabei werden die betrieblichen Aktivitäten im Zusammenwirken des Vorgesetzten und der Mitarbeiter beeinflußt. Der Vorgesetzte bezieht seine Mitarbeiter in den Entscheidungsprozeß ein und erwartet sachliche Unterstützung.
Bürokratischer Führungsstil	Dabei werden die Mitarbeiter als anonyme Faktoren gesehen und ihre Motivation durch - meist schriftliche - Anordnungen und Vorschriften bewirkt. Informationen fließen auf formellen Wegen.
Patriarchalischer Führungsstil	Dabei werden die Mitarbeiter als »Kinder« bezeichnet und ihre Motivation durch Abhängigkeit bewirkt. Informationen fließen »wohlwollend« von oben.
Laissez faire-Führungsstil	Dabei werden die Mitarbeiter als isolierte Individuen betrachtet und ihre Motivation durch ein hohes Maß an Freiheit bewirkt. Die Informationen fließen zufällig.

1.2 Führungstechniken

Führungstechniken beschreiben grundsätzliche Verhaltens- und Verfahrensweisen, die in einem Unternehmen zur Bewältigung der Führungsaufgaben angewendet werden. Während der Führungsstil die vom jeweiligen Vorgesetzten individuell ausgestaltbare Art der Personalführung ist, beschreiben diese Führungstechniken das Führungssystem eines Unternehmens für jeden im Unternehmen tätigen Vorgesetzten und Mitarbeiter verbindlich.

Arten der Führungstechniken können beispielsweise sein:

- Das **Management by Exception**, bei dem der Mitarbeiter innerhalb eines vorgegebenen Rahmens selbständig entscheiden kann, der sich aus der Bedeutsamkeit oder Unvorhersehbarkeit eines Vorganges bzw. an einer bestimmten Norm orientiert.

- Das **Management by Delegation**, bei dem Kompetenzen und Handlungsverantwortung auf Mitarbeiter übertragen werden, soweit sie nicht typische Führungsfunktionen der Unternehmensleitung oder Aufgaben mit weitreichenden Konsequenzen sind.

- Das **Management by Objectives**, bei dem die Personalführung auf der Grundlage von Zielen erfolgt, die typischerweise zwischen dem Vorgesetzten und seinen Mitarbeitern vereinbart werden, mitunter aber auch vom Vorgesetzten vorgegeben werden.

1.3 Führungsmittel

Als Führungsmittel gelten diejenigen Einsatzinstrumente, die geeignet sind, den Geführten zum Erfolg zu bringen. Der Vorgesetzte verfügt über eine Reihe von Führungsmitteln, die er in bezug auf die Mitarbeiter einsetzen kann. Dazu zählen insbesondere:

- Die **Personalinformation**, die als Inhalt einer Botschaft oder als Tätigkeit des Informierens verstanden werden kann. Als Führungsmittel steht das Informieren meistens im Vordergrund. Zu unterscheiden sind *(Olfert/Rahn)*:

Informationen über Personal	Sie können sich auf die Ziele, die Struktur und den Output des Personals beziehen und im Rahmen der Personalmarktforschung beschafft werden, beispielsweise durch Befragung, Beobachtung, Tests, Gruppendiskussion, Dokumentenanalyse.
Informationen an Personal	Sie können als **Längsinformationen**, die von weisungsberechtigten Vorgesetzten ausgehen, Befehle, Kommandos, Aufträge, Anordnungen oder Anweisungen sein. **Querinformationen** erfolgen auf gleicher Ebene und haben keinen Weisungscharakter.
Informationen von Personal	Sie kommen »von unten nach oben« und können auf Störungen und Abweichungen von Anweisungen, aber auch auf Stimmungen und Meinungen hinweisen.

- Die **Personalkommunikation**, die ein wechselseitiges, aufeinander eingehendes Informieren sowohl des Vorgesetzten als auch der Mitarbeiter ist. Sie kann sein:

Gespräch	Es ist ein Zweiergespräch zwischen dem Vorgesetzten und Mitarbeiter, beispielsweise als Kontakt-, Anerkennungs-, Kritik-, Beschwerde-, Entwicklungsgespräch.
Besprechung	Hier werden zwei oder mehr Mitarbeiter in die Kommunikation einbezogen, beispielsweise um Berichte zu erstatten, Vorgänge zu analysieren, Informationen auszutauschen, Meinungen zu bilden, Entscheidungen vorzubereiten oder zu treffen.
Konferenz	Sie ist ein sachlich orientiertes Zusammentreffen, in dem mehrere Personen aktiv Informationen und Meinungen zusammentragen, die zu einem Ergebnis führen.
Verhandlung	Mehrere Personen versuchen, ihre jeweils zuvor festgelegten Ziele zu erreichen.

- Die **Personalbeurteilung**, bei der die Persönlichkeit und/oder das Leistungsergebnis sowie das Verhalten der Mitarbeiter des Unternehmens systematisch und regelmäßig beurteilt wird. Dabei werden folgende Kriterien am häufigsten benutzt *(Grunow)*:

Beurteilungskriterium	Häufigkeit (in %)
Fachkenntnisse	80
Fleiß und Arbeitseinsatz	74
Verhalten gegenüber Vorgesetzten und Mitarbeitern	72
Zuverlässigkeit	64
Arbeitsqualität	62
Belastbarkeit	58
Ausdrucksfähigkeit	54
Arbeitstempo	54
Organisations- und Planungsvermögen	48
Verantwortungsbereitschaft	45

- Die **Personalmotivation**, die eine Verhaltensbeeinflussung der Mitarbeiter durch äußere Anreize ist, die auf innere Antriebe abzielt, beispielsweise durch Lob oder Anerkennung.

Außerdem gibt es arbeitsrechtliche Mittel, Anreiz-, Steuerungs- und Führungsstilmittel - siehe ausführlich *Olfert/Rahn, Rahn*.

2. Leitung

Unter Führung und Leitung wird vielfach Gleiches verstanden. Die Begriffe werden aber auch unterschiedlich verwendet, beispielsweise:

- Führung ist eher personenbezogen, Leitung eher sachbezogen.

- Führung wird funktional als konkretes Tun, Leitung institutionell im Sinne von Unternehmensleitung interpretiert.

Die Art der Leitung richtet sich nach der Ebene, in der die jeweilige Führungskraft tätig wird. Zu unterscheiden sind folgende Arten der Leitung, die um die konkrete Ausführung ergänzt werden:

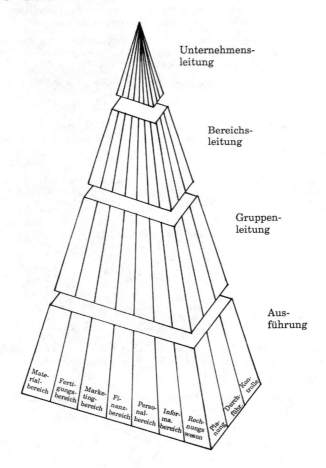

Alle vier Leitungsebenen sind nicht losgelöst voneinander zu betrachten. Vielmehr sollten sie sich - sowohl »von oben« als auch »von unten« her - gegenseitig ergänzen.

2.1 Unternehmensleitung

Die Unternehmensleitung ist die Institution im Unternehmen, der die Unternehmensführung obliegt. Sie wird auch **Top Management** genannt. Je nach Rechtsform ist die Unternehmensleitung:

- Der Unternehmer beim Einzelunternehmen
- Der bzw. die geschäftsführende(n) Gesellschafter bei der OHG
- Der bzw. die geschäftsführende(n) Komplementär(e) bei der KG
- Der bzw. die Geschäftsführer bei der GmbH
- Der Vorstand bei der AG
- Der bzw. die Komplementär(e) als Vorstand bei der KGaA
- Der Vorstand bei der Genossenschaft.

Die Unternehmensleitung kann nach verschiedenen **Prinzipien** organisiert werden:

- Bei der **Direktorialorganisation** entscheidet der Generaldirektor allein. Von Vorteil ist, daß eine einheitliche Willensbildung gesichert ist bzw. Spannungen zwischen den einzelnen Direktoren begrenzt werden.

Nachteilig ist, daß die große Machtzusammenballung beim Generaldirektor zu »einsamen Beschlüssen« führen kann, mit denen sich die anderen Direktoren nicht identifizieren können. Außerdem ist eine qualitative und/oder quantitative Überlastung des Generaldirektors möglich.

- Bei der **Kollegialorganisation** sind die Direktoren mehr oder weniger gleichberechtigte Kollegen. Vorteilhaft ist dabei, daß die anfallenden Probleme kritischer beurteilt werden und die Urteilsfindung gereifter ist. Die Beteiligung am Entscheidungsprozeß kann auch bewirken:
  - Eine Verbesserung der Kommunikation
  - Die Erhöhung der Identifikation mit den Entscheidungen.

Von **Nachteil** ist, daß die Willensbildung erschwert wird und persönliche Spannungen zwischen den Direktoren eher auftreten können.

Die Kollegialorganisation kann beruhen auf:

Primatkollegialität	Es gibt einen »primus inter pares«, einen »Ersten« unter Gleichen, der etwas höher steht.
Abstimmungskollegialität	Alle Entscheidungen werden gemeinsam nach dem Mehrheitsprinzip getroffen.
Kassationskollegialität	Die Anerkennung einer Entscheidung erfolgt erst mit Gegenzeichnung eines anderen Direktors.
Ressortkollegialität	Jeder Direktor arbeitet in Eigenverantwortung in seinem Zuständigkeitsbereich.

Hinsichtlich der Unternehmensleitung werden betrachtet:

- **Entscheidungsaufgaben**
- **Eigenschaften.**

2.1.1 Entscheidungsaufgaben

Wichtige Entscheidungsaufgaben der Unternehmensleitung sind *(Bruhn / Wuppermann, Hoffmann, Korndörfer, Seidel / Redel)*:

Art	Struktur	Beispiele
Grundsatzentscheidungen	Existenz Ziele Strategien	Gründung, Fusion, Auflösung Vorgabe grundlegender Ziele Konzernbildung
Führungs-/ Ausführungsentscheidungen	Führungsstil Geschäftsführung	Kooperativer Führungsstil Hereinholen von Großaufträgen
Organisationsentscheidungen	Leitungsorganisation Organisationsform Organisationssystem	Kollegialorganisation Spartengliederung Stab-Linien-Organisation
Bereichsentscheidungen	Finanzpolitische Prinzipien Personalpolitische Prinzipien Marketingpolitische Prinzipien Produktpolitische Prinzipien Koordinationsprinzipien	Investitionsentscheidungen Aufstieg von Mitarbeitern Hochpreispolitik Qualität hat Vorrang Bereichsleiter gleich behandeln
Abschlußentscheidungen	Jahresabschluß Abschlußdetails Berichterstattung	Bilanz, GuV-Rechn., Lagebericht Abschreibungspolitik Aufsichtsrat
Sonstige Entscheidungen	Vertretung Datenschutz Entwicklung	Repräsentation nach außen Personenbezogener Datenschutz Förderung fähiger Mitarbeiter

Zu den Aufgaben der Unternehmensleitung zählt auch die Gestaltung der Organisationsstruktur *(Weber / Mayrhofer)* bzw. **Unternehmenskultur**, die zentrales Element der nach außen wirkenden Corporate Identity *(Fenkart / Widmer, Hub, Peters / Waterman)* ist.

Die Unternehmensidentität umfaßt die Selbstdarstellung und Verhaltensweise eines Unternehmens nach innen und außen auf der Basis eines definierten (Soll-)Images. Es wird eine Unternehmensphilosophie festgelegt mit dem Willen, alle Handlungsinstrumente in einheitlichem Rahmen darzustellen.

2.1.2 Eigenschaften

Die Eigenschaften, welche die Unternehmensleitung aufweisen soll, lassen sich einer aktuellen Untersuchung von *Bruhn/Wuppermann* entnehmen. Bei ihr wurden die persönlichen Eigenschaften erfragt, die für die Position eines **Geschäftsführers** von besonderer Bedeutung sind.

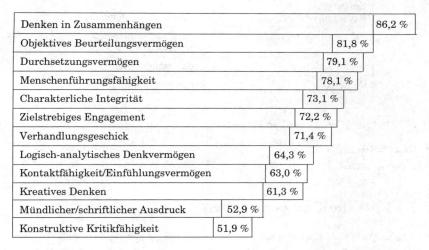

Aussagen von Geschäftsführern zeigen, daß für sie häufig das Gefühl und die Intuition eine größere Bedeutung haben als Zahlen.

2.2 Bereichsleitung

Bereichsleiter sind **Hauptabteilungsleiter** oder **Abteilungsleiter**. Sie haben die Aufgabe, ihren Bereich als Ganzes und das Verhalten von Bereichsmitarbeitern unter Einsatz von Führungsmitteln zu steuern. Häufig sind sie Prokuristen oder Handlungsbevollmächtigte.

Als Bereichsleiter können nach den betrieblichen **Funktionsbereichen** unterschieden werden:

Bereich	Leiter
Materialbereich	Materialwirtschaftsleiter Beschaffungsleiter Lagerwirtschaftsleiter
Fertigungsbereich	Fertigungsleiter Betriebsleiter Produktionsleiter

Marketingbereich	Marketingleiter Verkaufsleiter Absatzleiter
Personalbereich	Personalleiter Personalchef
Finanz- und Rechnungswesen	Finanzleiter Rechnungswesenleiter
Informationsbereich	Datenverarbeitungsleiter Informatikleiter
Organisation	Organisationsleiter
Controlling	Controllingleiter

Bei der Bereichsleitung sind zu betrachten:

- **Entscheidungsaufgaben**
- **Eigenschaften.**

2.2.1 Entscheidungsaufgaben

Den Bereichsleitern können sich folgende Entscheidungsaufgaben stellen:

- Im **Materialbereich** sind Entscheidungen über die Kontaktpflege zu Lieferanten, zur Erhaltung der Lieferbereitschaft, zur Sicherung der Materialqualität und zur Sicherung der Wirtschaftlichkeit zu treffen.

- Im **Fertigungsbereich** fallen Entscheidungen zur Einhaltung der Sicherheitsbestimmungen, zur Gestaltung des Fertigungsprogrammes, zur Kosten- und Qualitätsüberwachung, zur Sicherstellung der Termineinhaltung, zur Kostenreduzierung und zur Minimierung der Kapitalbindung an.

- Im **Marketingbereich** sind Entscheidungen zur Steigerung der Umsatzerlöse, zur Erhöhung der Marktanteile, zur Gestaltung der Produkte, zur Festlegung der Preise und Rabatte, zur Bestimmung der Absatzwege und zur Gestaltung der Werbung und Öffentlichkeitsarbeit zu treffen.

- Im **Personalbereich** fallen Entscheidungen zur Senkung der Personalkosten, zur Beschaffung des Personals, zur Erhöhung der Arbeitsproduktivität, zur Verbesserung der Personalbeurteilung, der Personalpolitik und Personalorganisation, zum Personaleinsatz und zur Entwicklung des Personals an.

- Im **Finanzbereich** ist die Liquidität sicherzustellen, die Rentabilität zu verbessern, der Kapitalumschlag zu erhöhen, sind Investitions- und Finanzrechnungen vorzunehmen, die Zahlungsspielräume optimal zu nutzen und die Kapitalkosten zu minimieren.

Leitung

- Im **Rechnungswesen** sind Entscheidungen über die Buchführung, die Bilanz und GuV-Rechnung, die Kosten- und Leistungsrechnung und steuerliche Fragen zu treffen.

- Im **Informationsbereich** sind Entscheidungen über die Verbesserung der Informations-Wirtschaftlichkeit, über den Einsatz geeigneter Datenträger und über die Integration der Datenverarbeitung nötig.

- Im **Organisationsbereich** fallen Entscheidungen über die Organisation von Projekten und über die reibungslose Organisation des Aufbaus und der Abläufe im Unternehmen.

- Im **Controllingbereich** werden Entscheidungen über die strategische Planung, zur Frühwarnung bzw. zur Budgetierung und über das Berichtswesen getroffen.

2.2.2 Eigenschaften

In den einzelnen Bereichen sind unterschiedliche fachliche Qualifikationen sowie persönliche Eigenschaften erforderlich, die auch als **Schlüsselqualifikationen** bezeichnet werden:

- **Leiter des Materialbereiches**

Persönliche Fähigkeiten	Koordinationsfähigkeit, Überzeugungskraft, Verhandlungsgeschick, Flexibilität, Entscheidungsfreude.
Fachliche Fähigkeiten	Betriebswirtschaftliches Wissen, technische Kenntnisse über Materialien und Produktionsabläufe.

- **Leiter des Fertigungsbereiches**

Persönliche Eigenschaften	Hohe Flexibilität aufgrund steigender Umweltturbulenzen, Streßstabilität, Verantwortungsbereitschaft.
Fachliche Eigenschaften	Kenntnisse über die Arbeitsgestaltung, Zeitermittlung, Erzeugnisprozesse, Fertigungssysteme, Normung und Typung, Fertigungsvorbereitung, Fertigungsplanung, Fertigungssteuerung und Qualitätssicherung.

- **Leiter des Marketingbereiches**

Persönliche Eigenschaften	Denken in Zusammenhängen, Durchsetzungsvermögen, Kontaktfähigkeit, Kreativität, Fähigkeit zur Menschenführung.
Fachliche Eigenschaften	Betriebswirtschaftliche Kenntnisse, Volkswirtschaftslehre, Marktkenntnisse, Fremdsprachen, Inlands- und Auslandsgeschäfte.

Führung

- **Leiter des Personalbereiches**

Persönliche Eigenschaften	Kontaktfähigkeit, diplomatisches Geschick, menschliche Reife, psychologisches Einfühlungsvermögen, Freude am Umgang mit Menschen.
Fachliche Eigenschaften	Betriebswirtschaftliche Kenntnisse, arbeitsrechtliches Wissen, Kenntnisse in Psychologie und Wirtschaftspädagogik, Kenntnisse in Arbeitswissenschaft und Organisation.

- **Leiter des Finanz- und Rechnungswesens**

Persönliche Eigenschaften	Analytisches Denkvermögen, Gefühl für Zahlen, Zuverlässigkeit, Kritikfähigkeit, Überzeugungskraft, Interesse an Detailarbeit.
Fachliche Eigenschaften	Kenntnisse über die Beschaffung, Verwendung und Verwaltung der Finanzmittel, Kenntnisse über Buchhaltung, Kosten- und Leistungsrechnung, Jahresabschluß und Steuerwesen.

- **Leiter des Informationsbereiches**

Persönliche Eigenschaften	Logisch-analytisches Denken, Genauigkeit, Blick für das Wesentliche, Kombinationsvermögen, gutes Gedächtnis, Kommunikationsfähigkeit.
Fachliche Eigenschaften	Datenverarbeitungskenntnisse, organisatorische Fähigkeiten, Programmiersprachen, breites betriebswirtschaftliches Wissen.

- **Leiter des Organisationsbereiches**

Persönliche Eigenschaften	Problemorientiertes Denken, Blick für das Wesentliche, Überzeugungskraft, Kreativität, Genauigkeit, Kombinationsgabe, Kontaktfähigkeit, Fähigkeit zur Teamarbeit, Technisches Verständnis.
Fachliche Eigenschaften	Kenntnisse über Methoden und Techniken des Organisierens, der Arbeitswissenschaften, REFA-Kenntnisse, Planungstechniken, Programmiersprachen, EDV-Kenntnisse, Kenntnisse über Aufbau-, Ablauf- und Projektorganisation.

- **Leiter des Controllingsbereiches**

Persönliche Eigenschaften	Analytisch-planerisches Denken, technisches Verständnis, Ausdrucksfähigkeit, Kreativität, Gründlichkeit, Kontaktfähigkeit und Durchsetzungsvermögen.
Fachliche Eigenschaften	Kenntnisse über Planungsverfahren, Organisation, Rechnungswesen, Steuerrecht, EDV, Prognosetechniken, Operations Research.

2.3 Gruppenleitung

Je nach dem Umfang der Führungsaufgaben entscheiden Gruppenleiter als Fachkaufleute, Meister bzw. Vorarbeiter auf der mittleren bzw. unteren Ebene des Unternehmens.

Die **sachbezogenen Führungsentscheidungen** dieser Ebene sind vor allem gerichtet auf die

- Aufrechterhaltung des Arbeits- und Produktionsflusses,
- Beseitigung von Störungen des Betriebsablaufes,
- Verhandlungen mit unterstützenden Stellen.

Es hat sich in der betrieblichen Führungspraxis gezeigt, daß mit abnehmender Führungsebene im Unternehmen die **personenorientierten** Führungsaufgaben zunehmen. Während man auf der unteren Ebene als Gruppenleiter auch weniger Leistungswillige zu motivieren hat, ist das auf höheren Ebenen nicht zu erwarten.

Unter einer **Gruppe** ist eine Reihe von Personen zu verstehen, die in einer bestimmten Zeitspanne häufig miteinander Umgang haben. Deren Anzahl ist so gering, daß jede Person mit einer anderen Person in Verbindung treten kann (*Homans*).

Zu unterscheiden sind:

- **Formelle Gruppen**, die im Sinne der betrieblichen Zielerreichung geplant und bestimmt werden. Die betriebliche Aufgabenstellung steht im Vordergrund und die Rangordnung in der Gruppe wird von außen vorgegeben.

- **Informelle Gruppen**, die sich aus menschlichen Gesichtspunkten heraus aufgrund von Sympathiebeziehungen bilden. Daraus ergibt sich die Rangordnung in der Gruppe. Die individuelle Befriedigung sozialer Bedürfnisse steht im Vordergrund.

In den Gruppen im Unternehmen befinden sich unterschiedliche **Gruppenmitglieder**, die anzuspornen, zu bremsen, zu fördern, zu ermutigen, zu integrieren bzw. wertzuschätzen sind.

Zu den gruppenorientierten Führungsstilen zählen - siehe ausführlich *Olfert/Rahn, Rahn*:

- Ermutigender Führungsstil
- Wertschätzender Führungsstil
- Integrierender Führungsstil
- Anspornender Führungsstil
- Fördernder Führungsstil
- Bremsender Führungsstil

Eine effektive Gruppenführung trägt entscheidend zum Erfolg des Unternehmens bei.

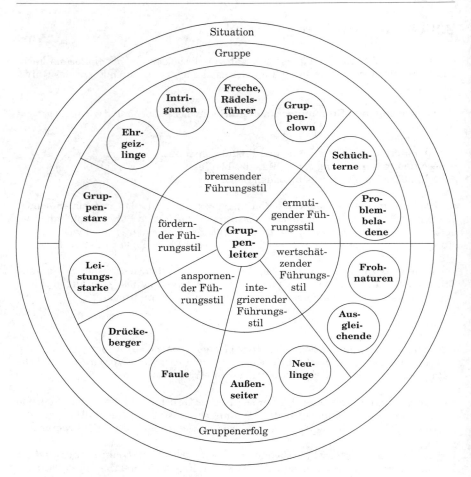

32

3. Prozeß

Grundsätzlich enthält ein Prozeß eine zeitliche Entwicklung, d.h. den Verlauf eines Vorgangs. Betrachtet man den Vorgang der Führung, dann enthält ein Führungsprozeß zunächst die Ziele, die es zu erreichen gilt. Diesen folgen Planungsüberlegungen, auf welchen Wegen diese Ziele zu erreichen sind. Schließlich kommt es zur Realisierungsphase, der die Kontrolle folgt, die darauf gerichtet ist zu prüfen, ob die Ergebnisse den Zielen entsprechen.

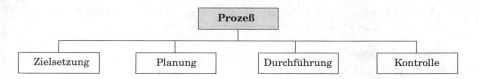

3.1 Zielsetzung

Zielsetzungen oder Ziele sind Aussagen mit normativem Charakter, die einen gewünschten, zukünftigen Zustand der Realität beschreiben (*Hauschildt*). Sie werden von der Unternehmensleitung vorgegeben. Zu unterscheiden sind:

- **Monetäre Ziele** sind Ziele, die sich in Geld messen lassen. Sie können beispielsweise sein:

Marktleistungsziele	Umsatzsteigerung Ertragssteigerung Kostensenkung
Rentabilitätsziele	Gewinnerhöhung Umsatzrentabilität Gesamtkapital-Rentabilität Eigenkapital-Rentabilität
Finanzwirtschaftliche Ziele	Liquiditätsverbesserung Kapitalstrukturveränderung Kapitalkostensenkung

- **Nicht-monetäre Ziele** lassen sich nicht ohne weiteres in Geldeinheiten bestimmen, beispielsweise als:

Ökonomische Ziele	Marktanteilsvergrößerung Qualitätsverbesserung Umweltschonung Innovationsverbesserung Serviceverbesserung
Soziale Ziele	Einkommensverbesserung Soziale Sicherheit Arbeitszufriedenheit Soziale Integration Personalentwicklung
Macht-/Prestigeziele	Unabhängigkeit Image/Prestige Politischer Einfluß Gesellschaftlicher Einfluß

Das Unternehmen verfolgt kurz-, mittel- und langfristige Ziele. Sie bilden in ihrer Gesamtheit das Zielsystem. Zu unterscheiden sind:

* **Zielbeziehungen**
* **Zielränge**
* **Zielkonkretisierung.**

3.1.1 Zielbeziehungen

Ziele stehen in bestimmten Beziehungen zueinander. Dementsprechend gibt es (*Heinen*):

* **Komplementäre Ziele**, bei denen Steuerungsmaßnahmen zur Erreichung eines Zieles gleichzeitig zur Förderung oder Erreichung eines anderen Zieles führen.

    Beispiel: Eine Kostensenkung im Fertigungsbereich führt bei gleichen Umsätzen auch zu einer Erhöhung des Gewinnes.

* **Konkurrierende Ziele**, bei denen Steuerungsmaßnahmen zur Erreichung eines Zieles die Abnahme des Zielerreichungsgrades bei einem anderen Ziel bewirken.

    Beispiel: Wird eine Lohnerhöhung angestrebt, kann das Ziel, Personalkosten zu senken, nicht erreicht werden.

* **Indifferente Ziele**, bei denen die Erfüllung eines Zieles keinen Einfluß auf den Zielerreichungsgrad eines anderen Zieles hat.

    Beispiel: Die Senkung der Kosten für Betriebsstoffe und die Verbesserung des Kantinenessens sind völlig unabhängig voneinander.

3.1.2 Zielränge

Die Unternehmensziele stehen in einer hierarchischen Beziehung zueinander. Zu unterscheiden sind:

* **Oberziele**, über die auf der Ebene des Top Managements entschieden wird. Diese Ziele sind für die strategische Planung bedeutend.

* **Mittelziele**, die sich aus den Entscheidungen des Middle Managements ergeben und von vorrangig taktischer Bedeutung sind.

* **Unterziele**, über die das Lower Management entscheidet und die im wesentlichen operationale Bedeutung haben.

Die Ableitung der Mittelziele und der Unterziele aus den Oberzielen hat sorgfältig zu erfolgen, damit die Oberziele nicht verfälscht oder gefährdet werden:

Beispiel:

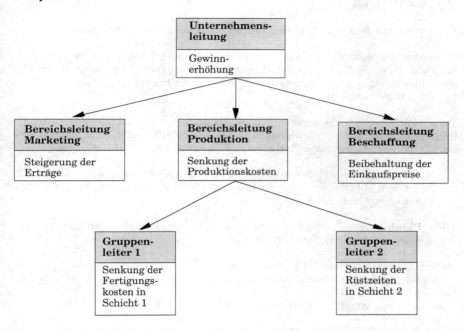

3.1.3 Zielkonkretisierung

Ziele sind so zu formulieren, daß der Grad ihrer Erreichung **meßbar** ist. Die Konkretisierung der Ziele erfolgt auf allen Unternehmensebenen nach:

- Inhalt   (Gewinnsteigerung um ...)
- Ausmaß   (... 3 % ...)
- Zeit   (... im Jahr 1997).

Vorgegebene Ziele disziplinieren das **Leistungsverhalten** der Mitarbeiter, da ihre Leistungen besser meßbar sind. Einerseits wissen die Mitarbeiter, wo sie leistungsmäßig stehen, andererseits kann sich für sie ein überhöhter Leistungsdruck ergeben, wenn die Ziele unrealistisch hoch gesetzt werden.

Unternehmensziele sollten, soweit möglich, mit den Individualzielen der Mitarbeiter abgestimmt werden. Es ist zu empfehlen, die Ziele nicht aufzuzwingen, sondern sie zu vereinbaren.

3.2 Planung

Die betriebliche Planung bildet eine Kernfunktion des Führungsprozesses.

Planung ist die gegenwärtige gedankliche Vorwegnahme zukünftigen wirtschaftlichen Handelns unter Beachtung des Rationalprinzips *(Wöhe)*. Ihr Grundproblem besteht in der Ungewißheit als mangelnder Vorausbestimmbarkeit bzw. geringer Vorhersehbarkeit der Ereignisse.

Der Planung liegt die **Prognose** zugrunde. Sie umfaßt möglichst objektive, systematische und logisch begründete Aussagen über wahrscheinliche zukünftige Entwicklungen, Ereignisse, Tatbestände, Zustände und Verhaltensweisen *(Hentze/Brose)*.

Mit der Planung werden **Soll-Werte** festgelegt. Damit die Unternehmensleitung sich ein Gesamtbild über das Ergebnis der Planungsüberlegungen machen kann, wird sie sich insbesondere genauer befassen mit:

- Den **Planbilanzen**, in denen die voraussichtlichen Vermögens- und Kapitalwerte und damit die geplante Entwicklung des

    - Anlagevermögens und Umlaufvermögens
    - Eigenkapitals und Fremdkapitals

    für den Planungszeitraum dargestellt werden.

- Den **Plan-Gewinn- und Verlustrechnungen**, welche die geplanten Ertrags- und Aufwandswerte enthalten, beispielsweise

    - Umsatzerlöse und sonstige betriebliche Erträge
    - Material- und Personalaufwand, Abschreibungen.

- Den **Planbudgets**, die als Bereichsbudgets den notwendigen Planungsabschluß bilden. Sie werden im Hinblick auf die einzelnen Verantwortungsträger, beispielsweise den Fertigungsleiter, für jeweils eine Planungsperiode erstellt. Dabei können sowohl Kosten als auch Leistungen budgetiert werden.

    In den Budgets wird die Gesamtplanung in Abstimmung mit den Gruppenleitern wertmäßig zusammengestellt. Die Bereichsleiter haben die Aufgabe, mit Hilfe geeigneter Maßnahmen dafür zu sorgen, daß die Budgetwerte bis zum Ende der Planungsperiode eingehalten werden. Die Budgets werden damit zur »Meßlatte« des Bereichserfolges.

Die meßbar formulierten Zielsetzungen bzw. die Zielvereinbarungen der Unternehmens-, Bereichs- und Gruppenleiter werden als **Planstandards** bezeichnet.

Die Daten der Bilanzen, Gewinn- und Verlustrechnungen und Budgets bilden die Grundlage für das **Controlling**.

In den einzelnen Ebenen des Unternehmens sind die Unternehmensleiter, Bereichsleiter und Gruppenleiter für die Planung verantwortlich.

Die Planung kann entsprechend sein – siehe ausführlich *Ehrmann*:

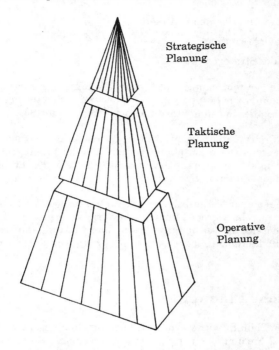

Diese Einteilung hat sich heute als herrschende Meinung durchgesetzt. Die Zuordnung dieser Begriffe zu den Unternehmensebenen erfolgt in der Literatur nicht einheitlich. Vor allem gibt es unterschiedliche Auffassungen bei der Zuordnung des taktischen bzw. operativen Planungsbegriffes - siehe *Hentze / Brose*.

3.2.1 Strategische Planung

Die strategische Planung ist eine langfristige Planung, die über den Zeitraum von vier bis fünf Jahren hinausgeht. Sie erfolgt auf der **obersten Leitungsebene** und befaßt sich mit der

- Festlegung von Strategien für bestimmte Geschäftsfelder,

- Analyse vorhandener Erfolgspotentiale, worunter das gesamte Gefüge aller jeweils produkt- und marktspezifischen, erfolgsbezogenen Voraussetzungen zu verstehen ist. Sie müssen spätestens bestehen, wenn die Erfolgsrealisierung geschehen soll.

Als **Phasen** der strategischen Führung können unterschieden werden (*Hinterhuber*):

* Analyse der Ausgangsposition und des Augenblicks
* Formulierung der Strategien
* Ausarbeitung der funktionalen Politiken
* Gestaltung der Organisation
* Durchführung der Strategien.

Unter **Strategien** versteht man Handlungsanweisungen, Verfahren oder Alternativen, die Möglichkeiten zur Lösung von Problemen darstellen *(Gälweiler, Nieschlag / Dichtl / Hörschgen)*. Sie sind sorgfältig zu planen - siehe Seite 184.

Die strategische Problematik besteht nicht in der Planung von Teilaktivitäten, sondern in der übergeordneten Gesamtplanung unter Berücksichtigung relevanter Unternehmens- bzw. Umfeldsituationen. Grundsätzlich besteht das Problem der Früherkennung von Risikofaktoren (*Hopfenbeck*).

Aufgrund der mangelnden Voraussehbarkeit bzw. Vorausbestimmbarkeit dieser Einflußfaktoren ist eine relativ große Planungsschwierigkeit gegeben. Um ihr entgegenzuwirken, bedienen sich die Top Manager bestimmter **Planungskonzepte**, beispielsweise des Einflußfaktorenkonzepts oder des Erfahrungskurvenkonzepts - siehe ausführlich *Rahn*.

3.2.2 Taktische Planung

Bei der taktischen Planung wird von der strategischen Planung ausgegangen, aus der sie abgeleitet wird. Sie umfaßt einen Zeitrahmen von einem Jahr bis zu vier oder fünf Jahren und ist damit das Bindeglied zwischen der strategischen und operativen Planung.

Die taktische Planung erfolgt auf der **mittleren Leitungsebene** des Unternehmens. Ihr liegt nur teilweise eine zentrale Planungsautorität zugrunde. Dezentrale Einflüsse werden stärker. Die Flexibilität der taktischen Planung ist mittel bis groß, weil der zeitliche Rahmen kleiner ist als bei der strategischen Planung.

Die Bereichsleiter der einzelnen Funktionsbereiche entwickeln Maßnahmenkataloge zur Umsetzung der strategischen Pläne.

Die einzelnen taktischen Pläne stehen in folgendem **Zusammenhang** *(Olfert / Steinbuch)*:

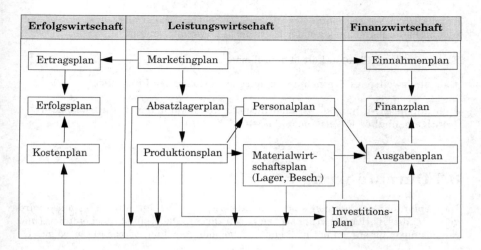

Üblicherweise geht die taktische Planung vom **Marketingplan** aus, der zeigt, wieviel Produkte am Absatzmarkt voraussichtlich abgesetzt werden können. Den Markt auszuschöpfen, liegt schließlich in den meisten Fällen im Interesse des Unternehmens. Am Marketingplan haben sich die übrigen Pläne zu orientieren.

Das ist dann aber nicht möglich, wenn ein **Engpaß** im Unternehmen vorhanden ist, der das vom Marketing vorgegebene Leistungsvolumen begrenzt, beispielsweise die Fertigungskapazität, die nur 80 % der verkaufbaren Produkte herstellen kann. In diesem Falle ist der betreffende Engpaß der Ausgangspunkt der taktischen Planung, sofern er nicht behoben werden kann oder soll.

Die taktische Problematik besteht in der Planung von Zielsetzungen und Maßnahmen, welche die mittlere Unternehmensebene betreffen. Diese Planungsart ist in der Regel auf überschaubare Teilbereiche des Unternehmens ausgerichtet.

3.2.3 Operative Planung

Die operative Planung setzt die Vorgaben der strategischen und taktischen Planung auf der untersten Planungsebene um. Sie ist kurzfristig angelegt und umfaßt einen Zeitraum bis zu einem Jahr. Die operative Planung erfolgt insbesondere auf der **unteren Leitungsebene** durch die Gruppenleiter, kann aber auch bis in die mittlere Führungsebene hineinreichen.

Wegen ihrer Kurzfristigkeit kann die operative Planung sehr detailliert und relativ genau vorgenommen werden.

Die Planungsautorität ist dezentralisiert und die Planungsflexibilität gering, weil der zeitliche Rahmen stark begrenzt ist. Die operative Planungsproblematik besteht in der gedanklichen Vorwegnahme des »Alltagsgeschehens«. Sie erfolgt als konkrete Ziel- und Maßnahmenplanung auf der Basis der taktischen Planung.

Ein **operativer Plan** enthält in detaillierter Form:

- alle im jeweiligen Unternehmensbereich zu verfolgenden Einzelziele

- die auf die Erreichung dieser Ziele ausgerichteten Maßnahmen, die beispielsweise auch einzuhaltende Termine umfassen.

3.3 Durchführung

Die geplanten Maßnahmen sind zu realisieren. In der Durchführungsphase wird versucht, die Überlegungen konkret zu verwirklichen. Dabei sind Entscheidungen und Steuerungsmaßnahmen nötig, die unter folgenden Aspekten betrachtet werden:

- **Realisierungsebenen**
- **Realisierungsfunktionen**
- **Realisierungsstörungen.**

3.3.1 Realisierungsebenen

Die geplanten Maßnahmen sind auf allen Unternehmensebenen durchzuführen:

- Die **Unternehmensleitung** hat sich so zu verhalten, wie es geplant ist. Sie muß nachdrücklich die Einhaltung der Unternehmensziele anstreben.

- Die **Bereichs- und Gruppenleiter** haben sich auf mittlerer bzw. unterer Ebene so einzusetzen, daß die vorgegebenen Ziele im konkreten Vollzug des Betriebsgeschehens erfüllt werden.

- In der **Ausführungsebene** als unterster Ebene ergeben sich beispielsweise folgende Ausführungsaufgaben:

Material- bereich	Angebote einholen und vergleichen Bestellungen schreiben Einkaufskarteien führen Terminüberwachung durchführen Waren annehmen und Qualität prüfen Waren einordnen und pflegen Warenabgabe verwalten Lagerkartei führen Bedarfsmeldung abgeben

Fertigungs-bereich	Produzieren der Fertigprodukte Transportieren von Rohstoffen und Hilfsstoffen Einsatz der Betriebsmittel und Betriebsstoffe Maschinen rüsten Kapazitäten nutzen Fertigungstermine einhalten Laufkarten und Stücklisten sichten Lohnzettel erstellen
Marketing-bereich	Kundenaufträge bearbeiten Angebote erstellen Aufträge ausführen Verkaufen und werben Rechnungen schreiben Reklamationen bearbeiten Waren verpacken und versenden Versandpapiere ausstellen
Personal-bereich	Personalzugänge bearbeiten Lohnabrechnung ausführen Personal betreuen Personaltraining durchführen Personalakten führen Personalstatistiken erstellen Personaldateien führen Personaldatenbanken bearbeiten Personalabgänge bearbeiten
Finanz-bereich	Sicherung des Zahlungsmittel-Eingangs Abwicklung von Zahlungsausgängen Wechsel bearbeiten Investitionsrechnungen durchführen
Rechnungs-wesen	Buchung der Ausgangsbelege Buchung der Eingangsbelege Kalkulation der Preise Erstellen von Statistiken Erstellen von Betriebsabrechnungsbögen Steuern und Versicherungen berechnen Bilanzen-, Gewinn- und Verlustrechnungen erstellen
Informations-bereich	Informationen bereitstellen Datenpflege Informationsabwicklung Informationen speichern
Controlling-bereich	Indikatoren erfassen Ist-Werte aufnehmen Soll-Ist-Vergleiche durchführen Ergebnisse untersuchen Kontrollen vornehmen Berichte schreiben

3.3.2 Realisierungsfunktionen

Die Unternehmens-, Bereichs- und Gruppenleiter sind in der Durchführungsphase damit beschäftigt, folgende Funktionen wahrzunehmen:

- Die **Steuerung**, mit der das Verhalten der Mitarbeiter zielgerichtet beeinflußt wird. Hier ist das jeweilige Machtpotential der Führungskraft von Bedeutung, das um so größer ist, je höher die Führungskraft hierarchisch angesiedelt ist.

  Das Direktionsrecht der Führungskraft gibt ihr die Macht, den Mitarbeitern Weisungen zu erteilen. Sie können sein:

  - ein Auftrag, bei dem lediglich festgelegt wird, »was« zu tun ist
  - ein Kommando, bei dem ein Befehl oder ein knapper Zuruf gegeben wird
  - ein Befehl bei Notsituationen oder Arbeitsverweigerung
  - eine Anweisung, die genau »was« und »wie« festlegt.

  Weiterhin hat die Führungskraft folgende Möglichkeiten der Steuerung:

Kritik	Sie ist überwiegend sachbezogen und bezieht sich auf Mängel bei der Aufgabenerfüllung.
Tadel	Er ist überwiegend personenbezogen und bezieht sich auf die Einstellung des Mitarbeiters zur Arbeit.
Lob	Es bezieht sich auf die Leistung, nicht auf die Person und soll aufmuntern bzw. zu weiterer Leistung anregen.
Anerkennung	Sie ist die schwächere Form einer Belobigung, mit der die Motivation der Mitarbeiter erhöht werden soll.

- Die **Information**, die zweckorientiertes Wissen darstellt - siehe Seite 160. Wer sein Personal nicht ausreichend informiert, wird keinen hinreichenden Führungserfolg haben.

- Die **Kommunikation**, die ein wechselseitiges Informieren, sowohl der Führungskraft als auch der Mitarbeiter ist - siehe Seite 161.

- Die **Beurteilung** der Mitarbeiter - siehe Seite 161, die erfolgen kann in der:

Zugangsphase	Sie wird in der Probezeit durchgeführt.
Leistungsphase	Sie erfolgt periodisch oder bei Beförderungen.
Abgangsphase	Sie dient der Erstellung des Arbeitszeugnisses.

- Die **Innovation**, die es zu fördern gilt, beispielsweise im Rahmen des betrieblichen Vorschlagswesens und mit Hilfe von Qualitätszirkeln. Dazu ist es notwendig, eine kreativitätsfördernde Atmosphäre im Unternehmen zu schaffen.

Prozeß 181

- Die **Motivation**, welche die Mitarbeiter erfahren können:

Motivation von außen	Dazu können Ermunterungs-, Arbeits-, Verwirklichungs-, Aufstiegs-, Entwicklungs-, Entgelt-, Status-, Sozialleistungsanreize dienen.
Motivation von innen	Sie kann über die Einstellung, den Willen und die persönlichen Ziele gesteuert werden.

- Die **Kooperation**, die sich im kooperativen Führungsstil niederschlägt. Dabei ist Kooperation nicht um jeden Preis anzustreben. Reife Mitarbeiter sind kooperativ, unreife Mitarbeiter streng zu führen *(Hersey / Blanchard)*.

3.3.3 Realisierungsstörungen

Je nach Führungsebene kann es unterschiedliche **Einflußgrößen** geben, beispielsweise:

	Unternehmensziele	Einflußgrößen	Steuerung
Obere Führungs-Ebene	Vorstand strebt nach Gewinnmaximierung.	Mehrwertsteuererhöhung	Preisanhebung
		Mehrwertsteuersenkung	Preisreduzierung
Mittlere Führungs-Ebene	Verkaufsleiter strebt Umsatzerhöhung an.	Absatzstockung	mehr Werbung
	Personalleiter möchte den Arbeitsfrieden bewahren.	wilder Streik	Informationen über Folgen geben
Untere Führungs-ebene	Gruppenleiter möchte den kooperativen Stil pflegen.	unreifer Mitarbeiter	Druck, anspornen

Die Störgrößen müssen erkannt und geeignete **Steuerungsmaßnahmen** eingeleitet werden. Sie können sich auf die betriebliche Zielerreichung fördernd oder hemmend auswirken. Damit wird deutlich, daß sie lediglich die Plansätze »stören«, für das Unternehmen aber durchaus vorteilhaft sein können, beispielsweise in Form einer überraschenden Steuersenkung.

3.4 Kontrolle

Die Kontrolle ist eine Form der Überwachung und Untersuchung der Durchführung des betrieblichen Geschehens. Durch die Kontrolle der Realisierung werden Vergleiche mit den Ziel- bzw. Plandaten möglich. Außerdem werden erforderliche Änderungen ausgelöst. Es ist jeweils zu prüfen, ob die Ergebnisse des betrieblichen Handelns (Ist-Werte) mit den Zielen bzw. der Planung (Soll-Werte) übereinstimmen.

Die Kontrolle kann erfolgen als:

- **Ex ante-Kontrolle**, die vor der Durchführung geschieht und zukunftsorientierte Informationen zu gewinnen versucht. Sie dient der Frühwarnung.

- **Ex post-Kontrolle**, die im Verlaufe oder nach der Durchführung als Soll-Ist-Vergleich vorgenommen wird.

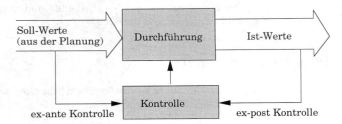

Die Kontrolle ist als Teil des Führungsprozesses ein Vergleich, bei dem ein Ist-Zustand gemessen und mit einem Soll-Zustand verglichen wird.

Es sollen behandelt werden:

- **Arten**
- **Vorgehensweise.**

3.4.1 Arten

Die Kontrolle als Soll-Ist-Vergleich kann sein:

- Nach dem **Kontrollobjekt**

Ergebnis-kontrolle	Sie wird auch als Erfolgskontrolle bezeichnet und soll die von einem Mitarbeiter erbrachte Leistung beurteilen.
Verhaltens-kontrolle	Sie beurteilt das Verhalten eines Mitarbeiters im Verlaufe der Leistungsprozesse.

- Nach der **Art**

Selbst-kontrolle	Sie liegt vor, wenn der Mitarbeiter die Prüfung der Einhaltung des Leistungsstandards selbst vornimmt.
Fremd-kontrolle	Sie ist gegeben, wenn die Prüfung der Zielerreichung des Mitarbeiters vom Vorgesetzten oder einem Dritten vollzogen wird.

- Nach dem **Vorgehen**

Personelle Kontrolle	Sie wird von einer Führungskraft oder vom Mitarbeiter persönlich ausgeübt.
Automatische Kontrolle	Dabei wird die Kontrolle durch maschinelle Messungen vorgenommen.

- Nach dem **Umfang**

Einzelkontrolle	Sie erfolgt für einzelne Vorgänge oder Gegenstände, beispielsweise als Stichprobenkontrolle.
Gesamtkontrolle	Sie kann sich auf ganze Arbeitsvorgänge erstrecken, beispielsweise auf den gesamten Produktionsprozeß einer Anlage.

3.4.2 Vorgehensweise

Die Kontrolle soll als ständige Einrichtung zur Vermeidung von Fehlern beitragen. Sie ist für das Unternehmen als Ganzes, aber auch für die einzelnen Unternehmensbereiche erforderlich. Die Kontrolle ist sachlich vorzunehmen. Sie darf nicht in einer Weise erfolgen, die Mitarbeiter persönlich verletzt. Für das Gesamtunternehmen erscheint folgende Vorgehensweise sinnvoll:

- Mit Hilfe der **Überwachung** sind diejenigen Daten zu erfassen, die sich aus der Durchführungsphase ergeben, beispielsweise

  - Ist-Werte der Bilanz
  - Ist-Werte der GuV-Rechnung
  - Ist-Werte des Budgets.

Auf allen Ebenen ist darauf zu achten, daß möglichst frühzeitig angezeigt wird, wenn sich die Ist-Zahlen negativ entwickeln. Die Frühwarnindikatoren sollten rechtzeitig erkannt werden.

- Mit Hilfe der **Untersuchung** sollen - im Rahmen der Abweichungsanalyse - die Stärken und Schwächen des Unternehmens herausgearbeitet werden. Sie basieren auf dem Soll-Ist-Vergleich beispielsweise der

  - Werte der Bilanz
  - Werte der GuV-Rechnung
  - Werte des Budgets.

Die Ergebnisse der Kontrolle können zu sofortigen Korrekturen der Ziel- bzw. Planwerte führen, wenn die Ursachen der Abweichungen erkannt bzw. Maßnahmen zu ihrer Abstellung vorhanden sind.

Aus der Sicht der **Unternehmensleitung** ergibt sich folgender Regelkreislauf:

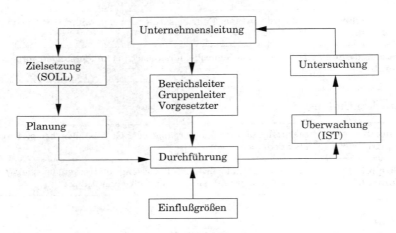

Das Ergebnis eines Kontrollvorgangs ist entweder die Bestätigung des eingeschlagenen Weges oder die Einleitung von Korrekturmaßnahmen, die sich dann in einer neuen Strategie niederschlagen.

4. Strategie

Eine Strategie ist eine von der Unternehmensleitung formulierte Handlungsanweisung mit Verfahren oder Möglichkeiten zur Lösung langfristiger und umfassender Probleme. Sie findet ihre Begrenzung in der oft mangelnden Voraussehbarkeit bzw. Vorausbestimmbarkeit des Unternehmens- bzw. Umweltgeschehens.

Als besonderes **Kennzeichen** einer jeden Strategie im Sinne eines schlecht strukturieren Problems gilt, daß sie mit keiner anderen vergleichbar ist. Die situativen Faktoren des Zeitpunktes, der Branche, des Marktes und des Unternehmens sind stets einmalig *(Ziegenbein)*.

Die **Entwicklung** von Strategien umfaßt:

4.1 Situationsanalyse

In der heutigen Zeit gibt es eine Vielzahl von Herausforderungen für die Unternehmen, beispielsweise durch veränderte Beschaffungs- und Absatzmärkte, Technologien und Mitarbeitereinstellungen. Diese **Herausforderungen** hat die Unternehmensleitung anzunehmen und in die Entwicklung ihrer Strategien einzubeziehen.

Die Unternehmensleitung muß die unternehmensinternen und unternehmensexternen Veränderungen erkennen, deuten und in geplanter Weise reagieren (*Hopfenbeck*). Die strategischen Überlegungen sind daraufhin auf der taktischen und operativen Ebene zu realisieren.

Die Strategien müssen systematisch entwickelt werden. Deshalb sind auf der Basis der strategischen Ausgangslage zunächst durchzuführen:

- Eine **Unternehmensanalyse**, wobei die Informationen zur Erstellung eines Stärken-/Schwächen-Profils direkt aus dem Datenbestand des Unternehmens entnehmbar sind.

- Eine **Umfeldanalyse**, für die Informationsgrundlagen zu erarbeiten sind, die Auskunft über die wichtigsten externen Entwicklungsgrößen geben.

Heute spricht man auch vom **Umsystem** (*Bleicher, Kubicek / Thom*). Das Umfeld des Unternehmens wird nach ökonomischen, sozio-kulturellen, technischen, rechtlich-politischen, ökologischen und marktbezogenen Faktoren untersucht. In diese Betrachtungen sind auch die gegenwärtigen Mitbewerber und die potentiell neuen Konkurrenten am Markt einzubeziehen. *Hinterhuber* bezeichnet dieses Vorgehen als Konkurrenzanalyse.

Die Untersuchungsergebnisse der Umsystem-Analyse ergeben Erkenntnisse über die Einflüsse des Umfeldes auf das erzielte Unternehmensergebnis. Chancen und Risiken werden offengelegt.

Mit Hilfe einer **Checkliste** werden die Fakten über betriebliche Stärken und Schwächen gesammelt, subjektiv bewertet und ihre Ausprägungen relativ zum stärksten Konkurrenten erfaßt. So kann die eigene Wettbewerbssituation im Vergleich zur Konkurrenz beispielsweise so beurteilt werden:

Stark	Hohe Finanzkraft, gute Mitarbeiterqualifikation.
Mittelmäßig	Etwa ähnlich wie die Konkurrenten.
Schwach	Untergeordnete Rolle gegenüber Konkurrenten, beispielsweise begrenzte Finanzkraft, leistungsschwache Mitarbeiter.

Aus den Ergebnissen der Situationsanalyse werden **Prognosevarianten** abgeleitet, die helfen sollen, die zukünftigen Ereignisse durchschaubarer zu machen. Eine Prognose umfaßt Aussagen über wahrscheinliche zukünftige Zustände bzw. Entwicklungen. In der Regel wird eine optimistische Prognose abgegeben, die mehr oder weniger konstante Gegebenheiten unterstellt. Andererseits ist aber eine Voraussage zu geben, die Möglichkeiten einer negativen Entwicklung berücksichtigt.

Auch die Überlegungen zur bisherigen Strategie werden in die neu zu gestaltende Vorgehensweise einbezogen. Es werden dann unterschiedliche **neue Strategie**n entwickelt, die zu bewerten sind. Das kann mit Hilfe der Nutzwertanalyse - siehe ausführlich *Olfert* - und mit EDV-Unterstützung erfolgen.

4.2 Vorstellungsprofile

Vorstellungsprofile sind konkrete Ausprägungen von Ansichten über ein zu lösendes Problem. Sie werden von der Unternehmensleitung, gegebenenfalls unter Einbezug interner und externer Fachleute oder Berater, erstellt und gehen in den Entwurf einer neuen Strategie ein.

Bedeutsam ist, daß man in der neuen Strategie auch das Unternehmensleitbild berücksichtigt, das auch **Corporate Identity** genannt wird *(Fenkart/Widmer, Hub, Peters/Waterman)*. Die Unternehmensidentität äußert sich in Aussagen zum Leitbild, das die Verantwortlichen vor Augen haben.

Beispiele für Leitbildaussagen:

»Wir schaffen Vorsprung durch Technik«.
»Wir wollen die Zukunft mitgestalten«.
»Wir wollen das kundenfreundlichste Unternehmen der Branche sein«.

Zum Unternehmensleitbild gehört das gemeinsame Denkmuster, welches das künftige Mitarbeiter- bzw. Kundenverhalten prägen soll. Auch historisch gewachsene Normen und Wertvorstellungen sind zu beachten.

Die **Organisationskultur** *(Weber/Mayrhofer)* bzw. **Unternehmenskultur** wird vom Unternehmensleitbild unmittelbar nach innen und außen beeinflußt. Intern wirkt es auf die Art der Mitarbeiter-Identifikation und extern zeigt es sich im Image des Unternehmens.

4.3 Strategieentwurf

Nach Durchführung der Situationsanalyse und der Erstellung von Vorstellungsprofilen kann die Unternehmensleitung die »Marschrichtung« für einen relativ langen Zeitraum festlegen, der über zehn Jahre hinausgehen kann *(Hopfenbeck)*.

Dabei sind die aus der Unternehmens- und Umfeldanalyse erkannten

- Chancen zu nutzen,
- Risiken zu vermeiden,

- Stärken zu erhalten und auszubauen,
- Schwächen zu mindern und zu beseitigen.

Es sind von der Unternehmensleitung folgende **Strategieentscheidungen** zu treffen - siehe ausführlich *Rahn*:

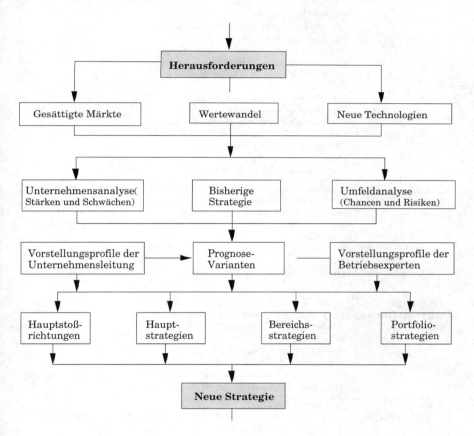

Strategische Entscheidungen können nur vom obersten Management gefällt werden. Sie befassen sich mit den einzelnen Produkten, die am Markt angeboten werden sollen. Außerdem liefern sie Aussagen über die Bereiche des Unternehmens, die dazu langfristig Beiträge bringen sollen. Dabei ist leistungs-, finanz- und sozialwirtschaftliches Denken gefragt.

Die neue Strategie richtet sich an Unternehmenszielen aus, konkretisiert die zur Realisierung erforderlichen Mittel, Verfahren bzw. Wege und legt Hauptstoßrichtungen fest.

- Die **Hauptstoßrichtungen** basieren auf den bisher erarbeiteten Ergebnissen:

Verhaltens-strategie	Sie zeigt die Hauptziele und das beabsichtigte Grundverhalten für die Zukunft. Es richtet sich nach den jeweiligen internen bzw. externen Gegebenheiten und äußert sich beispielsweise als: o Austrittsstrategie (in diesem Markt kein Engagement mehr) o Anpassungsstrategie (an den Markt anpassen, nicht agieren) o Behauptungsstrategie (sich in der Defensive behaupten) o Angriffsstrategie (direkte oder indirekte Attacken) o Kooperationsstrategie (Interessengemeinschaft oder Kartell) o Konzentrationsstrategie (Konzern oder Trust/Fusion) o Internationalisierungsstrategie (international zusammenarbeiten)
Strukturie-rungs-strategie	Im Rahmen der Festlegung von Hauptstoßrichtungen können Hinweise auf eine beabsichtigte Neugründung oder eine Änderung der Unternehmensform gegeben werden. Oder es wird verdeutlicht, daß das Unternehmen künftig einen neuen Standort sucht, beispielsweise im Ausland.

- Die **Hauptstrategien** beziehen sich auf die Unternehmenspolitik und können sein:

Leistungs-wirtschaftliche Strategie	o Marktleistungs-Entwicklungskonzept (Eigenforschung und Entwicklung) o Leistungserstellungskonzept (Produktionsstrategie) o Leistungs-Verwertungskonzept (Marketing-Mix-Strategie) o Konzept der Beschaffung und Verwaltung des Leistungspotentials (Beschaffungsstrategie für Personal, Material)
Finanz-wirtschaftliche Strategie	o Liquiditätskonzept (Grundsätze eines EDV-Finanzkonzeptes als Cash Management) o Ertragserzielungs- und Wirtschaftlichkeitskonzept (Bewertungsgrundsätze) o Gewinnverwendungskonzept (Investitionsverfahren, Gewinnausschüttungsverfahren) o Finanzierungskonzept (Abschreibungs- und Bilanzierungsverfahren, Kapitalbeschaffungsgrundsätze)
Sozial-wirtschaftliche Strategie	o Arbeitsgestaltungskonzept (Flexible Arbeitszeitregelungen, Unfallverhütung) o Entgeltgestaltungskonzept (Gehobenes Lohnniveau, Fürsorgepflichten)

	○ Förderungskonzept (Entwicklungsanreize, Prinzip des Aufstiegs aus den eigenen Reihen) ○ Interessenvertretungskonzept (Anerkennung der Gewerkschaften als Sozialpartner, Förderung von Mitarbeiterkommissionen)
Führungs-strategie	○ Identitätskonzept (Organisationskultur, Corporate Identity) ○ Führungskonzept (Kooperativen Führungsstil einführen, Menschenführungs- und Gruppenführungskonzept) ○ Organisationskonzept (profit centers, Sparten, strategische Geschäftseinheiten bilden).

Die Hauptstrategien sind eng mit den Zielsetzungen verbunden, die als Unternehmensziele die Richtwerte für das gesamte Unternehmen bilden.

• Als **Bereichsstrategien** sind zu unterscheiden:

Material-strategien	○ Materialversorgungslücken schließen ○ Verbesserung der Logistik ○ Beschaffungsmarketing voranbringen ○ Bereitstellungsstrategien verbessern
Fertigungs-strategien	○ Verbesserte Fertigungsdurchführung ○ Nutzung von Erfolgspotentialen ○ Kapazitätsvergrößerung bzw. -reduzierung ○ Verbesserung der Fertigungssteuerung ○ Sicherung der Produktqualität ○ Strategische Stoßrichtung klären
Marketing-strategien	○ Marktdurchdringung ○ Marktentwicklung ○ Produktentwicklung ○ Absatzpolitik und Produktstrategien ○ Diversifikation ○ Innovationen
Personal-strategien	○ Sozialinnovationen einbringen ○ Arbeitszeitflexibilisierung ○ Produktivitätsfortschritt auslösen ○ Personalkosten senken ○ Entgeltsstruktur verbessern
Finanz-strategien	○ Sicherung der Liquidität ○ Zweckentsprechende Innenfinanzierung ○ Sinnvolle Cash-flow-Verwendung ○ Vernünftige Außenfinanzierung ○ Stärkung der Eigenkapitalbasis ○ Verringerung von Währungsrisiken

Informations-strategien	o Einsatz geeigneter Software o Beschaffung der notwendigen Hardware o Berücksichtigung zwecksprechender Orgware o Verbesserung der Personalinformation
Rechnungs-wesen-strategien	o Schaffung eines modernen Buchführungskonzeptes o Einsatz einer effizienten Kostenrechnung o Verbesserung der Leistungsrechnung o Anwendung spezieller Bewertungsstrategien o Steuereinsparungen
Controlling-strategien	o Verbesserung der Planungsverfahren o Verfeinerung der Kontrollverfahren o Einführung von Frühwarnindikatoren o Effiziente Budgetierung o Schaffung eines neuen Berichtswesens

- Die **Portfolio-Strategien** entwickeln sich über sog. Strategische Geschäftseinheiten, die einzelne Produkte bzw. Produktgruppen vermarkten. Betrachtet man die Geschäfte eines Unternehmens als Portfolio, dann sind strategische Entscheidungen darüber zu treffen, welche Produkte zu fördern bzw. welche aus dem Markt zu nehmen sind.

In ein **4-Felder-Portfolio-Modell** *(Ehrmann, Rahn, Ziegenbein)* werden Nachwuchs-, Verkaufs-, Star- und Problemprodukte mit ihren Umsätzen eingetragen. Die 4 Felder ergeben sich aus Konstellationen des Marktwachstums (niedrig/hoch) und des relativen Marktanteils (in %). Unter letzterem Begriff versteht man den eigenen Marktanteil im Verhältnis zu den Marktanteilen der drei größten Konkurrenten.

Nachwuchs-produkte	Sie sind noch nicht lange am Markt (Question Marks, Problem Children, »Fragezeichen«), sind also noch nicht so bekannt. Die Marktnachfrage ist noch nicht stabil, aber dieses Produkt hat seine Stärken.
Verkaufs-produkte	Cash-Products (Cash Cows) lassen sich recht gut absetzen. Sie sichern die Unternehmensliquidität.
Spitzen-produkte	Sie sind überall bekannt (Stars/»Sterne«) und verkaufen sich sehr gut. Sie verzeichnen einen hohen Marktanteil und haben ein vollendetes Aussehen.
Problem-produkte	Sie sind die »Sorgenkinder« (Dogs/»arme Hunde«). Sie verkaufen sich schlecht und haben eine niedrige Marktnachfrage.

Die Unternehmensleitung hat zu entscheiden, welche Produkte längerfristig gefördert werden sollen und welche Produkte aus dem Markt zu nehmen sind.

Ausgehend von den strategischen Grundlagen wird für die nächste Periode geklärt, welche Ziele zu verfolgen sind und auf welchen Wegen man sie erreichen kann. Der Regelkreis der betrieblichen Führung schließt sich wieder.

Kontrollfragen

	Kontrollfragen	bear-beitet	Lösungs-hinweis	Lösung +	Lösung −
01	Was verstehen Sie unter Führung?		155		
02	Schildern Sie Ansätze der traditionellen Managementlehre!		153		
03	Welche weiteren Ansätze der Managementlehre kennen Sie?		156		
04	Unterscheiden Sie Ansätze der Motivationstheorie!		156 f.		
05	Erklären Sie wesentliche Ansätze der Führungsforschung!		157 f.		
06	Wiederholen Sie wesentliche Aussagen des Produktionsfaktor-, des Entscheidungs- und des Systemansatzes der BWL!		24 f.		
07	Was versteht man unter einem Führungsstil?		159		
08	Unterscheiden Sie Führungsstile nach der Orientierung des Vorgesetzten!		159		
09	Differenzieren Sie die Führungsstile nach der unterschiedlichen Art der Willensbildung!		159		
10	Was beschreiben Führungstechniken?		160		
11	Welche Arten von Führungstechniken kennen Sie?		160		
12	Was versteht man unter Führungsmitteln?		160		
13	Erklären Sie verschiedene Führungsmittel!		160 f.		
14	Grenzen Sie Führung und Leitung voneinander ab!		161 f.		
15	Kennzeichnen Sie Wesen und Arten der Unternehmensleitung!		163		
16	Erklären Sie das Wesen der Direktorialorganisation!		163		
17	Welche Vor- bzw. Nachteile hat die Direktorialorganisation?		163		
18	Wie ist die Kollegialorganisation strukturiert?		163		
19	Welche Vor- bzw. Nachteile hat dieses System?		163		
20	Zählen Sie Entscheidungsaufgaben der Unternehmensleitung auf!		164		
21	Was umfaßt die Unternehmensidentität?		164		
22	Welche Eigenschaften sollten Geschäftsführer mitbringen?		165		
23	Welche Hauptaufgabe haben Bereichsleiter im Unternehmen?		165		
24	Unterscheiden Sie die Bereichsleiter nach Funktionsbereichen!		165 f.		
25	Kennzeichnen Sie Entscheidungsaufgaben verschiedener Bereichsleiter!		166		
26	Welche Schlüsselqualifikationen sind für die einzelnen Bereichsleiter erforderlich?		167		
27	Geben Sie Beispiele für Gruppenleiter!		169		
28	Worauf sind die sachbezogenen Entscheidungen der Gruppenleiter gerichtet?		169		

Kontrollfragen		bear-beitet	Lösungs-hinweis	Lösung +	Lösung -
29	Was versteht man unter einer Gruppe?		169		
30	Unterscheiden Sie formelle und informelle Gruppen!		169		
31	Zählen Sie verschiedene Gruppenmitglieder auf!		170		
32	Mit welchem Führungsstil sind diese Gruppenmitglieder zu führen?		171		
33	Wie läuft ein Führungsprozeß ab?		170 f.		
34	Was verstehen Sie unter Zielen?		171		
35	Unterscheiden Sie monetäre und nichtmonetäre Ziele!		171		
36	Was sind komplementäre Ziele?		172		
37	In welchen Fällen liegen konkurrierende Ziele vor?		172		
38	Kennzeichnen Sie indifferente Ziele!		172		
39	Unterscheiden Sie Ober-, Mittel- und Unterziele!		172		
40	Bilden Sie Beispiele für die Konkretisierung von Zielen!		173		
41	Was besagt das Wort Planung?		174		
42	Was versteht man unter einer Prognose?		174		
43	Mit welchen Planungsüberlegungen wird sich die Unternehmensleitung genauer befassen?		174		
44	Skizzieren Sie das Wesen der strategischen Planung!		175		
45	Was versteht man unter Strategien?		176		
46	Worin besteht die strategische Problematik?		176		
47	Schildern Sie das Wesen der taktischen Planung!		176		
48	In welchem Zusammenhang stehen die taktischen Pläne?		177		
49	Von welchem Plan geht die taktische Planung üblicherweise aus?		177		
50	In welchen Fällen ist das nicht möglich?		177		
51	Beschreiben Sie das Wesen der operativen Planung!		177		
52	Welche Inhalte hat ein operativer Plan?		178		
53	Welche Aufgaben sind auf der Ausführungsebene zu lösen?		178		
54	In welcher Weise können Leiter die Durchführung steuern?		180		
55	In welchen Durchführungsphasen kann die Beurteilung der Mitarbeiter erfolgen?		180		
56	Über welche Wege kann die Motivation des Mitarbeiters geschehen?		181		

Kontrollfragen

	Kontrollfragen	bearbeitet	Lösungshinweis	Lösung +	-
57	Bringen Sie Einflußgrößen der Realisierung mit den Unternehmensebenen in Verbindung!		181		
58	Was versteht man unter Kontrolle und wie kann sie im Unternehmen erfolgen?		181 f.		
59	Wie interpretieren Sie die Kontrolle als Teil des Führungsprozesses?		182		
60	Unterscheiden Sie die Kontrollarten nach dem Kontrollobjekt!		182		
61	Teilen Sie die Arten der Kontrolle nach der Art, dem Vorgehen und nach dem Umfang ein!		182 f.		
62	Wie hat die Kontrolle im Unternehmen zu erfolgen?		183		
63	Welche Daten werden im Rahmen der Unternehmenskontrolle überwacht?		183		
64	Kennzeichnen Sie das Wesen der Untersuchung von Unternehmensdaten!		183		
65	Skizzieren Sie den Kreislauf der Unternehmensführung!		184		
66	Was ist das Ergebnis eines Kontrollvorgangs?		184		
67	Welches ist das besondere Kennzeichen einer jeden Strategie?		184		
68	Welche Schritte umfaßt die Entwicklung von Strategien?		184 f.		
69	Bilden Sie Beispiele für Herausforderungen der Unternehmensleitung im Rahmen der Strategiefindung!		185		
70	Was ist eine Umfeld- bzw. Unternehmensanalyse?		185		
71	Nach welchen Faktoren kann man das Umfeld eines Unternehmens untersuchen?		185		
72	Wie kann die eigene Wettbewerbssituation im Vergleich zur Konkurrenz beurteilt werden?		185		
73	Woraus werden Prognosevarianten abgeleitet?		185 f.		
74	Was sind Vorstellungsprofile der Unternehmensleitung?		186		
75	Geben Sie Beispiele für Leitbildaussagen!		186		
76	Welche wesentlichen Strategieentscheidungen sind von der Unternehmensleitung zu treffen?		187		
77	Welche Hauptstoßrichtungen kann eine Unternehmensleitung bevorzugen?		188		
78	Bilden Sie Beispiele für Hauptstrategien!		188		
79	Unterscheiden Sie möglichst viele Bereichsstrategien!		189		
80	Geben Sie ein Beispiel für eine Portfolio-Strategie!		190		

D. Leistungsbereich

Unternehmen werden zu dem Zwecke betrieben, Leistungen zu erstellen und zu verwerten. Dazu dienen leistungswirtschaftliche und finanzwirtschaftliche Prozesse:

Die **finanzwirtschaftlichen Prozesse**, die den leistungswirtschaftlichen Prozessen entgegenlaufen, indem sie die aus der Leistungsverwertung freigesetzten Finanzmittel wieder in den Leistungsbereich bzw. zu den Beschaffungsmärkten leiten, werden im *Kapitel E* beschrieben.

Die **leistungswirtschaftlichen Prozesse** umfassen:

- Den **Materialbereich**, dem insbesondere die Beschaffung der benötigten Werkstoffe, aber auch zuzukaufender Waren obliegt.

- Den **Fertigungsbereich**, in dem die Be- und Verarbeitung der Werkstoffe unter Einsatz von Arbeitsleistungen und Betriebsmitteln erfolgt.

- Den **Marketingbereich**, der für die Leistungsverwertung der erstellten Erzeugnisse bzw. Dienstleistungen zu sorgen hat.

Diese Bereiche werden nachfolgend – unter dem Begriff »Leistungsbereich« zusammengefaßt – behandelt:

Leistungsbereich	Materialbereich
	Fertigungsbereich
	Marketingbereich

Soweit es sich anbietet, wird dabei auch auf die im Leistungsbereich tätigen Arbeitskräfte eingegangen. Grundlegend werden sie jedoch im *Kapitel F* dargestellt.

1. Materialbereich

In der Betriebswirtschaftslehre wird dem Materialbereich in den letzten Jahren verstärkte Aufmerksamkeit gewidmet. Er befaßt sich mit der Beschaffung, Lagerung, Verteilung und – soweit erforderlich – Entsorgung der vom Unternehmen benötigten Materialien. Das können sein (*Oeldorf / Olfert*):

- **Rohstoffe** als Stoffe, die unmittelbar in das zu fertigende Erzeugnis eingehen und dessen Hauptbestandteil bilden. Das Erzeugnis eines Unternehmens kann als Rohstoff für ein nachgeschaltetes Unternehmen dienen, das eine Weiterbearbeitung des Erzeugnisses vornimmt.

    Beispiele: Tuch-/Bekleidungsindustrie, Blech-/Automobilindustrie.

- **Hilfsstoffe**, die ebenfalls unmittelbar in das zu fertigende Erzeugnis eingehen, aber im Vergleich zu den Rohstoffen lediglich eine Hilfsfunktion erfüllen, da ihr mengen- und wertmäßiger Anteil gering ist. Eine auf das einzelne Stück bezogene kostenmäßige Erfassung der Hilfsstoffe findet aus Gründen der Wirtschaftlichkeit nicht statt.

    Beispiele: Leim, Schrauben, Lack bei der Möbelherstellung.

- **Betriebsstoffe**, die selbst keinen Bestandteil des fertigen Erzeugnisses bilden, sondern mittelbar oder unmittelbar bei der Herstellung des Erzeugnisses verbraucht werden. Zu den Betriebsstoffen rechnen alle Güter, die den Leistungsprozeß ermöglichen und in Gang halten.

    Beispiele: Energiestoffe, Schmierstoffe, Büromaterialien, Betriebsmaterialien.

    Rohstoffe, Hilfsstoffe und Betriebsstoffe werden zusammen als **Werkstoffe** bezeichnet.

- **Zulieferteile** als Güter, die einen hohen Reifegrad aufweisen und in die zu fertigenden Erzeugnisse eingehen. Sie können auch den Rohstoffen zugerechnet werden.

    Beispiele: Motoren in der Automobilindustrie, Aggregate für Kühlschränke.

- **Erzeugnisse** als alle vom Unternehmen selbst gefertigten Vorräte an Gütern. Zu unterscheiden sind:

Fertig-erzeugnisse	Sie sind vom Unternehmen selbst gefertigte Vorräte, die versandfertig sind. Vielfach wird von Erzeugnissen oder Enderzeugnissen gesprochen, wenn es sich um Fertigerzeugnisse handelt.
Unfertige Erzeugnisse	Sie umfassen alle Vorräte an Erzeugnissen, die noch nicht verkaufsfähig sind, für die aber im Unternehmen bereits Kosten entstanden sind. Erst mit der Fertigstellung der Erzeugnisse wird ihre (volle) Funktionsfähigkeit erreicht.

Materialbereich

- **Waren** als gekaufte Vorräte, die das Produktionsprogramm ergänzen, neben den selbst gefertigten Gütern – den Erzeugnissen – im Verkaufsprogramm des Unternehmens enthalten sind und im Unternehmen weder bearbeitet noch verarbeitet werden.

- **Verschleißwerkzeuge** als Werkzeuge, die nicht der ständigen Betriebsbereitschaft zuzurechnen sind. Es handelt sich um Verbrauchsteile, die - ähnlich den Betriebsstoffen - ständig neu zu ergänzen sind oder um Werkzeuge, die speziell für einen Auftrag angefertigt oder angeschafft und anschließend verschrottet werden.

Der Materialbereich hat in industriellen Unternehmen erhebliche **Bedeutung**, da die Materialkosten dort vielfach 40 bis 60 % der gesamten Herstellkosten ausmachen. Bei Dienstleistungsunternehmen liegen sie häufig bei nur 10 bis 20 %. Das bedeutet, daß im Materialbereich besonders sorgsam geplant, gesteuert und kontrolliert werden muß, da hier der Gewinn des Unternehmens am ehesten positiv beeinflußt werden kann, und zwar in Größenordnungen, die durch absatzpolitische Maßnahmen heute normalerweise nicht mehr erreicht werden können.

Die hohen Materialwerte, die im Unternehmen gebunden werden, erfordern Anstrengungen, die darüber hinausgehen, optimale Mengen zu günstigstmöglichen Preisen zu beschaffen. Es sind Überlegungen anzustellen, wie Kosten durch die Standardisierung und die Analyse der Materialien eingespart werden können.

Bei der **Materialstandardisierung** handelt es sich um die Vereinheitlichung von Gütern, die sich auf bestimmte Eigenschaften bzw. Mengen bezieht. Grundsätzlich können alle Güter individuell gestaltet sein, in der betrieblichen Praxis erweist sich eine Standardisierung wegen technischer bzw. wirtschaftlicher Zwänge aber vielfach als zweckmäßig oder notwendig.

Möglichkeiten der **Standardisierung von Eigenschaften** der Güter sind – siehe ausführlich *Oeldorf / Olfert*:

- Die **Normung** als Vereinheitlichung von Einzelteilen durch das Festlegen von Größen, Abmessungen, Formen, Farben, Qualitäten. Es gibt:

Internationale Normen	Sie werden ISO-Normen (International Organisation for Standardization) genannt. National sind sie gültig, wenn der jeweilige nationale Normenausschuß die Normen übernimmt.
Nationale Normen	Sie werden vom Deutschen Normenausschuß (DNA) festgelegt und sind - rechtlich gesehen - Empfehlungen, können aber durch Lieferverträge, Gesetze bzw. Verordnungen, die sich auf die Normen beziehen, zwingenden Charakter erhalten.
Verbandsnormen	Sie werden von Verbänden und Vereinen als Richtlinien bzw. Vorschriften entwickelt, beispielsweise das VDE-Gütezeichen des Verbandes Deutscher Elektrotechniker, und haben empfehlenden Charakter.
Werksnormen	Sie werden von einem einzelnen Unternehmen zur eigenen Verwendung erstellt.

Die Normung vereinfacht und verbilligt die Beschaffung, Lagerhaltung und Verteilung der Materialien.

- Die **Typung** als Vereinheitlichung ganzer Erzeugnisse oder Aggregate hinsichtlich Arten, Größen, Ausführungsformen. Es gibt folgende Arten:

Überbetriebliche Typung	Sie umfaßt die Kooperation branchengleicher Unternehmen, die Arbeit von Verbänden, die Erwartungen von Großabnehmern, die Forderungen des Gesetzgebers, die zu Typungen führen.
Innerbetriebliche Typung	Bei ihr können Baukästen verwendet, Typenreihen abgestuft, Varianten vermehrt oder Mehrzweckerzeugnisse von einem einzelnen Unternehmen geschaffen werden.

Die Typung vereinfacht und verbilligt die Beschaffung und Lagerhaltung der Materialien sowie den Kundendienst.

Neben der Standardisierung von Eigenschaften kann bei der Materialstandardisierung auch eine **Standardisierung von Mengen** vorgenommen werden. Dabei handelt es sich praktisch um die »Normung« des Materialverbrauches, der minimiert werden soll.

Beispiele: Der Verschnitt beim Stanzen von Blechen soll geringstmöglich sein, ebenso das Ausmaß spanabhebend zu bearbeitender Werkstücke.

Mit Hilfe der **Analyse der Materialien** können »wichtige« Materialien von »weniger wichtigen« Materialien getrennt bzw. kostengünstigere Materialien herausgefunden werden. Es lassen sich unterscheiden - siehe ausführlich *Oeldorf/Olfert*:

- **Die ABC-Analyse** als Instrument, mit welchem die Materialien nach der Verteilung ihrer Werthäufigkeit klassifiziert werden. Beispielsweise ergeben sich in der betrieblichen Praxis vielfach folgende Werte:

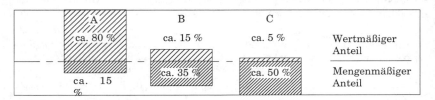

Mit Hilfe der ABC-Analyse können die A-Güter als Materialien mit hohem Wertanteil herausgefunden werden, um sie besonders sorgfältig zu planen, zu steuern und zu kontrollieren. Dagegen steht der Aufwand für eine intensive Planung, Steuerung und Kontrolle der C-Güter wegen ihres geringen wertmäßigen Anteiles in keinem angemessenen Verhältnis zum Erfolg.

- Die **Wertanalyse**, die den vom Unternehmen konzipierten und von den Kunden erwarteten Nutzen eines Erzeugnisses kostenminimal herbeiführen soll.

Materialbereich

Beispiel: Ersetzen von Stahl- und Aluminiumteilen beim Auto durch Kunststoffteile, die kostengünstiger sind, aber den Zweck in gleicher – teilweise sogar besserer – Weise erfüllen.

Die Wertanalyse ist damit auf die Kosten ausgerichtet. Sie wird streng systematisch – vgl. VDI-Richtlinie 2801 – und im Team unter Einbeziehung der Entscheidungsträger aller betroffenen Funktionsbereiche durchgeführt.

Neben der Materialstandardisierung und Materialanalyse – und in Verbindung mit ihnen – ist die **Materialnummerung** ein weiteres Instrument, um die Materialwirtschaft wirkungsvoll zu rationalisieren. Sie wird auch Verschlüsselung genannt und hat die Aufgabe, sachlich zusammengehörende Gegenstände einem einheitlichen Ordnungsprinzip zu unterwerfen – siehe Seite 221 f..

Ein modernes **Führungskonzept** im Materialbereich umfaßt:

1.1 Planung

Die Planung im Materialbereich erfolgt auf der Grundlage vorgegebener **Ziele**. Das können allgemeine Unternehmensziele sein oder spezielle materialwirtschaftliche Ziele, beispielsweise Lieferbereitschaft, Flexibilität, Qualität, Wirtschaftlichkeit. Zu unterscheiden sind:

- **Materialbedarfsplanung**
- **Materialbestandsplanung**
- **Materialbeschaffungsplanung**.

1.1.1 Materialbedarfsplanung

Der Materialbedarf des Unternehmens ist art-, mengen- und zeitgerecht zu decken. Das erfordert eine möglichst genaue, aber dennoch wirtschaftliche Planung des Materialbedarfes, die erfolgen kann als - siehe ausführlich *Oeldorf/Olfert*:

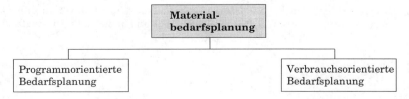

Die programmorientierte Bedarfsermittlung sollte für A- und B-Güter erfolgen, für C-Güter reicht eine verbrauchsorientierte Bedarfsermittlung aus.

1.1.1.1 Programmorientierte Materialbedarfsplanung

Die programmorientierte Materialbedarfsermittlung erfolgt zukunftsbezogen auf der Grundlage von zwei **Informationsquellen**:

- Dem **Fertigungsprogramm**, das auf der Grundlage des künftigen Absatzprogrammes erstellt wird und festlegt, welche Aufträge von der Fertigung in bestimmten Perioden durchzuführen sind. Es kann beruhen auf:

Lageraufträge	Sie werden zugrundegelegt, wenn das Unternehmen für den anonymen Markt fertigt. Das Produktionsprogramm ergibt sich aus der Gesamtheit der Lageraufträge, die aufgrund der Informationen aus der Marktforschung erstellt werden.
Kundenaufträge	Bei ihnen besteht ein direkter Bezug des Unternehmens zu den Abnehmern, die individuell für sie zu fertigende Erzeugnisse bestellen.

Die Lageraufträge und/oder die Kundenaufträge bestimmen das Fertigungsprogramm, der sich daraus ergebende Bedarf wird **Primärbedarf** genannt.

- Den **Erzeugnissen**, die gefertigt werden sollen. Sie sind im einzelnen zu beschreiben. Das geschieht mit Hilfe von:

Stücklisten	Sie sind Verzeichnisse der Rohstoffe, Teile und Baugruppen von Erzeugnissen unter Angabe verschiedener Daten und informieren über den qualitativen und quantitativen Aufbau der Erzeugnisse. Mit Hilfe der Stücklisten läßt sich der **Sekundärbedarf** an Materialien ermitteln: | Sekundärbedarf	=	Bedarf an Enderzeugnissen	·	Bestandteile des jeweiligen Erzeugnisses	
Verwendungsnachweise	Sie geben - im Gegensatz zu den Stücklisten - an, in welchen Erzeugnissen die verwendeten Bestandteile enthalten sind.

Auf der Grundlage der Informationen über das Fertigungsprogramm und der Erzeugnisse läßt sich der **Materialbedarf** ermitteln, der sein kann:

- **Bruttobedarf**, der den Sekundärbedarf – wie zuvor dargestellt – und ungeplanten Zusatzbedarf, der z.B. für Ausschuß oder Schwund anzusetzen ist, umfaßt:

Materialbereich

- **Nettobedarf**, bei dem vom Bruttobedarf die vorhandenen Lagerbestände und die zwischenzeitlich bestellten, aber noch nicht im Lager eingegangenen Bestände abgesetzt bzw. vorgemerkte Bestände hinzugerechnet werden:

```
   Sekundärbedarf
+  Zusatzbedarf
―――――――――――――――
=  Bruttobedarf
―  Lagerbestände
―  Bestellbestände
+  Vormerkbestände
―――――――――――――――
=  Nettobedarf
```

Im Fertigungsprogramm ist festgelegt, wann welche Erzeugnisse fertigzustellen sind. Um die Erzeugnisse rechtzeitig zur Verfügung zu haben, ist es erforderlich, eine zeitliche Planung vorzunehmen. Hier bedient man sich vorzugsweise des Fabrikkalenders. Zeitlich zu berücksichtigen sind:

- Die **Beschaffungszeit**, die für den Bestellvorgang, die Auftragsbestätigung, den Transport und die Materialannahme erforderlich ist.

- Die **Durchlaufzeit**, die sich aus der Differenz von Fertigstellungstermin und Anlieferungstermin ergibt und aus den einzelnen Arbeitszeiten sowie notwendigen Förderzeiten, Liegezeiten und Kontrollzeiten besteht.

Beschaffungszeit				Durchlaufzeit			
Bestellung	Auftragsbestätigung	Transport/ Anlieferung	Annahme	Arbeitszeiten	Förderzeiten	Liegezeiten	Kontrollzeiten

◄――――― Zeit von der Materialbeschaffung bis zur Fertigstellung der Erzeugnisse ―――――►

- Die **Vorlaufverschiebung**, mit der zu berücksichtigen ist, daß bei mehrstufiger Fertigung zunächst Einzelteile bzw. Baugruppen unterer Fertigungsstufen fertiggestellt werden müssen, um sie für die nächsthöhere Fertigungsstufe verfügbar zu haben.

1.1.1.2 Verbrauchsorientierte Materialbedarfsplanung

Die verbrauchsorientierte Ermittlung des Materialbedarfes erfolgt im Rahmen der **Bedarfsvorhersage**, d.h. der Materialbedarf wird aufgrund von Vergangenheitswerten prognostiziert. Das ist möglich, wenn eine ausreichende Zahl von Vergangenheitswerten vorliegt, und die Vergangenheitswerte eine gewisse Kontinuität über einen längeren Zeitraum hinweg aufweisen.

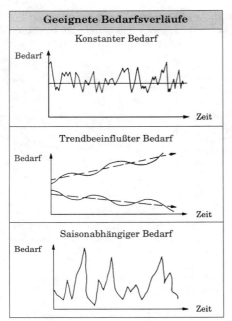
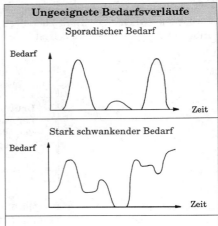

Es gibt verschiedene Verfahren der verbrauchsorientierten Bedarfsplanung. Bei konstantem Bedarfsverlauf bietet sich das **Mittelwert-Verfahren** an. Dabei gilt:

Gleitender Mittelwert	$V = \dfrac{T_1 + T_2 + ... + T_n}{n}$	Gewogener gleitender Mittelwert	$V = \dfrac{T_1 G_1 + T_2 G_2 + ... + T_n G_n}{G_1 + G_2 + ... + G_n}$

V_i = Vorhersagewert der nächsten Periode
T_i = Materialbedarf der Periode i
n = Anzahl der Perioden
G = Gewicht der Periode i

Beim gleitenden Mittelwert haben alle Perioden das gleiche Gewicht. Der gewogene gleitende Mittelwert ermöglicht es, die einzelnen Perioden unterschiedlich zu gewichten. Dabei bietet sich meist eine stärkere Gewichtung jüngerer Perioden an.

Beispiel: Der Materialbedarf lag im Januar bei 600, im Februar bei 550, im März bei 530, im April bei 560 und im Mai bei 540 Stück. Als Vorhersagewert für Juni ergeben sich:

$$V_{Juni} = \frac{600 + 550 + 530 + 560 + 540}{5} = \underline{\underline{556 \text{ Stück}}}$$

Bei Gewichtungen von 10 %, 15 %, 20 %, 25 %, 30 % im Zeitablauf ergeben sich:

$$V_{Juni} = \frac{600 \cdot 10 + 550 \cdot 15 + 530 \cdot 20 + 560 \cdot 25 + 540 \cdot 30}{10 + 15 + 20 + 25 + 30} = \underline{\underline{550{,}5 \text{ Stück}}}$$

1.1.2 Materialbestandsplanung

Um ermitteln zu können, wieviel Materialien für die Leistungserstellung nach Art, Menge und Zeit bereitzustellen sind, muß nicht nur der Bedarf festgestellt werden. Es ist auch der gegebenenfalls vorhandene bzw. bestellte sowie der bereits für andere Fertigungsaufträge reservierte Bestand zu berücksichtigen.

Beispiel: Zum 15. Oktober werden 5.000 Aggregate benötigt. Im Lager befinden sich 2.700 Aggregate, wovon 800 Aggregate für einen anderen Fertigungsauftrag reserviert sind. Am 1. Oktober wurden 2.000 Aggregate bestellt, die am 12. Oktober eintreffen werden. Demnach müssen nicht 5.000 Aggregate beschafft werden, sondern 5.000 − 2.700 + 800 − 2.000 = 1.100 Aggregate.

Für die Planung des Materialbestandes sind bedeutsam - siehe ausführlich *Oeldorf / Olfert*:

1.1.2.1 Bestandsarten

Folgende allgemeine **Arten** von Beständen lassen sich unterscheiden:

- Der **Lagerbestand**, der sich körperlich zum Planungszeitpunkt im Lager befindet. Teilmengen des Lagerbestandes sind:

Disponierter Bestand	Er wird auch als Vormerkungen oder Reservierungen bezeichnet und umfaßt die Bestandsmengen, die bereits für laufende Aufträge geplant sind.
Verfügbarer Bestand	Er ist der Lagerbestand, zu dem offene Bestellungen zu addieren und von dem Vormerkungen zu subtrahieren sind.

- Der **Buchbestand**, der im Rechnungswesen geführt wird und sich aus Zu- und Abgängen ergibt. Er kann vom (tatsächlichen) Lagerbestand abweichen, beispielsweise bei Erfassungs- oder Dokumentationsfehlern, Schwund, Verderb.

- Der **Inventurbestand**, der durch körperliche Erfassung des Bestandes ermittelt wird und dem Lagerbestand entspricht.

- Der **Sicherheitsbestand**, der auch **eiserner Bestand**, **Mindestbestand** oder **Reserve** genannt wird. Er stellt einen Puffer dar, um die Leistungsbereitschaft des Unternehmens bei Lieferproblemen oder sonstigen Ausfällen bzw. bei ungeplantem Mehrbedarf – beispielsweise durch Ausschuß – zu gewährleisten, bis das Material (wieder) zur Verfügung steht.

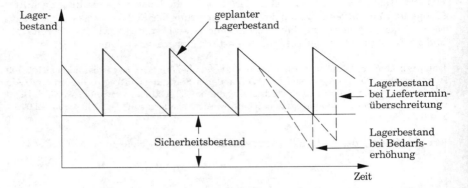

- **Der Meldebestand**, der auch **Bestellbestand** oder **Bestellpunktbestand** genannt wird, bei dessen Erreichen zu bestellen ist, damit der Sicherheitsbestand im Verlaufe der Wiederbeschaffungszeit nicht angegriffen wird.

- Der **Höchstbestand**, der maximal am Lager sein darf, damit die Kapitalbindung nicht zu groß wird.

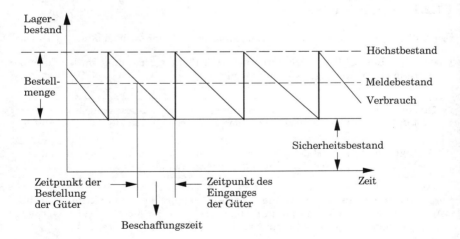

1.1.2.2 Bestandsstrategien

Bestandsstrategien, die auch **Lagerhaltungsstrategien** genannt werden, dienen der Entscheidung, wann und wieviel Materialien bereitzustellen sind. Sie werden beeinflußt:

- Von der Höhe des **Lieferbereitschaftsgrades**. Er gibt an, welche Anteile an Bedarfsanforderungen das Lager auszuführen imstande ist. Beträgt er 100 %, können sämtliche Anforderungen vom Lager erfüllt werden. Da die Kosten mit jedem zusätzlichen Prozent an Lieferbereitschaftsgrad überproportional ansteigen, begnügt man sich in der betrieblichen Praxis vielfach mit einem 90- bis 95 %igen Lieferbereitschaftsgrad.

- Von den möglichen **Fehlmengenkosten**. Sie entstehen, wenn das Unternehmen eine eingehende Bestellung nicht ausführen kann, und steigen bei sinkendem Lieferbereitschaftsgrad an und umgekehrt.

Als **Bestandsstrategien** kommen in Betracht (*Oeldorf / Olfert*):

- Die **S, T-Strategie**, bei der in konstanten Zeitintervallen (T) der Lagerbestand programmgemäß überprüft und disponiert wird. Ergibt sich eine Mindermenge, wird auf den Grundbestand S aufgefüllt.

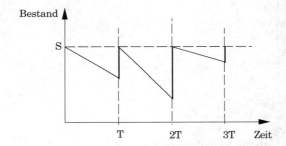

- Bei der **s, S-Strategie** findet nach jeder Entnahme eine Überprüfung des Lagerbestandes statt. Sobald der Bestellpunkt s unterschritten wird, erfolgt eine Auffüllung auf den Grundbestand S.

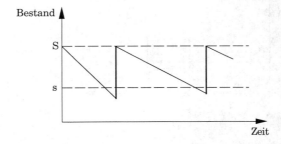

- Bei der **s, Q-Strategie** findet nach jeder Entnahme eine Überprüfung des Lagerbestandes statt. Sobald der Bestellpunkt s unterschritten wird, erfolgt die Auslösung einer Bestellung in der Menge Q.

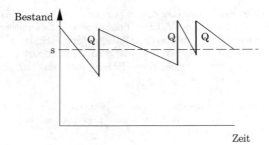

- Bei der **s, S, T-Strategie** wird der Lagerbestand in konstanten Zeitintervallen überprüft. Ergibt sich eine Unterschreitung des Bestellpunktes s, wird auf den Grundbestand S aufgefüllt.

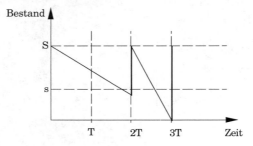

- Bei der **s, Q, T-Strategie** wird der Lagerbestand in konstanten Zeitintervallen T überprüft. Ergibt sich eine Unterschreitung des Bestellpunktes s, wird die Menge Q bestellt.

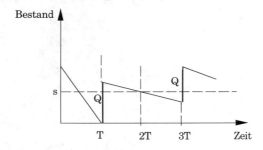

1.1.2.3 Bestandsergänzung

Die notwendige Ergänzung des Materialbestandes kann erfolgen:

Materialbereich

- Als **verbrauchsbedingte Bestandsergänzung**, wenn ein regelmäßiger Verbrauch an Hilfs- und Betriebsstoffen sowie sonstigen relativ geringwertigen Materialien vorliegt.

Zu unterscheiden sind:

Bestellpunktverfahren	Dabei wird eine Bestandsergänzung bewirkt, wenn der Bestellpunkt BP erreicht ist. Das ist die Menge, die zur Abdeckung des Bedarfes erforderlich ist, der zwischen der Auslösung der Bestellung und der Bereitstellung der ergänzenden Lieferung im Lager voraussichtlich verbraucht wird, ohne daß der Sicherheitsbestand angegriffen wird.
	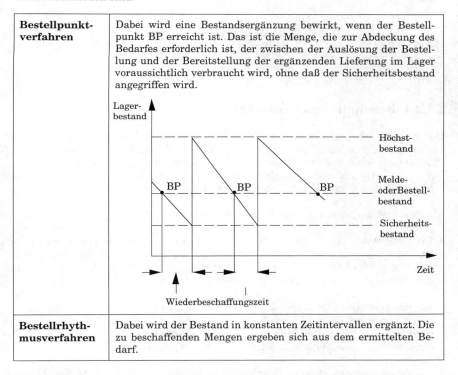
Bestellrhythmusverfahren	Dabei wird der Bestand in konstanten Zeitintervallen ergänzt. Die zu beschaffenden Mengen ergeben sich aus dem ermittelten Bedarf.

- Als **bedarfsbedingte Bestandsergänzung**, wenn hochwertige Materialien zu planen sind – siehe ausführlich *Oeldorf/Olfert*.

1.1.3 Materialbeschaffungsplanung

Bei der Materialbedarfsplanung wurde ermittelt, welcher Bedarf an Materialien nach Art, Menge und Zeit besteht. Mit Hilfe der Materialbestandsplanung wurde festgestellt, ob und wieviel der benötigten Materialien im Unternehmen vorhanden sind.

Die Planung der Materialbeschaffung hat von diesen Daten auszugehen. Weitere erforderliche Informationen liefert die **Beschaffungs-Marktforschung**, beispielsweise über am Markt verfügbare Materialien, Marktstrukturen, Marktentwicklungen, alternative Lieferanten und Marktpreise.

Im Rahmen der Materialbeschaffung sind vor allem zu planen – siehe ausführlich *Oeldorf/Olfert*:

1.1.3.1 Beschaffungsprinzipien

Das Unternehmen muß zunächst überlegen, für welchen Zeitraum die Materialien zu beschaffen sind. Aus Gründen der Kapitalbindung könnte es vorteilhaft sein, die Materialien erst kurz vor ihrem Bedarf zu beziehen. Andererseits könnte diese Vorgehensweise sich nicht nur als risikoreich, sondern auch als teuer erweisen, weil größere Mengen gegebenenfalls günstiger zu beschaffen wären.

Als **Beschaffungsprinzipien** kommen in Betracht:

- Die **Vorratsbeschaffung**, die bei industriellen Unternehmen häufig anzutreffen ist. Bei ihr werden relativ große Materialmengen beschafft und auf Lager genommen. Möglicherweise günstigen Beschaffungspreisen stehen hohe Lager- und Zinskosten sowie eine hohe Kapitalbindung gegenüber.

- Die **Einzelbeschaffung**, bei der die Materialien in der benötigten Menge unmittelbar vor ihrem Bedarf beschafft werden. Geringen Lager- und Zinskosten sowie einer minimalen Kapitalbindung stehen hohe Beschaffungskosten und das Risiko einer ausbleibenden oder fehlerhaften Lieferung gegenüber.

- Die **fertigungssynchrone Beschaffung**, bei der es sich um eine Kombination von Vorratsbeschaffung und Einzelbeschaffung handelt. Das beschaffende Unternehmen schließt rahmenmäßige Lieferverträge über große Materialmengen, ruft aber jeweils nur die für die Fertigung unmittelbar benötigten Mengen ab.

1.1.3.2 Beschaffungstermine

Die Beschaffungstermine bedürfen einer genauen Planung, weil die Materialien meist nicht unverzüglich nach ihrer Anforderung zur Verfügung stehen. Gründe hierfür sind bestehende Lieferzeiten, erforderliche Beschaffungszeiten und Prüfungszeiten für die Materialien.

Die Ermittlung der Beschaffungstermine kann – wie im Abschnitt »Bestandsergänzung« gezeigt – **verbrauchsgesteuert** mit Hilfe des Bestellpunkt-Verfahrens bzw. Bestellrhythmus-Verfahrens oder **bedarfsgesteuert** erfolgen.

1.1.3.3 Beschaffungsmengen

Die Bedarfsmengen werden im Rahmen der Materialbedarfsplanung ermittelt. Sie stellen **technische Losgrößen** dar. Für die Beschaffung der Materialien gilt es, die **wirtschaftlichen Losgrößen** festzulegen. Sie hängen insbesondere ab von:

- Den **Beschaffungskosten** als bestellmengenabhängigen Kosten, die durch den Bezug der Materialien entstehen und sich aus den Einstandspreisen für die Materialien ergeben.

- Den **Bestellkosten** als bestellmengen**un**abhängigen Kosten, die für die jeweiligen Bestellabwicklungen anfallen, beispielsweise für die Beschaffung, Material- und Rechnungsprüfung.

- Den **Lagerhaltungskosten**, die aus den im Lager anfallenden Kosten, beispielsweise für den Lagerraum, das Personal, Abschreibungen, Instandhaltung, Heizung, Beleuchtung, und den Zinsen für das im Lager gebundene Kapital bestehen.

Die **Optimierung** der Beschaffungsmengen kann mit Hilfe verschiedener Verfahren erfolgen. Nach der klassischen Losgrößenformel von *Andler* ist die Beschaffungsmenge optimal, wenn die Kosten für die Bestellung und Lagerung zusammen ein Minimum ergeben.

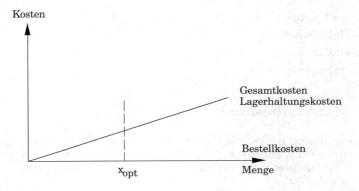

Rechnerisch wird die **optimale Beschaffungsmenge** ermittelt:

$$x_{opt} = \sqrt{\frac{200 \cdot M \cdot K_B}{E \cdot L_{HS}}}$$

x_{opt} = Optimale Beschaffungsmenge
M = Jahresbedarfsmenge
E = Einstandspreis pro Mengeneinheit
K_B = Bestellkosten je Bestellung
L_{HS} = Lagerhaltungskostensatz

Beispiel: Ein Unternehmen benötigt für 1997 voraussichtlich 1.200 Mengeneinheiten eines Materials, dessen Einstandspreis 4 DM/Einheit beträgt. Die Bestellkosten für eine Bestellung betragen 40 DM, der Lagerhaltungskostensatz wird mit 12 % des durchschnittlichen Lagerbestandes angesetzt.

$$x_{opt} = \sqrt{\frac{200 \cdot 1.200 \cdot 40}{4 \cdot 12}}$$

$$x_{opt} = 447{,}2$$

Die klassische Losgrößenformel ist an mehrere Voraussetzungen gebunden, die in der Praxis nicht (ohne weiteres) erfüllt sind, beispielsweise konstante Stückpreise und Bedarfe, stetige Lagerabgänge, keine Lieferzeiten.

37

1.2 Durchführung

Die materialwirtschaftliche Planung ist Grundlage für die Durchführungsaufgaben im Materialbereich. Sie beziehen sich auf:

- **Materialbestand**
- **Materialbeschaffung**
- **Materiallagerung**
- **Materialentsorgung**.

1.2.1 Materialbestand

Der Materialbestand wird mit Hilfe der **Bestandsführung** festgestellt, indem die aufgrund der Bedarfsplanung realisierten Materialabgänge ermittelt und bewertet werden. Sie geschieht damit als Mengenerfassung und Werterfassung – siehe ausführlich *Oeldorf / Olfert*:

- Die **Mengenerfassung** kann mit Hilfe folgender Methoden durchgeführt werden:

Skontrations-methode	Sie erfolgt, indem die Zugänge auf der Grundlage der Lieferscheine, die Abgänge durch die Materialentnahmescheine erfaßt werden. Sie setzt das Vorhandensein einer Lagerbuchhaltung voraus.
Inventur-methode	Sie erfordert keine Lagerbuchhaltung. Der Materialbestand ergibt sich lediglich durch eine Inventur als Endbestand, die Verbrauchsmengen ergeben sich aus dem Vergleich von alter und neuer Inventur.
Retrograde Methode	Die Verbrauchsmengen werden durch Rückrechnung aus den erstellten Halb- und Fertigerzeugnissen abgeleitet.

Materialbereich 211

Als **Inventur** wird der tatsächliche Bestand des Vermögens und der Schulden für einen bestimmten Zeitpunkt durch körperliche Bestandsaufnahme mengen- und wertmäßig erfaßt. Zu unterscheiden sind (*Olfert/Körner/Langenbeck*):

Stichtags-inventur	Die körperliche Bestandsaufnahme erfolgt innerhalb von 10 Tagen vor oder nach dem Bilanzstichtag. Bestandsveränderungen werden auf den Bilanzstichtag fort- oder rückgerechnet.
Permanente Inventur	Die körperliche Bestandsaufnahme erfolgt einmal im Verlaufe des Jahres. Der Bestand am Bilanzstichtag wird über die Fortschreibung der Lagerbuchhaltung ermittelt.
Verlegte Inventur	Die körperliche Bestandsaufnahme erfolgt für einen Tag innerhalb der letzten 3 Monate vor bzw. der ersten 2 Monate nach Schluß des Geschäftsjahres. Bestandsveränderungen werden auf den Bilanzstichtag fort- oder rückgerechnet.

Die Bestandsführung erfaßt die **Bestandsbewegungen**, die sein können:

Körperliche Bestands-änderungen	Dabei handelt es sich um Zugänge, die Materialeingänge oder Eigenfertigungen sein können, und Abgänge als interne und externe Entnahmen.
Nicht-körperliche Bestands-änderungen	Dazu zählen Reservierungen bzw. Vormerkungen, die dem Lager für einen bestimmten Auftrag zu einem späteren Zeitpunkt entnommen werden, und Stornierungen.

- Die Materialien sind nicht nur mengenmäßig zu führen. Es ist auch eine **Werterfassung** vorzunehmen. Dabei bieten sich als Wertansätze an:

Anschaffungs-wert	Er ist der bei der Beschaffung des Materials zu zahlende Preis, der auch als Einstandspreis bezeichnet wird.
Wiederbeschaf-fungswert	Er ist der für die Wiederbeschaffung des Materials zu zahlende Preis, der auch als Ersatzwert bezeichnet wird.
Tages-wert	Er ist der am Tag des Angebotes, der Lagerentnahme, des Umsatzes oder Zahlungseinganges ermittelte Preis.
Verrechnungs-wert	Er ist ein über einen längeren Zeitraum festgelegter Preis, der künftig erwartete Preisschwankungen berücksichtigt.

1.2.2 Materialbeschaffung

Die Materialbeschaffung wird in vier **Schritten** durchgeführt - siehe ausführlich *Oeldorf/Olfert*:

- Zunächst werden **Angebote** über die zu beschaffenden Materialien **eingeholt**. Für die Auswahl der in Frage kommenden Lieferanten können Bezugsquellenverzeichnisse, Lieferantenkarteien oder Anfrageregister nützlich sein.

  Die Angebote können vor allem bei C-Gütern mündlich und sollten bei A- und B-Gütern schriftlich eingeholt werden. Sie sind frühzeitig anzufordern.

- Die eingegangenen **Angebote** sind **zu prüfen**, wodurch sichergestellt werden soll, daß Anfrage und Angebot sachlich übereinstimmen, insbesondere hinsichtlich Materialart, Materialmenge, Materialqualität, Materialpreis, Liefer- und Zahlungsbedingungen, Erfüllungsort, Gerichtsstand.

- Das **günstigste Angebot** ist **auszuwählen**, wobei es sich anbietet, die Auswertung der Angebote nach einem standardisierten Schema vorzunehmen. Gegebenenfalls kann es sich als günstig erweisen, noch ergänzende Verhandlungen mit interessanten Anbietern aufzunehmen, um verbesserte Beschaffungsbedingungen zu erwirken.

- Schließlich ist die **Bestellung vorzunehmen**, die schriftlich oder mündlich erfolgen kann. Stimmen Angebot – einschließlich gegebenenfalls zusätzlich verhandelter Vereinbarungen – und Bestellung überein, kommt ein Kaufvertrag zustande.

1.2.3 Materiallagerung

Die Materiallagerung erfolgt in folgenden Phasen - siehe ausführlich *Oeldorf / Olfert*:

1.2.3.1 Materialeingang

Der Materialeingang umfaßt mehrere **Schritte**:

- Die Prüfung des Materials auf äußerlich erkennbare **Schäden** hin.

- Die **Belegprüfung**, bei der die Warenbegleitpapiere - beispielsweise der Lieferschein - mit den Bestellunterlagen - beispielsweise der Auftragsnummer bzw. Artikelnummer - verglichen werden.

- Die **Mengenprüfung**, bei der die gelieferten Materialmengen durch Zählen, Messen, Wiegen den bestellten Materialmengen gegenübergestellt werden.

- Die **Zeitprüfung**, bei der ein Vergleich des tatsächlichen Liefertermins mit dem in der Bestellung festgelegten Liefertermin erfolgt.

- Die **Qualitätsprüfung**, bei der die Materialien auf die in der Bestellung zugrundegelegte Qualität hin überprüft werden.

- Die **Rechnungsprüfung**, die sich auf einen Vergleich der Lieferantenrechnung mit der Auftragsbestätigung, der Bestellung, den Materialbegleitpapieren und dem Qualitätsprüfbericht erstreckt. Sie erfolgt als:

Sachliche Prüfung	Anhand der Bestellunterlagen ist die sachliche Richtigkeit der Lieferantenrechnung zu kontrollieren.
Preisliche Prüfung	Die von der Beschaffungsabteilung akzeptierten Preise sind auf ihre Vorteilhaftigkeit hin zu kontrollieren, was allerdings nicht einfach sein kann.
Rechnerische Prüfung	Mit ihr ist festzustellen, ob die Lieferantenrechnung rechnerisch ordnungsgemäß ist, und zu kontrollieren, daß keine mehrfache Rechnungstellung erfolgt ist.

1.2.3.2 Materiallagerung

Die Materiallagerung erfolgt in Lägern. Das sind Einrichtungen, die Materialien aufbewahren und verfügbar halten. Sie lassen sich nach verschiedenen Gesichtspunkten unterscheiden, beispielsweise als Hauptläger und Nebenläger, zentrale oder dezentrale Läger.

Nach den **Lagerstufen**, die das Material durchläuft, gibt es:

- **Eingangsläger**, die nach außen gerichtet sind und Puffer zwischen dem Beschaffungsrhythmus und dem Fertigungsrhythmus bilden.

- **Werkstattläger**, die als Zwischenläger im Fertigungsbereich die Materialien aufnehmen, die bereits Fertigungsstufen durchlaufen haben und weitere Fertigungsstufen durchlaufen sollen.

- **Erzeugnisläger**, die nach Abschluß der Fertigung die Erzeugnisse, Ersatzteile, Halbfabrikate und Waren aufnehmen und dazu dienen, die Schwankungen des Absatzmarktes aufzufangen.

Nach ihrer unterschiedlichen **Gestaltung** unterscheidet man:

- **Eingeschoßläger**, die sich bei ausreichender Grundstücksfläche anbieten. Sie können sein:

nach ihrer Bauart	Das sind offene, halboffene, geschlossene, Speziallager (für bestimmte Materialien).
nach ihren Objekten	Dazu zählen Rohstoffläger, Fertigteileläger, Hilfs- und Betriebsstoffläger.

- **Mehrgeschoßläger**, bei denen die Materialien auf mehreren Ebenen aufbewahrt werden. Es lassen sich unterteilen:

Mehrgeschoß-läger	In ihrer traditionellen Form sind sie nicht EDV-gesteuert. Sie sind vielfach bei Unternehmen der Elektronik und Elektrotechnik zu finden.
Hochregal-läger	Sie arbeiten mit einer großen Zahl spezialisierter Hebe- und Förderwerkzeuge und sind EDV-gesteuert.

Für die Einrichtung der Läger steht eine Vielzahl von Sachmitteln zur Verfügung, deren Einsetzbarkeit von den Lagerobjekten abhängt. Zu unterscheiden sind:

- **Regale** als Durchlauf-, Compact-, Paternoster-, Palettenregale.
- **Packmittel** als Container, Collico-Behälter, Paletten.
- **Fördermittel** als Belade-, Entlade-, Transport-, Hilfsgeräte.

1.2.3.3 Materialabgang

Der Materialabgang umfaßt mehrere **Schritte**:

- Die unterschiedlichen betrieblichen Bereiche geben ihre **Anforderungen** an das Lager, das diese erfaßt.
- Daraufhin erfolgt die **Auslagerung** der angeforderten Materialien.
- Die angeforderten und ausgelagerten Materialien werden belegmäßig erfaßt, beispielsweise mit Hilfe von Entnahmescheinen oder Materialanforderungsscheinen.

1.2.4 Materialentsorgung

Mit der Bereitstellung der Materialien ist es dem Unternehmen möglich, seine Leistungserstellung zu bewirken. Wenn die Materialien in vollem Umfang in die Erzeugnisse eingegangen sind, ist der materialwirtschaftliche Prozeß abgeschlossen.

Beispiele: Einbau von Zulieferteilen und Normteilen in Erzeugnisse.

Es ist aber auch möglich, daß Materialien nicht oder nicht in vollem Umfang zu Bestandteilen der Erzeugnisse werden und hierfür eine weitere materialwirtschaftliche Maßnahme notwendig wird, die Materialentsorgung - siehe ausführlich *Oeldorf/Olfert*.

Beispiel: Eine spanabhebende Bearbeitung von Materialien führt zu Abfällen. Bei der Bearbeitung von Materialien werden Schmiermittel verwendet, die zu entsorgen sind.

Dem Materialbereich oblag eigentlich von jeher die Entsorgungsaufgabe. Sie wurde früher aber eher als »lästige« Nebenaufgabe angesehen. Inzwischen hat sie jedoch im Materialbereich eine bedeutsame Stellung. Als **Materialentsorgung** kann – in Anlehnung an *Maier-Rothe* – verstanden werden:

- Das Erfassen, Sammeln, Selektieren, Separieren, Einstufen der Rückstände nach der Möglichkeit der Verwertung, ihrer Gefährlichkeit und Umweltbelastungswirkung.

- Das Aufbereiten, Umformen, Regenerieren, Bearbeiten, Sichern der Materialien.

- Die Suche nach Abnehmern sowie der Verkauf oder die Abgabe der zu entsorgenden Materialien an Dritte.

Mit der Materialentsorgung befassen sich mehrere Gesetze und Verordnungen, beispielsweise das Gesetz über die Vermeidung und Entsorgung von Abfällen, das Bundesimmissionsgesetz, die Abfallbestimmungsverordnung, die Abfallnachweisverordnung, die Abfallbeförderungsverordnung, die Verpackungsverordnung. Im Rahmen der **Abfallwirtschaft** lassen sich unterscheiden:

- Die **Abfallbegrenzung**, die der beste Weg ist, umweltgerechte Unternehmenspolitik zu betreiben. Sie kann sein:

Abfallvermeidung	Sie ist eine Strategie, die ein Entstehen von Abfällen vor, während und nach dem betrieblichen Leistungsprozeß gänzlich unterbindet.
Abfallminderung	Wenn eine Abfallvermeidung nicht möglich ist, sollte versucht werden, möglichst wenig und möglichst nur solche Abfälle in Kauf zu nehmen, die eine hohe, wirtschaftlich sinnvolle Recyclingfähigkeit aufweisen.

- Die **Abfallbehandlung**, die erforderlich ist, wenn Abfälle sich nicht vermeiden bzw. nur begrenzen lassen. Sie kann folgende Maßnahmen umfassen:

Recycling	Mit seiner Hilfe werden Abfälle, die an sich für den Leistungsprozeß des Unternehmens nicht mehr verwertbar sind, durch geeignete Verfahren für diesen oder einen anderen Leistungsprozeß wieder verwendbar gemacht. Gleiches gilt für die Rückgewinnung und Nutzung von Stoffen oder Energieinhalten aus gebrauchten Enderzeugnissen. Recycling kann durch Wiederverwertung, Weiterverwertung, Weiterverarbeitung, Wiederverwendung, Weiterverwendung erfolgen.
Abfallvernichtung	Sie kann erfolgen, wenn die Abfälle mangelnde oder fehlende Recyclingfähigkeit aufweisen, bei ihrer Verwertung nicht recyclingbare Rückstände hervorrufen bzw. bei ihrer Verwertung nicht deponiefähige Rückstände ergeben.
Abfallbeseitigung	Sie kann als Abfalldiffusion, beispielsweise durch Verdünnung der Abfälle, Abfallagerung und (geordnete deponiemäßige) Ablagerung erfolgen.

1.3 Kontrolle

Die Kontrolle schließt den materialwirtschaftlichen Führungsprozeß ab. Sie kann erfolgen als - siehe ausführlich *Oeldorf/Olfert*:

* **Kontrolle der materialwirtschaftlichen Planungen**, indem die Planwerte und Istwerte jeweils gegenübergestellt und die Abweichungen ermittelt werden, die einer Analyse zu unterziehen sind.

* **Kennzahlenanalyse**, bei der beispielsweise ermittelt werden:

Bedarfs-service	$\dfrac{\text{Anzahl sofort bedienter Anforderungen}}{\text{Anzahl der Anforderungen}} \cdot 100$

Durch-schnittlicher Lagerbestand	$\dfrac{\text{Anfangsbestand} + \text{Endbestand}}{2}$ oder $\dfrac{\text{Jahres-Anfangsbestand} + 12 \text{ Monate-Endbestände}}{13}$

Umschlags-häufigkeit	$\dfrac{\text{Jahresverbrauch}}{\text{Durchschnittlicher Lagerbestand}}$

Lagerdauer in Tagen	$\dfrac{\text{Zahl der Tage der Periode}}{\text{Umschlagshäufigkeit}}$

Die Kontrolle ist ein Teil des **Controllingprozesses**, der außerdem die Zielsetzung, Planung und Steuerung umfaßt. Um steuernd eingreifen zu können, bedarf das Controlling eines Frühwarnsystems. Als Frühwarn-Größen kommen insbesondere Kennzahlen in Betracht, da mit ihrer Hilfe unplanmäßige Entwicklungen rasch erkannt werden können.

39

2. Fertigungsbereich

Der Zweck der betrieblichen Betätigung besteht darin, Leistungen zu produzieren bzw. bereitzustellen. Das können Sachgüter oder Dienstleistungen sein. Sie werden beispielsweise von Versicherungs-, Bank-, Handels-, Verkehrs- und industriellen Unternehmen erbracht.

Fertigungsbereich

Der Fertigungsbereich dient der **industriellen Leistungserstellung**. Er befaßt sich mit der Gesamtheit aller Einrichtungen und Maßnahmen zur Erstellung materieller Güter, die hauptsächlich dem Absatzmarkt zugeführt werden. Insofern ist es wichtig, daß der Fertigungsbereich eng mit dem Marketing zusammenwirkt, damit Güter erstellt werden, die vom Marketing auf dem Absatzmarkt letztlich verkauft werden können.

Die Fertigung wird bewirkt, indem Menschen, Betriebsmittel und Werkstoffe in geeigneter Weise kombiniert werden. Das geschieht unter Verwendung bestimmter **Fertigungsverfahren**, wie sie auf Seite 234 f. beschrieben werden.

Das moderne Führungskonzept im Fertigungsbereich umfaßt:

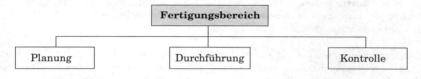

Die Basis einer ausgewogenen Fertigung bilden **Forschung und Entwicklung** - siehe ausführlich *Rahn*.

2.1 Planung

Die Planung im Fertigungsbereich erfolgt auf der Grundlage der vorgegebenen **Ziele**. Das können allgemeine Unternehmensziele oder aber spezielle fertigungswirtschaftliche Ziele sein. *Wildenmann* nennt hierzu:

- Minimierung der Fertigungs-Durchlaufzeiten
- Minimierung der Kapitalbindung
- Einhaltung der Fertigungstermine
- Optimierung der Kapazitätsausnutzung
- Minimierung der Rüstkosten
- Minimierung der Transportkosten.

Erfolgsorientierte Führung heißt für den Fertigungsleiter, geeignete Ziele als Qualitäts-, Mengen-, Zeit- und Kostenziele festzulegen und die Mitarbeiter so zu beeinflussen, daß diese Ziele erreicht werden. Dazu ist die fertigungswirtschaftliche Planung erforderlich, die umfassen kann:

- **Erzeugnisplanung**
- **Programmplanung**
- **Arbeitsplanung**
- **Bereitstellungsplanung**
- **Prozeßplanung**.

Die Erzeugnis-, Programm-, Arbeits-, Bereitstellungs- und Prozeßplanung werden in ihrer Gesamtheit vielfach auch als **Fertigungsplanung** oder **Arbeitsvorbereitung** bezeichnet.

2.1.1 Erzeugnisplanung

Die Erzeugnisplanung kann unter zwei Gesichspunkten gesehen werden:

- Sie kann eine Planung sein, mit deren Hilfe festgelegt wird, **welche Produkte** in das Leistungsprogramm des Unternehmens **aufgenommen werden sollen**. Da die Beantwortung dieser Frage sich stark am Absatzmarkt zu orientieren hat, erfolgt sie zu einem wesentlichen Teil im Marketingbereich – siehe den Produktinnovationsprozeß, Seite 248 f..

Selbstverständlich ist die Beantwortung dieser Frage ohne Einbindung des Fertigungsbereiches nicht (ohne weiteres) möglich, da er das Fertigungs-Know-how, die Betriebsmittel und Mitarbeiter sachgerecht zur Verfügung stellen muß.

- Im Fertigungsbereich soll unter der Erzeugnisplanung die **Festlegung der Merkmale eines Erzeugnisses** verstanden werden, das in das Fertigungsprogramm des Unternehmens aufgenommen wird. Im wesentlichen geht es um die Frage, wie das Erzeugnis genau aussehen soll und aus welchen einzelnen Teilen es bestehen soll.

Die Erzeugnisbeschreibung umfaßt drei Arten der Dokumentation, die sich gegenseitig ergänzen – siehe ausführlich *Oeldorf/Olfert, Steinbuch/Olfert*:

2.1.1.1 Zeichnung

Die (technische) Zeichnung beschreibt das Erzeugnis graphisch. Damit jeder sachkundige Betrachter gleiche Informationen aus der Zeichnung gewinnt, unterliegt die Art ihrer Erstellung strengen Normen.

Bei technischen Erzeugnissen reicht aufgrund ihrer Komplexität vielfach eine Zeichnung nicht, sondern es muß ein **Zeichnungssatz** erstellt werden, der umfassen kann:

Fertigungsbereich

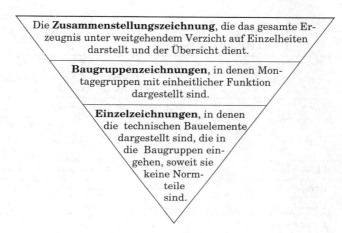

Während die Zeichnungen früher manuell erstellt wurden, geschieht das heute vielfach bereits mit Hilfe des Computers. Man spricht dabei von **CAD** als »Computer Aided Design«.

2.1.1.2 Stückliste

Die Stückliste ist das Verzeichnis der Rohstoffe, Teile und Baugruppen eines Erzeugnisses unter Angabe verschiedener Daten. Sie gibt Auskunft über den qualitativen und quantitativen Aufbau eines Erzeugnisses.

Als **Gesamtstückliste** - siehe Seite 220 - ist sie die Zusammenstellung aller Rohstoffe, Teile und Baugruppen eines Erzeugnisses, ohne daß sie nach besonderen Kriterien geordnet ist. Das kann geschehen, indem sie beispielsweise der Konstruktion, Disposition, Beschaffung, Bereitstellung dienen soll.

Stücklisten können die Struktur eines Erzeugnisses in unterschiedlicher Weise darstellen. Dementsprechend lassen sich unterscheiden:

- **Mengen(übersichts)stücklisten**, mit denen die Bestandteile der Erzeugnisse unstrukturiert dargestellt werden. Sie weisen keine Gruppierung der Bestandteile auf und dienen lediglich der mengenmäßigen Dokumentation der Bestandteile.

- **Strukturstücklisten**, die nach fertigungstechnischen Strukturmerkmalen gegliedert sind. Sie werden bei mehrstufiger Fertigung verwendet und zeigen, in welcher Fertigungsstufe ein Einzelteil oder eine Baugruppe verwendet wird.

- **Baukastenstücklisten**, die Zusammenbauten enthalten, deren struktureller Aufbau aber nur bis zur nächst niedrigeren Stufe dargestellt wird. Sie bilden – im Gegensatz zu den Strukturstücklisten – nur eine Fertigungsstufe ab.

Gesamt-**stückliste**		Gerät: Automatisches Feuerzeug			Zeichnung-Nr. 14/1833/2	
Pos.- Nr.	St. je Ein- heit	Benennung	Zeichn- Nr. DIN-Nr.	Werkstoff und Abmessungen	Bemer- kungen	
1	1	Tank	163–001	Ms 63 weich 0,8	vernickelt	
2	1	Hülse	163–002	Ms 63 weich 0,8	glatt, vernickelt, mit Prägung	
3	1	Plattform	163–003	Ms 63 weich 0,6	vernickelt	
4	1	Rahmen	163–004	Ms 63 weich 0,8	vernickelt	
5	1	Drucktaste	163–005	Ms 63 weich 0,8	vernickelt	
6	1	Dochtkappe	163–006	Ms 63 weich 0,8	vernickelt	
7	1	Deckel	163–007	Al 98 weich 0,5		
8	1	Schaltfeder	163–008	Federbandstahl 10 x 0,2	weiß poliert	
9	1	Gelenk	163–009	Ms 63 halbhart 0,8		
10	1	Zugfedereinhänghaken	163–010	Ms 63 halbhart 16 x 6 x 1,0		
11	1	Reibrad			Fremdbezug	
12	1	Verschlußkappe	163–011	Ms 63 weich 0,5	vernickelt	
13	1	Dochtrohr	163–012	Ms 53 3 Ø	vernickelt	
14	1	Steinrohr	163–013	Ms 53 3 Ø		
15	1	Achsschraube z. Drucktaste	163–014	St 33-2	vernickelt	
16	1	Zugfeder			Fremdbezug	
17	1	Steinfeder			Fremdbezug	
18	1	Zylinderschraube	DIN 84	St 33-2		
19	1	Steinschraube	163–015	MS 58		
20	1	Rechtsschraube für Dochtkappe	163–016	St 33-2	vernickelt	
21	1	Linksschraube für Dochtkappe	163–016	St 33-2	vernickelt	
22	1	Lagerrohr für Reibrad	163–017	St 50-1 2,3 Ø		
23	1	Lagerschraube für Reibrad	163–018	St 33-2	vernickelt	
24	1	Bolzen zur Steinfeder	163–019	St 33-2		

	Tag	Name		Tag	Name	
Bearbeitet:	07.08.1997	Peters	Geändert:			Blatt . . 1 . . von . . 1 . . Blättern
Geprüft:	28.03.1997	Müller	Geprüft:			

Fertigungsbereich 221

- **Variantenstücklisten**, mit denen mehrere, jedoch nur mit geringfügigen Unterschieden versehene Erzeugnisse listenmäßig auf wirtschaftliche Weise beschrieben werden.

Die Stücklisten gliedern die Erzeugnisse analytisch. Ihnen stehen die **Verwendungsnachweise** gegenüber, die (synthetisch) zeigen, in welchen Erzeugnissen bestimmte Bestandteile enthalten sind.

2.1.1.3 Nummerung

Die Nummerung ist ein wichtiges Instrument, die Erzeugnisplanung wirkungsvoll zu unterstützen. Sie wird auch **Verschlüsselung** genannt und hat die Aufgabe, sachlich zusammengehörende Gegenstände einem einheitlichen Ordnungsprinzip zu unterwerfen. Die Verschlüsselung kann dienen:

- Der **Identifikation**, indem eine bestimmte Nummer einem bestimmten Gegenstand zugeordnet wird. Keine Nummer darf doppelt vergeben werden, kein Gegenstand mehrere Nummern tragen.

- Die **Klassifikation**, bei der einer Nummer bestimmte Merkmale zugeordnet werden, beispielsweise Formen, Zustände, Eigenschaften. Mit der Klassifikation werden Sachgruppen gekennzeichnet, aber nicht einzelne Gegenstände wie bei der Identifikation. Die Klassifikation erfolgt in Nummernplänen.

- Der **Information**, indem der Schlüssel durch sinnvoll geordnete und sprechende Abkürzungen – beispielsweise über die Art, Wertigkeit, das Alter, den Hersteller des Materials – Auskunft gibt.

Als Nummernschlüssel lassen sich folgende **Systeme** unterscheiden:

- **Klassifizierende Nummernschlüssel**, deren Klassifizierungsmerkmale hierarchisch voneinander abhängen.

Beispiel:

Erzeugnis Klasse	Haupt-Bauart	Größe	Unter-Bauart
X	X	XXX	XX

◄——————— Klassifizierungsteil ———————►

- **Verbundschlüssel**, die auch halbsprechende Schlüssel genannt werden. Bei ihnen erfolgt eine Verschmelzung des Informations- bzw. Klassifikationsschlüssels mit dem Identifizierungsschlüssel.

Beispiel:

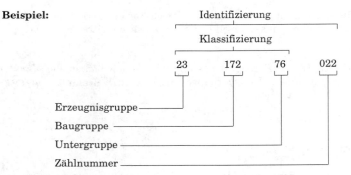

- **Systemfreie Schlüssel**, bei denen jeder Gegenstand eine vorangestellte systemfreie Zähl- oder Ident-Nummer erhält.

Beispiel:

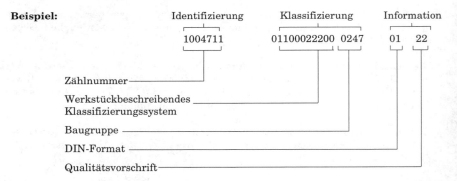

Um der Gefahr fehlerhafter Ziffern zu begegnen, werden heute vielfach **selbstprüfende Nummernkombinationen** verwendet.

2.1.2 Programmplanung

Das **Fertigungsprogramm** ist die Aufstellung der zu fertigenden Erzeugnisse unter Angabe der

- Arten
- Mengen
- Zeiten.

Fertigungsbereich

Es stellt für die Fertigung eine Vorgabe dar. Zudem dient das Fertigungsprogramm:

- Der Ermittlung des Bedarfes an Personal, Betriebsmitteln, Materialien.
- Der Auslastung der im Unternehmen vorhandenen Kapazitäten.

Seine **Breite** ergibt sich aus der Zahl zu fertigender Erzeugnisarten bzw. Erzeugnisausführungsformen, seine **Tiefe** aus der Zahl der Fertigungsstufen.

Das Fertigungsprogramm kann unterschiedlicher **Fristigkeit** sein:

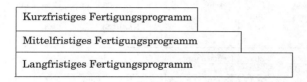

Die Planung des Fertigungsprogrammes ist sorgsam vorzunehmen, da spätere Änderungen mit Umdispositionen, Mehrarbeit und erhöhten Kosten verbunden sein können.

40

2.1.3 Arbeitsplanung

Die Arbeitsplanung erzeugt die für die Fertigung erforderlichen Arbeitspapiere. Das können insbesondere sein *(Hammer)*:

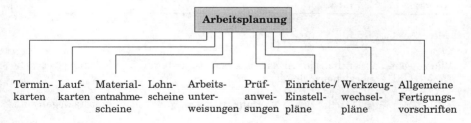

Das Ergebnis der Arbeitsplanung ist der **Arbeitsplan**, der die Zeichnungen und Stücklisten um diejenigen Angaben ergänzt, die für die Ausführung der Fertigung erforderlich sind. Er ist die auftragsunabhängige Dokumentation des Arbeitsablaufes für die Fertigung aller Teile, Halbfabrikate und Enderzeugnisse und wird – auf jeweils eine Fertigungsstufe bezogen – für alle zu fertigenden Stücklistenpositionen erstellt.

Beispiel:

Arbeitsplan	Gegenstand		Ankerrad		Auftrags-Nr. F 18 049			
Zeichnung-Nr. 122–064	Teil-Nr.	Stückliste-Nr. 466–8	Arbeitsgänge 7	einger. Aus- schuß % 2,5	Auftragsmenge 20.000			
Werkstoff: 43 91 66 Schlüssel- nummer	Ms 63 hart Bezeichnung	0,8 x 1000 x 1000 Abmessungen		0,79 kg Verbrauch/ 100 Einheiten	Termin 21.4.97			

Arb.- gang Nr.	Arbeitsgang	Ko- sten- stelle	Betriebsmittel	An- zahl	Werkzeuge, Vorrichtungen, Lehren	Rüst- zeit min	Vor- gabe- zeit min	Lohn- grup- pe	Bemer- kungen
1	Streifen schneiden	2611	Kraftschere 6114			16,0	0,9	II	
2	Rohteil aus- schneiden	2611	Exzenterpresse 6501		Schnittwkz. 73911	50,0	1,6	III	
3	Gelbbrennen	4318	Gelbbrenn- anlage				Z	III	
4	Mittelloch bohren	3693	Tischbohr- maschine 1413		Bohrvor- richtung 63844	18,0	11,4	II	
5	Entgraten beide Seiten	3693	v. Hd.		Handsenker 364		9,3	II	
6	24 Zähne fräsen	6327	Teilfräs- maschine 8816	3	Spanndorn 717	42,0	27,6	III	20 St. im Paket
7	Prüfen	5010	v. Hd.				Z	II	Sicht- prüfung!

	Datum	Name	Änderungen	Verteiler
Bearbeitet:	14.02.97	Maurer		
Geprüft:	14.02.97	Kirsten		

Wie zu sehen ist, enthält der Arbeitsplan objekt-, material- und fertigungsbezogene Daten. Letztere beziehen sich auf:

- Die fertigungswirtschaftlichen **Verfahren**, die auszuwählen und festzulegen sind.

- Die zu nutzenden **Betriebsmittel**, die gegebenenfalls noch zu beschaffen sind.

- Die **Transportwege**, die zwischen den einzelnen Arbeitsplätzen zu überbrücken sind.

- Die **Vorgabezeiten**, die der Entlohnung, Terminierung, Kalkulation, Investitions- und Personalplanung dienen.

Fertigungsbereich 225

2.1.4 Bereitstellungsplanung

Um das Fertigungsprogramm realisieren zu können, bedarf es der Bereitstellung der erforderlichen Produktionsfaktoren. Dabei ist darauf zu achten, daß sie zur Verfügung stehen:

- in der richtigen Quantität
- in der richtigen Qualität
- zur richtigen Zeit
- am richtigen Ort.

Für die Planung der bereitzustellenden Produktionsfaktoren ist zu beachten:

- Die **Betriebsmittel** sind langfristig zu planen. Dazu ist es erforderlich, über einen langfristigen Programmplan zu verfügen, auf den die Betriebsmittel ausgerichtet werden können.

- Die Planung der **Arbeitskräfte** hat ebenfalls langfristig zu erfolgen. Sie orientiert sich sowohl am Programmplan als auch an der Planung der Betriebsmittel.

- Die **Werkstoffe** werden mittelfristig geplant. Dies geschieht in engem Zusammenwirken mit dem Materialbereich. Sie sollen rechtzeitig zur Verfügung stehen, ohne daß es jedoch zu einer kapitalbindenden Hortung kommen darf.

2.1.5 Prozeßplanung

Die Planung des Fertigungsprozesses erfolgt unter drei Gesichtspunkten:

2.1.5.1 Aufträge

Aufträge sind Anweisungen an eine Stelle, bestimmte Arbeiten auszuführen. Sie müssen ebenfalls geplant werden. Die Planung der Auftragserstellung kann beruhen auf:

- Dem **Fertigungsprogramm**, das ohne unmittelbaren Kundenbezug für den anonymen Markt geplant wird, auf dem die Erzeugnisse abgesetzt werden sollen.

- **Einzelnen Aufträgen**, die geplant und später der Fertigungssteuerung zugeleitet werden. Sie können sein:

Betriebs-aufträge	Ihnen liegen Kundenaufträge zugrunde, die individuell zu fertigen sind, beispielsweise im Spezialmaschinenbau.
Innerbetrieb-liche Aufträge	Sie dienen der Aufrechterhaltung oder Erweiterung der eigenen Leistungsfähigkeit, beispielsweise die Selbsterstellung eines Betriebsmittels.

Bei der Planung der Aufträge sind die materialbezogenen, personalbezogenen und betriebsmittelbezogenen Gegebenheiten zu beachten, d.h. es muß insbesondere sichergestellt sein, daß der Bedarf an Material, Personal und Betriebsmitteln gedeckt wird. Außerdem ist, sofern es sich nicht um eine Einzelfertigung handelt, eine optimale Losgröße anzustreben.

Die konkrete Auftragserstellung kann, wie oben gezeigt, vor allem die Erstellung von Terminkarten, Laufkarten, Materialentnahmescheinen, Lohnscheinen, Arbeitsunterweisungen, Prüfanweisungen, Einrichteplänen, Einstellplänen, Werkzeug-Wechselplänen, allgemeinen Fertigungsvorschriften umfassen. Sie sind für die spätere Durchführung der Fertigung erforderlich.

2.1.5.2 Zeiten

Für die Auftragserstellung ist es wichtig, die für die Fertigung erforderlichen Zeiten zu planen. Dabei ist als Ausgangspunkt jeder Zeitermittlung die **Analyse der** betreffenden **Tätigkeiten** anzusehen, mit der ein Arbeitsablauf in verschiedene Abschnitte gegliedert wird, die durch Zeitarten beschrieben werden. Daraufhin können die ermittelten **Ablaufarten mit Zeitwerten versehen** werden.

Es werden erläutert:

- **REFA-Zeiten**
- **Durchlaufterminierung**.

2.1.5.2.1 REFA-Zeiten

Zu unterscheiden sind somit die Ablaufarten und Vorgabezeiten – siehe ausführlich *REFA 2*:

- Die **Ablaufarten**, die den Arbeitsablauf beim Menschen in verschiedene Abschnitte zerlegen, können sein:

Fertigungsbereich 227

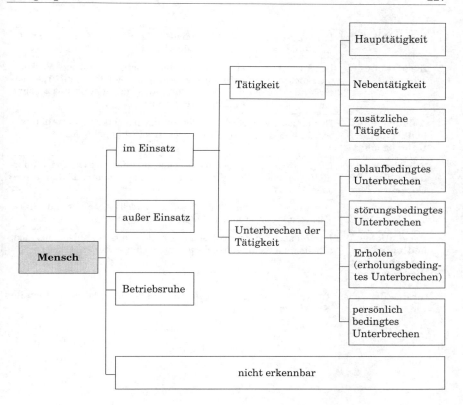

Unter den **Ablaufarten** kann verstanden werden:

Im Einsatz	Der Mensch führt innerhalb der festgelegten Arbeitszeit Arbeitsaufgaben aus. In einfachster Unterscheidung können dies Rüsten oder Ausführen sein. Beim Rüsten wird das Arbeitssystem auf die Erfüllung der Arbeitsaufgabe vorbereitet bzw. wieder in den ursprünglichen Zustand zurückversetzt. Beim Ausführen erfolgt die Realisierung der eigentlichen Arbeitsaufgabe.
Außer Einsatz	Der Mensch steht zur Erfüllung der Arbeitsaufgaben innerhalb der festgesetzten Arbeitszeit über längere Zeit nicht zur Verfügung oder der Betrieb kann ihn über längere Zeit nicht einsetzen.
Betriebsruhe	Der Mensch kann die Arbeitsaufgaben nicht erfüllen, da im Betrieb oder in einzelnen Betriebsteilen nicht gearbeitet wird.
Haupttätigkeit	Der Mensch übt eine planmäßige Tätigkeit aus, die unmittelbar zur Erfüllung der Arbeitsaufgabe nötig ist.

Nebentätigkeit	Der Mensch übt eine planmäßige Tätigkeit aus, die mittelbar zur Erfüllung der Arbeitsaufgabe dient.
Zusätzliche Tätigkeit	Der Mensch führt eine Tätigkeit durch, deren Ablauf oder Vorkommen nicht vorherbestimmt werden kann. Sie beruht auf organisatorischen, technischen oder Informationsmängeln oder wird ohne einen besonderen Auftrag durchgeführt.
Ablaufbedingtes Unterbrechen	Der Mensch wartet planmäßig auf die Beendigung von Ablaufabschnitten des Betriebsmittels oder Arbeitsgegenstandes.
Störungsbedingtes Unterbrechen	Der Mensch muß wegen technischer, organisatorischer oder Informationsmängel die Tätigkeit kurzfristig unplanmäßig unterbrechen.
Erholen	Der Mensch unterbricht die Tätigkeit zwecks Abbau der aus dieser Tätigkeit resultierenden Arbeitsermüdung.
Persönlich bedingtes Unterbrechen	Der Mensch unterbricht seine Tätigkeit aus Gründen, die nicht arbeitsablaufbedingt, sondern persönlicher Natur sind.

Für das Betriebsmittel lassen sich die Ablaufarten in ähnlicher Weise unterteilen - siehe ausführlich *Steinbuch / Olfert*:

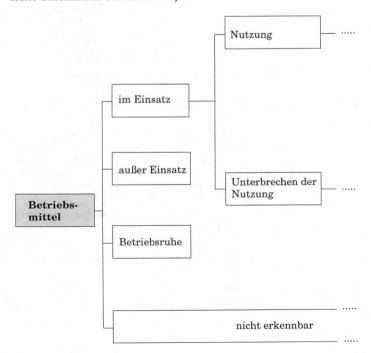

Ablaufarten für den **Arbeitsgegenstand** sind:

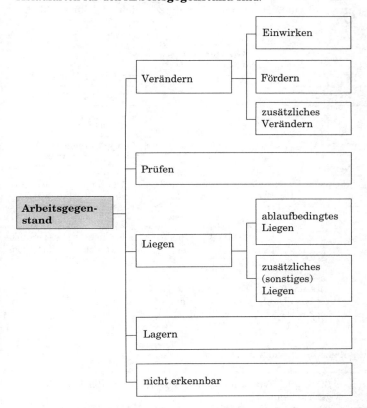

Unter den Ablaufarten sind zu verstehen:

Verändern	Der Arbeitsgegenstand wird in seinem Zustand, Ort, seiner Form oder Lage verändert.
Einwirken	Der Arbeitsgegenstand wird durch Be- oder Verarbeitung in seiner Form oder seinem Zustand verändert.
Fördern	Der Arbeitsgegenstand wird nach Lage oder Ort verändert.
Zusätzliches Verändern	Der Arbeitsgegenstand wird gefördert oder es wird auf ihn eingewirkt, wobei Verlauf oder Vorkommen nicht vorausbestimmbar ist.
Prüfen	Der Arbeitsgegenstand wird kontrolliert.
Liegen	Das Verändern und Prüfen des Arbeitsgegenstandes wird ablauf- oder störungsbedingt unterbrochen.
Lagern	Der Arbeitsgegenstand befindet sich im Bereich des Lagers.

- **Die Vorgabezeiten**, die Soll-Zeiten für Arbeitsabläufe sind, die von Menschen und Betriebsmitteln ausgeführt werden. Zu unterscheiden sind im Hinblick auf den Mitarbeiter:

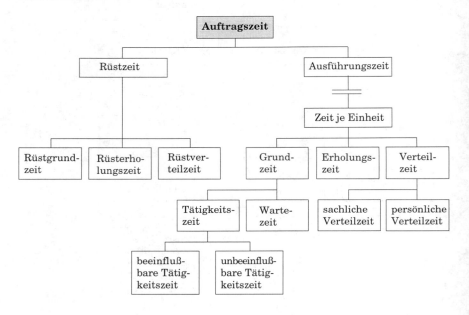

Unter den Vorgabezeiten sind zu verstehen:

Rüstgrundzeit	Sie ist die Zeit, während der das Betriebsmittel vom Menschen gerüstet wird.
Grundzeit	Sie ist die Zeit, die zum Ausführen einer Mengeneinheit durch den Menschen erforderlich ist.
Rüsterholungszeit	Sie ist die Zeit, die beim Rüsten notwendig ist, um die Ermüdung abzubauen, die durch das Rüsten eingetreten ist.
Erholungszeit	Sie ist die Zeit, die für das Erholen des Menschen erforderlich ist und bezieht sich auf eine Mengeneinheit.
	Die Länge der Erholungszeit orientiert sich an den Anforderungen, die an den Menschen gestellt werden. Der Erholungszeit können auch erholungswirksame Zeiten, die während der Arbeitszeit ablaufbedingt oder störbedingt anfallen, zugerechnet werden.
Rüstverteilzeit	Sie ist die Zeit, die beim Rüsten zusätzlich unplanmäßig durch den Menschen entsteht.
Verteilzeit	Sie ist die Zeit, die zusätzlich zur planmäßigen Ausführung eines Ablaufes durch den Menschen erforderlich ist und bezieht sich auf eine Mengeneinheit.

Für die **Betriebsmittel** lassen sich die Vorgabezeiten in ähnlicher Weise unterteilen - siehe ausführlich *Steinbuch / Olfert:*

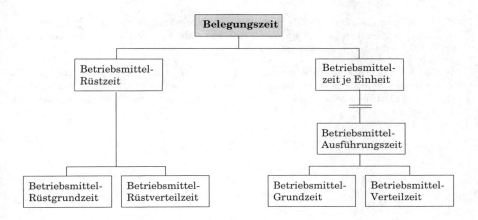

2.1.5.2.2 Durchlaufterminierung

Die Durchlaufterminierung hat die Aufgabe, den zeitlichen Vollzug der Fertigung zu planen. Sie ist deshalb nicht einfach, weil der industrielle Fertigungsprozeß arbeitsteilig abläuft. Er wird dabei in verschiedene Fertigungsstufen, und diese werden wieder in einzelne Arbeitsgänge zerlegt.

Die **Durchlaufzeit** eines Fertigungsauftrages ergibt sich aus der Addition des Zeitbedarfes zur Durchführung aller Aufgaben, wobei parallel durchführbare Aufgaben zu berücksichtigen sind. Sie umfaßt beispielsweise (*Steinbuch / Olfert*):

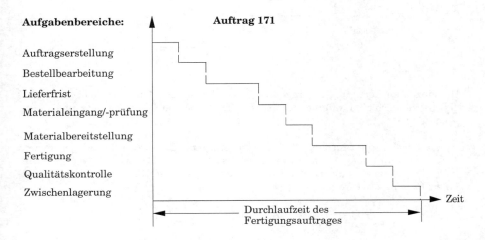

Die Durchlaufterminierung baut auf den im Arbeitsplan gegebenen Informationen, insbesondere den ermittelten Zeiten für die Arbeitsdurchführung und dem bzw. den vorgegebenen Terminen auf, die Anfangstermine und/oder Endtermine sein können.

Es ist möglich, die Durchlaufterminierung ohne oder mit Berücksichtigung von Kapazitätsgrenzen durchzuführen. Weiterhin kann sie als Vorwärtsterminierung und/oder Rückwärtsterminierung erfolgen:

- Bei der **Vorwärtsterminierung** wird von einen Anfangstermin in die Zukunft gerechnet, woraus sich der frühestmögliche Endtermin ergibt. Sind mehrere Fertigungsaufträge nacheinander abzuwickeln, können sich zwangsweise Lagerzeiten ergeben.

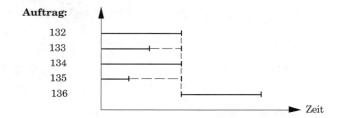

- Bei der **Rückwärtsterminierung** wird von einem Endtermin in die Gegenwart gerechnet, woraus sich der spätestmögliche Starttermin ergibt. Bei mehreren nacheinander abzuwickelnden Fertigungsaufträgen sind unterschiedliche Starttermine für die einzelnen Stufen möglich.

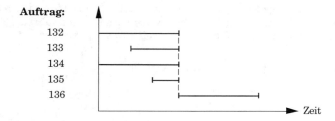

Die einzelnen Fertigungsaufträge besitzen üblicherweise keine zeitliche Unabhängigkeit, sondern sind miteinander verknüpft, was bei der Durchlaufterminierung zu beachten ist.

In der Praxis ergibt sich häufig das Problem, daß ein Auftrag bei vorgegebenem Anfangstermin und/oder Endtermin nicht termingerecht abgewickelt werden kann. In diesem Falle ist eine **Durchlaufverkürzung** anzustreben. Sie kann erfolgen, indem (*Steinbuch / Olfert*):

- die Auftragsmenge in mehrere kleinere Teilmengen aufgeteilt wird,
- ein Arbeitsgang an mehreren Arbeitsplätzen parallel erfolgt,
- mehrere Arbeitsgänge zeitlich parallel durchgeführt werden,
- auf andere, auch kostenintensivere Verfahren ausgewichen wird,
- die Transportzeiten und/oder Liegezeiten verkürzt werden,
- mehrere gleich oder ähnliche zu fertigende Aufträge zusammengefaßt werden.

2.1.5.3 Kapazitäten

Die Vorausbestimmung der wirtschaftlichen Auslastung der Kapazität ist eine weitere Aufgabe der Prozeßplanung. Sie ist mit der Durchlaufterminierung verbunden.

Dabei werden die verfügbare Kapazität und die für die Fertigung erforderliche Kapazität einander gegenübergestellt, damit später die erforderlichen Anpassungsmaßnahmen eingeleitet werden können – siehe ausführlich *Steinbuch / Olfert*:

- Die **verfügbare Kapazität** ist das gegebene Fertigungsvermögen eines Unternehmens in einem bestimmten Zeitabschnitt. Sie kann ermittelt werden, indem die einzelnen Arbeitsplätze erfaßt werden, deren Normalkapazität – beispielsweise 8 Std./Tag – festgestellt wird, und Möglichkeiten der Kapazitätssteigerung wie auch Gefahren der Kapazitätsverminderung berücksichtigt werden.

- Die **erforderliche Kapazität** ergibt sich aus den vorliegenden Fertigungsaufträgen und Terminierungen, die zu realisieren sind.

- Stimmen die verfügbare und erforderliche Kapazität nicht überein, wird es erforderlich, **Anpassungen** vorzunehmen. Lang- und mittelfristig gesehen können sie bei der Kapazität, den Terminen, Aufträgen bzw. Verfahren erfolgen. Kurzfristig geschehen sie im Rahmen der Fertigungssteuerung.

2.2 Durchführung

Die Durchführung der geplanten Maßnahmen im Fertigungsbereich ist je nach dem Verfahren der Fertigung unterschiedlich. Die Durchführung ist unter zwei Gesichtspunkten zu betrachten:

- **Fertigungsverfahren**
- **Fertigungssteuerung**.

Bei der Durchführung im Fertigungsbereich ist, wie bereits bei der Fertigungsplanung vorgegeben, auf eine Minimierung der **Fertigungskosten** zu achten.

2.2.1 Fertigungsverfahren

Die Fertigungsverfahren können nach verschiedenen Kriterien unterschieden werden als:

* Fertigungsverfahren, die sich nach ihrer **räumlichen und zeitlichen Strukturierung** unterscheiden lassen:

Werkstattfertigung	Bei ihr werden alle Betriebsmittel und Arbeitsplätze gleichartiger Arbeitsverrichtungen räumlich zusammengefaßt, beispielsweise Stanzerei, Dreherei, Fräserei. Der Fertigungsablauf wird vom Standort der Maschinen und Arbeitsplätze bestimmt.
	Sie ist sehr anpassungsfähig, weshalb sie sich für die Fertigung geringer Stückzahlen eignet, und wenig störanfällig. Jedoch sind ihre Transportzeiten und -kosten hoch, Zwischenläger sind unvermeidlich.
Fließfertigung	Bei ihr werden die Betriebsmittel und Arbeitsplätze räumlich nach dem Fertigungsablauf angeordnet. Den geringen Durchlauf- und Transportzeiten stehen die stark begrenzte Anpassungsfähigkeit, erhebliche Störanfälligkeit und psychologische Probleme beim Personal gegenüber.
	Sie kann erfolgen:
	○ Als **Reihenfertigung**, bei der kein zeitlicher Zwangsablauf gegeben ist.
	○ Als **Fließbandfertigung**, bei der die Werkstücke in einem bestimmten Zeittakt transportiert werden.
Gruppenfertigung	Sie ist eine Kombination von Werkstattfertigung und Fließfertigung, bei der die Betriebsmittel und Arbeitsplätze für bestimmte Teile des Fertigungsablaufes gruppenmäßig zusammengefaßt, im Gesamtablauf aber nach dem Fließprinzip angeordnet sind.
Baustellenfertigung	Sie bezieht sich auf unbewegliche Erzeugnisse. Bei ihr werden die Betriebsmittel und Arbeitsplätze zu den zu erstellenden Erzeugnissen gebracht, beispielsweise im Hochbau, Tiefbau, Schiffbau.

* Fertigungsverfahren, die nach den **erzeugten Mengen** eingeteilt werden können in:

Einzelfertigung	Bei ihr wird ein einziges Erzeugnis erstellt, beispielsweise im Schiffsbau oder Großmaschinenbau. Durch die Aneinanderreihung unterschiedlicher Einzelfertigungen entstehen hohe Vorbereitungskosten. Die Möglichkeiten zur Rationalisierung sind sehr begrenzt.
Serienfertigung	Bei ihr werden jeweils mehrere Erzeugnisse einer Erzeugnisart aufgrund eines Auftrages gefertigt. Serien unterscheiden sich durch ihre fertigungstechnischen Besonderheiten. Je nach Anzahl der Erzeugnisse ist die **Klein**serienfertigung und die **Groß**serienfertigung zu unterscheiden.

	Sonderformen der Serienfertigung sind: ○ Die **Sortenfertigung**, bei der aus einem gemeinsamen Ausgangsmaterial gewollt verschiedene Sorten einer Erzeugnisart hergestellt werden, beispielsweise bei Brauereien. ○ Die **Chargenfertigung**, bei der es trotz grundsätzlich einheitlicher Fertigungsabläufe ungewollt zu beschränkten Unterschieden in den Erzeugnissen bzw. Erzeugnislosen kommen kann, beispielsweise bei der Stahlherstellung, weil die Ausgangsbedingungen und/oder der Prozeß nicht konstant gehalten werden können.
Massenfertigung	Bei ihr wird keine Fertigungsmenge konkret festgelegt. Es wird ohne Begrenzung über eine lange Zeit gefertigt, beispielsweise in der Zigarettenindustrie.

2.2.2 Fertigungssteuerung

Die **Auslösung des Auftrages** erfolgt durch **Auftragsfreigabe**. Sie erfordert die Bereitstellung der Fertigungspapiere, wie sie in Verbindung mit der Auftragserstellung genannt wurden, beispielsweise der Terminkarten, Laufkarten, Materialentnahmescheine, Lohnscheine, Prüfanweisungen, Einrichtepläne, Einstellpläne, Werkzeug-Wechselpläne.

Außerdem sind die Materialien in der richtigen Art und Menge zum richtigen Zeitpunkt am richtigen Ort zur Verfügung zu stellen.

Die Durchführung der Fertigung kann mit Schwierigkeiten verbunden sein. Dabei sind Störungen, die arbeits-, betriebsmittel-, material- oder dispositionsbedingt auftreten, zu erkennen und zu beseitigen. Bei Aufträgen, die vor einem Arbeitsplatz auf ihre Bearbeitung warten, sind Entscheidungen über die **Reihenfolge** der Bearbeitung zu treffen, wobei mögliche Prioritäten zu beachten sind.

Die **Fertigungssteuerung*** hat vor allem die Aufgabe, die von der Planung erarbeiteten Ergebnisse bei allen Stellen durchzusetzen. Sie kann mit Hilfe der Arbeitspapiere, von Zuteilungsbelegen, an Terminals oder automatisch mit Hilfe des Computers erfolgen.

Die **Rückmeldung** muß kurzfristig geschehen sowie fehlerfrei und vollständig sein. Sie ist Voraussetzung für die Funktionsfähigkeit der Fertigungssteuerung. Um den Bearbeitungsfortschritt verfolgen und die Ablaufplanung fortführen zu können, muß sie mindestens Angaben enthalten über:

- Auftragsnummer
- Arbeitsgangnummer
- gefertigte Menge.

---

* In der Literatur wird häufig auch von **Werkstattsteuerung** gesprochen.

2.3 Kontrolle

Die **Fertigungskontrolle** schließt den fertigungswirtschaftlichen Führungsprozeß ab. Sie kann erfolgen als:

- **Kontrolle der fertigungswirtschaftlichen Planungen**, indem die Planwerte und Istwerte jeweils gegenübergestellt und die Abweichungen ermittelt werden. Sie sind einer Analyse zu unterziehen, beispielsweise als Durchlaufzeiten, Mengen, Termine, Rüstkosten.

- **Kennzahlenanalyse**, die sich beispielsweise auf die Kapazitätsauslastung der Betriebsmittel, die Produktivität oder die Qualität der gefertigten Erzeugnisse beziehen kann.

- **Qualitätskontrolle**, die im Rahmen des Qualitätswesens geschieht. Sie kann folgende Arten der **Qualität** betreffen:

Entwurfs-qualität	Sie ist die durch Konstruktion, Berechnung usw. gestaltete Qualität, die über die Brauchbarkeit eines Erzeugnisses für den Abnehmer entscheidet.
Fertigungs-qualität	Sie ergibt sich durch die Fertigung, die das Erzeugnis entwurfsgerecht zu erstellen hat.

Typische, zu kontrollierende qualitative **Eigenschaften** sind beispielsweise:

Mechanische Eigenschaften	Form, Masse, Festigkeitswerte
Elektrische Eigenschaften	Widerstand, Kapazität, Induktion
Chemische Eigenschaften	Zusammensetzung, Reaktionsvermögen
Sensorische Eigenschaften	Geruch, Geschmack, Farbe

Die Grundlage für die Kontrolle der Qualität ist die Festlegung von **Kontrollstandards**. Sie können durch das fertigende Unternehmen und/oder durch seine Abnehmer vorgegeben werden. Es ist aber auch möglich, daß ihnen Rechtsvorschriften – beispielsweise Gesetze, Verordnungen, Normen, Verbandsnormen, oder Unfallverhütungsvorschriften – zugrundeliegen.

- **Kostenkontrollen, Mengen- und Terminkontrollen** haben ebenfalls zu erfolgen.

Kontrollen lassen sich nach verschiedenen Kriterien unterscheiden:

Stadium der Kontrolle	Die **Eingangskontrolle** als Materialeingangsprüfung, die meist im Materialbereich vorgenommen wird.
	Die **Zwischenkontrolle** als Kontrolle zwischen Vorgängen oder während der Fertigungsvorgänge. Sie dient der Qualitätsregelung.
	Die **Endkontrolle** als zum Abschluß des Fertigungsprozesses durchgeführte Kontrolle, die für Zwecke der Qualitätsregelung zu spät kommt.
Träger der Kontrolle	Die **Selbstkontrolle**, die vom Fertigungsbereich bzw. vom ausführenden Arbeiter selbst vorgenommen wird, was Verantwortungsbewußtsein und Zuverlässigkeit voraussetzt.
	Die **Fremdkontrolle**, die von besonderen Kontrollorganen bzw. dem Vorgesetzten des ausführenden Arbeiters durchgeführt wird.
Umfang der Kontrolle	Die **Hundertprozent-Kontrolle**, bei der alle gefertigten Erzeugnisse kontrolliert werden.
	Die **Stichprobenkontrolle**, bei der eine Stichprobe aus der Gesamtheit der gefertigten Erzeugnisse gezogen wird, beispielsweise wird jedes fünfte Erzeugnis kontrolliert.

Die Kontrolle ist ein Teil des **Controllingpozesses**, der außerdem die Zielsetzung, Planung und Steuerung umfaßt. Um steuernd eingreifen zu können, bedarf das Controlling eines Frühwarnsystemes. Als Frühwarn-Größen kommen insbesondere Kennzahlen, beispielsweise Produktionszahlen, in Betracht. Mit ihrer Hilfe können unplanmäßige Entwicklungen rasch erkannt werden.

3. Marketingbereich

Nach der Fertigung als Leistungserstellung bezieht sich das Marketing auf die Leistungsverwertung. Sie wurde früher vielfach als Absatz bezeichnet. Der begriffliche Wandel ging mit der **Veränderung** der Gegebenheiten **am Absatzmarkt** einher:

- Bis in die 50er Jahre gab es in Deutschland einen **Verkäufermarkt**. Er zeichnete sich dadurch aus, daß die angebotenen Produkte vom Markt vielfach ohne weiteres aufgenommen wurden, da ein Bedarf vorhanden war. Der – in wesentlich geringeren Stückzahlen als heute produzierenden – Fertigung kam die größte Bedeutung in den Unternehmen zu. Die Leistungsverwertung erfolgte nachrangig, da sie als relativ problemlos angesehen wurde.

- Mit zunehmender Marktsättigung, anwachsendem Wohlstand und – den inzwischen technisch machbaren – größeren Stückzahlen in der Fertigung veränderte sich im Verlaufe der 50er Jahre die Marktsituation. Es entstand allmählich ein **Käufermarkt**. Die Leistungsverwertung wurde schwieriger, die Unternehmen mußten sich immer mehr an den Wünschen und Erwartungen der Käufer orientieren, wenn sie erfolgreich bleiben wollten.

Damit gewann die Leistungsverwertung zu Lasten der Fertigung eine größere Bedeutung. Die Unternehmen mußten »vom Markt her« geführt werden. Diese Entwicklung war schon Jahre zuvor in den USA festzustellen, wo sich das **Marketing** als auf diese Situation ausgerichtetes Konzept der Unternehmensführung entwickelte.

Der Begriff »Marketing« hat in den letzten Jahren den Begriff »Absatz« immer mehr verdrängt, wobei er nach wie vor nicht eindeutig definiert ist. *Nieschlag / Dichtl / Hörschgen* sehen Marketing als Ausdruck eines marktorientierten, unternehmerischen Denkstils.

Bidlingmaier sieht im Marketing eine Konzeption der Unternehmensführung, bei der alle betrieblichen Aktivitäten »konsequent auf die gegenwärtigen und künftigen Erfordernisse der Märkte ausgerichtet werden«, um die Unternehmensziele zu erreichen.

Meffert versteht unter Marketing die bewußt marktorientierte Führung des gesamten Unternehmens. *Bestmann* weist zutreffend darauf hin, daß Marketing lediglich »die Erbringung der absatzwirtschaftlichen Leistung unter den Bedingungen eines Käufermarktes« sei.

Anders als beim Absatz liegt dem Marketing eine bestimmte käuferorientierte Marktmacht bzw. Marktsituation zugrunde. Damit stellt das Spektrum der Marketingaufgaben nicht nur differenzierte Anforderungen an die Führung innerhalb des Marketingbereiches, sondern auch in bezug auf externe Marktteilnehmer *(Tietz)*.

Weitere Begriffe der Leistungsverwertung sind:

- Der **Verkauf**, der einen Teilbereich des Absatzes darstellt.
- Der **Vertrieb**, der eher die technische Seite der Leistungsverwertung umfaßt.

Das Marketing hat die Aufgabe, bestehende Absatzmärkte zu durchdringen und auszuschöpfen sowie neue Absatzmärkte zu erkunden und zu erschließen *(Weis)*. Erfolgsorientierte Führung im Marketingbereich heißt, Ziele zu formulieren und die Marketingmitarbeiter zur Erreichung dieser Ziele zu motivieren.

Ein modernes **Führungskonzept** im Marketing umfaßt:

3.1 Planung

Die Marketing-Planung erfolgt auf der Grundlage der vorgegebenen **Ziele**. Das können allgemeine Unternehmensziele sein oder spezielle Marketingziele, beispielsweise die Erhöhung des Marktanteiles* oder die Steigerung des Absatzvolumens**.

Die Marketing-Planung baut auf den Daten der Marktforschung auf und umfaßt mehrere Pläne. Zu beschreiben sind:

- **Marktforschung**
- **Pläne.**

3.1.1 Marktforschung

Die Marktforschung ist das systematische und methodisch einwandfreie Untersuchen eines Marktes mit dem Ziel, marktbezogene Informationen zu erlangen.

Sie umfaßt:

3.1.1.1 Daten

Die Marktforschung soll dem Marketing-Management Informationen bzw. Daten liefern. Diese Daten können unterschiedlichster Art sein. Sie lassen sich ihrem Wesen nach in zwei Gruppen unterscheiden:

- **Objektive Daten** dienen der Bestimmung des Marktvolumens und werden auch quantitative Daten genannt. Sie beziehen sich vor allem auf:

Abnehmer der Produkte	Sie sind nach demographischen Merkmalen - beispielsweise Geschlecht, Alter, Familienstand, Einkommen, Beruf - zu differenzieren. Damit ist eine Segmentierung der Märkte möglich.
Bedarf an Produkten	Er stellt die Aufnahmefähigkeit des Marktes unter Berücksichtigung der vorhandenen Kaufkraft dar, die aus Einkommen, Guthaben oder Kreditaufnahme resultieren kann.

---

* Der **Marktanteil** ist der prozentuale Anteil des Unternehmens am gesamten Markt.
** Das **Absatzvolumen** ist die Summe zu tätigender Umsätze bzw. abzusetzender Produktmengen.

Konkurrenzunternehmen	Sie sind nach ihren wesentlichen Merkmalen - beispielsweise Mitarbeiterzahl, Umsätzen, Marktanteilen, Leistungsprogramm, Marktstrategie - zu analysieren.
Absatzmittler	Sie versorgen als Unternehmen des Groß- bzw. Einzelhandels die Abnehmer mit den Produkten der Hersteller.

- **Subjektive Daten** sind auf die Einflußgrößen von Kaufentscheidungen gerichtet. Sie werden auch als qualitative Daten bezeichnet.

Unternehmen lassen sich in ihren Kaufentscheidungen sehr viel weniger beeinflussen als private Abnehmer, da Fachleute die Beschaffung der Investitionsgüter vornehmen, die Beschaffung institutionalisiert ist und vielfach mehrere Personen entscheiden.

Private Abnehmer treffen ihre Kaufentscheidungen meist nicht gleichermaßen rational. Sie lassen sich von Marketingmaßnahmen – beispielsweise der Werbung oder einem Sonderpreis – eher beeinflussen, außerdem sind sie fachlich mitunter nicht in der Lage, die Vorteilhaftigkeit einzelner Produkte umfassend zu beurteilen.

Subjektive Daten der Marktforschung sind vor allem *(Bestmann)*:

Emotionen	Das sind als angenehm oder unangenehm aufgenommene Empfindungen, die sich in Gefühlen, Affekten und Erregungen zeigen.
Motive	Das sind Antriebskräfte menschlichen Handelns, denen Mangelzustände zugrundliegen, die von den betreffenden Personen abzubauen versucht werden. Um die Motive für den Kauf oder Nichtkauf von Produkten herauszufinden, betreibt das Unternehmen die Motivforschung. Dabei wird versucht, die im Unbewußten oder Unterbewußten liegenden Motive mit Hilfe psychologischer Verfahren offenzulegen.
Einstellung	Sie ist die subjektiv empfundene Fähigkeit eines Produktes, vorhandene Bedürfnisse zu befriedigen und resultiert aus Lernprozessen. Liegen ihnen eher gefühlsmäßige Einschätzungen zugrunde, wird Produkten oder Unternehmen ein Image zugeschrieben.

3.1.1.2 Formen

Es lassen sich verschiedene Formen der Marktforschung unterscheiden. Nach ihrem unterschiedlichen **Bezugszeitraum** sind zu nennen:

- Die **Marktanalyse**, die einmalig oder fallweise zeitpunktbezogen durchgeführt wird. Sie dient dem Vergleich von Strukturgrößen, beispielsweise Verbrauchergewohnheiten, Konkurrenzverhalten.

- Die **Marktbeobachtung,** die fortlaufend innerhalb eines bestimmten Zeitraumes erfolgt. Mit ihr sind Marktentwicklungen zu erkennen.

Nach ihrer unterschiedlichen **Art der Informationsgewinnung** lassen sich unterscheiden - siehe ausführlich *Weis*:

- Die **Sekundärforschung**, die auf vorhandenes Informationsmaterial zurückgreift, das gegebenenfalls für andere Zwecke erhoben wurde. Sie sollte am Anfang der Marktforschung stehen, da sie kostengünstig ist und eine nachfolgende Primärforschung erleichtern oder gar erübrigen kann.

Sekundäres Informationsmaterial kann für das Unternehmen beispielsweise sein:

Internes Material	Externes Material
○ Statistiken	○ Staatliche Veröffentlichungen
○ Außendienstberichte	○ IHK-Veröffentlichungen
○ Reklamationen	○ Fachbücher/-zeitschriften
○ Kundenkarteien	○ (Statistische) Jahrbücher

- Die **Primärforschung**, bei der die gesuchten Daten mit Hilfe spezieller Marktforschungsmethoden erhoben werden. Da sie recht kostenintensiv ist, sollte auf sie nur dann zurückgegriffen werden, wenn die Sekundärforschung keine hinreichenden Ergebnisse gebracht hat bzw. nicht in Betracht kam.

Mit Hilfe der Primärforschung werden Daten einer bestimmten Zielgruppe - beispielsweise der Autofahrer, Raucher - erhoben. Es besteht die Möglichkeit, daß

- **alle Personen** der Zielgruppe

oder

- nur eine **begrenzte Anzahl von Personen** der Zielgruppe in die Untersuchung einbezogen werden. Dabei ist bedeutsam, daß die begrenzte Anzahl von Personen **repräsentativ** für die gesamte Zielgruppe ist, d.h. im Hinblick auf den Untersuchungszweck strukturgleich ein Abbild der Gesamtheit darstellt. Das kann beispielsweise erreicht werden, indem aus der Grundgesamtheit zufallsbedingte Stichproben gezogen werden.

3.1.1.3 Methoden

Methoden der Informationsgewinnung können sein - siehe ausführlich *Weis*:

- Die **Befragung** als die wichtigste Methode der Informationsgewinnung. Sie kann zeitpunktbezogen oder zeitraumbezogen durchgeführt werden.

  Die Fragen sind zielgruppengerecht und psychologisch geschickt zu stellen. Dabei ist darauf zu achten, daß auch Fragen notwendig sein können, die Vertrauen schaffen, Themenwechsel erleichtern, Ausstrahlungseffekte bisheriger Themen beseitigen, die Motivation verbessern, den Wahrheitsgehalt bisheriger Antworten kontrollieren, Informationen zur Person des Befragten geben.

- Die **Beobachtung** ist eine Methode der Informationsgewinnung, die nicht auf die Auskunftsbereitschaft der erhobenen Personen angewiesen ist. Sie kann zeitpunktbezogen oder zeitraumbezogen erfolgen. Mit ihr ist es beispielsweise möglich, das Käufer-, Verkäufer-, Passanten-, Leser-, Konkurrenzverhalten festzustellen.

  Im Gegensatz zur Befragung ist davon auszugehen, daß die Beobachteten keine »falschen Antworten« geben können. Andererseits kann bei der Beobachtung die Repräsentanz der erhobenen Personen nicht gewährleistet werden. Schließlich lassen sich mehrere Sachverhalte nicht ohne weiteres gleichzeitig feststellen.

- Die Befragung und Beobachtung werden als **Panel** bezeichnet, wenn sie über einen (längeren) Zeitraum hinweg mit an sich den gleichen Personen über an sich die gleichen Themen erfolgen. Typische Panels sind:

Haushalts-panel	Es ist eine **Befragung**, bei dem Haushalte periodisch - beispielsweise wöchentlich oder monatlich - Fragebogen über die von ihnen getätigten Einkäufe ausfüllen. Dabei kann nicht ausgeschlossen werden, daß die Haushalte zu wenige oder zu viele Käufe eintragen bzw. durch die Fragebogen-»Kontrolle« ihr Kaufverhalten verändern.
Einzelhandels-panel	Es ist eine **Beobachtung**, bei dem in Einzelhandelsgeschäften - beispielsweise zweimonatlich - die Veränderungen in den Lagerbeständen festgestellt werden.

- **Experimente** dienen dazu, durch Veränderung der Wirkung einer oder mehrerer Größen die Auswirkungen aus diesen Veränderungen auf andere Größen aufzuzeigen. Sie können als Befragungsexperimente oder Beobachtungsexperimente durchgeführt werden. Weiter zu unterscheiden sind:

Feld-experimente	Sie erfolgen unter Alltagsbedingungen, d.h. werden im »normalen« Umfeld durchgeführt.
Labor-experimente	Sie werden unter speziell geschaffenen Bedingungen durchgeführt, d.h. nicht im »normalen« Umfeld.

Typische Experimente sind **Tests** von Produkten, Werbemitteln, Plakaten, Namen, Preisen, Packmengen.

3.1.1.4 Auswertung

Die mit Hilfe der Marktforschung gewonnenen Daten müssen vielfach noch ausgewertet werden. Das kann in folgenden **Schritten** erfolgen:

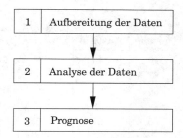

Die Marktforschung endet – auf der Grundlage der Marktanalyse und Marktbeobachtung – mit der **Marktprognose**. Das ist das bewußte und systematische Vorausschätzen zukünftiger Marktgegebenheiten. Hierfür können mehrere unterschiedliche Prognoseverfahren eingesetzt werden – siehe ausführlich *Weis*.

42

3.1.2 Pläne

Der Marketingbereich bedient sich verschiedener Arten von Plänen, deren wichtigste sind:

3.1.2.1 Absatzplan

Als Absatzplan kann der gesamte Marketing-Plan bezeichnet werden. Im engeren Sinne ist er ein Absatzmengenplan, der vorgibt,

- welche Produkte oder Produktgruppen
- an welche Abnehmergruppen
- in welchen Absatzgebieten
- zu welchen Preisen

abgegeben werden sollen. Er ist damit die Grundlage für den Maßnahmenplan und Kostenplan im Marketingbereich. Außerdem bildet er oft die Basis für den Produktionsplan, Investitionsplan, Beschaffungsplan und Personalplan in den übrigen betrieblichen Funktionsbereichen sowie für den Erfolgsplan des Unternehmens.

Der Absatzplan kann die Absatzzahlen in Stück und/oder die Umsatzzahlen in DM enthalten. *Weis* zeigt beispielhaft einen nach Absatzgebieten ausgerichteten Absatzplan:

Kosmetik GmbH		Absatzplan 1997						
		∑ gesamt	Ausland	∑ Inland	Ost	Süd	West	Nord
Produkt- gruppe A	Tsd. Stück Tsd. DM	110 290	40 130	70 160	10 20	10 20	30 80	20 40
Produkt- gruppe B	Tsd. Stück Tsd. DM	80 280	20 100	60 180	10 20	20 50	10 45	20 65
Produkt- gruppe C	Tsd. Stück Tsd. DM	40 400	25 300	15 100	0 0	0 0	0 0	0 0

Außer den Mengen, Werten und Verkaufsgebieten sind auch die konkreten Maßnahmen zu planen.

3.1.2.2 Maßnahmenplan

Im Maßnahmenplan wird der Einsatz der marketingpolitischen Instrumente periodisch oder für bestimmte Marketingaktivitäten vorbereitet:

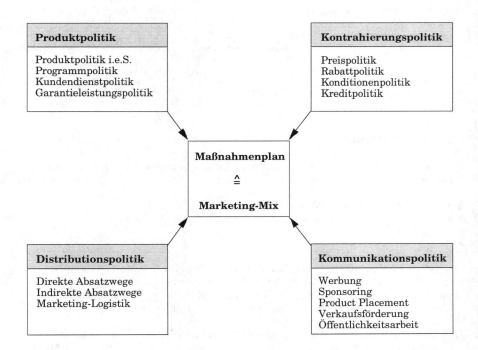

Die im Maßnahmenplan zusammengefaßte Kombination der marketingpolitischen Instrumente kann als **Marketing-Mix** bezeichnet werden. Die unterschiedliche Bedeutung marketingpolitischer Instrumente bei verschiedenen Produkten zeigt *Weis* beispielhaft:

Produkte/ Dienstleistungen Instrumente	Zahnpasta	Brötchen	Fernsehgeräte	Anzug	Bausparvertrag
Produktpolitik	hoch	hoch	sehr hoch	sehr hoch	mittel
Preispolitik	mittel	hoch	mittel	mittel	gering
Werbung	sehr hoch	sehr gering	hoch	gering	hoch
Absatzweg	hoch	sehr hoch	gering	gering	mittel
Kundendienst	keine	keine	hoch	gering	mittel

Die geplanten Maßnahmen verursachen den Unternehmen meist beträchtliche Kosten.

3.1.2.3 Kostenplan

Der Kostenplan umfaßt als **Vertriebskostenplan** alle Kosten, die mit dem Absatz der Produkte am Markt entstehen. Er basiert auf dem Maßnahmenplan.

Weis unterscheidet folgende funktionsbezogene Kosten:

- **Umsatzerzielende Marketingkosten**

  Beispiele: Kosten für Werbung, Verkaufsförderung, Außendienst.

- **Umsatzdurchführende Marketingkosten**

  Beispiele: Kosten für Fakturierung, Versand, Verpackung, Lieferung.

- **Verwaltungsbezogene Marketingkosten**

  Beispiele: Kosten für Verkaufsleitung, Verkaufsplanung, Verkaufskontakte.

Es ist zu empfehlen, die Vertriebskosten in ihre fixen und variablen Bestandteile aufzulösen.

3.2 Durchführung

Die Marketing-Planung ist Grundlage für die Durchführungsaufgaben des Marketing. Wie gezeigt, sind die marketingpolitischen Instrumente in geeigneter Weise einzusetzen bzw. zu kombinieren. Das sind:

- **Produktpolitik**
- **Kontrahierungspolitik**
- **Distributionspolitik**
- **Kommunikationspolitik**.

3.2.1 Produktpolitik

Der Produktpolitik kommt unter den marketingpolitischen Instrumenten eine besondere Bedeutung zu. Sie beeinflußt den Erfolg eines Unternehmens erheblich. Wenn ein Produkt in seiner materiellen und funktionellen Qualität sowie seinem Äußeren nicht die Erwartungen der Kunden trifft, wird es keinen Erfolg haben, selbst wenn beispielsweise der Preis beachtlich gering ist.

Die Produktpolitik umfaßt:

3.2.1.1 Produktpolitik i.e.S.

Die Produktpolitik i.e.S. bezieht sich auf das **einzelne Produkt**, das in das Leistungsprogramm des Unternehmens aufzunehmen, zu gestalten und – bei rückläufigem Erfolg – zu eliminieren ist. Die Gestaltung der einzelnen Produkte kann grundsätzlich nach dem Ermessen des Unternehmens erfolgen. Dennoch gibt es einige Punkte zu beachten, die teilweise rechtlich geregelt sind - siehe ausführlich *Nieschlag / Dichtl / Hörschgen*:

- Die **Lebensmittelkennzeichnungsverordnung** schreibt für die von ihr erfaßten Produkte vor, daß u.a. der Name des Herstellers, Inhalt, Herstellungs-, Abgabe- und Abfülldaten, Mindesthaltbarkeit und Konservierungsstoffe offen auszuweisen sind.

- Die Hersteller haften im Rahmen ihrer **Produzentenhaftung** für Personen-, Sach- und Vermögensschäden, die als Folge der Benutzung ihrer Produkte aufgrund eines Fehlers dieser Produkte entstehen, beispielsweise für Konstruktions-, Fabrikations-, Entwicklungs-, Instruktionsfehler.

- Die Produktsicherheit wird durch bestimmte **Warenkennzeichnungen** dokumentiert, beispielsweise das VDE-Gütezeichen, das TÜV-Maschinenschutz-Prüfzeichen, das RAL-Gütezeichen, den Test-Kompaß der Stiftung Warentest.
- Vor Irreführung des Verbrauchers bzw. Verwenders der Produkte sollen beispielsweise die Handelsklassenverordnung, das Eichgesetz, die Fertigpackungsverordnung schützen.

Um Produktpolitik in geeigneter Weise richtig betreiben zu können, ist es zweckmäßig, den typischen »Lebensweg« von Produkten zu kennen, der **Produktlebenszyklus** genannt wird. Idealtypisch kann er - nach einem Auflaufen von Kosten in einer möglichen Entwicklungsphase - folgenden Verlauf nehmen:

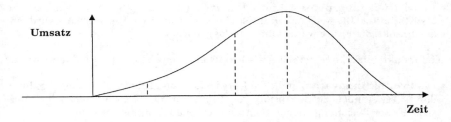

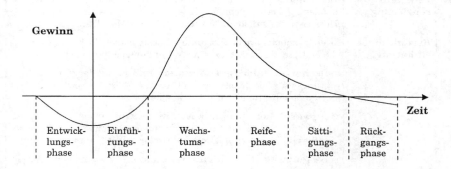

Der Produktlebenszyklus läßt sich beschreiben:

- In der **Einführungsphase** steigt der Umsatz langsam an. Mit ihrem Ende wird die Gewinnschwelle überschritten. Werbung ist das wirksamste Instrument. Massenartikel werden häufig zu Niedrigpreisen, höherwertige Gebrauchsgüter zu hohen Preisen angeboten.

- In der **Wachstumsphase** steigt der Umsatz stark an, sofern das Produkt kein »Flop« ist. Konkurrenten kommen auf den Markt, die Marktstruktur wird oligopolistisch*. Niedrigpreise werden angehoben bzw. hohe Preise werden gesenkt. Die Werbung wird fortgeführt. Produktvariationen sind möglich. Der Gewinn erreicht sein Maximum und fällt wieder ab. Die Phase endet im Wendepunkt der Umsatzkurve.

- In der **Reifephase** steigt der Umsatz immer langsamer und erreicht sein Maximum. Der Gewinn sinkt weiter ab. Die Marktstruktur wird zunehmend polypolistisch**. Die Produktpolitik erhält verstärkt Bedeutung. Die Werbung soll Präferenzen erhalten und neu aufbauen. Es kommt zu Preissenkungen.

- In der **Sättigungsphase** sinkt der Umsatz. Ebenso wird der Gewinn immer kleiner und erreicht am Ende der Phase die Verlustschwelle. Die Marktstruktur bleibt polypolistisch. Die Bedeutung der Produktpolitik verstärkt sich weiter.

- In der **Rückgangsphase** fällt der Umsatz weiter stark ab. Es werden Verluste erwirtschaftet. Die Marktstruktur ist eher oligopolistisch. Die Werbung wird eingeschränkt, die Preise werden mitunter angehoben.

Die Produktpolitik i.e.S. umfaßt – wie bereits angesprochen – drei **Problemkreise**:

- Die **Produktinnovation** stellt die Entwicklung und Einführung neuer Produkte dar. Diese können zu den bisherigen Produkten des Unternehmens in unterschiedlicher Beziehung stehen. Dementsprechend unterscheidet man:

Produktdifferenzierung	Dabei werden neue zusätzliche Produkte als Abwandlungen bestehender Produkte geschaffen. Beispielsweise bietet ein Staubsauger-Hersteller zusätzlich ein leistungsstärkeres Modell an.
Produktdiversifikation	Hierbei kommen neue Produkte zu bestehenden Produkten hinzu, die andersartig sind, also keine Abwandlungen darstellen.
	○ Bei **horizontaler Diversifikation** sind sie auf der gleichen Leistungsstufe wie die bisherigen Produkte. Beispielsweise bietet ein Automobilhersteller auch Motorräder an.
	○ Bei **vertikaler Diversifikation** werden die neuen Produkte auf vor- oder nachgelagerten Märkten angeboten. Beispielsweise stellt ein Zulieferer von Computerteilen selbst Computer her.
	○ Bei **lateraler Diversifikation** besteht kein Zusammenhang zwischen den bestehenden und den neuen Produkte.
	Die Diversifikation kann durch eigene Produktentwicklung, Erwerb einer Lizenz, Kauf eines Unternehmens oder Kooperation mit anderen Unternehmen bewirkt werden.

---

* Oligopolistisch heißt, daß **einige** (wenige) Anbieter am Markt sind.
** Polypolistisch heißt, daß **viele** Anbieter am Markt sind.

Marketingbereich

Die Produktinnovation geht grundsätzlich in folgenden **Phasen** vor sich – siehe ausführlich *Steinbuch / Olfert, Weis*:

1	Suche nach Produktideen	Quellen sind das Vorschlagswesen, die Forschung und Entwicklung, Absatzorganisation, Marktforschung, Kunden, Absatzmittler, Absatzhelfer, Konkurrenz.
2	Vorauswahl der Produktideen	Mit Hilfe von Checklisten lassen sich 70 - 80 %, mit Hilfe von Nutzwertrechnungen weitere 10 - 15 % nicht verwertbarer Produktideen eliminieren.
3	Auswahl der Produktideen	Sie erfolgt mit Hilfe von Wirtschaftlichkeitsrechnungen, beispielsweise der Break-Even-Analyse, Pay-off-Rechnung, Kapitalwertmethode und speziellen Methoden.
4	Produktentwicklung	Sie umfaßt die technische Produktentwicklung, die Produktgestaltung, die Gestaltung des Namens und der Marke sowie der Verpackung.
5	Produktprüfung	Nach einer Prüfung des Produktes unter Laborbedingungen bietet es sich an, das Produkt einem Markttest zu unterziehen.
6	Produkteinführung	Nach erfolgreich absolvierten Prüfungen erfolgt die Einführung am Markt. Damit beginnt der Produktlebenszyklus des Produktes.

Die **Produktgestaltung** umfaßt äußere Merkmale, wie Form, Farbe und »innere« Merkmale, beispielsweise die Qualität, die sich in der Lebensdauer, Fehlerfreiheit, Gebrauchsfähigkeit, Haltbarkeit äußern kann.

Der **Name** soll ein Produkt »individualisieren«. Dabei soll er produkttypisch, werbewirksam, einprägsam, unverwechselbar sein und positive Assoziationen hervorrufen. Es ist darauf zu achten, daß er nicht bereits geschützt ist.

Ein weiteres Identifizierungs- und Qualitätsmerkmal von Produkten ist die **Marke**. Man spricht von einem Markenartikel und verbindet damit eine bestimmte Qualitätserwartung.

Die **Verpackung** dient dem Schutz, der Bewahrung, Identifizierung, Differenzierung und Selbstpräsentation der Produkte. Sie ist nach technischen und werblichen Gesichtspunkten – gegebenenfalls unter Beachtung rechtlicher Vorschriften – zu gestalten.

- Die **Produktvariation** ist die Veränderung bestimmter Eigenschaften eines Produktes, das am Markt eingeführt ist. Damit wird gleichzeitig etwas Neues und dennoch Vertrautes angeboten. Die Variation kann sich beziehen auf:

  – Funktionelle Eigenschaften des Produktes
  – Physische Eigenschaften des Produktes
  – Farbe, Design des Produktes.

- Die **Produktelimination** schließt das Produktleben ab. Sie kann sich auf einzelne Produkte oder ganze Produktlinien beziehen, die nicht mehr den erwarteten Erfolgsbeitrag leisten.

Es bietet sich an, zunächst eine **Programmanalyse** vorzunehmen, der sich **Produktanalysen** für »eliminationsgefährdete« Produkte anschließen.

3.2.1.2 Programmpolitik

Das Leistungsprogramm wird bei industriellen Unternehmen als Verkaufsprogramm, bei Handelsunternehmen als Sortiment bezeichnet. Seine Struktur wird durch die Breite und Tiefe bestimmt.

Die **Breite** ergibt sich aus der Anzahl der Produktlinien (Industrie) bzw. Warengruppen (Handel). Die **Tiefe** beschreibt die Anzahl der Ausführungen (Industrie) – beispielsweise Typen, Modelle – bzw. der Artikel (Handel), die noch in Sorten differenziert werden können.

Das **Verkaufsprogramm** industrieller Unternehmen kann sich an verschiedenen Prinzipien orientieren:

- Bei **problem- oder bedarfstreuer Programmpolitik** löst das Unternehmen bestimmte Probleme eines vorhandenen Abnehmerkreises. Dabei paßt es seine Produkte dem technischen Fortschritt oder sonstigen Veränderungen an.

Beispiel: Die Hersteller traditionell mechanischer Fertigungsmaschinen bieten computergesteuerte Fertigungsmaschinen an.

- Ist das Unternehmen an bestimmte Produkte oder Materialien gebunden, erweist sich eine problem- oder bedarfstreue Programmpolitik als nicht möglich. Mit Hilfe einer **produkt- oder materialtreuen Programmpolitik** sind neue Abnehmerkreise zu erschließen.

Beispiel: Die Anbieter bestimmter Materialien – Rohstoffe, Kunststoffe, Stähle – können aufgrund ihrer maschinellen und personellen Ausstattung nicht ohne weiteres (völlig) andere Materialien verarbeiten.

- Bei **wissenstreuer Programmpolitik** verfügt das Unternehmen über einen bestimmten spezialisierten Wissens- und Erfahrungsschatz, den es programmpolitisch nutzt.

Beispiel: Verfahrensmonopole von Unternehmen der Datenverarbeitungsindustrie und Raumfahrt.

Das **Sortiment** der Handelsunternehmen ist grundsätzlich flexibler zu gestalten als das Verkaufsprogramm, bei dem oftmals eine relativ starre maschinelle und personelle Ausstattung gegeben ist. Es kann ausgerichtet werden:

- Am **Material** der Produkte, beispielsweise in Textil-, Leder-, Eisenwarengeschäften.

Marketingbereich

- An **Käufergruppen**, beispielsweise in Geschäften, die Luxusgüter anbieten.
- An **Verwendungszwecken**, beispielsweise in Geschäften für Freizeit- oder Heimwerkerbedarf.
- An **Preislagen**, beispielsweise in Niedrigpreis- und Diskontgeschäften, Verbrauchermärkten.
- An der **Selbstverkäuflichkeit**, beispielsweise in Supermärkten, SB-Warenhäusern.

3.2.1.3 Kundendienstpolitik

Der Kundendienst ergänzt die Hauptleistung des Unternehmens, das Produkt. Seine Bedeutung hat in den letzten Jahren immer mehr zugenommen. Dies nicht nur, weil die Produkte technisch immer komplizierter werden, sondern auch, weil sich Unternehmen damit positiv von Konkurrenten abheben wollen.

Die Kundendienstpolitik umfaßt:

- **Technische Kundendienstleistungen**

  Beispiele: Einweisung, Installation, Wartung, Reparatur.

- **Kaufmännische Kundendienstleistungen**

  Beispiele: Informationen, Beratung, Verpackung, Zustellung.

Die Kundendienstleistungen können vor, bei, nach dem Kauf erfolgen und kostenlos oder kostenpflichtig sein.

3.2.1.4 Garantieleistungspolitik

Nach § 477 BGB hat das Unternehmen sechs Monate vom Zeitpunkt der Lieferung an eine **Gewährleistungspflicht** für die gelieferten Produkte. Der Käufer kann in dieser Zeit grundsätzlich

- den Vertrag rückgängig machen, d.h. wandeln,
- den Kaufpreis mindern, d.h. herabsetzen
- das mangelhafte durch ein mangelfreies Produkt ersetzen lassen.

Vielfach erfolgt aber eine vertragliche Regelung der Gewährleistung als **Garantie**. Sie kann die gesetzlichen Regelungen einschränken – beispielsweise indem die mangelfreie Ersatzlieferung durch ein Nachbesserungsrecht ersetzt wird – oder ausweiten.

Mit der Verbesserung der gesetzlichen Regelung – beispielsweise durch Verlängerung der Garantiezeit auf 12 oder 18 Monate – wird die Garantie zu einem marketingpolitischen Instrument. Längere Garantiezeiten erwecken beim Käufer den Eindruck verbesserter Qualität.

3.2.2 Kontrahierungspolitik

Mit Hilfe der Produktpolitik werden die Produkte so gestaltet, daß sie von den Abnehmern möglichst positiv aufgenommen werden. Die Kontrahierungspolitik befaßt sich als marketingpolitisches Instrument mit der **finanziellen Abgeltung der angebotenen Leistungen** durch die Abnehmer.

Das sind zunächst die (Angebots-)Preise der Produkte. Dazu kommen, praktisch als »Feinsteuerinstrumente« der anbietendenden Unternehmen, mögliche Rabatte sowie die Liefer- und Zahlungsbedingungen. Mit ihnen können die schließlich effektiv zu zahlenden Preise vermindert, aber auch – beispielsweise durch Überwälzung von Transportkosten auf die Abnehmer – erhöht werden. Ein weiteres Steuerinstrument ist die Kreditpolitik.

3.2.2.1 Preispolitik

Die Preispolitik umfaßt alle Maßnahmen des Unternehmens zur Gestaltung der Preise. Sie ergeben sich durch das Zusammentreffen von **Angebot** und **Nachfrage** am Markt.

Beispiel:

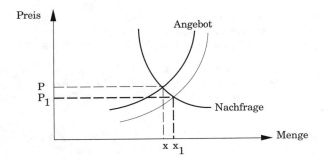

Marketingbereich 253

Wie zu sehen ist, ergibt sich – theoretisch – bei einer Angebotsmenge x ein Preis P. Wird die Angebotsmenge auf x_1 erhöht, sinkt der Preis auf P_1 ab. Zu einer Preiserhöhung käme es, wenn die Angebotsmenge vermindert würde.

Da die Preise aus dem Zusammentreffen von Angebot und Nachfrage am Markt resultieren, ist es bedeutsam, den **Markt** in seiner Struktur zu kennen, um Preispolitik zu betreiben. In der Preistheorie werden unterschieden:

Nachfrage \ Angebot	Viele Anbieter	Wenige Anbieter	Ein Anbieter
Viele Nachfrager	Polypolistische Konkurrenz	Angebots-oligopol	Angebots-monopol
Wenige Nachfrager	Nachfrage-oligopol	Bilaterales Oligopol	Beschränktes Angebotsmonopol
Ein Nachfrager	Nachfrage-monopol	Beschränktes Nachfragemonopol	Bilaterales Monopol

Aus dem Marktformenschema kann theoretisch die Position des einzelnen Anbieters bzw. Nachfragers abgeleitet werden, die Preise zu beeinflussen.

In der Praxis ist es grundsätzlich jedem Anbieter möglich, selbständig über seine Preise zu entscheiden. Inwieweit er die Zahlungsbereitschaft der Nachfrager richtig eingeschätzt hat, zeigen schließlich seine Absatzzahlen. Es gibt aber auch **Ausnahmen**, deren wichtigste sind - siehe ausführlich *Nieschlag / Dichtl / Hörschgen*:

- Für öffentliche Aufträge gibt es Richtlinien zur Preisbildung, beispielsweise VOB, VOL, VPÖA, LSP*.

- Bei Produkten, die lebenswichtige Bedarfe decken bzw. von Unternehmen mit großer Marktmacht zu außerordentlich hohen Preisen angeboten werden, kann das Bundeskartellamt eine Preissenkung verlangen.

- Das Angebot von Produkten unter dem Einstandspreis ist rechtswidrig, wenn die Unterbietung insbesondere systematisch bzw. planmäßig erfolgt, um die wirtschaftliche Existenz eines Unternehmens zu vernichten.

- An sich angemessene Preise, die jedoch zum Zwecke der Beeinflussung der Marktverhältnisse mit Wettbewerbern abgesprochen werden, sind unzulässig.

Die **Preisbildung** unterliegt in der betrieblichen Praxis mehreren Einflußgrößen. Dazu können – wie bereits angesprochen – gehören:

---

* VOB = Verdingungsordnung für Bauleistungen
   VOL = Verdingungsordnung für Leistungen - ausgenommen Bauleistungen
   VPöA = Verordnung über die Preise bei öffentlichen Aufträgen
   LSP = Leitsätze für die Preisermittlung aufgrund von Selbstkosten

- Die **Marktform**, die Polypolisten keinen, Monopolisten dagegen einen hohen Einfluß auf die Preisbildung gibt. Oligopolisten können sich ruinös bekämpfen oder auf eine für sie vorteilhafte Preisbildung verständigen.

- Der **Produktlebenszyklus**, in dessen Verlauf auch preispolitische Maßnahmen ergriffen werden.

- **Gesetzliche Vorschriften**, die zu preislichen Untergrenzen oder Obergrenzen führen können.

Außerdem sind von erheblicher Bedeutung:

- Die **Kosten**, die für die Erstellung und Verwertung der Produkte anfallen. Sie sind grundsätzlich zu decken. Es gibt aber auch Unternehmens- und Angebotssituationen, die eine differenzierte Betrachtung erfordern. Die mit Hilfe der Deckungsbeitragsrechnung zu ermittelnden, kostenorientierten Preisuntergrenzen können sein – siehe ausführlich *Olfert*:

Kurzfristige Preisuntergrenze $\hat{=}$ Variable Kosten
Langfristige Preisuntergrenze $\hat{=}$ Variable Kosten + Fixe Kosten

- Die **Nachfrager**, die als Marktpartner dem anbietenden Unternehmen gegenüberstehen. Sie sind bereit, einen bestimmten Preis für die angebotenen Produkte zu zahlen, der vor allem resultiert aus:

  – dem Nutzen der Produkte
  – ihren Preisvorstellungen
  – ihrer Kaufkraft
  – der Dringlichkeit ihres Bedarfes

- Die **Konkurrenten**, die weitere Marktteilnehmer darstellen. Sie haben durch das von ihnen am Markt präsentierte Preis-Leistungs-Verhältnis ebenfalls einen Einfluß auf die Preisbildung des anbietenden Unternehmens.

Unter Berücksichtigung der Einflußgrößen, die auf den Preis der Produkte wirken, kann das Unternehmen verschiedene **preispolitische Strategien** betreiben. Es lassen sich unterscheiden:

- Relativ hohe Preise, die mit hoher Produktqualität verbunden sind, als **Prämienpreise** bzw. relativ niedrige Preise, um ein Niedrigpreis-Image aufzubauen, als **Promotionspreise**.

- Bei Produkteinführung zunächst relativ hohe Preise als **Abschöpfungspreise**, die sukzessive gesenkt werden bzw. relativ niedrige Preise als **Penetrationspreise**, die sukzessive erhöht werden.

Marketingbereich

- Die **Preisdifferenzierung**, bei der von verschiedenen Abnehmern für die gleiche Leistung unterschiedliche Preise verlangt werden. Dazu müssen die einzelnen Absatzsegmente abgrenzbar sein. Es lassen sich unterscheiden:

Räumliche Preisdifferenzierung	Inland, Ausland, Stadt, Dorf
Zeitliche Preisdifferenzierung	Tag, Nacht, Werktag, Sonntag, Feiertag
Personelle Preisdifferenzierung	Schüler, Studenten, Soldaten, Senioren
Mengenmäßige Preisdifferenzierung	Großabnehmer, Kleinabnehmer

- Der **preispolitische Ausgleich**, bei dem verlustbringende Produkte durch gewinnbringende Produkte einen Ausgleich erhalten müssen, damit – über das gesamte Leistungsprogramm hinweg gesehen – die Vollkosten gedeckt sind.

- Die **psychologische Preisgestaltung**, bei der unterhalb »runder« Preise – beispielsweise eine Ware für 9,98 DM – angeboten wird. Auch Multipacks und große Angebotseinheiten vermitteln mitunter den Eindruck von Preiswürdigkeit.

3.2.2.2 Rabattpolitik

Rabatte sind Preisnachlässe für Leistungen des Abnehmers. Sie verändern die Angebotspreise – beispielsweise als Listenpreise – nicht, wohl aber die schließlich effektiv zu zahlenden Preise. Damit haben die Abnehmer die Möglichkeit, günstiger einzukaufen. Andererseits werden die Angebotspreise der Lieferanten grundsätzlich nicht gefährdet.

Die Rabattpolitik ermöglicht damit die »**Fein**«**steuerung** der effektiven Preise. Treten Lieferanten und Abnehmer als Unternehmen in Erscheinung, sind vor allem folgende Arten von Rabatten zu unterscheiden (*Weis*):

- **Funktionsrabatte**, die dem Groß- und Einzelhandel für die übernommenen Funktionen zur Deckung ihrer Handelskosten gewährt werden.

- **Mengenrabatte**, die bei Abnahme größerer Mengen je Auftrag gewährt werden als:

Barrabatte	Es erfolgen Preisnachlässe.
Naturalrabatte	Es wird mehr geliefert als bezahlt.

Es ist auch möglich, sie – als **Bonus** – auf die Abnahme größerer Mengen innerhalb eines Zeitraumes, beispielsweise des Geschäftsjahres, zu beziehen.

- **Zeitrabatte**, die gewährt werden, wenn die Bestellung und/oder Abnahme der Produkte zu bestimmten Zeitpunkten bzw. in bestimmten Zeiträumen erfolgt, beispielsweise als:

Einführungs-rabatte	Sie sollen helfen, möglichst rasch Frühkunden zu gewinnen, um die Phase der Produkteinführung abzukürzen.
Saisonrabatte	Sie sollen dazu dienen, durch die Jahreszeit bedingte Absatzausfälle zu verringern.
Auslaufrabatte	Sie haben die Aufgabe, die Läger von veralteten Produkten zu räumen.

Dem privaten Verbraucher wird vielfach ein **Barzahlungsrabatt** eingeräumt, der nach dem Rabattgesetz höchstens 3 % betragen darf. Funktions-, Mengen- oder Zeitrabatte stehen ihm nicht zu.

3.2.2.3 Konditionenpolitik

Die Konditionenpolitik umfaßt die Gestaltung der Lieferung- und Zahlungsbedingungen. Mitunter wird auch die Gewährung der Rabatte hinzugerechnet.

- Die **Lieferungsbedingungen** regeln die Lieferungspflichten des Lieferanten:

Erfüllungsort	Das ist der Ort, an dem der Lieferant die Produkte zu übergeben hat und die Gefahr auf den Abnehmer übergeht.
Erfüllungszeit	Das ist die Zeit, zu der ein Lieferant die Produkte zu übergeben hat. Das BGB sieht Rechte des Abnehmers bei Lieferverzug des Lieferanten vor, die in den Lieferungsbedingungen zwischen Kaufleuten vereinbart bzw. eingeschränkt werden können, bei Nichtkaufleuten nur dann, wenn sie individuell ausgehandelt werden (Allgemeine Geschäftsbedingungen = AGB). **Beispiele:** Wandlung (Rückgängigmachung) des Vertrages, Minderung des Kaufpreises, Ersatzlieferung einer mangelfreien Ware, Schadensersatz statt Wandlung und Minderung.
Versandkosten	Sie fallen insbesondere für Porti, Frachten, Versicherungen an. **Beispiele:** »Ab Werk, Lager« trägt der Käufer, »frei Haus, Werk, Lager« der Verkäufer alle Versandkosten.

- Die **Zahlungsbedingungen** regeln die Zahlungsverpflichtungen der Abnehmer:

Zahlungsweise	Dabei wird geregelt, ob im voraus, bei Erhalt der Produkte, nach Erhalt der Produkte, unter Leistung einer Anzahlung oder in Raten zu zahlen ist.
Zahlungsfrist	Sie ist insbesondere bei Zahlung nach Erhalt der Produkte enthalten, häufig in Verbindung mit einer Skontovereinbarung, beispielsweise »zahlbar innerhalb von 30 Tagen netto Kasse, innerhalb von 10 Tagen abzüglich 2 % Skonto«.
Inzahlungnahme	Sie kann sich auf gebrauchte oder neue Produkte im Rahmen von Gegen- bzw. Kompensationsgeschäften beziehen.

Marketingbereich

3.2.2.4 Kreditpolitik

Die Kreditpolitik dient dazu, Abnehmer zu Käufen zu bewegen, die sie – ohne Kreditgewährung – nicht oder noch nicht vornehmen würden. Sie fördert damit den Absatz des Unternehmens.

Als kreditpolitische **Maßnahmen** können unterschieden werden – siehe ausführlich *Olfert*.:

- Die Gewährung von **Lieferantenkrediten**, bei denen die Abnehmer die gelieferten Produkte erst zu einem (möglicherweise wesentlich) späteren Zeitpunkt zu zahlen haben.

- Die Gewährung von **Teilzahlungskrediten**, die auch als Kleinkredite und Anschaffungsdarlehen bekannt sind, durch die Anbieter oder Teilzahlungskreditinstitute.

- Das **Leasing**, bei dem bezüglich eines bestimmten Produktes ein miet- oder pachtähnliches Verhältnis zwischen den Leasing-Geber und Leasing-Nehmer entsteht.

45

3.2.3 Distributionspolitik

Die Distributionspolitik befaßt sich als marketingpolitisches Instrument mit der Gestaltung des Weges von Produkten des Herstellers zum Verwender oder Verbraucher. Dabei geht es um die Frage, auf welchen Absatzwegen die Produkte die Verwender oder Verbraucher erreichen können. Außerdem ist zu klären, wie die physische Verteilung der Produkte optimal erfolgen kann. Dementsprechend lassen sich unterscheiden:

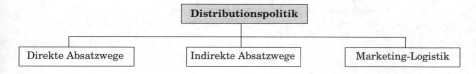

Grundsätzlich ist das Unternehmen in der Gestaltung seiner Distributionspolitik frei. Es muß aber dennoch einige Punkte beachten - siehe ausführlicher *Nieschlag/ Dichtl/Hörschgen*:

- Zunächst ergibt sich die Frage, **wer beliefert werden darf** bzw. **muß**. Bei bestimmten Produkten - beispielsweise Milch, Arzneimitteln, Waffen - darf vom Hersteller und Großhandel nur beliefert werden, wer Zuverlässigkeit sowie Sach- bzw. Fachkunde nachweisen kann.

Der Ausschluß von Abnehmern bei sonstigen Produkten ist nicht ohne weiteres möglich. Einerseits ist er im Rahmen der Vertragsfreiheit denkbar, andererseits darf er nach dem **Gesetz gegen Wettbewerbsbeschränkunge**n (GWB) weder zu einer unbilligen Behinderung noch zu einer sachlich nicht gerechtfertigten Diskriminierung führen. Letztere ist gegeben, wenn das belieferte Unternehmen eine Alleinstellung erhält und sich damit dem Leistungsvergleich entzieht.

Mögliche **Abnehmereinschränkungen** sind:

Vertriebs-bindung	Dabei verpflichtet sich ein Wiederverkäufer, die bezogenen Produkte nur an vom Hersteller festgelegte Abnehmer zu verkaufen, beispielsweise an Fachgeschäfte.
Ausschließlich-keitsbindung	Sie schafft dem Hersteller eine Alleinstellung im Sortiment des Händlers. Das ist nur zulässig, wenn es branchenüblich bzw. durch technische oder qualitative Gründe der Produkte bedingt ist.

- Weiterhin gibt es Regelungen, die begrenzen, **wann** Distributionsleistungen erbracht werden dürfen. Dazu zählen das **Ladenschlußgesetz** und das **Gesetz gegen den unlauteren Wettbewerb** (UWG), das Schlußverkäufe und Sonderverkäufe regelt.

3.2.3.1 Direkte Absatzwege

Als direkte Absatzwege werden all jene Absatzwege bezeichnet, die sich nicht des Handels bedienen. Sie können sein - siehe ausführlich *Weis*:

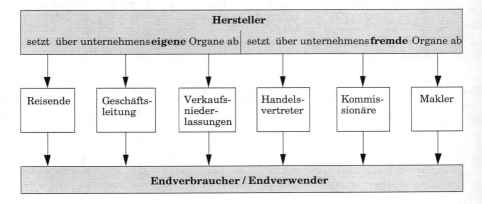

Ob die Nutzung direkter Absatzwege für ein Unternehmen vorteilhaft ist, hängt von mehreren Faktoren ab, beispielsweise vom Produkt selbst, seinem Verkaufsprogramm, seiner Größe und Marktstellung, seiner Kosten- und Erlössituation, der Konkurrenz und den Abnehmern.

Marketingbereich

Der direkte Absatz macht das Unternehmen von der Leistungsbereitschaft und Leistungsfähigkeit des **Handels** unabhängig. Er kann sich anbieten, wenn *(Weis)*

- die Zahl der Abnehmer begrenzt ist,
- die Abnehmer räumlich stark konzentriert sind,
- die Produkte stark erklärungsbedürftig sind,
- die Produkte technisch kompliziert sind.

Damit bietet sich ein direkter Absatz besonders bei Unternehmen an, die Investitionsgüter herstellen. Er ist aber auch bei dienstleistenden Unternehmen, beispielsweise **Banken** und **Versicherungen**, verbreitet.

Der direkte Absatz wird durch die Marketingabteilung geplant, gesteuert und kontrolliert. Dabei kann sie sich - wie gezeigt - besonders folgender **unternehmenseigener Absatzorgane*** bedienen:

- **Reisende** sind Angestellte des Unternehmens, die Kunden aufsuchen und beraten sowie Bestellungen entgegennehmen. Sie sind weisungsgebunden und erhalten ein Gehalt, zu dem noch umsatzbedingte Provisionen oder Prämien kommen können.

- **Mitglieder der Geschäftsleitung** werden vielfach tätig, wenn die Abnehmerzahl sehr klein und die Auftragsgrößen sehr groß sind, beispielsweise in der Investitionsgüter- und Bekleidungsindustrie sowie bei verschiedenen Zulieferern. Es ist aber auch möglich, daß sie andere Absatzorgane in besonders wichtigen Fällen unterstützen.

- **Verkaufsniederlassungen** bieten – beispielsweise auch als Verkaufsstellen oder Fabrikfilialen – die Möglichkeit, abnehmernah qualifiziert zu beraten, rasch zu liefern und Kundendienstleistungen bereitzustellen. Insbesondere die Investitionsgüterindustrie, chemische und pharmazeutische Industrie hat vielfach Verkaufsniederlassungen im In- und Ausland.

Als **unternehmensfremde Absatzorgane**, die den direkten Absatz bewirken, werden vielfach angesehen:

- **Handelsvertreter** als selbstständige Gewerbetreibende, die ständig damit betraut sind, Geschäfte für andere Unternehmen zu vermitteln oder in deren Namen abzuschließen. Sie sind, sofern keine vertraglichen Regelungen entgegenstehen, anders als die Reisenden nicht an Weisungen des Unternehmen gebunden und können ihre Arbeitszeit frei gestalten.

Ihre Vergütung kann unterschiedlich geregelt sein und umfassen:

– Umsatzabhängige Provision
– Umsatzabhängige Provision + Fixum.

---

* Mitunter werden auch Vertragshändler und Franchisepartner hinzugerechnet, da sie eine sehr enge Bindung an das Unternehmen haben. Unter dieser Betrachtung ist diese Zuordnung möglich, formell gesehen sind sie aber – als Handelsunternehmen – den indirekten Absatzwegen zuzurechnen. Zum Franchising siehe Seite 311.

Mit Vertragsende haben sie grundsätzlich einen Anspruch auf Zahlung eines Ausgleiches.

- **Kommissionäre** als selbständige Gewerbetreibende, die im eigenen Namen für Rechnung ihrer Auftraggeber handeln. Sie übernehmen für ihre Auftraggeber den Einkauf und Verkauf von Produkten, ohne daß diese in ihr Eigentum eingehen. Ihre Vergütung besteht üblicherweise aus einer umsatzabhängigen Kommission.

- **Makler** als selbständige Gewerbetreibende, die für andere Personen fallweise Verträge über Produkte vermitteln. Sie haben die Interessen beider Vertragspartner zu wahren. Ihre Vergütung ist eine im Zweifel von den Vertragsparteien hälftig zu tragende Courtage.

3.2.3.2 Indirekte Absatzwege

Die indirekten Absatzwege schließen den **Handel** in den Distributionsprozeß ein. Sie können sein - siehe ausführlich *Weis*:

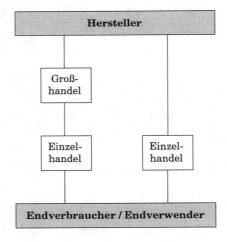

Der Handel überbrückt die räumliche und zeitliche Distanz zwischen dem Hersteller und den Endverbrauchern bzw. Endverwendern. Mit der Bildung von Sortimenten stellt er ihnen die Produkte mengen- und qualitätsgerecht zur Verfügung. Er kann Großhandel oder Einzelhandel sein:

- Als **Großhandel** beschafft er Waren und setzt sie unverändert oder nicht nennenswert verändert an Wiederverkäufer, Weiterverarbeiter oder Großabnehmer ab. Seine **Betriebsformen** sind beispielsweise:

Sortimentsgroß-handel	Er verfügt über ein breites Sortiment, das den Abnehmern ein ausgeweitetes Leistungsangebot bietet.
Spezialgroß-handel	Er weist ein schmales Sortiment auf, die Kaufmöglichkeiten sind deshalb stark begrenzt.
Zustell-großhandel	Hierzu gehört der Lebensmittelsortimenthandel, Getränkespezialhandel, genossenschaftliche Großhandel.
Abhol-großhandel	Er wird auch Cash-and-Carry-Großhandel genannt, der nach dem Prinzip der Selbstbedienung arbeitet.
Rack-Jobber	Er ist ein Regal-Großhändler, der in Handelsunternehmen für eigene Rechnung das Sortiment ergänzende Waren vertreibt.

- Der **Einzelhandel** schafft Waren an und bietet sie unverändert oder nach üblicher Be- bzw. Verarbeitung in offenen Verkaufsstellen jedermann zum Verkauf an. Er zeigt Muster und Proben, um Bestellungen entgegenzunehmen oder versendet Waren, die nach Katalog, Mustern, Proben bzw. aufgrund eines sonstigen Angebotes bestellt wurden. Seine **Betriebsformen** sind vor allem:

Gemischt-warengeschäft	Es ist ein Ladengeschäft mit Fremdbedienung, »üblichen« Preisen und mittelbreitem, flachem Sortiment.
Fachgeschäft	Es ist ein Geschäft, das eine Warengruppe bei mittlerer Sortimentsbreite und -tiefe in Fremdbedienung anbietet.
Spezialge-schäft	Es ist ein Geschäft, das aus einer Warengruppe ein enges, tiefes Sortiment in Fremdbedienung anbietet.
Kaufhaus	Es bietet als Großbetrieb die Waren einer oder weniger Branchen überwiegend in Fremdbedienung an.
Warenhaus	Es bietet als Großbetrieb die Waren aus mehreren Branchen überwiegend in Fremdbedienung an.
Kleinpreis-geschäft	Es bietet ein straffes Sortiment problemloser Waren des Massenbedarfes in Selbstbedienung, auf geringer Verkaufsfläche, zu kleinen bis mittleren Preisen an.
Filialunter-nehmen	Es betreibt mehrere räumlich getrennte Verkaufsstellen unter einheitlicher Leitung.
Supermarkt	Er bietet auf mindestens 400 qm Nahrungs- und Genußmittel sowie ergänzend problemlose Nichtlebensmittel in Selbstbedienung an.
SB-Warenhaus	Es bietet als Verbrauchermarkt auf mindestens 1.000 qm ein warenhausähnliches Sortiment in Selbstbedienung zu niedrigen Preisen an.
Versandhandel	Er bietet ein breites Sortiment mit bis zu 70.000 Artikeln nach Katalogen, Prospekten, Anzeigen an, das zugestellt wird.
Einkaufs-zentrum	Es umfaßt mehrere rechtlich selbständige Einzelhandelsunternehmen »unter einem Dach«.

3.2.3.3 Marketing-Logistik

Die Marketing-Logistik beschäftigt sich mit der Gestaltung der physischen Distribution der angebotenen Produkte. Dabei sind Kundenerwartungen zu berücksichtigen und Kostenüberlegungen anzustellen.

Typische **Problemstellungen** der Marketing-Logistik können sein - siehe ausführlich *Weis*:

* Zahl und Standorte der Läger
* Eigenläger oder Fremdläger
* Transportmittel und Transportwege
* (Mindest-)Auftragsgrößen.

46

3.2.4 Kommunikationspolitik

Die Kommunikationspolitik befaßt sich als marketingpolitisches Instrument mit der Gestaltung der Kommunikation durch das Unternehmen. Kommunikation ist im Marketingbereich die Übermittlung von Informationen und Bedeutungsinhalten zum Zweck der Steuerung von Meinungen, Einstellungen, Erwartungen und Verhaltensweisen gemäß spezifischer Zielsetzungen *(Meffert)*.

Als Instrumente zur Marketingkommunikation werden allgemein angesehen:
Vielfach wird der Kommunikationspolitik auch der **persönliche Verkauf** zugerechnet, der aber auch – wie *Nieschlag/Dichtl/Hörschgen* ihn interpretieren – als ein Instrument der Distributionspolitik verstanden werden kann. Mit dem persönlichen Verkauf soll der direkte Informationsfluß zwischen dem Unternehmen und seinen Abnehmern hergestellt werden.

Ebenfalls als Instrumente der Kommunikationspolitik gelten in jüngerer Zeit das Product Placement und Sponsoring *(Weis)*:

* Beim **Product Placement** werden Produkte in Medien dargestellt, ohne daß dies als Werbung unmittelbar erkennbar ist bzw. sein soll, beispielsweise indem der Hauptdarsteller in einem unterhaltenden Fernsehfilm einen BMW fährt.

- Beim **Sponsoring** stellt ein Sponsor einer Person oder Personengruppe Geld- oder Sachmittel zur Verfügung, beispielsweise einem Sportverein Trainingsanzüge mit werbendem Aufdruck.

3.2.4.1 Werbung

Die Werbung »ist ein Marketinginstrument, das durch absichtlichen und zwangfreien Einsatz spezieller Kommunikationsmittel die Zielpersonen zu einem Verhalten veranlassen will, das zur Erfüllung der Werbeziele des Unternehmens beiträgt« (*Bidlingmaier*).

Das Unternehmen kann die Werbung grundsätzlich nach eigenem Ermessen gestalten. Dabei hat es aber zu beachten - siehe ausführlich *Nieschlag / Dichtl / Hörschgen*:

- **Werbung darf nicht gegen die Grundsätze lauteren Wettbewerbs verstoßen** (§ 1 UWG), z.B. belästigend wirken (unaufgeforderte Anrufe, Telefax).

- Werbung darf nicht irreführend sein (§ 3 UWG). **Irreführende Werbung** ist »das Hervorrufen oder Bestätigen eines falschen, d.h. der Wirklichkeit nicht entsprechenden Eindrucks über einen bestimmten Sachverhalt, wobei der falsche Eindruck ursächlich sein muß für eine Beeinflussung von Einstellungen, Handlungsabsichten oder Handlungen, ohne daß der Beeinflußte diese spezifische Form der Einflußnahme bemerkt« (*Raffée*).

- **Vergleichende Werbung** ist nur erlaubt, wenn sie dazu dient, einen nach Form oder Inhalt ungerechtfertigten Angriff eines Wettbewerbers abzuwehren, außerdem zum Zwecke der Verdeutlichung eines nur auf diese Weise darzustellenden technischen Fortschritts oder mittels objektiver Testergebnisse. **Herabsetzende** vergleichende Werbung ist nicht erlaubt.

- Die **Wertreklame**, beispielsweise in Form der Werbeprämie, der Werbeprobe, des Werbepreises, des Werberabattes, des Werbegeschenkes unterliegt relativ engen Grenzen, die durch die Zugabeverordnung, das Rabattgesetz und § 1 UWG gezogen werden.

Zu betrachten sind bei der Werbung - siehe ausführlich *Weis*:

- Die **Grundsätze**, an denen sich die Werbung zu orientieren hat. Das können sein:

Wahrheit	Werbung darf nicht täuschen oder irreführen.
Klarheit	Werbung soll verständlich und deutlich sein.
Wirksamkeit	Werbung soll informieren und motivieren.
Wirtschaftlichkeit	Ihre Kosten sollen kleiner als die aus ihr resultierenden Erlöse sein. Unwirtschaftlichkeit ist zu vermeiden.

- Die **Arten** der Werbung, die unterschieden werden können *(Weis)*:

Nach den Zielen der Werbung	○ **Einführungswerbung**, die als erstmalige Werbung für ein neues Produkt erfolgt, um es bekannt zu machen. ○ **Expansionswerbung**, die einer Erhöhung des Umsatzes bzw. Marktanteils dienen soll. ○ **Erhaltungswerbung**, die den Bekanntheitsgrad eines Produktes erhalten und Umsatzrückgänge vermeiden soll.
Nach der Zahl der Werbenden	○ **Einzelwerbung**, bei der *ein* Anbieter für seine Produkte wirbt. ○ **Gemeinschaftswerbung**, bei der sich mehrere Unternehmen mit homogenen Produkten zusammenschließen.
Nach der Zahl der Umworbenen	○ **Einzelumwerbung**, bei der die Werbung individuell an eine Person gerichtet ist. ○ **Mengenumwerbung**, bei der die Werbung sich an eine Teilmenge oder die gesamte Bevölkerung wendet.
Nach der Stellung der Werbenden	○ **Herstellerwerbung**, die ein Produkt bekannt machen und ein Image aufbauen soll. ○ **Handelswerbung**, die kurzfristig orientiert ist und Umsatz erzielen soll.
Nach der beabsichtigten Wirkung	○ **Informationswerbung**, mit der objektive Informationen vermittelt werden sollen. ○ **Suggestivwerbung**, mit der Triebe und Gefühle freigesetzt werden sollen, beispielsweise mit Hilfe von Leitbild- und Assoziationswerbung.
Nach der Form psychologischer Ausgestaltung	○ **Überschwellige Werbung**, die vom Umworbenen bewußt wahrgenommen werden kann. ○ **Unterschwellige Werbung**, die wegen ihrer Kürze nicht bewußt aufgenommen werden kann und deshalb sittenwidrig ist.

Die Werbung hat sich an den Marketing-Zielen zu orientieren und daraus die **Werbeziele** zu entwickeln. Unter Beachtung dieser Werbeziele sind folgende Entscheidungen zu treffen:

- Das **Werbeobjekt** ist zu bestimmen, für das als einzelnes Produkt, als Produktgruppe oder als Gesamtheit aller Produkte geworben werden soll.

- Die **Werbesubjekte** sind zu bestimmen. Das sind die Personen oder Personengruppen, die mit der Werbung angesprochen werden sollen, als Zielpersonen oder Zielgruppen.

- Der **Werbeinhalt** ist festzulegen. Er soll das Interesse am Produkt wecken oder fördern, es als nützlich, vorteilhaft oder einzigartig darstellen.

- Die **Werbeperiode** ist zu bestimmen. Sie kann grundsätzlich einmalig und zeitlich begrenzt, kontinuierlich – beispielsweise täglich, wöchentlich – oder in regelmäßigen bzw. unregelmäßigen Zeitabständen wiederkehrend sein.

- Das **Werbebudget** ist in seiner Höhe **festzusetzen**. Es sollte an den Zielen und Aufgaben der Werbung orientiert sein. Weniger empfehlenswert ist es, sich bei der Festlegung des Werbebudgets an den finanziellen Möglichkeiten, an Prozentzahlen zum Umsatz oder am Gewinn oder an der Konkurrenz zu orientieren, wobei letztere nicht völlig außer acht gelassen werden darf.

- Das **Werbebudget** ist zu **verteilen**. Die Zuteilung auf die einzelnen Werbeobjekte kann dabei unmittelbar mit der Bestimmung des Werbebudgets erfolgen oder in einem darauf folgenden Schritt vorgenommen werden.

- Die **Werbemittel** sind zu bestimmen. Das ist »eine Zusammenfassung von Werbeelementen und/oder Werbefaktoren, die als letzte, nicht weiter zerlegbare Bestandteile Werbewirkung auslösen sollen« *(Korndörfer).* Bedeutsame Werbemittel sind:

Anzeigen	Plakate	Flugblätter
Fernsehspots	Kataloge	Werbedias
Rundfunkspots	Werbefilme	Beilagen
Prospekte	Werbebriefe	Werbegeschenke

- Die **Werbeträger** sind festzulegen. Das sind Personen und Sachen, die Werbemittel an die Werbesubjekte heranführen. Sie wirken über ihre Verbreitung oder Streuung. Typische Werbeträger sind:

Zeitungen	Anschlagtafeln	Direktwerbeunternehmen
Zeitschriften	Plakatsäulen	Verkehrsmittel
Rundfunkanstalten	Bundespost	Verpackungen
Fernsehanstalten	(Adreß-)Bücher	Absatzmittler
Kinos	Messegesellschaften	Schaufenster

Aufgrund der getroffenen Entscheidungen erfolgt die **Durchführung der Werbung**, die das Unternehmen selbständig betreiben, einer Werbeagentur übergeben oder als Kombination beider Möglichkeiten vornehmen kann.

Der Durchführung der Werbung schließt sich die **Kontrolle des Werbeerfolges** an. Sie ist schwierig, da der Werbeerfolg von vielen, teils unbekannten Faktoren beeinflußt wird, beispielsweise auch von den übrigen marketingpolitischen Instrumenten.

3.2.4.2 Verkaufsförderung

Die Verkaufsförderung ergänzt die Werbung durch informierende und motivierende Maßnahmen. Sie wird auch als **Sales Promotion** bezeichnet. Ihre Bedeutung ist in den letzten Jahren ständig angewachsen.

Im Gegensatz zur Werbung, die sich überwiegend an den Endabnehmer wendet, zielt die Verkaufsförderung auch auf den eigenen Verkaufsbereich und auf den Handel. Sie umfaßt damit folgende Maßnahmen *(Weis)*:

- **Verkaufspromotions**, die eine Förderung der Verkäufer im Innen- und Außendienst bewirken sollen:

Schulung	Beispiele:	Produkt-, Marktkenntnisse, Gesprächsführung.
Unterstützung	Beispiele:	Preislisten, Kataloge, Prospekte, Muster, Proben.
Motivation	Beispiele:	Provisionen, Prämien, Verkaufswettbewerbe.

- **Händlerpromotions**, die der Unterstützung des Handels dienen:

Information	Beispiele:	Tagungen, Händlerzeitschriften, Händlerschulung.
Unterstützung	Beispiele:	Displays, Regalpflege, Kalkulationshilfen, Verkaufsaktionen.
Motivation	Beispiele:	Händlerpreisausschreiben, -wettbewerbe, Aktionsprogramme.

- **Verbraucherpromotions**, die der Förderung der Verbraucher dienen, beispielsweise als Proben, Zugaben, Gewinnspiele, Preisausschreiben.

3.2.4.3 Öffentlichkeitsarbeit

»Öffentlichkeitsarbeit ist das bewußte, geplante und dauernde Bemühen, gegenseitiges Verständnis und Vertrauen in der Öffentlichkeit aufzubauen und zu pflegen« *(Oeckl)*. Sie ist – anders als die Werbung – nicht produktbezogen, sondern hat das Unternehmen zum Gegenstand. Vielfach wird auch von **Public Relations** gesprochen.

Instrumente der Öffentlichkeitsarbeit sind Pressemitteilungen, Pressekonferenzen, Unternehmensveröffentlichungen, Werbezeitschriften, Betriebsbesichtigungen.

Da die Öffentlichkeit alle im Umfeld des Unternehmens befindlichen Personen und Institutionen umfaßt, muß sie in homogene Zielgruppen zerlegt werden, beispielsweise Geschäftspartner, Arbeitnehmer, Politiker. Nur so kann eine differenzierte und damit wirksame Öffentlichkeitsarbeit betrieben werden.

3.3 Kontrolle

Die Marketingkontrolle schließt den Führungsprozeß im Marketing ab. Sie kann erfolgen als:

- **Kontrolle der Marketingaktivitäten**, mit der festzustellen ist, inwieweit diese erfolgreich waren. *Nieschlag / Dichtl / Hörschgen* nennt sie deshalb ergebnisorientierte Marketingkontrolle. Sie kann sein:

Kontrolle des Marketing-Mix	**Beispiele für Kontrollgrößen:** Umsatz, Gewinn, Deckungsbeitrag, Einstellungen, Kennzahlen.
Kontrolle einzelner Marketinginstrumente	**Beispiele für Kontrollgrößen:** ○ Der **statistische Werbeerfolg**, der sich aus Marketing-Kennzahlen ergibt, wie beispielsweise Umsatz- und Kostenhöhe. ○ Der **ökonomische Werbeerfolg**, der sachlich und zeitlich nicht abgegrenzt werden kann, beispielsweise als Vergrößerung des Umsatzes oder Marktanteiles. Es ist auch nicht bekannt, wie diese Daten sich ohne Werbung entwickelt hätten. ○ Der **außerökonomische Werbeerfolg**, auf den wegen der Schwierigkeiten bei der Feststellung des ökonomischen Erfolges zurückgegriffen wird. Er bezieht sich auf die Kontakthäufigkeit mit dem Werbemittel bzw. auf psychische Wirkung der Werbung.

- **Kontrolle des Marketingsystems**, mit der die Arbeitsweise des Marketing-Management beurteilt wird, nicht aber seine Ergebnisse bewertet werden. Sie wird vielfach als **Marketing-Audit** bezeichnet und bezieht sich auf Prämissen, Ziele, Strategien, Maßnahmen, Prozesse und Organisation des Marketing.

Die Kontrolle ist ein Teil des **Controllingprozesses**, der außerdem die Zielsetzung, Planung und Steuerung umfaßt. Um steuernd eingreifen zu können, bedarf das Controlling eines Frühwarnsystemes. Als Frühwarn-Größen kommen insbesondere Kennzahlen, beispielsweise Umsatzzahlen, in Betracht. Mit ihrer Hilfe können unplanmäßige Entwicklungen rasch erkannt werden.

	Kontrollfragen	bear- beitet	Lösungs- hinweis	Lösung +	−
01	Welche Bereiche umfassen die leistungswirtschaftlichen Prozesse?		195		
02	Beschreiben Sie die finanzwirtschaftlichen Prozesse!		195		
03	Mit welchen Materialien befaßt sich der Materialbereich?		196		
04	Worin unterscheiden sich Rohstoffe, Hilfsstoffe, Betriebsstoffe?		197		
05	Welche Bedeutung hat der Materialbereich in den Unternehmen?		197		
06	Was versteht man unter Materialstandardisierung?		197 f.		
07	Worin unterscheiden sich Normung und Typung?		197		
08	Inwieweit sind DIN-Normen im Wirtschaftsleben zwingend?		198		
09	Erläutern Sie, was unter der Mengenstandardisierung zu verstehen ist!		198		
10	Wozu dient die ABC-Analyse?		199		
11	Worauf ist die Wertanalyse ausgerichtet?		199		
12	Wozu dient die Materialnummerung?		199		
13	Welche Planungen können im Materialbereich vorgenommen werden?		199		
14	Wozu dient die Materialbedarfsplanung?		200		
15	Erläutern Sie, auf welchen Informationsquellen die programmorientierte Materialbedarfsplanung beruht!		200 f.		
16	Wie läßt sich der Materialbedarf rechnerisch ermitteln?		201		
17	Welche Zeiten müssen berücksichtigt werden, um sicherzustellen, daß die zu fertigenden Erzeugnisse rechtzeitig zur Verfügung stehen?		201		
18	Wie erfolgt die verbrauchsorientierte Materialbedarfsplanung?		202		
19	Welche Bedarfsverläufe sind für eine Bedarfsvorhersage geeignet, welche nicht?		202		
20	Wie kann beim Mittelwert-Verfahren vorgegangen werden?		203		
21	Wozu dient die Materialbestandsplanung?		203		
22	Was versteht man unter dem Lagerbestand, Buchbestand, Inventurbestand?		203		
23	Was versteht man unter dem Sicherheitsbestand, Meldebestand, Höchstbestand?		203 f.		
24	Wovon wird die Wahl der Bestandsstrategien beeinflußt?		205		
25	Beschreiben Sie die verschiedenen Bestandsstrategien!		205 f.		
26	Erläutern Sie die Arten der Bestandsergänzung!		207		

Kontrollfragen

	Kontrollfragen	bear-beitet	Lösungs-hinweis	Lösung +	-
27	Wozu dient die Materialbeschaffungsplanung?		207		
28	Welche Daten kann die Beschaffungs-Marktforschung liefern?		207		
29	Erläutern Sie, welche Beschaffungsprinzipien für ein Unternehmen in Betracht kommen können!		208		
30	Weshalb sind die Beschaffungstermine genau zu planen?		208		
31	Welche Losgrößen können unterschieden werden?		209		
32	Wovon hängt die wirtschaftliche Losgröße insbesondere ab?		209		
33	Wie ermittelt *Andler* die optimale Beschaffungsmenge?		209		
34	Inwieweit entspricht die *Andler'sche* Formel den Gegebenheiten der Praxis?		210		
35	Welche Durchführungsaufgaben stellen sich dem Materialbereich?		210		
36	Beschreiben Sie die Methoden, die der Mengenerfassung der Materialien dienen!		210		
37	Was versteht man unter der Inventur?		211		
38	Erläutern Sie, welche Arten der Inventur zu unterscheiden sind!		211		
39	Welche Bestandsänderungen gibt es?		211		
40	Erläutern Sie, welche Wertansätze bei der Werterfassung vorgenommen werden können!		211		
41	Beschreiben Sie die Schritte, in denen die Materialbeschaffung erfolgt!		212		
42	In welchen Phasen erfolgt die Materiallagerung?		212		
43	Welche Schritte umfaßt der Materialeingang?		212 f.		
44	Was sind Läger?		213		
45	Erläutern Sie, welche Läger nach den Lagerstufen zu unterscheiden sind!		213		
46	Welche Läger gibt es nach ihrer Gestaltung?		213 f.		
47	In welchen Schritten erfolgt der Materialabgang?		214		
48	Was versteht man unter Materialentsorgung?		215		
49	Wie kann die Abfallbegrenzung erfolgen?		215		
50	Welche Möglichkeiten der Abfallbehandlung bieten sich einem Unternehmen?		215		
51	Worauf kann sich die materialwirtschaftliche Kontrolle beziehen?		216		
52	Womit befaßt sich der Fertigungsbereich?		217		

	Kontrollfragen	bear- beitet	Lösungs- hinweis	Lösung + | -
53	Wie wird die Fertigung bewirkt?		217	
54	Nennen Sie fertigungswirtschaftliche Ziele!		217	
55	Welche Arten umfaßt die Planung im Fertigungsbereich?		217	
56	Was kann unter der Erzeugnisplanung verstanden werden?		218	
57	Wodurch erfolgt die Erzeugnisbeschreibung?		218	
58	Weshalb reicht in der Praxis *eine* Zeichnung vielfach nicht aus?		218	
59	Worin unterscheiden sich Stücklisten und Teileverwendungs- nachweise?		219 ff.	
60	Erläutern Sie, welche Arten von Stücklisten es gibt!		221	
61	Welche Aufgabe hat die Nummerung?		221	
62	Wozu kann die Nummerung dienen?		221 f.	
63	Beschreiben Sie die verschiedenen Nummerungssysteme!		221 f.	
64	Was versteht man unter der Programmplanung?		222	
65	Wozu dient die Arbeitsplanung?		223	
66	Erläutern Sie, was unter dem Arbeitsplan zu verstehen ist!		223	
67	Welche Informationen enthält ein Arbeitsplan?		224	
68	Beschreiben Sie die Bereitstellungsplanung!		225	
69	Wie kann die Auftragserstellung geplant werden?		225	
70	Welche Papiere können der Auftragserstellung dienen?		226	
71	Wie erfolgt die Planung der erforderlichen Zeiten?		226	
72	Erläutern Sie die verschiedenen Ablaufarten beim Menschen!		227	
73	Welche Ablaufarten gibt es beim Betriebsmittel?		228	
74	Welche Ablaufarten lassen sich beim Arbeitsgegenstand unter- scheiden?		229	
75	Was sind Vorgabezeiten?		230	
76	Beschreiben Sie, woraus die Auftragszeit sich zusammensetzt!		230	
77	Aus welchen Zeiten besteht die Belegungszeit?		231	
78	Wozu dient die Durchlaufterminierung?		231	
79	Woraus ergibt sich die Durchlaufzeit?		231	
80	Auf welche Arten kann die Durchlaufterminierung erfolgen?		232	
81	Wie kann eine Durchlaufverkürzung bewirkt werden?		233	
82	Erläutern Sie, wie die Kapazitätsauslastung geplant wird!		233	

	Kontrollfragen	bear-beitet	Lösungs-hinweis	Lösung +	Lösung -
83	Welche Durchführungsaufgaben ergeben sich im Fertigungsbereich?		233		
84	Beschreiben Sie die Fertigungsverfahren, die nach ihrer räumlichen und zeitlichen Strukturierung zu unterscheiden sind!		234		
85	Welche Fertigungsverfahren werden nach den erzeugten Mengen unterschieden?		234 f.		
86	Wie wird ein Auftrag ausgelöst?		235		
87	Wie erfolgt die Fertigungssteuerung?		235		
88	Worauf kann sich die fertigungswirtschaftliche Kontrolle beziehen?		236		
89	Welche Arten der Qualität lassen sich unterscheiden?		236		
90	Nennen Sie Produkteigenschaften, die kontrolliert werden können!		236		
91	Erläutern Sie, welche Arten der Kontrolle zu unterscheiden sind!		237		
92	Was versteht man unter einem Käufer- bzw. Verkäufermarkt?		237 f.		
93	Erläutern Sie, was unter Marketing verstanden werden kann!		238		
94	Nennen Sie weitere Begriffe der Leistungsverwertung!		238		
95	Worauf baut die Marketing-Planung auf?		239		
96	Was versteht man unter der Marktforschung?		239		
97	Welche Arten von Daten soll die Marktforschung bereitstellen?		239 f.		
98	Welche objektiven Daten können Sie nennen?		239 f.		
99	Worauf beziehen sich subjektive Daten?		240		
100	Worin unterscheiden sich Marktanalyse und Marktbeobachtung?		240		
101	Erläutern Sie, was unter der Sekundärforschung zu verstehen ist!		241		
102	Warum sollte die Marktforschung mit der Sekundärforschung beginnen?		241		
103	Welche Merkmale weist die Primärforschung auf?		241		
104	Welches Problem entsteht, wenn eine Primärforschung nicht alle Personen einer Zielgruppe einschließt?		241		
105	Nennen Sie die Methoden der Marktforschung!		241 f.		
106	Wie ist eine Befragung durchzuführen?		241		
107	Worauf kann sich die Beobachtung beziehen?		242		
108	Wie ist Beobachtung zu beurteilen?		242		
109	Was versteht man unter Panels?		242		

	Kontrollfragen	bear-beitet	Lösungs-hinweis	Lösung +	-
110	Erläutern Sie, was unter einem Experiment zu verstehen ist!		242		
111	Wie erfolgt die Auswertung der mit Hilfe der Marktforschung gewonnenen Daten?		243		
112	Welche Pläne können im Marketingbereich gegeben sein?		243		
113	Beschreiben Sie den Absatzplan!		243 f.		
114	Wozu dient der Maßnahmenplan?		244		
115	Erläutern Sie, was unter dem Kostenplan zu verstehen ist!		245		
116	Welche Durchführungsaufgaben stellen sich dem Marketingbereich?		246		
117	Was versteht man unter der Produktpolitik?		246		
118	Welche Maßnahmen umfaßt die Produktpolitik?		246		
119	Inwieweit ist ein Unternehmen in der Gestaltung seiner Produkte frei?		246 f.		
120	Beschreiben Sie die einzelnen Phasen des Produktlebenszyklus!		247 f.		
121	Welche Problemkreise umfaßt die Produktpolitik i.e.S.?		248 f.		
122	Erläutern Sie die Arten der Produktinnovation!		248		
123	In welchen Phasen geht ein Produktinnovations-Prozeß grundsätzlich vor sich?		249		
124	Welche Maßnahmen umfaßt die Gestaltung eines Produktes?		249		
125	Was versteht man unter der Produktvariation?		249		
126	Erläutern Sie, wie eine Produktelimination erfolgen kann!		250		
127	Was versteht man unter dem Leistungsprogramm eines Unternehmens?		250		
128	Woraus ergeben sich seine Breite und Tiefe?		250		
129	Nach welchen Prinzipien kann das Verkaufsprogramm industrieller Unternehmen gestaltet werden?		250		
130	Welche Möglichkeiten der Gestaltung gibt es bei den Sortimenten der Handelsunternehmen?		250 f.		
131	Welche Bedeutung hat die Kundendienstpolitik?		251		
132	Welche Maßnahmen umfaßt die Kundendienstpolitik?		251		
133	Worin unterscheiden sich Gewährleistung und Garantie?		251		
134	Was versteht man unter der Kontrahierungspolitik?		252		
135	Welche Maßnahmen umfaßt die Kontrahierungspolitik?		252		
136	Erläutern Sie, was unter der Preispolitik zu verstehen ist!		252		
137	Wie ergeben sich die Preise nach der Preistheorie?		252 f.		

	Kontrollfragen	bear-beitet	Lösungs-hinweis	Lösung +	-
138	Was ist unter dem Monopol, Oligopol, Polypol zu verstehen?		253		
139	Inwieweit ist das Unternehmen frei, seine Preise zu gestalten?		253		
140	Von welchen Faktoren kann die Preisbildung in der Praxis abhängen?		254		
141	Welche preispolitischen Strategien kann das Unternehmen betreiben?		254 f.		
142	Was sind Prämien-, Promotions-, Abschöpfungs-, Penetrationspreise?		254		
143	Erläutern Sie, wie Preisdifferenzierungen erfolgen können!		255		
144	Was versteht man unter dem preispolitischen Ausgleich?		255		
145	Geben Sie Beispiele für psychologische Preisgestaltung!		255		
146	Wozu dient die Rabattpolitik?		255		
147	Beschreiben Sie Arten der Rabatte!		255 f.		
148	Was ist unter der Konditionenpolitik zu verstehen?		256		
149	Welche Regelungen umfassen die Lieferbedingungen?		256		
150	Was kann bei den Zahlungsbedingungen geregelt werden?		256		
151	Wozu dient die Kreditpolitik?		257.		
152	Welche Maßnahmen umfaßt die Kreditpolitik?		257		
153	Was versteht man unter der Distributionspolitik?		257		
154	Welche Arten der Distributionspolitik sind zu unterscheiden?		257		
155	Inwieweit ist das Unternehmen bei der Gestaltung seiner Distributionspolitik frei?		257 f.		
156	In welchen Fällen kann es sich anbieten, direkt abzusetzen?		258		
157	Erläutern Sie, welche unternehmenseigenen Absatzorgane dem direkten Absatz dienen können!		259		
158	Mit welchen unternehmensfremden Absatzorganen kann der direkte Absatz bewirkt werden?		259 f.		
159	Wie kann ein indirekter Absatz grundsätzlich erfolgen?		260		
160	Worin unterscheiden sich Groß- und Einzelhandel?		260 f.		
161	Welche Betriebsformen des Großhandels gibt es?		261		
162	Beschreiben Sie die Betriebsformen des Einzelhandels!		261		
163	Welche Probleme sollen mit Hilfe der Marketing-Logistik gelöst werden?		262		
164	Was versteht man unter der Kommunikationspolitik?		262		
165	Welcher Instrumente bedient sich die Kommunikationspolitik?		262 f.		

Kontrollfragen

		bear-beitet	Lösungs-hinweis	Lösung +	Lösung -
166	Was versteht man unter dem persönlichen Verkauf?		262		
167	Beschreiben Sie, was unter Product Placement und Sponsoring zu verstehen ist!		262 f.		
168	Erläutern Sie, was unter Werbung zu verstehen ist!		263		
169	Inwieweit ist das Unternehmen frei, seine Werbung zu gestalten?		263		
170	An welchen Grundsätzen sollte sich die Werbung orientieren?		263		
171	Welche Arten der Werbung lassen sich unterscheiden?		264		
172	In welchen Schritten werden die werbenden Maßnahmen realisiert?		264 f.		
173	Geben Sie Beispiele für Werbemittel!		265		
174	Nennen Sie beispielhaft einige Werbeträger!		265		
175	Weshalb ist der Werbeerfolg schwierig zu kontrollieren?		265		
176	Was versteht man unter der Verkaufsförderung?		266		
177	Welche Maßnahmen umfaßt die Verkaufsförderung?		266		
178	Was versteht man unter der Öffentlichkeitsarbeit?		266		
179	Nennen Sie einige Instrumente der Öffentlichkeitsarbeit!		266		
180	Worauf kann sich die Kontrolle im Marketingbereich beziehen?		267		

E. Finanzbereich

Die Erstellung und Verwertung betrieblicher Leistungen erfolgt im Materialbereich, Fertigungsbereich und dem Marketingbereich als güterwirtschaftlicher Prozeß. Ihm steht ein finanzwirtschaftlicher Prozeß gegenüber, in dessen Verlauf Kapital beschafft, verwendet, wieder freigesetzt und verwaltet wird.

Dem Finanzbereich obliegt die Gestaltung dieses Prozesses, in dem die **Einnahmen** und **Ausgaben** des Unternehmens geplant, gesteuert und kontrolliert werden, beispielsweise in folgender Weise *(Olfert)*:

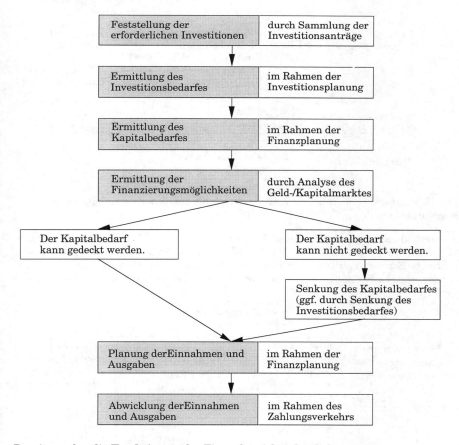

Damit werden die **Funktionen** des Finanzbereiches deutlich:

- Die **Kapitalbeschaffung** oder **Finanzierung**, die zur Aufgabe hat, das Unternehmen mit dem erforderlichen Kapital zu versorgen.

- Die **Kapitalverwendung** oder **Investition**, die dazu dient, das beschaffte Kapital im Unternehmen einzusetzen.

- Die **Kapitalverwaltung**, welche die Abwicklung der Einnahmen und Ausgaben des Unternehmens ermöglicht, die im Rahmen des **Zahlungsverkehrs** erfolgt.

Bevor Investition und Finanzierung näher zu behandeln sind, soll auf den Zahlungsverkehr eingegangen werden. Er kann grundsätzlich auf drei **Arten von Zahlungsmitteln** beruhen:

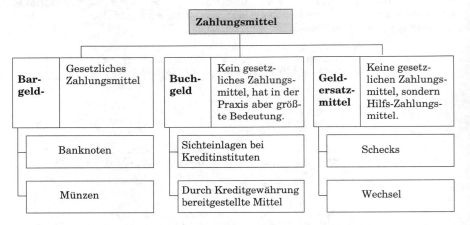

Der Zahlungsverkehr kann – unter Verwendung der genannten Zahlungsmittel – abgewickelt werden als - siehe ausführlich *Olfert*:

- **Barzahlungsverkehr**, bei dem Bargeld übertragen wird. Er hat im Geschäftsverkehr im wesentlichen nur bei Handels- und Dienstleistungsunternehmen, die private Kunden haben, größere Bedeutung und wird zunehmend durch die Nutzung von **Eurocheques**, **Kreditkarten** und **Electronic Cash-Systemen** ersetzt.

Finanzbereich 277

- **Halbbarer Zahlungsverkehr**, bei dem Bargeld in Buchgeld umgewandelt wird und umgekehrt. Dabei muß eine der am Zahlungsverkehr beteiligten Personen über ein Konto verfügen.

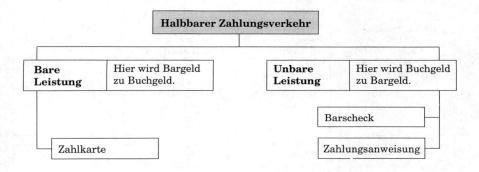

Im Geschäftsverkehr hat nur die Zahlkarte größere Bedeutung, die von den Unternehmen oft den Rechnungen beigelegt wird.

- **Bargeldloser Zahlungsverkehr**, bei dem weder der Zahlungspflichtige noch der Zahlungsempfänger mit Bargeld in Berührung kommen. Beide verfügen über ein Konto, das nicht beim gleichen Kreditinstitut geführt werden muß.

Der Zahlungsverkehr zwischen Unternehmen ist fast ausschließlich bargeldloser Zahlungsverkehr. In der Praxis kann er als Überweisung, Lastschrift, Scheck- und Wechselverkehr vorkommmen - siehe Abbildung Seite 278.

Der bargeldlose Zahlungsverkehr hat sich in den letzten Jahren weiterentwickelt, beispielsweise in Form von:

- **Kreditkarten**, die der Kunde bei Vertragsunternehmen der Kreditkartenaussteller erwerben kann, um damit bargeldlos Waren- und Dienstleistungen bzw. auch Bargeld zu beschaffen. Als Kreditkarten gelten Eurocard, American-Express-Card usw.

- **Electronic Cash-Systeme**, die automatisierte Kassensysteme sind und im Handel zunehmend eingesetzt werden. Der Kunde kann im Supermarkt oder an der Tankstelle bargeldlos bezahlen.

Dies kann anhand einer Karte mit Magnetstreifen geschehen, nachdem die persönliche Identifikationsnummer in das Kassenterminal eingegeben wurde. Es sind aber auch Mikroprozessor Chipkarten (Chips) verwendbar, von denen Rechnungsbeträge solange abgebucht werden können, bis sie »leer« sind.

Ein geordneter und wirtschaftlich gestalteter Zahlungsverkehr ist die Voraussetzung, um die finanzwirtschaftlichen Aufgaben optimal erfüllen zu können.

Dabei versteht man unter:

Überweisungen	Sie können von Kreditinstituten oder von Postbanken ausgegeben werden und Einzel-, Dauer- oder Sammelüberweisungen sein.
Einzugsermächtigungen	Bei ihnen erteilt der Zahlungspflichtige dem Zahlungsempfänger unmittelbar seine Zustimmung zum Lastschriftverkehr, der diese seinem Kreditinstitut bzw. Postbank vorlegt.
Abbuchungsaufträge	Bei ihnen gibt der Zahlungspflichtige seinem Kreditinstitut bzw. Postbank den Auftrag, Lastschriften eines bestimmten Zahlungsempfängers einzulösen bzw. abzubuchen.
Barschecks	Sie kann der Scheckempfänger bei dem bezogenen Institut bar einlösen, er kann sie aber auch zur Gutschrift vorlegen bzw. einreichen oder weitergeben.
Verrechnungsschecks	Sie schließen die bare Verfügung aus und sind auf der Vorderseite durch den Vermerk »Nur zur Verrechnung« oder zwei diagonal parallele Striche in der linken oberen Ecke gekennzeichnet.
Inhaberschecks	Sie tragen keine Angabe eines Zahlungsempfängers und sind, da sie Überbringerschecks darstellen, mit dem Zusatz »oder Überbringer« versehen.

Finanzbereich

Order-schecks	Sie tragen den Namen eines Zahlungspflichtigen, dazu kann - muß aber nicht - der Vermerk »oder Order« kommen. Sie stellen sicher, daß nur der Begünstigte ihn einlösen oder weitergeben kann.
Euro-cheques	Sie werden zusammen mit der Eurocheque-Karte an kreditwürdige Kunden ausgegeben. Mit ihr garantiert das bezogene Kreditinstitut bzw. Postbank die Einlösung von bis zu 400 DM pro ausgestelltem Eurocheque, ohne daß das Konto des Ausstellers eine ausreichende Deckung aufweisen muß.
Bestätigte Schecks	Sie sollen die Sicherheit von Gläubigern bargeldgleich erhöhen. Die Bestätigung darf nur durch die Bundesbank oder eine Landeszentralbank erfolgen, die bei Vorlage des Schecks innerhalb von 8 Tagen für die Einlösung haftet.
Gezogene Wechsel	Sie enthalten die unbedingte Anweisung eines Ausstellers an den Bezogenen, einen bestimmten Geldbetrag bei Fälligkeit an die Person zu zahlen, die im Wechsel als berechtigt ausgewiesen sind. Er wird auch als **Tratte** bezeichnet.
Eigene Wechsel	Sie enthalten das unbedingte Versprechen eines Ausstellers, einen bestimmten Geldbetrag bei Fälligkeit an die Person zu zahlen, die im Wechsel als berechtigt ausgewiesen ist. Er wird auch **Solawechsel** genannt.

Die Verwendung des **Schecks** kann erfolgen:

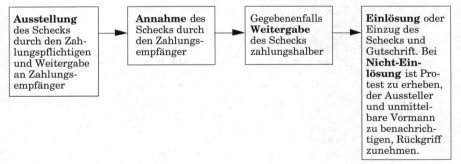

Der **Wechsel** kann in folgender Weise verwendet werden:

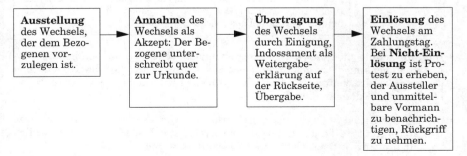

1. Investition

Investitionen sind Ausgaben für Vermögensteile. Sie beginnen mit den Anschaffungsausgaben für das jeweilige Investitionsobjekt, denen laufende Ausgaben – beispielsweise für Löhne und Materialien – folgen. Das so gebundene Kapital wird durch die Verwertung der mit Hilfe des Investitionsobjektes erstellten Leistungen in Form von Einnahmen wieder freigesetzt, deren letzte ein Liquidationserlös sein kann. Dieser Prozeß wird als **Desinvestition** bezeichnet.

Der **Investitionsprozeß** umfaßt:

1.1 Planung

Die Investitionsplanung dient der Ermittlung der zukünftigen investiven Erfordernisse und der Festlegung der daraus resultierenden Maßnahmen. Sie erfolgt auf der Grundlage der vom Management vorgegebenen **Ziele**, die insbesondere sein können:

- Die **Liquidität**, deren Erhaltung für das Unternehmen lebensnotwendig ist. Sie kann sein:

Absolute Liquidität	Das ist die Eigenschaft von Vermögensteilen, als Zahlungsmittel verwendet oder in Zahlungsmittel umgewandelt zu werden. Sie bezieht sich nur auf die Aktiv-Seite der Bilanz und ist ungeeignet, den Bestand des Unternehmens zu sichern.
Relative Liquidität	Als **statische Liquidität** beschreibt sie das Verhältnis zwischen Zahlungsmitteln, kurzfristigen Forderungen, Vorräten und den kurzfristigen Verbindlichkeiten. Sie ist zu eng mit der Bilanz verknüpft und lediglich zeitpunktbezogen. Damit ist sie ebenfalls nicht geeignet, den Bestand des Unternehmens zu sichern. Als **dynamische Liquidität** ist sie die Fähigkeit des Unternehmens, die zu einem Zeitpunkt zwingend fälligen Zahlungsverpflichtungen uneingeschränkt erfüllen zu können, die zu jedem Zeitpunkt seines Bestehens gegeben sein muß.

- Die **Sicherheit**, die in einer Risikobegrenzung zu sehen ist, um den Bestand des Unternehmens nicht zu gefährden. Jede Investition bietet die Chance, Gewinne daraus zu erwirtschaften. Sie birgt aber auch das Risiko keines oder eines geringeren Gewinnes oder gar eines Verlustes.

- Die **Rentabilität**, die sich aus dem Verhältnis von Gewinn und Kapital bzw. Umsatz ergibt. Sie kann im Investitionsbereich durch die Wahl wirtschaftlich vorteilhafter Investitionsobjekte positiv beeinflußt werden.

Investition

Die Investitionsplanung bezieht sich auf:

- **Einzelinvestitionen**
- **Investitionsprogramm.**

1.1.1 Einzelinvestitionen

Um zur Planung eines optimalen Investitionsprogrammes zu gelangen, sind zunächst die angestrebten Investitionen planerisch zu optimieren. Dabei kann ein **einziges Investitionsobjekt** auf seine Vorteilhaftigkeit hin betrachtet werden. Es ist aber auch möglich, daß für eine Investition **mehrere Investitionsalternativen** vorliegen, deren vorteilhafteste zu ermitteln ist. Schließlich kann zu beurteilen sein, ob ein **altes durch ein neues Investitionsobjekt ersetzt** werden soll.

Für die Planung einzelner Investitionen ist folgender **Ablauf** typisch – siehe ausführlich *Olfert*:

- Die **Investition** wird **angeregt**, beispielsweise wegen nicht mehr ausreichender Kapazitäten, neuer verbesserter Fertigungsverfahren, neuer verbesserter Materialien, veränderter Erwartungen der Abnehmer, neuer Vorschriften des Gesetzgebers.

- Das **Investitionsproblem** wird – zweckmäßigerweise schriftlich – **beschrieben** und **begründet**, seine Dringlichkeit festgestellt, und die sich aus der Investition für das Unternehmen ergebenen Vorteile und Nachteile werden dokumentiert.

- Die zur Beurteilung der Vorteilhaftigkeit der Investition geeigneten **Bewertungskriterien** sind festzulegen. Sie können sein:

Quantitative Bewertungskriterien*	Kosten Gewinn Rentabilität Amortisationszeit Kapitalwert Interner Zinsfuß Annuität
Qualitative Bewertungskriterien* *	Wirtschaftliche Kriterien Technische Kriterien Soziale Kriterien Rechtliche Kriterien

---

* Sie werden in den **Investitionsrechnungen**, die unten beschrieben sind, verwendet. Weitere quantitative Bewertungskriterien sind der Ertrags-, Reproduktions-, Substanz-, Mittelwert, die für die Bewertung von Unternehmen als Investitionsobjekt verwendet werden - siehe *Olfert*.

** Sie werden in den qualitativen Investitionsrechnungen verwendet, die - als **Nutzwertrechnungen** - ausführlich von *Olfert* dargestellt werden.

- Gegebenenfalls sind durch das Investitionsobjekt zwingend zu erfüllende Nebenbedingungen zu bestimmen, die als **Begrenzungsfaktoren** wirken, beispielsweise technische Mindestdaten einer Maschine.

- Die möglichen **Investitionsalternativen** werden daraufhin **untersucht**, ob sie die zuvor aufgestellten Nebenbedingungen erfüllen. Ist das der Fall, werden sie mit Hilfe obiger quantitativer bzw. qualitativer Bewertungskriterien untersucht.

Quantitative Verfahren zur Beurteilung der einzelnen Investitionen sind:

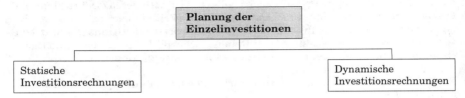

1.1.1.1 Statische Investitionsrechnungen

Die statischen Investitionsrechnungen berücksichtigen – als Hilfsverfahren der Praxis – den Zeitfaktor nicht, sie rechnen praktisch nur mit einer Periode. Zu unterscheiden sind - siehe ausführlich *Olfert*:

- Die **Kostenvergleichsrechnung**, mit welcher die für die Investitionsalternativen anfallenden Kosten ermittelt werden, um die kostengünstigste Investitionsalternative festzustellen.

Die Vorteilhaftigkeit einer **Erweiterungsinvestition** kann ermittelt werden als:

– **Vergleich pro Periode**, wenn die Leistungsmengen der Investitionsalternativen gleich groß sind.

Beispiel:

		Investitionsobjekt I	Investitionsobjekt II
Leistung	Stück/Jahr	20.000	20.000
Fixe Kosten* Variable Kosten**	DM/Jahr DM/Jahr	42.000 295.000	27.500 326.000
Gesamte Kosten	DM/Jahr	337.000	353.500
Kostendifferenz I - II	DM/Jahr	– 16.500	

---

* **Fixe Kosten** sind Kosten, die innerhalb bestimmter Leistungsgrenzen und innerhalb eines bestimmten Zeitraumes keine Veränderungen aufweisen, beispielsweise Mieten, Versicherungsprämien, zeitabhängige Abschreibungen, Zinsen für Anlagevermögen, Gehälter.

** **Variable Kosten** sind Kosten, die sich bei Leistungsschwankungen unmittelbar ändern, beispielsweise leistungsbezogene Löhne, leistungsabhängige Materialien, Energiekosten, verbrauchsabhängige Abschreibungen, Zinsen für Umlaufvermögen.

– **Vergleich pro Leistungseinheit**, der erforderlich wird, wenn die Investitionsalternativen unterschiedliche Leistungen erbringen.

Beispiel:

		Investitionsobjekt I		Investitionsobjekt II	
Leistung	Stück/Jahr	19.500		20.000	
Fixe Kosten	DM/Jahr	42.000		27.500	
	DM/Stück		2,15		1,38
Variable Kosten	DM/Jahr	295.000		326.000	
	DM/Stück		15,13		16,30
Gesamte Kosten	DM/Jahr	337.000		353.500	
	DM/Stück		17,28		17,68
Kostendifferenz I - II	DM/Jahr		– 0,40		

Der Kostenvorteil von 0,40 DM bezieht sich jedoch nur auf den Fall, daß die maximale Leistungsmenge auch genutzt wird. Ansonsten sollte eine **Break-Even-Analyse** vorgenommen werden, bei der für beide Maschinen die Kostenfunktionen zu bilden sind, die dann zwecks Ermittlung der **kritischen Menge** gleichgesetzt werden.

Beispiel:
$$K_1 = 15{,}13\,x + 42.000$$
$$K_2 = 16{,}30\,x + 27.500$$
$$15{,}13\,x + 42.000 = 16{,}30\,x + 27.500$$
$$x = \underline{\underline{12.393}}$$

Bei einer Ausbringungsmenge unter 12.393 Stück/Jahr ist Maschine II kostengünstiger, ansonsten Maschine I.

Mit Hilfe der Kostenvergleichsrechnung läßt sich auf die gleiche Weise auch die Vorteilhaftigkeit einer **Ersatzinvestition** ermitteln, wobei zu beachten ist, daß die Herausnahme eines alten Investitionsobjektes zu einem Liquidationsverlust und Zinsentgang führen kann, was rechnerisch zu berücksichtigen ist.

Die Kostenvergleichsrechnung wird in der Praxis gerne eingesetzt, obgleich keine Aussagen über die Rentabilitäten der Investitionsalternativen erfolgen. Außerdem werden gleich hohe Erlöse aus den Investitionsalternativen unterstellt.

• Die **Gewinnvergleichsrechnung** ist eine Erweiterung der Kostenvergleichsrechnung um die Erlöse, die bei den Investitionsalternativen unterschiedlich sein können.

Die Vorteilhaftigkeit einer **Erweiterungsinvestition** kann ermittelt werden als:

– **Vergleich pro Periode**, der notwendig ist, wenn die Leistungsmengen der Investitionsalternativen unterschiedlich groß sind. Er kann aber auch bei gleich großen Leistungen der Investitionsalternativen erfolgen.

Beispiel:

		Investitionsobjekt I	Investitionsobjekt II
Leistung	Stück/Jahr	19.500	20.000
Erlöse	DM/Jahr	482.000	484.000
Fixe Kosten	DM/Jahr	42.000	27.000
Variable Kosten	DM/Jahr	295.000	326.500
Gesamte Kosten	DM/Jahr	337.000	353.500
Gewinn		145.000	130.500
Gewinndifferenz I - II		14.500	

- **Vergleich pro Leistungseinheit,** der erfolgen kann, wenn die Leistungen der Investitionsalternativen gleich groß sind.

Wie bei der Kostenvergleichsrechnung läßt sich die **kritische Menge** ermitteln. Bei der Gewinnvergleichsrechnung gibt sie an, bei welcher Menge die durch die Investitionsalternativen erzielten Gewinne gleich groß sind. Dazu werden die Gewinnfunktionen der Investitionsalternativen gleichgesetzt.

Mit Hilfe der Gewinnvergleichsrechnung läßt sich entsprechend auch die Vorteilhaftigkeit einer **Ersatzinvestition** feststellen, wobei die bei der Kostenvergleichsrechnung gegebenen Hinweise zu beachten sind.

Die Gewinnvergleichsrechnung wird weniger häufig als die Kostenvergleichsrechnung genutzt. Sie ermöglicht ebenfalls keine Aussagen über die Rentabilität. Die Zurechnung der Erlöse auf die Investitionsalternativen ist mitunter nicht ohne weiteres möglich.

- Die **Rentabilitätsvergleichsrechnung** dient dazu, die durchschnittliche jährliche Verzinsung der Investitionsalternativen zu ermitteln.

$$\text{Rentabilität} = \frac{\text{Erlöse} - \text{Kosten}}{\text{Durchschnittlicher Kapitaleinsatz}} \cdot 100$$

Als **durchschnittlicher Kapitaleinsatz** werden bei abnutzbaren Anlagegütern die halben Anschaffungskosten, bei nicht abnutzbaren Anlagegütern und Gütern des Umlaufvermögens die Anschaffungskosten angesetzt.

Die Vorteilhaftigkeit einer **Erweiterungsinvestition** kann ermittelt werden, indem der Gewinn – wie in der Gewinnvergleichsrechnung beschrieben – festgestellt und zum durchschnittlichen Kapitaleinsatz in Beziehung gesetzt wird.

Investition

Beispiel:

		Maschine I	Maschine II
Anschaffungskosten	DM	90.000	88.020
Nutzungsdauer	Jahre	6	6
Leistungsmenge	Stück/Jahr	20.000	23.000
Fixe Kosten	DM/Jahr	20.000	18.670
Variable Kosten	DM/Jahr	72.000	70.000
Gesamte Kosten		92.000	88.670
Erlöse		112.300	114.230
Gewinn		20.300	25.560

$$R_1 = \frac{112.300 - 92.000}{45.000} \cdot 100 = \underline{45{,}1\,\%}$$

$$R_2 = \frac{114.230 - 88.670}{44.010} \cdot 100 = \underline{58{,}1\,\%}$$

Mit Hilfe der Rentabilitätsvergleichsrechnung läßt sich auch die Vorteilhaftigkeit von **Ersatzinvestitionen** ermitteln. Dabei werden die durchschnittliche jährliche Kostenersparnis und der durchschnittliche Kapitaleinsatz in Beziehung zueinander gesetzt.

Weichen Anschaffungskosten und/oder Nutzungsdauer der Investitionsalternativen (wesentlich) voneinander ab, wird der Rentabilitätsvergleich erschwert. Um eine Vergleichbarkeit herzustellen, ist der Ansatz wertergänzender **Differenzinvestitionen** erforderlich.

Die Rentabilitätsvergleichsrechnung wird in der Praxis häufig verwendet. Allerdings ist die Zurechnung der Erlöse auf die Investitionsalternativen mitunter nicht ohne weiteres möglich. Der Ansatz erforderlicher Differenzinvestitionen kann außerhalb der praktischen Gegebenheiten liegen.

- Die **Amortisationsvergleichsrechnung**, die auch **Pay-Off-Rechnung** genannt wird, dient der Ermittlung des Zeitraumes, der erforderlich ist, um die Ausgaben für die Anschaffung von Investitionsalternativen durch die jährlich daraus erzielten Überschüsse auszugleichen.

$$\text{Amortisationszeit} = \frac{\text{Anschaffungskosten}}{\text{Jährlicher Gewinn} + \text{jährliche Abschreibungen}}$$

Um die Vorteilhaftigkeit einer **Erweiterungsinvestition** ermitteln zu können, werden die jährlichen Rückflüsse der Investitionsalternativen als jährlich zusätzlich entstehender Gewinn und jährlich zusätzlich entstehende Abschreibungen interpretiert.

Beispiel:

		Maschine I	Maschine II
Anschaffungskosten	(DM)	100.000	150.000
Nutzungsdauer	(Jahre)	5	5
Durchschnittlicher Gewinn	(DM/Jahr)	28.000	36.000

$$W_1 = \frac{100.000}{28.000 + (100.000 : 5)} = 2,08 \text{ Jahre}$$

$$W_2 = \frac{150.000}{36.000 + (150.000 : 5)} = 2,27 \text{ Jahre}$$

Es ist zu sehen, daß die Maschine I eine um 0,19 Jahre geringere Amortisationszeit hat als Maschine II und damit die vorteilhaftere Investitionsalternative darstellt.

Bei einer **Ersatzinvestition** werden die jährlichen Rückflüsse als jährlich entstehende Kostenersparnis und jährlich zusätzlich entstehende Abschreibungen angesehen, die sich durch die zu beschaffenden Investitionsalternativen ergeben.

Die Amortisationsvergleichsrechnung ist das in der Praxis am weitesten verbreitete Verfahren. Allerdings vermittelt es keine Informationen über die Rentabilitäten der Investitionsalternativen. Die Zurechnung der Erlöse auf die Investitionsalternativen ist mitunter nicht ohne weiteres möglich, die Erlöse nach der Amortisationszeit bleiben unberücksichtigt.

1.1.1.2 Dynamische Investitionsrechnungen

Im Gegensatz zu den statischen Investitionrechnungen zeichnen sich die dynamischen Investitionrechnungen dadurch aus, daß sie sich auf **mehrere Perioden** beziehen. Dabei bedienen sie sich **finanzmathematischer Methoden**, mit deren Hilfe die unterschiedliche Bedeutung der Daten im Zeitablauf berücksichtigt wird.

Sie können somit rechnerisch wesentlich genauere Werte als die statischen Investitionrechnungen liefern. Praktisch ergibt sich vielfach allerdings das Problem, daß sich die Zahlungsströme in ihrer Höhe und zeitlichen Verteilung auf die Investitionsalternativen nicht ohne weiteres zurechnen lassen.

Zu unterscheiden sind folgende dynamischen Investitionsrechnungen - siehe ausführlich *Olfert*:

Investition

- Bei der **Kapitalwertmethode** werden alle einer Investition zuzurechnenden Einnahmen und Ausgaben mit Hilfe des Abzinsungsfaktors abgezinst*:

$$C_o = C_E - C_A$$

$$C_o = \frac{E_1 - A_1}{q} + \frac{E_2 - A_2}{q^2} + \ldots + \frac{E_n - A_n}{q^n} - A_o$$

C_o = Kapitalwert
C_E = abgezinste Einnahmen (einschließlich Restwert)
C_A = abgezinste Ausgaben (einschließlich Anschaffungswert)
E = Einnahmen in den Nutzungsjahren 1...n
A = Ausgaben in den Nutzungsjahren 1...n
q = Kalkulationszinsfuß
$\frac{1}{q^n}$ = Abzinsungsfaktor
A_o = Anschaffungswert in der Periode 0

Die Kapitalwertmethode ist für die Beurteilung einer **Erweiterungsinvestition**, nicht dagegen einer Ersatzinvestition geeignet. Eine Investitionsalternative ist vorteilhaft, wenn der Kapitalwert mindestens Null beträgt.

Beispiel: Die Anschaffungskosten werden mit 100.000 DM, die Nutzungsdauer mit 5 Jahren und der Kalkulationszinsfuß mit 8 % angenommen.

---

* Zum Abzinsungsfaktor siehe ausführlich *Däumler, Olfert*.

Jahr	5 %	6 %	7 %	8 %	9 %	10 %	11 %	12 %
1	0,952381	0,943396	0,934579	0,925926	0,917431	0,909091	0,900901	0,892857
2	0,907029	0,889996	0,873439	0,857339	0,841680	0,826446	0,811622	0,797194
3	0,863838	0,839619	0,816298	0,793832	0,772183	0,751315	0,731191	0,711780
4	0,822702	0,792094	0,762895	0,735030	0,708425	0,683013	0,658731	0,635518
5	0,783526	0,747258	0,712986	0,680583	0,649931	0,620921	0,593451	0,567427
6	0,746215	0,704961	0,666342	0,630170	0,596267	0,564474	0,534641	0,506631
7	0,710681	0,665057	0,622750	0,583490	0,547034	0,513158	0,481658	0,452349
8	0,676839	0,627412	0,582009	0,540269	0,501866	0,466507	0,433926	0,403883
9	0,644609	0,591898	0,543934	0,500249	0,460428	0,424098	0,390925	0,360610
10	0,613913	0,558395	0,508349	0,463193	0,422511	0,385543	0,352184	0,321973

Jahr	Einnahmen	Ausgaben	Rückfluß	Abzinsungs-faktor	Barwert
1	110.000	85.000	25.000	0,925926	23.148
2	95.000	70.000	25.000	0,857339	21.434
3	105.000	70.000	35.000	0,793832	27.784
4	100.000	65.000	35.000	0,735030	25.726
5	90.000	80.000	10.000	0,680583	6.806
	Summe (DM)				104.898
	− Anschaffungswert (DM)				100.000
	Kapitalwert (DM)				4.898

Bei unterschiedlichen Anschaffungswerten und/oder Nutzungsdauern von Investitionsalternativen sind **Differenzinvestitionen** anzusetzen.

- Bei der **Internen Zinsfuß-Methode** wird der Zinssatz ermittelt, der für die Investitionsalternative zu einem Kapitalwert von Null führt. Die Investition ist vorteilhaft, wenn der interne Zinsfuß nicht kleiner ist als der von dem Unternehmen festgelegte Kalkulationszinsfuß.

Mit Hilfe der Internen Zinsfuß-Methode kann die Vorteilhaftigkeit einer **Erweiterungsinvestition** ermittelt werden. Dazu werden die jeweiligen Rückflüsse aus der Investitionsalternative auf den Bezugszeitpunkt abgezinst. Das geschieht zweckmäßigerweise unter Verwendung von zwei Versuchszinssätzen.

Beispiel: Bei einer Maschine mit einem Anschaffungswert von 100.000 DM und einer Nutzungsdauer von 5 Jahren ergeben sich bei Versuchszinssätzen von 8 % und 16 % folgende Kapitalwerte:

		Versuchszinssatz 8 %		Versuchszinssatz 16 %	
Jahr	Rückfluß	Abzinsungs-faktor	Barwert	Abzinsungs-faktor*	Barwert
1	10.000	0,925926	9.259	0,862069	8.620
2	35.000	0,857339	30.006	0,743163	26.010
3	25.000	0,793832	19.845	0,640658	16.016
4	35.000	0,734030	25.726	0,552291	19.330
5	30.000	0,680583	20.417	0,476113	14.283
	Summe (DM)		105.253		84.259
	− Anschaffungswert (DM)		100.000		100.000
	Kapitalwert (DM)		5.253		− 15.741

---

* Aus *Olfert* entnommen

Investition

Zur Ermittlung des internen Zinsfußes dient die Formel:

$$r = p_1 - C_{o1} \frac{p_2 - p_1}{C_{o2} - C_{o1}}$$

p   = Versuchszinssatz (1 bzw. 2)
r   = interner Zinsfuß
C_o = Kapitalwert (bei p_1 bzw. p_2)

Beispiel: In Fortführung des vorangegangenen Beispiels ergibt sich als interner Zinsfuß:

$$r = 8 - 5.253 \; \frac{16 - 8}{-15.741 - 5.253} = \underline{\underline{10,0\,\%}}$$

- Bei der **Annuitätenmethode** werden die durchschnittlichen jährlichen Einnahmen den durchschnittlichen jährlichen Ausgaben gegenübergestellt. Dabei wird zunächst der Kapitalwert der Investitionsalternative ermittelt, der dann mit dem Kapitalwiedergewinnungsfaktor* multipliziert wird:

$$a = C_o \cdot \frac{q^n (q - 1)}{q^n - 1}$$

a   = Annuität
C_o = Kapitalwert
$\frac{q^n (q - 1)}{q^n - 1}$ = Kapitalwiedergewinnungsfaktor

Mit Hilfe der Annuitätenmethode kann die Vorteilhaftigkeit einer **Erweiterungsinvestition** beurteilt werden. Eine Investitionsalternative ist positiv zu beurteilen, wenn die Annuität nicht negativ ist.

---
* Zum Kapitalwiedergewinnungsfaktor siehe ausführlich *Däumler, Olfert*.

Jahr	5 %	6 %	7 %	8 %	9 %	10 %	11 %	12 %
1	1,050000	1,060000	1,070000	1,080000	1,090000	1,100000	1,110000	1,120000
2	0,537805	0,545437	0,553092	0,560769	0,568469	0,576190	0,583934	0,591698
3	0,367209	0,374110	0,381052	0,388034	0,395055	0,402115	0,409213	0,416349
4	0,282012	0,288591	0,295228	0,301921	0,308669	0,315471	0,322326	0,329234
5	0,230975	0,237396	0,243891	0,250456	0,257092	0,263797	0,270570	0,277410
6	0,197017	0,203363	0,209796	0,216315	0,222920	0,229607	0,236377	0,243226
7	0,172820	0,179135	0,185553	0,192072	0,198691	0,205405	0,212215	0,219118
8	0,154722	0,161036	0,167468	0,174015	0,180674	0,187444	0,194321	0,201303
9	0,140690	0,147022	0,153486	0,160080	0,166799	0,173641	0,180602	0,187679
10	0,129505	0,135868	0,142378	0,149029	0,155820	0,162745	0,169801	0,176984

Beispiel: Maschine I hat einen Anschaffungswert von 60.000 DM, Maschine II von 70.000 DM. Beide Maschinen sind 4 Jahre nutzbar. Der Kalkulationszinsfuß beträgt 10 %.

Jahr	Abzinsungs-faktor	Maschine I		Maschine II	
		Rückfluß	Barwert	Rückfluß	Barwert
1	0,909091	18.000	16.363	18.000	16.363
2	0,826446	25.000	20.661	30.000	24.793
3	0,751315	25.000	18.783	30.000	22.539
4	0,683013	20.000	13.660	25.000	17.075
	Summe (DM)		69.467		80.770
	− Anschaffungswert (DM)		60.000		70.000
	Kapitalwert (DM)		9.467		10.770

a_1 = 9.467 · 0,315471 = 2.986 DM

a_2 = 10.770 · 0,315471 = 3.397 DM

Die Annuitätenmethode ist ebenfalls geeignet, die Vorteilhaftigkeit einer Ersatzinvestition zu ermitteln.

50

1.1.2 Investitionsprogramm

Das Unternehmen hat in einer Rechnungsperiode nicht nur eine Investition vorzunehmen, sondern eine Vielzahl von Investitionen, die das Investitionsprogramm darstellen und im **Investitionsplan** dokumentiert werden.

Die Planung des Investitionsprogrammes umfaßt - siehe ausführlich *Olfert*:

- Die **Ermittlung des Investitionsbedarfes**, der die Summe aller gewünschten Investitionen ist. Dabei empfiehlt sich, die gewünschten Investitionen zu unterteilen in:

Notwendige Investitionen	Sie sind zur Erreichung der vorgegebenen Ziele unbedingt erforderlich.
Erwünschte Investitionen	Sie sind nicht zwingend erforderlich, fördern die Erreichung der Ziele aber mit.

- Die **Beurteilung der Investitionen** bezüglich ihrer Vorteilhaftigkeit, wie oben bei den Einzelinvestitionen beschrieben. Sie führt dazu, daß die zunächst gewünschten Investitionen in das Investitionsprogramm aufgenommen werden oder nicht.

Investition

- Die **Ermittlung des Kapitalbedarfes**, der sich aus den gewünschten Investitionen ergibt. Er entsteht dadurch, daß vom Unternehmen Ausgaben – beispielsweise für Maschinen, Rohstoffe, Personal – zu leisten sind, denen unmittelbar keine zumindest gleich hohen Einnahmen – beispielsweise aus dem Verkauf der erstellten Produkte – gegenüberstehen.

Der Kapitalbedarf wird im **Finanzierungsbereich** des Unternehmens ermittelt, der festzustellen hat, inwieweit die gewünschten Investitionen finanzierbar sind.

- Die **Ermittlung der Kapitaldeckung**, die ebenfalls im Finanzierungsbereich erfolgt. Sie geschieht im Rahmen der **Finanzplanung**. Dabei geht es nicht nur um die Frage, ob Investitionen mit Eigenkapital oder Fremdkapital, kurzfristig oder langfristig finanzierbar sind, sondern beispielsweise auch um die Finanzierungskosten, den Einfluß der Kapitalgeber, die zu stellenden Sicherheiten.

- Die **Festlegung des Investitionsprogrammes**, der Anpassungsmaßnahmen des Investitionsplanes und/oder des Finanzierungsplanes vorausgehen.

Beispiel eines angepaßten Investitionsplanes:

	Vorläufiger Ansatz 1997	Revidierter Ansatz 1997	
Finanzierungsplan	TDM		TDM
– Einnahmen –			
Umsätze	1.455		
Sachanlagen	15		
Immaterielle Anlagen	22		
Finanzanlagen	48		
Eigenkapital	0		
Fremdkapital	410		
Zinsen/Provisionen/Gewinne	8		
Sonstige	6		
	1.964		
Investitionsplan			
– Ausgaben –			
Sachanlagen	850	– 110	740
Immaterielle Anlagen	85	– 40	45
Finanzanlagen	110	– 25	85
Material	440	– 30	410
Personal	530	– 40	490
Steuern/Abgaben	63	– 5	58
Eigenkapital	0		0
Fremdkapital	119	– 10	109
Zinsen/Provisionen/Gewinne	41	– 23	18
Sonstige	12	– 3	9
	2.250	– 286	1.964

1.2 Durchführung

Die Durchführung der Investitionen schließt sich der Planung an. Sie sollte frühzeitig eingeleitet werden. So ist zu beachten, daß für die Investitionsobjekte mitunter Lieferfristen bestehen, die erheblich sein können. Bei komplexen Investitionen sind genaue Zeitpläne zu erstellen.

Grundsätzlich können als Investitionen realisiert werden:

- **Objektbezogene Investitionen**
- **Wirkungsbezogene Investitionen.**

1.2.1 Objektbezogene Investitionen

Objektbezogene Investitionen sind:

- **Sachinvestitionen**, die am Leistungsprozeß des Unternehmens direkt beteiligt sind – beispielsweise als Maschinen – oder den Leistungsprozeß ermöglichen – beispielsweise als Gebäude.

- **Finanzinvestitionen**, die sich auf das Finanzanlagevermögen des Unternehmens beziehen. Dazu zählen:

Forderungsrechte	Bankguthaben, festverzinsliche Wertpapiere, gewährte Darlehen.
Beteiligungsrechte	Aktien, sonstige Beteiligungen an Unternehmen.

- **Immaterielle Investitionen**, die dazu dienen, das Unternehmen wettbewerbsfähig zu halten bzw. seine Wettbewerbsfähigkeit zu stärken. Sie können vor allem drei Bereiche betreffen:

Personalbereich	Investitionen in geeignete Mitarbeiter, Aus- und Fortbildungsinvestitionen, Sozialinvestitionen.
Forschungs- und Entwicklungsbereich	Schaffung von neuen Erzeugnissen, neuen Fertigungsverfahren, neuen Anwendungsmöglichkeiten.
Absatzbereich	Werbende und imageverbessernde Investitionen.

Die für die Sachinvestitionen und Finanzinvestitionen bewirkten Ausgaben lassen sich den Investitionsobjekten genau zurechnen, bei den immateriellen Investitionen ist das mehr oder weniger genau möglich. Eine genaue Zurechnung der Einnahmen ist allerdings nur bei den Finanzinvestitionen möglich, ansonsten ist eine Zurechnung vielfach schwierig.

Investition 293

1.2.2 Wirkungsbezogene Investitionen

Nach ihrer unterschiedlichen Wirkung lassen sich als Investitionen unterscheiden:

- **Nettoinvestitionen** als Investitionen, die erstmals im Unternehmen vorgenommen werden, und zwar als:

Gründungsinvestitionen	Sie fallen bei der Gründung oder beim Kauf eines Unternehmens einmalig an.
Erweiterungsinvestitionen	Sie dienen der Vergrößerung eines vorhandenen oder der Schaffung eines neuen Leistungspotentials.

- **Reinvestitionen** als Investitionen, die ein Wiederauffüllen des während einer Periode durch Gebrauch oder Verbrauch oder durch sonstige Umstände verminderten Bestandes an Produktionsfaktoren darstellen und sein können:

Ersatzinvestitionen	Sie dienen dazu, die Leistungsfähigkeit des Unternehmens zu erhalten, indem nicht mehr genutzte durch neue, gleichartige Investitionsobjekte ersetzt werden.
Rationalisierungsinvestitionen	Sie dienen der Steigerung der Leistungsfähigkeit des Unternehmens, indem vorhandene durch neue, technisch verbesserte Investitionsobjekte ersetzt werden.
Umstellungsinvestitionen	Sie beruhen auf mengenmäßigen Verschiebungen im Fertigungsprogramm, jedoch ohne sachliche Veränderungen.
Diversifizierungsinvestitionen	Sie werden durch eine Veränderung des Absatzprogrammes und/oder der betrieblichen Absatzorganisation bewirkt. Das Unternehmen möchte sich damit einen neuen Markt erschließen.
Sicherungsinvestitionen	Sie werden vorgenommen, um die wirtschaftliche Existenz des Unternehmens zu sichern.

Nettoinvestitionen und Reinvestitionen ergeben zusammen die **Bruttoinvestition** eines Unternehmens.

1.3 Kontrolle

Die Investitionskontrolle folgt der Investitionsdurchführung. Sie kann sein:

- **Kontrolle der Investitionsplanung**, indem Plansätze und Istwerte gegenübergestellt und die Abweichungen ermittelt werden, die einer Analyse zu unterziehen sind.

- **Kennzahlenanalyse**, bei der beispielsweise ermittelt werden können - siehe ausführlich *Olfert*:

Vermögens-konstitution	$\dfrac{\text{Anlagevermögen}}{\text{Umlaufvermögen}}$	$\cdot\ 100$
Anlage-intensität	$\dfrac{\text{Anlagevermögen}}{\text{Gesamtvermögen}}$	$\cdot\ 100$
Umlauf-intensität	$\dfrac{\text{Umlaufvermögen}}{\text{Gesamtvermögen}}$	$\cdot\ 100$
Anlagen-nutzung	$\dfrac{\text{Umsatz}}{\text{Sachanlagen}}$	$\cdot\ 100$

Wie aus den obigen Kennzahlen zu ersehen ist, bezieht sich die Investitionskontrolle vorrangig auf die Vermögensseite der Bilanz.

Die Kontrolle ist ein Teil des Controllingprozesses, der außerdem die Zielsetzung, Planung und Steuerung umfaßt. Um steuernd eingreifen zu können, bedarf das **Controlling** eines Frühwarnsystems. Als Frühwarn-Größen kommen insbesondere Kennzahlen in Betracht. Mit ihrer Hilfe können unplanmäßige Entwicklungen rasch erkannt werden.

51

2. Finanzierung

Finanzierung ist die Beschaffung von Kapital, das abstrakt oder konkret sein kann:

Aktiva	Bilanz	Passiva
Konkretes Kapital		**Abstraktes Kapital**
als		als
o Sachgüter o Rechte o Geld		o Eigenkapital o Fremdkapital

Das für Finanzierungszwecke zu beschaffende Kapital soll als **konkretes Kapital** angesehen werden. Damit ist es möglich, als Finanzierung nicht nur den Zufluß von Eigenkapital und Fremdkapital beispielsweise als Darlehen zu betrachten, sondern auch den unmittelbaren Zufluß von Sachgütern beispielsweise durch Leasing und von Rechten.

Für das zu finanzierende Unternehmen ist es indessen wichtig, ob der Kapitalzufluß den Charakter von Eigenkapital oder Fremdkapital hat, da beide Kapitalarten unterschiedliche, für das Unternehmen bedeutsame Merkmale aufweisen:

Finanzierung

Merkmale	Eigenkapital	Fremdkapital
Rechtsverhältnis	Es besteht ein Beteiligungsverhältnis.	Es besteht ein Schuldverhältnis.
Haftung	EK-Geber haftet mindestens mit seiner Einlage, gegebenenfalls auch mit Privatvermögen.	FK-Geber haftet als Gläubiger des Unternehmens nicht.
Entgelt	EK-Geber ist anteilig an Gewinn und Verlust beteiligt.	FK-Geber hat einen festen Zinsanspruch.
Mitbestimmung	EK-Geber ist grundsätzlich zur Mitbestimmung berechtigt.	FK-Geber hat grundsätzlich kein Mitbestimmungsrecht.
Steuern	EK-Zinsen sind steuerlich nicht absetzbar.	FK-Zinsen sind steuerlich absetzbar.

Es gibt mehrere Möglichkeiten, die Arten der Finanzierung zu systematisieren.

- Nach den unterschiedlichen **Arten des Kapitals** lassen sich unterscheiden:

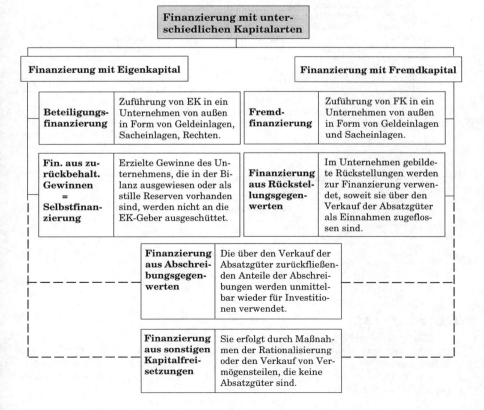

Die Finanzierung aus Abschreibungsgegenwerten und aus sonstigen Kapitalfreisetzungen ist nicht eindeutig dem Eigenkapital oder Fremdkapital zuzuordnen.

- Nach der unterschiedlichen **Herkunft des Kapitals** können genannt werden:

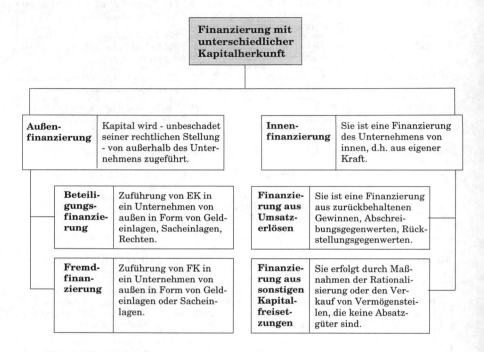

Der Finanzierungsprozeß im Unternehmen umfaßt:

2.1 Planung

Die Finanzplanung dient der Ermittlung der zukünftigen finanziellen Erfordernisse und Festlegung der daraus resultierenden Maßnahmen. Sie erfolgt auf der Grundlage der vom Management vorgegebenen **Ziele**, die bei der Investition - Seite 280 - bereits beschrieben wurden:

Finanzierung

- Liquidität,
- Rentabilität,
- Sicherheit.

Dazu kommt ein weiteres Ziel:

- Die **Unabhängigkeit**, die sich das Unternehmen größtmöglich erhalten sollte. Abhängigkeiten können sich aus Forderungen der Fremdkapitalgeber nach Information, Mitsprache, Kontrolle, Richtlinien und nach Mitwirkung in der Geschäftsführung ergeben.

Die Finanzplanung hat regelmäßig zu erfolgen, alle Zahlungsströme des Unternehmens einzubeziehen und die Zahlungsströme unter realistischen Erwartungen zeitpunktgenau und betragsgenau anzusetzen.

Instrumente der Finanzplanung sind - siehe ausführlich *Olfert*:

- **Kapitalbedarfsrechnung**
- **Finanzplan.**

Beide Instrumente sollen dazu dienen, den Kapitalbedarf festzustellen, der sich aus den gewünschten Investitionen ergibt und zu finanzieren ist. Er entsteht dadurch, daß vom Unternehmen Ausgaben – beispielsweise für Maschinen, Rohstoffe, Personal – zu leisten sind, denen unmittelbar keine zumindest gleich hohen Einnahmen – beispielsweise aus dem Verkauf der erstellten Produkte – gegenüberstehen.

Die **Größe des Kapitalbedarfes** hängt sowohl von der Höhe der Einnahmen und Ausgaben als auch von ihrem zeitlichen Auseinanderfallen ab. Er ist damit – bei unveränderten Ausgaben und Einnahmen – um so höher, je weiter die Zahlungsströme auseinanderfallen.

$$\text{Kapitalbedarf} = \text{Kumulierte Ausgaben} - \text{Kumulierte Einnahmen}$$

Die Kapitalbedarfsrechnung und der Finanzplan sind nicht gleichermaßen geeignet, den Kapitalbedarf festzustellen.

2.1.1 Kapitalbedarfsrechnung

Die Kapitalbedarfsrechnung ermittelt den Kapitalbedarf auf relativ einfache und damit ungenaue Weise. Sie ist nur geeignet, wenn der Kapitalbedarf bei **Gründungen** oder betrieblichen **Erweiterungen** festzustellen ist.

Der Kapitalbedarf wird in drei **Schritten** ermittelt:

- Die **Ermittlung des Anlagekapitalbedarfes** erfolgt durch Addition der für diese Güter zu leistenden Ausgaben:

Beispiel:

Grundstücke	800.000 DM
Gebäude	1.300.000 DM
Maschinen	600.000 DM
Sonstige Ausgaben	300.000 DM
Anlagekapitalbedarf	3.000.000 DM

In den sonstigen Ausgaben können auch Ausgaben für den Gründungsvorgang und die Ingangsetzung des Geschäftsbetriebes enthalten sein.

- Die **Ermittlung des Umlaufkapitalbedarfes** geschieht, indem die Bindungsdauern des Umlaufvermögens mit den dafür täglich anfallenden durchschnittlichen Ausgaben multipliziert und die Ergebnisse addiert werden:

$$\text{Umlaufkapitalbedarf} = \text{Kapitalbindungsdauer abzüglich Lieferantenziel} \cdot \text{Durchschnittliche tägliche Ausgaben}$$

Beispiel:

Rohstoff-Lagerdauer	25 Tage
Lieferantenziel	10 Tage
Produktionsdauer	20 Tage
Fertigerzeugnis-Lagerdauer	5 Tage
Kundenziel	15 Tage
Ø täglicher Werkstoffeinsatz	5.000 DM
Ø täglicher Lohneinsatz	15.000 DM
Ø täglicher Gemeinkosteneinsatz	8.000 DM

Umlaufkapitalbedarf = (15 + 5 + 20) · 15.000
    + (15 + 5 + 20 + 25 − 10) · 5.000
    + (15 + 5 + 20 + 25) · 8.000
    = 1.395.000 DM

- Der **Gesamtkapitalbedarf** wird durch Addition des Anlagekapitalbedarfes und Umlaufkapitalbedarfes festgestellt:

Beispiel:

Anlagekapitalbedarf	3.000.000 DM
+ Umlaufkapitalbedarf	1.395.000 DM
= Gesamtkapitalbedarf	4.395.000 DM

2.1.2 Finanzplan

Der Finanzplan dient, wie auch die Kapitalbedarfsrechnung, der Ermittlung des betrieblichen Kapitalbedarfes. Er ist die für die **kontinuierliche Finanzplanung** einzig vertretbare Kapitalbedarfsrechnung.

Finanzierung

Inhaltlich umfaßt der Finanzplan vier **Elemente**, die zweckmäßigerweise nicht nur als Planwerte ausgewiesen werden, sondern denen nach Ablauf der jeweiligen Planperioden die Istwerte hinzugefügt werden sollten:

	Januar		Februar		März	
	Plan	Ist	Plan	Ist	Plan	Ist
Zahlungsmittel-Anfangsbestand + Einnahmen − Ausgaben = Zahlungsmittel-Endbestand						

Der Finanzplan kann innerhalb der Einnahmen und Ausgaben – je nach Zweck – sachlich unterschiedlich und unterschiedlich tief gegliedert sein. Seine Gliederung wird umso differenzierter sein können, je kurzfristiger er ist.

Beispiel: Finanzplan vom 01.01.1997 bis 31.12.1997

Beträge in TDM	Januar		Februar		März		...
	Plan	Ist	Plan	Ist	Plan	Ist	
A. Zahlungsmittel-Anfangsbestand							
Einnahmen Umsätze Sachanlagen Immaterielle Anlagen Finanzanlagen Eigenkapital Fremdkapital Zinsen/Provisionen/Gewinne							
B. Gesamte Einnahmen							
Ausgaben Sachanlagen Immaterielle Anlagen Finanzanlagen Material Personal Steuern/Abgaben Eigenkapital Fremdkapital Zinsen/Provisionen/Gewinne Sonstige							
C. Gesamte Ausgaben							
D. Zahlungsmittel-Schlußbestand (A + B − C)							

Um den Finanzplan mit zukünftigen Daten zu füllen, müssen **Prognosen** erstellt werden. Dafür kann man sich beispielsweise folgender Verfahren bedienen – siehe ausführlich *Olfert*:

- Mittelwert-Verfahren
- Exponentielle Glättung
- Trendrechnung.

Da die Planansätze trotz Verwendung von Prognosen nicht sicher sind, empfiehlt es sich, **vorsichtig zu planen**. Das kann dadurch geschehen, daß man verschiedene Pläne – beispielsweise mit optimistischen, realistischen, pessimistischen Erwartungen – aufstellt und/oder Liquiditätsreserven bei der Planung berücksichtigt.

52

2.2 Durchführung

Die Finanzierung kann durchgeführt werden als:

- **Beteiligungsfinanzierung**
- **Fremdfinanzierung**
- **Innenfinanzierung**.

2.2.1 Beteiligungsfinanzierung

Die Beteiligungsfinanzierung dient dazu, **Eigenkapital** von außerhalb des Unternehmens zuzuführen. Das kann in Form von Geldeinlagen, Sacheinlagen oder dem Einbringen von Rechten – beispielsweise von Patenten, Wertpapieren – erfolgen. Die Zuführungen können von bisherigen oder neuen Gesellschaften erfolgen. Soweit die Unternehmen keinen Zugang zur Börse haben, ist die Beteiligungsfinanzierung wegen des fehlenden »Eigen-«Kapitalmarktes oftmals schwierig.

Für die Beurteilung der **Vorteilhaftigkeit** einer Beteiligungsfinanzierung gibt es eine Vielzahl von **Kriterien**, deren wichtigste sein können:

Wirtschaftliches Kriterium	Rechte der Gesellschaft	Pflichten der Gesellschaft
○ Kapitalkosten	○ Geschäftsführung ○ Kontrolle ○ Vertretung ○ Anteiliger Gewinn ○ Kapital-Entnahme ○ Übertragung des Anteiles ○ Kündigung ○ Liquidationserlös	○ Geschäftsführung ○ Kapitaleinlage ○ Haftung ○ Anteiliger Verlust

Finanzierung

Die Beteiligungsfinanzierung kann sich insbesondere beziehen auf - siehe ausführlich *Olfert*:

Die Beteiligungsfinanzierung beim **Einzelunternehmen** ist dadurch gekennzeichnet, daß dem Einzelunternehmer alle Rechte und Pflichten allein zustehen. Die Kapitalkosten sind sehr gering.

2.2.1.1 Personengesellschaften

Die Rechte und Pflichten der Gesellschafter sind dem Abschnitt »Rechtsformen« zu entnehmen. Als **Kapitalkosten** fallen an:

- Für die **OHG** die Kosten des Registergerichtes, Gewinnausschüttung, Einkommensteuer (bei den Gesellschaftern) und Gewerbesteuer.

- Für die **KG** – wie bei der OHG – die Kosten des Registergerichtes, Gewinnausschüttungen, Einkommensteuer (bei den Gesellschaftern) und Gewerbesteuer.

- Für die **Stille Gesellschaft** die Gewinnausschüttungen, Einkommen- bzw. Körperschaftsteuer (bei den Gesellschaftern), Kapitalertragsteuer (beim stillen Gesellschafter).

- Für die **GdbR** die Gewinnausschüttungen, Einkommensteuer (bei den Gesellschaftern) und Gewerbesteuer (wenn die GdbR gewerblich tätig ist).

2.2.1.2 Kapitalgesellschaften

Die Rechte und Pflichten der Gesellschafter sind in dem Abschnitt »Rechtsformen« dargestellt.

Als **Kapitalkosten** sind zu nennen:

- Für die **GmbH** die Notariatsgebühren, Kosten des Registergerichtes, Kosten der Gesellschafterversammlung, Körperschaftsteuer, Einkommensteuer (bei den Gesellschaftern), Kapitalertragsteuer, Gewerbesteuer. Sie liegen höher als bei den Personengesellschaften.

- Für die **AG** die Notariatsgebühren, Kosten des Registergerichtes, Kosten der Hauptversammlung, Kosten der Aktienemission, Kosten des Kapitaldienstes, Kosten der Kurssicherung, Gewinnausschüttungen, Körperschaftsteuer, Einkommensteuer (bei den Aktionären), Kapitalertragsteuer, Gewerbesteuer, Kosten der Prüfung und Publizierung des Jahresabschlusses. Sie liegen bei der AG am höchsten.

2.2.1.3 Genossenschaften

Die Rechte und Pflichten der Gesellschafter sind im Abschnitt »Rechtsformen« beschrieben.

Als **Kapitalkosten** fallen die Notariatsgebühren, Kosten des Registergerichtes, Kosten der Generalversammlungen, Gewinnausschüttung, Körperschaftsteuer, Einkommensteuer (bei den Genossen), Kapitalertragsteuer, Gewerbesteuer, Kosten der Prüfung des Jahresabschlusses an.

53

2.2.2 Fremdfinanzierung

Die Fremdfinanzierung dient dazu, dem Unternehmen **Fremdkapital** von außen zuzuführen. Dabei kommen vor allem Kreditinstitute, Lieferanten und Kunden als Fremdkapitalgeber in Betracht, die Geld, Sachgüter oder lediglich ihren »guten Namen« zur Verfügung stellen.

Das Fremdkapital wird überlicherweise **befristet** gewährt. Man unterscheidet:

- **Kurz**fristiges Fremdkapital mit einer Laufzeit bis 1 Jahr.
- **Mittel**fristiges Fremdkapital mit einer Laufzeit von 1 bis 4 Jahren.
- **Lang**fristiges Fremdkapital mit einer Laufzeit über 4 Jahre.

Als **Entgelt** für das Fremdkapital dienen die Zinsen, die als fester oder - in Abhängigkeit vom Diskontsatz der Deutschen Bundesbank - variabler Satz vereinbart sein können. Dazu können noch **weitere Kapitalkosten** kommen, beispielsweise Provisionen, Bearbeitungsgebühren, Disagio, Kosten der Stellung bzw. Rückerstattung von Sicherheiten, Bereitstellungsprovisionen, Überziehungsprovisionen.

Die Fremdfinanzierung ist für das Unternehmen von besonderer Bedeutung. Sie soll dargestellt werden als:

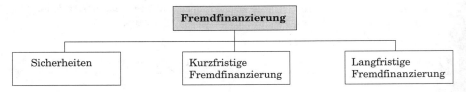

Finanzierung

2.2.2.1 Sicherheiten

Die Fremdkapitalgeber wollen sich bei der Hingabe ihres Kapitals absichern. Das geschieht zunächst einmal dadurch, daß sie sich über den Fremdkapitalnehmer **informieren**, um seine Bonität einschätzen zu können. Während Lieferanten und Kunden dies vielfach nicht allzu offensichtlich, mitunter auch weniger systematisch tun, ist die Vorgehensweise bei den Kreditinstituten eine andere.

Das Unternehmen hat dem Kreditinstitut einen Kreditantrag vorzulegen, der von diesem nach rechtlichen, persönlichen und wirtschaftlichen Gesichtspunkten eingehend geprüft wird. Erst nach positivem Abschluß der **Kreditwürdigkeitsprüfung** wird das Fremdkapital zugesagt, wobei die Zusage an Bedingungen geknüpft sein kann.

Eine häufig genannte Bedingung ist die Stellung von **Sicherheiten**. Das können sein - siehe ausführlich *Olfert*:

- **Personalsicherheiten**, bei denen neben dem Fremdkapitalnehmer eine dritte Person für das Fremdkapital haftet:

Bürgschaft	Sie ist ein Vertrag zwischen dem Bürgen und dem Gläubiger eines Dritten, in dem sich der Bürge dem Gläubiger gegenüber verpflichtet, für die Erfüllung der Verbindlichkeiten des Dritten einzustehen.
Garantie	Sie ist ein Vertrag, in dem sich der Garantiegeber dem Garantienehmer gegenüber verpflichtet, für den Eintritt eines Erfolges oder das Ausbleiben eines Mißerfolges Gewähr zu leisten.
Kreditauftrag	Ein möglicher Kreditgeber wird von einer Person beauftragt, einem Dritten im eigenen Namen und auf eigene Rechnung Kredit zu gewähren.
Schuldbeitritt	Er ist ein Vertrag, in dem einem Darlehensvertrag neben dem Kreditnehmer eine weitere Person beitritt, die gesamtschuldnerisch die Haftung für einen Kreditbetrag übernimmt.

- **Realsicherheiten**, bei denen der Kreditnehmer Sachwerte zur Kreditsicherung bereitstellt. Es können vereinbart werden:

Eigentumsvorbehalt	Dabei wird ein Käufer zum Besitzer einer beweglichen Sache, der Verkäufer bleibt aber bis zur vollständigen Bezahlung Eigentümer.
Pfandrecht	Es ist die Belastung einer beweglichen Sache zwecks Sicherung einer Forderung, wobei das Pfand im Eigentum des Kreditnehmers bleibt, aber dem Kreditgeber übergeben wird.
Sicherungsabtretung	Sie wird auch **Zession** genannt. Dabei tritt der Kreditnehmer Forderungen, z.B. gegen Kunden, in einem formfreien Vertrag an den Kreditgeber ab.

Sicherungsübereignung	Durch Vereinbarung eines Besitzkonstitutes wird ein Kreditgeber zwar Eigentümer, beläßt dem Kreditnehmer aber den Besitz an einer beweglichen Sache.
Hypothek	Sie ist ein Pfandrecht an einem Grundstück, das der Sicherung einer Forderung dient.
Grundschuld	Sie ist ein Pfandrecht an einem Grundstück, das nicht das Bestehen einer Forderung voraussetzt.

2.2.2.2 Kurzfristige Fremdfinanzierung

Die kurzfristige Fremdfinanzierung ist die Zuführung von Fremdkapital, dessen Verfügbarkeit im Unternehmen ein Jahr grundsätzlich nicht übersteigt. Unabhängig davon werden Warenkredite aller Art der kurzfristigen Fremdfinanzierung zugerechnet.

Formen der kurzfristigen Fremdfinanzierung sind - siehe ausführlich *Olfert*:

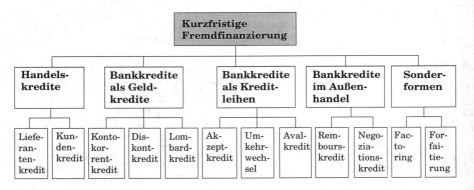

Handelskredite sind Kredite, die von den Handelspartnern des Unternehmens gewährt werden. Zu unterscheiden sind:

- Der **Lieferantenkredit**, bei dem ein Kaufvertrag zwischen einem Lieferanten als Kreditgeber und einem Abnehmer als Kreditnehmer zugrundeliegt, der Leistungen auf Ziel – also unter Stundung des Kaufpreises – erhält.

  Beispiel für Zahlungsbedingungen: »Zahlbar innerhalb von 30 Tagen netto Kasse oder innerhalb von 10 Tagen abzüglich 3 % Skonto.«

  Mit dem Lieferantenkredit verfolgt der Lieferant vor allem absatzpolitische Ziele. Für das kreditnutzende Unternehmen ist er sehr teuer. Seine **Kapitalkosten** lassen sich ermitteln:

Finanzierung

$$r = \frac{S}{z-s} \cdot 360$$

r = Jahresprozentsatz
s = Skontofrist
S = Skontosatz
z = Zahlungsziel

Beispiel: Bei Zahlung innerhalb von 30 Tagen und Nichtausnutzung der 3 % Skonto innerhalb von 10 Tagen ergibt sich ein Jahresprozentsatz von

$$r = \frac{3}{30-10} \cdot 360 = \underline{\underline{54\,\%}}$$

Der Vorteil des Lieferantenkredites liegt insbesondere in seiner schnellen, bequemen, formlosen Gewährung.

- Der **Kundenkredit** wird – als Kundenanzahlung oder Vorauszahlungskredit – von einem Kunden als Kreditgeber an einen Lieferanten als Kreditnehmer gewährt. Er ist vor allem dort üblich, wo zwischen der Planung und Fertigstellung einer Leistung erhebliche Zeit liegt, beispielsweise im Großanlagenbau, Wohnungsbau, Schiffsbau.

Mit dem Kundenkredit will der Lieferant seine Liquidität günstig beeinflussen und die Abnahme der zu erstellenden Leistungen sichern. Seine Höhe und der bzw. die Zeitpunkte seiner Zahlung können von der Branche und den Markt-(macht)verhältnissen abhängen.

Bei den **Geldkrediten** als Bankkrediten stellen die Kreditinstitute Geld zur Verfügung. Geldkredite können sein:

- Der **Kontokorrentkredit**, bei dem ein Kreditinstitut einem Kreditnehmer einen Kredit in einer bestimmten Höhe einräumt, der vom Kreditnehmer seinem Bedarf entsprechend bis zum vereinbarten Maximalbetrag – der Kreditlinie – in Anspruch genommen werden kann.

Seine Laufzeit wird meist auf 6 Monate vereinbart und prolongiert, d.h. verlängert. Er ist sehr flexibel nutzbar und damit geeignet, kurzzeitige Schwankungen im Kapitalbedarf abzudecken, beispielsweise bei Lohn- und Gehaltszahlungen.

Die **Kosten** des Kontokorrentkredites sind recht hoch. Sie umfassen vor allem die Sollzinsen, die etwa 4,5 % über dem Diskontsatz liegen können, die Umsatzprovision als Entgelt für die Kontoführung, Barauslagen und – bei Überschreiten der Kreditlinie – die Überziehungsprovision.

- Der **Diskontkredit** ist ein Wechselkredit, bei welchem der Lieferant einer Ware einen Wechsel auf den Abnehmer zieht, den dieser akzeptiert und zurückgibt. Daraufhin verkauft der Lieferant seinem Kreditinstitut den Wechsel, das ihm die abgezinste Wechselsumme bereitstellt.

Das Kreditinstitut kann den Wechsel der Landeszentralbank zur **Refinanzierung** einreichen, wenn er ein »guter Handelswechsel*« ist. Die Landeszentralbank legt den Wechsel bei Fälligkeit der bezeichneten Zahlstelle vor. Diese präsentiert den Wechsel dem Bezogenen, der ihn zu bezahlen hat.

Die **Kapitalkosten** sind relativ gering. Sie umfassen den Diskontbetrag, den das Kreditinstitut von der Wechselsumme einbehält, und die Diskontspesen.

- Der **Lombardkredit** ist ein Kredit, den ein Kreditinstitut einem Kreditnehmer gegen Verpfändung von Wertpapieren oder (haltbaren und marktfähigen) Waren, in geringem Umfang auch von Wechseln, Forderungen, Edelmetallen gewährt.

  Dabei werden Wertpapiere mit 50 % bis 80 % und Waren mit 50 % bis 60 % beliehen. Die sich daraus ergebende Kreditsumme wird in vollem Umfang für einen vereinbarten Zeitrahmen zur Verfügung gestellt.

  Die **Kapitalkosten** sind ähnlich wie beim Kontokorrentkredit. Sie umfassen den Lombardsatz, der 1 % bis 1,5 % über dem Diskontsatz liegt und die Kosten für die Bewertung, Verwahrung und Verwaltung der verpfändeten Güter.

Bankkredite können auch als **Kreditleihen** vorkommen. Das Kreditinstitut stellt dann kein Geld zur Verfügung, sondern lediglich seinen »guten Namen«. Es sind zu unterscheiden:

- Der **Akzeptkredit**, der ein Wechselkredit ist. Dabei zieht der Kunde eines Kreditinstitutes einen Wechsel auf das Kreditinstitut, das ihn akzeptiert. Der Kunde kann den Wechsel zahlungshalber weitergeben oder von seinem bzw. einem anderen Kreditinstitut diskontieren lassen. Er hat den Wechselbetrag vor dem Zeitpunkt der Wechselfälligkeit beim Kreditinstitut bereitzustellen.

  Die **Kapitalkosten** liegen relativ günstig. Sie umfassen die Akzeptprovision und die Bearbeitungsgebühren, die zusammen rund 2 % bis 2,5 % ausmachen.

- Beim **Umkehrwechsel** zahlt der Käufer unter Ausnutzung des Skonto mit einem Scheck und läßt gleichzeitig einen Wechsel auf sich ziehen, den er akzeptiert. Den Wechsel reicht er zur Refinanzierung der Scheckzahlung seinem Kreditinstitut zur Diskontierung ein.

  Diese Vorgehensweise wird auch als **Scheck-Wechsel-Verfahren** bezeichnet.

- Beim **Avalkredit** übernimmt ein Kreditinstitut die Haftung für Verbindlichkeiten eines Kunden gegenüber einem Dritten in Form einer Bürgschaft oder Garantie.

  Beispiele: Zollbürgschaft, Frachtstundungsbürgschaft, Bietungsgarantie, Auszahlungsgarantie, Leistungsgarantie, Gewährleistungsgarantie.

  Die **Kapitalkosten** fallen als Avalprovision an und betragen 1 % bis 2,5 %.

---

* Das ist der Fall, wenn dem Wechsel ein Handels- oder Warengeschäft zugrundeliegt, seine Restlaufzeit nicht mehr als 90 Tage beträgt, er mindestens drei gute Unterschriften aufweist und an einem Bankplatz zahlbar ist.

Finanzierung

Neben den Handelskrediten, Geldkrediten und Kreditleihen haben sich in den letzten Jahren **besondere Formen** der kurzfristigen Fremdfinanzierung entwickelt. Zu nennen sind:

- Das **Factoring**, das auf einem zwischen einem Unternehmen als Klient und einem Finanzierungsinstitut als Factor geschlossenen Vertrag beruht, der die Übernahme folgender Funktionen für das Unternehmen umfassen kann:

Dienstleistungsfunktion	Sie umfaßt die Debitorenbuchhaltung, das Mahnwesen und das Rechnungsinkasso.
Delkrederefunktion	Mit ihr wird das Risiko einer möglichen Zahlungsunfähigkeit des Abnehmers der Waren oder Dienstleistungen übernommen.
Finanzierungsfunktion	Hier erfolgt die Bevorschussung der angekauften Forderungen mit etwa 80 % bis 90 %.

Der Klient stellt dem Factor Gesamtheiten von Forderungen zur Verfügung. Durch die Übertragung der Dienstleistungs- und Finanzierungsfunktion und gegebenenfalls auch der Delkrederefunktion wird der Klient in wesentlicher Weise sachmittelbezogen und personell entlastet. Andererseits begibt er sich damit in eine gewisse Abhängigkeit. Die **Kosten** liegen für die Dienstleistungsfunktion bei 0,3 % bis 3 %, für die Delkrederefunktion bei 0,2 % bis 1,2 % und für die Finanzierungsfunktion etwa 4,5 % über dem Diskontsatz.

- Bei der **Forfaitierung** handelt es sich um den Ankauf einzelner Forderungen, meist aus exportierten Investitionsgütern. Der Forfaitist übernimmt die Delkrederefunktion und Finanzierungsfunktion. Die **Kapitalkosten** sind nach Land und Laufzeit sehr unterschiedlich.

54

2.2.2.3 Langfristige Fremdfinanzierung

Als langfristige Fremdfinanzierung wird die Zuführung von Fremdkapital mit einer Laufzeit von mehr als vier Jahren angesehen. **Formen** der langfristigen Fremdfinanzierung sind - siehe ausführlich *Olfert*:

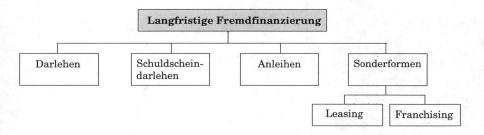

Auch die kurzfristige Finanzierung kann langfristigen Charakter haben, nämlich dann, wenn immer wieder kurzfristige Krediteinräumungen bzw. Prolongationen erfolgen.

Die **Formen** der langfristigen Finanzierung weisen folgende Merkmale auf:

- Das **Darlehen** wird insbesondere von Kreditinstituten und Bausparkassen, aber auch von Versicherungen gewährt. Die lange Laufzeit bedingt eine umfassende Kreditwürdigkeitsprüfung. Als **Sicherheiten** dienen üblicherweise Grundpfandrechte auf Immobilien, die jedoch nur mit 60 %, bei Bausparkassen mit 80 % ihres Verkehrswertes beliehen werden.

Die **Tilgung** der Darlehen kann unterschiedlich erfolgen. Dementsprechend unterscheidet man:

Annuitätendarlehen	Der Kapitalnehmer zahlt regelmäßig gleich hohe Annuitäten (= Zins + Tilgung), so daß die Zinsanteile im Zeitablauf abnehmen, die Tilgungsanteile zunehmen.
Abzahlungsdarlehen	Der Kapitalnehmer zahlt regelmäßig gleich hohe Tilgungsbeträge, so daß die Annuitäten und damit auch die Zinsanteile im Zeitablauf sinken.
Festdarlehen	Der Kapitalnehmer zahlt regelmäßig gleich hohe Zinsen und tilgt das Darlehen erst mit Ende der Laufzeit.

Die Zinsen liegen – als **nominale Zinsen** – erfahrungsgemäß 3 % bis 4 % über dem Eckzins für Spareinlagen und können für die gesamte Laufzeit oder einen Teil davon, beispielsweise die ersten 3 Jahre, fest vereinbart sein oder Zinsgleitklauseln unterliegen.

Die **effektiven Zinsen**, die das Darlehen kostet, liegen meistens höher, beispielsweise weil der Kapitalgeber vielfach ein Damnum einbehält, das aber dennoch später zurückzuzahlen ist. Sie lassen sich ermitteln:

$$r = \frac{Z + \frac{D}{n}}{K} \cdot 100$$

r = Effektivzinssatz
Z = Nominalzinssatz
D = Damnum
K = Auszahlungskurs
n = Laufzeit

Beispiel: Ein Darlehen von 100.000 DM wird zu einem Zinsatz von 10 % bei einer Auszahlung von 95 % (= 5 % Damnum) auf 5 Jahre gewährt und am Ende des 5. Jahres getilgt.

$$r = \frac{10 + \frac{5}{5}}{95} \cdot 100 = \underline{\underline{11,58\,\%}}$$

Als **Kapitalkosten** können Zinsen, Damnum, Schätzkosten, Bewertungskosten, Beurkundungsgebühren, Eintragungsgebühren, Löschungsgebühren anfallen.

- Das **Schuldscheindarlehen** ist ein langfristiges, anleiheähnliches Fremdkapital größeren Umfanges, das von Kapitalsammelstellen – beispielsweise Versicherungsgesellschaften, Sparkassen, Bausparkassen, Sozialversicherungsträgern – unter bestimmten Voraussetzungen gewährt wird.

Als Grundlage kann ein **Schuldschein** dienen, der heute aber vielfach durch einen Darlehensvertrag abgelöst ist. Kapitalnehmer sind Unternehmen erster Bonität, Kreditinstitute mit Sonderaufgaben und Körperschaften des öffentlichen Rechtes.

Kapitalkosten können Zinsen, Treuhandgebühren, Beurkundungsgebühren, Vermittlungsprovisionen, Eintragungsgebühren, Löschungsgebühren sein.

- Die **Anleihe** ist ein langfristiges Darlehen an ein Unternehmen, das vom »breiten Publikum« gewährt wird. Grundlage sind die vom Unternehmen ausgegebenen **Teilschuldverschreibungen**, die an der Börse gehandelt und dort von den Kapitalgebern erworben werden.

Die **Grundform** der Anleihe ist die **Industrieobligation**. Sie wird von der gewerblichen Wirtschaft ausgegeben. Die gesamte Anleihesumme wird dabei in kleine Teile zerlegt – beispielsweise in Beträge von 100 DM, 500 DM, 1.000 DM – und als Teilschuldverschreibungen an der Börse angeboten. Ihr **Nennwert** muß weder mit ihrem Ausgabebetrag noch mit ihrem Rückzahlungsbetrag übereinstimmen. Damit wird die effektive Verzinsung beeinflußt.

Da die Industrieobligation über 10 bis 25 Jahre am Markt ist, kann eine Anpassung des Nominalzinssatzes erforderlich werden, die gegebenenfalls möglich ist, indem das Unternehmen die ausgegebene Industrieobligation kündigt und eine neue aktualisierte Industrieobligation anbietet.

Die **Tilgung** kann zu einem einheitlichen Termin oder in Raten erfolgen, üblicherweise nach einer tilgungsfreien Zeit. Die vom Unternehmen zu tilgenden Teilschuldverschreibungen können ausgelöst werden, das Unternehmen kann sie aber auch an der Börse zurückkaufen.

Kapitalkosten fallen für die Vorbereitung und Auflegung, Stellung der Sicherheiten, Börseneinführung und als Zinsen an.

Sonderformen der Industrieobligation sind:

Wandelschuldverschreibungen	Sie verfügen neben den Rechten aus der Teilschuldverschreibung über ein **Umtauschrecht** auf Aktien, das nach einer Sperrfrist wahrgenommen werden kann. Für ihre Ausgabe muß die AG eine **bedingte Kapitalerhöhung** vornehmen. Das **Umtauschverhältnis** muß nicht 1:1 sein, beispielsweise können drei Wandelschuldverschreibungen in eine Aktie umgetauscht werden. Der **Zeitpunkt des Umtausches** durch die Kapitalgeber kann durch - steigende oder fallende - Zuzahlungen beeinflußt werden.
Optionsanleihen	Sie haben mit den Wandelschuldverschreibungen das Recht auf Aktien gemein. Es erfolgt aber **kein Umtausch**. Die Optionsanleihen bleiben bis zu ihrer Tilgung neben den neuen Aktien bestehen.
Gewinnschuldverschreibungen	Sie zeichnen sich dadurch aus, daß die Kapitalgeber am **Gewinn** des Unternehmens beteiligt sind. Ihre Bedeutung ist heute nicht mehr groß.

Neuere Arten der Anleihe sind:

- **Nullkupon-Anleihen** (Zero Bonds),
- **Anleihen mit variablen Zinssätzen** (Floating Rate Notes),
- **Doppelwährungsanleihen**.

Neben dem Darlehen, Schuldscheindarlehen und der Anleihe haben sich in den letzten Jahren als **Sonderformen** der langfristigen Fremdfinanzierung entwickelt:

• Das **Leasing** als ein über einen bestimmten Zeitraum abgeschlossenes miet- oder pachtähnliches Verhältnis zwischen einem Leasing-Geber und einem Leasing-Nehmer. Dabei erwirbt der Leasing-Geber ein Leasing-Gut, das er dem Leasing-Nehmer gegen Gebühr zur Verfügung stellt. Er selbst refinanziert sich über ein Kreditinstitut.

Gegenstand des Leasing können einzelne Güter oder Gesamtheiten von Gütern, Konsumgüter oder Investitionsgüter sein. Bei kurzfristigen Laufzeiten spricht man vom **Operate-Leasing**, bei langfristigen, innerhalb einer Grundmietzeit nicht kündbaren Leasing-Verträgen vom **Finance-Leasing**.

Die **Grundmietzeit** beim Finance-Leasing liegt meist bei 50 % bis 75 % der betriebsgewöhnlichen Nutzungsdauer. Innerhalb dieser Zeit will der Leasing-Geber die entstehenden Kosten abdecken und seinen geplanten Gewinn erzielen.

Der Leasingvertrag kann für die nach der Grundmietzeit liegende Zeit keine Regelungen erhalten. Er kann aber auch eine Mietverlängerung oder einen Kauf des Leasinggutes zum Gegenstand haben. Die bilanzielle Zurechnung des Leasing-Gutes erfolgt beim Leasing-Nehmer, wenn es ihm als wirtschaftliches Eigentum zuzurechnen ist, beim Leasing-Geber bei einem eher miet- oder pachtähnlichen Verhältnis.

Das Leasing ist eine relativ **teuere Finanzierungsalternative**, bei der ein Leasing-Nehmer innerhalb der Grundmietzeit rund 125 % bis 155 % der Anschaffungskosten des Leasing-Gutes zahlt. Andererseits kann es die **Liquidität** des Unternehmens **entlasten** und – bei hoher Verschuldung bzw. geringen Sicherheiten - Investitionen erst ermöglichen.

- Das **Franchising** ist eine Form der Kooperation, bei der ein Kontrakt-Geber als Franchisor aufgrund einer langfristigen vertraglichen Bindung rechtlich selbständig bleibenden Kontrakt-Nehmern als Franchisees gegen Entgelt das Recht einräumt, bestimmte Waren oder Dienstleistungen unter Verwendung von Namen, Warenzeichen, Ausstattung oder sonstigen Schutzrechten sowie der technischen und gewerblichen Erfahrungen des Franchise-Gebers und unter Beachtung des von ihm entwickelten Absatz- und Organisationssystems anzubieten.

Beispiele: Avis, Eduscho, Holiday Inn, McDonalds, Nordsee, Foto Porst, Rodier, Rosenthal, Salamander, WMF.

Der Franchise-Nehmer hat – neben seinen Investitionskosten – meist mit einer einmaligen Gebühr zu rechnen und laufend 1 % bis 3 % des Umsatzes abzuführen.

2.2.3 Innenfinanzierung

Die Innenfinanzierung nimmt das Unternehmen **aus eigener Kraft** vor. Dabei fließen ihm Umsatzerlöse und sonstige Erlöse zu, die für Maßnahmen der Finanzierung verwendet werden können, soweit ihnen keine auszahlungswirksamen Aufwendungen gegenüberstehen.

Formen der Innenfinanzierung sind - siehe ausführlich *Olfert*:

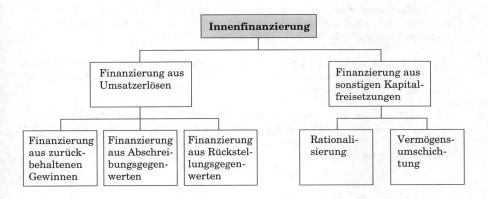

2.2.3.1 Finanzierung aus Umsatzerlösen

Um Finanzierung aus Umsatzerlösen betreiben zu können, müssen die zurückbehaltbaren Gewinne sowie die Abschreibungen und Rückstellungen in die Verkaufspreise der Produkte kalkuliert sein, die Verkaufspreise erzielbar sein und tatsächlich auch realisiert werden.

Arten der Finanzierung aus Umsatzerlösen sind - siehe ausführlich *Olfert*:

- Die **Finanzierung aus zurückbehaltenen Gewinnen**, die auch als **Selbstfinanzierung** bezeichnet wird. Sie kann sein:

Offene Selbstfinanzierung	Dabei wird der vom Unternehmen erwirtschaftete **Gewinn** in der Bilanz **ausgewiesen** und versteuert, aber teilweise oder insgesamt nicht ausgeschüttet. Die Gewinnverteilung ist bei den einzelnen Rechtsformen der Unternehmen unterschiedlich geregelt - siehe den Abschnitt »Rechtsformen«.
	Wegen des gespaltenen Körperschaftsteuersatzes kann es sich bei Kapitalgesellschaften als zweckmäßig erweisen, eine **Schütt-aus-hol-zurück-Politik** zu betreiben. Dabei wird der Gewinn ausgeschüttet, weshalb nur 30 % anstelle von 45 % Körperschaftsteuer zu entrichten sind, und danach in Form einer Kapitalerhöhung dem Unternehmen wieder zugeführt.
Stille Selbstfinanzierung	Es werden stille, aus der Bilanz nicht erkennbare **Reserven** geschaffen, die durch Gewinne gedeckt sind. Darunter ist die positive Differenz zwischen dem Tagesbeschaffungswert und dem Buchwert von Gütern zu verstehen, die aus bewußten Bilanzierungsakten und/oder Bewertungsakten resultiert.

Die Selbstfinanzierung ist kostengünstig, fördert die Kreditfähigkeit des Unternehmens und bedarf keiner Sicherheiten. Durch fehlende Außeneinflüsse kann sie andererseits die Gefahr von Fehlinvestitionen in sich bergen.

- Bei der **Finanzierung aus Abschreibungsgegenwerten** wird angestrebt, das gebundene Kapital wieder freizusetzen und gegebenenfalls die Kapazität des Unternehmens zu erweitern.

Abschreibungen sind Aufwand, der einer Abrechungsperiode für Wertminderungen materieller und inmaterieller Gegenstände des Anlagevermögens zugerechnet wird. Sie können ihre Ursache im Verschleiß und der Entwertung der Wirtschaftsgüter haben.

Finanzierung

Arten der Abschreibungen sind – siehe ausführlich Seite 411 f.:

Lineare Abschreibungen	Dabei wird der Basiswert eines Anlagegutes - beispielsweise als Anschaffungswert oder Wiederbeschaffungswert - gleichmäßig auf die einzelnen Nutzungsperioden verteilt.
Degressive Abschreibungen	Hierbei wird der Basiswert eines Anlagegutes ungleichmäßig auf die einzelnen Nutzungsperioden verteilt, wobei die ersten Jahre der Nutzung stärker mit Abschreibungen belastet werden als die letzten Jahre.
Leistungsbezogene Abschreibungen	Die jährlichen Abschreibungsbeträge ergeben sich aus dem Umfang der Beanspruchung des Anlagegutes, der jeweils unterschiedlich ist.

Der **Kapitalfreisetzungseffekt** ergibt sich dadurch, daß die Abschreibungen durch den Verkauf der Produkte in den jeweils produktbezogen kalkulierten Teilbeträgen dem Unternehmen wieder zufließen.

Unter dem **Kapazitätserweiterungseffekt**, der auch **Lohmann-Ruchti-Effekt** und **Marx-Engels-Effekt** genannt wird, versteht man die Wirkung, die sich daraus ergibt, daß die freigesetzten Abschreibungsgegenwerte sofort zu Neuinvestitionen für gleichwertige Anlagen verwendet werden, wobei sich über mehrere Jahre hinweg theoretisch eine Kapazitätserweiterung von nahezu 100 % ergeben kann.

Beispiel: Es wird von einem Anfangsbestand von 10 Maschinen zum Preis von je 1.000 DM und einer Nutzungsdauer von 5 Jahren ausgegangen.

Jahr	Maschinenzahl	Jährliche Abschreibung	Zugang	Abgang	Restbetrag
1	10	2.000	2	0	0
2	12	2.400	2	0	400
3	14	2.800	3	0	200
4	17	3.400	3	4	600
5	20	4.000	4	10	600
6	14	2.800	3	2	400
7	15	3.000	3	2	400
8	16	3.200	3	3	600
9	16	3.200	3	3	800
10	16	3.200	4	4	0

Der Kapazitätserweiterungseffekt ist in der Praxis nicht in diesem Umfang erzielbar, beispielsweise weil das Kapital auch in zusätzlich erforderlichem Umlaufvermögen gebunden werden muß, die Anlagegüter weder alle gleichartig noch weitgehend teilbar sind, der technische Fortschritt sowie die Entwicklung des Beschaffungsmarktes und Absatzmarktes unberücksichtigt bleiben.

- Bei der **Finanzierung aus Rückstellungsgegenwerten** wird der Aufwand für die Rückstellungen sofort verrechnet, die Auszahlungen erfolgen aber erst in späteren Perioden. Während des dazwischen liegenden Zeitraumes kann das Unternehmen über die Rückstellungen verfügen, sofern die Gegenwerte über den Umsatzprozeß zugeflossen sind.

Rückstellungen sind Fremdkapital, das dem Grunde und/oder der Fälligkeit nach ungewiß ist und dessen Verursachung in der abgelaufenen Rechnungsperiode liegt. Sie sind für Finanzierungszwecke um so vorteilhafter, je längerfristiger sie sind, beispielsweise als Pensionsrückstellungen.

Die Höhe zu bildender Rückstellungen ist auf den Betrag begrenzt, der nach vernünftiger kaufmännischer Beurteilung erforderlich ist. Sie sind aufzulösen, wenn es keine Rechtfertigung mehr für sie gibt.

2.2.3.2 Finanzierung aus sonstigen Kapitalfreisetzungen

Die Finanzierung aus sonstigen Kapitalfreisetzungen kann erfolgen durch:

- **Rationalisierung**, bei der eine Verringerung des Kapitaleinsatzes bewirkt wird, ohne daß es zu einer Verminderung des Produktionsvolumens bzw. Umsatzvolumens kommt, beispielsweise durch verbesserte Materialdisposition, schnellere Fertigungsverfahren, rascheren Eingang von Forderungen.

Mit diesen Maßnahmen werden finanzielle Mittel freigesetzt, die für andere Zwecke verwendet werden können.

- **Vermögensumschichtung**, bei der materielle und/oder immaterielle Vermögenswerte in liquide Form überführt werden, um für Finanzierungszwecke zur Verfügung zu stehen. Dabei sollte aber darauf geachtet werden, daß die Betriebsbereitschaft des Unternehmens nicht gefährdet wird.

56

2.3 Kontrolle

Die Finanzkontrolle schließt den Führungsprozeß im Finanzierungsbereich ab. Sie kann erfolgen als:

- **Kontrolle der Finanzplanung**, indem Plansätze und Istwerte gegenübergestellt und die Abweichungen festgestellt werden, die einer Analyse zu unterziehen sind.

- **Kennzahlenanalyse**, bei der beispielsweise Finanzierungskennzahlen und Liquiditätskennzahlen ermittelt werden - siehe ausführlich *Olfert*:

Finanzierung

Eigenkapitalanteil	$\dfrac{\text{Eigenkapital}}{\text{Gesamtkapital}} \cdot 100$
Anspannungskoeffizient	$\dfrac{\text{Fremdkapital}}{\text{Gesamtkapital}} \cdot 100$
Verschuldungskoeffizient	$\dfrac{\text{Fremdkapital}}{\text{Eigenkapital}} \cdot 100$
Bilanzkurs	$\dfrac{\text{Eigenkapital}}{\text{Gezeichnetes Kapital}} \cdot 100$

Deckungsgrad A	$\dfrac{\text{Eigenkapital}}{\text{Anlagevermögen}} \cdot 100$
Deckungsgrad B	$\dfrac{\text{Eigenkapital} + \text{langfristiges Fremdkapital}}{\text{Anlagevermögen}} \cdot 100$
Deckungsgrad C	$\dfrac{\text{Eigenkapital} + \text{langfristiges Fremdkapital}}{\text{Anlagevermögen} + \text{langfristig gebundenes Umlaufvermögen}} \cdot 100$

Liquidität 1. Grades	$\dfrac{\text{Zahlungsmittelbestand}}{\text{Kurzfristige Verbindlichkeiten}} \cdot 100$
Liquidität 2. Grades	$\dfrac{\text{Kurzfristiges Umlaufvermögen}}{\text{Kurzfristige Verbindlichkeiten}} \cdot 100$
Liquidität 3. Grades	$\dfrac{\text{Gesamtes Umlaufvermögen}}{\text{Kurzfristige Verbindlichkeiten}} \cdot 100$

Gesamtkapitalrentabilität	$\dfrac{\text{Gewinn} + \text{Fremdkapitalzinsen}}{\text{Gesamtkapital}} \cdot 100$
Eigenkapitalrentabilität	$\dfrac{\text{Gewinn}}{\text{Eigenkapital}} \cdot 100$
Umsatzrentabilität	$\dfrac{\text{Gewinn}}{\text{Umsatz}} \cdot 100$

Im Rahmen der dynamischen Liquiditätsanalyse werden vielfach der **Cash Flow** und die **Kapitalflußrechnung** verwendet – siehe ausführlich *Olfert/Körner/ Langenbeck*.

Die Kontrolle ist ein Teil des Controllingprozesses, der außerdem die Zielsetzung, Planung und Steuerung umfaßt. Um steuernd eingreifen zu können, bedarf das **Controlling** eines Frühwarnsystemes. Als Frühwarn-Größen kommen insbesondere Kennzahlen in Betracht. Mit ihrer Hilfe können unplanmäßige Entwicklungen rasch erkannt werden.

57

	Kontrollfragen	bear-beitet	Lösungs-hinweis	Lösung +	-
01	Welche Aufgabe stellt sich dem Finanzbereich?		275		
02	Nennen Sie die finanzwirtschaftlichen Funktionen!		275 f.		
03	Welche Zahlungsmittel können unterschieden werden?		276		
04	Wie kann der Barzahlungsverkehr erfolgen?		276		
05	Beschreiben Sie, wie der halbbare Zahlungsverkehr abgewickelt werden kann!		277		
06	Auf welche Arten ist es möglich, den Zahlungsverkehr bargeldlos vorzunehmen?		277		
07	Was versteht man unter Überweisungen, Einzugsermächtigungen, Abbuchungsaufträgen?		278		
08	Was versteht man unter Barschecks, Verrechnungsschecks, Eurocheques, bestätigten Schecks?		278 f.		
09	Was versteht man unter eigenen und gezogenen Wechseln?		279		
10	Wie können Schecks und Wechsel (weiter) verwendet werden?		279		
11	Erläutern Sie, was Investitionen sind!		280		
12	Was versteht man unter einer Desinvestition?		280		
13	Welche Ziele liegen der Investitionsplanung zugrunde?		280 f.		
14	Worin unterscheiden sich die absolute und relative Liquidität?		280		
15	Worauf kann sich die Investitionsplanung beziehen?		281		
16	Welche Problemstellungen können der Optimierung von Einzelinvestitionen zugrundeliegen?		281		
17	Wie läuft die Planung einzelner Investitionen typischerweise ab?		281 f.		
18	Was versteht man unter statischen Investitionsrechnungen?		282 f.		
19	Welche Arten statischer Investitionsrechnungen können unterschieden werden?		282 ff.		
20	Beschreiben Sie, wie bei der Kostenvergleichsrechnung vorgegangen werden kann!		282 f.		
21	Wie ermittelt man die kritische Menge?		283		
22	Erläutern Sie die Vorgehensweise bei der Gewinnvergleichsrechnung!		283 f.		
23	Wie erfolgt die Rentabilitätsvergleichsrechnung?		284 f.		
24	Beschreiben Sie, wie bei der Amortisationsvergleichsrechnung vorgegangen wird!		285 f.		
25	Was versteht man unter dynamischen Investitionsrechnungen?		286		
26	Nennen Sie die Arten dynamischer Investitionsrechnungen!		287 f.		

	Kontrollfragen	bear-beitet	Lösungs-hinweis	Lösung + | -
27	Erläutern Sie die Vorgehensweise bei der Kapitalwertmethode!		287	
28	In welchen Fällen sind Differenzinvestitionen anzusetzen?		288	
29	Beschreiben Sie, wie bei der Internen Zinsfuß-Methode vorgegangen werden kann!		288 f.	
30	Wie erfolgt die Annuitätenmethode?		289	
31	Was versteht man unter dem Investitionsprogramm?		290	
32	Wie läuft die Planung des Investitionsprogrammes typischerweise ab?		290 f.	
33	Welche Durchführungsaufgaben stellen sich im Investitionsbereich?		292	
34	Nennen Sie die objektbezogenen Investitionen!		292	
35	Welche wirkungsbezogenen Investitionen lassen sich unterscheiden?		293	
36	Was versteht man unter Nettoinvestitionen?		293	
37	Welche Arten von Reinvestitionen können Sie nennen?		293	
38	Worauf kann sich die Kontrolle im Investitionsbereich beziehen?		293 f.	
39	Was versteht man unter Finanzierung?		294	
40	Welche Merkmale weisen Eigenkapital und Fremdkapital auf?		295	
41	Welche Finanzierungen lassen sich nach den unterschiedlichen Kapitalarten nennen?		295	
42	Erläutern Sie die Arten der Finanzierung, die sich aus der unterschiedlichen Herkunft des Kapitals ergeben!		296	
43	An welchen Zielen hat sich die Finanzplanung zu orientieren?		297	
44	Nennen Sie die Instrumente der Finanzplanung!		297	
45	Wovon hängt die Größe des Kapitalbedarfes grundsätzlich ab?		297	
46	In welchen Fällen ist die Kapitalbedarfsrechnung einsetzbar?		297	
47	Beschreiben Sie die Schritte, in denen der Kapitalbedarf mit Hilfe der Kapitalbedarfsrechnung ermittelt werden kann!		297 f.	
48	In welchen Fällen ist es erforderlich, den Finanzplan zur Ermittlung des Kapitalbedarfes zu verwenden?		298	
49	Nennen Sie die grundlegenden Elemente, die ein Finanzplan enthält!		299	
50	Wie können »vorsichtige Planansätze« bewirkt werden?		300	
51	Welche Durchführungsaufgaben obliegen dem Finanzierungsbereich?		300	
52	Was versteht man unter der Beteiligungsfinanzierung?		300	

Kontrollfragen

	Kontrollfragen	bearbeitet	Lösungshinweis	Lösung +	-
53	Welche Kriterien dienen der Beurteilung der Vorteilhaftigkeit von Beteiligungsfinanzierungen?		300		
54	Welche Kapitalkosten der Beteiligungsfinanzierung fallen bei der OHG, KG, Stillen Gesellschaft, GdbR an?		301		
55	Welche Kapitalkosten der Beteiligungsfinanzierung fallen bei der GmbH, AG, Genossenschaft an?		301 f.		
56	Erläutern Sie, was unter der Fremdfinanzierung zu verstehen ist!		302		
57	Welche Arten des Fremdkapitals können nach seiner Fristigkeit unterschieden werden?		302		
58	Welche Kapitalkosten können bei der Fremdfinanzierung grundsätzlich anfallen?		302		
59	Wie können sich Fremdkapitalgeber bei der Hingabe ihres Kapitals absichern?		303		
60	Worin unterscheiden sich Personal- und Realsicherheiten?		303		
61	Beschreiben Sie die Arten der Personalsicherheiten!		303		
62	Erläutern Sie, welche Realsicherheiten zu unterscheiden sind!		303 f.		
63	Was versteht man unter der kurzfristigen Fremdfinanzierung?		304		
64	Systematisieren Sie die Formen der kurzfristigen Fremdfinanzierung!		304		
65	Beschreiben Sie, was unter dem Lieferantenkredit zu verstehen ist!		304		
66	Wie ist der Lieferantenkredit zu beurteilen?		305		
67	Wozu dient der Kundenkredit?		305		
68	Welche Merkmale weist der Kontokorrentkredit auf?		305		
69	Was versteht man unter dem Diskontkredit?		305		
70	Beschreiben Sie den Lombardkredit!		306		
71	Worin liegen die Merkmale des Akzeptkredits?		306		
72	Erläutern Sie, was unter dem Scheck-Wechsel-Verfahren zu verstehen ist!		306		
73	Was versteht man unter dem Avalkredit?		306		
74	Welche Funktionen können von einem Factor übernommen werden?		307		
75	Worin unterscheidet sich die Forfaitierung vom Factoring?		307		
76	Was versteht man unter der langfristigen Fremdfinanzierung?		307		

Kontrollfragen

Nr.	Frage	bearbeitet	Lösungshinweis	Lösung +	Lösung -
77	Systematisieren Sie die Formen der langfristigen Fremdfinanzierung!		307		
78	Welche Merkmale weisen Darlehen auf?		308		
79	Welche Arten von Darlehen lassen sich unterscheiden?		308		
80	Warum stimmen beim Darlehen nominale und effektive Zinsen üblicherweise nicht überein?		308		
81	Erläutern Sie, was unter Schuldscheindarlehen zu verstehen ist!		309		
82	Was sind Anleihen?		309		
83	Welche Merkmale weisen Industrieobligationen auf?		309		
84	Beschreiben Sie, welche Sonderformen der Industrieobligationen zu unterscheiden sind!		310		
85	Nennen Sie neuere Arten der Anleihen!		310		
86	Was versteht man unter dem Leasing?		310		
87	Welche Bedeutung hat die Grundmietzeit beim Finance-Leasing?		310		
88	Wie ist das Leasing zu beurteilen?		311		
89	Erläutern Sie, was unter dem Franchising zu verstehen ist!		311		
90	Was versteht man unter der Innenfinanzierung?		311		
91	Systematisieren Sie die Formen der Innenfinanzierung!		311		
92	Beschreiben Sie die Arten der Selbstfinanzierung!		312		
93	Wozu dient die Finanzierung aus Abschreibungsgegenwerten?		312		
94	Welche Arten der Abschreibung lassen sich unterscheiden?		313		
95	Was sind der Kapazitätsfreisetzungs- und Kapazitätserweiterungseffekt?		313		
96	Was sind Rückstellungen?		314		
97	Wie erfolgt die Finanzierung aus Rückstellungsgegenwerten?		314		
98	Inwieweit kann durch Rationalisierung finanziert werden?		314		
99	Was versteht man unter Vermögensumschichtung?		314		
100	Worauf kann sich die Kontrolle im Finanzierungsbereich beziehen?		314 f.		

F. Personalbereich

Im Personalbereich erfolgen alle planenden, steuernden und kontrollierenden Aktivitäten, die auf die im Unternehmen tätigen Arbeitskräfte ausgerichtet sind. Als **Träger** personeller Prozesse können genannt werden:

- Die **Vorgesetzten**, die für die Erreichung der Sachziele durch die Mitarbeiter und ihre Motivation zu sorgen haben. Sie verfügen über die Macht, den Mitarbeitern **Weisungen** zu erteilen, die sich innerhalb der arbeitsvertraglichen Pflichten bewegen müssen.

- Die **Personalabteilung**, die bestimmte Daueraufgaben abwickelt und die Vorgesetzten dadurch entlastet. Dabei wirkt sie auch mit dem Betriebsrat zusammen.

- Der **Betriebsrat**, der als kollektive Interessenvertretung bei personalwirtschaftlichen Entscheidungen mitentscheidend, mitwirkend, beratend oder informativ zu beteiligen ist.

Beispiele: Planung des Personalbedarfes, Stellenausschreibung, Personalfragebogen, einzelne Einstellungen, Versetzungen, Umgruppierungen, ordentliche Kündigungen, Lage von Arbeitszeit und Pausen, Entgeltmodalitäten, Formen der Arbeitsbewertung, Akkord und Prämiensätze.

Rechtliche Grundlagen für die vom Personalbereich betreuten Arbeitsverhältnisse, aus denen sich die Rechte und Pflichten von Arbeitgeber und Arbeitnehmer ergeben, sind:

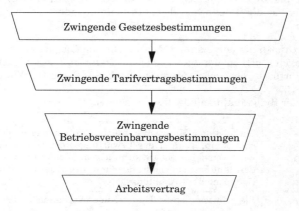

Den einzelnen Bestimmungen kommen unterschiedliche Rangordnungen zu. Wenn ein Sachverhalt »weiter oben« bereits geregelt ist, gilt das auch »weiter unten«, insbesondere darf die Position des Arbeitnehmers nicht verschlechtert werden.

Der Führungsprozeß im Personalbereich umfaßt:

Personal-bereich	Planung
	Durchführung
	Kontrolle

1. Planung

Die personalwirtschaftliche Planung dient der Ermittlung der zukünftigen personellen Erfordernisse und der Festlegung der daraus resultierenden personellen Maßnahmen. Sie erfolgt auf der Grundlage der vom Management vorgegebenen **Ziele** und unter Berücksichtigung arbeitsrechtlicher Vorschriften.

Zu unterscheiden sind – siehe ausführlich *Olfert / Steinbuch:*

1.1 Individualplanung

Die Individualplanung bezieht sich auf den **einzelnen Mitarbeiter** des Unternehmens. Sie erfordert die Bereitschaft des Mitarbeiters, an ihr mitzuwirken. Zu unterscheiden sind:

- Die **Bedürfnisse**, die der Planung zugrundeliegen. Das sind die Unternehmensbedürfnisse, die sich in der bestmöglichen Stellenbesetzung äußern, und Mitarbeiterbedürfnisse, beispielsweise nach beruflicher Fortentwicklung.

- Die **Arten** der Individualplanung, die sein können:

Laufbahn-planung	Sie zeigt dem Mitarbeiter, welche Positionen er im Zeitablauf erreichen kann, wenn er den Erwartungen des Unternehmens gerecht wird. Dabei bezieht sie sich nicht auf konkrete Arbeitsplätze, sondern auf betriebliche Tätigkeiten, beispielsweise Sachbearbeiter - Gruppenleiter - Abteilungsleiter.
Besetzungs-planung	Sie geht von den im Unternehmen vorhandenen oder zu schaffenden Stellen aus und zeigt, welche Mitarbeiter den einzelnen Stellen im Zeitablauf zugeordnet werden. Beispielsweise wird mit der Einkaufsabteilung ab 06/96 Herr Schmitt, ab 04/97 Herr Lehmann, ab 09/98 Frau Dr. Berndt befaßt.

Planung

Entwicklungsplanung	Sie ist erforderlich, um die Mitarbeiter an berufliche Veränderungen, beispielsweise den technischen Fortschritt, anzupassen bzw. darin zu unterstützen, Führungsaufgaben gerecht zu werden. Das kann mit Hilfe von Ausbildungs-, Fortbildungs- oder Umschulungsmaßnahmen geschehen.
Einarbeitungsplanung	Sie erfolgt für neu in das Unternehmen eintretende Mitarbeiter, gegebenenfalls aber auch für versetzte Mitarbeiter, die damit systematisch mit ihren Aufgaben, dem gegebenen Umfeld, den betrieblichen Strukturen und den künftigen Kommunikationspartnern bekanntgemacht werden können.

1.2 Kollektivplanung

Die Kollektivplanung befaßt sich mit **mehreren Mitarbeitern**, beispielsweise einer Gruppe, einer Abteilung, einem Werk oder der gesamten Belegschaft, die geplant werden. Es lassen sich unterscheiden:

- Die **quantitative Planung**, bei der mit den »Köpfen« der Belegschaftsmitglieder geplant wird, und die **qualitative Planung**, bei der die Qualifikation, Ausbildung und Lohn- bzw. Gehaltsgruppe der Mitarbeiter berücksichtigt werden.

- Die **Arten** der Kollektivplanung, das sind insbesondere:

Bedarfsplanung	Aufgrund der Vorgaben aus dem Management, beispielsweise der Zahl zu erstellender Erzeugnisse, ergibt sich ein bestimmter Personalbedarf, der zu planen ist.
Bestandsplanung	Um feststellen zu können, ob die vorgegebenen Leistungen tatsächlich auch erstellbar sind, ist der Personalbestand zu planen und mit dem künftigen Personalbedarf abzugleichen.
Veränderungsplanung	Der Vergleich von Bedarfs- und Bestandsplan kann zeigen, daß zuwenig oder zuviel Mitarbeiter im Planungszeitraum verfügbar sein werden. Eine **Beschaffungsplanung** oder **Freistellungsplanung** wird notwendig.
Einsatzplanung	Sie soll die Personalbesetzung dem kurz- und mittelfristigen Arbeitsanfall anpassen, z. B. als Schichtplan. Dabei sind Unregelmäßigkeiten beim Arbeitsanfall und Abwesenheiten zu berücksichtigen.
Entwicklungsplanung	Sie soll beispielsweise die Fortbildungserfordernisse ermitteln, die Fortbildungsziele bestimmen, den Fortbildungsumfang festlegen und die Fortbildungsmaßnahmen planen. Dabei steht sie in enger Beziehung zu der individuellen Entwicklungsplanung.
Kostenplanung	Personalkosten ergeben sich aus dem Bestand, der Beschaffung, dem Abbau, dem Einsatz und der Entwicklung des Personals. Sie müssen als direkte Personalkosten, gesetzliche und freiwillige Personalnebenkosten geplant werden.

2. Durchführung

Die personalwirtschaftliche Planung ist die Grundlage für die Durchführungsaufgaben des Personalbereiches, die umfassen – siehe ausführlich *Böckly, Olfert, Olfert / Phillips, Olfert / Rahn, Olfert / Steinbuch:*

Die genannten Durchführungsaufgaben werden von der **Personalverwaltung** abgewickelt, sofern es sich um routinemäßige Daueraufgaben handelt.

Beispiele: Verwaltung von Personalakten; Bearbeitung von Versetzungen, Beförderungen, Freistellungen; Ermittlung der Mitarbeiterentgelte; Betreuung der Sozialeinrichtungen; Abrechnung der Sozialleistungen; Führung der Personalstatistik.

2.1 Personalbeschaffung

Die Personalbeschaffung befaßt sich mit der Bereitstellung der für das Unternehmen erforderlichen Arbeitskräfte in

- quantitativer   (2 Mitarbeiter)
- qualitativer   (mit Ausbildung zum Industriekaufmann)
- zeitlicher   (zum 01.07.1997).

Hinsicht. Bei der Personalbeschaffung gibt es für das Unternehmen vier **Problemkreise**, die zu bearbeiten sind:

- Die **Auswahl** der **Beschaffungswege**
- Die **Bearbeitung** der **Bewerbungen**
- Die **Auswahl** der geeigneten **Bewerber**
- Die **Ausfertigung** der **Arbeitsverträge**.

2.1.1 Beschaffungswege

Um die erforderlichen Arbeitskräfte bereitstellen zu können, kann das Unternehmen mehrere Wege beschreiten. Welcher Beschaffungsweg vorteilhaft erscheint, hängt insbesondere von der Art der zu besetzenden Stelle ab.

Grundsätzlich kann zwischen internen und externen Beschaffungswegen gewählt werden:

Durchführung

- **Interne Beschaffungswege** beziehen sich auf den Teil des Arbeitsmarktes, der innerhalb des Unternehmens liegt. Sie zu nutzen hat mehrere Vorteile, beispielsweise die Verbesserung der Motivation und Mobilität der betroffenen Arbeitnehmer. Andererseits kann eine gewisse Betriebsblindheit gefördert werden.

Als interne Beschaffungswege sind insbesondere möglich:

Innerbetriebliche Stellenausschreibung	Sie kann vom Betriebsrat - allgemein oder für bestimmte Arten von Tätigkeiten - gefordert werden (§ 93 BetrVG). Kommt das Unternehmen dem Verlangen nicht nach, kann der Betriebsrat die Zustimmung zu einer Einstellung oder Versetzung verweigern.
Personalentwicklung	Mit ihr - als Ausbildung, Fortbildung, Umschulung - kann das Unternehmen einen künftigen Bedarf an qualifizierten Arbeitnehmern decken.
Versetzung	Sie ist die Zuweisung eines anderen Arbeitsbereiches, die voraussichtlich die Dauer von einem Monat überschreitet oder mit einer erheblichen Änderung der Umstände verbunden ist, unter denen die Arbeit zu leisten ist.
Mehrarbeit	Sie ermöglicht zusätzliche Leistungen, ohne daß die Zahl der Arbeitnehmer erhöht wird. Beispielsweise leisten die Arbeitnehmer Überstunden bzw. die Arbeitsintensität wird durch Rationalisierungsmaßnahmen erhöht.

- **Externe Beschaffungswege** sind auf den Teil des Arbeitsmarktes gerichtet, der außerhalb des Unternehmens liegt. Das können vor allem sein:

Arbeitsverwaltung	Die Arbeitsvermittlung obliegt in Deutschland grundsätzlich der Arbeitsverwaltung. Sie erfolgt in den Arbeitsämtern, Landesstellen für Arbeitsvermittlung, Fachvermittlungsstellen und der Zentralstelle für Arbeitsvermittlung (ZVA) in Frankfurt/Main.
Stellenanzeigen	Sie haben in Deutschland die **größte Bedeutung** und dies um so mehr, je höher die angebotenen Stellen hierarchisch angesiedelt sind. Anzeigenträger sind insbesondere Tageszeitungen, Wochenzeitungen und Fachzeitschriften. Die Stellenanzeigen können offen - unter Nennung des inserierenden Unternehmens - oder als Chiffreanzeigen veröffentlicht werden, bei denen der Name des Unternehmens nicht bekannt wird. Auch Anzeigen von Personalberatern sind möglich. Inhaltlich sollten die Stellenanzeigen Aussagen über das Unternehmen, die freie Stelle, die Anforderungsmerkmale, die Leistungen des Unternehmens und die gewünschten Bewerbungsunterlagen enthalten.
Personalleasing	Es ermöglicht die Beschaffung von Arbeitskräften mit eher standardisierbaren Tätigkeitsmerkmalen für kurze Zeit, im Einzelfall für höchstens 9 Monate. Dabei gelten die strengen Vorschriften des Arbeitnehmerüberlassungsgesetzes (AÜG).
Personalberater	Sie können bei der Beschaffung von Arbeitskräften der höheren und hohen Hierarchie-Ebene eingeschaltet werden.

Weitere externe Beschaffungswege können Vermittlungen durch Mitarbeiter, Aushänge am Werkstor, Besichtigungen von Unternehmen, Kontakte mit Bildungseinrichtungen, Plakatierungen und Handzettel sein. Schließlich soll es auch vorkommen, daß Arbeitskräfte abgeworben werden, was rechtlich nicht zulässig ist.

2.1.2 Bewerbung

Eine Bewerbung kann dem Unternehmen aufgefordert – beispielsweise aufgrund einer Stellenanzeige – oder unaufgefordert zugehen. Letztere erfolgt vielfach als Kurzbewerbung.

Die Bewerbung erfolgt üblicherweise schriftlich. Die eingehenden **Bewerbungsunterlagen** sind:

- **sorgfältig** zu **behandeln** und vor Unbefugten **sicher aufzubewahren**,

- nach ihrem Gesamteindruck und ihrer Vollständigkeit zu **überprüfen** und im einzelnen **inhaltlich auszuwerten:**

Bewerbungsschreiben	Es soll stellenspezifisch ausgerichtet, klar gegliedert, ordentlich gestaltet und stilistisch einwandfrei sein.
Bewerberfoto	Es soll ein Fotografen-Foto neueren Datums in üblicher Größe sein.
Lebenslauf	Er soll - heute meist in tabellarischer Form - die persönliche und berufliche Entwicklung des Bewerbers lückenlos aufzeigen.
Schulzeugnisse	Sie sollen - eher bei jüngeren Bewerbern - über deren Eignung informieren.
Arbeitszeugnisse	Sie sollen lückenlos als **einfache** oder - was besser wäre - **qualifizierte Zeugnisse** vorliegen und informieren über: o die Dauer der Tätigkeiten o die Termine des Ausscheidens o die Inhalte der Tätigkeiten o die Gründe des Ausscheidens o die Leistung (nur qualifizierte Zeugnisse) o die Führung (nur qualifizierte Zeugnisse).
Referenzen	Sie können - praktisch als Beurteilung von Nicht-Arbeitgebern - angegeben oder hinzugefügt werden.
Arbeitsproben	Sie können - beispielsweise als berufsbezogene Veröffentlichungen, Zeichnungen, Bilder - **eingereicht** oder beim Unternehmen **abgeleistet** werden.

Vielfach sendet das Unternehmen den interessanten Bewerbern einen **Personalfragebogen** zu, der ausgefüllt zurückzugeben ist.

Die Auswertung der Bewerbungsunterlagen ermöglicht eine **Vorauswahl**, die erkennen läßt, welche Bewerber ungeeignet bzw. geeignet sind. Den ungeeigneten

Durchführung

Bewerbern sind die Bewerbungsunterlagen - ohne Bewerbungsschreiben und Personalfragebogen - unverzüglich und in ordnungsmäßigem Zustand zurückzusenden.

2.1.3 Auswahl

Um die Auswahl des geeigneten Bewerbers vornehmen zu können, ist es wichtig, die aus der Vorauswahl verbliebenen Bewerber kennenzulernen. Dabei können sich anbieten:

- Ein **Vorstellungsgespräch**, in dem die Persönlichkeit der Bewerber, ihre Interessen und Wünsche erkannt werden können, und das Unternehmen mit dem zu besetzenden Arbeitsplatz präsentiert werden kann. Es ist auch möglich, insbesondere bei höher qualifizierten Bewerbern, nach einigen Tagen ein **zweites Vorstellungsgespräch** zu führen.

    Beim Vorstellungsgespräch sollen subjektive Einflüsse weitestgehend ausgeschaltet werden. Es dürfen nur Fragen gestellt werden, die mit der Einstellung und späteren Tätigkeit in Zusammenhang stehen. Ein typischer **Ablauf** des Vorstellungsgespräches kann sein:

Phase 1	Begrüßung des Bewerbers
Phase 2	Besprechung seiner persönlichen Situation
Phase 3	Besprechung seines Bildungsganges
Phase 4	Besprechung seiner beruflichen Entwicklung
Phase 5	Information über das Unternehmen
Phase 6	Verhandlungen über den Arbeitsvertrag
Phase 7	Abschluß des Gespräches

- In Verbindung mit dem Vorstellungsgespräch, gegebenenfalls vor dem Vorstellungsgespräch, kann ein **Eignungstest** durchgeführt werden. Dabei werden unterschieden:

Persönlichkeitstests	Sie sollen Interessen, Neigungen, Einstellungen, Sozialverhalten, charakterliche Eigenschaften feststellen.
Fähigkeitstests	Mit ihnen sollen die allgemeine Leistungsfähigkeit, die Intelligenz, spezielle Begabungen und Leistungsfähigkeiten festgestellt werden.

- Für Bewerber mit höherer Qualifikation können sich auch **Assessment-Center** anbieten. Das sind Gruppenauswahlverfahren, die sich meist über mehrere Tage erstrecken und die Teilnehmer mit Aufgaben und Problemen konfrontieren, die denen ihres künftigen Arbeitsplatzes entsprechen – siehe ausführlich *Olfert/ Phillips*.

- Es kann ein **graphologisches Gutachten** vorgenommen werden. Seine Aussagekraft und sein Stellenwert sind im Rahmen der Personalauswahl umstritten.

- Schließlich dient die **ärztliche Eignungsuntersuchung** der Überprüfung, inwieweit der Bewerber den psychischen und physischen Belastungen seines künftigen Arbeitsplatzes gewachsen ist.

Die Auswahl endet mit der **Entscheidung**, welcher Bewerber eingestellt werden soll. Dem Besetzungsvorschlag muß der **Betriebsrat** nach § 99 BetrVG **zustimmen**. Erst dann kann die Einstellung bewirkt werden.

2.1.4 Arbeitsvertrag

Der Arbeitsvertrag ist die rechtliche Grundlage für die Beziehung von Arbeitgeber und Arbeitnehmer. Sein **Inhalt** kann zwischen dem Arbeitgeber und dem Arbeitnehmer vereinbart werden, er muß aber mindestens zwingenden gesetzlichen Bestimmungen, Regelungen eines Tarifvertrages und einer Betriebsvereinbarung gerecht werden, soweit diese für das Arbeitsverhältnis gelten.

Der Arbeitsvertrag kann

- grundsätzlich **formlos** geschlossen werden. Damit ist sein Abschluß mündlich möglich, es sei denn, Gesetze, Tarifverträge oder Betriebsvereinbarungen schreiben die Schriftform vor. Der Arbeitnehmer hat aber Anspruch auf eine schriftliche Fassung der wesentlichen Vertragsbedingungen (Nachweisgesetz).

- befristet oder unbefristet geschlossen werden:

Unbefristeter Arbeitsvertrag	Er wird auch Dauerarbeitsvertrag genannt und kann durch eine einseitige Erklärung als Kündigung oder vertragliche Vereinbarung in Form eines Aufhebungsvertrages beendet werden.
Befristeter Arbeitsvertrag	Er ist i.d.R. nur maximal zwei Jahre zulässig und endet »automatisch« zu einem Zeitpunkt, der unmittelbar - beispielsweise 31.12.1997 - oder mittelbar - beispielsweise mit Projektende - vereinbart ist.

Der Abschluß des Arbeitsvertrages beendet die Personalbeschaffung.

59

2.2 Personaleinsatz

Mit dem Personaleinsatz werden die im Unternehmen vorhandenen **Mitarbeiter** den gegebenen **Arbeitsplätzen** in quantitativer, qualitativer und zeitlicher Hinsicht **zugeordnet**. Er beginnt nach der Personalbeschaffung mit der Probezeit bzw. der Einführung und Einarbeitung der neuen Mitarbeiter und endet mit dem letzten Tag der Anwesenheit der Mitarbeiter im Unternehmen.

Durchführung

Der Personaleinsatz soll die vom Unternehmen erwartete Arbeitsleistung des Mitarbeiters bewirken. Dabei wird unter der **Arbeit** die Tätigkeit eines Menschen verstanden, die der Erfüllung einer Aufgabe dient. **Leistung** ist das bewertete Ergebnis, das aus menschlicher Arbeit resultiert.

Die Arbeitsleistung unterliegt vor allem folgenden **Bestimmungsfaktoren:**

- Der **Leistungsfähigkeit**, die auf Ausbildung, Fähigkeiten, Fertigkeiten, Erfahrungen, aber auch persönlichkeitsbezogenen Faktoren wie Gesundheit, Belastbarkeit, Anpassungs-, Team-, Koordinations-, Konflikt-, Durchsetzungsfähigkeit beruht.

- Der **Leistungsbereitschaft**, die in Zusammenhang mit dem Arbeitslohn und den Arbeitsbedingungen steht. Ein erhöhter Arbeitslohn muß allerdings die Antriebe der Mitarbeiter nicht zwangsweise vergrößern.

Für den Personaleinsatz sind bedeutsam:

- **Arbeitsplatz**
- **Arbeitszeit**
- **Arbeitsaufgabe.**

2.2.1 Arbeitsplatz

Der Arbeitsplatz kann unter verschiedenen Gesichtspunkten **gestaltet** werden:

- Bei der **anthropometrischen Gestaltung** des Arbeitsplatzes geht es um die Anpassung des Arbeitsplatzes und der Arbeitsmittel an den Menschen:

Arbeitsplatz-Anpassung	Es werden vor allem die Höhe des Arbeitsplatzes, der Griffbereich und das Gesichtsfeld gestaltet.
Arbeitsmittel-Anpassung	Es werden vor allem die Handgriffe, Pedale, Knöpfe, Schalter nach Form und Abmessung gestaltet.

- Bei der **physiologischen Gestaltung** des Arbeitsplatzes erfolgt eine Anpassung der Arbeitsmethoden und Arbeitsbedingungen an den menschlichen Körper:

Arbeitsmethoden	Wirtschaftlicher Muskeleinsatz, optimale Kraftrichtung, wenig statische Muskelarbeit.
Arbeitsbedingungen	Gestaltung von Beleuchtung, Klima, Lärm, Lüftung, Farben, Staub.

- Bei der **psychologischen Gestaltung** des Arbeitsplatzes geht es um alle Maßnahmen zur angenehmeren Gestaltung der Umwelt, beispielsweise durch Farben, Pflanzen, Musik.

- Bei der **organisatorischen Gestaltung** des Arbeitsplatzes erfolgt die Gestaltung der Aufgabenstellung und der zeitlichen Bindung des Menschen an den Arbeitsablauf.

  Dabei können der Aufgabenstellung als **Einsatzprinzipien** zugrundeliegen:

Job rotation	Es erfolgt ein planmäßiger Wechsel des Arbeitsplatzes und der Arbeitsaufgaben.
	Beispiel: Eine Näherin wechselt von Platz A zu Platz B und später zu Platz C.
Job enlargement	Sie ist eine Erweiterung der Arbeitsaufgabe durch Verminderung der horizontalen Arbeitsteilung, indem Arbeitselemente mehrerer Arbeitsplätze an einem Arbeitsplatz zusammengefaßt werden.
	Beispiel: Eine Näherin hat bisher nur Ärmel genäht und näht jetzt das ganze Hemd.
Job enrichment	Es erfolgt eine Erweiterung der Arbeitsaufgabe sowohl in horizontaler als auch vertikaler Sicht, indem der Entscheidungs- und Kontrollspielraum des Arbeitnehmers erhöht wird.
	Beispiel: Eine Näherin hat Hemden bisher nur genäht und darf jetzt an der planenden Gestaltung der Hemden mitwirken.

Die genannten Einsatzprinzipien sollen die **Monotonie** und einseitige Arbeitsbelastung der Mitarbeiter vermindern.

- Schließlich kann der Arbeitsplatz auch

  – **informationstechnisch**, wobei Sehen, Hören, Tasten im Mittelpunkt stehen,
  – **sicherheitstechnisch** gestaltet werden.

2.2.2 Arbeitszeit

Die Arbeitszeit ist die Zeit vom Beginn bis zum Ende der Arbeit ohne Ruhepausen. Sie ist vor allem im Arbeitszeitgesetz (ArbZG) und in der Gewerbeordnung (GewO) geregelt, außerdem im Jugendarbeitsschutzgesetz (JArbSchG) und Mutterschutzgesetz (MuSchG), die Aussagen über den Umfang der täglichen bzw. wöchentlichen Arbeitszeit machen.

Bei der Gestaltung der Arbeitszeit kann zwischen **fester** und **gleitender Arbeitszeit** unterschieden werden. Es wird auch eine Flexibilisierung der Arbeitszeit angestrebt. In engem Zusammenhang mit der Arbeitszeit stehen:

- Die **Tagesrhythmik**, die Schwankungen der physiologischen Leistungsbereitschaft erkennen läßt:

Durchführung 331

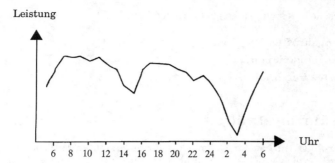

- Die **Arbeitspausen**, die der körperlichen und geistigen Erholung der Arbeitskraft dienen. Sie sind durch die Arbeitszeitordnung vorgeschrieben, auch in ihrer Anzahl und Mindestdauer entsprechend der täglichen Arbeitszeit.

Die Erholung ist in den ersten Minuten einer Pause am größten. Je länger die Pause dauert, um so länger ist die Einarbeitungszeit danach.

2.2.3 Arbeitsaufgabe

Bei der Gestaltung der Arbeitsaufgabe geht es um das zielgerichtete **Zusammenführen von Arbeitsplatz und Mitarbeiter**. Die Zuordnung der Arbeitsaufgaben wird in Plänen dokumentiert, beispielsweise in Tageseinsatzplänen, Schichtplänen.

Für den optimalen Personaleinsatz ist es erforderlich, die **Eignungswerte** bzw. **Eignungsprofile der Mitarbeiter** festzustellen. Nur so kann die Eignung der Mitarbeiter für bestimmte Arbeitsaufgaben bzw. Stellen erkannt werden.

60

2.3 Personalführung

Führung ist ein kommunikativer Prozeß, der darauf gerichtet ist, das Verhalten der Mitarbeiter eines Unternehmens zielorientiert zu beeinflussen. Mit Hilfe der Personalführung werden die Unternehmensziele und grundlegenden Strategien bzw. Entscheidungen auf den einzelnen hierarchischen Ebenen durch Vorgesetzte umgesetzt.

Versteht man Personalführung als Tätigkeit, dann bedeutet das aus der Sicht der Führungskraft, das Personal unter Einbezug von Führungsinstrumenten und betrieblichen Situationen auf einen gemeinsam zu erzielenden Erfolg hin zu beeinflussen (*Rahn*).

Zu unterscheiden sind - siehe ausführlich *Olfert*:

- **Führungskräfte**
- **Führungsinstrumente**
- **Geführtes Personal.**

2.3.1 Führungskräfte

Eine Führungskraft hat die Aufgabe, die ihr unterstellten Mitarbeiter so zu lenken, daß sie erfolgreich arbeiten. Ihre Führungsautorität und ihre Führungsqualitäten zeichnen sie aus. Ihr Führungsverhalten wird auch vom **Führungstyp** geprägt.

Die Führungskräfte lassen sich nach verschiedenen Kriterien unterteilen, von denen die folgenden Verhaltenstypen genannt werden sollen *(Rahn)*:

- **Strenge Führungskräfte** haben eine Neigung zu autoritärem Führungsverhalten. Sie erwarten, daß ihnen überall Respekt entgegengebracht wird.

- **Sachliche Führungskräfte** führen vorrangig mit Richtlinien, Rundschreiben, Dienstanweisungen und Vorschriften. Formalismus und Bürokratie sind nicht selten.

- **Muntere Führungskräfte** verstehen es, ihre Mitarbeiter anzuspornen und mitzureißen. Sie mögen kein übertriebenes Gleichmaß. Oft sind sie schlechte Zuhörer.

- **Kritische Führungskräfte** prüfen mit einem gewissen Mißtrauen alle Vorgänge auf Verbesserungsmöglichkeiten. Anderen halten sie gern einen Spiegel vor, sind aber vielfach selbst kritikanfällig.

- **Ehrgeizige Führungskräfte** betonen die Anforderungen des Leistungssystems mehr als die des menschlichen Bereichs. Fehler werden bestraft. Streß wird durch Dominanz und Machteinsatz bekämpft.

- **Humane Führungskräfte** haben Verständnis für ihre Mitarbeiter. Sie neigen zu kooperativem Führungsverhalten und verstehen es, zu ermutigen. Auseinandersetzungen gehen sie aus dem Wege.

- **Hektische Führungskräfte** stehen ständig unter Termindruck und Anspannung. Sie haben wenig Zeit für die Probleme ihrer Mitarbeiter, setzen sich aber voll für das Unternehmen ein.

- **Nachlässige Führungskräfte** überlassen die Mitarbeiter sich selbst und kümmern sich nicht um ihre Führungsaufgaben. Deshalb entstehen Autoritätsprobleme.

- **Souveräne Führungskräfte** haben keine Probleme mit der Autorität. Sie besitzen die Fähigkeit zur präzisen Analyse, erkennen schnell das Machbare und haben viel Überzeugungskraft. Das geistige Potential der Mitarbeiter wird durch kooperatives Verhalten genutzt.

2.3.2 Führungsinstrumente

Die Führungskräfte haben eine Vielzahl von Führungsinstrumenten zur Verfügung. Der Einsatz des Führungsinstrumentariums hängt u.a. von der gegebenen Machtstruktur ab, d.h. von dem Einfluß und vom Stand in der betrieblichen Hierarchie.

Führungsmittel sind beispielsweise:

- **Arbeitsrechtliche Mittel**, zu denen der Arbeitsvertrag als die rechtliche Grundlage für die Beziehung zwischen Arbeitgeber und Arbeitnehmer und die Weisungen des Vorgesetzten gehören.

- **Anreizmittel** als Möglichkeiten der Motivation, die aufgrund gegebener Bedürfnisstruktur einen Aufforderungscharakter für den Mitarbeiter haben. Hierzu ist beispielsweise das Lob zu zählen.

- **Kommunikationsmittel**, die sich aus der wechselseitigen Information zwischen Vorgesetzten und Mitarbeitern ergeben.

Gespräch	Es ist ein Zweiergespräch zwischen dem Vorgesetzten und Mitarbeiter, beispielsweise als Kontakt-, Anerkennungs-, Kritik-, Beschwerde-, Entwicklungsgespräch.
Besprechung	Hier werden zwei oder mehr Mitarbeiter in die Kommunikation einbezogen, beispielsweise um Berichte zu erstatten, Vorgänge zu analysieren, Informationen auszutauschen, Meinungen zu bilden, Entscheidungen vorzubereiten oder zu treffen.
Konferenz	Sie ist ein sachlich orientiertes Zusammentreffen, in dem mehrere Personen aktiv Informationen und Meinungen zusammentragen, die zu einem Ergebnis führen.
Verhandlung	Mehrere Personen versuchen, ihre jeweils zuvor festgelegten Ziele zu erreichen.

- **Steuerungsmittel**, die Zielvorgaben an die Mitarbeiter oder auch kritische Anmerkungen der Vorgesetzten sein können. Auch die Erfolgskontrolle ist ein Steuerungsmittel.

- **Beurteilungsmittel**, die ein wesentlicher Führungsfaktor sind, denn mangelhafte Ergebnisse bzw. hervortretendes Verhalten werden erfaßt und dokumentiert, um die entsprechenden Folgen abzuleiten.

- **Informationsmittel**, die aus Informationen über das Personal bestehen, beispielsweise durch Beobachtung oder Befragung. Als Anweisungen, Aufträge und Anordnungen sind sie Informationen an das Personal. Außerdem sind Informationen von dem Personal zu berücksichtigen.

Auch die **Führungsstile** und **Führungstechniken** können den Führungsinstrumenten zugerechnet werden - siehe Seite 159 f., ausführlich *Olfert/Rahn, Olfert/Steinbuch*.

2.3.3 Geführtes Personal

Nicht nur die Persönlichkeit der Geführten und deren Verhalten, sondern auch die Bedürfnisse und Erwartungen, die Fähigkeiten und die Bereitschaft bzw. die Ziele und Antriebe der Mitarbeiter sind für den **Erfolg** bedeutsam.

Das geführte Personal läßt sich beispielsweise in folgende Typen von Mitarbeitern einteilen (*Olfert/Rahn*):

- **Jugendliches Personal**, zu dem man im Sinne des Arbeitsrechts rechnet, wer das 14. Lebensjahr vollendet und das 18. Lebensjahr noch nicht überschritten hat. Zu diesen Mitarbeitern zählen Auszubildende, Ungelernte, Volontäre und Praktikanten.

- **Älteres Personal**, von dem gesprochen wird, wenn es über fünfzig Jahre alt ist. Mit zunehmendem Alter tritt weniger eine generelle Leistungsminderung als vielmehr ein Leistungswandel ein. Die Körperkräfte können nachlassen, aber Umsicht, Erfahrung, Geduld und Besonnenheit werden zunehmen.

- **Weibliches Personal**, dem sich die Arbeitswelt fast in allen Berufssparten öffnet. Ein während des ganzen Berufslebens der meisten Frauen bestehendes Problem bildet die Doppelbelastung in Beruf und Haushalt. Für weibliches Personal bestehen im Arbeitsleben Schutzvorschriften, beispielsweise das Mutterschutzgesetz.

- **Männliches Personal**, das zu einem sehr hohen Prozentsatz die Führungspositionen in Wirtschaft und Verwaltung wahrnimmt. Gleichberechtigung und Gleichbehandlung von Frauen und Männern sind im Arbeitsleben dort zu realisieren, wo sie auf der Grundlage gleicher Bedingungen stattfinden können (*Richter*).

- **Behindertes Personal**, zu dem Rehabilitationsfälle, psychisch Kranke und Körperbehinderte zählen. Auch Schwerbehinderte sind einzubeziehen. Nach § 5 des Schwerbehindertengesetzes sind Arbeitgeber mit mehr als 16 Arbeitsplätzen dazu verpflichtet, mindestens 6 % davon als Schwerbehinderte zu beschäftigen.

  Die Zahlung einer Ausgleichsabgabe in Höhe von 200 DM pro Monat und Pflichtplatz ist möglich. Sie entbindet aber nicht von der Verpflichtung zur Erfüllung der obigen Quote.

- **Ausländisches Personal**, das abhängig Beschäftigte ohne deutsche Staatsangehörigkeit umfaßt. Es hat es im fremden Land nicht einfach, weil es sich - weitab von der Heimat - mit zum Teil neuen Bedingungen abfinden muß.

2.4 Personalentlohnung

Die Personalentlohnung umfaßt die **geldlichen Leistungen** des Unternehmens an die Mitarbeiter, die in unmittelbarem Zusammenhang mit den von ihnen erbrachten Arbeitsleistungen stehen. In einzelnen Fällen zählen aber auch **geldwerte Leistungen** dazu, beispielsweise die private Nutzbarkeit eines Dienstfahrzeuges.

Nicht zur Personalentlohnung wird üblicherweise die Erfolgsbeteiligung der Arbeitnehmer gerechnet. Gleiches gilt für die betrieblichen Sozialleistungen*, beispielsweise Zuschüsse, Mitarbeiterverpflegung oder Altersversorgung, da sie in keinem unmittelbaren Verhältnis zu den von den Arbeitnehmern erbrachten Leistungen stehen.

Die Personalentlohnung muß darauf angelegt sein, die **Löhne gerecht** zu **verteilen**. Indessen gibt es keine absolute Lohngerechtigkeit, da objektive Maßstäbe zu ihrer Realisierung fehlen. Durch Verhandlungen zwischen Arbeitgebern und Arbeitnehmern, deren Ergebnisse sich beispielsweise in Tarifverträgen oder Einzelarbeitsverträgen niederschlagen, wird eine relative Lohngerechtigkeit erreicht.

In einem engem Zusammenhang mit dem Personalentgelt stehen - siehe ausführlich *Olfert / Steinbuch*:

- **Arbeitsbewertung**
- **Arbeitslöhne**
- **Zusatzkosten.**

2.4.1 Arbeitsbewertung

Die Arbeitsbewertung dient der Untersuchung von Arbeiten, um deren Verhältnis zueinander nach dem Arbeitsinhalt oder den Arbeitsanforderungen festzulegen. Ihr Ergebnis ist keine absolute Lohnbestimmungsgröße, sondern ein Zahlensymbol für die Höhe der Arbeitsschwierigkeit.

Um die Arbeitsbewertung durchführen zu können, ist zunächst eine **qualitative Arbeitsanalyse** erforderlich. Sie besteht aus

- einer **Arbeitsuntersuchung**, in welcher der zu untersuchende Gegenstand – als Arbeitsgang oder Arbeitsplatz – abgegrenzt wird

- einer **Arbeitsbeschreibung**, mit der die gestellte Arbeitsaufgabe, das gewünschte Arbeitsergebnis, der Arbeitsablauf und die verwendeten Mittel dargestellt werden.

---

* Sie werden als **Sozialmaßnahmen**, die den Mitarbeitern direkt zugewandt werden, oder als **Sozialeinrichtungen** im Rahmen der Personalbetreuung gestaltet – siehe ausführlich *Olfert / Steinbuch*.

Die Arbeitsbewertung kann erfolgen als:

- **Summarische Arbeitsbewertung**, bei welcher der Gegenstand der Bewertung als geschlossene Einheit betrachtet wird und eine Gesamteinschätzung erfolgt. Als **Verfahren** lassen sich unterscheiden:

Rangfolgeverfahren	Dabei werden alle anfallenden Arbeiten aufgrund der Arbeitsbeschreibungen aufgelistet und nach ihrer Arbeitsschwierigkeit in eine Rangfolge gebracht.
Lohngruppenverfahren	Bei diesem, auch Katalogverfahren genannten Verfahren werden mehrere Lohn- und Gehaltsgruppen mit unterschiedlichen Schwierigkeitsgraden gebildet und durch Beschreibungen bzw. Beispiele erläutert. Es wird häufig in Tarifverträgen verwendet.

- **Analytische Arbeitsbewertung**, bei der nicht die Arbeitsschwierigkeit als Ganzes, sondern ein Arbeitswert für jede einzelne Anforderungsart ermittelt wird. Die Gesamtbeanspruchung ergibt sich aus den einzelnen Beurteilungen. Als **Anforderungsarten** können unterschieden werden *(REFA 4)*:

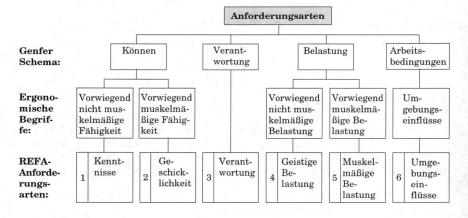

Verfahren der analytischen Arbeitsbewertung sind:

Rangreihenverfahren	Wie beim Rangfolgeverfahren wird eine Einordnung von der einfachsten zur schwierigsten Verrichtung vorgenommen, allerdings für jede Anforderungsart getrennt. Die Stellung einer bestimmten Tätigkeit in der Rangreihe wird in Prozent ausgedrückt (0 % bis 100 %).
Stufenwertzahl-Verfahren	Hier wird für jede einzelne Anforderungsart eine Punktwert-Reihe erstellt. Jede Bewertungsstufe der Punktwert-Reihe ist definiert und durch Arbeitsbeispiele erläutert.

2.4.2 Arbeitslöhne

Nach der Ermittlung der unterschiedlichen Anforderungen an die Arbeitskräfte und der Feststellung der Lohnsätze für die verschiedenen Anforderungsgrade sind die Lohnformen zu bestimmen, die sein können:

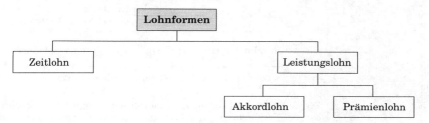

Innerhalb der gewählten Lohnformen ist zu entscheiden, ob eine **Einzelentlohnung** oder **Gruppenentlohnung** erfolgen soll, d.h. ob die Leistung einer einzelnen Arbeitskraft oder einer Arbeitsgruppe für die Feststellung der Lohnhöhe zugrundegelegt wird.

Die **Lohnformen** weisen folgende Merkmale auf:

- Beim **Zeitlohn** als Monats-, Wochen-, Tages- oder Stundenlohn wird ein bestimmter Lohnsatz pro Zeiteinheit gezahlt:

> Zeitlohn = Lohnsatz je Zeiteinheit · Anzahl der Zeiteinheiten

Der Zeitlohn wird verwendet, wenn die zu leistende Arbeit nicht vorherbestimmbar oder meßbar, schöpferisch-künstlerisch, von besonderer Qualität oder mit besonderen Unfallgefahren verbunden ist.

Die Abrechnung des Zeitlohnes ist für das Unternehmen vergleichsweise relativ einfach. Andererseits trägt es das Risiko der Minderleistung der Arbeitnehmer. Die Gefahr mangelnder Motivation kann gegebenenfalls durch die Gewährung einer Leistungszulage gemindert werden.

- Beim **Akkordlohn** wird die geleistete Arbeitsmenge entlohnt. Er weist damit einen unmittelbaren Leistungsbezug auf. Seine Anwendung ist möglich, wenn der Ablauf der Arbeit im voraus bekannt, gleichartig, regelmäßig wiederkehrend, leicht und genau meßbar ist und die Leistungsmenge von der Arbeitskraft beeinflußt werden kann.

Der Akkordlohn besteht aus dem **Mindestlohn**, der tariflich garantiert ist, und dem **Akkordzuschlag**, der üblicherweise 15 % bis 25 % des Mindestlohnes beträgt. Mindestlohn und Akkordzuschlag werden als **Grundlohn** oder **Akkordrichtsatz** bezeichnet. Er stellt den Lohn einer Arbeitskraft bei Normalleistung dar.

Der Akkordlohn kann sein:

Stückakkord	Der Arbeitskraft wird ein Geldbetrag für eine bestimmte Arbeitsleistung vorgegeben, der als Akkordsatz bezeichnet wird: $$\text{Akkordsatz} = \frac{\text{Akkordrichtsatz}}{\text{Leistungseinheiten bei Normalzeiten}}$$ Der Arbeitslohn der Arbeitskraft ergibt sich aus der Gleichung: $$\text{Akkordlohn} = \text{Leistungsmenge} \cdot \text{Akkordsatz}$$ Die Zeitvorgabe ist für die Arbeitskraft nicht unmittelbar erkennbar, bei Tarifänderungen müssen die Akkordvorgaben neu berechnet werden.
Zeitakkord	Der Arbeitskraft werden für jedes erstellte Stück im voraus festgelegte Zeiteinheiten gutgeschrieben, die der Vorgabezeit entsprechen. Der Arbeitslohn der Arbeitskraft ergibt sich aus der Gleichung: $$\text{Akkordlohn} = \text{Leistungsmenge} \cdot \text{Vorgabezeit} \cdot \text{Minutenfaktor}$$ wobei: $$\text{Minutenfaktor} = \frac{\text{Akkordrichtsatz}}{60}$$ Die Zeitvorgabe ist für die Arbeitskraft unmittelbar erkennbar, bei Tarifänderungen muß lediglich der Minutenfaktor geändert werden.

- Beim **Prämienlohn** gibt es einen leistungsunabhängigen Teil – den **Grundlohn** – und einen leistungsabhängigen Teil – die **Prämie**:

$$\text{Prämienlohn} = \text{Grundlohn} + \text{Prämie}$$

Der Grundlohn ist meist ein Zeitlohn. Die Prämie wird planmäßig und zusätzlich für objektiv feststellbare Mehrleistungen qualitativer oder quantitativer Art gewährt, beispielsweise als Mengenleistungsprämie, Güteprämie, Ersparnisprämie, Nutzungsprämie, Termineinhalteprämie, Umsatzprämie.

Der Prämienlohn wird verwendet, wenn das Arbeitsergebnis vom Arbeitnehmer (noch) beeinflußbar ist, die Ermittlung genauer Akkordvorgaben aber unwirtschaftlich oder mangels geeigneter Fachkräfte nicht möglich ist.

2.4.3 Zusatzkosten

Außer den unmittelbaren Lohnkosten gibt es Personalzusatzkosten, die über die Arbeitslöhne hinausgehen. Das können sein:

- **Zusätzliche Vergütungen**, die der Arbeitgeber ohne Nennung bestimmter Voraussetzungen für den Anspruch gewährt, beispielsweise das 13. Monatsgehalt. Bei einer Kündigung kann ein Arbeitnehmer die zusätzliche Arbeitsvergütung nach dem Umfang der von ihm abgeleisteten Dienstzeit beanspruchen.

- **Sondervergütungen** oder **Gratifikationen**, die zu besonderen Anlässen gewährt werden, beispielsweise Weihnachten, Urlaub, Dienstjubiläum. Werden sie dreimal nacheinander ohne Vorbehalt gezahlt, entsteht ein Anspruch auf künftige Zahlungen. Der Arbeitgeber kann ihre Gewährung davon abhängig machen, daß das Arbeitsverhältnis zum Auszahlungszeitpunkt nicht gekündigt ist.

- **Zuschläge**, die nach Grund und Höhe arbeitsrechtlich festgelegte über die Grundvergütung hinausgehende Entgeltteile darstellen, beispielsweise Nacht-, Sonntags-, Gefahren-, Schmutz-, Erschwernis-, Leistungszuschläge. Überstundenzuschläge sind nicht nur zu vergüten, wenn die Überstunden angeordnet werden, sondern auch, wenn sie bekannt sind und geduldet werden.

2.5 Personalentwicklung

Die Personalentwicklung ist die Gesamtheit aller Maßnahmen, die darauf ausgerichtet sind, die **Qualifikation der Mitarbeiter** zu **verbessern**. Die wirtschaftlichen und technischen Wandlungen machen es erforderlich, das Personal frühzeitig und qualifiziert auf diese Entwicklung einzustellen.

Unternehmen, die nicht in hinreichendem Umfang in die Personalentwicklung ihrer Mitarbeiter investieren, laufen Gefahr, ihre Wettbewerbsfähigkeit zu verlieren. Damit gefährden sie auch ihren Bestand.

Die Personalentwicklung kann erfolgen als - siehe ausführlich *Olfert / Phillips, Olfert / Steinbuch*:

- **Ausbildung**
- **Fortbildung**
- **Umschulung**.

Ausbildung, Fortbildung* und Umschulung sind – als Berufsbildung – im Berufsbildungsgesetz (BBiG) zu finden.

---
* Vielfach wird auch von **Weiterbildung** gesprochen.

2.5.1 Ausbildung

Die berufliche Erstbildung im Unternehmen wird üblicherweise als Ausbildung bezeichnet. Sie erfolgt grundsätzlich im »**dualen System**«. Dabei erfolgt der praktische Teil der Ausbildung in einem Unternehmen, in Ausnahmefällen auch in einer überbetrieblichen Lehrwerkstatt. Der theoretische Teil wird in den Berufsschulen bewältigt.

Die Ausbildung kann sich beziehen auf:

- **Ausbildungsberufe ohne Spezialisierung,** die ein einheitliches Berufsbild für alle Auszubildenden aufweisen, ohne daß Spezialisierungen möglich sind.

- **Ausbildungsberufe mit Spezialisierung,** die sich gleichermaßen auf einen einheitlichen Ausbildungsberuf beziehen, innerhalb dessen aber Spezialisierungen vorgenommen werden können.

- **Stufenausbildungsberufe,** die Ausbildungen in zwei oder drei Stufen ermöglichen, wobei jede Stufe mit einem anerkannten Abschluß endet, der eine berufliche Tätigkeit erlaubt.

Für die Ordnungsmäßigkeit einer Ausbildung ist festgelegt, welche Eignung das ausbildende Unternehmen, die vom Unternehmen eingesetzten Ausbilder und die Auszubildenden aufweisen müssen. Die Ausbildung selbst ist geregelt:

- Im **Ausbildungsberufsbild,** in dem die grundlegenden Ausbildungsinhalte festgelegt sind.

- In der **Ausbildungsordnung,** die es für jedes anerkannte Ausbildungsberufsbild gibt. Darin werden die Bezeichnung des Ausbildungsberufes, die Ausbildungsdauer, die zu vermittelnden Kenntnisse und Fertigkeiten, die sachliche und zeitliche Gliederung der Ausbildung, die Prüfungsanforderungen dargestellt.

- Im **Ausbildungsrahmenplan,** der ausführlich den Inhalt und Umfang der einzelnen Lehrstoffe eines Ausbildungsberufsbildes beschreibt.

- In der **Prüfungsordnung,** die alle der Abschlußprüfung zugrundeliegenden Regelungen enthält, beispielsweise Zulassung zur Prüfung, Gliederung der Prüfung, Prüfungszeugnis.

In den Unternehmen steht die betriebspraktische Ausbildung in den ausbildungsdienlichen Fachabteilungen im Mittelpunkt. Sie wird vielfach durch betriebliche Unterrichtselemente ergänzt, die in größeren Unternehmen regelmäßig, in mittleren oder kleineren Unternehmen gelegentlich oder fallweise erfolgen.

2.5.2 Fortbildung

Mit der Fortbildung sollen die beruflichen Kenntnisse und Fertigkeiten erweitert und an die aktuellen Entwicklungen angepaßt werden. Sie kann sein:

- Eine **Anpassungsfortbildung**, mit der die fachliche Qualifikation der Mitarbeiter in ihrem Beruf oder Einsatzgebiet verbessert werden soll.

- Eine **Aufstiegsfortbildung**, die dazu dient, den Mitarbeitern notwendiges Managementwissen zu vermitteln und Führungsverhalten zu trainieren.

Die Fortbildung kann unternehmensintern oder unternehmensextern erfolgen:

- Die **unternehmensinterne Fortbildung** kann am Arbeitsplatz oder außerhalb des Arbeitsplatzes erfolgen.

Fortbildung am Arbeitsplatz (on-the-job)	○ Die **Anleitung** und **Beratung durch** den **Vorgesetzten** als gelenkte Erfahrungsvermittlung. ○ Der Einsatz als **Assistent**, der stufenweise Aufgaben der übergeordneten Stelle übernimmt und damit auf eine Nachfolge oder Stellvertretung vorbereitet wird. ○ Die **Übertragung von Sonderaufgaben**, die über Routineaufgaben hinausgehen, um auf neue Aufgabenstellungen vorzubereiten. ○ Der **Arbeitsplatzwechsel** (job rotation), bei dem Aufgaben an unterschiedlichen Arbeitsplätzen zu erledigen sind.
Fortbildung außerhalb des Arbeitsplatzes (off-the-job)	○ Die **Vorlesungsmethode**, mit der systematisch und kostensparend, aber Wissen nur passiv vermittelt werden kann. ○ Die **programmierte Unterweisung** als aktive Lehrmethode, bei welcher der Lehrstoff schrittweise vermittelt wird. ○ Die **Konferenzmethode** als aktive Lehrmethode, bei welcher die Diskussion im Vordergrund steht, die vom Konferenzleiter gelenkt wird. ○ Die **Fallmethode**, bei der die Teilnehmer Entscheidungssituationen analysieren und Handlungsalternativen herausarbeiten. ○ Das **Planspiel**, mit dem ein Unternehmen simuliert wird, für das Entscheidungen zu treffen sind.

- Die **unternehmensexterne Fortbildung** wird von außerhalb des Unternehmens stehenden Institutionen und Trainern vorgenommen. Sie können ausschließlich für die Mitarbeiter des Unternehmens eingesetzt und damit unternehmensspezifisch ausgerichtet werden oder ihr Angebot an die Mitarbeiter verschiedener Unternehmen richten.

2.5.3 Umschulung

Die Umschulung ist eine zweite Ausbildung in einem anderen als dem bisher ausgeübten Beruf. Sie dient der **beruflichen Neuorientierung** von Arbeitnehmern, die arbeitslos sind oder werden bzw. sich unfall- oder krankheitsbedingt neu orientieren müssen. Für die Umschulung kommen verschiedene **Träger** in Betracht. Sie kann erfolgen:

- in den **Unternehmen**,
- bei Krankheit oder Unfall in **Rehabilitationszentren**,
- durch private **Bildungseinrichtungen**.

Für Umschulungsmaßnahmen können Förderungsmittel nach dem Arbeitsförderungsgesetz (AFG) erlangt werden.

63

2.6 Personalanpassung

Die Personalanpassung umfaßt alle Maßnahmen, mit denen eine personelle Überdeckung in quantitativer, qualitativer und zeitlicher Hinsicht abgebaut wird. Sie kann sich beispielsweise durch rückläufigen Absatz, saisonale Schwankungen, Rationalisierung, Mechanisierung oder Automation ergeben.

Die Veränderung der Personalkapazität kann erfolgen als - siehe ausführlich *Böckly, Olfert / Steinbuch*:

- **Interne Personalanpassung**
- **Externe Personalanpassung**.

2.6.1 Interne Personalanpassung

Bei der internen Personalfreistellung wird personelle Kapazität durch die Änderung bestehender Arbeitsverhältnisse angepaßt, **ohne** daß es zu einem **Personalabbau** kommt. Sie kann erfolgen:

- Durch den **Abbau von Mehrarbeit**, worunter die Arbeitszeit verstanden wird, die über die meist tarifvertraglich festgelegte, betriebsübliche, regelmäßige Arbeitszeit eines Tages oder einer Woche hinausgeht.
- Durch die **Flexibilisierung der Arbeitszeit**, bei der die tägliche, wöchentliche, monatliche oder jährliche Arbeitszeit nicht immer das gleiche Stundenvolumen aufweist, im Durchschnitt aber die vereinbarte durchschnittliche Arbeitszeit pro Arbeitsintervall erreicht.
- Durch die **Flexibilisierung der Arbeitszeit**, indem Vollzeitstellen in **Teilzeitstellen** umgewandelt werden. Dabei können neben festen Arbeitszeiten vereinbart werden:

Arbeit auf Abruf	Sie wird auch als kapazitätsorientierte variable Arbeitszeit bzw. **(KAPOVAZ)** bezeichnet und ermöglicht, die Lage und Dauer der Arbeitszeit an den Arbeitsanfall anzupassen.
Teilung von Arbeitsplätzen	Sie wird auch **job sharing** genannt und besteht darin, daß zwei oder mehr Arbeitnehmer sich einen Arbeitsplatz teilen.

- Durch die **Festlegung des Urlaubes**, wobei einzelne Mitarbeiter ihren Urlaub – soweit rechtlich zulässig – vorziehen, die Betriebsferien zeitlich verlegt werden, Sonderurlaub oder unbezahlter Urlaub gewährt wird.

- Durch die **Einführung von Kurzarbeit**, worunter die vorübergehende Herabsetzung der betriebsüblichen regelmäßigen Arbeitszeit für den gesamten Betrieb, einzelne Betriebsabteilungen bzw. bestimmte Arbeitnehmergruppen mit der Folge von Entgeltminderungen zu verstehen ist.

- Durch die **Versetzung von Arbeitnehmern**, wobei der Arbeitgeber aufgrund seines aus den Arbeitsverträgen resultierenden Direktionsrechtes den Arbeitnehmern andere Tätigkeitsfelder zuweist.

- Durch den **Ausspruch von Änderungskündigungen**, womit arbeitsvertraglich vereinbarte Arbeitsbedingungen verändert werden sollen, soweit sie nicht durch einseitige Weisungen oder einvernehmliche Vereinbarungen erreichbar sind.

2.6.2 Externe Personalanpassung

Bei der externen Personalanpassung wird personelle Kapazität durch Beendigung bestehender Arbeitsverhältnisse angepaßt. Damit kommt es zu einem **Personalabbau**. Die externe Personalanpassung kann bewirkt werden:

- Durch **Ausnutzung der Fluktuation**, indem Stellen, die beispielsweise durch Kündigung, Pensionierung oder Tod freigeworden sind, nicht wieder oder nur innerbetrieblich besetzt werden.

- Durch die **Vereinbarung von Aufhebungsverträgen**, mit denen Arbeitsverhältnisse einvernehmlich zu einem bestimmten Zeitpunkt beendet werden. Sie kann grundsätzlich formlos erfolgen und ist, da sie keine Kündigung darstellt, weder an Kündigungsfristen noch an kündigungsrechtliche Schutzvorschriften gebunden.

  Außergerichtliche Aufhebungsverträge können mit oder ohne Abfindungen vereinbart werden. Abfindungen ermöglichen die einvernehmliche Beendigung des Arbeitsverhältnisses möglicherweise überhaupt erst.

- Durch **Outplacement**, einer Modifizierung des Aufhebungsvertrages. Dabei beauftragt und bezahlt das Unternehmen meistens einen externen Berater, der den Mitarbeiter in noch ungekündigter Position bei der Suche nach einer neuen, außerhalb des Unternehmens liegenden Existenz gezielt unterstützt.

- Durch die **Kündigung** des Unternehmens, die ein einseitiges Rechtsgeschäft (empfangsbedürftige Willenserklärung) darstellt. Sie kann grundsätzlich formlos erfolgen und wird rechtswirksam, wenn sie dem Vertragspartner zugegangen ist. Es lassen sich unterscheiden:

Außerordentliche Kündigung	Sie wird auch als fristlose Kündigung bezeichnet, da die sonst geltenden Kündigungsfristen nicht zu beachten sind. Voraussetzung ist das Vorliegen eines wichtigen Grundes, beispielsweise Diebstahl. Die außerordentliche Kündigung muß innerhalb von zwei Wochen nach Kenntnis des Grundes ausgesprochen werden.
Ordentliche Kündigung	Sie ist gegeben, wenn die Kündigungsfristen und Kündigungstermine eingehalten werden. In den Betrieben mit mehr als 10 Arbeitnehmern und nach einer Mindestdauer des Arbeitsverhältnisses von 6 Monaten ist sie nur aus personen-, verhaltens- oder betriebsbedingten Gründen möglich (Kündigungsschutzgesetz).

Nach dem BGB gilt eine **gesetzliche Grundkündigungsfrist** in den ersten zwei Beschäftigungsjahren für alle Arbeitnehmer von 4 Wochen zum 15. eines Monats oder zum Monatsende. Die Grundkündigungsfrist gilt **gleichermaßen** für Arbeitgeber und Arbeitnehmer.

Mit dem Ausspruch der Kündigung entsteht der **Anspruch** des Arbeitnehmers **auf ein Arbeitszeugnis**, das als **einfaches Arbeitszeugnis** Angaben über die Person des Arbeitnehmers sowie die Art und Dauer der Beschäftigung enthält. Als **qualifiziertes Arbeitszeugnis**, das der Arbeitnehmer verlangen kann, enthält es zudem eine Beurteilung des Verhaltens und der Leistung des Arbeitnehmers.

3. Kontrolle

Die Personalkontrolle schließt den Führungsprozeß in der Personalwirtschaft ab. Sie kann erfolgen als:

- **Kontrolle der** einzelnen **Personalplanungen** durch Gegenüberstellung der Plansätze und Istwerte. Die Abweichungen sind einer Analyse zu unterziehen.

- **Kennzahlenanalyse**, bei der beispielsweise ermittelt werden können:

  Arbeiterquote, Arbeitskräftestruktur, Ausländerquote, Einstellungsquote, Facharbeiterquote, Fehlzeitenquote, Fluktuationsrate, Fluktuationskosten, Krankheitsausfallquote, Krankenquote, Personalbedarfsdeckungsquote, Überstundenquote, Verbleibquote, Versetzungsrate, Vorstellungsquote.

Die Kontrolle ist ein Teil des Controllingprozesses, der außerdem die Zielsetzung, Planung und Steuerung umfaßt. Um steuernd eingreifen zu können, bedarf das **Controlling** eines Frühwarnsystems. Als Frühwarn-Größen kommen die Kennzahlen in Betracht. Mit ihrer Hilfe können unplanmäßige Entwicklungen rasch erkannt werden.

Kontrollfragen

	Kontrollfragen	bear-beitet	Lösungs-hinweis	Lösung +	-
01	Wer sind die Träger der Aktivitäten im Personalbereich?		321		
02	Worin sind die rechtlichen Grundlagen für die Arbeitsverhältnisse enthalten?		321		
03	Welche Planungen im Personalbereich können unterschieden werden?		322		
04	Worin unterscheiden sich die Individual- und Kollektivplanung?		322 f.		
05	Erläutern Sie die Arten der Individualplanung!		322.		
06	Welche Arten der Kollektivplanung gibt es?		323		
07	Nennen Sie die Durchführungsaufgaben des Personalbereiches!		324		
08	Mit welchen Problemkreisen befaßt sich die Personalbeschaffung?		324		
09	Worin unterscheiden sich interne und externe Beschaffungswege?		325		
10	Welche innerbetrieblichen Beschaffungswege lassen sich unterscheiden?		325		
11	Erläutern Sie die externen Beschaffungswege!		325		
12	Aus welchen Teilen bestehen Bewerbungsunterlagen?		326		
13	Welchen Anforderungen sollen die Bewerbungsunterlagen gerecht werden?		326		
14	Wozu dient das Vorstellungsgespräch?		327		
15	Wie kann ein Vorstellungsgespräch ablaufen?		327		
16	Welche Eignungstests können unterschieden werden?		327		
17	Was versteht man unter einem Assessment-Center?		327		
18	Welche Bedeutung haben graphologische Gutachten?		328		
19	Wozu dient die ärztliche Eignungsuntersuchung?		328		
20	Inwieweit kann der Arbeitsvertrag zwischen Arbeitgeber und Arbeitnehmer frei vereinbart werden?		328		
21	Welche Arten von Arbeitsverträgen gibt es?		328		
22	Was versteht man unter dem Personaleinsatz?		328		
23	Welchen Bestimmungsfaktoren unterliegt die Arbeitsleistung?		329		
24	Nach welchen Gesichtspunkten kann ein Arbeitsplatz gestaltet sein?		329 f.		
25	Beschreiben Sie die Einsatzprinzipien von Mitarbeitern!		330		
26	Wo finden sich Regelungen zur Arbeitszeit?		330		
27	Was versteht man unter der Tagesrhythmik?		330		

Kontrollfragen

		bear-beitet	Lösungs-hinweis	Lösung +	Lösung -
28	Worum geht es bei der Gestaltung der Arbeitsaufgabe?		331		
29	Wozu dient die Personalführung?		331		
30	Welche Typen von Führungskräften können unterschieden werden?		332 f.		
31	Erläutern Sie, über welche Führungsmittel die Führungskräfte verfügen!		333 f.		
32	Welche Typen von Mitarbeitern lassen sich unterscheiden?		334		
33	Was versteht man unter der Personalentlohnung?		335		
34	Worin besteht die grundlegende Problematik der Entlohnung?		335		
35	Wozu dient die Arbeitsbewertung?		335		
36	Welche Arten der Arbeitsbewertung gibt es?		336		
37	Worin unterscheiden sich die summarische und analytische Arbeitsbewertung?		336		
38	Nennen Sie die Verfahren der summarischen Arbeitsbewertung!		336		
39	Welche Verfahren der analytischen Arbeitsbewertung kennen Sie?		336		
40	Systematisieren Sie die Lohnformen!		337		
41	Stellen Sie die Merkmale des Zeitlohnes dar!		337		
42	Beschreiben Sie den Akkordlohn!		337		
43	Worin unterscheiden sich der Stück- und Zeitakkord?		338		
44	Was versteht man unter dem Prämienlohn?		338		
45	Welche zusätzlichen Personalkosten können Sie nennen?		338		
46	Erläutern Sie, was unter der Personalentwicklung zu verstehen ist!		339		
47	Welche Arten der Personalentwicklung sind zu unterscheiden?		339		
48	Was versteht man unter der Ausbildung?		340		
49	Welche Vorschriften dienen dazu, die Ausbildung zu regeln?		340		
50	Wozu kann die Fortbildung dienen?		341		
51	Beschreiben Sie die Möglichkeiten der unternehmensinternen Fortbildung!		341		
52	Was ist unter der Umschulung zu verstehen?		342		
53	Wer kann Träger der beruflichen Umschulung sein?		342		
54	Welche Maßnahmen umfaßt die Personalanpassung?		342		
55	Auf welche Arten kann die Personalanpassung erfolgen?		342		

Kontrollfragen		bear-beitet	Lösungs-hinweis	Lösung + | -
56	Worin unterscheiden sich interne und externe Personalanpassungen?		342 f.	
57	Welche Möglichkeiten der internen Personalanpassung gibt es?		342 f.	
58	Was versteht man unter KAPOVAZ?		343	
59	Erläutern Sie, was unter job sharing zu verstehen ist!		343	
60	Welche Maßnahmen können externe Personalanpassungen bewirken?		343 f.	
61	Worin unterscheiden sich die ordentliche und außerordentliche Kündigung?		344	
62	Wann entsteht ein Anspruch auf ein Arbeitszeugnis?		344	
63	Welche Unterschiede gibt es zwischen dem einfachen und qualifizierten Arbeitszeugnis?		344	
64	Worauf kann sich die Kontrolle im Personalbereich beziehen?		344	
65	Geben Sie Beispiele für personalwirtschaftliche Kennzahlen!		344	

G. Informationsbereich

Der Informationsbereich befaßt sich mit der Planung, Verarbeitung und Kontrolle von Daten. Sie stellen Informationen dar, die in Verbindung mit den betrieblichen Zielen stehen.

Das **Informationsmanagement** hat die Aufgabe, für Datentransparenz zu sorgen. Der Informationsmanager ist der Mittler zwischen der Unternehmensleitung, der EDV-Abteilung und den anderen Fachbereichen. Die zu treffenden Entscheidungen sind für alle Unternehmensbereiche von Bedeutung.

Zu unterscheiden sind:

Informations-bereich	Informationen
	Informatik

1. Informationen

Unter Informationen versteht man nicht nur das zweckbezogene Wissen über das Personal, Kapital und Material, sondern auch die Mitteilungen von Mitarbeitern an Vorgesetzte und die Datenweitergabe von Führungskräften an Mitarbeiter. Informationen sind eine unerläßliche Grundlage für die Führung im Unternehmen. Sie können unterschiedlichster Art sein, je nachdem, ob man sie unter prozeß-, struktur- oder datenverarbeitungsbezogenen Aspekten betrachtet.

Die Gewinnung, Auswahl, Verarbeitung und Weitergabe von Informationen ist ein zentrales Problem der modernen Betriebswirtschaftslehre (*Heinen / Fahn / Wegenast*). Die **Informationsgüte** wird durch die Anzahl, Genauigkeit und Bereitstellung der Daten bestimmt.

Die Informationen sollen behandelt werden als:

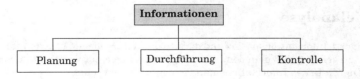

1.1 Planung

Die Komplexität des wirtschaftlichen Geschehens, das Wachstum der Unternehmen, die Verlängerung der Produktionswege und die zunehmende Arbeitsteilung lassen den Informationsbedarf und das Informationsvolumen der Unternehmen ansteigen. Mit höherem Informationsvolumen nimmt die Notwendigkeit systematischer Informationsplanung zu.

Es sollen unterschieden werden:

- **Bedarfsansalyse**
- **Zielanalyse**.

1.1.1 Bedarfsanalyse

Die Ermittlung des zukünftigen Informationsbedarfs eines Unternehmens ist eine wesentliche Aufgabe des Informationsmanagements. Die Methode zur Erhebung und Bewertung dieses Bedarfs nennt man Informationsbedarfsanalyse.

In den **Informationsbedarf** gehen die Anforderungen der Unternehmensbereiche im Hinblick auf die Entwicklung neuer betrieblicher Informationssysteme ein. Es wird nicht nur der bereits vorhandene Informationsbedarf erfaßt, sondern auch der zukünftige Bedarf wird prognostiziert. Die Ermittlung des Informationsbedarfs kann sich beziehen auf:

- Informationsempfänger
- Informationsarten
- Informationszeit
- Informationsort
- Informationsgrund
- Informationsmittel
- Informationsmenge
- Informationsqualität
- Informationskosten.

Die **Informationsplanung** erfolgt auf der Grundlage der vorgegebenen Ziele.

1.1.2 Zielanalyse

Der gesteigerte Informationsbedarf und die sich daraus ergebende Flut an Informationen hat dazu geführt, daß man dem Informationsmanagement verstärkte Beachtung schenkt. Die **Ziele** des Informationsmanagements können sein:

- Unterstützung der Unternehmensbereiche
- Sinnvolle Organisation des betrieblichen Informationssystems
- Gestaltung der Informationstechnik (vgl. Informatik).

Die Informationsplanung, die in der Literatur vergleichsweise stark vernachlässigt wird, kann sich mit folgenden **Soll-Größen** beschäftigen:

- Wirtschaftlichkeit der Informationen
- Bedarfsgerechte Informationsmenge und Informationsqualität
- Benutzerfreundlichkeit der EDV-Anlagen
- Zuverlässigkeit der Informationen
- Schnelligkeit der Informationsverarbeitung
- Unverzüglicher Informationsfluß.

Um den Trägern der Entscheidungen die Fülle an betrieblichen und außerbetrieblichen Informationen nutzbar zu machen, ist eine Verdichtung und Zusammenfassung der Informationen erforderlich.

Die Informationsplanung ist die Grundlage für die Durchführung im Informationsbereich.

1.2 Durchführung

Als Durchführung ist die **Verarbeitung** und **Weitergabe** der Informationen anzusehen. Dabei ist darauf zu achten, daß geeignete Sachmittel, Techniken und Methoden eingesetzt werden. Ebenso sind bestimmte Anforderungen an das mit der Informationsverarbeitung und -weitergabe befaßte Personal zu stellen, beispielsweise Genauigkeit und Schnelligkeit.

Im Rahmen der Durchführung sind zu unterscheiden:

- **Arten**
- **Verarbeitung.**

1.2.1 Arten

Zu den Arten zählen Informationen über das Personal, die Güter und das Kapital:

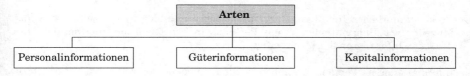

1.2.1.1 Personalinformationen

Die verschiedenen Aufgabenträger an den einzelnen Stellen geben Informationen ab, nehmen Informationen auf und verarbeiten sie. Gegenseitige Informationen kann man als **Kommunikation** bezeichnen. Sie ist vor allem für den Führungsprozeß bedeutsam.

Personalinformationen können sein:

- **Informationen über Personal**
- **Informationen von Personal**
- **Informationen an Personal.**

1.2.1.1.1 Informationen über Personal

Informationen über die Kenntnisse, Fähigkeiten, Einstellungen, Erwartungshaltungen und über die Arbeitsplätze des Personals bilden eine wesentliche Grundlage der Personalführung. Auf dieser Basis kann man **Personalinformationen** als zweckorientiertes, personen- und arbeitsplatzbezogenes Wissen interpretieren (*Domsch / Schneble*).

Das moderne **Informationsmanagement** hat die Aufgabe, für Transparenz zu sorgen. Dazu dienen Datenbanken, Personalinformationssysteme und die gesamte moderne Technologie (*Gazdar, Lange*). Die Informationsversorgungsaufgaben sind in Form eines integrativen Personalinformationsmanagements zu realisieren (*Scholz*).

1.2.1.1.2 Informationen von Personal

Unter bestimmten Voraussetzungen bekommt die Aufgabe der Unternehmensführung ein besonderes Gewicht, betrieblich relevante Informationen von den Mitarbeitern zu gewinnen. Der Informationsfluß geschieht dann von unten nach oben (*Zander*).

Quellen dieser Aufwärtsinformationen können beispielsweise Mitarbeitergespräche, Gruppengespräche, Befragungen, Berichte, das betriebliche Vorschlagswesen sowie Informationen aus Qualitätszirkeln sein.

1.2.1.1.3 Informationen an Personal

Einen wesentlichen Inhalt des Informationsbegriffes bildet die Weitergabe bzw. das Mitteilen von Informationen an das Personal. Innerbetriebliche Information meint dann das Informieren der Mitarbeiter.

Informationen an Personal erstreben Wirkungen bei den betreffenden Mitarbeitern. Hier werden **vorausgesetzt**:

- Informationsmittel, beispielsweise Rundschreiben, Anweisungen, Anordnungen.
- Informationsfähigkeit, beispielsweise das Informationsgeschick.
- Informationsbereitschaft, beispielsweise der Informationswille.

Eine erfolgreiche Zusammenarbeit im Unternehmen setzt außerdem voraus, daß jeder Mitarbeiter gründlich und mit dem nötigen Verständnis in seine Aufgaben einzuweisen ist. Er ist rechtzeitig über alle Veränderungen zu informieren, die ihn selbst oder sein Arbeitsgebiet betreffen (§ 81 BetrVG).

Beispiel: Informationen über Unternehmensziele, Entwicklungstendenzen, die Betriebsordnung, Organisationsrichtlinien, Sicherheitsvorschriften, Arbeitsanweisungen, Arbeitsberichte und Arbeitsunterlagen mit technischen und geschäftlichen Daten.

Sieht man die Information als **Führungsaufgabe**, steht meist die Tätigkeit des Informierens im Vordergrund (*Gaugler*). Man erörtert dabei insbesondere:

- Allgemeine Probleme der Weitergabe von Informationen
- Unterrichtung der Mitarbeiter durch Unternehmensleiter
- Information des Personals durch Bereichsleiter
- Weitergabe von Nachrichten durch Gruppenleiter
- Unterrichtung der Mitarbeiter durch Vorgesetzte.

Wenn das Personal mitdenken, selbständig handeln, andere beraten, unterstützen oder vertreten soll, dann muß es zunächst einmal selbst ausreichend informiert sein. Ein Vorgesetzter kann von seinen Mitarbeitern kaum Verantwortungsbereitschaft und Vertrauen erwarten, wenn er sie nur als »Untergebene« ansieht, ihre Persönlichkeit wenig achtet und ihnen gerade so viel mitteilt, wie arbeitsrechtlich unumgänglich ist.

Information sollte als eines der wichtigsten **Führungsmittel** darauf abzielen, die notwendigen Kenntnisse zu vermitteln, das Verständnis für inner- und überbetriebliche Zusammenhänge zu wecken und damit die Bereitschaft zur kooperativen Zusammenarbeit zu stärken (*Staehle, Wunderer/Grunwald*).

Die Informationen an das Personal fließen in der betrieblichen Hierarchie nicht nur von oben nach unten, sondern auch auf gleicher Ebene einer Abteilung bzw. diagonal zu anderen Abteilungen. *Rahn* unterscheidet:

- **Längsinformationen** als Personalinformationen, die mit voller Weisungsbefugnis des Vorgesetzten verbunden sind. Sie fließen beispielsweise innerhalb eines Bereiches von »oben nach unten«. Damit sind sie Ausdruck der Über- und Unterordnungsverhältnisse im Unternehmen.

Mit Hilfe der Längsinformationen wird der Leitungswille im Unternehmen durchgesetzt. Sie bilden ein bedeutsames Führungs- und Weisungsmittel. Allgemein stellen sie Weisungen dar, mit denen eine einzelne Arbeitaufgabe zugeteilt oder ein bestimmtes Verhalten von einem Mitarbeiter gefordert wird. Sie können sein:

Weisungen	Dabei wird eine einzelne Arbeitsaufgabe zugeteilt oder ein bestimmtes Verhalten von einem Mitarbeiter gefordert.
Befehle	Es handelt sich um Weisungen, die widerspruchslos zu befolgen sind. Sie bilden einen wesentlichen Bestandteil des autoritären Führungsstils. Hier hat der Weisungsempfänger keinen Raum für Entscheidungen.

Kommandos	Sie erfolgen beispielsweise in Form eines knappen Zurufs. Sie sind dann nötig, wenn ein gleichzeitiges Zupacken bei einer gemeinsamen Betätigung gewährleistet sein muß.
Anordnungen	Hier wird über die bloße Auftragserteilung hinaus auch das Verfahren des Vorgehens festgelegt. Dies ist vor allem dann notwendig, wenn dem Mitarbeiter die aufgetragene Tätigkeit noch nicht in allen Einzelheiten bekannt ist.
Aufträge	Dabei wird der Mitarbeiter darüber informiert, was er wann und warum zu tun hat. Allerdings entfallen nähere Angaben über das »Wie« des Vorgehens.

Längsinformationen kann man auch danach unterteilen, ob Mitarbeiter sie erhalten müssen, beispielsweise um ihre Arbeitsaufgabe ordnungsgemäß erfüllen zu können, ob sie sie erhalten sollten oder ob sie sie zu erhalten wünschen (*Zander*).

In der Praxis empfinden die Mitarbeiter nicht nur das Ausbleiben von arbeitsbezogenen Informationen, sondern auch das Fehlen von Hintergrundinformationen als Defizit (*Töpfer*).

- **Querinformationen** sind Informationen, die nicht von einem Über- und Unterordnungsverhältnis ausgehen, sondern auf reinen Querkontakten beruhen und auf gleicher oder unterschiedlicher hierarchischer Ebene erfolgen. Sie können sein:

Informelle Querinformationen	Sie enthalten Hinweise auf Sympathie- bzw. Antipathiebeziehungen von Mitarbeitern. Man findet solche Querinformationen in informellen Gruppen. Diese Informationen sind aus der Betriebswelt nicht wegzudenken.
Formelle Querinformationen	Sie entstehen aus dem Betriebszweck und enthalten Daten über Material, Kapital und Personal. Bei diesen Querinformationen steht die betriebliche Aufgabenerfüllung im Vordergrund.

Querinformationen sind nicht mit Weisungsbefugnissen des Informationsgebers verbunden, sie haben lediglich informativen oder beratenden Charakter. Formelle Querinformationen beschleunigen den Informationsfluß in der Unternehmenshierarchie, weil der vielfach umständliche und zeitaufwendige Instanzenweg über die Linie erspart wird.

Eine termingerechte Lösung von Führungsaufgaben und die Notwendigkeit, höhere Instanzen nicht mit Aufgaben unterer Instanzen zu überlasten, machen zweckentsprechende Querinformationen zwischen Instanzen unumgänglich (*Gaugler*).

Andererseits können Querinformationen dann problematisch werden, wenn man sie nicht zweckentsprechend wahrnimmt. Außerdem kann eine zu hohe Zahl von Querinformationen zu einer Meinungsvielfalt führen, die das beabsichtigte Kontaktpotential möglicherweise in ein Konfliktpotential wandelt.

- **Diagonalinformationen** laufen beispielsweise diagonal von einem Bereich in andere betriebliche Bereiche hinein (*Rahn*). Eine solche sachbezogene Diagonalinformation verläuft von einem kaufmännischen Ausbildungsleiter der Personalabteilung zu einem kaufmännischen Auszubildenden am Ausbildungsplatz im Einkauf. Die zweite Information geht von dem nebenamtlichen Ausbilder aus, der den Auszubildenden unterweist.

Diagonalinformationen beziehen sich also auf Organisationseinheiten, die Doppelunterstellungen unterliegen. Die vorgesetzten Instanzen haben jeweils nur begrenzte Weisungsbefugnis. Auch in einer typischen Matrixorganisation finden sich Diagonalinformationen.

- **Richtlinieninformationen** setzen voraus, daß der Informationssender die Kompetenz hat, diese Informationen zu geben und beinhalten, daß ihnen Richtlinien zugrundeliegen. Mit Richtlinieninformationen kann ein Vorgesetzter die betrieblichen Interessen durchsetzen. So wird beispielsweise dem Organisationsleiter die Unterstützung der Unternehmensleitung zugesichert, wenn gegen die beschlossenen Richtlinien verstoßen wird. Der Organisationsleiter wird die Mängel dann mit Nachdruck ansprechen.

Sie unterscheiden sich:

- von den **Längsinformationen**, da Richtlinieninformationen keine direkte Weisungsbefugnis enthalten.

- von den **Querinformationen**, da diese aus lockeren Kontakten der Beteiligten bestehen.

- von den **Diagonalinformationen**, da Richtlinieninformationen nicht mit Doppel- oder Mehrfachunterstellungen verbunden sind.

Die Effektivität der Wirkung von Richtlinieninformationen hängt weniger von der Dokumentation des Vorhandenseins dieser Verbindungen ab, sondern vielmehr vom konkreten Unterstützungsverhalten der Unternehmensleitung.

1.2.1.2 Güterinformationen

Diese Informationen geben Auskünfte über die Art und Struktur der Materialien, die im güterwirtschaftlichen Prozeß Verwendung finden. Es können sein:

- **Materielle Güterinformationen** als Informationen über Roh-, Hilfs- und Betriebsstoffe, Betriebsmittel, selbstgefertigte Erzeugnisse, Werkzeuge, Waren und über abzusetzende Produkte des Unternehmens. Solche Informationen fließen auch von außen.

- **Immaterielle Güterinformationen** als Informationen über Dienste und Rechte, die im Unternehmen geleistet wurden und/oder abgesetzt werden sollen. Immaterielle Güterinformationen können auch aus der Umwelt in das Unternehmen fließen.

Von den Güterinformationen sind die betrieblichen Kapitalinformationen zu unterscheiden.

1.2.1.3 Kapitalinformationen

Die zur Fertigung erforderlichen Güter bewirken am Beschaffungsmarkt entsprechende Ausgaben, die abgesetzten Güter führen am Absatzmarkt zu Einnahmen. Diese Vorgänge bringen finanzwirtschaftliche Informationen mit sich:

- **Finanzierungsinformationen**, die anfallen, wenn Kapital für betriebliche Projekte zu beschaffen ist. Das Unternehmen erhält Informationen darüber, wie es mit dem nötigen Kapital auszustatten ist.

- **Investitionsinformationen**, die benötigt werden, wenn das beschaffte Kapital im Unternehmen eingesetzt werden soll. Hier steht also die Kapitalverwendung im Vordergrund.

- **Zahlungsinformationen**, welche die Abwicklung des konkreten Zahlungsverkehrs unterstützen. Es gibt Informationen über bare, halbbare oder bargeldlose Zahlungsmöglichkeiten.

Die Weitergabe von Personal-, Güter- und Kapitalinformationen sollte sachlich, kurz und klar, rechtzeitig, eindeutig, treffend, verständlich und vollständig erfolgen.

1.2.2 Verarbeitung

Daten sind formatierte Informationen in Zeichenform. Unter Formatierung wird die einheitliche Strukturierung von Informationen in Feldern verstanden. Zeichenform bedeutet, daß die Information in Buchstaben, Ziffern bzw. Sonderzeichen vorliegt.

Als Verarbeitung bezeichnet man die Umformung und Verknüpfung von Daten oder Materialien. Sie erfolgt in der Datenverarbeitung über das Drucken, Ordnen, Rechnen, Sortieren, Übermitteln, Vergleichen, Wiedergewinnen und Zuweisen.

Die Datenverarbeitung wird von Menschen und/oder Maschinen als Arbeitsträgern ausgeführt. Entsprechend sind zu unterscheiden:

- Die **konventionelle Datenverarbeitung**, wenn die Arbeitsaufgaben entweder ohne Maschineneinsatz oder unter Benutzung von Büromaschinen erledigt wird (bis Ende der fünfziger Jahre).

- Die **arbeitsteilige Datenverarbeitung**, wenn die Datenverarbeitungsaufgaben abwechselnd von Mensch bzw. Maschine bearbeitet werden. Diese Datenverarbeitungsart war bis Ende der siebziger Jahre im Einsatz. Sie wird heute auch als Stapelverarbeitung bezeichnet.

Informationen 357

- Die **Dialogdatenverarbeitung**, wenn die Datenverarbeitungsaufgabe gemeinsam und gleichzeitig vom Menschen und vom Computer gelöst wird. Voraussetzung dafür ist ein Kommunikationsmittel zwischen den beiden Dialogpartnern, wie z.B. das Terminal beim Einsatz von Großrechnern und der Bildschirm bzw. die Tastatur bei Nutzung eines Personalcomputers.

- Die **vollautomatische Datenverarbeitung**, wenn die Aufgaben ohne direkte menschliche Arbeit gelöst wird. Typisches Beispiel ist ein Mahnwesen mit dem Computer, wie man es beispielsweise in Bibliotheken benutzt. Der Computer ermittelt die Fälligkeit und druckt Mahnschreiben, die ohne menschlichen Arbeitseinsatz versandt werden.

Die zu verarbeitenden und weiterzugebenden Informationen können nach verschiedenen **Kriterien** unterschieden werden *(Heinen / Fahn / Wegenast, Kirsch, Schierenbeck, Wild)*:

- Nach der **Datenbasis**

Faktische Informationen	Sie beschreiben als »Ist-Aussagen« die Wirklichkeit.
Prognostische Informationen	Sie beziehen sich als »Wird-Aussagen« auf die Zukunft.
Explanatorische Informationen	Sie ergründen als »Warum-Aussagen« die Ursachen von Sachverhalten.
Konjunktive Informationen	Sie beziehen sich als »Kann-Aussagen« auf Möglichkeiten.
Normative Informationen	Sie enthalten als »Soll-Aussagen« Ziele, Werturteile oder Normen.
Logische Informationen	Sie stellen als »Muß-Aussagen« logische Beziehungen her.
Explikative Informationen	Sie geben Definitionen.
Instrumentale Informationen	Sie beziehen sich auf methodologische Probleme.

- Nach dem **Informationszustand**

Vollkommene Informationen	Bei ihnen sind alle Handlungsalternativen und Konsequenzen bekannt.
Unvollkommene Informationen	Dabei herrschen Unsicherheit und Risiko vor. Sie sind nicht genau bestimmbar.

- Nach den betrieblichen **Zwecken**

Material-informationen	Sie betreffen Rohstoffe, Hilfsstoffe, Betriebsstoffe, Waren, Zulieferteile.
Fertigungs-informationen	Sie beziehen sich auf die industrielle Leistungserstellung, also vor allem auf die Fertigprodukte.
Marketing-informationen	Sie geben Hinweise auf die Leistungsverwertung, also beispielsweise über Absatzprodukte, Garantieleistungen, Kundendienst, Verkaufspreise, Werbung und Verkaufsförderung.
Finanz-informationen	Sie betreffen die Finanzierung, die Investitionen und die Zahlungsarten.
Personal-informationen	Sie enthalten Aussagen über Personal, von Personal und an Personal des Unternehmens.
Rechnungs-wesen-informationen	Bei ihnen geht es um Bilanzwerte, Gewinn- und Verlustrechnungsdaten, Kosteninformationen bzw. Buchhaltungsdaten.
Controlling-informationen	Sie beziehen sich auf Planungs-, Frühwarnungs-, Budgetierungs-, Berichts-, Kontroll- und Steuerungsinformationen.
Führungs-informationen	Sie treten als Unternehmens-, Bereichs-, Gruppen- bzw. Menschenführungsinformationen auf.

Im Unternehmen laufen verschiedene **Informationsprozesse** (I) ab:

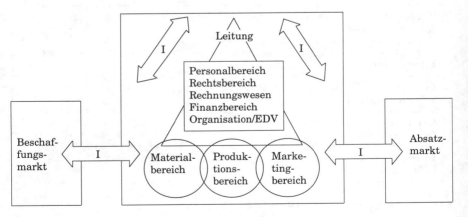

Dazu kommen die güterwirtschaftlichen Prozesse, die den finanzwirtschaftlichen Prozessen gegenüberstehen. Beide Prozesse werden vom Prozeß der Gewinnung, Verarbeitung, Speicherung und Weiterleitung von Informationen begleitet und gelenkt.

Der Informationsprozeß überspannt die beiden Prozesse. Informationen werden auf allen Ebenen des Unternehmens gewonnen und verarbeitet. Man kann von Informationsströmen in und zwischen den Unternehmensbereichen sprechen. Außerdem gibt es Informationsströme, die nach außen fließen bzw. die von außen kommen.

1.3 Kontrolle

Die Kontrolle des Informationsflusses orientiert sich an den vorgegebenen **Soll-Größen**. Die Informationsnehmer sollten mit Informationen weder über- noch unterversorgt werden. Im Rahmen der Informationskontrolle ist zu prüfen:

- Die Erreichung der Informations-Wirtschaftlichkeit
- Das Gegebensein einer definierten Informationsqualität
- Das Vorhandensein bestimmter Informationseigenschaften
- Die Erfüllung der Informationszuverlässigkeit
- Die Einhaltung der Informationszeit.

Die Kontrolle ist ein Teil des Controllingprozesses, der außerdem die Zielsetzung, Planung und Steuerung umfaßt. Um steuernd eingreifen zu können, bedarf das **Controlling** eines Frühwarnsystems. Es sollte geprüft werden, ob sich Informationsnutzen und Informationskosten in einem vertretbaren Rahmen bewegen.

65

2. Informatik

Die Informatik verdankt ihre Entstehung der immer stärker zunehmenden Verwendung von EDV-Anlagen in der Technik, Wissenschaft und Verwaltung. Diese Tendenz wird sich auch in Zukunft verstärken, weil eine höhere Arbeitsproduktivität, größere Schnelligkeit, einfache Handhabung und Einsparung von Kosten angestrebt werden.

Nach *Hansen* ist **Informatik** die Wissenschaft, die sich mit dem Aufbau von elektronischen Datenverarbeitungsanlagen und ihrer Programmierung befaßt. Die einseitige Festlegung auf den Begriff »Wissenschaft« ist nach der Auffassung von *Steinbuch* heute nicht mehr haltbar. Er versteht - aus praktischer Sicht - unter Informatik die Datenverarbeitung mit dem Computer.

Ihr Einsatz in Wirtschaftsunternehmen wird als betriebliche Informatik bezeichnet. Sie umfaßt folgende **Aufgaben**, die miteinander verwoben und voneinander abhängig sind:

- Verwaltungsaufgaben, beispielsweise die Datenpflege.
- Informationsaufgaben, beispielsweise Berichte.
- Planungsaufgaben, beispielsweise im kaufmännischen Bereich.
- Dispositionsaufgaben, beispielsweise die Materialdisposition.
- Steuerungsaufgaben, beispielsweise die Fertigungssteuerung.
- Kontrollaufgaben, beispielsweise das Erreichen eines Vorgabewertes.

Die Informatik besteht aus - siehe ausführlich *Steinbuch*:

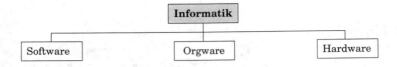

2.1 Software

Unter Software kann sowohl die Gesamtheit aller Programme als auch das Anweisungssystem an einen Computer zur wiederholten Aufgabendurchführung - als einzelnes Programm - verstanden werden. Sie ist für **Personalcomputer** ebenso erforderlich wie für **Großcomputer**. An die Software sind einige Anforderungen zu stellen, die ihre Qualität ausmachen. Insbesondere sind zu nennen:

- Die **Softwareergonomie**, unter der man versteht:

Benutzer-freundlichkeit	Die Anwendungsprogramme sollen den Anforderungen der Einfachheit, Flexibilität, Auskunftsbereitschaft und der Verläßlichkeit entsprechen.
System-architektur	Das aktuelle Konzept der Firma IBM heißt Systemanwendungsarchitektur (SAA). Dieses ist durch einheitliche Benutzerunterstützung, einheitliche Programmierunterstützung und einheitliche Anwendungen gekennzeichnet.

- Die **Antwortzeit** als Zeit, die vom Abschicken eines Bildschirminhaltes bis zur Antwortanzeige auf dem Bildschirm vergeht. Sie soll so kurz wie möglich sein. Allerdings bestimmt die Software die Antwortzeit nur zum Teil.

- Die **Pflegeleichtheit**, die zutage tritt, wenn Veränderungen an der Software vorzunehmen sind, beispielsweise das Beseitigen von Fehlern oder das Verbessern von Verfahren. Veränderungen der Software sollen mit geringem Aufwand durchgeführt werden können, was möglich ist, wenn der Programmaufbau übersichtlich, die Programmierung strukturiert und die Dokumentation verständlich ist.

- Die **Stabilität**, die gewährleisten soll, daß Systemausfälle vermieden werden. Die Mitarbeiter sind auf die dauernde Dienstbereitschaft des Dialogsystems angewiesen, um ihre Arbeit ausführen zu können. Systemausfälle führen zu Arbeitsverzögerungen und Mehrkosten.

- Die **Portabilität**, die sicherstellt, daß Software sich von einem System auf ein anderes System problemlos übertragen läßt.

Jedes Anwendungsprogramm ist nach dem **EVA-Prinzip** aufgebaut:

- Die **Eingabe** von Informationen erfolgt entweder vom Mitarbeiter über die Tastatur oder aus Dateien, die auf Platten oder Disketten gespeichert sind.

- Die **Verarbeitung** wird nach den Vorgaben des Programmes ausgeführt.

- Die **Ausgabe** kann auf einen maschinenlesbaren Datenträger oder für den Benutzer auf dem Bildschirm und/oder auf einem Drucker vorgenommen werden.

Es sind zu nennen:

- **Arten**
- **Einsatzbereiche**
- **Programmiersprachen**.

2.1.1 Arten

Programme können ganz auf die individuellen Bedürfnisse eines Betriebes ausgerichtet sein. Man kann sie aber auch so organisieren, daß sie ohne Änderung von einer Vielzahl von Betrieben einzusetzen sind.

Folgende **Arten** von Programmen lassen sich unterscheiden:

- Bei **Betriebsprogrammen** handelt es sich um für ein Unternehmen gestaltete und erarbeitete Programme. Es erfolgt eine vollständige Ausrichtung auf die dortigen, spezifischen Gegebenheiten. Die überwiegende Zahl der derzeitig auf Großrechnern eingesetzten Programme sind noch Betriebsprogramme.

Es ist jedoch eine eindeutige Tendenz zum geringeren Einsatz von Betriebsprogrammen zu erkennen (*Steinbuch*). Die Gründe dafür liegen vor allem darin, daß die Erarbeitungskosten für diese Programme stark steigen.

Außerdem wird der Zeitbedarf zur Programmerarbeitung als zu lange angesehen.

Deswegen gewinnen Modular- und Standardprogramme in der betrieblichen Datenverarbeitung zunehmend an Bedeutung.

- **Modularprogramme** werden insbesondere in komplexen Anwendungsgebieten eingesetzt, wie sie beispielsweise in der Materialwirtschaft und in der Fertigungswirtschaft vorkommen. Diese Programme sind in Module gegliedert.

Es gibt Modularprogramme, die aus mehreren 100 Modulen bestehen. Der Anwender wählt dabei aus dem Modulangebot die von ihm benötigten Module aus. Eine ausführliche und übersichtliche Dokumentation über das Anwender- bzw. Programmier- bzw. Operatorhandbuch ist notwendig.

- **Standardprogramme** sind vollständig ausgearbeitete Programme, die ohne Änderung eingesetzt werden können. Die betriebliche Organisation muß allerdings diesen Programmen angeglichen werden. Bei den Betriebsprogrammen ist es umgekehrt: dort wird das Programm den betrieblichen Gegebenheiten angepaßt.

Das zunehmende Angebot an Standardprogrammen ermöglicht es, solche Programme zu erwerben, die weitgehend den betrieblichen Bedürfnissen genügen. Vor allem sind die Kosten überseh- und kalkulierbar.

Zu Datensoftware zählen alle Programme zur Speicherung und Verwaltung von Daten. Eine **Datenbank** ist eine im allgemeinen große Anzahl von Daten, die in Dateien aufbewahrt und von einem Datenbankverwaltungssystem gemeinsam verwaltet werden (*Hansen*). Über ein Datenzugriffssystem stehen die Daten mehreren Benutzern gleichzeitig für Auswertungen zur Verfügung (*Mertens*).

2.1.2 Einsatzbereiche

Anwendungsprogramme werden in allen Unternehmensbereichen eingesetzt:

- Im **Materialbereich** hat man u.a. Programme (*Grupp, Zeigermann,*) für die Bestandsrechnung, die Bedarfsrechnung und für die Bestellrechnung. Im Einkauf sind Programme zur Lieferantenauswahl, für das Schreiben von Bestellungen, für die Lieferantenüberwachung sinnvoll.

- Zunehmend werden auch im **Fertigungsbereich** Programme zur Steuerung von Maschinen eingesetzt. Diese Anwendungsprogramme werden zur Durchlaufterminierung, Kapazitätsauslastung und zur Werkstattsteuerung benötigt. Auch zur Fertigung selbst wird zunehmend der Computer genutzt. Hier unterscheidet man die **computergestützte Fertigung** und die computerintegrierte Fertigung.

In computergestützter Form können die Werkstückbearbeitung, der Werkzeugwechsel, die Teilemontage und die Fertigungszwischenlagerung erfolgen. Der Totaleinsatz von Computern und Programmen zur flexiblen Automatisierung des Fertigungsprozesses wird im Rahmen der **computerintegrierten Fertigung** angestrebt (*Scheer*). Schlagworte sind die »Fabrik 2000«, »automatische Fertigung« und »computerintegrierte Fabrik«.

- Im **Marketingbereich** gibt es ebenfalls viele Einsatzbereiche. Im Rahmen der Auftragsabwicklung ist die Auftragserfassung von Bedeutung. Die Erfassung der Auftragsdaten beim Kunden kann heute mit mobilen Personalcomputern erfolgen (**Laptop** oder **portabler Personalcomputer**). Später sind Programme zur Umsatz-, Gewinn-, Werbeerfolgs-, Vertriebs- und Kundenanalyse einsetzbar.

Informatik 363

- Im **Finanzbereich** können im Rahmen der Liquiditäts- und Bonitätsprüfung Programme hilfreich sein. Unter **Bonität** versteht man den Ruf eines Unternehmens im Hinblick auf die Zahlungsfähigkeit. Im Finanzbereich gibt es Programme zur Systematisierung des Mahnwesens.

- Im **Personalbereich** liegt das Schwergewicht des EDV-Einsatzes in den Personalinformationssystemen, der Personalverwaltung (Personaldateien), der Personalplanung und in der Lohn-, Gehalts- und Provisionsrechnung. Aber der EDV-Einsatz ist auch in anderen Funktionen des Personalwesens sinnvoll (*Bellgardt, Hentze / Heinecke, Huckert*).

- Im **Rechnungswesen** fällt regelmäßig eine Massendatenverarbeitung an. Im Rahmen der Buchhaltung, der Kosten- und Leistungsrechnung bzw. der Statistik ist der Einsatz der maschinellen Datenverarbeitung besonders weit fortgeschritten (*Steinbuch*).

- Im **Controllingbereich** finden sich ebenfalls Anwendungsprogramme. Ein modernes Unternehmen bedarf eines controlling-orientierten Informations- und Kommunikationssystems, das computergestützt ist. Im Mittelpunkt eines Netzwerkes stehen entsprechende Programme und Datenbanksysteme (*Ziegenbein*).

2.1.3 Programmiersprachen

Um die benötigte Software zu erlangen, kann man sie am Markt erwerben, die Erarbeitung des Programmes an Fremdfirmen vergeben oder man erstellt das Programm selbst.

Ausgangspunkt für die Programmierung sollte als Ergebnis der Programmorganisation eine Programmvorgabe sein. Die Erstellung eines ausführungsreifen Programmes erfolgt in der Regel in vier **Schritten**:

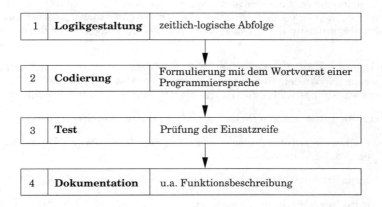

1	Logikgestaltung	zeitlich-logische Abfolge
2	Codierung	Formulierung mit dem Wortvorrat einer Programmiersprache
3	Test	Prüfung der Einsatzreife
4	Dokumentation	u.a. Funktionsbeschreibung

Von den **Programmiersprachen** sind folgende hervorzuheben (*Steinbuch*):

- **COBOL** (Common Business Oriented Language) ist eine für den kommerziellen Einsatz häufig eingesetzte Sprache. Sie ist relativ leicht verständlich. Ihr Nachteil besteht in dem großen Schreibaufwand.

- **FORTRAN** (Formula Translation) wird für technisch-wissenschaftliche Aufgaben eingesetzt. Aber auch für Aufgaben der Statistik und des Operations Research (Unternehmensforschung).

- **PL 1** (Programming Language 1) wurde sowohl für kommerzielle als auch für technisch-wissenschaftliche Aufgaben entwickelt. Sie baut auf den beiden obigen Sprachen auf.

- **RPG** (Report Programm Generator) ist für einfache kommerzielle Aufgaben gut geeignet.

- **PASCAL** wurde nach dem französischen Mathematiker und Philosophen *B. Pascal* benannt (*Hansen*). Sie erlaubt eine reichhaltige Datenstrukturierung.

- **BASIC** (Beginners Allpurpose Symbolic Instruction Code) ist eine stark vereinfachte FORTRAN-Ausführung.

Diese Programmiersprachen haben jeweils unterschiedliche Eigenschaften.

2.2 Orgware

Organisation ist die Tätigkeit des Organisierens, der Zustand des gesamten Unternehmens oder das Ergebnis der Organisationsarbeit. Letzteres ist die Vorgabe für den Programmierer, um Software zu gestalten.

Organisation als Vorgabe wird als Orgware bezeichnet. Sie beeinflußt wesentlich die Wirtschaftlichkeit der Aufgabenausführung. Die Organisationsarbeit ist mit hoher Produktivität durchzuführen. Das setzt voraus, daß die Daten vernünftig organisiert werden.

Unter **Datenorganisation** versteht man die Gestaltung der Strukturierung, die Speicherung und Wiedergewinnung der betrieblichen Daten. Diese sind formatierte, in Zeichenform vorliegende Informationen, die der Rechtschreibung unterliegen.

Die **Betriebsdaten** lassen sich nach den Unternehmensbereichen gliedern:

- **Materialbereichsdaten**, beispielsweise aus der Materialbestands- und Materialbewegungsdatei, Einkaufsstammdaten.

- **Fertigungsbereichsdaten**, beispielsweise aus der Erzeugnisdatei.

- **Marketingbereichsdaten**, beispielsweise Kundenstammdatei, Vertriebsplandatei.

- **Rechnungswesendaten**, beispielsweise Buchhaltungskosten der Kreditorendatei (Lieferanten) bzw. der Debitorendatei (Kunden).
- **Personalwesendaten**, beispielsweise aus der Personalstammdatei bzw. der Kostenstellenstammdatei.

Zur Darstellung von Informationen stehen Buchstaben, Ziffern und Sonderzeichen zur Verfügung. Daten brauchen ein Medium, damit sie gespeichert werden können. Als **Datenträger** unterscheiden wir Papier (Formulare, Karten), Magnetspeicher (Diskette, Festplatte, Plattenstapel, Magnetband), Mikrofilm und das menschliche Gehirn. Bei der Übertragung auf Datenträger ist auch auf die Datensicherung zu achten.

Unter **Datensicherung** werden Maßnahmen verstanden, die dazu dienen,

- den Verlust,
- die Veränderung,
- und die unerlaubte Kenntnisnahme

von Daten des Unternehmens zu verhindern. Demgegenüber versteht man unter Datenschutz im Sinne des Bundesdatenschutzgesetzes (BDSG) Maßnahmen zum Schutz vor Mißbrauch personenbezogener Daten. Zu den **Datenschutzmaßnahmen** zählen nach § 6, 1 BDSG u.a.:

- Zugangskontrolle, denn Unbefugte sollen keinen Zugang haben.
- Abgangskontrolle, um unbefugte Datenentfernung zu verhindern.
- Speicherkontrolle, um unbefugtes Datenspeichern zu verhindern.
- Transportkontrolle, um unbefugten Datentransport zu beeinflussen.
- Organisationskontrolle, damit die Organisation den Anforderungen des Datenschutzes gerecht wird.

Nach § 28 BDSG ist in Unternehmen unter folgenden Voraussetzungen ein **Datenschutzbeauftragter** schriftlich zu bestellen:

- wenn sie personenbezogene Daten automatisch verarbeiten und mindestens 5 Arbeitnehmer ständig beschäftigen oder
- wenn sie personenbezogene Daten auf konventionelle Weise verarbeiten und mindestens 20 Arbeitnehmer ständig beschäftigen.

Datenschutzbeauftragte müssen die erforderliche Fachkunde und Zuverlässigkeit mitbringen.

In den großen Unternehmen bildet die betriebliche Informatik in der Regel eine eigene organisatorische Einheit. Eine kleine **Datenverarbeitungsabteilung** hat bis ca. 10 Mitarbeiter und eine große DV-Abteilung kann über 50 Beschäftigte haben.

In EDV- bezogenen Positionen sind folgende Aufgabenträger denkbar: EDV-Leiter, EDV-Organisator, Organisationsprogrammierer, Anwendungsprogrammierer, Systemprogrammierer, Datenbankadministrator und Anwender- bzw. Systembetreuer.

2.3 Hardware

Die Hardware umfaßt die Gesamtheit der physischen Bestandteile von Datenverarbeitungsanlagen. Zu unterscheiden sind:

- Mittel zur **internen Kommunikation**

Personal-computer	Personalcomputer (PC) sind vorwiegend - soweit sie in Wirtschaft und Verwaltung eingesetzt werden - am Arbeitsplatz der Benutzer in den Unternehmensbereichen aufgestellt. *Hansen* spricht auch vom Mikrorechner. Ein **Laptop** ist ein mobiler Computer, der z.B. im Außendienst Verwendung findet.
Großrechner	Großrechner haben eine wesentlich höhere Leistungsfähigkeit als Personalcomputer *(Steinbuch)*. Neben der erheblich leistungsstärkeren Zentraleinheit sind die Großrechner auch durch ihre periphere Ausstattung gekennzeichnet: ○ **Dialoggeräte** (Bildschirmgerät und Tastatur, Terminals) ○ **Eingabegeräte** (Belegleser, Scanner) ○ **Speichergeräte** (Magnetbänder, Magnetbandkassetten, Disketten, Festplatte) ○ **Ausgabegeräte** (Drucker, Plotter, Mikrofilmgeräte) ○ **Verbindungseinrichtungen** (Kanäle, Steuereinrichtungen). Ein **Rechenzentrum** ist die organisatorische und räumliche Einheit, welche die optimalen Bedingungen für den Einsatz eines Großcomputers bietet.

- Mittel zur **externen Kommunikation**

Telex	Der Fern-Schreib-Dienst »Telex« ist die am weitesten verbreitete Form der **Telekommunikation**. Vor allem das einfache Handling, die niedrigen Gebühren, die schnelle Nachrichtenübermittlung und das standardisierte Telegraphenalphabet (nur Groß- oder nur Kleinbuchstaben) haben Telex weltweit unentbehrlich gemacht.
Telefax	Der Telefax-Dienst (Fernkopieren) ermöglicht eine schnelle Übermittlung von Texten und Grafiken über beliebige Entfernung (**Fernkopiersystem**).
Bildschirm-text	Btx ist ein Dienst der Bundespost, bei dem Informationen über das Fernmeldenetz auf den Bildschirm am Arbeitsplatz (btx-fähiger PC) übertragen werden. Die btx-Seiten sind Informationsseiten über z.B. Aktienkurse oder Zugverbindungen.
Telebox	Um diesen elektronischen Briefkasten zu nutzen, benötigt man einen aufgerüsteten PC mit einem Textverarbeitungsprogramm. Dieser wird an das **Fernmeldenetz** angeschlossen. Ein Teilnehmer kann

	einem anderen Teilnehmer in diesem elektrischen Briefkasten Mitteilungen hinterlassen.
ISDN-Dienste	Die derzeitigen Kommunikationsdienste bietet die Post in unterschiedlichen Netzen an. Die Bundespost ist bestrebt, das alte und störanfällige Telefonnetz zu digitalisieren.
	Das neue **Universalnetz** (Integrated Services Digital Network) soll unterschiedliche **Endgeräte** (Telefon, Telefax, Teletex, Btx) mit einer einheitlichen Rufnummer über eine universelle Steckdose versorgen. ISDN ist das Universalnetz der Zukunft.

Kontrollfragen

Nr.	Frage	bear-beitet	Lösungs-hinweis	Lösung +	Lösung -
01	Womit beschäftigt sich der Informationsbereich?		349		
02	Welche Aufgaben haben Informationsmanagement und Informationsmanager?		349		
03	Was versteht man unter Informationen?		349		
04	Worauf bezieht sich die Ermittlung des Informationsbedarfs?		350		
05	Zählen Sie Ziele des Informationsmanagements auf!		350		
06	Mit welchen Soll-Größen beschäftigt sich die Informationsplanung?		351		
07	Wieso ist eine Verdichtung und Zusammenfassung der Informationen nötig?		351		
08	Worauf ist im Rahmen der Durchführung der Information zu achten?		351		
09	Welche Arten der Informationen kann man unterscheiden?		351 f.		
10	Was versteht man unter Personalinformationen?		351 f.		
11	Zählen Sie Quellen von Aufwärtsinformationen auf!		352		
12	Welche Voraussetzungen erfordert sinnvolle Information an das Personal?		352		
13	Was wird erörtert, wenn man die Information als Führungsaufgabe sieht?		353		
14	Was wissen Sie über die Längsinformationen?		353 f.		
15	Beschreiben Sie Wesen und Notwendigkeit von Querinformationen!		354		
16	Kennzeichnen Sie das Wesen von Diagonalinformationen!		355		
17	Wie unterscheiden sich davon die Richtlinieninformationen?		355		
18	Wovon hängt die Wirkung von Richtlinieninformationen ab?		355		
19	Unterscheiden Sie die Arten der Güterinformationen!		355 f.		
20	Grenzen Sie davon die Arten der Kapitalinformationen ab!		356		
21	In welcher Weise sollte die Weitergabe von Informationen erfolgen?		356		
22	Was bezeichnet man als die Verarbeitung von Daten?		356		
23	Welche Arten der Datenverarbeitung sind zu unterscheiden?		356		
24	Teilen Sie die Informationen nach der Datenbasis ein!		357		
25	Unterscheiden Sie die Informationen nach dem Informationszustand!		357 f.		
26	Gliedern Sie die Informationen nach ihren betrieblichen Zwecken!		358		

Kontrollfragen

		bear-beitet	Lösungs-hinweis	Lösung +	-
27	Stellen Sie den gesamten Informationsprozeß übersichtlich dar!		358 f.		
28	Was versteht man unter Informationskontrolle?		359		
29	Was verstehen Sie unter Informatik?		359		
30	Welche wesentlichen Aufgaben umfaßt die Informatik?		359 f.		
31	Wie kann man den Begriff Software erklären?		360		
32	Welche Anforderungen sind an die Software zu stellen?		360		
33	Erläutern Sie das EVA-Prinzip!		361		
34	Unterscheiden Sie die Arten der Programme!		361		
35	In welchen Unternehmensbereichen werden Anwendungsprogramme eingesetzt?		362		
36	In welchen Schritten erfolgt die Erstellung eines Programms?		363		
37	Erläutern Sie einige Programmiersprachen!		364		
38	Was verstehen Sie unter Orgware?		364		
39	Welche Datenschutzmaßnahmen kennen Sie?		365		
40	Unterscheiden Sie Formen der Hardware!		366 f.		

H. Rechnungswesen

Das Rechnungswesen ist die Gesamtheit der Einrichtungen und Verrichtungen, die bezwecken, alle wirtschaftlich wesentlichen Gegebenheiten und Vorgänge, im einzelnen und gesamten, zahlenmäßig nach Geld und - soweit möglich - nach Mengeneinheiten zu erfassen.

Die **Notwendigkeit** eines betrieblichen Rechnungswesens ergibt sich aus zwei Gründen:

- **Betriebswirtschaftlich** erfordert die Vielzahl der betrieblichen Vorgänge als Folge der Leistungserstellung und Leistungsverwertung entsprechende Maßnahmen der mengen- und wertmäßigen Erfassung, Steuerung und Kontrolle.

- **Rechtlich** werden bestimmte Anforderungen an das Unternehmen gestellt, die nur mit Hilfe eines ordnungsmäßigen Rechnungswesens erfüllt werden können.

Zum Rechnungswesen zählen:

Rechnungs-wesen	Buchführung
	Jahresabschluß
	Kostenrechnung
	Statistik
	Planungsrechnung

Auf die Buchführung, den Jahresabschluß und die Kostenrechnung wird näher eingegangen. Die übrigen Bereiche sollen kurz beschrieben werden:

- Die **Statistik** wertet neben anderen Unterlagen die Zahlen der Buchführung, des Jahresabschlusses und der Kostenrechnung aus, die in erster Linie Werte, Wertbewegungen und Wertveränderungen erfassen. Sie gewinnt durch Vergleichen von betrieblichen Tatbeständen mit Hilfe von **Kennzahlen** zusätzliche Erkenntnisse.

Die Statistik umfaßt die betriebliche Planung, Realisierung und Kontrolle. Sie dient vor allem dazu, die vorhandenen Informationen sinnvoll aufzubereiten und ergänzende Informationen der Vergangenheit sowie außerbetriebliche Informationen zu verarbeiten und für Entscheidungen vorzubereiten.

- Die **Planungsrechnung** stellt die mengen- und wertmäßige Schätzung der erwarteten betrieblichen Entwicklung dar. Sie hat die Aufgabe, die betriebliche Planung in Form von Vorschlägen der zukünftigen Ausgaben und Einnahmen zahlenmäßig zu konkretisieren. Dabei bedient sie sich des bereits von der Buchführung, dem Jahresabschluß, der Kostenrechnung und der Statistik erfaßten und verarbeiteten Zahlenmaterials.

Weil jede Planung in die Zukunft gerichtet ist, müssen die Zukunftserwartungen geschätzt werden. Hier entsteht für das planende Personal das Problem der **Voraussehbarkeit** und **Vorausbestimmbarkeit** späterer Ereignisse.

Je unvollkommener die Informationen der Unternehmensleitung sind, desto größer sind die Unsicherheiten und Risiken, die in den Erwartungen stecken. Mit zunehmender Unternehmensgröße werden die Planungsaufgaben immer schwieriger lösbar und erfordern die Anwendung immer komplizierterer Rechenverfahren.

Zur Lösung schwieriger Planungs- und Koordinationsprobleme sind im Bereich der **Unternehmensforschung**, die auch als Operations Research bezeichnet wird, wissenschaftliche Methoden und Verfahren auf der Grundlage von mathematischen Entscheidungsmodellen entwickelt worden.

Die Planungsrechnung wird durch die **Kontrollrechnung** ergänzt, die den Regelkreis schließt. Die betriebliche Planungs- und Kontrollrechnung hat durch die Entwicklung der Unternehmensforschung und die EDV-Unterstützung eine erhebliche Erweiterung und Verfeinerung erfahren. In vielen Unternehmen hat man Controlling-Abteilungen zur Lösung der Planungs-, Steuerungs- und Kontrollaufgaben eingerichtet.

1. Buchführung

Die Buchführung ist die zeitlich und sachlich geordnete Aufzeichnung der betrieblichen Geschäftsvorfälle. Dazu gehören das Sammeln von Belegen, das Formulieren von Buchungssätzen, die Konteneintragung, der Kontenabschluß. Formal werden die Konten nach Kontenklassen entsprechend des Kontenrahmens eingeteilt. Die Buchführung kann unterteilt werden in:

- **Geschäfts-** oder **Finanzbuchführung**, in der die Außenbeziehungen des Unternehmens erfaßt werden.

- Die **Betriebsbuchführung**, die sich mit dem internen Geschehen beschäftigt.

Die Buchführung umfaßt - siehe ausführlich *Bussiek / Ehrmann*:

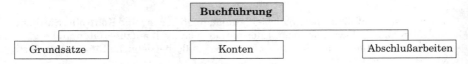

1.1 Grundsätze

Die Grundsätze ordnungsmäßiger Buchführung (GoB) gelten nicht nur für die Buchführung im engeren Sinne, sondern für die gesamte Rechnungslegung. Deshalb werden als GoB unterschieden:

Buchführung

- Die **Grundsätze ordnungsmäßiger Buchführung im engeren Sinne.**

Danach ist eine Buchführung ordnungsmäßig, wenn sie den Grundsätzen des Handelsrechts entspricht. Das ist der Fall, wenn die für eine kaufmännische Buchführung erforderlichen Bücher geführt werden, die Bücher förmlich in Ordnung sind, und der Inhalt sachlich richtig ist. Die GoB im engeren Sinne beziehen sich damit auf:

Materielle Ordnungsmäßigkeit	Sie beinhaltet die Forderung nach **Richtigkeit** und **Vollständigkeit** der Aufzeichnungen. Das bedeutet, daß ○ Geschäftsvorfälle, die stattgefunden haben, aufzuzeichnen sind, ○ Geschäftsvorfälle richtig aufzuzeichnen sind, ○ Geschäftsvorfälle nicht aufgezeichnet werden, die nicht stattgefunden haben.
Formelle Ordnungsmäßigkeit	Sie soll sicherstellen, daß ein sachverständiger Dritter sich innerhalb angemessener Zeit einen Überblick über die Geschäftsvorfälle und die Vermögenslage des Unternehmens verschaffen kann. Die Forderung nach **Klarheit** und **Übersichtlichkeit** kann durch die Organisation der Buchführung erreicht werden, z.B.: ○ Die Buchungen und die sonst erforderlichen Aufzeichnungen sind vollständig, richtig, zeitgerecht und geordnet vorzunehmen. ○ Keine Buchung darf ohne Beleg erfolgen. ○ Die Buchungen oder sonst erforderlichen Aufzeichnungen dürfen nicht in einer Weise verändert werden, daß der ursprüngliche Inhalt nicht mehr feststellbar ist. ○ Bücher, Aufzeichnungen, Inventare, Bilanzen sowie die zu ihrem Verständnis erforderlichen Arbeitsanweisungen und sonstigen Organisationsunterlagen sind 10 Jahre aufzubewahren. ○ Handels- oder Geschäftsbriefe, Unterlagen, die für die Besteuerung von Bedeutung sind, sind 6 Jahre aufzubewahren. Jeder Buchführung muß eine Systematik zugrundeliegen. Der Vollkaufmann ist zur doppelten Buchführung verpflichtet.

- Die **Grundsätze ordnungsmäßiger Inventur.**

Die **Inventur** ist die mengen- und wertmäßige Erfassung des tatsächlichen Bestandes des Vermögens und der Schulden eines Unternehmens für einen bestimmten Zeitpunkt durch körperliche Bestandsaufnahme (§ 240 i.V. mit § 241 HGB). Sie ist eine Tätigkeit und besteht insbesondere aus Zählen, Messen, Wiegen, aber auch mitunter aus Schätzen und kann erfolgen als:

Stichtags-inventur	Die körperliche Bestandsaufnahme erfolgt innerhalb von 10 Tagen vor oder nach dem Bilanzstichtag. Bestandsveränderungen werden auf den Bilanzstichtag fort- oder rückgerechnet.
Permanente Inventur	Die körperliche Bestandsaufnahme erfolgt einmal im Verlaufe des Jahres. Der Bestand am Bilanzstichtag wird über die Fortschreibung der Lagerbuchhaltung ermittelt.
Verlegte Inventur	Die körperliche Bestandsaufnahme erfolgt für einen Tag innerhalb der letzten 3 Monate vor bzw. der ersten 2 Monate nach Schluß des Geschäftsjahres. Bestandsveränderungen werden auf den Bilanzstichtag fort- oder rückgerechnet.

Das Verzeichnis, in dem die Ergebnisse der Inventur dokumentiert werden, ist das **Inventar**.

Grundsätze ordnungsmäßiger Inventur sind:

Vollständigkeit und Richtigkeit	Es sind sämtliche Bestände aufzunehmen und mit den richtigen Werten im Inventar anzugeben. Das Entstehen »stiller Mengenreserven« soll verhindert werden.
Wirtschaftlichkeit und Wesentlichkeit	Alle Bestände sind zwar genau zu erfassen, allerdings nur im Rahmen des Zumutbaren. Damit sind in begrenztem Umfang auch Schätzungen möglich.
Klarheit und Nachprüfbarkeit	Im Inventar sind die einzelnen Bestände mit entsprechenden Gegenstandsbezeichnungen zu versehen, die eine Identifizierung der Gegenstände erlauben.

- Die **Grundsätze ordnungsmäßiger Bilanzierung**, die Klarheit, Wahrheit, Kontinuität und Identität der Bilanzen fordern - siehe ausführlicher Seite 389 f.

1.2 Konten

Die Buchführung beruht auf der Kontoführung. Ihr Grundgedanke ist es, jede Position der Bilanz gesondert zu erfassen und Veränderungen der einzelnen Positionen festzuhalten. Zu unterscheiden sind:

- Das **Konto**, das eine zweiseitige Rechnung ist, bei der gleichartige Vorfälle, d.h. die jeweiligen Plus- bzw. Minusveränderungen auf einer zugeordneten Seite erfaßt werden. Diese Gegenüberstellung zeigt das T-Konto, welches das System der doppelten Buchführung verdeutlicht.

- Der **Kontenrahmen**, in den die einzelnen Konten bzw. Kontenklassen systematisch eingeordnet sind. Er bildet die Grundlage für die Buchführung.

In der Vergangenheit wurde von den industriellen Unternehmen der Gemeinschaftskontenrahmen (**GKR**) verwendet, der in den vergangenen Jahren aber zunehmend

Buchführung

durch den Industriekontenrahmen (**IKR**) ersetzt wurde (*Olfert / Körner / Langenbeck*):

	GKR	IKR
Kontenklasse 0	Anlagevermögen und langfristiges Kapital	Immaterielle Vermögensgegenstände und Sachanlagen
Kontenklasse 1	Finanz-, Umlaufvermögen und kurzfristige Verbindlichkeiten	Finanzanlagen
Kontenklasse 2	Neutrale Aufwendungen und Erträge	Umlaufvermögen und aktive Rechnungsabgrenzungsposten
Kontenklasse 3	Stoffe und Bestände	Eigenkapital und Rückstellungen
Kontenklasse 4	Kostenarten	Verbindlichkeiten und passive Rechnungsabgrenzungsposten
Kontenklasse 5	Kostenstellen	Erträge
Kontenklasse 6	Herstellungskosten	Betriebliche Aufwendungen
Kontenklasse 7	Bestände an halbfertigen und fertigen Erzeugnissen	Weitere Aufwendungen
Kontenklasse 8	Erträge	Ergebnisrechnungen
Kontenklasse 9	Abschluß	Kosten- und Leistungsrechnung

Eine Reihe von Unternehmen verwendet inzwischen auch einen der **DATEV**[*]-Kontenrahmen. GKR und IKR sind nach unterschiedlichen Prinzipien gestaltet:

- Die Kontenklassen des GKR sind nach dem **Prozeßgliederungsprinzip** aneinandergereiht, d.h. sie spiegeln den Prozeß der Leistungserstellung und Leistungsverwertung wider. Dieses Prinzip bringt für den Arbeitsablauf des Rechnungswesens keine Vorteile mit sich. Es ist auch nicht den Gliederungsvorschriften des Jahresabschlusses angepaßt.

- Beim IKR ist die Geschäftsbuchhaltung dagegen nach dem international verbreiteten **Abschlußgliederungsprinzip** gestaltet, wodurch es möglich wird, die Abschluß-, Prüfungs- und Revisionsarbeiten des Jahresabschlusses rationeller zu gestalten. Die Betriebsbuchhaltung im IKR ist - wie beim GKR - nach dem Prozeßgliederungsprinzip aufgebaut.

Die Buchführung ist meistens eine **doppelte Buchführung**. Darunter versteht man, daß jeder Geschäftsvorfall zweifache Veränderungen hervorruft. Sie ist für alle Vollkaufleute vorgeschrieben.

Da die Bilanz aus den einzelnen Konten entwickelt wird, deren Zusammenfassung sie praktisch darstellt, werden mit jedem Geschäftsvorfall auch immer zwei Konten

---

[*] DATEV ist die »Datenverarbeitungsorganisation des steuerberatenden Berufes in der Bundesrepublik Deutschland eG«.

angesprochen. Eine **Buchung** im Soll eines Kontos erfordert zum Erhalt der Bilanzgleichung eine entsprechende Buchung im Haben eines anderen Kontos.

Beispiel: Es werden von einem Bankkonto 5.000,- DM entnommen und in die Kasse gegeben. Dann ergeben sich folgende Buchungen:

Soll	**Kasse**	Haben
Kasse 5.000,-		

Soll	**Bank**	Haben
		Bank 5.000,-

Der Vorgang wird auf dem Konto »Kasse« als Zugang im **Soll** (Aktiva) und auf dem Konto »Bank« als Abgang im **Haben** (Passiva) gebucht.

Obige Buchung erfordert beispielsweise folgende **Angaben**:

- Datum   15.09.1997
- Konto und Gegenkonto   Kasse an Bank
- Kurztext für den Geschäftsvorfall Einzahlung
- Belegnummer   49
- Betrag   5.000,- DM

Die Differenz von Plus- und Minusvorgängen, der beiden Seiten des Kontos also, ergibt den **Saldo** des Kontos.

Folgende Konten lassen sich unterscheiden:

- **Bestandskonten**
- **Erfolgskonten.**

1.2.1 Bestandskonten

Bestandskonten enthalten den Bestand von Vermögensgütern und Schulden. Sie sind Konten, deren Werte in die Bilanz eingehen.

Beispiele:

Bestandskonten der **Aktiv-Seite der Bilanz**:

- Grundstückskonto
- Maschinenkonto
- Betriebsstoffkonto
- Forderungskonto
- Kassenkonto
- Bankkonto.

Bestandskonten der **Passiv-Seite der Bilanz**:

- Eigenkapitalkonto
- Verbindlichkeitskonto.

Die **Geschäftsvorfälle** werden in folgender Weise auf die jeweiligen Bestandskonten verbucht:

Buchführung

- Mit Aufnahme der Geschäftstätigkeit eines Unternehmens ist eine **Eröffnungsbilanz** zu erstellen:

Beispiel:

Aktiva		Eröffnungsbilanz	Passiva
Grundstücke	30.000,--	Eigenkapital	110.000,--
Maschinen	30.000,--	Verbindlichkeiten	50.000,--
Betriebsstoffe	40.000,--		
Forderungen	30.000,--		
Kasse	20.000,--		
Bank	10.000,--		
	160.000,--		160.000,--

- Zunächst wird aus der obigen Eröffnungsbilanz das **Eröffnungsbilanzkonto** entwickelt:

Beispiel:

Soll		Eröffnungsbilanzkonto	Haben
Eigenkapital	110.000,--	Grundstücke	30.000,--
Verbindlichkeiten	50.000,--	Maschinen	30.000,--
		Betriebsstoffe	40.000,--
		Forderungen	30.000,--
		Kasse	20.000,--
		Bank	10.000,--
	160.000,--		160.000,--

- Das **Eröffnungsbilanzkonto** wird in die einzelnen Bestandskonten aufgelöst:

Bestandskonten der Aktiv-Seite

S	Grundstückskonto	H
AB 30.000,--		

S	Maschinenkonto	H
AB 30.000,--		

S	Betriebsstoffkonto	H
AB 40.000,--		

S	Forderungskonto	H
AB 30.000,--		

S	Kassenkonto	H
AB 20.000,--		

S	Bankkonto	H
AB 10.000,--		

Bestandskonten der Passiv-Seite

S	Eigenkapitalkonto	H
		AB 110.000,--

S	Verbindlichkeitskonto	H
		AB 50.000,--

AB = Anfangsbestand
SB = Schlußbestand

- Er erfolgen **Geschäftsvorfälle**, die beispielsweise sein können:

- Es werden Rohstoffe gekauft, die durch Banküberweisung gezahlt werden.

Buchungssatz: Betriebsstoffe an Bank   2.000,-- DM

S	Betriebsstoffe	H
AB	40.000,--	
Bank	2.000,--	

S	Bank		H
AB	10.000,--	Betriebsstoffe	2.000,--

- Es werden Betriebsstoffe gekauft, die aber nicht sofort bezahlt werden, sondern es wird ein Lieferantenkredit in Anspruch genommen (Kauf auf Ziel), der zu Verbindlichkeiten gegenüber dem Lieferanten führt.

Buchungssatz: Betriebsstoffe an Verbindlichkeiten 6.000,--

S	Betriebsstoffe	H
AB	40.000,--	
Bank	2.000,--	
Verbindlichk.	6.000,--	

S	Verbindlichkeiten		H
		AB	50.000,--
		Betriebsstoffe	6.000,--

- Es erfolgt eine **Inventur**, d.h. eine körperliche Bestandsaufnahme des Vermögens und der Schulden zu einem Zeitpunkt. Das Ergebnis der Inventur heißt **Inventar**.

- Unter der Annahme, daß zunächst keine weiteren Geschäftsvorfälle erfolgt sind und sich bei der Inventur keine Differenzen feststellen ließen, erfolgen die **Abschlußbuchungen**.

S	Betriebsstoffe		H
AB	40.000,--	SB	48.000,--
Bank	2.000,--		
Verbindlichkeiten	6.000,--		
	48.000,--		48.000,--

Buchführung

```
S              Bank                    H
AB      10.000,--  Betriebsstoffe   2.000,--
                   SB               8.000,--
        10.000,--                  10.000,--
```

```
S          Verbindlichkeiten           H
SB      56.000,--  AB              50.000,--
                   Betriebsstoffe   6.000,--
        56.000,--                  56.000,--
```

- Die jeweiligen Schlußbestände - auch die der von den Buchungen nicht betroffenen Konten - werden in die **Schlußbilanz** übertragen:

Aktiva	Schlußbilanz		Passiva
SB Grundstücke	30.000,--	SB Eigenkapital	110.000,--
SB Maschinen	30.000,--	SB Verbindlichkeiten	56.000,--
SB Betriebsstoffe	48.000,--		
SB Forderungen	30.000,--		
SB Kasse	20.000,--		
SB Bank	8.000,--		
	166.000,--		166.000,--

Es ist zu erkennen, daß sich aufgrund der Buchungen die Bestände des Betriebsstoff-, des Bank- und des Verbindlichkeitenkontos gegenüber der Eröffnungsbilanz verändert haben.

1.2.2 Erfolgskonten

Erfolgskonten sind Konten, auf denen Aufwendungen und Erträge des Unternehmens erfaßt werden. Ihre Werte gehen in die Gewinn- und Verlust-Rechnung (GuV-Rechnung) ein.

- **Aufwendungen** sind der Wertverzehr für Güter und Dienstleistungen innerhalb einer bestimmten Rechnungsperiode, der nicht nur der Erfüllung des Betriebszweckes dient.

Folgende Aufwendungen lassen sich unterscheiden:

Zweckaufwendungen	Sie werden auch **Betriebsaufwendungen** genannt und entstehen bei der Leistungserstellung und Leistungsverwertung, beziehen sich also ausschließlich auf die Erfüllung des Betriebszweckes und sind deckungsgleich mit den Kosten in der Kostenrechnung. **Beispiele:** Verbrauch von Roh-, Hilfs- und Betriebsstoffen, Löhne, Gehälter, Aufwendungen für bezogene Leistungen (§ 275 Abs. 2 HGB).
Neutrale Aufwendungen	Sie dienen grundsätzlich nicht der Realisierung des Betriebszweckes und können sein: ○ **Betriebsfremde Aufwendungen**, bei denen kein Zusammenhang mit der Leistungserstellung und Leistungsverwertung, also der eigentlichen betrieblichen Tätigkeit besteht. **Beispiele:** Spenden, Aufwendungen für Sanierungen, Aufwendungen für Umwandlungen, Abschreibungen auf Finanzanlagen, Verluste aus dem Abgang von Wertpapieren. ○ **Außerordentliche Aufwendungen**, die zwar durch die Leistungserstellung und Leistungsverwertung verursacht werden, aber unregelmäßig oder nur vereinzelt anfallen. **Beispiele:** Verkauf einer Maschine unter dem Buchwert, konkursbedingte Forderungsverluste. ○ **Periodenfremde Aufwendungen**, bei denen es sich um Aufwendungen handelt, die durch die Leistungserstellung und Leistungsverwertung entstehen, jedoch erst in einer späteren Rechnungsperiode anfallen. **Beispiele:** Steuernachzahlung, Prozeßkosten für einen im Vorjahr abgeschlossenen Prozeß.

Aufwendungen und **Kosten** stehen in folgender Beziehung zueinander:

Neutrale Aufwendungen	Zweckaufwendungen	
	Grundkosten	Zusatzkosten

- **Erträge** sind der Wertzuwachs durch erstellte Güter und Dienstleistungen innerhalb einer bestimmten Rechnungsperiode, der nicht nur auf der Erfüllung des Betriebszweckes beruht.

Danach können unterschieden werden:

Betriebliche Erträge	Sie werden durch die Leistungserstellung und Leistungsverwertung erzielt und beziehen sich ausschließlich auf die Erfüllung des Betriebszweckes. Als Leistungen werden sie den Kosten gegenübergestellt und können sein: ○ **Umsatzerlöse** durch den Verkauf der Güter oder Dienstleistungen, wobei Einzahlungen in der betreffenden Periode nicht erfolgen müssen (Umsatzleistungen). ○ **Innerbetriebliche Erträge** durch selbsterstellte Güter oder werterhöhende Reparaturen, die zu aktivieren sind, d.h. auf der Aktiv-Seite der Bilanz aufgenommen werden müssen, wenn sie nicht in der gleichen Rechnungsperiode verbraucht werden. **Beispiele:** Aktivierte Eigenleistungen, Bestandsmehrungen als Lagerleistung. ○ **Nebenerlöse** durch den Verkauf von Abfallprodukten, beispielsweise Schrott (sonstige betriebliche Erträge).
Neutrale Erträge	Sie resultieren grundsätzlich nicht aus der Erstellung und Verwertung der Güter und Dienstleistungen, dienen also nicht dem Betriebszweck. Zu unterscheiden sind: ○ **Betriebsfremde Erträge**, die keinerlei Zusammenhang mit der Leistungserstellung und Leistungsverwertung aufweisen. **Beispiele:** Gewinne aus Wertpapieren, erhaltene Spenden, Schenkungen, Gewinne aus Beteiligungen. ○ **Außerordentliche Erträge** stehen in Zusammenhang mit der Leistungserstellung und Leistungsverwertung. Sie fallen aber unregelmäßig und nur vereinzelt an. **Beispiele:** Verkauf einer Maschine über Buchwert. ○ **Periodenfremde Erträge** sind Erträge, welche zwar durch die Leistungserstellung und Leistungsverwertung entstehen, jedoch erst in einer späteren Periode erfolgen. **Beispiele:** Rückerstattung von Steuern.

Erträge und **Leistungen** weisen folgende Zusammenhänge auf:

Neutrale Erträge	Zweckerträge	
	Grundleistungen	Zusatzleistungen

Geschäftsvorfälle mit Erfolgscharakter werden auf Erfolgskonten gebucht. Den Aufwand bucht man stets auf **Aufwandskonten** im Soll und den Ertrag auf **Ertragskonten** im Haben. Die **Erfolgskonten** werden auf das GuV-Konto abgeschlossen, das dem Eigenkapitalkonto vorgeschaltet ist.

Die Behandlung der **Erfolgskonten** erfolgt - nach der Einrichtung der Erfolgskonten - in folgender Weise:

- Es fallen folgende **Geschäftsvorfälle** an:

  - Aufwand an Betriebsstoffen (Materialentnahme)   60.000,— DM
  - Gehaltsaufwand durch die Bank   40.000,— DM
  - Miete durch die Bank gezahlt   4.000,— DM
  - Zinserträge gehen bei der Bank ein   1.000,— DM
  - Verkauf von Fertigerzeugnissen auf Ziel   130.000,— DM

Daraus ergeben sich folgende Buchungen:

Aufwands- und Ertragskonten

S	Betriebsstoffaufwand		H
Betriebsstoffe	60.000,--		

S	Gehaltsaufwand		H
Bank	40.000,--		

S	Mietaufwand		H
Bank	4.000,--		

S	Zinserträge		H
		Bank	1.000,--

S	Umsatzerlöse		H
		Forderungen	130.000,--

Bestandskonten

S	Verbindlichkeiten		H
		Betriebsstoffaufwand	60.000,--

S	Bank		H
Zinsen	1.000,--	Gehälter	40.000,--
		Miete	4.000,--

S	Forderungen		H
Umsatzerlöse	130.000,--		

Buchführung

- Die **Erfolgskonten** werden zunächst einzeln abgeschlossen:

S	Betriebsstoffaufwand		H
Betriebsstoffe	60.000,--	GuV	60.000,--

S	Gehaltsaufwand		H
Bank	40.000,--	GuV	40.000,--

S	Mietaufwand		H
Bank	4.000,--	GuV	4.000,--

S	Zinserträge		H
GuV	1.000,--	Bank	1.000,--

S	Umsatzerlöse		H
GuV	130.000,--	Forderungen	130.000,--

- Dann überträgt man die Werte in das **Gewinn- und Verlustkonto**:

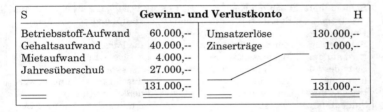

Wenn man von den Erträgen die Aufwendungen abzieht, dann entsteht ein **Jahresüberschuß** von 27.000,— DM. Er ergibt sich als positive Differenz zwischen den Erträgen und Aufwendungen eines Geschäftsjahres. Durch die Addidition des Gewinnvortrages aus dem Vorjahr und der Entnahmen aus Rücklagen bzw. durch Subtraktion der Einstellungen in die Gewinnrücklagen, erhält man den **Bilanzgewinn**. Er entspricht dem Geldbetrag, der an die Aktionäre ausgeschüttet werden kann.

1.3 Abschlußarbeiten

Bis jetzt wurden folgende Aktivitäten beschrieben:

- Erstellung der Eröffnungsbilanz
- Einrichtung des Eröffnungsbilanzkontos
- Einrichtung der Bestands- und Erfolgskonten
- Verbuchung der Geschäftsvorfälle
- Durchführung der Inventur.

In einem nächsten Schritt wird die **Hauptabschlußübersicht** erstellt, die auch als **Betriebsübersicht** oder **Abschlußtabelle** bezeichnet wird. Sie stellt die Gesamtheit der vorbereitenden Abschlußbuchungen und die Abschlußbuchungen systematisch und zusammenhängend dar. Die formale Richtigkeit des Jahresabschlusses wird damit zuverlässig kontrollierbar gemacht.

Die Hauptabschlußübersicht besteht in der Regel aus sechs **Hauptspalten**:

Summen-bilanz	Salden-bilanz I	Umbu-chungs-bilanz	Salden-bilanz II	Erfolgs-bilanz	Schluß-bilanz
Sie bildet die erste Hauptspalte dieser Übersicht und besteht aus einer Soll- und einer Habenseite, die sich auf jede Zeile (je Konto) beziehen. Es werden je Zeile die in einer Periode je Konto im Soll bzw. im Haben insgesamt gebuchten Summen aufgenommen. Die Addition von Sollseite bzw. Habenseite über alle Konten muß gleiche Beträge ergeben.	Je Zeile, d.h. je Konto werden nun die Salden aus der Aktiv- bzw. Passivbuchung der Summenbilanz gebildet und in die Saldenbilanz übertragen. Der jeweilige Saldobetrag wird auf der Seite des höheren Betrags in die Saldenbilanz eingetragen. Auch hier muß die jeweilige Addition der Sollseite bzw. der Habenseite gleiche Beträge ergeben.	Sie enthält die vorbereitenden Abschlußbuchungen, wie z.B. Abschreibungen auf Anlagen und Forderungen, Verbuchung von Bestandsdifferenzen, Bestandsänderungen, zeitliche Abgrenzung, Bildung von Rückstellungen, Ermittlung der Steuerlast usw.	Durch Horizontaladdition der Beträge der Saldenbilanz I und der Umbuchungsbilanz je Zeile entsteht die Saldenbilanz II. Aus ihr werden dann GuV-Rechnung und Schlußbilanz abgeleitet.	Die Sollseite dieser Hauptspalte übernimmt die Aktivsalden der Erfolgskonten, also den Aufwand. Die Habenseite dieser Hauptspalte übernimmt die Passivseite der Erfolgskonten aus der Saldenbilanz II, d.h. die Erträge. Damit ergibt sich das Periodenergebnis als Verlust bzw. als Gewinn, wenn die Erträge größer als die Aufwendungen sind.	Sie übernimmt die Endbestände der Bestandskonten aus der Saldenbilanz II und weist die Bilanzansätze aus, die den in der Inventur ermittelten Beständen und Bewertungen - unter Einbeziehung der Wertberichtigungen - entsprechen.

In jeder der einzelnen Spalten müssen die Addition der Sollseite und der Habenseite jeweils **gleiche Beträge** ergeben.

Die Hauptabschlußübersicht bietet als tabellarische Übersicht einen Einblick in den Gesamtumfang der Buchungen. Diese beziehen sich auf alle Bestands- und Erfolgskonten sowie auf die erfolgsbestimmenden Veränderungen einer Periode.

Buchführung

Nach der Erstellung der Hauptabschlußübersicht erfolgen folgende **Vorgänge**:

- Ausführung der Umbuchungen aus der Hauptabschlußübersicht
- Abschluß der Bestandskonten über das Schlußbilanzkonto
  (Maschinen, Rohstoffe, Forderungen, Bankguthaben)
- Abschluß der Erfolgskonten über das GuV-Konto
- Abschluß des GuV-Kontos
  (Bei Einzelunternehmen und Personengesellschaften wird das Konto »Privat« auf das Eigenkapitalkonto abgeschlossen).
- Abschluß des Eigenkapitalkontos über das Schlußbilanzkonto bzw. das Verbindlichkeitenkonto.

Damit kann die **Schlußbilanz** erstellt werden.

Schematisch kann das **System der doppelten Buchführung** abschließend zusammengefaßt werden (*Andres / Droll / Köhl / Zoller*):

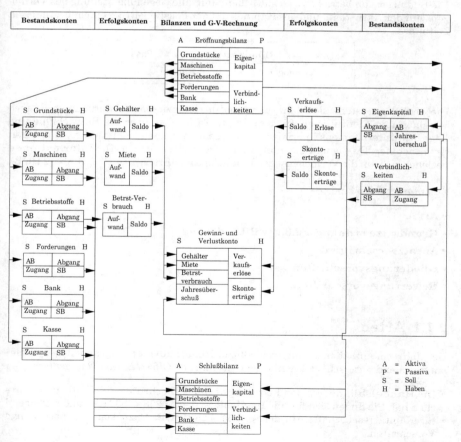

2. Jahresabschluß

Handelsrechtlich bilden die Bilanz und die GuV-Rechnung den **Jahresabschluß**, der bei Kapitalgesellschaften um den Anhang ergänzt wird, zu dem auch ein Lagebericht zu rechnen ist:

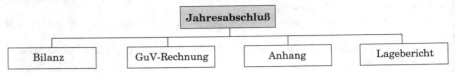

2.1 Bilanz

Die Bilanz ist - im betriebswirtschaftlichen Sinn - die Gegenüberstellung des Vermögens auf der Aktiv-Seite und des Kapitals auf der Passiv-Seite zu einem bestimmten Zeitpunkt.

Aktiva	Bilanz zum ...	Passiva
Vermögen		Kapital

Die jährlich zu erstellende Bilanz soll sowohl das bilanzierende Unternehmen als auch Personen und Institutionen mit berechtigtem Interesse über die Entwicklung und Lage des Unternehmens informieren. **Adressaten** können Kapitalgeber, Gläubiger, Arbeitnehmer, Fiskus und die interessierte Öffentlichkeit sein. Die **Informationen** beziehen sich auf die Vermögenslage, Finanzlage und Ertragslage (§ 264 Abs. 2 HGB).

Zu unterscheiden sind:

- **Arten**
- **Grundsätze ordnungsmäßiger Bilanzierung**
- **Ansatzvorschriften**
- **Gliederungsvorschriften**
- **Bewertungsvorschriften.**

2.1.1 Arten

Der Jahresbilanz können unterschiedliche **Rechtsnormen** zugrundeliegen. Dementsprechend unterscheidet man - siehe ausführlich *Olfert / Körner / Langenbeck*:

- Die **Handelsbilanz**, die den Rechnungslegungsvorschriften des HGB zu entsprechen hat. Sie finden sich für alle Kaufleute in den §§ 238 - 263 HGB und ergänzend für Kapitalgesellschaften in den §§ 264 - 289 HGB. Dazu kommen noch einige Vorschriften:

- Für die AG in AktG (§§ 150, 152, 158, 160),
- Für die GmbH in GmbHG (§§ 42, 42 a),
- Für die OHG in HGB (§ 120),
- Für die KG in HGB (§§ 166, 167),
- Für die Stille Gesellschaft in HGB (§ 232),
- Für die Genossenschaft in HGB (§§ 336 - 339),
- Für den Konzern in HGB (§§ 290 - 315).

Außerdem ist das **Publizitätsgesetz** zu berücksichtigen, insbesondere für Einzelkaufleute und Personengesellschaften, die nach § 1 PublG als Großunternehmen einzustufen sind. Die öffentliche Rechnungslegungspflicht setzt das Vorliegen von zwei der drei folgenden Merkmale an drei aufeinanderfolgenden Abschlußstichtagen voraus:

Bilanzsumme	Sie ist größer als 125 Mio DM.
Umsatz	Er ist in den letzten 12 Monaten vor dem Abschlußstichtag größer als 250 Mio DM.
Arbeitnehmer	Ihre Zahl liegt im Durchschnitt der 12 Monate vor dem Abschlußstichtag über 5.000.

- Die **Steuerbilanz** ist eine nach den steuerrechtlichen Vorschriften abgewandelte Handelsbilanz. Sie wird jährlich zum Zwecke der Veranlagung zur Einkommen- und Körperschaftsteuer erstellt. Rechtsgrundlagen sind

- Abgabenordnung (insbesondere §§ 140 - 148)
- Handelsgesetzbuch (insbesondere §§ 238 - 256)
- Einkommensteuergesetz (insbesondere §§ 4 - 7)
- Körperschaftsteuergesetz
- Gewerbesteuergesetz.

Nach § 5 Abs. 1 EStG ist die Steuerbilanz aus der Handelsbilanz abzuleiten. In der Praxis wird dieser Maßgeblichkeitsgrundsatz vielfach umgekehrt, indem eine Bilanz erstellt wird, deren Anerkennung durch das Finanzamt zu erwarten ist.

Neben der nach unterschiedlichen Rechtsnormen zu erstellenden Bilanz können weiter genannt werden:

- **Aussagezweckorientierte Bilanzen**

Erfolgs-bilanzen	Sie informieren über den Erfolg eines Unternehmens in einer bestimmten Periode; dabei sind die handels- und steuerrechtlichen Bewertungsvorschriften zu beachten.
Status-bilanzen	Sie sind mit den Erfolgsbilanzen eng verwandt, sollen aber nur die am Stichtag vorhandenen Vermögensgegenstände und die Kapitallage zeigen, weshalb Bewertungsvorschriften nicht zu beachten sind.

Liquiditäts-bilanzen	Sie sind Bilanzen, die unter den Gesichtspunkten »Grad der Liquidierbarkeit« und »Fälligkeit des Kapitals« erstellt werden.
Bewegungs-bilanzen	Sie sind Zeitraumrechnungen, die Mittelherkunft und Mittelverwendung gegenüberstellen, also die Bewegungen in den einzelnen Bilanzpositionen im Verlaufe einer Periode aufzeigen.

- **Informationsempfängerorientierte Bilanzen**

Interne Bilanzen	Sie haben als Zielgruppe die Unternehmensleitung und werden erstellt, um ein genaues Bild über die Lage des Unternehmens zu erhalten und auf dieser Basis disponieren zu können. Die Wertansätze in diesen Bilanzen sollen möglichst realistisch sein. Sie orientieren sich nicht an rechtlichen Vorschriften.
Externe Bilanzen	Sie wenden sich an die verschiedenen Zielgruppen und sind im allgemeinen nach den handels- und steuerrechtlichen Vorschriften zu erstellen.

- **Umfangorientierte Bilanzen**

Einzel-bilanzen	Sie werden von den einzelnen Unternehmen erstellt, die zu bilanzieren haben.
General-bilanzen	Sie werden von rechtlich und wirtschaftlich selbständigen Unternehmen gemeinsam erstellt, beispielsweise von Interessengemeinschaften.
Konzern-bilanzen	Sie sind von Unternehmen zu erstellen, die zwar rechtlich selbständig sind, wirtschaftlich jedoch eine Einheit bilden.

- **Anlaßorientierte Bilanzen,** die als Sonderbilanzen bezeichnet werden - siehe ausführlich *Olfert / Körner / Langenbeck*.

Gründungs-bilanzen	Sie sind zu erstellen, wenn ein Unternehmen gegründet wird, das heißt, wenn es neu entsteht.
Umwandlungs-bilanzen	Sie sind zu erstellen, wenn ein Unternehmen umgewandelt und damit von einer Rechtsform in eine andere überführt wird.
Auseinander-setzungs-bilanzen	Sie sind zu erstellen, wenn Gesellschafter beispielsweise durch Kündigung, Tod, Konkurs bei Personengesellschaften oder Gesellschaften mit beschränkter Haftung ausscheiden.
Fusions-bilanzen	Sie sind zu erstellen, wenn mehrere rechtlich selbständige Unternehmen zu einem Rechtsgebilde verschmolzen werden.
Sanierungs-bilanzen	Sie sind zu erstellen, wenn ein Unternehmen sich in finanziellen Schwierigkeiten befindet, die sich in einer Unterbilanz oder Überschuldungsbilanz äußern können, und diese Schwierigkeiten überbrücken will, indem es Sanierungsmaßnahmen ergreift, beispielsweise durch die Herabsetzung des (Eigen-) Kapitals oder durch einen Teilverzicht der Gläubiger.

Liquidationsbilanzen	Sie sind zu erstellen, wenn ein Unternehmen freiwillig seine Tätigkeit beendet, d.h. aufgelöst wird.
Konkursbilanzen	Sie sind zu erstellen, wenn ein Unternehmen aufgrund von Zahlungsunfähigkeit bzw. Überschuldung zwangsweise aufgelöst wird.
Vergleichsbilanzen	Sie sind zu erstellen, wenn ein Unternehmen, das sich in finanziellen Schwierigkeiten befindet, auf Kosten und mit Zustimmung der Gläubiger am Leben erhalten wird, um einen Konkurs abzuwenden.

2.1.2 Grundsätze ordnungsmäßiger Bilanzierung

Nach § 243 Abs. 1 HGB ist der Jahresabschluß nach den GoB aufzustellen. Damit sind die **GoB** auch für die Bilanz maßgeblich. Wie bei der Buchführung gezeigt wurde, umfassen die GoB im weiten Sinne

- die Grundsätze ordnungsmäßiger Buchführung i.e.S. (§ 238 Abs. 1 HGB)
- die Grundsätze ordnungsmäßiger Inventur (indirekt § 241 HGB)
- die Grundsätze ordnungsmäßiger Bilanzierung (§ 243 Abs. 1 HGB).

Die Grundsätze ordnungsmäßiger Bilanzierung bezieht sich auf den **formellen Bilanzansatz**, bei dem entschieden werden muß, was in der Bilanz auszuweisen ist. Es geht außerdem um den **materiellen Bilanzansatz**, bei dem festgelegt wird, mit welchem Wert ein zu bilanzierendes Wirtschaftsgut anzusetzen ist.

Als **Grundsätze ordnungsmäßiger Bilanzierung** sind zu unterscheiden:

- Der **Grundsatz der Bilanzklarheit**, der fordert, daß der Jahresabschluß klar und übersichtlich aufzustellen ist. Dabei sind vor allem die Gliederungsvorschriften für die Bilanz (§ 266 HGB) und GuV-Rechnung (§ 275 HGB) sowie die Vorschriften über die Angaben im Anhang (§ 284, 285 HGB) zu beachten.

- Der **Grundsatz der Bilanzwahrheit** wird im HGB nicht direkt angesprochen. Er kann so verstanden werden, daß die Bilanz sämtliche Vermögenswerte zu enthalten hat, die wahrheitsgemäß zu bewerten sind. Was als wahr anzusehen ist, kann nur aus der Zwecksetzung einer Bilanz abgeleitet werden.

- Der **Grundsatz der Bilanzkontinuität** dient der Vergleichbarkeit der einzelnen Jahresabschlüsse untereinander. Die Bilanzkontinuität kann sein:

Formelle Bilanzkontinuität	Aufeinanderfolgende Jahresabschlüsse sind an gleichbleibenden Stichtagen zu erstellen und gleich zu gliedern. Die ausgewiesenen Posten sollen inhaltlich stetig sein.
Materielle Bilanzkontinuität	Sie umfaßt die Anwendung gleicher Bewertungsgrundsätze in aufeinanderfolgenden Bilanzen und die Regelung, daß ein in der Schlußbilanz des Vorjahres vorgenommener Wertansatz nicht überschritten werden darf.

- Der **Grundsatz der Bilanzidentität** fordert die Gleichheit der Schlußbilanz eines Vorjahres und der Anfangsbilanz des folgenden Jahres im Hinblick auf die ausgewiesenen Positionen, Mengen und Werte.

Wie zu sehen ist, unterliegt die Erstellung einer Bilanz umfangreichen Vorschriften, die Ansatz-, Gliederungs- und Bewertungsvorschriften sind.

69

2.1.3 Ansatzvorschriften

Die Ansatzvorschriften regeln die Bilanzierung dem Grunde nach. Sie legen fest, **welche Positionen** bilanziell angesetzt werden müssen oder können bzw. nicht angesetzt werden dürfen. Dementsprechend lassen sich unterscheiden:

- **Ansatzgebote**, die eine Bilanzierung erfordern. Bei der Frage, was zu bilanzieren ist, kommt es nicht auf die rechtliche, sondern auf die wirtschaftliche Betrachtungsweise an. Eigentum ist zu bilanzieren, wenn es dem Unternehmen wirtschaftlich zuzurechnen ist. Forderungen bzw. Verbindlichkeiten sind erst dann zu bilanzieren, wenn der zugrundeliegende Vertrag von einer Seite erfüllt ist.

  Besondere Ansatzgebote beziehen sich auf Rückstellungen, die für ungewisse Verbindlichkeiten und für drohende Verluste aus schwebenden Geschäften (§ 249 HGB) sowie für Rechnungsabgrenzungsposten zu bilden sind. Sie rechnen die Aufwendungen und Erträge dem Geschäftsjahr zu, durch das sie - wirtschaftlich gesehen - verursacht wurden.

- **Ansatzverbote** beziehen sich auf Gründungskosten, Kapitalbeschaffungskosten und unentgeltlich erworbene immaterielle Vermögensgegenstände.

- **Ansatzwahlrechte** erlauben es dem Unternehmen, die Entscheidung zu treffen, ob ein Wirtschaftsgut bilanziert wird oder nicht. Sie beziehen sich vor allem auf:

Aktiv-Seite	• Aktive Rechnungsabgrenzungsposten • Derivativer Geschäftswert (abgeleiteter Wert) • Aufwendungen für die Ingangsetzung und Erweiterung des Geschäftsbetriebes
Passiv-Seite	• Rückstellungen für unterlassene Instandhaltungen • Besondere Aufwandsrückstellungen • Rückstellungen für Pensions-Altzusagen • Steuerfreie Rücklagen

2.1.4 Gliederungsvorschriften

Das Gliederungsschema nach § 266 HGB ist auf die Kapitalgesellschaften ausgerichtet. Nach herrschender Meinung ist es auch von Nicht-Kapitalgesellschaften anzuwenden. Es enthält - als Grobgliederung - folgende wesentliche Positionen:

Jahresabschluß

Aktiva	Bilanz zum ...	Passiva

A. Anlagevermögen
  I. Immaterielle Vermögensgegenstände
  II. Sachanlagen
  III. Finanzanlagen
B. Umlaufvermögen
  I. Vorräte
  II. Forderungen und sonstige Vermögensgegenstände
  III. Wertpapiere
  IV. Schecks, Kassenbestand, Bundesbank- und Postgiroguthaben, Guthaben bei Kreditinstituten
C. Rechnungsabgrenzungsposten
		A. Eigenkapital
		  I. Gezeichnetes Kapital
		  II. Kapitalrücklage
		  III. Gewinnrücklagen
		  IV. Gewinnvortrag/ Verlustvortrag
		  V. Jahresüberschuß/ Jahresfehlbetrag
		B. Rückstellungen
		C. Verbindlichkeiten
		D. Rechnungsabgrenzungsposten

Näher zu betrachten sind - siehe ausführlich *Olfert / Körner / Langebeck*:

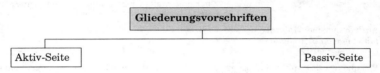

2.1.4.1 Aktiv-Seite

Im einzelnen weist die Aktiv-Seite folgende Positionen auf:

Gliederungsschema nach § 266 Abs. 2 HGB	
Aktiva	
A. Anlagevermögen	Alle jene Vermögensgegenstände, die dazu bestimmt sind, dem Geschäftsbetrieb dauernd zu dienen.
I. Immaterielle Vermögensgegenstände	Alle nicht-körperlichen Gegenstände.
1. Konzessionen, gewerbliche Schutzrechte und ähnliche Rechte auf Werte sowie Lizenzen an solchen Rechten und Werten	Beispiele: Konzessionen, Patente, Lizenzen, Marken-, Urheber-, Werksrechte, Gebrauchsmuster, Warenzeichen, Nutzungs-, Brenn-, Braurechte.
2. Geschäfts- oder Firmenwert	Differenz zwischen dem für die Übernahme eines Unternehmens gezahlten Kaufpreis und dem Wert der Vermögensgegenstände abzüglich Schulden.
3. Geleistete Anzahlungen	Anzahlungen für aktivierungspflichtige immaterielle Wirtschaftsgüter.
II. Sachanlagen	Alle körperlichen Vermögensgegenstände.
1. Grundstücke, grundstücksgleiche Rechte und Bauten einschl. den Bauten auf fremden Grundstücken	Es ist eine Aufteilung nach Grund und Boden bzw. nach Gebäuden erforderlich.

2. Technische Anlagen und Maschinen	Alle Vermögensgegenstände, die keine Gebäude sind und ihrer Art nach unmittelbar dem Fertigungsprozeß dienen.
3. Andere Anlagen, Betriebs- und Geschäftsausstattung	Alle Vermögensgegenstände, die den obigen Sachanlagen-Gruppen nicht zuzuordnen sind, z.B. Arbeitsgeräte, Werkstatt-Büroeinrichtungen, Transportgeräte, Fahrzeuge.
4. Geleistete Anzahlungen und Anlagen im Bau	Alle Aufwendungen, die zum Bilanzstichtag für unvollendete und damit noch nicht nutzbare Anlagegüter anfallen.

III. Finanzanlagen

1. Anteile an verbundenen Unternehmen	Unternehmen, zwischen denen ein Mutter-Tochter-Verhältnis besteht, sowie Tochterunternehmen untereinander.
2. Ausleihungen an verbundene Unternehmen	Alle langfristigen Finanz- und Kapitalforderungen.
3. Beteiligungen	Anteile an anderen Unternehmen, die bestimmt sind, dem eigenen Geschäftsbetrieb durch Herstellung einer dauerhaften Verbindung zu jenen Unternehmen zu dienen.
4. Ausleihungen an Unternehmen, mit denen ein Beteiligungsverhältnis besteht	
5. Wertpapiere des Anlagevermögens	Dem Geschäftsbetrieb des Unternehmens - ohne Beteiligungsabsicht - langfristig dienende Obligationen, Pfandbriefe, öffentliche Anleihen, Aktiva.
6. Sonstige Ausleihungen	Alle langfristigen Finanz- und Kapitalforderungen, die nicht gegenüber Beteiligungs- oder verbundenen Unternehmen bestehen.

B. Umlaufvermögen

Alle Vermögensteile, die nicht Anlagevermögen und keine Posten der Rechnungsabgrenzung sind.

I. Vorräte

1. Roh-, Hilfs- und Betriebsstoffe	Siehe Abschnitt »Materialbereich«.
2. Unfertige Erzeugnisse	Vorräte, die noch nicht verkaufsfertige Erzeugnisse darstellen, für die aber bereits Aufwendungen angefallen sind.
3. Fertige Erzeugnisse	Versandfertige Vorräte, die im eigenen Unternehmen be- oder verarbeitet wurden. Waren sind Handelsartikel fremder Herkunft.
4. Geleistete Anzahlungen	Noch nicht gelieferte Vorräte bis zum Zeitpunkt des Gefahrenüberganges.

II. Forderungen und sonstige Vermögensgegenstände

1. Forderungen aus Lieferungen und Leistungen	Sie beruhen auf Kauf-, Werk-, Dienstleistungsverträgen in dem Zeitpunkt, in dem die Leistung bzw. Lieferung bewirkt ist.
2. Forderungen gegen verbundene Unternehmen	Alle dem Umlaufvermögen zurechenbaren Forderungen gegen verbundene Unternehmen.

Jahresabschluß

3. Forderungen gegen Unternehmen, mit denen ein Beteiligungsverhältnis besteht	Alle dem Umlaufvermögen zurechenbaren Forderungen an Unternehmen, mit denen ein Beteiligungsverhältnis besteht.
4. Sonstige Vermögensgegenstände	Alle sonst nicht zuordenbaren Vermögensgegenstände, z.B. Vorschüsse, Kautionen, Zinsansprüche.
III. Wertpapiere	Urkunden, in denen ein privates Recht verbrieft ist, das an den Besitz der Urkunde gebunden ist.
1. Anteile an verbundenen Unternehmen	Wertpapiere, die nicht dem Anlagevermögen zuzurechnen sind.
2. Eigene Anteile	Sie können Vermögenswerte oder lediglich Korrekturposten zum Eigenkapital darstellen.
3. Sonstige Wertpapiere	Alle Wertpapiere, die nicht zum Anlagevermögen und nicht zu B III, 1, 2 gehören.
IV. Schecks, Kassenbestand, Bundesbank und Postgiroguthaben, Guthaben bei Kreditinstituten	
C. Rechnungsabgrenzungsposten	Ausgaben vor dem Bilanzstichtag, soweit sie Aufwendungen für eine bestimmte Zeit nach diesem Tag darstellen.

2.1.4.2 Passiv-Seite

Die Passiv-Seite umfaßt folgende **Positionen**:

Gliederungsschema nach § 266 Abs. 2 HGB Passiva	
A. Eigenkapital	Das bilanzielle und rechnerische Eigenkapital umfaßt den aus der Bilanz zu ermittelnden Saldo zwischen Vermögen und Schulden.
I. Gezeichnetes Kapital	Haftendes Kapital, das jedoch nicht ganz eingezahlt sein muß.
II. Kapitalrücklage	Alle Einlagen, die nicht gezeichnetes Kapital darstellen, z.B. ein bei der Ausgabe von Anteilen über den Nennbetrag hinaus erzieltes Agio.
III. Gewinnrücklage	
1. Gesetzliche Rücklage	Sie gibt es bei AG und KGaA. In diese Rücklage sind 5 % des um einen Verlustvortrag aus dem Vorjahr geminderten Jahresüberschusses einzustellen, bis die gesetzliche Rücklage und Kapitalrücklage zusammen 10 % oder den in der Satzung bestimmten höheren Teil des Grundkapitals erreichen.
2. Rücklage für eigene Anteile	Sie ist zu bilden, wenn ein Unternehmen eigene Anteile erwirbt. Sie dient als Ausschüttungssperre.
3. Satzungsmäßige Rücklagen	Sie werden aufgrund des Gesellschaftsvertrags, der Satzung oder des Statuts gebildet.
4. Andere Gewinnrücklagen	Sie stellen eine Restgröße dar.

IV. Gewinnvortrag/Verlustvortrag	Bilanzgewinn/-verlust des oder der Vorjahre, über dessen endgültige Verwendung erst später entschieden wird.
V. Jahresüberschuß/Jahresfehlbetrag	Der aus der GuV-Rechnung als Differenz zwischen Erträgen und Aufwendungen übernommene Betrag.
B. Rückstellungen	
1. Rückstellungen für Pensionen und ähnliche Verpflichtungen	Ihnen muß eine rechtsverbindliche Pensionsverpflichtung zugrundeliegen. Die Pensionszusage muß schriftlich erfolgen und darf keine steuerschädlichen Vorbehalte aufweisen.
2. Steuerrückstellungen	Alle ungewissen Verbindlichkeiten aus Steuern.
3. Sonstige Rückstellungen	Sie stellen eine Restgröße dar.
C. Verbindlichkeiten	
1. Anleihen, davon konvertibel	Alle Schuldverpflichtungen, die am öffentlichen Kapitalmarkt aufgenommen wurden, z.b. Schuldverschreibungen, Wandelobligationen, Optionsanleihen, Gewinnschuldverschreibungen.
2. Verbindlichkeiten gegenüber Kreditinstituten	
3. Erhaltene Anzahlungen auf Bestellungen	Sie setzen voraus, daß ein Vertragspartner aufgrund abgeschlossener Liefer- oder Leistungsverträge bereits gezahlt hat.
4. Verbindlichkeiten aus Lieferungen und Leistungen	Alle Verpflichtungen aus dem normalen Geschäftsverkehr mit Lieferanten.
5. Verbindlichkeiten aus der Annahme gezogener Wechsel und der Ausstellung eigener Wechsel	
6. Verbindlichkeiten gegenüber verbundenen Unternehmen	Verbindlichkeiten aus dem Waren-, Leistungs-, Finanz-, Beteiligungsverkehr mit verbundenen Unternehmen.
7. Verbindlichkeiten gegenüber Unternehmen, mit denen ein Beteiligungsverhältnis besteht	Verbindlichkeiten aus dem Waren-, Leistungs-, Finanz-, Beteiligungsverkehr mit Unternehmen in einem Beteiligungsverhältnis.
8. Sonstige Verbindlichkeiten, davon aus Steuer, davon im Rahmen der sozialen Sicherheit	Alle oben nicht erfaßten Schulden.
D. Rechnungsabgrenzungsposten	Alle Einnahmen vor dem Abschlußstichtag, soweit sie Erträge für eine bestimmte Zeit nach diesem Tag darstellen.

2.1.5 Bewertungsvorschriften

§ 252 HGB stellt den Vorschriften über die Wertansätze der Vermögensgegenstände und Schulden allgemeine Bewertungsgrundsätze voran, die weitgehend den Grundsätzen ordnungsmäßiger Buchführung entsprechen.

Bewertungsgrundsätze sind:

- Der **Grundsatz der Bilanzidentität**, nach dem die Schlußbilanz des Vorjahres und die Eröffnungsbilanz des nächsten Geschäftsjahres identisch sein müssen.

- Der **Grundsatz der Unternehmensfortführung**, der besagt, daß bei der Bewertung von der Fortführung der Unternehmenstätigkeit auszugehen ist, sofern nicht tatsächliche oder rechtliche Gegebenheiten entgegenstehen.

- Der **Grundsatz der Einzelbewertung und Stichtagsbewertung**, nach dem die Vermögensgegenstände und Schulden zum Abschlußstichtag einzeln zu bewerten sind (§ 252 Abs. 1 Nr. 3 HGB).

- Der **Grundsatz der Verlustantizipation**, der darauf ausgerichtet ist, nichtrealisierte Verluste aus schwebenden Geschäften bilanziell auszuweisen. Es ist das Niederstwertprinzip anzuwenden. Schwebende, aber noch von keiner Seite erfüllte Geschäfte sind nicht zu erfassen.

- Der **Grundsatz der Periodenabgrenzung**, demzufolge Aufwendungen und Erträge des Geschäftsjahres unabhängig von den Zeitpunkten der Zahlungen im Jahresabschluß zu berücksichtigen sind.

- Der **Grundsatz der Bewertungstätigkeit**, der besagt, daß die auf den vorhergehenden Jahresabschluß angewandten Bewertungsmethoden beibehalten werden.

Die Bewertungsvorschriften können sich beziehen auf - siehe ausführlich *Olfert / Körner / Langenbeck*:

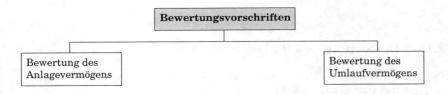

2.1.5.1 Bewertung des Anlagevermögens

Nach § 253 Abs. 1 Satz 1 HGB sind die Wertansätze der Vermögensgegenstände die Anschaffungs- oder Herstellungskosten:

- **Anschaffungskosten** sind nach § 255 Abs. 1 HGB die Aufwendungen, die geleistet werden, um einen Vermögensgegenstand zu erwerben und ihn in einen betriebsbereiten Zustand zu versetzen, soweit sie dem Vermögensgegenstand einzeln zugeordnet werden können.

  Zu den Anschaffungskosten zählen auch die Nebenkosten sowie die nachträglichen Anschaffungskosten. Minderungen des Anschaffungspreises sind abzusetzen.

- **Herstellungskosten** sind Aufwendungen, die durch den Verbrauch von Gütern und durch Inanspruchnahme von Diensten für die Herstellung eines Vermögensgegenstandes, seine Erweiterung oder für eine über seinen ursprünglichen Zustand hinausgehende wesentliche Verbesserung entstehen (§ 255 Abs. 2 HGB).

Die betriebliche Leistungserstellung führt bei den abnutzbaren Wirtschaftsgütern des Anlagevermögens zu einem allmählichen **Wertverzehr**. Aus diesem Grunde dürfen die Anschaffungs- oder Herstellungskosten der Anlagegüter nach § 253 Abs. 2 HGB um **Abschreibungen** - bzw. steuerrechtlich um Absetzungen für Abnutzung - gemindert werden.

Zu unterscheiden sind:

- **Planmäßige Abschreibungen**, die bei Gütern des Anlagevermögens erfolgen, die

  - abnutzbar
  - zeitlich begrenzt nutzbar

  sind. Ihr Verlauf ist in einem Abschreibungsplan darzulegen.

- **Außerplanmäßige Abschreibungen**, die unter bestimmten Voraussetzungen - beispielsweise außerordentlichen Ereignissen, Wertminderungen, gesunkenen Wiederbeschaffungspreisen - vorgenommen werden können oder müssen.

  Sie erfolgen nicht nur bei abnutzbaren und zeitlich begrenzt nutzbaren Gütern, sondern auch bei nicht abnutzbaren und zeitlich unbegrenzt nutzbaren Gütern. Damit beziehen sie sich auf alle Gegenstände des Anlage- und Umlaufvermögens.

2.1.5.2 Bewertung des Umlaufvermögens

Bei der Bewertung des Umlaufvermögens sind das Vorratsvermögen, Forderungen und Wertpapiere zu unterscheiden:

- Das **Vorratsvermögen** ist grundsätzlich mit den Anschaffungs- oder Herstellungskosten zu bewerten. Handelsrechtlich sind folgende **Bewertungsvereinfachungsverfahren** zulässig:

Festbewertung	Nach § 240 Abs. 3 HGB können Anlagegüter und Roh-, Hilfs-, Betriebsstoffe, wenn sie regelmäßig ersetzt werden und ihr Gesamtwert für das Unternehmen von nachrangiger Bedeutung ist, mit einer gleichbleibenden Menge und einem gleichbleibenden Wert angesetzt werden.
Durchschnittsbewertung	Nach § 240 Abs. 4 HGB können gleichartige Vermögensgegenstände des Vorratsvermögens jeweils zu einer Gruppe zusammengefaßt und mit dem gewogenen Durchschnittswert angesetzt werden.
Verbrauchsfolgeverfahren	Nach § 256 HGB kann zur Ermittlung der Anschaffungs-/Herstellungskosten gleichartiger Gegenstände des Vorratsvermögens unterstellt werden, daß die zuerst oder daß die zuletzt angeschafften oder hergestellten Vermögensgegenstände zuerst oder in einer sonstigen bestimmten Folge verbraucht oder veräußert worden sind.
	Man unterscheidet Lifo-, Fifo-, Hifo-, Kifo-Verfahren.

Liegt der Börsen- oder Marktpreis am Abschlußstichtag unter den Anschaffungs-/Herstellungskosten, so muß der niedrigere Wert angesetzt werden (§ 253 Abs. 3 Satz 1 HGB):

- Der **Börsenpreis** ist der an einer amtlich anerkannten Börse festgestellte Preis für die an der betreffenden Börse zum Handel zugelassenen Wertpapiere und Waren.

- Der **Marktpreis** ist derjenige Preis, der an einem bestimmten Handelsplatz für Waren einer bestimmten Gattung von durchschnittlicher Art und Güte zu einem bestimmten Zeitpunkt im Durchschnitt gewährt wird.

Ist ein Börsen- oder Marktpreis nicht festzustellen und übersteigen die Anschaffungs-/Herstellungskosten den Wert, der den Gegenständen am Abschlußstichtag beizulegen ist, so ist dieser Wert anzusetzen (§ 253 Abs. 3 Satz 2 HGB). In beiden Fällen handelt es sich um den Zeitwert.

• **Forderungen** sind nach § 253 Abs. 1 HGB grundsätzlich mit den Anschaffungskosten anzusetzen.

Übersteigt der Nennbetrag den Wert, der den Forderungen am Abschlußstichtag beizumessen ist, so ist nach § 253 Abs. 3 Satz 2 HGB auf diesen niedrigeren Wert abzuschreiben. Dem handelsrechtlichen **Niederstwertprinzip** entspricht die steuerliche Abschreibung auf den niedrigeren Teilwert.

Die Abschreibung von Forderungen auf den niedrigeren Wert bezeichnet man als **Wertberichtigung** unabhängig davon, daß das Bilanzschema nach § 269 HGB keinen Wertberichtigungsposten mehr vorsieht.

Das Prinzip der Einzelbewertung würde gerade bei den Forderungen einen hohen Arbeitsaufwand bedingen. Jede einzelne Forderung müßte einer Bonitätsprüfung unterzogen werden. Nach den GoB ist deshalb die **Pauschalwertberichtigung** zulässig, deren Höhe sich nach den durchschnittlichen, tatsächlichen Forderungsausfällen der vergangenen Jahre richtet. Auch die Finanzverwaltung erkennt die pauschale Wertberichtigung unter bestimmten Voraussetzungen als steuerlich zulässig an. Die Wertberichtigung ist direkt vom Forderungsbestand abzusetzen.

- **Wertpapiere** sind gemäß § 253 Abs. 1 HGB mit den **Anschaffungskosten** anzusetzen. Da bei einer Vielzahl von Wertpapieren und häufigen Zu- und Abgängen die Einzelbewertung zu Anschaffungskosten sehr schwierig wird, ist unter bestimmten Voraussetzungen die Durchschnittsbewertung zulässig.

2.1.5.3 Bewertung der Passivseite

Hier geht es vor allem um die Bewertung der Positionen Eigenkapital, Rückstellungen und Verbindlichkeiten:

- Das **Eigenkapital**, das sich bei Personengesellschaften aus den Einlagen der Gesellschafter und bei Kapitalgesellschaften aus dem gezeichneten Kapital sowie gegebenenfalls vorhandenen Rücklagen zusammensetzt, wird mit dem Nennbetrag bewertet.

- Bei **Rückstellungen** ergibt sich die Frage, in welcher Höhe sie zu bilden sind. Im Gegensatz zu Verbindlichkeiten sind Rückstellungen der Höhe nach unbestimmt.

  Nach § 253 Abs. 1 HGB sind Rückstellungen nur in Höhe des Betrages anzusetzen, der nach vernünftiger kaufmännischer Beurteilung notwendig ist. Als vernünftiger Bewertungsmaßstab kann nur diejenige Beurteilung gelten, »die in sich logisch ist und sachlich objektiv begründet werden kann, eine Beurteilung also, zu der auch ein Dritter unter sonst gleichen Umständen gelangen würde« *(Saage).*

- **Verbindlichkeiten** nach § 253 Abs. 1 HGB sind zu ihrem Rückzahlungsbetrag anzusetzen.

2.2 Gewinn- und Verlustrechnung

Die GuV-Rechnung ergänzt die Bilanz, indem sie nicht nur den Erfolg ausweist, sondern auch seine Zusammensetzung offenlegt. Sie ist nach § 275 Abs. 1 HGB in **Staffelform** nach dem Gesamtkostenverfahren oder Umsatzkostenverfahren aufzustellen:

- Das **Gesamtkostenverfahren** gliedert den Aufwand nach Aufwandsarten. Es zeigt damit die Aufwandsstruktur des Geschäftsjahres und weist den Aufwand unabhängig davon aus, ob die im Geschäftsjahr hergestellten Produkte oder erbrachten Leistungen am Markt abgesetzt worden sind oder nicht. Diese Gliederung der GuV-Rechnung ist leistungsbezogen und bedarf deshalb des Postens »Bestandsveränderungen«. Man bezeichnet sie in folgender Form auch als Produktionsrechnung:

Jahresabschluß

Gliederungsschema bei Anwendung des Gesamtkostenverfahrens nach § 275 Abs. 2 HGB

1. Umsatzerlöse	Erlöse aus Dienstleistungen und aus dem Verkauf und der Vermietung und Verpachtung im Rahmen der gewöhnlichen Geschäftstätigkeit. Preisnachlässe und zurückgewährte Entgelte sind abzusetzen.
2. Erhöhung oder Verminderung des Bestands an fertigen und unfertigen Erzeugnissen	Bestandsminderungen sind von den Erlösen abzusetzen, Bestandsmehrungen sind ihnen hinzuzurechnen.
3. Andere aktivierte Eigenleistungen	Beispielsweise selbsterstellte Anlagen und Werkzeuge, aktivierte Großreparaturen, aktivierte Anlauf-, Entwicklungs-, Versuchskosten.
4. Sonstige betriebliche Erträge	Erträge, die nicht in 1., 9., 10., 11. enthalten sind, und innerhalb der gewöhnlichen Geschäftstätigkeit anfallende periodenfremde Erträge.
5. Materialaufwand	
a) Aufwendungen für Roh-, Hilfs- und Betriebsstoffe und für bezogene Waren.	Siehe Abschnitt »Materialbereich«.
b) Aufwendungen für bezogene Leistungen	Produktionsbezogene Fremdleistungen, z.B. für Lohnbe- und -verarbeitung durch Fremde, Leiharbeitskräfte, Fremdreparaturen, Energie.
6. Personalaufwand	
a) Löhne und Gehälter	Bruttobeträge der Entgelte, z.B. laufende Vergütungen, Nebenbezüge, Sachwertbezüge.
b) Soziale Abgaben und Aufwendungen für Altersversorgung und Unterstützung, davon für Altersversorgung.	Soziale Abgaben sind z.B. die Arbeitgeberanteile zur Renten-, Kranken-, Arbeitslosenversicherung, Berufsgenossenschaftsbeiträge, Schwerbehindertenabgabe. Unterstützungen erfolgen z.B. bei Krankheit, Unfall, Kur, Erholung, Heirat, Geburt.
7. Abschreibungen	Siehe Abschnitt »Kostenrechnung«.
a) auf immaterielle Vermögensgegenstände des Anlagevermögens und Sachanlagen sowie auf aktivierte Aufwendungen für die Ingangsetzung des Geschäftsbetriebes.	Es werden planmäßige, außerplanmäßige und Sofortabschreibungen geringwertiger Wirtschaftsgüter aufgenommen.
b) auf Vermögensgegenstände des Umlaufvermögens, soweit diese die in der Kapitalgesellschaft üblichen Abschreibungen überschreiten.	Die Bestimmung, was »üblich« ist, gilt als schwierig.
8. Sonstige betriebliche Aufwendungen	Sammelposten aller betrieblichen Aufwendungen, die nicht unter anderen Aufwandsposten auszuweisen sind.
9. Erträge aus Beteiligungen, davon aus verbundenen Unternehmen	Dividenden, Gewinnanteile und in sonstiger Weise ausgeschüttete Gewinne als Bruttobeträge.
10. Erträge aus anderen Wertpapieren und Ausleihungen des Finanzanlagevermögens, davon aus verbundenen Unternehmen	Zinsen, Dividenden und andere Erträge aus Finanzanlagen als Bruttobeträge.

11. Sonstige Zinsen und ähnliche Erträge, davon aus verbundenen Unternehmen	Zinserträge für Einlagen bei Kreditinstituten und für Forderungen an Dritte, Zinsen und Dividenden auf Wertpapiere des Umlaufvermögens.
12. Abschreibungen auf Finanzanlagen und auf Wertpapiere des Umlaufvermögens	Abschreibungen auf Anteile an verbundene Unternehmen, Ausleihungen an verbundene und in Beteiligungsverhältnis stehende Unternehmen, Beteiligungen, Wertpapiere, eigene Anteile, sonstige Ausleihungen.
13. Zinsen und ähnliche Aufwendungen, davon an verbundene Unternehmen	Zinsen für Kredite, Kreditprovisionen, Bereitstellungsgebühren, Überziehungsprovisionen, Umsatzprovisionen, Diskontbeträge für Wechsel.
14. Ergebnis der gewöhnlichen Geschäftstätigkeit	Zwischensumme aus allen vorhergehenden Ertrags- und Aufwandsposten.
15. Außerordentliche Erträge	Erträge, die außerhalb der gewöhnlichen Geschäftstätigkeit anfallen.
16. Außerordentliche Aufwendungen	Aufwendungen, die außerhalb der gewöhnlichen Geschäftstätigkeit gegeben sind.
17. Außerordentliches Ergebnis	Saldo aus den unter Nr. 15 und 16 ausgewiesenen außerordentlichen Erträgen und Aufwendungen.
18. Steuern vom Einkommen und vom Ertrag	Körperschaftsteuer, Gewerbeertragsteuer, Kapitalertragsteuer; Steuernachzahlungen hierzu.
19. Sonstige Steuern	Alle übrigen erfolgswirksamen Steuern, z.B. Gewerbekapitalsteuer, Kfz-, Versicherungs-, Mineralöl-, Vermögens-, Erbschafts-, Grundsteuer.
20. Jahresüberschuß/Jahresfehlbetrag	Schlußposition der GuV-Rechnung.

- Beim **Umsatzkostenverfahren** werden den Umsatzerlösen die Herstellungskosten der im Geschäftsjahr verkauften Produkte oder Leistungen gegenübergestellt, und zwar unabhängig davon, in welchem Geschäftsjahr die Herstellungskosten angefallen sind.

Die nach diesem Verfahren aufgestellte GuV-Rechnung ist somit umsatzbezogen. Im Gegensatz zum Gesamtkostenverfahren ist der Aufwand nicht nach Aufwandsarten, sondern nach den Funktionsbereichen Herstellung, Vertrieb und allgemeine Verwaltung gegliedert.

Gliederungsschema bei Anwendung des Umsatzkostenverfahrens gemäß § 275 Abs. 3 HGB

1. Umsatzerlöse
2. Herstellungskosten der zur Erzielung der Umsatzerlöse erbrachten Leistungen
3. Bruttoergebnis vom Umsatz
4. Vertriebskosten
5. Allgemeine Verwaltungskosten
6. Sonstige betriebliche Erträge
7. Sonstige betriebliche Aufwendungen

8.	Erträge aus Beteiligungen, davon aus verbundenen Unternehmen
9.	Erträge aus anderen Wertpapieren und Ausleihungen des Finanzanlagevermögens, davon aus verbundenen Unternehmen
10.	Sonstige Zinsen und ähnliche Erträge, davon aus verbundenen Unternehmen
11.	Abschreibungen auf Finanzanlagen und auf Wertpapiere des Umlaufvermögens
12.	Zinsen und ähnliche Aufwendungen, davon an verbundene Unternehmen
13.	Ergebnis der gewöhnlichen Geschäftstätigkeit
14.	Außerordentliche Erträge
15.	Außerordentliche Aufwendungen
16.	Außerordentliches Ergebnis
17.	Steuern vom Einkommen und vom Ertrag
18.	Sonstige Steuern
19.	Jahresüberschuß/Jahresfehlbetrag.

2.3 Anhang/Lagebericht

Nach § 264 Abs. 1 Satz 1 HGB ist der Anhang bei Kapitalgesellschaften ein Bestandteil des Jahresabschlusses. Zusätzlich zum Jahresabschluß haben Kapitalgesellschaften einen Lagebericht zu erstellen.

- Der **Anhang** dient vor allem der Information und Erläuterung. Er ist wahrheitsgemäß, klar und übersichtlich zu erstellen und auf wesentliche Sachverhalte zu beschränken.

Adler / Düring / Schmalz schlagen folgende **Gliederung** vor, mit der auch der **Inhalt** kurz umrissen ist:

> **I. Allgemeine Angaben zu Bilanzierungs-, und Bewertungsmethoden und Grundlagen für die Umrechnung in Deutsche Mark.**
> **II. Erläuterungen der Bilanz und Gewinn- und Verlustrechnung**
>   1. Bilanz
>   2. Gewinn- und Verlustrechnung
>   3. Gegebenenfalls erforderliche zusätzliche Angaben nach § 264 Abs. 2 Satz 2 HGB
> **III. Sonstige Angaben**
>   1. Haftungsverhältnisse und sonstige finanzielle Verpflichtungen
>   2. Angaben zu Vorratsaktien und eigenen Aktien, genehmigtem Kapital u.dgl.
>   3. Mitarbeiter
>   4. Bezüge, Vorschüsse, Kredite und Haftungsverhältnisse von bzw. gegenüber Organmitgliedern
>   5. Beziehungen zu verbundenen Unternehmen und Beteiligungen
>   6. Andere Angaben
> **IV. Namen der Organmitglieder**

- Der **Lagebericht** ist nach § 264 Abs. 1 HGB von den gesetzlichen Vertretern einer Kapitalgesellschaft neben dem Jahresabschluß zu erstellen. Wie der Anhang dient der Lagebericht der Information und Erläuterung. Er soll, ergänzend zum Jahresabschluß, das **Gesamtbild des Unternehmens** darstellen.

Die Adressaten des Jahresabschlusses sollen Erläuterungen erhalten, die Aussagen des Jahresabschlusses ergänzen und eine Gesamtwürdigung der Angaben vor dem Hintergrund der Darstellung der Gesamtlage des Unternehmens ermöglichen. Darüber hinaus sollen sie in die Lage versetzt werden, die tatsächliche **Unternehmensentwicklung** im abgelaufenen Geschäftsjahr einzuschätzen und Anhaltspunkte für die voraussichtliche Entwicklung der Gesellschaft in der Zukunft zu erhalten.

Der Lagebericht ist wahrheitsgemäß, klar und übersichtlich zu erstellen und auf wesentliche Sachverhalte zu beschränken.

71

3. Kostenrechnung

Die Kostenrechnung ist ein Teilbereich des Rechnungswesens. Sie entspricht der Betriebsbuchhaltung, in die auch die Leistungsrechnung eingegliedert ist. Damit ist sie ein integrativer Bestandteil der Kostenrechnung, wodurch die Kostenrechnung zu einer **kalkulatorischen Erfolgsrechnung** wird.

Die Kostenrechnung ist eine fortlaufend durchgeführte Rechnung, die kurzfristigen Charakter aufweist. Darin unterscheidet sie sich von der **Investitionsrechnung**, die langfristig ausgerichtet ist. Während die Investitionsrechnung die Entscheidungen über die Anschaffung von Gütern vorbereitet, befaßt sich die Kostenrechnung mit der Vorbereitung von Entscheidungen über den Einsatz bereits vorhandener Güter.

Die Kostenrechnung hat vor allem folgende **Aufgaben** zu erfüllen:

- Planung des leistungsbezogenen Erfolges
- Planung der Fertigungsverfahren
- Planung der Beschaffungsmethoden
- Planung der Absatzmethoden

- Erfassung der Kosten nach Kostenarten
- Verteilung der Kosten auf die Kostenstellen
- Zurechnung der Kosten auf die Kostenträger
- Ermittlung der Wirtschaftlichkeit
- Kontrolle der Wirtschaftlichkeit

- Ermittlung der Angebotspreise
- Ermittlung der Preisuntergrenzen für Absatzgüter
- Ermittlung der Preisobergrenzen für Beschaffungsgüter
- Ermittlung der Verrechnungspreise für innerbetriebliche Leistungen
- Kontrolle der Preise

- Kontrolle des leistungsbezogenen Erfolges.

Kostenrechnung

Die Kostenrechnung soll beschrieben werden:

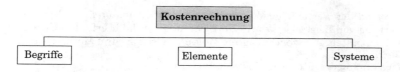

3.1 Begriffe

Während die Geschäftsbuchhaltung die Aufwendungen und Erträge dokumentiert, arbeitet die Betriebsbuchhaltung und damit auch die Kostenrechnung mit den Begriffen:

- **Leistungen**
- **Kosten**.

3.1.1 Leistungen

Leistungen sind in Erfüllung des Betriebszweckes erstellte Güter- und Dienstleistungen, denen ein Verbrauch an Produktionsfaktoren zugrundeliegt. In der Kostenrechnung werden sie als **Kostenträger** bezeichnet. Das können beispielsweise sein:

- **Absatzleistungen**, bei denen Außenaufträge vom Absatzmarkt vorliegen, die zu Umsätzen führen sollen. Sie können sich beziehen auf:

Kundenaufträge	Sie beziehen sich auf bestimmte Abnehmer, die Sachgüter bzw. Dienstleistungen anfordern.
Lageraufträge	Sie beziehen sich auf den anonymen Markt.

- **Eigenleistungen**, bei denen interne Aufträge für vom Unternehmen selbst zu nutzende Güter oder Dienstleistungen vorliegen. Zu unterscheiden sind:

Reparaturen	Eigene Wiederherstellung bzw. eigene Instandsetzung.
Maschinen/ Anlagen	Selbsterstellte Wirtschaftsgüter.

Die Erstellung und Verwertung der Leistungen verursacht Kosten.

3.1.2 Kosten

Kosten sind der wertmäßige Verzehr von Produktionsfaktoren zur Erstellung und Verwertung von Leistungen sowie zur Sicherung der dafür erforderlichen betrieblichen Kapazitäten. Als **wertbezogene Kosten** weisen sie drei Merkmale auf:

- Mengenmäßiger Güter- oder Leistungsverbrauch
- Leistungsbezogener Güter- oder Leistungsverbrauch
- Bewerteter Güter- oder Leistungsverbrauch.

Damit können die Wertansätze des Güter- oder Leistungsverbrauches am Zwecke der Kostenrechnung ausgerichtet werden. Sie müssen nicht mit den tatsächlichen Auszahlungen übereinstimmen, d.h. der Anschaffungswert ist nicht zwangsweise anzusetzen, die Verwendung eines Tages-, Ersatz- oder Verrechnungswertes ist möglich.

Die Kosten enthalten aufgrund der Freiheit im Wertansatz auch **Kostenteile**, denen **keine Aufwendungen** gegenüberstehen:

Neutrale Aufwendungen	Zweckaufwendungen	
	Grundkosten	Zusatzkosten

Für die genannten Begriffe gilt:

- **Neutrale Aufwendungen** dienen grundsätzlich nicht dem Betriebszweck und werden in der Kostenrechnung deshalb nicht angesetzt, beispielsweise Spenden.

- **Zweckaufwendungen** dienen dem Betriebszweck. Sie fallen bei der Erstellung und Verwertung der Leistungen an und entsprechen den Grundkosten, beispielsweise Rohstoffe, Löhne.

- **Grundkosten** sind die in der Kostenrechnung angesetzten Kosten, denen Zweckaufwendungen gegenüberstehen, beispielsweise verarbeitete Werkstoffe.

- **Zusatzkosten** fallen bei der Erstellung und Verwertung der Leistungen an, ohne daß sie zu Aufwendungen führen, z.B. ein Teil der kalkulatorischen Abschreibungen.

Es lassen sich verschiedene Arten von Kosten unterscheiden. Nach ihrer **Verrechnung auf die Kostenträger** gibt es:

- **Einzelkosten**, die den Kostenträgern unmittelbar zugerechnet werden können. Das sind:

Fertigungsmaterialkosten	Sie fallen für **Rohstoffe** an und gehen unmittelbar in die zu fertigenden Erzeugnisse ein, deren Hauptbestandteile sie bilden.

Fertigungslohnkosten	Sie fallen bei der Be- und Verarbeitung des Einzelmaterials in der Fertigung an und dienen dem unmittelbaren Arbeitsfortschritt.
Sondereinzelkosten der Fertigung	Sie lassen sich ebenfalls für die Kostenträger erfassen, werden aber nicht den einzelnen Erzeugnissen zugerechnet, sondern den jeweiligen Aufträgen, beispielsweise Serien. Es gibt: • Sondereinzelkosten der **Fertigung** • Sondereinzelkosten des **Vertriebs**.

• **Gemeinkosten**, die den Kostenträgern nicht unmittelbar zugerechnet werden, da sie für verschiedene Erzeugnisse gemeinsam anfallen, sondern in den Kostenstellen zu erfassen sind, um danach den Kostenträgern zugeschlagen zu werden.

Als **unechte Gemeinkosten** werden Kosten bezeichnet, die als Einzelkosten behandelt werden könnten, aber aus Gründen der rationellen Abrechnung als Gemeinkosten behandelt werden, beispielsweise geringwertige Materialien.

Kosten lassen sich auch nach ihrem unterschiedlichen **Verhalten bei veränderter Beschäftigung**, worunter man die tatsächliche Nutzung des Leistungsvolumens eines Unternehmens versteht, unterscheiden. Als Maßstab der Beschäftigung dient der Beschäftigungsgrad:

$$\text{Beschäftigungsgrad} = \frac{\text{Genutzte Kapazität}}{\text{Vorhandene Kapazität}}$$

Beschäftigungsbezogen zu betrachtende Kosten sind:

• **Fixe Kosten**, die innerhalb bestimmter Beschäftigungsgrenzen und innerhalb eines bestimmten Zeitraumes keine Veränderungen aufweisen. Sie sind Gemeinkosten.

Beispiele: Mieten, Versicherungsprämien, zeitabhängige Abschreibungen.

Bleiben die fixen Kosten bei Beschäftigungsschwankungen unverändert, spricht man von **absolut fixen Kosten**. Ist ihre Konstanz nur innerhalb bestimmter Beschäftigungsintervalle gegeben, sind die Kosten **sprungfix**.

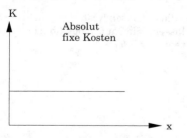

Die gesamten fixen Kosten bleiben bei Beschäftigungsschwankungen konstant.

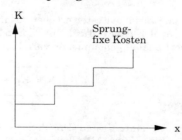

Die gesamten fixen Kosten bleiben jeweils innerhalb eines Beschäftigungsintervalls konstant.

Die fixen Kosten lassen sich unterteilen in:

Nutzkosten	Das sind die Kosten der genutzten Kapazität.
	Nutzkosten = Fixe Kosten · Beschäftigungsgrad
Leerkosten	Das sind die Kosten der nicht genutzten Kapazität.
	Leerkosten = Fixe Kosten − Nutzkosten

- **Variable Kosten** ändern sich bei Beschäftigungsschwankungen unmittelbar. Sie können Einzelkosten oder Gemeinkosten sein und fallen nur an, wenn Leistungen erstellt werden.

Beispiele: Beschäftigungsabhängige Material- und Arbeitskosten, Eingangsverpackungen, Eingangsfrachten, Sondereinzelkosten der Fertigung, Sondereinzelkosten des Vertriebs.

Bei den variablen Kosten lassen sich verschiedene Verläufe unterscheiden. Das sind insbesondere:

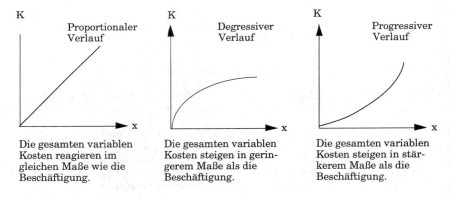

Proportionaler Verlauf	Degressiver Verlauf	Progressiver Verlauf
Die gesamten variablen Kosten reagieren im gleichen Maße wie die Beschäftigung.	Die gesamten variablen Kosten steigen in geringerem Maße als die Beschäftigung.	Die gesamten variablen Kosten steigen in stärkerem Maße als die Beschäftigung.

Fixe und variable Kosten ergeben zusammen die gesamten Kosten, die sich mathematisch in der **Kostenfunktion** darstellen lassen. Sie lautet bei üblicherweise als proportional angenommenen variablen Kosten:

$$K = K_f + k_v \cdot x$$

- K = Gesamte Kosten (DM/Periode)
- K_f = Fixe Kosten (DM/Periode)
- k_v = Variable Kosten (DM/Stück)
- x = Leistungsmenge (Stück/Periode)

Kostenrechnung

Beispiel: Aus der Kostenfunktion K = 1.000 + 6 x ergibt sich die **Gesamtkostenkurve:**

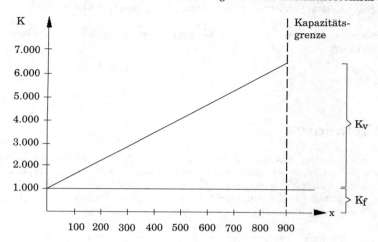

Unter Berücksichtigung eines Verkaufserlöses von 8 DM/Einheit gilt als **Umsatzfunktion:**

$$U = 8x$$

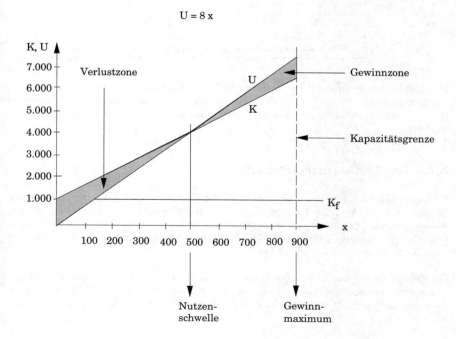

Die **Nutzenschwelle** ist der Übergang von der Verlustzone in die Gewinnzone. Sie ergibt sich aus dem Schnittpunkt von Kostenkurve und Umsatzkurve.

Das **Gewinnmaximum** wird bei einer linearen Gesamtkostenkurve an der Kapazitätsgrenze erreicht.

3.2 Elemente

Die Kostenrechnung besteht aus drei Elementen, die aufeinander aufbauen. Die Kostenarten werden in der Kostenartenrechnung erfaßt. Sofern es sich bei den Kosten um Gemeinkosten handelt, werden sie in der Kostenstellenrechnung aufgenommen, von der sie dann in die Kostenträgerrechnung gelangen. Einzelkosten werden direkt von der Kostenartenrechnung auf die Kostenträger verrechnet.

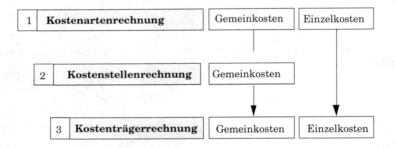

Diese Elemente können auf der Basis von Istkosten oder Plankosten gestaltet werden; außerdem unter Verwendung von Vollkosten oder Teilkosten - siehe Abschnitt »Systeme«. Sie sollen zunächst als Vollkostenrechnungssystem mit Istkosten dargestellt werden.

3.2.1 Kostenartenrechnung

Die Kostenartenrechnung ist die erste Stufe der Kostenrechnung, mit der die Frage zu beantworten ist, **welche Kosten** in welcher Höhe **angefallen** sind. Dazu dienen Belege, die erkennen lassen, um welche Kostenarten es sich handelt, welche Geschäftsvorfälle zugrundeliegen und wie die Weiterverrechnung der Kosten - als Einzelkosten oder Gemeinkosten - zu erfolgen hat.

Die Erfassung der Kosten ist vollständig, periodengerecht und geordnet vorzunehmen. Zur geordneten Kostenerfassung sind die Kostenarten begrifflich eindeutig zu bestimmen und abzugrenzen sowie in einem detaillierten **Kostenartenplan** zusammenzustellen.

Kostenrechnung

Da die Kostenartenrechnung die Aufwendungen aus der Geschäftsbuchhaltung übernimmt, ist zunächst abzugrenzen, welche Aufwendungen auch Kosten darstellen. Neutrale Aufwendungen gehören nicht in die Kostenrechnung.

In der Kostenartenrechnung werden **primäre Kosten** erfaßt, die insbesondere sein können:

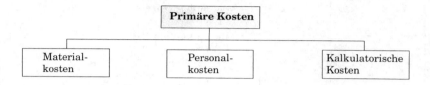

Dazu werden noch **Dienstleistungskosten** für die Inanspruchnahme von Leistungen anderer Wirtschaftseinheiten und **öffentliche Abgaben** erfaßt, sofern sie Kostencharakter haben - siehe ausführlich *Olfert*.

3.2.1.1 Materialkosten

Materialkosten fallen für Rohstoffe, Hilfsstoffe und Betriebsstoffe an. Sie werden in zwei **Schritten** ermittelt:

- Zunächst werden die **Verbrauchsmengen** festgestellt. Dazu dienen als Methoden:

Skontrationsmethode	Sie erfolgt, indem die Zugänge auf der Grundlage der Lieferscheine, die Abgänge durch die Materialentnahmescheine erfaßt werden. Dabei wird das Vorhandensein einer Lagerbuchhaltung vorausgesetzt.
Inventurmethode	Sie erfordert keine Lagerbuchhaltung. Der Materialbestand ergibt sich lediglich durch eine Inventur als Endbestand, die Verbrauchsmengen aus dem Vergleich von alter und neuer Inventur.
Retrograde Methode	Die Verbrauchsmengen werden durch Rückrechnung aus den erstellten Halb- und Fertigerzeugnissen abgeleitet.

- Nach der Ermittlung der Verbrauchsmengen ist es erforderlich, die Mengen mit Preisen zu bewerten, damit die Materialkosten für die einzelnen Kostenarten festgestellt und in die Kostenstellenrechnung oder Kostenträgerrechnung übernommen werden können.

Grundsätzlich bieten sich folgende Möglichkeiten zur **Bewertung** der Verbrauchsmengen:

Anschaffungswert	Er ist der bei der Beschaffung des Materials zu zahlende Preis, der auch als **Einstandspreis** bezeichnet wird.

	Angebotspreis
	− Rabatt
	− Bonus
	+ Mindermengenzuschlag
	= **Zieleinkaufspreis**
	− Skonto
	= **Bareinkaufspreis**
	+ Bezugskosten
	   Verpackung
	   Fracht
	   Rollgeld
	   Versicherung
	   Zoll
	= **Einstandspreis**

Wiederbeschaffungswert	Er ist der für die Wiederbeschaffung des Materials zu zahlende Preis, der auch als **Ersatzwert** bezeichnet wird.
Tageswert	Er ist der am Tag des Angebotes, der Lagerentnahme, des Umsatzes oder Zahlungseinganges ermittelte Preis.
Verrechnungswert	Er ist ein über einen langen Zeitraum festgelegter Preis, der künftig erwartete Preisschwankungen berücksichtigt.

Es ist darauf zu achten, daß sich **Preisdifferenzen** ergeben, wenn die Bewertung der Verbrauchsmengen nicht mit dem Anschaffungswert erfolgt. Sie sind buchhalterisch zu verrechnen.

3.2.1.2 Personalkosten

Personalkosten entstehen durch den Einsatz der menschlichen Arbeitskraft im Unternehmen, insbesondere in Form von Löhnen, Gehältern und Sozialkosten. Sie werden in der Lohn- und Gehaltsbuchhaltung erfaßt:

- **Löhne** sind das vertragsmäßige Entgelt, das Arbeitern aufgrund eines Arbeitsvertrages gezahlt wird. Zu unterscheiden sind:

Fertigungslöhne	Sie sind **Einzelkosten**, da sie sich auftragsweise erfassen lassen und den Kostenträgern unmittelbar zurechenbar sind.
Hilfslöhne	Sie sind **Gemeinkosten**, die sich nicht auftragsweise erfassen lassen, beispielsweise für Reinigung, Transport, Lager.

Weiterhin sind Zeitlöhne, Akkordlöhne und Prämienlöhne zu unterscheiden - siehe *Kapitel F*.

Kostenrechnung

- **Gehälter** sind Zeitlöhne, die an Angestellte gezahlt werden, ohne daß ein direkter Leistungsbezug zugrundeliegt. Sie sind nur in Ausnahmefällen als Einzelkosten verrechenbar, beispielsweise bei Produktmanagern.

- **Sozialkosten** sind der Teil der Aufwendungen für Arbeitnehmer, der über die Löhne und Gehälter hinausgeht. Sie können sein:

Gesetzliche Sozialkosten	Dazu zählen der Arbeitgeberanteil zur Renten-, Kranken- und Arbeitslosenversicherung sowie die gesetzliche Unfallversicherung.
Freiwillige Sozialkosten	Sie werden aufgrund von Betriebs- oder arbeitsvertraglichen Vereinbarungen gewährt, beispielsweise Zuschüsse, Beihilfen.

3.2.1.3 Kalkulatorische Kosten

Kalkulatorische Kosten werden angesetzt, um die Kostenrechnung von Zufälligkeiten und Unregelmäßigkeiten zu befreien, die ihre Stetigkeit stören würden und um auch jenen Güter- und Diensteverzehr bei der Ermittlung der Selbstkosten zu berücksichtigen, der nicht zu Aufwendungen führt. Damit wird auch die Möglichkeit innerbetrieblicher und zwischenbetrieblicher Vergleiche geschaffen.

Als kalkulatorische Kosten sind zu unterscheiden:

- **Kalkulatorische Abschreibungen**, die der substantiellen Kapitalerhaltung des Unternehmens dienen und rechtlich nicht geregelt sind. Sie sind ein Hilfsmittel der Kostenrechnung, um den verursachungsgerechten Werteverzehr zu ermitteln. Dementsprechend können sie in beliebiger Höhe angesetzt werden.

Sie sind damit nicht von den Anschaffungs- oder Herstellkosten abhängig, sondern können - bei steigenden Preisen - vom Wiederbeschaffungswert, aber auch vom Tageswert ausgehen. Als **Abschreibungsverfahren*** bieten sich an:

Lineare Abschreibung	Bei ihr wird der Basiswert eines Anlagegutes gleichmäßig auf die voraussichtlich nutzbaren Rechnungsperioden verteilt: $$a = \frac{B}{n}$$ Sie ist rechnerisch leicht zu handhaben, entspricht aber nicht dem tatsächlichen Werteverzehr.

---

* a = Abschreibungsbetrag (DM)
   B = Basiswert (DM)
   D = Degressionsbetrag (DM)
   L = Gesamtleistung des Anlagegutes (Einheiten/Lebensdauer)
   L_p = Periodenleistung des Anlagegutes (Einheiten/Perioden)
   N = Summe der arithmetischen Reihe von 1 + 2 + ... + n Nutzungsjahren
   n = Geschätzte Nutzungsdauer (Jahre)
   p = Abschreibungssatz (%)
   T = Rest-Nutzungsdauer zum Jahresbeginn (Jahre)

Geometrisch-degressive Abschreibung	Bei ihr wird die jährliche Abschreibung ebenfalls mit gleichbleibend hohen Prozentsätzen vorgenommen, aber nicht vom Basiswert, sondern vom jeweiligen Restwert. Der Abschreibungssatz ergibt sich: $$p = 100 \cdot (1 - \sqrt[n]{\frac{B}{n}})$$
Arithmetisch-degressive Abschreibung	Bei ihr fallen die jährlichen Abschreibungsbeträge stets um den gleichen Betrag. Der Degressionsbetrag ergibt sich aus: $$D = \frac{B}{N}$$ Die Ermittlung des jährlichen Abschreibungsbetrages erfolgt dann wie folgt: $$a = D \cdot T$$
Leistungs-bezogene Abschreibung	Bei ihr orientieren sich die jährlichen Abschreibungsbeträge ausschließlich am Umfang der Beanspruchung des Anlagegutes. Der jährliche Abschreibungsbetrag ergibt sich: $$a = \frac{B}{L} \cdot L_p$$ Sie ist die betriebswirtschaftlich einzig zutreffende Abschreibung.

- **Kalkulatorische Zinsen** stellen die Verzinsung des im Unternehmen gebundenen Eigenkapitals dar, die auf der Basis des betriebsnotwendigen Kapitals erfolgt:

$$\text{Kalkulatorische Zinsen} = \text{Betriebsnotwendiges Kapital} \cdot \text{Zinssatz}$$

- **Kalkulatorische Wagnisse** können als Einzelwagnisse, nicht hingegen als allgemeines Unternehmenswagnis, kostenrechnerisch angesetzt werden. Dies gilt, wenn sie vorhersehbar und aufgrund von Erfahrungswerten berechenbar sind.

  Beispiele: Gewährleistungswagnis, Vertriebswagnis, Beständewagnis, Fertigungswagnis.

- **Kalkulatorischer Unternehmerlohn** läßt sich bei Einzelunternehmen und Personengesellschaften kalkulatorisch verrechnen, bei denen den mitarbeitenden Gesellschaftern keine Gehälter gezahlt, sondern ihre Leistungen durch den Gewinn abgegolten werden.

- **Kalkulatorische Miete** kann für die Bereitstellung eigener Räume durch Einzelunternehmer oder Gesellschafter von Personengesellschaften kostenrechnerisch angesetzt werden.

3.2.2 Kostenstellenrechnung

Die Kostenstellenrechnung ist die zweite Stufe der Kostenrechnung. Sie übernimmt die **Gemeinkosten** aus der Kostenartenrechnung, ermittelt die auf die Kostenstellen entfallenden Gemeinkosten als Zuschlagsätze, die daraufhin in der Kostenträgerrechnung verwendet werden.

Bei der Kostenstellenrechnung gibt es zwei Problemkreise:

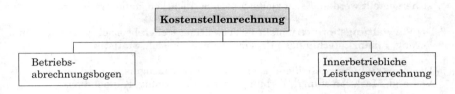

3.2.2.1 Betriebsabrechnungsbogen

Die Kostenstellenrechnung wird in der Praxis üblicherweise mit Hilfe des Betriebsabrechnungsbogens (BAB) durchgeführt, der meist monatlich erstellt wird. In ihm werden die Gemeinkosten aufgenommen. Er hat folgende Grundstruktur:

Kostenstellen / Kostenarten	Zahlen der Buchhaltung	Allgemeiner Bereich	Material- bereich	Fertigungs- bereich	Verwaltungs- bereich	Vertriebs- bereich
⋮ Gemeinkosten ⋮						

Es ist zu erkennen:

- In der **Horizontalen** finden sich die Kostenstellen bzw. Kostenbereiche als Orte, an denen die zur Leistungserstellung benötigten Güter und Dienstleistungen verbraucht werden. Sie sind **Hauptkostenstellen**, wenn sie nicht auf andere Kostenstellen weiterverrechnet und ihre Zuschlagssätze in die Kostenträgerrechnung übernommen werden. Ist das nicht der Fall, handelt es sich um **Hilfskostenstellen**.

Bei **funktionsorientierter Gliederung** lassen sich unterscheiden:

- Der **Allgemeine Bereich**, in dem man die Kosten jener Leistungen erfaßt, die für die anderen Kostenstellen des Unternehmens erbracht werden.

- Der **Materialbereich** dient dazu, das Material, Rohstoffe, Hilfsstoffe, Betriebsstoffe für den Fertigungsbereich zu beschaffen und zu lagern.

- Der **Fertigungsbereich** ist der Bereich des Unternehmens, in dem die Erzeugnisse hergestellt werden. Er ist vielfach noch beträchtlich zu untergliedern.

- Der **Verwaltungsbereich** umfaßt die Verwaltungsstellen, beispielsweise Geschäftsleitung, Finanz-, Rechnungs-, Personalwesen, Revision, Statistik.

- Der **Vertriebsbereich** dient dem Absatz der Erzeugnisse, beispielsweise als Versand, Marktforschung, Werbung, Verkaufsförderung, Kundendienst.

• In der **Vertikalen** werden die Gemeinkostenarten aufgeführt.

Die **Erstellung** des Betriebsabrechnungsbogens geht in mehreren Schritten vor sich - siehe ausführlich *Olfert*:

①	**Aufnahme der Einzelkosten**	Sie dienen nur zur Information, um mit ihrer Hilfe später Zuschlagsätze zu ermitteln.
②	**Aufnahme der primären Gemeinkosten**	Sie werden aus der Betriebsbuchhaltung übernommen. Es sind Gemeinkosten, die in den Kostenstellen tatsächlich als einzelne Kostenarten entstanden sind.
③	**Verteilung der primären Gemeinkosten**	Sie werden auf die Kostenstellen verteilt, wobei dies aufgrund von Belegen oder hilfsweiser Verteilungsschlüssel erfolgen kann, beispielsweise nach Raumgröße, Maschinenzahl.
④	**Verteilung der sekundären Gemeinkosten**	Die Summen der Gemeinkosten, die sich in den Hilfskostenstellen ergeben, werden auf die Hauptkostenstellen verteilt. Dazu dienen entsprechende Verteilungsschlüssel.
⑤	**Bildung von Ist-Gemeinkostenzuschlägen**	Sie werden ermittelt, indem die Gemeinkosten der einzelnen Hauptkostenstellen zu den in diesen Kostenstellen angefallenen Einzelkosten in Beziehung gesetzt werden.
⑥	**Ermittlung der Normal-Gemeinkosten**	Sie werden ermittelt, indem die jeweiligen Ist-Einzelkosten mit den vorgegebenen Normal-Gemeinkostenzuschlagsätzen multipliziert werden.
⑦	**Vergleich der Ist- u. Normal-Gemeinkosten**	Ihr Vergleich zeigt, ob eine Unterdeckung - mit »zu viel« verbrauchten Kosten - oder eine Überdeckung gegeben ist, d.h. »zu wenig« Kosten verbraucht werden.

In dem Beispiel auf Seite 415 sind die obigen Schritte ① bis ⑦ nachvollziehbar.

Kostenrechnung

Beispiel:

Kostenstellen / Kostenarten	Zahlen der Buchhaltung	Allgemeiner Bereich* 1	Allgemeiner Bereich* 2	Materialbereich	Fertigungsbereich Hilfsstelle* 1	Fertigungsbereich Hilfsstelle* 2	Fertigungsbereich Hauptstelle A	Fertigungsbereich Hauptstelle B	Fertigungsbereich Summe A+B	Verwaltungsbereich	Vertriebsbereich
Fertigungsmaterial	*10.000*			*10.000*							
Fertigungslohn ①	*6.000*						*2.000*	*4.000*	*6.000*		
Hilfs-, Betriebsstoffe	2.500	50	80	150	300	320	510	630	1.140	240	220
Energie	500	30	60	80	50	40	60	80	140	50	50
Hilfslöhne	5.000	100	150	300	550	600	900	1.700	2.600	300	400
Gehälter	3.000	60	70	170	200	280	650	710	1.360	400	460
Abschreibung	1.200	30	40	80	140	160	280	290	570	90	90
Sonstige ②	2.000	60	45	115	200	160	390	285	675	300	445
Summe	14.200	330	445	895	1.440	1.560	2.790	3.695	6.485	1.380	1.665
Umlage Allg.Ko.st.1				33	66	66	33	33	66	66	33
Umlage Allg.Ko.st.2 ③				89	0	0	89	89	178	89	89
Summe				1.017	1.506	1.626	2.912	3.817	6.729	1.535	1.787
Umlage Hi.Ko.st.1							502	1.004	1.506		
Umlage Hi.Ko.st.2 ④						813	813	1.626			
Summe				1.017			4.227	5.634	9.861	1.535	1.787
Ist-Zuschläge % ⑤				10,17			211,35	140,85	164,35	5,71	6,65
Normal-Zuschläge %				9,70			210,10	143,20		4,70	6,65
Normal-Gemeinkosten ⑥				970			4.202	5.728	9.930	1.264	1.789
Über-/Unter- deckung ⑦				- 47			- 25	+ 94	+ 69	- 271	+ 2

---

* Die allgemeinen Kostenstellen und Hilfskostenstellen werden im folgenden Verhältnis umgelegt:

Allgemeine Kostenstelle 1   1 : 2 : 2 : 1 : 1 : 2 : 1
Allgemeine Kostenstelle 2   1 : 0 : 0 : 1 : 1 : 1 : 1
Hilfskostenstelle 1   1 : 2
Hilfskostenstelle 2   1 : 1

Zu Schritt ⑤ des Beispiels sind folgende Formeln zu beachten:

$$\text{Ist-Materialgemeinkostenzuschlag} = \frac{\text{Materialgemeinkosten}}{\text{Fertigungsmaterial}} \cdot 100$$

$$\text{Ist-Fertigungsgemeinkostenzuschlag} = \frac{\text{Fertigungsgemeinkosten}}{\text{Fertigungslöhne}} \cdot 100$$

$$\text{Ist-Verwaltungsgemeinkostenzuschlag} = \frac{\text{Verwaltungsgemeinkosten}}{\text{Herstellkosten des Umsatzes}} \cdot 100$$

$$\text{Ist-Vertriebsgemeinkostenzuschlag} = \frac{\text{Vertriebsgemeinkosten}}{\text{Herstellkosten des Umsatzes}} \cdot 100$$

wobei:

>   Fertigungsmaterial
> + Materialgemeinkosten
> + Fertigungslöhne
> + Fertigungsgemeinkosten
> = **Herstellungskosten der Erzeugung**
> + Minderbestand
> − Mehrbestand
> = **Herstellkosten des Umsatzes**

Zu Schritt ⑥ des Beispiels sind folgende Formeln zu beachten:

$$\text{Normal-Materialgemeinkosten} = \text{Ist-Fertigungsmaterial} \cdot \text{Normal-Zuschlag}$$

$$\text{Normal-Fertigungsgemeinkosten} = \text{Ist-Fertigungsmaterial} \cdot \text{Normal-Zuschlag}$$

$$\text{Normal-Verwaltungsgemeinkosten} = \text{Normal-Herstellkosten} \cdot \text{Normal-Zuschlag}$$

$$\text{Normal-Vertriebsgemeinkosten} = \text{Normal-Herstellkosten} \cdot \text{Normal-Zuschlag}$$

wobei:

>   **Ist**-Fertigungsmaterial
> + Normal-Materialgemeinkosten
> + **Ist**-Fertigungslöhne
> + Normal-Fertigungsgemeinkosten
> = **Normal-Herstellungskosten der Erzeugung**
> + Minderbestand
> − Mehrbestand
> = **Normal-Herstellkosten des Umsatzes**

3.2.2.2 Innerbetriebliche Leistungsverrechnung

Die Verrechnung innerbetrieblicher Leistungen erfolgt für interne, nicht für den Absatz bestimmte Leistungen des Unternehmens, beispielsweise selbsterstellte Betriebsmittel oder Betriebsstoffe, selbst durchgeführte Forschungen, Entwicklungen oder Instandhaltungen.

Es erweist sich vielfach als recht **schwierig**, die innerbetrieblichen Leistungen verursachungsgerecht zuzurechnen - siehe ausführlich *Olfert*.

3.2.3 Kostenträgerrechnung

Die Kostenträgerrechnung ist die dritte Stufe der Kostenrechnung. Sie übernimmt die **Einzelkosten** aus der Kostenartenrechnung und die **Gemeinkosten** - als Zuschlagssätze - aus der Kostenstellenrechnung. Außerdem werden die Leistungen in der Kostenträgerrechnung erfaßt, wodurch der leistungsbezogene Erfolg des Unternehmens ermittelt werden kann.

Die **Zurechnung der Kosten** auf die einzelnen Kostenträger kann erfolgen:

- Nach dem **Kostenverursachungsprinzip**, wonach die Kosten genau auf die Kostenträger zu verteilen sind, was allerdings bei Verwendung von Vollkostenrechnungen nicht möglich ist.

- Nach dem **Durchschnittsprinzip**, bei dem die Kosten lediglich möglichst genau den Kostenträgern zuzuordnen sind, was mit Vollkostenrechnungen leistbar ist.

- Nach dem **Kostentragfähigkeitsprinzip**, bei dem die Kosten den Kostenträgern nach deren Belastbarkeit und damit mehr oder weniger willkürlich zugeteilt werden.

Die Kostenträgerrechnung kann durchgeführt werden als:

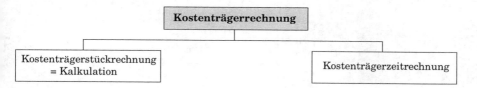

3.2.3.1 Kostenträgerstückrechnung

Die Kostenträgerstückrechnung ermittelt die Selbstkosten des Unternehmens für eine Kostenträgereinheit. Sie wird auch **Kalkulation** genannt. Durch Gegenüberstellung der Kosten und Erlöse ist sie außerdem in der Lage, den kalkulatorischen Erfolg einer Einheit der Kostenträger festzustellen.

Nach dem unterschiedlichen Zeitpunkt ihrer Durchführung kann die Kostenträgerstückrechnung eine Vor-, Zwischen- oder Nachkalkulation sein.

Verfahren der Kostenträgerstückrechnung sind - siehe ausführlich *Olfert*:

- Die **Divisionskalkulation**, die einfach durchzuführen ist, aber nur bei einheitlicher Massenfertigung angewendet werden kann.

Die **Kosten einer Erzeugniseinheit** ergeben sich bei der Divisionskalkulation grundsätzlich:

$$k = \frac{K}{x}$$

k = Selbstkosten (DM/Stück)
K = Gesamtkosten (DM/Periode)
x = Leistungsmenge (Stück/Periode)

- Die **Äquivalenzziffernkalkulation**, die eine Divisionskalkulation im weiteren Sinne ist. Sie ist für Mehrprodukt-Unternehmen einsetzbar, deren Erzeugnisse hinsichtlich ihrer Ausgangsmaterialien gleichartig sind, aber nicht gleich hohe Kosten bei der Be- und Verarbeitung verursachen.

Bei ihr wird davon ausgegangen, daß die Kosten der artverwandten Erzeugnisse in einem bestimmten Verhältnis zueinander stehen, das durch Äquivalenzziffern ausgedrückt werden kann.

Die **Kosten einer Erzeugniseinheit** ergeben sich bei der Äquivalenzziffernkalkulation grundsätzlich:

$$k_i = \frac{K}{a_1 x_1 + \ldots + a_n x_n} \cdot a_i$$

a = Äquivalenzziffer des Produktes i
k_i = Selbstkosten des Produktes i (DM/Stück)
x_i = Menge des Produktes i (Stück/Periode)
n_i = Anzahl der Produkte (Stück/Periode)

- Die **Zuschlagskalkulation**, die anwendbar ist, wenn die Unternehmen verschiedenartige Erzeugnisse in unterschiedlichen Arbeitsabläufen herstellen, beispielsweise bei Einzelfertigung und Serienfertigung.

Sie setzt eine Trennung der Einzelkosten und Gemeinkosten voraus. Die Einzelkosten werden unmittelbar auf die Produkteinheit verteilt. Demgegenüber werden die Gemeinkosten gesammelt, nach gleichen Verursachungsmomenten gegliedert und durch einen prozentualen Zuschlag auf die Fertigungslöhne, die Fertigungsmaterialien oder die Summe von beiden verrechnet.

Die **Kosten einer Erzeugniseinheit** ergeben sich bei der Zuschlagskalkulation grundsätzlich:

Materialeinzelkosten + Materialgemeinkosten	... ...
= **Materialkosten**	...
+ Fertigungseinzelkosten + Fertigungsgemeinkosten + Sondereinzelkosten der Fertigung	... ...
= **Fertigungskosten**	...
= **Herstellkosten** + Verwaltungsgemeinkosten + Vertriebsgemeinkosten + Sondereinzelkosten des Vertriebs	... ...
= **Selbstkosten**	...

- Die **Kuppelkalkulation**, bei der Erzeugnisse hergestellt werden, die aufgrund von technischen Gegebenheiten zwangsweise gemeinsam anfallen, beispielsweise Koks, Gas, Teer, Benzol in Kokereien.

Bei der Kuppelkalkulation handelt es sich demgemäß um ein Verfahren, das die Kosten nicht verursachungsgemäß verrechnen kann, da der Kostenanteil der verschiedenen Kuppelprodukte nicht ermittelbar ist, sondern um eine Methode, die sich am **Prinzip der Kostentragfähigkeit** orientiert.

3.2.3.2 Kostenträgerzeitrechnung

Die Kostenträgerzeitrechnung erfaßt die Kosten und die Erlöse des Unternehmens, die während eines bestimmten Zeitraumes angefallen sind. Damit wird es möglich, den leistungsbezogenen Erfolg des Unternehmens - als Gewinn oder Verlust - zu ermitteln.

Entsprechend ihrer unterschiedlichen Kostengliederung kann die Kostenträgerzeitrechnung nach zwei **Verfahren** durchgeführt werden, die zum gleichen Ergebnis kommen:

- Das **Gesamtkostenverfahren**, das üblicherweise verwendete Verfahren, um den Periodenerfolg des Unternehmens, der jährlich festzustellen ist, zu ermitteln. Dabei werden die gesamten Kosten der Rechnungsperiode - nach Kostenarten gegliedert - den gesamten betrieblichen Erträgen gegenübergestellt.

Das Betriebsergebnis kann mathematisch, buchhalterisch oder statistisch-tabellarisch ermittelt werden. Die statistisch-tabellarische Ermittlung erfolgt im **Kostenträgerblatt**, das beispielsweise folgendes Aussehen haben kann:

Fertigungsmaterial + Materialgemeinkosten	... ...
= Materialkosten	...
Fertigungslöhne + Fertigungsgemeinkosten + Sondereinzelkosten der Fertigung	... ...
= Fertigungskosten	...
= Herstellkosten der Erzeugung + Minderbestand unfertige/fertige Erzeugnisse − Mehrbestand unfertige/fertige Erzeugnisse	... ...
= **Herstellkosten des Umsatzes** + Verwaltungsgemeinkosten + Vertriebsgemeinkosten + Sondereinzelkosten des Vertriebs	... ...
= **Selbstkosten des Umsatzes**	...
Netto-Verkaufserlöse − Selbstkosten des Umsatzes	... ...
= **Betriebsergebnis**	...

- Beim **Umsatzkostenverfahren** werden die Kosten und Erlöse der abgesetzten Erzeugnisse gegenübergestellt. Der Vergleich sollte - als Artikelerfolgsrechnung - nach Erzeugnissen oder Erzeugnisgruppen vorgenommen werden. Der betriebliche Erfolg ergibt sich aus der Differenz der Kosten und Erlöse.

Bestandsveränderungen müssen beim Umsatzkostenverfahren - im Gegensatz zu dem Gesamtkostenverfahren - nicht berücksichtigt werden, weil das Umsatzkostenverfahren von vornherein nur die abgesetzten Erzeugnisse berücksichtigt.

Voraussetzung für die Anwendung des Umsatzkostenverfahrens ist die Existenz einer qualifizierten Kostenrechnung.

Die gesamten Kosten der einzelnen Erzeugnisse oder Erzeugnisgruppen werden als Selbstkosten aus der Kostenträgerstückrechnung entnommen, die gesamten Erlöse aus den Ausgangsrechnungen.

Auch das Umsatzkostenverfahren kann mathematisch, buchhalterisch oder statistisch-tabellarisch erfolgen, wobei das **Kostenträgerblatt** beispielsweise wie folgt aussehen kann:

Kostenrechnung

	Erzeugnis-(gruppe) A	Erzeugnis-(gruppe) B	Erzeugnis-(gruppe) C	Gesamt
Herstellkosten der abgesetzten Erzeugnisse	....	....	....	....
+ Verwaltungsgemeinkosten + Vertriebsgemeinkosten + Sondereinzelkosten des Vertriebs	....	....	....	....
= **Selbstkosten der abgesetzten Erzeugnisse**	....	....	....	....
Bruttoerlöse − Erlösschmälerungen	....	....	....	....
= **Nettoerlöse**	....	....	....	....
− Selbstkosten der abgesetzten Erzeugnisse	....	....	....	....
= **Betriebsergebnis**	....	....	....	....

76

3.3 Systeme

Als Systeme der Kostenrechnung lassen sich unterscheiden:

- **Vollkostenrechnungen**
- **Teilkostenrechnungen.**

3.3.1 Vollkostenrechnungen

Bei den Vollkostenrechnungen werden die gesamten ermittelten Kosten auf die Kostenträger verteilt. Sie werden in der Praxis vielfach angewandt, obgleich die Überwälzung aller Kosten auf die Kostenträger zu Fehlentscheidungen führen kann, weil sie letztlich nicht verursachungsgerecht erfolgt.

Die Vollkostenrechnungen werden durchgeführt als:

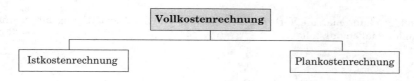

3.3.1.1 Istkostenrechnung

Die Istkostenrechnung ist die **traditionelle Form** der Kostenrechnung, wie sie auch oben beschrieben wurde. Ihr Ziel ist allgemein, die auf die einzelnen Erzeugniseinheiten entfallenden Istkosten im Rahmen der Nachkalkulation zu ermitteln.

Der Grundgedanke der Istkostenrechnung besteht darin, Istwerte anzusetzen. Das ist in reiner Form aber nicht möglich, wie oben gezeigt. Beispielsweise können kalkulatorische Abschreibungen nur erwartete Werte sein, ebenso angesetzte Verrechnungswerte.

3.3.1.2 Plankostenrechnung

Die Plankostenrechnung basiert auf **Plankosten**. Das sind jene Einzel- und Gemeinkosten, die sich bezüglich der Preise und Mengen im wesentlichen auf die Zukunft - in der Regel die kommende Rechnungsperiode - beziehen.

Ihr Wesen ist darin zu sehen, daß die geplanten Kosten, die sich aus Planpreis und Planmenge zusammensetzen, mit den tatsächlich angefallenen Kosten verglichen werden, so daß eine Soll-Ist-Analyse ermöglicht wird. Dabei können Abweichungen ermittelt werden.

Als **flexible** Plankostenrechnung ist sie dadurch gekennzeichnet, daß die Plankosten der einzelnen Kostenstellen zwar für eine bestimmte Planbeschäftigung vorgegeben sind, die als Jahresdurchschnitt erwartet wird. Es erfolgt aber während der einzelnen Rechnungsperiode eine Anpassung an die jeweils realisierte Istbeschäftigung. Die wesentliche Voraussetzung dafür ist die Aufspaltung der Kosten in fixe und variable Bestandteile.

Abweichungen, die mit Hife der flexiblen Plankostenrechnung feststellbar sind, können sein:

- **Preisabweichungen** als Differenzen zwischen den Istpreisen und den Plan- bzw. Verrechnungspreisen bezogener Güter.

- **Verbrauchsabweichungen** als Differenzen zwischen den tatsächlich verbrauchten Mengen und den geplanten Mengen von Gütern.

- **Beschäftigungsabweichungen** als Differenzen zwischen Sollkosten und verrechneten Plankosten.

Graphisch kann man die Verbrauchsabwicklung und die Beschäftigungsabweichung folgendermaßen darstellen:

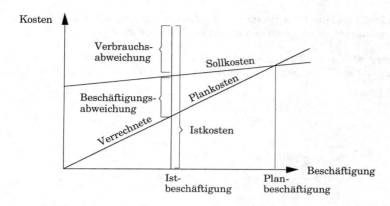

3.3.2 Teilkostenrechnungen

Teilkostenrechnungen ordnen den Kostenträgern nicht die vollen Kosten zu, sondern vielfach nur die Einzelkosten als variable Kosten und die variablen Teile der Gemeinkosten.

Als Teilkostenrechnungen sind zu unterscheiden - siehe ausführlich *Olfert*.

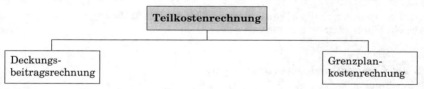

Eine weitere Art ist die **Deckungsbeitragsrechnung mit relativen Einzelkosten**, auf die hier nicht einzugehen ist.

3.3.2.1 Deckungsbeitragsrechnung

Die Deckungsbeitragsrechnung wird - wie die oben dargestellte traditionelle Kostenrechnung - als geschlossenes System durchgeführt, das als Elemente aufweist:

- Kostenartenrechnung
- Kostenstellenrechnung
- Kostenträgerrechnung.

Im Gegensatz zu der traditionellen Kostenrechnung rechnet sie den Kostenträgern nur die variablen Kosten zu. Damit kann sie als Grundlage für eine Reihe von **betrieblichen Entscheidungen** dienen, beispielsweise:

- Die Ermittlung der **Gewinnschwelle** eines Unternehmens als dem Punkt, in dem die gesamten Kosten gleich den gesamten Erlösen sind.

- Die Ermittlung der **Preisuntergrenze** als dem Angebotspreis (= Nettoverkaufspreis), den ein Unternehmen mindestens fordern muß, um zu überleben. Dabei gilt:

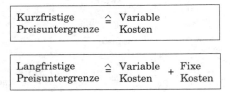

- Die Feststellung, ob **Zusatzaufträge** mit geringeren Stückpreisen angenommen werden sollen, wenn ein Unternehmen durch die aktuell gegebene Auftragslage kapazitätsmäßig nicht ausgelastet ist.

- Die Ermittlung der **optimalen Fertigungsverfahren** als kostenminimale Verfahren, die sich grundsätzlich aus dem Kostenvergleich alternativer Fertigungsverfahren ergeben.

- Die Fixierung des **optimalen Fertigungsprogrammes**, das sich durch einen höchstmöglichen Deckungsbeitrag oder Gewinn auszeichnet, wobei möglicherweise auch andere unternehmerische Ziele zu beachten sind.

- Die Feststellung, ob die **Eigenfertigung** oder der **Fremdbezug** kostenrechnerisch für ein Unternehmen vorteilhafter ist.

3.3.2.2 Grenzplankostenrechnung

Die Grenzplankostenrechnung ist praktisch eine Deckungsbeitragsrechnung auf der Grundlage von **Plankosten**. Ihr wesentlicher Unterschied zur flexiblen Plankostenrechnung (auf Vollkostenbasis) besteht in der Eliminierung der fixen Kosten aus dem Soll-Ist-Vergleich, weshalb es keine Beschäftigungsabweichungen mehr gibt.

Wie die oben dargestellte traditionelle Kostenrechnung und die Deckungsbeitragsrechnung wird auch die Grenzplankostenrechnung als geschlossenes System durchgeführt, das die Elemente umfaßt:

- Kostenartenrechnung
- Kostenstellenrechnung
- Kostenträgerrechnung.

Kontrollfragen

	Kontrollfragen	bearbeitet	Lösungshinweis	Lösung +	−
01	Was verstehen Sie unter dem Rechnungswesen?		371		
02	Aus welchen Gründen ergibt sich die Notwendigkeit des Rechnungswesens?		371		
03	Welche Aufgaben zählen zum Rechnungswesen?		371		
04	Welche grundlegenden Aufgaben hat die betriebliche Statistik?		371		
05	Wozu dient die betriebliche Statistik?		371		
06	Nennen Sie die Hauptprobleme bei der Planungsrechnung!		372		
07	Zeigen Sie Zusammenhänge zwischen unvollkommener Information und auftretenden Risiken auf!		372		
08	Welcher Zusammenhang besteht zwischen der Planungsrechnung und Operations Research?		372		
09	Was versteht man unter Buchführung?		372		
10	Unterscheiden Sie die Finanz- und die Betriebsbuchführung!		372		
11	Erläutern Sie die Grundsätze ordnungsmäßiger Buchführung!		372 f.		
12	Erklären Sie die Begriffe Inventur und Inventar!		373 f.		
13	Welche Grundsätze ordnungsmäßiger Inventur kennen Sie?		373 f.		
14	Was versteht man unter einem Konto?		374		
15	Wofür bildet der Kontenrahmen die Grundlage?		374		
16	Nach welchem Prinzip ist der Gemeinschaftskontenrahmen gegliedert?		375		
17	Wie ist die Geschäftsbuchhaltung beim IKR strukturiert?		375		
18	Kennzeichnen Sie das Wesen der doppelten Buchführung!		375 f.		
19	Bilden Sie Beispiele für Bestandskonten!		376		
20	Stellen Sie diesen Konten einige Erfolgskonten gegenüber!		376 ff.		
21	Bilden Sie ein Beispiel für eine Eröffnungsbilanz!		377		
22	Wie unterscheidet sich davon die Schlußbilanz?		379		
23	Welche Arten von Aufwendungen kann man unterscheiden?		379 f.		
24	Erläutern Sie das Wesen betrieblicher Erträge!		380 f.		
25	Grenzen Sie davon die neutralen Erträge ab!		381		
26	Entwickeln Sie ein GuV-Konto!		383		
27	Zählen Sie die nötigen Abschlußarbeiten auf!		383 f.		
28	Welche Spaltenüberschriften enthält eine Hauptabschlußübersicht?		384		

	Kontrollfragen	bear-beitet	Lösungs-hinweis	Lösung +	-
29	Welche Vorgänge werden nach der Erstellung der Hauptabschlußübersicht vollzogen?		385		
30	Erklären Sie das Beispiel zur doppelten Buchführung!		385		
31	Was versteht man unter einer Bilanz?		386		
32	Aus welchen Teilen besteht der Jahresabschluß?		386		
33	Welche Aufgabe hat die Jahresbilanz?		386		
34	Nennen Sie Rechtsnormen, denen die Handelsbilanz unterliegt!		386 f.		
35	Welche Rechtsnormen gelten für die Steuerbilanz?		387		
36	Erläutern Sie, welche aussagezweckbezogenen Bilanzen zu unterscheiden sind!		387		
37	Was sind interne und externe Bilanzen?		388		
38	Welche umfangbezogenen Bilanzen gibt es?		388		
39	Stellen Sie fest, welche Sonderbilanzen unterschieden werden können!		388		
40	Worauf beziehen sich die Grundsätze ordnungsmäßiger Bilanzierung?		389		
41	Nennen Sie die Grundsätze ordnungsmäßiger Bilanzierung!		389 f.		
42	Welche Ansatzvorschriften gelten für die Bilanz?		390		
43	Wie ist die Bilanz - grob - gegliedert?		391 f.		
44	Erläutern Sie, welche Bewertungsgrundsätze es gibt!		395		
45	Wie ist das Anlagevermögen zu bewerten?		395 f.		
46	Weshalb dürfen die Anschaffungs- oder Herstellungskosten der Anlagegüter um Abschreibungen gemindert werden?		396		
47	Inwieweit können oder müssen außerplanmäßige Abschreibungen vorgenommen werden?		396		
48	Wie ist das Vorratsvermögen zu bewerten?		396		
49	Welche Bewertungsvereinfachungsverfahren sind beim Vorratsvermögen handelsrechtlich zulässig?		396 f.		
50	Wie sind Forderungen zu bewerten?		397		
51	Wie nennt man die Abschreibungen von Forderungen auf den niedrigeren Wert?		397		
52	Wie sind Wertpapiere zu bewerten?		398		
53	Mit welchem Wert ist das Eigenkapital anzusetzen?		398		
54	In welcher Höhe können Rückstellungen gebildet werden?		398		
55	Wie sind Verbindlichkeiten zu bewerten?		398		

	Kontrollfragen	bear-beitet	Lösungs-hinweis	Lösung +	-
56	Nach welchen Verfahren kann die GuV-Rechnung aufgestellt werden?		398		
57	Erläutern Sie, wie die GuV-Rechnung bei Anwendung des Gesamtkostenverfahrens gegliedert ist!		399 f.		
58	Wie ist die GuV-Rechnung bei Anwendung des Umsatzkostenverfahrens gegliedert?		400 f.		
59	Wozu dient der Anhang?		401		
60	Welchen Inhalt sollte der Anhang aufweisen?		401		
61	Welche Aufgaben hat der Lagebericht?		401 f.		
62	Was versteht man unter der Kostenrechnung?		402		
63	Worin unterscheidet sich die Kostenrechnung von der Investitionsrechnung?		402		
64	Welche Aufgaben hat die Kostenrechnung zu erfüllen?		402		
65	Was sind Leistungen?		403		
66	Unterscheiden Sie die verschiedenen Leistungen!		403		
67	Was versteht man unter Kosten?		404		
68	Welche Merkmale weisen Kosten auf?		404		
69	Was versteht man unter Zweckaufwendungen und neutralen Aufwendungen?		404		
70	Worin unterscheiden sich Grundkosten und Zusatzkosten?		404		
71	Was sind Einzelkosten und Gemeinkosten?		404 f.		
72	Welche Arten von Einzelkosten lassen sich unterscheiden?		404 f.		
73	Worin unterscheiden sich fixe und variable Kosten?		405 f.		
74	Wie können fixe Kosten unterteilt werden?		406		
75	Welche Verläufe können variable Kosten nehmen?		406		
76	Wie lautet die Kostenfunktion unter der Annahme proportional verlaufender variabler Kosten?		407		
77	Was versteht man unter der Nutzenschwelle?		408		
78	Wo liegt bei einer linearen Gesamtkostenkurve das Gewinnmaximum?		408		
79	Aus welchen Elementen besteht die Kostenrechnung?		408		
80	Was geschieht in der Kostenartenrechnung?		408 f.		
81	Welchen Anforderungen hat die Erfassung der Kosten gerecht zu werden?		408 f.		
82	In welchen Schritten werden die Materialkosten erfaßt?		409		

Kontrollfragen

Nr.	Frage	bearbeitet	Lösungshinweis	Lösung +	Lösung −
83	Welche Methoden können der Feststellung der Verbrauchsmengen dienen?		409		
84	Mit Hilfe welcher Wertansätze können die Verbrauchsmengen bewertet werden?		409 f.		
85	Wodurch entstehen Personalkosten?		410 f.		
86	Welche Personalkosten lassen sich unterscheiden?		410 f.		
87	Worin unterscheiden sich Fertigungs- und Hilfslöhne?		410.		
88	Nennen Sie gesetzliche und freiwillige Sozialkosten!		411		
89	Weshalb werden kalkulatorische Kosten angesetzt?		411		
90	Welche kalkulatorischen Kosten gibt es?		411 f.		
91	Wozu dienen kalkulatorische Abschreibungen?		411 f.		
92	Erläutern Sie, welche Abschreibungsverfahren unterschieden werden können!		411 f.		
93	Was versteht man unter kalkulatorischen Zinsen und Wagnissen?		412		
94	Wozu dient der Ansatz von kalkulatorischem Unternehmerlohn und kalkulatorischer Miete?		412		
95	Was geschieht in der Kostenstellenrechnung?		413		
96	Wie ist der Betriebsabrechnungsbogen aufgebaut?		413 f.		
97	Worin unterscheiden sich Haupt- und Hilfskostenstellen?		413		
98	In welchen Schritten kann ein BAB erstellt werden?		414		
99	Wofür erfolgt eine innerbetriebliche Leistungsverrechnung?		416		
100	Was geschieht in der Kostenträgerrechnung?		417		
101	Nach welchen Prinzipien kann die Zurechnung der Kosten auf die Kostenträger erfolgen?		417		
102	Welche Arten der Kostenträgerrechnung sind zu unterscheiden?		417		
103	Welche Aufgaben hat die Kostenträgerstückrechnung?		417		
104	Nennen Sie die Verfahren der Kostenträgerstückrechnung!		417 f.		
105	Erläutern Sie, wie die Divisionskalkulation durchgeführt wird!		417 f.		
106	Wie wird bei der Äquivalenzziffernkalkulation vorgegangen?		418		
107	Beschreiben Sie, wie die Zuschlagskalkulation erfolgt!		418 f.		
108	In welchen Fällen bietet sich die Kuppelkalkulation an?		419		
109	Mit Hilfe welcher Verfahren kann die Kostenträgerzeitrechnung durchgeführt werden?		419 f.		

Kontrollfragen

	Kontrollfragen	bear-beitet	Lösungs-hinweis	Lösung + | −
110	Worin unterscheiden sich das Umsatz- und Gesamtkostenverfahren?		419 f.	
111	Welche Systeme der Kostenrechnung können unterschieden werden?		421.	
112	Was sind Vollkostenrechnungen?		421	
113	Wie können Vollkostenrechnungen durchgeführt werden?		421	
114	Werden bei der Istkostenrechnung ausschließlich Istkosten angesetzt?		422	
115	Worin ist das Wesen der Plankostenrechnung zu sehen?		422	
116	Welche Abweichungen sind mit Hilfe der flexiblen Plankostenrechnungen feststellbar?		422 f.	
117	Was sind Teilkostenrechnungen?		423	
118	Welche Teilkostenrechnungen können unterschieden werden?		423	
119	Welche betrieblichen Entscheidungen können mit Hilfe der Deckungsbeitragsrechnung vorgenommen werden?		424	
120	Worin unterscheidet sich die Grenzplankostenrechnung von der flexiblen Plankostenrechnung auf Vollkostenbasis?		424	

I. Controllingbereich

Controlling geht über die Kontrolle hinaus, wie sie als letzte Phase des Führungsprozesses beschrieben wurde. Es schließt die Planung und auch die Steuerung der betrieblichen Prozesse mit ein (*Horvath, Reichmann*).

Ziegenbein versteht unter Controlling die Bereitstellungen von Methoden und Informationen für arbeitsteilig ablaufende Planungs- und Kontrollprozesse sowie die funktionsorientierte Koordination dieser Prozesse.

Das Controlling kann unterteilt werden:

- Nach der **Aufgabe**

Unternehmenscontrolling	Es geht von dem Unternehmenscontroller aus und bezieht sich auf das ganze Unternehmen. Die Planung, Kontrolle und Steuerung des Unternehmensgeschehens erfolgt aus der Sicht des Top Managements.
Bereichscontrolling	Es erfolgt durch den jeweiligen Bereichscontroller, der im Material-, Fertigungs-, Marketing-, Finanz-, Personal- bzw. Informationsbereich tätig sein kann. Die gedankliche Vorwegnahme, die Überwachung und Untersuchung bzw. Steuerung des Unternehmensgeschehens geschieht aus der Sicht des Middle Managements.
Gruppencontrolling	Es wird durch die jeweiligen Gruppenleiter betrieben, die in den obigen Bereichen tätig sind. Die Planung, Kontrolle und Steuerung des Geschehens wird aus der Sicht des Lower Managements durchgeführt.
Individualcontrolling	Es wird durch den jeweiligen Mitarbeiter vorgenommen, der auf der Ausführungsebene plant, sich selbst kontrolliert und eigene Entscheidungen trifft. Auch ein Vorgesetzter kann im Hinblick auf seinen Mitarbeiter Individualcontrolling betreiben.

- Nach der **Ebene**

Strategisches Controlling	Es ist ein langfristiges Controlling, das auf der obersten Leitungsebene erfolgt, und umfaßt die strategische Planung, Frühwarnsysteme, Budgetierung, Budgetkontrolle sowie das Berichtswesen.
Taktisches Controlling	Es erfolgt auf der mittleren Leitungsebene des Unternehmens. Die Bereichsleiter entwickeln Steuerungsmaßnahmen zur Umsetzung der strategischen Pläne und kontrollieren ihre Maßnahmen.
Operatives Controlling	Es geschieht auf der unteren Leitungsebene, kann aber auch in die mittlere Ebene hineinreichen. Seine Grundlage ist das taktische Controlling.

- Nach der **Verrichtung**

Gesamt-controlling	Es umfaßt Kennzahlen, beispielsweise Wirtschaftlichkeit, Rentabilität bzw. Produktivität, Umsatz- bzw. Aufwandsbeträge, Gewinnbeträge.
Material-controlling	Hier werden beispielsweise durchschnittlicher Lagerbestand, Umschlagshäufigkeit und Lagerdauer als Kennzahlen ermittelt.
Fertigungs-controlling	Kennziffern sind beispielsweise die Produktionszahlen, die eine Periode betreffen. Auch die Betriebsmittelproduktivität gehört dazu.
Marketing-controlling	Dabei werden beispielsweise die Umsatzzahlen als Kennziffern erfaßt und mit denen der Vorperioden verglichen.
Finanz-controlling	Als Kennziffern sind beispielsweise der Cash Flow, Eigenkapitalanteil, Verschuldungskoeffizient sowie die Liquidität, Eigenkapital- und Umsatzrentabilität zu nennen.
Personal-controlling	Hier sind die Fehlzeitenquote, Fluktuationsrate, Überstundenquote und die Arbeitsproduktivität als Kennziffern von Bedeutung.

- Nach dem **Aufbau**

Zentrales Controlling	Das Controlling geht von einem Zentrum aus, durch das die Planung, Kontrolle und Steuerung des Geschehens geschlossen erfolgt. Es ist in einer Funktionalorganisation denkbar, die zentral organisiert ist.
Dezentrales Controlling	Das Controlling erfolgt ungeschlossen, d.h. in getrennten Organisationseinheiten, die beispielsweise in eigener Gewinnverantwortung wirtschaften. Es kann in einer Spartenorganisation eingesetzt werden.

- Nach der **Einordnung**

Stabs-controlling	Der Controller fungiert ohne Weisungsbefugnis, d.h. er unterbreitet der Unternehmensleitung lediglich Vorschläge zur Planung, Kontrolle und Steuerung.
Linien-controlling	Das Controlling ist mit Weisungsbefugnis verbunden. Der Liniencontroller plant, kontrolliert und setzt seine Steuerungsmaßnahmen selbst durch.

Die Ausübung des Unternehmens-Controlling stellt hohe Anforderungen an den Stelleninhaber.

Als **fachliche Anforderungen** sind hervorzuheben (*Ziegenbein*):

- **Fachkenntnisse** über Unternehmensplanung, Organisation, Material- und Fertigungswirtschaft, Marketing, Finanzwirtschaft, Personalwirtschaft, Rechnungswesen, Informatik, Operations Research und Revision. Das nötige Fachwissen kann man sich durch ein betriebswirtschaftliches Studium aneignen.

- **Sprachkenntnisse** in Englisch sind unerläßlich, um den kommenden Anforderungen des Euro- bzw. Weltmarktes entsprechen zu können. Außerdem sind diese Kenntnisse für den Einsatz in multinationalen Unternehmen notwendig.

- Praktische **Erfahrungen** richten sich nach der Art der Aufgabe. Eine gute Branchen- und Firmenkenntnis erleichtert die Kommunikation mit dem Management.

An **persönlichkeitsbedingten Eigenschaften** nennt *Ziegenbein*:

- Verantwortungsbewußtsein
- Durchsetzungsvermögen
- Bereitschaft zu Teamarbeit
- Verhandlungsgeschick
- Beherrschen der Konferenz- bzw. Präsentationstechnik
- Kontaktfähigkeit
- Fähigkeit zur Integration.

Staufenbiel zählt weitere Kriterien auf:

- Analytisch-planerisches Denken
- Kreativität
- Technisches Verständnis
- Guter mündlicher und schriftlicher Ausdruck.

Das Controlling soll dargestellt werden:

	Organisation
Controllingbereich	Prozeß
	Aufgaben

1. Organisation

Die Organisation des Controlling kann auf unterschiedliche Weise erfolgen:

- Beim **Stabscontrolling** wird das Controlling als Stabsstelle oder Stabsabteilung in die Unternehmensorganisation eingeordnet. Der Controller hat dabei keine Weisungsbefugnis, er berät die Unternehmensleitung lediglich.

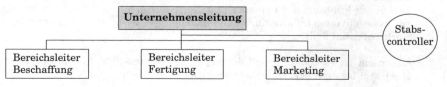

Das Stabscontrolling weist folgende **Probleme** auf:

- Durch die starre Funktionstrennung in Linie und Stab können auch gute Vorschläge des Controlling-Stabes blockiert werden.

- Der Stab kann Entscheidungen herbeiführen, die er selbst nicht zu verantworten hat. Dann tritt er beispielsweise als sog. »graue Eminenz« auf.

- Da der Stab als Kontrolleinrichtung benutzt wird, kann bei nachgeordneten Instanzen eine abnehmende Informationsbereitschaft die Folge sein.

- Aus unklarer Kompetenzabgrenzung kann Streit zwischen Stab und Linie entstehen.

- Stäbe können sich unnötig gegenüber der Linie »aufspielen«. Sie nutzen dann ihre Macht des Wissensvorsprungs.

• Beim **Liniencontrolling** wird der Controller im Instanzenweg eingesetzt. Er hat Weisungsbefugnis. Als Linienabteilung kann das Controlling unterschiedlich in die Unternehmensorganisation eingeordnet werden:

- Die **Einordnung** kann **beim Finanz- und Rechnungswesen** erfolgen.

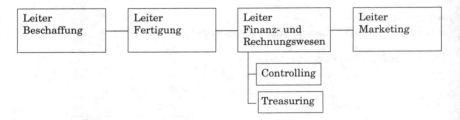

Das **Treasuring** nimmt im Rahmen der Finanzwirtschaft die Finanzdisposition wahr, beispielsweise Liquiditätssicherung, Finanzierung und allgemeine Finanzverwaltung. Das **Controlling** ist für das interne Rechnungswesen zuständig.

Diese Einordnung hat mehrere **Nachteile**:

○ Der Leiter des Finanz- und Rechnungswesens erhält seinen Kollegen gegenüber einen beträchtlichen Informationsvorsprung, der zu Unfrieden führen kann.

○ Durch die relativ tiefe Einordnung des Controlling wird dem eigentlichen Stellenwert dieser Funktion nicht entsprochen. Der Controller benötigt u.U. mehr Zeit, um an bedeutsame Informationen heranzukommen, wenn das innerbetriebliche Machtpotential fehlt.

○ Außerdem ist es denkbar, daß der Leiter des Finanz- und Rechnungswesens überlastet ist, weil dort zu viele Informationen anfallen.

Die Einordnung beim Finanz- und Rechnungswesen verstößt gegen das Prinzip der Unabhängigkeit des Controlling von den anderen betrieblichen Bereichen.

- Die **Einordnung** kann **im Bereich der Unternehmensleitung** erfolgen. Dabei ist folgende Organisation möglich:

Unternehmen mit **Direktorial**system:

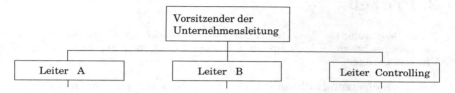

Unternehmen mit **Kollegial**system:

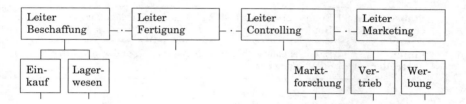

Aus dieser Einordnung können sich **Probleme** ergeben:

o Aus seiner Verantwortlichkeit heraus muß der Controller stets mehreren Personen gegenüber (dem gesamten Führungsgremium) in gleichem Maße zur Verfügung stehen.

o Das kann zu Konflikten führen, weil der Controller nicht mehr nur Serviceleistungen zu erbringen hat, sondern als Mitglied der Unternehmensleitung selbst Entscheidungsträger ist.

- Die **Einordnung** kann auch **in Bereichen** erfolgen, die vielfach ein gewisses Maß an Autonomie haben.

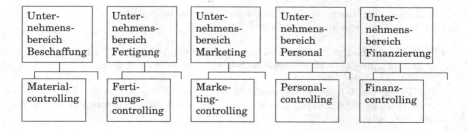

Diese organisatorische Lösung kann den **Nachteil** haben, daß die Controlling-Funktion zersplittert wird, weil mehrere Controller agieren. Außerdem ist es denkbar, daß manche Probleme im Bereich »zugeschüttet« werden, wenn eine externe Bereichskontrolle fehlt.

2. Prozeß

Unter Beachtung des Unternehmenserfolges versucht der Controller, das Unternehmensgeschehen zu beeinflussen. Der Prozeß des Controlling kann in folgenden **Phasen** ablaufen:

- In der **Zielsetzungs-Phase** sind die Ziele in meßbarer Form festzulegen. So beispielsweise die Wirtschaftlichkeits-, Rentabilitäts-, Produktivitäts- und Liquiditätsziele. Dabei sind zu unterscheiden:

Stabs-controller	Er unterbreitet der Leitung lediglich Vorschläge zur Zielsetzung des Unternehmens.
Linien-controller	Er entscheidet selbst über die Zielsetzung und wirkt auch selbst auf die Planung ein.

- In der **Planungs-Phase** wird ermittelt, auf welchen Wegen die Ziele erreicht werden können. Die Planung kann erfolgen als:

Top down-Planung	Sie erfolgt von »**oben nach unten**«. Dabei wird von einer ganzheitlichen Zielformulierung ausgegangen, aus der strategische, taktische und operative Maßnahmen abgeleitet werden. Sie bedarf nur weniger Planungsträger.
Bottom up-Planung	Sie wird von »**unten nach oben**« durchgeführt. Bei ihr stehen weniger die Ziele als vielmehr die Durchführbarkeit der untergeordneten Teilpläne im Vordergrund. Ein integrierter Rahmenplan entsteht durch das schrittweise Zusammenfassen der Teilpläne auf jeweils übergeordneten Planungsebenen.

In der Praxis sollte es zu einer Mischform zwischen beiden Formen kommen (*Ziegenbein*). Aus der Planung ergeben sich Soll-Werte.

- In der **Budgetierungs-Phase** werden die Planungsergebnisse der Bereiche von der Zentralplanung geprüft. Gegebenenfalls sind sie noch zu ändern.

Die Pläne werden dann als verbindliche Budget-Vorgabe für die Bereichsleiter verabschiedet. Die Budgets basieren auf periodisch fortgeschriebenen Planwerten und Planstandards.

- In der **Überwachungs-Phase** werden die entstandenen Ist-Werte möglichst frühzeitig (Frühwarnindikatoren) vom Controller erfaßt und mit den vorgegebenen Soll-Werten verglichen. Der Soll-Ist-Vergleich erfolgt beispielsweise als

  - Budgetkontrolle mit Bezug zu den Planungswerten (Vergangenheitsorientierung)
  - Kontrolle der Einhaltung von Planstandards mindestens einmal im Jahr, in vielen Unternehmen geschieht sie aber vierteljährlich oder monatlich, mitunter in bestimmten Bereichen - beispielsweise im Verkauf - sogar täglich.

- In der **Untersuchungs-Phase** erfolgt die Abweichungsanalyse, um die Ursachen der positiv oder negativ abweichenden Entwicklung herauszufinden. Dabei ist auf die Einfluß- bzw. Störgrößen des Unternehmensgeschehens einzugehen. Die Ergebnisse werden in Berichten dokumentiert, die eine wesentliche Grundlage strategischer Überlegungen bilden (Zukunftsorientierung).

- In der **Steuerungs-Phase** unterbreitet der Stabscontroller Vorschläge bzw. entscheidet der Liniencontroller über konkrete Maßnahmen der Steuerung, um die Soll-Ist-Abweichungen zu vermindern oder auszugleichen. Solche Maßnahmen können z.B. Preissenkung, Kostensenkung, Eigenkapitalerhöhung, Arbeitsplatzabbau sein.

Der **Prozeß des Controlling** kann als Regelkreis dargestellt werden:

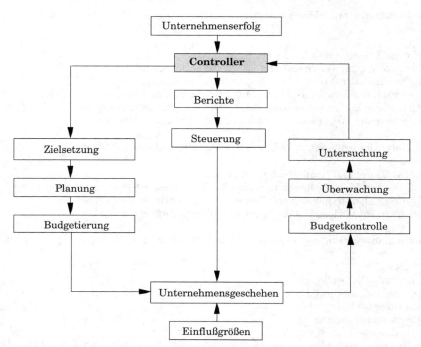

3. Aufgaben

Aufgabenfelder des Unternehmenscontrollers sind – siehe ausführlich *Ehrmann, Ziegenbein*:

3.1 Strategische Planung

Der Hauptzweck jeder periodisch durchgeführten strategischen Planung liegt nach *Gälweiler* in der Schaffung und Erhaltung von Erfolgspotentialen, worunter die Voraussetzungen für das mögliche und erreichbare Maß an Effizienz verstanden werden.

Das **Erfolgspotential** kann beispielsweise folgende strategische Erfolgsfaktoren enthalten:

- Marktattraktivität (z.B. Marktwachstum)
- Relative Wettbewerbsposition (z.B. relativer Marktanteil)
- Investitionsattraktivität (z.B. Kapazitätsauslastung)
- Kostenattraktivität (z.B. Marketingaufwand zu Umsatz)
- Allgemeine Unternehmensmerkmale (Größe, Diversifikationsgrad)
- Veränderung vorgenannter Größen (z.B. Marktanteilsänderung).

Der Unternehmenscontroller bearbeitet folgende **Aufgabenfelder**:

- Entwicklung und Realisierung von Zielen,
- Lösung von Planungsproblemen und die Erstellung der Planungskonzepte,
- Kontrolle, Untersuchung und Steuerung von Betriebsprozessen,
- Strategieentwürfe erstellen - siehe ausführlich *Ziegenbein*.

Die sogenannte **Planungsspirale** verdeutlicht, wie man von den Ausgangszielen über

- Planung,
- Umsetzen der Maßnahmen,
- Realisation,
- Kontrolle und
- Abweichungsanalyse

zur Beibehaltung oder Änderung der Ziele und Pläne gelangt *(Wild, Weis)*. Die Realisierung der Maßnahmen selbst gehört aber nicht zu den Aufgaben des Controllers.

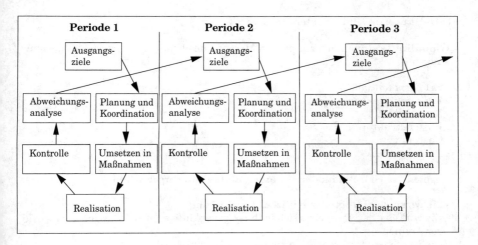

3.2 Frühwarnung

Die Unternehmensleitung hat ein gesteigertes Interesse daran, daß relevante externe oder interne Daten, die sich außerhalb festgelegter Planungszyklen ergeben, möglichst frühzeitig festgestellt werden. Dazu bedarf es einer laufenden Aufklärung durch Erfassung von Frühindikatoren.

Frühindikatoren sollen helfen, unerwartet auftretende Ereignisse bereits im Frühstadium zu entdecken und damit strategische Überraschungen so weit wie möglich zu verhindern (*Kühn / Walliser*).

Die im Rahmen der Frühwarnung benötigten Signale sollen möglichst zuverlässige Angaben über Richtung und Ausmaß folgender **Veränderungen** machen:

- technologischer Wandel
- ökonomischer Wandel
- sozialer Wandel
- ökologischer Wandel
- politischer Wandel.

Die **Frühindikatoren** haben die Eigenschaft, sich im Frühstadium nur schwach und leicht überhörbar anzukündigen. Sie werden vielfach nur unterbewußt aufgenommen und sind zunächst schwierig zu strukturieren. Erst im Zeitablauf werden sie immer konkreter, wenn man deren Quellen und Ursachenkomplexe erkennt.

Als **Indikatoren** sind zu unterscheiden:

- **Globalindikatoren**, die zur groben Messung des Unternehmenserfolges geeignet sind:

  - Erfolgspotentiale
  - Rentabilitätskennziffern
  - Betriebsklima
  - Kostenstrukturen
  - Cash-flow
  - Produktimage.

Gegen diese Globalindikatoren werden **Bedenken** vorgebracht:

- Sie wirken oft mit großer zeitlicher Verzögerung.
- Sie wirken relativ träge, da sich in ihnen gegenläufige Entwicklungen kompensieren können.
- Die Ursachen der Ergebnisse kommen nicht zum Ausdruck.

Deshalb sind ursachenbezogene Einzelindikatoren einzubeziehen.

- **Umfeld-Einzelindikatoren**, die detaillierte Messungen externer Einflußgrößen ermöglichen. Die Klassifizierung der Umwelt kann in verschiedener Weise vorgenommen werden.

  - Stabilität des politischen Systems
  - Einstellung gegenüber ausländischen Investoren
  - Verstaatlichung (z.B. Enteignungsgefahren)
  - Geldentwertung
  - Zahlungsbilanz
  - Bürokratie (z.B. Zollformalitäten)
  - Wirtschaftswachstum
  - Währungskonvertibilität
  - Durchsetzbarkeit von Verträgen
  - Lohnkosten und Produktivität bei den Konkurrenten.

- **Unternehmens-Einzelindikatoren,** die detaillierte Messungen interner Einflußgrößen erlauben.

  - Teilevielfalt
  - Lagerbestände
  - Lieferfristen
  - Auslastungsgrade der Produktionsanlagen
  - Ausschußraten in der Produktion
  - Reklamationsraten von Kunden
  - Fluktuationsraten und Fehlzeiten des Personals.

Aufgaben 441

Entsprechend des Inhalts von Frühindikatoren sollten entsprechende Chancen- und Gefahrenprofile für das Unternehmen bzw. deren strategische Geschäftseinheiten, Sparten usw. erstellt werden.

Man kann in unterschiedlicher Weise mit **Steuerungsmaßnahmen** reagieren:

- Beeinflussung durch gezielte Kundenaufklärung bzw. durch geänderte Marketingprogramme

- Anpassung durch Weiterbildungsmaßnahmen bei qualitativen Defiziten des Personals

- Rückzug über den teilweisen Marktausstieg, wenn Beeinflussungs- und Anpassungsmöglichkeiten fehlen.

3.3 Budgetierung

Formal betrachtet sind die Budgets bestimmte gestaltete Ordnungsformen, deren Inhalte aus Rechengrößen besteht *(Siegwart)*. Sie beziehen sich:

- in **zeitlicher** Hinsicht auf das jeweils nächste Geschäftsjahr,
- in **sachlicher** Hinsicht auf das Durchrechnen operativer Maßnahmen.

Die Zahlen des Budgets stellen Soll-Vorgaben dar, die von den Beteiligten erreicht werden sollen. Ein Budget wird um so eher erfüllt werden, je mehr man sich im Unternehmen damit identifiziert.

Die Budgets, welche für alle **Bereiche des Unternehmens** erstellt werden, beruhen auf Ermittlungsmodellen, die beispielsweise sein können:

- periodisch fortzuschreibende Positionswerte der aufbereiteten Bilanz bzw. Gewinn- und Verlustrechnung *(Ziegenbein)*

- zeitveränderliche Eingabedaten aus Planungsrechnungen der Unternehmensbereiche.

Der Prozeß der Budgetierung ist so zu gestalten, daß Einzelbudgets nach dem **Baukastenprinzip** in einer sachlich zweckmäßigen Reihenfolge erstellt werden.

Beispiele für Einzelbudgets:

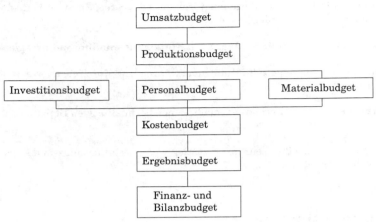

Die von der **Unternehmensleitung** genehmigten Teilbudgets bilden die Arbeitsgrundlage für das kommende Geschäftsjahr. Es ist üblich, das Jahresbudget auf kleinere Teilperioden zu verteilen, beispielsweise Monatsbudgets und Quartalsbudgets.

3.4 Budgetkontrolle

An die Budgetierung schließt sich die Budgetkontrolle an:

- Nach Festlegung der Kontrollmaßstäbe
- Erfassung der tatsächlich erzielten Ergebnisse
- Feststellung von Abweichungen
- Durchführung von Abweichungsanalysen (Preise, Kosten usw.)
- Veranlassung korrigierender Steuerungsmaßnahmen.

Grundsätzlich sollten Budgetkontrollen durch die Entscheidungsträger erfolgen. **Selbstkontrollen** ermöglichen schnelle Anpassungsmaßnahmen und enthalten Lernprozesse für die künftige Informationsgewinnung. Da sie aber immer subjektiv sind und damit der Manipulationsgefahr unterliegen, sind zusätzliche **Fremdkontrollen** unerläßlich *(Siegwart/Menzl)*.

Wenn die Kontrolle zur **Führungsaufgabe** wird und sich Abweichungen vom Normalen ergeben - beispielsweise bestimmte Toleranzgrenzen überschreitende Ausnahmen - dann haben die verantwortlichen Managementebenen steuernd einzugreifen.

Aufgaben

Grundsätzlich sollten Fremdkontrollen so bemessen sein, daß es bei den Mitarbeitern

- nicht zu demotivierendem Verhalten,
- nicht zu Kreativitätsverlusten und
- nicht zur Abnahme der Risikobereitschaft führt.

3.5 Berichtswesen

Eine ständige Rückmeldung von Informationen an das Management macht ein internes Berichtswesen (Controller's Report) nötig. Dieses muß zweckentsprechend gestaltet werden (*Blohm, Kreibich*).

Der Zweck des Berichtswesens liegt in der angemessenen Abstimmung zwischen Informationsbedarf, Informationsnachfrage und Informationsangebot - siehe *Witte*. Sind diese Bereiche nicht zweckentsprechend abgestimmt, bestehen Informationslücken, die eine Verbesserung des Berichtswesens nötig machen.

Als **Berichtsinhalte** kann man unterscheiden *(Reichmann, Ziegenbein)*:

- **Standardberichte**, die regelmäßig und nach einem Schema einem meist gleichbleibenden Empfängerkreis bestimmte Informationen vermitteln.

- **Abweichungsberichte**, die der jeweilige Bereichsleiter erhält, wenn das betriebliche Geschehen in seinem Bereich bestimmte Toleranzgrenzen überschreitet.

- **Bedarfsberichte**, die fallweise und auf Wunsch erstellt werden.

#	Kontrollfragen	bear-beitet	Lösungs-hinweis	Lösung +	Lösung -
01	Was verstehen Sie unter Controlling?		431		
02	Unterteilen Sie das Controlling nach seinen Aufgaben!		431		
03	Strukturieren Sie das Controlling nach seinen Ebenen!		431		
04	Wie kann man Controlling nach der Verrichtung gliedern?		432		
05	Kennzeichnen Sie das Wesen des Zentral- bzw. Dezentralcontrolling!		432		
06	Unterscheiden Sie Stabs- und Liniencontrolling!		432		
07	Welchen fachlichen Anforderungen sollte ein Controller genügen?		432 f.		
08	Zählen Sie weitere wesentliche Anforderungen auf!		433		
09	Welche persönlichkeitsbedingten Eigenschaften für Controller kennen Sie?		433		
10	Zeichnen Sie ein Organigramm für ein Stabscontrolling-System!		433		
11	Welche Probleme können mit dieser Aufbauform verbunden sein?		434		
12	Geben Sie ein Beispiel für das Liniencontrolling!		434		
13	Welche Nachteile hat eine stark untergeordnete Integration eines Liniencontrollers?		434 f.		
14	Zeichnen Sie ein Organigramm mit einem Unternehmensleiter, der in einem Direktorialsystem für Controlling zuständig ist!		435		
15	Unterscheiden Sie davon das Kollegialsystem!		435		
16	Welche Probleme können mit dieser Einordnung verbunden sein?		435		
17	Geben Sie ein Beispiel für das Bereichs-Controlling!		435		
18	Erläutern Sie mögliche Nachteile dieser Organisationslösung!		436		
19	In welchen Phasen kann der Prozeß des Controlling ablaufen?		436 f.		
20	Stellen Sie diesen Ablauf als Regelkreis dar!		437		
21	Welchen Hauptzweck hat die strategische Planung?		438		
22	Kennzeichnen Sie die Faktoren, die das Erfolgspotential im Rahmen der strategischen Planung enthält!		438		
23	Welche Aufgabenfelder bearbeitet der Unternehmenscontroller?		438		
24	Erklären Sie die sogenannte Planungsspirale!		438		
25	Welchen Zweck haben Frühindikatoren?		439		
26	Zählen Sie Globalindikatoren auf!		440		
27	Welche Umwelt-Einzelindikatoren kennen Sie?		440		

Kontrollfragen

	Kontrollfragen	bear-beitet	Lösungs-hinweis	Lösung +	Lösung -
28	Kennzeichnen Sie verschiedene Unternehmens-Einzelindikatoren!		440		
29	Aus welchen Inhalten bestehen Budgets?		441		
30	Worauf beziehen sich Budgets in sachlicher Hinsicht?		441		
31	Welchen Bezug haben Budgets in zeitlicher Hinsicht?		441		
32	Welchen Zweck haben Budgets?		441		
33	Geben Sie ein Beispiel für das Baukastenprinzip der Budgetierung!		442		
34	Welches Einzelbudget steht am Anfang der Überlegungen?		442		
35	Welche Rolle spielt die Unternehmensleitung im Rahmen der Budgetierung?		442		
36	Welcher Vorgang schließt sich der Budgetierung an?		442		
37	Unterscheiden Sie die Selbst- und die Fremdkontrolle im Rahmen der Budgetkontrolle!		442		
38	Wie sollten Fremdkontrollen grundsätzlich bemessen sein?		442		
39	Wieso ist ein internes Berichtswesen notwendig?		443		
40	Welche Berichtsinhalte kennen Sie?		443		

Gesamtliteraturverzeichnis

A. Grundlagen

Albach, H., Betriebswirtschaftslehre als Wissenschaft vom Management, in: Betriebswirtschaftslehre als Management- und Führungslehre, Hrsg. R. Wunderer, 2. Auflage, Stuttgart 1988, S. 99 - 107
Albert, H., Theorie und Prognose in den Sozialwissenschaften, in: Logik der Sozialwissenschaften, Hrsg. E. Topitsch, 10. Auflage, Königstein 1980, S. 126 ff.
Barth, K., Betriebswirtschaftslehre des Handels, 2. Auflage, Wiesbaden 1993
Bea/Dichtl/Schweitzer, (Hrsg.) Allgemeine Betriebswirtschaftslehre, 5. Auflage, Stuttgart 1990/91
Becker, P., Bankbetriebslehre, 2. Auflage, Ludwigshafen/Rhein 1994
Bestmann, U. (Hrsg.), Kompendium der Betriebswirtschaftslehre, 6. Auflage, München/Wien 1992
Bestmann/Preißler, Übungsbuch zum Kompendium der Betriebswirtschaftslehre, 2. Auflage, München/Wien 1994
Bischof/Meister u.a., Speditionsbetriebslehre, 2. Auflage, Köln/München 1990
Bleicher, K., Betriebswirtschaftslehre - Disziplinäre Lehre vom Wirtschaften in und zwischen Betrieben oder interdisziplinäre Wissenschaft vom Management?, in: Betriebswirtschaftslehre als Management- und Führungslehre, Hrsg. R. Wunderer, Stuttgart 1985
Brede, H., Betriebswirtschaftslehre für Juristen, 4. Auflage, München/Wien 1992
Büschgen, H.E., Bankbetriebslehre, 4. Auflage, Wiesbaden 1993
Busse v. Colbe/Laßmann, Betriebswirtschaftstheorie, Band 1, Grundlagen, Produktions- und Kostentheorie, 5. Auflage, Berlin/Heidelberg/New York 1990/91
Bussiek, J., Ehrmann, H., Buchführung, 5. Auflage, Ludwigshafen/Rhein 1995
Chmelik/Kappler, Konstitutive Entscheidungen, in: Industriebetriebslehre, Hrsg. E. Heinen, 8. Auflage, Wiesbaden 1991
Domsch/Schneble, Personalinformation für Führungskräfte, in: Handwörterbuch der Führung, Hrsg. Kieser/Reber/Wunderer, Stuttgart 1987, Sp. 1668 - 1680
Ehrmann, H., Planung, Ludwigshafen/Rhein 1995
Eilenberger, G., Bankbetriebslehre, 6. Auflage, München 1996
Falk/Wolf, Handelsbetriebslehre, 11. Auflage, Landsberg 1992
Farny, D., Versicherungsbetriebslehre, 2. Auflage, Karlsruhe 1995
Fries, H.P., Betriebswirtschaftslehre des Industriebetriebes, 3. Auflage, München 1991
Gabler, Wirtschafts-Lexikon, 13. Auflage, Wiesbaden 1993
Gaugler, E., Zur Weiterentwicklung der Betriebswirtschaftslehre als Management- und Führungslehre, in: Betriebswirtschaftslehre als Management- und Führungslehre, Hrsg. R. Wunderer, 2. Auflage, Stuttgart 1988, S. 231 - 242
Gazdar, K., Informationsmanagement für Führungskräfte, Frankfurt 1989
Grefe, C, Unternehmenssteuern, Ludwigshafen/Rhein 1996
Grochla, E., Materialwirtschaft, Führung in, in: Handwörterbuch der Führung, Hrsg. Kieser/Reber/Wunderer, Stuttgart 1987, Sp. 1404 - 1415
Gutenberg, E., Grundlagen der Betriebswirtschaftslehre, Band 1, Die Produktion, 24. Auflage, Berlin/Heidelberg/New York 1984; Band 2, Der Absatz, 17. Auflage 1983; Band 3, Die Finanzen, 8. Auflage 1980
Hagenmüller/Diepen, Der Bankbetrieb, 13. Auflage, Wiesbaden 1993
Hahn, O., Allgemeine Betriebswirtschaftslehre, 2. Auflage, München/Wien 1994
Heinen, E., Einführung in die Betriebswirtschaftslehre, 9. Auflage, Wiesbaden 1992
Heinen, E., (Hrsg.) Industriebetriebslehre, 9. Auflage, Wiesbaden 1991
Heinen, E., Führung als Gegenstand der Betriebswirtschaftslehre, in: Betriebswirtschaftliche Führungslehre, Hrsg. E. Heinen, 2. Auflage, Wiesbaden 1984
Hill. W., Betriebswirtschaftslehre als Managementlehre, in: Betriebswirtschaftslehre als Management- und Führungslehre, Hrsg. R. Wunderer, Stuttgart 1985, S. 111-146
Hörschgen, H., Grundbegriffe der Betriebswirtschaftslehre, 3. Auflage, Stuttgart 1992
Hopfenbeck, W., Allgemeine Betriebswirtschafts- und Managementlehre, 10. Auflage, Landsberg am Lech 1996
Ihde, G.B., Transport, Verkehr, Logistik, 2. Auflage, München 1992
Jakob, H., Die magischen Dreiecke der Betriebswirtschaftslehre, in: Wirtschaftsstudium, H. 4, 1981, S. 172-178

Jahrmann, F.U., Außenhandel, 8. Auflage, Ludwigshafen/Rhein 1995
Jung, H., Allgemeine Betriebswirtschaftslehre, München/Wien 1994
Kilger, W., Industriebetriebslehre, Band 1, Wiesbaden 1986
Kirsch/Esser/Gabele, Das Management des geplanten Wandels von Organisationen, Stuttgart 1979
Korndörfer, W., Allgemeine Betriebswirtschaftslehre, 10. Auflage, Wiesbaden 1992
Kosiol, E., Die Unternehmung als wirtschaftliches Aktionszentrum, Hamburg 1974
Kugler, G. u.a., Betriebswirtschaftslehre der Unternehmung, 12. Auflage, Haan-Gruiten 1992
Lange, Ch., Kaufmännische Datenverarbeitung mit dem PC, 5. Auflage, Ludwigshafen/Rhein 1994
Lerchenmüller, M., Handelsbetriebslehre, 2. Auflage, Ludwigshafen/Rhein 1995
Löffelholz, J., Repetitorium der Betriebswirtschaftslehre, 6. Auflage, Wiesbaden 1989
Lück, W. (Hrsg.), Lexikon der Betriebswirtschaft, 4. Auflage, Landsberg am Lech 1990
Luger, A. E., Allgemeine Betriebswirtschaftslehre, Band 1, 3. Auflage, München/Wien 1991
Meffert, H., Marketing. Grundlagen der Absatzpolitik, 7. Auflage, Wiesbaden 1991
Mellerowicz, K., Sozialorientierte Unternehmensführung, 2. Auflage, Freiburg 1976
Mellerowicz, K., Betriebswirtschaftslehre der Industrie, 2 Bände, 7. Auflage, Freiburg 1981
Michel, R.M., Know-how der Unternehmensplanung, 2. Auflage, Heidelberg/Zürich 1991
Müller-Lutz, H.L., Grundbegriffe der Versicherungs-Betriebslehre, Bd. 1, Karlsruhe 1984
Neuberger, O., Führungsverhalten und Führungserfolg, Berlin 1976
Nieschlag/Dichtl/Hörschgen, Marketing, 17. Auflage, Berlin 1994
Obst-Hintner, Geld-, Bank- und Börsenwesen, 39. Auflage, Stuttgart 1993
Oeldorf/Olfert, Materialwirtschaft, 7. Auflage 1995
Olfert, K., Finanzierung, 8. Auflage, Ludwigshafen/Rhein 1994
Olfert, K., Investition, 6. Auflage, Ludwigshafen/Rhein 1995
Olfert, K., Kostenrechnung, 10. Auflage, Ludwigshafen/Rhein 1996
Olfert/Körner/Langenbeck, Bilanzen, 7. Auflage, Ludwigshafen/Rhein 1995
Olfert/Körner/Langenbeck, Sonderbilanzen, 4. Auflage, Ludwigshafen/Rhein 1994
Olfert/Rahn, Personalführung, Ludwigshafen/Rhein 1997
Olfert/Rahn, Lexikon der Betriebswirtschaftslehre, 2. Auflage, Ludwigshafen/Rhein 1997
Olfert/Steinbuch, Personalwirtschaft, 7. Auflage, Ludwigshafen 1997
Opp, K.D., Methodologie der Sozialwissenschaften, Reinbek bei Hamburg 1970
Popper, K., Logik der Forschung, 10. Auflage, Tübingen 1994
Raffée, H., Grundprobleme der Betriebswirtschaftslehre, Göttingen 1974
Rahn, H.J., Formen der Aufbauorganisation des betrieblichen Bildungswesens in industriellen Großbetrieben, Berlin 1984
Rahn, H.J., Führung von Gruppen, 3. Auflage, Heidelberg 1995
Rahn, H.J., Betriebliche Führung, 3. Auflage, Ludwigshafen/Rhein 1996
Schanz, G., Methodologie für Betriebswirte, 2. Auflage, Stuttgart 1988
Schäfer, E., Die Unternehmung, 10. Auflage, Wiesbaden 1988 (Nachdruck 1991)
Schierenbeck, H., Grundzüge der Betriebswirtschaftslehre, 11. Auflage, München/Wien 1993
Schierenbeck, H., Übungsbuch zu Grundzüge der Betriebswirtschaftslehre, 7. Auflage, München 1996
Schmalen, H., Übungsbuch zu Grundlagen und Probleme der Betriebswirtschaft, 8. Aufl., Köln 1993
Scholz, Ch., Personalmanagement, 3. Auflage, München 1993
Schoppe, S., Kompendium der Internationalen Betriebswirtschaftslehre, München/Wien 1991
Specht, O., Betriebswirtschaft für Ingenieure und Informatiker, 3. Auflage, Ludwigshafen 1993
Staehle, W.H., Management, 7. Auflage, München 1994
Steckler, B., Kompendium Wirtschaftsrecht, 2. Auflage, Ludwigshafen/Rhein 1991
Steckler, B., Kompendium Arbeitsrecht und Sozialversicherung, 3. Auflage, Ludwigshafen/Rhein 1994
Steinbuch, P., Basiswissen Betriebswirtschaft, 3. Auflage, Ludwigshafen/Rhein 1991
Steinbuch, P., Betriebliche Informatik, 6. Auflage, Ludwigshafen/Rhein 1995
Steinbuch, P., Organisation, 9. Auflage, Ludwigshafen/Rhein 1995
Thommen, J., Managementorientierte Betriebswirtschaftslehre, 3. Auflage, Bern 1991
Tietz, B., Der Handelsbetrieb, 2. Auflage, München 1993
Ulrich, H., Die Unternehmung als produktives soziales System, 2. Auflage, Bern/Stuttgart 1970
Ulrich, H., Unternehmungspolitik, 3. Auflage, Bern/Stuttgart 1990
Weber, W., Einführung in die Betriebswirtschaftslehre, 2. Auflage, Wiesbaden 1993
Weis, H.Ch., Marketing, 9. Auflage, Ludwigshafen/Rhein 1995
Wittmann/Kern/Köhler/Küpper/v. Wysocki (Hrsg.), Handwörterbuch der Betriebswirtschaft, 3 Bände, 5. Auflage, Stuttgart 1993

Wöhe, G., Einführung in die Allgemeine Betriebswirtschaftslehre, 19. Auflage, München 1996
Wöhe/Kaiser/Döring, Übungsbuch zur Einführung in die Allgemeine Betriebswirtschaftslehre, 8. Auflage, München 1996
Wunderer/Grunwald, Führungslehre, 2 Bände, Berlin/New York 1980
Ziegenbein, K., Controlling, 5. Auflage, Ludwigshafen/Rhein 1995

B. Unternehmen

Bach/Kilian, Der Weg in die Selbständigkeit, in: Erfolgreich in der Marktwirtschaft, Hrsg. Verl. Haufe/ WRS, Freiburg/Planegg/München 1991, S. 11-67
Bauer/Nowak, Die organisatorische Entwicklung von Daimler-Benz, in: Zeitschrift für Organisation, 60. Jg. 1991, S. 93-98
Baumdicker, G., GmbH, Personengesellschaft oder Mischgesellschaft, 3. Auflage, Ludwigshafen 1986
Bestmann, U. (Hrsg.), Kompendium der Betriebswirtschaftslehre, 6. Auflage, München/Wien 1992
Bestmann/Preißler, Übungsbuch zum Kompendium der Betriebswirtschaftslehre, München/Wien 1991
Bleicher, K., Organisation, 2. Auflage, Wiesbaden 1991
Blum, E., Betriebsorganisation, 3. Auflage, Wiesbaden 1991
Bühner, R., Betriebswirtschaftliche Organisationslehre, 6. Auflage, München 1992
Burghardt, M., Projektmanagement, 2. Auflage, Erlangen 1993
Bussiek/Ehrmann, Buchführung, 5. Auflage, Ludwigshafen/Rhein 1995
Dülfer, E., Organisationskultur, 2. Auflage, Stuttgart 1991
Frese, E., Grundlagen der Organisation, 5. Auflage, Wiesbaden 1993
Frese, E. (Hrsg.), Handwörterbuch der Organisation, 3. Auflage, Stuttgart 1991
Gaugler, E., Instanzenbildung als Problem der betrieblichen Führungsorganisation, Berlin 1966
Grefe, C, Unternehmenssteuern, Ludwigshafen/Rhein 1996
Grochla, E., Unternehmungsorganisation, 9. Auflage, Reinbek 1983
Grochla/Lehmann, Einführung in die Organisationstheorie, 4. Auflage, Stuttgart 1991
Gutenberg, E., Grundlagen der Betriebswirtschaftslehre, Band 1, Die Produktion, 24. Auflage, Berlin/Heidelberg/New York 1984; Band 2, Der Absatz, 17. Auflage 1983, Band 3, Die Finanzen, 8. Auflage 1980
Hahn, O., Allgemeine Betriebswirtschaftslehre, 2. Auflage, München/Wien 1994
Heinen, E., Einführung in die Betriebswirtschaftslehre, 9. Auflage, Wiesbaden 1985
Heinrich/Burgholzer, Systemplanung, Band 1 und Band 2, 2. Auflage, Wien 1985
Hill/Fehlbaum/Ulrich, Organisationslehre, 4. Auflage, Bern/Stuttgart 1989
Hörschgen, H., Grundbegriffe der Betriebswirtschaftslehre, 3. Auflage, Stuttgart 1992
Hoffmann, F., Führungsorganisation, Band 2, Tübingen 1984
Hopfenbeck, W., Allgemeine Betriebswirtschafts- und Managementlehre, 10. Auflage, Landsberg am Lech 1996
Hub, H., Unternehmensführung, 3. Auflage, Wiesbaden 1990
Jahrmann, F.U., Außenhandel, 7. Auflage, Ludwigshafen/Rhein 1994
Kieser/Kubicek, Organisation, 3. Auflage, Berlin/New York 1992
Kilger, W., Industriebetriebslehre, Band 1, Wiesbaden 1986
Kirsch/Esser/Gabele, Das Management des geplanten Wandels von Organisationen, Stuttgart 1979
Klauss/Birle, Die GmbH, 5. Auflage, Ludwigshafen/Rhein 1992
Kobs, E., Änderungen der Unternehmensformen im Bilanzsteuerrecht, 6. Auflage, Herne/Berlin 1994
Korndörfer, W., Allgemeine Betriebswirtschaftslehre, 10. Auflage, Wiesbaden 1992
Kosiol, E., Organisation der Unternehmung, Wiesbaden 1962
Krüger, W., Organisation der Unternehmung, 2. Auflage, Stuttgart u.a. 1992
Krystek, U., Unternehmungskrisen, Wiesbaden 1987
Kugler, G. u.a., Betriebswirtschaftslehre der Unternehmung, 12. Auflage, Haan-Gruiten 1992
Laux/Liermann, Grundlagen der Organisation, 2. Auflage, Berlin u.a. 1990
Lichtenberg/Söhnchen, Allgemeine Betriebswirtschaftslehre, Würzburg 1991
Löffelholz, J., Repetitorium der Betriebswirtschaftslehre, 6. Auflage, Wiesbaden 1987
Luger, A.E., Allgemeine Betriebswirtschaftslehre, Band 1, 3. Auflage, München/Wien 1991
Luger/Geisbüsch/Neumann, Allgemeine Betriebswirtschaftslehre, Band 2, 2. Auflage, München/ Wien 1987

March, J.G., Entscheidung und Organisation, Wiesbaden 1990
Mayntz, R., Organisationsziele, in: Handwörterbuch der Organisation, Hrsg. E. Grochla, Stuttgart 1980, Sp. 1255 ff.
Nathusius, K., Praxis der Unternehmensgründung, Köln 1983
Oeldorf/Olfert, Materialwirtschaft, 7. Auflage, Ludwigshafen/Rhein 1995
Olfert, K., Finanzierung, 8. Auflage, Ludwigshafen/Rhein 1994
Olfert, K., Investition, 6. Auflage, Ludwigshafen/Rhein 1995
Olfert, K., Kostenrechnung, 10. Auflage, Ludwigshafen/Rhein 1996
Olfert/Körner/Langenbeck, Bilanzen, 7. Auflage, Ludwigshafen/Rhein 1995
Olfert/Körner/Langenbeck, Sonderbilanzen, 4. Auflage, Ludwigshafen/Rhein 1994
Olfert/Steinbuch, Personalwirtschaft, 7. Auflage, Ludwigshafen/Rhein 1997
Peters/Waterman, Auf der Suche nach Spitzenleistungen, München 1992
Rahn, H.J., Formen der Aufbauorganisation des betrieblichen Bildungswesens in industriellen Großbetrieben, Berlin 1984
Rahn, H.J., Betriebliche Führung, 3. Auflage, Ludwigshafen/Rhein 1996
Raubach, U., Früherkennung von Unternehmenskrisen, Frankfurt/Bern/New York 1983
Rechenauer/Diez, Der Firmenbeirat. Ein Fachgremium zur Sicherung des Unternehmens, Eschborn 1981
Schertler, W., Unternehmungsorganisation, 5. Auflage, München/Wien 1993
Schierenbeck, H., Grundzüge der Betriebswirtschaftslehre, 11. Auflage, München/Wien 1993
Schmalen, H., Grundlagen und Probleme der Betriebswirtschaft, 7. Auflage, Köln/Berlin 1990
Schmidt, G., Methode und Techniken der Organisation, 10. Auflage, Gießen 1994
Scholz/Hofbauer, Organisationskultur, Wiesbaden 1990
Schoppe, S., Kompendium der Internationalen Betriebswirtschaftslehre, München/Wien 1991
Schwarz, H., Betriebsorganisation als Führungsaufgabe, 9. Auflage, Landsberg/Lech 1983
Seidel/Redel, Führungsorganisation, 2. Auflage, München/Wien 1994
Specht, O., Betriebswirtschaft für Ingenieure und Informatiker, 3. Auflage, Ludwigshafen 1993
Steckler, B., Kompendium Wirtschaftsrecht, 3. Auflage, Ludwigshafen/Rhein 1995
Steckler, B., Kompendium Arbeitsrecht und Sozialversicherung, 3. Auflage, Ludwigshafen/Rhein 1994
Steinbuch, P., Basiswissen Betriebswirtschaft, 3. Auflage, Ludwigshafen 1991
Steinbuch, P., Betriebliche Informatik, 6. Auflage, Ludwigshafen/Rhein 1995
Steinbuch, P., Organisation, 9. Auflage, Ludwigshafen 1995
Steinbuch/Olfert, Fertigungswirtschaft, Ludwigshafen, 6. Auflage 1995
Ulrich, H., Die Unternehmung als produktives soziales System, 2. Auflage, Bern/Stuttgart 1970
Voßbein, R., Organisation, 3. Auflage, München/Wien 1989
Weidner, W., Organisation in der Unternehmung, 4. Auflage, München/Wien 1994
Weis, H.C., Marketing, 9. Auflage, Ludwigshafen 1995
Welge, M.K., Management in deutschen multinationalen Unternehmungen, Stuttgart 1980
Wittlage, H., Unternehmensorganisation, 5. Auflage, Herne/Berlin 1993
Wöhe, G., Einführung in die Allgemeine Betriebswirtschaftslehre, 19. Auflage, München 1996
Wöltge, M., Betriebsorganisation, Würzburg 1991
Ziegenbein, K., Controlling, 5. Auflage, Ludwigshafen/Rhein 1995
Zimmermann, W.L., Datenverarbeitung, 2. Auflage, Wiesbaden 1984

C. Führung

Berschin, H., Unternehmen erfolgreich führen, 3. Auflage, Stuttgart/Zürich 1990
Berthel, J., Personal-Management, 3. Auflage, Stuttgart 1992
Beyer, H.T., Personallexikon, 2. Auflage, München/Wien 1991
Bisani, F., Personalführung, 3. Auflage, Wiesbaden 1992
Bleicher, K., Organisation, 2. Auflage, Wiesbaden 1991
Bruhn/Wuppermann, Position und Aufgaben der Geschäftsführer, in: Die Betriebswirtschaft, 48. Jg. 1988, S. 421-434
Crisand, E., Psychologie der Persönlichkeit, 6. Auflage, Heidelberg 1992
Crisand/Kiepe, Psychologie der Jugendzeit, Heidelberg 1989
Ehrmann, H., Planung, Ludwigshafen/Rhein 1995
Fenkart/Widmer, Corporate Identity, Zürich und Wiesbaden 1987
Fröhlich, W., Personalführung, München 1990

Gesamtliteraturverzeichnis

Gabele/Oechsler/Liebel, Führungsgrundsätze und Führungsmodelle, Bamberg 1982
Gälweiler, A., Strategische Unternehmensführung, 2. Auflage, Frankfurt 1990
Gaugler, E., Information als Führungsaufgabe, in: Handwörterbuch der Führung, Hrsg. Kieser/Reber/ Wunderer, Stuttgart 1987, Sp. 1127-1137
Gaugler, E., Zur Vermittlung von Schlüsselqualifikationen, in: Betriebliche Weiterbildung als Führungsaufgabe, Wiesbaden 1987, S. 69-84
Grochla, E., Unternehmungsorganisation, 9. Auflage, Reinbek 1983
Gutenberg, E., Grundlagen der Betriebswirtschaftslehre, Band 1, Die Produktion, 24. Auflage, Berlin/ Heidelberg/New York 1984
Haberkorn, K., Praxis der Mitarbeiterführung, 7. Auflage, Renningen 1995
Hahn, D., Strategische Unternehmensführung, Stand und Entwicklungstendenzen, in: ZfO, 58. Jg. (1989), S. 159-166
Hammer, R.M., Unternehmensplanung, 5. Auflage, München 1992
Hauschildt, J., Entscheidungsziele, Tübingen 1977
Heinen, E., Das Zielsystem der Unternehmung, 3. Auflage, Wiesbaden 1976
Hentze,/Brose, Unternehmungsplanung, 2. Auflage, Bern/Stuttgart 1993
Hersey/Blanchard, Management of organizational behavior, 4. Auflage, Englewood Cliffs, N.J. 1982
Hill, W., Unternehmensplanung, 2. Auflage, Stuttgart 1971
Hinterhuber, H.H., Strategische Unternehmensführung, Band 1, 5. Auflage, Berlin/New York 1992
Hoffmann, F., Führungsorganisation, 2 Bände, Tübingen 1980 u. 1984
Homans, G.C., Theorie der sozialen Gruppe, 6. Auflage, Opladen 1972
Hopfenbeck, W., Allgemeine Betriebswirtschafts- und Managementlehre, 10. Auflage, Landsberg 1996
Horvath, W., Controlling, 5. Auflage, München 1994
Hub, H., Unternehmensführung, 2. Auflage, Wiesbaden 1990
Kastor, M., Arbeitszufriedenheit und Individualität, Köln 1988
Kieser/Kubicek, Organisation, 3. Auflage, Berlin/New York 1992
Korndörfer, W., Unternehmensführungslehre, 8. Auflage, Wiesbaden 1993
Kosiol, E., Organisation der Unternehmung, 2. Auflage, Wiesbaden 1976
Kreikebaum, H., Strategische Führung, in: Handwörterbuch der Führung, Hrsg. Kieser/Reber/ Wunderer, Stuttgart 1987, Sp. 1898-1906
Kreikebaum, H., Strategische Unternehmensplanung, 5. Auflage, Stuttgart 1993
Kubicek,/Thom, Umsystem, betriebliches, in: Handwörterbuch der Betriebswirtschaft, Hrsg. E. Grochla, Stuttgart 1976, Sp. 3977
Lewin, K., Feldtheorie in den Sozialwissenschaften, Bern 1963
Lewin, K., Das Lösen sozialer Konflikte, Bad Nauheim 1968
Likert, R., The human Organisation, New York 1967
Ling, B., Mitarbeiterberatung, in: Handwörterbuch des Personalwesens, Hrsg. Gaugler/Weber, 2. Auflage, Stuttgart 1991, S. 1388-1400
Marx, A., Partizipativer Führungsstil und Arbeitsverhalten, in: Personalführung, Bd. 3, Hrsg. A. Marx, Wiesbaden 1971, S. 17-33
Mayntz, R., Konflikte und Konfliktregelungen im Betrieb, in: Handwörterbuch der Betriebswirtschaft, Hrsg. Grochla/Wittmann, 4. Auflage, Stuttgart 1975, Sp 2176-2182
Meffert, H., Produktmanagement und Führung, in: Handwörterbuch der Führung, Hrsg. Kieser/ Reber/ Wunderer, Stuttgart 1987, Sp. 1731-1738
Mellerowicz, K., Sozialorientierte Unternehmensführung, 2. Auflage, Freiburg i.Br. 1976
Neuberger, O., Führen und geführt werden, 4. Auflage, Stuttgart 1994
Nieschlag/Dichtl/Hörschgen, Marketing, 17. Auflage, Berlin 1994
Olfert/Rahn, Personalführung, Ludwigshafen/Rhein 1997
Olfert/Rahn, Lexikon der Betriebswirtschaft, 2. Auflage, Ludwigshafen/Rhein 1997
Olfert/Steinbuch, Personalwirtschaft, 7. Auflage, Ludwigshafen/Rhein 1997
Peters,/Waterman, Auf der Suche nach Spitzenleistungen, München 1992
Rahn, H.J., Betriebliche Führung, 3. Auflage, Ludwigshafen 1996
Rahn, H.J., Führung von Gruppen, 3. Auflage, Heidelberg 1995
Rahn, H.J., Führung von Gruppen im Betrieb, in: Erfolgreich in der Marktwirtschaft, Hrsg. Verl. Haufe/WRS, Freiburg/Planegg/München 1991, S. 405-420
Rahn, H.J., Informationsmanagement stärkt die Kooperation, in: Personalwirtschaft, 18. Jg. 1991, S. 42-45
Rahn, H.J., Gruppenführung entscheidet über den Erfolg, in: Personalwirtschaft, 19. Jg. 1992, H. 7, S. 17-20

Reddin, W.J., Das 3-D-Programm zur Leistungssteigerung des Managements, München 1977
Richter, M., Personalführung im Betrieb, 3. Auflage, München/Wien 1994
Rosenstiel, L.v., Grundlagen der Organisationspsychologie, 3. Auflage, Stuttgart 1992
Sahm, A., Übungsziel: Führungsverhalten, Berlin 1981
Schaber, G., Betriebspsychologie in der Praxis, Ludwigshafen/Rhein 1987
Schanz, G., Verhalten in Wirtschaftsorganisationen, München 1978
Schneeweiß, C., Planung 2, Berlin u.a. 1991
Scholz, C., Strategisches Management, Berlin u.a. 1987
Scholz, C., Personalmanagement, 3. Auflage, München 1993
Schwarz, H., Betriebsorganisation als Führungsaufgabe, 9. Auflage, Landsberg 1983
Seidel/Redel, Führungsorganisation, 2. Auflage, München/Wien 1994
Siegwart/Menzl, Kontrolle als Führungsaufgabe, Bern/Stuttgart 1978
Staehle, W.H., Management, 7. Auflage, München 1994
Stroebe/Stroebe, Grundlagen der Führung, 8. Auflage, Heidelberg 1994
Töpfer, A., Führungsprinzipien, in: Handwörterbuch der Führung, Hrsg. Kieser/Reber/Wunderer, Stuttgart 1987, Sp. 650-661
Töpfer, A., Planungs- und Kontrollsystem industrieller Unternehmungen, Berlin 1976
Ulrich, H., Unternehmungspolitik, 3. Auflage, Bern/Stuttgart 1990
Weber/Mayrhofer, Organisationskultur - zum Umgang mit einem vieldiskutierten Konzept in Wissenschaft und Praxis, in: Die Betriebswirtschaft, 48. Jg. 1988, S. 555-566
Weis, H.C., Unternehmensführung, Heppenheim 1979
Welge, M.K., Unternehmungsführung, Bd. 2, Organisation, Stuttgart 1987
Wild, J., Grundlagen der Unternehmungsplanung, 4. Auflage, Opladen 1982
Witte, E., Effizienz der Führung, in: Handwörterbuch der Führung, Hrsg. Kieser/Reber/Wunderer, Stuttgart 1987, Sp. 163-175
Wöhe, G., Einführung in die Allgemeine Betriebswirtschaftslehre, 19. Auflage, München 1996
Wolff/Göschel, Erfolgsfaktor Führung, Wiesbaden 1990
Wunderer/Grunwald, Führungslehre, 2 Bände, Berlin/New York 1980

D. Leistungsbereich

Acker, D.A., Strategisches Markt-Management, Wiesbaden 1989
Adam, D., Produktionspolitik, 6. Auflage, Wiesbaden 1990
Aggteleky, B., Fabrikplanung, Band 1, 3. Auflage, München 1981
Akhert, D., Distributionspolitik, Stuttgart u.a. 1985
Arnold, U., Beschaffungsmanagement, Stuttgart 1992
Arnolds/Heege/Tussing, Materialwirtschaft und Einkauf, 8. Auflage, Wiesbaden 1993
Baitella, R., Flexibles Produktionsmanagement, Zürich 1987
Barth, K., Betriebswirtschaftslehre des Handels, 2. Auflage, Wiesbaden 1993
Becker, J., Marketing-Konzeption, 4. Auflage, München 1992
Berekoven/Eckert/Ellenrieder, Marktforschung, 5. Auflage, Wiesbaden 1991
Berndt, R., Marketing 1 und 2, 2. Auflage, Berlin u.a. 1992
Bernhardt/Bernhardt, Nummerungssysteme, Ehningen 1985
Bestmann, U. (Hrsg.), Kompendium der Betriebswirtschaftslehre, 6. Auflage, München 1992
Bichler, K., Beschaffungs- und Lagerwirtschaft, 6. Auflage, Wiesbaden 1992
Biedenkopf, K.H., Offene Grenze - Offener Markt, Wiesbaden 1990
Blank, D., Entwicklung, Fertigung, Qualitätssicherung, Ehningen 1987
Blohm, H. u.a., Produktionswirtschaft, 2. Auflage, Herne/Berlin 1988
Blohm/Lüder, Investition, 7. Auflage, München 1991
Böhler, H., Marktforschung, 2. Auflage, Stuttgart 1992
Böcker, F., Marketingkontrolle, Stuttgart 1988
Bruhn, M., Handbuch des Marketing, München 1989
Bruhn, M., Sponsoring, 2. Auflage, Wiesbaden 1991
Corsten, H., Produktionswirtschaft, 4. Auflage, München/Wien 1994
Dallmer/Kuhnle/Witt, Einführung in das Marketing, Wiesbaden 1991
Diller, H. (Hrsg.), Marketingplanung, München 1980
Diller, H., Preispolitik, 2. Auflage, Stuttgart 1991

Dorninger/Janschek/Olearczick/Röhrenbacher, PPS - Produktionsplanung und -steuerung, Wien 1990
Dutschke, W., Prüfplanung in der Fertigung, Mainz 1975
Ehrmann, H., Marketing-Controlling, 2. Auflage, Ludwigshafen 1995
Engel, K.H. (Hrsg.), Handbuch der neuen Techniken des Industrial Engineering, 4. Auflage, München 1985
Falk/Wolf, Handelsbetriebslehre, 11. Auflage, Landsberg 1992
Franken, R., Materialwirtschaft, Stuttgart 1984
Fuhrmann, K., Fertigungs- und Materialwirtschaft, Berlin 1983
Geisbüsch/Geml/Lauer, (Hrsg.) Marketing, 2. Auflage, Landsberg 1991
Gerth, E., Die Systematik des Marketing, Würzburg/Wien 1983
Glaser/Geiger/Rohde, Produktionsplanung und -steuerung, 2. Auflage, Wiesbaden 1992
Grochla, E., Grundlagen der Materialwirtschaft, 3. Auflage, Wiesbaden 1978/1992
Grögl, P., Marketing-Controlling, Wien 1988
Grupp, B., Aufbau einer integrierten Materialwirtschaft, 2. Auflage, Wiesbaden 1991
Grupp, B., Stücklisten- und Arbeitsplanorganisation, 4. Auflage, Stuttgart 1989
Grupp, B., Materialwirtschaft mit Bildschirmeinsatz, Wiesbaden 1983
Hammann/Erichson, Marktforschung, 2. Auflage, Stuttgart 1990
Hammer, E., Industriebetriebslehre, 2. Auflage, München 1977
Hansen/Leitherer, Produktpolitik, 2. Auflage, Stuttgart 1984
Harlander, N., Beschaffungsmarketing und Materialwirtschaft, 2. Auflage, Wiesbaden 1982
Hartmann, H., Materialwirtschaft, 6. Auflage, Stuttgart 1993
Heinen, E., Industriebetriebslehre, 9. Auflage, Wiesbaden 1991
Hettich, G., CAD-Lehrbuch für Fachhochschulen, Heidelberg 1986
Hettinger/Wobbe, Kompendium der Arbeitswissenschaft, Ludwigshafen/Rhein 1993
Hill/Rieser, Marketing-Management, 2. Auflage, Berlin 1993
Hoitsch, H.J., Produktionswirtschaft, 2. Auflage, München 1989
Hüttel, K., Produktpolitik, 2. Auflage, Ludwigshafen/Rhein 1992
Hüttner, M., Grundzüge der Marktforschung, 4. Auflage, Berlin 1989
Huth/Pflaum, Einführung in die Werbelehre, 4. Auflage, Stuttgart 1991
Ihde, G., Transport, Verkehr, Logistik, 2. Auflage, Stuttgart 1991
Jacob, H. (Hrsg.), Fertigungssteuerung, Band I und II, Wiesbaden 1988
Jacob, H., Industriebetriebslehre, 4. Auflage, Wiesbaden 1990
Jahrmann, F.U., Außenhandel, 8. Auflage, Ludwigshafen/Rhein 1995
Jetter, O., Einkaufsmanagement, 2. Auflage, München 1991
Kahle, E., Produktion, München/Wien 1980
Kern, F., Einkaufsmarketing, 2. Auflage, Freiburg 1994
Kiener, J., Marketing-Controlling, Darmstadt 1980
Kleine/Kuntze, Betriebliche Fertigungswirtschaft, Ehningen 1982
Köhler, R., Beiträge zum Marketing-Management, 2. Auflage, Stuttgart 1991
Koppelmann, U., Produktmarketing, 4. Auflage, Stuttgart 1993
Koppelmann, U., Produktwerbung, Stuttgart 1981
Kopsidis, R., Materialwirtschaft, 2. Auflage, München/Wien 1992
Korndörfer, W., Allgemeine Betriebswirtschaftslehre, 10. Auflage, Wiesbaden 1992
Kotler/Bliemel, Marketing-Management, 8. Auflage, Stuttgart 1995
Kroeber-Riel, W., Konsumentenverhalten, 3. Auflage, München 1986
Kunerth/Werner, EDV-gerechte Verschlüsselung, 2. Auflage, Stuttgart/Wiesbaden 1981
Leitherer, E., Werbelehre, 3. Auflage, Stuttgart 1988
Lettau, H., Ganzheitliches Marketing, 2. Auflage, Landsberg 1992
Liebl, W., Marketing-Controlling, Wiesbaden 1989
Lilienstern/Falz, RKW-Handbuch Logistik, Loseblattwerk, Bielefeld 1984
Masing, W., Einführung in die Qualitätslehre, 7. Auflage, Berlin 1989
Meffert, H., Marketing, 7. Auflage, Wiesbaden 1991
Meffert, H., Marketingforschung und Käuferverhalten, 2. Auflage, Wiesbaden 1992
Meinecke, H., Einkaufsleiter-Checklist, 2 Bände, München 1983
Mellerowicz, K., Betriebswirtschaftslehre der Industrie, 2 Bände, 7. Auflage, Freiburg 1981
Mertens, P., Industrielle Datenverarbeitung, Band 1, 8. Auflage, Wiesbaden 1991
Mertens/Griese, Integrierte Informationsverarbeitung, Band 2, 7. Auflage, Wiesbaden 1993

Metzer-Ridinger, R., Materialwirtschaft, 2. Auflage, München 1991
Meyer/Hermanns, Integrierte Marketingfunktionen, 3. Auflage, Stuttgart 1992
Müller-Hagedorn, L., Handelsmarketing, Stuttgart 1984
Nieschlag/Dichtl/Hörschgen, Marketing, 17. Auflage, Berlin 1994
Oehme, W., Handelsmarketing, München 1983
Oeldorf/Olfert, Materialwirtschaft, 7. Auflage, Ludwigshafen/Rhein 1995
Olfert, K., Finanzierung, 8. Auflage, Ludwigshafen/Rhein 1994
Olfert, K., Investition, 6. Auflage, Ludwigshafen/Rhein 1995
Olfert, K., Kostenrechnung, 10. Auflage, Ludwigshafen/Rhein 1996
Olfert/Steinbuch, Personalwirtschaft, 7. Auflage, Ludwigshafen/Rhein 1997
Pflaum/Bäuerle, Lexikon der Werbung, 5. Auflage, Landsberg 1992
Poth, L., Praktisches Lehrbuch der Werbung, 5. Auflage, Landsberg 1990
Preißler, P., Marketing, 3. Auflage, München 1990
Pümpin, C., Langfristige Marketingplanung, Bern/Stuttgart 1986
Rahn, H.J., Betriebliche Führung, 3. Auflage, Ludwigshafen/Rhein 1996
REFA, Methodenlehre der Betriebsorganisation, Anforderungsermittlung, 2. Auflage, München 1991
REFA, Methodenlehre der Betriebsorganisation, Arbeitsgestaltung in der Produktion, München 1991
REFA, Methodenlehre der Betriebsorganisation, Arbeitspädagogik, 3. Auflage, München 1991
REFA, Methodenlehre der Betriebsorganisation, Entgeltdifferenzierung, 3. Auflage, München 1991
REFA, Methodenlehre der Betriebsorganisation, Grundlagen der Arbeitsgestaltung, München 1991
REFA, Methodenlehre der Betriebsorganisation, Planung und Gestaltung komplexer Produktionssysteme, 2. Auflage, München 1990
REFA, Methodenlehre der Planung und Steuerung, 5 Bände, 4. Auflage, München 1985
Rogge, H.J., Marktforschung, 2. Auflage, München/Wien 1992
Rogge, H.J., Werbung, 4. Auflage, Ludwigshafen/Rhein 1995
Roschmann, K., Elektronische Fertigungsüberwachung - Betriebsdatenerfassung, 2. Auflage, Stuttgart 1988
Scheer, A., CIM, 4. Auflage, Berlin u. a. 1990
Scheuch, F., Marketing, 4. Auflage, München 1993
Schmalen, H., Preispolitik, Stuttgart/New York 1982
Schweitzer (Hrsg.), Industriebetriebslehre, München 1990
Simon, H., Preismanagement, 2. Auflage, Wiesbaden 1992
Specht, G., Distributionsmanagement, Stuttgart u.a. 1988
Specht, O., Betriebswirtschaft für Ingenieure und Informatiker, 3. Auflage, Ludwigshafen/Rhein 1993
Stahr, G., Internationales Marketing, 2. Auflage, Ludwigshafen/Rhein 1993
Stark/Werner, Materialmanagement, Stuttgart 1991
Steinbuch/Olfert, Fertigungswirtschaft, 6. Auflage, Ludwigshafen/Rhein 1995
Tempelmeier, H., Quantitative Marketing-Logistik, Berlin 1983
Tietz, B., Der Handelsbetrieb, 2. Auflage, München 1993
Tietz, B. (Hrsg.), Handwörterbuch der Absatzwirtschaft, Stuttgart 1974/1988
Tietz, B., Marketing, 3. Auflage, Tübingen/Düsseldorf 1993
Tietz, B. (Hrsg.), Werbung, Handbuch der Kommunikations- und Werbewirtschaft, Bd. 1-3, Landsberg 1982
Tietz/Zentes, Die Werbung der Unternehmung, Reinbeck 1980
Unger, F., Marktforschung, Heidelberg 1989
Weeser-Krell, L., Praxis des Marketing, 2. Auflage, München 1988
Weis, H.C., Marketing, 9. Auflage, Ludwigshafen/Rhein 1995
Weis, H.C., Verkauf, 4. Auflage, Ludwigshafen/Rhein 1995
Weis/Steinmetz, Marktforschung, 2. Auflage, Ludwigshafen/Rhein 1994
Westermann, H., Gewinnorientierter Einkauf, 3. Auflage, Berlin 1982
Wolf, J., Marktforschung, Landsberg 1988
Zentes, J., Grundbegriffe des Marketing, 3. Auflage, Stuttgart 1992
Ziegenbein, K., Controlling, 5. Auflage, Ludwigshafen/Rhein 1995

E. Finanzbereich

Albach, H., Kapitalausstattung und Entwicklung der Wirtschaft, Stuttgart 1984

Gesamtliteraturverzeichnis 455

Altrogge, G., Investition, 3. Auflage, München 1994
Baumbach/Hefermehl, Wechselgesetz und Scheckgesetz, 16. Auflage, München 1993
Becker, P., Bankbetriebslehre, 2. Auflage, Ludwigshafen/Rhein 1994
Beyer/Bestmann (Hrsg.), Finanzlexikon, 2. Auflage, München 1989
Bischoff, S., Investitionsmanagement, München 1980
Bitz, M., Investition, in: Bitz, Dellemann/Domsch/Egner (Hrsg.), Vahlens Kompendium der Betriebswirtschaftslehre, Band 1, 2. Auflage, München 1989
Blohm/Lüder, Investition, 7. Auflage, München 1991
Buchner, R., Finanzwirtschaftliche Statistik und Kennzahlenrechnung, München 1985
Buchner, R., Grundzüge der Finanzanalyse, München 1981
Büschgen, H.E., Grundlagen betrieblicher Finanzwirtschaft, 3. Auflage, Frankfurt/Main 1991
Busse, F., Grundlagen der betrieblichen Finanzwirtschaft, 2. Auflage, München/Wien 1991
Caprano, E., Finanzmathematik, 5. Auflage, München 1991
Christians, F.W. (Hrsg.), Finanzierungs-Handbuch, 2. Auflage, Wiesbaden 1988
Compter, W., Bankbetriebslehre, 4. Auflage, Darmstadt 1991
Däumler, K.D., Betriebliche Finanzwirtschaft, 6. Auflage, Herne/Berlin 1993
Däumler, K.D., Finanzmathematisches Tabellenwerk für Praktiker und Studierende, 3. Auflage, Herne/Berlin 1989
Däumler, K.D., Grundlagen der Investitions- und Wirtschaftlichkeitsrechnung, 7. Auflage, Herne/Berlin 1992
Däumler, K.D., Sonderprobleme der Investitions- und Wirtschaftlichkeitsrechnung, Herne/Berlin 1992
Diepen/Sauter, Betriebswirtschaftslehre für den Bankkaufmann, Wiesbaden 1985
Diepen/Sauter (Hrsg.), Rechtsgrundlagen für den Bankkaufmann, 3. Auflage, Wiesbaden 1988
Eilenberger, G., Bankbetriebswirtschaftslehre, 6. Auflage, München/Wien 1996
Eilenberger, G., Betriebliche Finanzwirtschaft, 4. Auflage, München/Wien 1991
Franke/Hax, Finanzwirtschaft des Unternehmens und Kapitalmarkt, 2. Auflage, Berlin/Heidelberg 1990
Gräfer, H., Bilanzanalyse, 6. Auflage, Herne/Berlin 1994
Grefe, C, Unternehmenssteuern, Ludwigshafen/Rhein 1996
Grill/Perczynski, Wirtschaftslehre des Kreditwesens, 25. Auflage, Bad Homburg 1990
Grob, H.J., Investitionsrechnung mit vollständigen Finanzplänen, München 1989
Größl, L., Betriebliche Finanzwirtschaft, 3. Auflage, Renningen 1994
Gutenberg, E., Grundlagen der Betriebswirtschaftslehre, Bd. 3, Die Finanzen, 8. Auflage, Berlin/Heidelberg/New York 1980
Hagenmüller/Eckstein, Leasing-Handbuch, 6. Auflage, Frankfurt/Main 1992
Hagenmüller/Diepen, Der Bankbetrieb, 13. Auflage, Wiesbaden 1993
Hahn, O., Finanzwirtschaft, 2. Auflage, Landsberg 1983
Harrmann, A., Bilanzanalyse für die Praxis, 3. Auflage, Herne/Berlin 1988
Hauschildt, J., Erfolgs- und Finanzanalyse, 2. Auflage, Köln 1987
Hauschildt, J., Finanzorganisation, Finanzplanung und Finanzkontrolle, München 1981
Hauschildt/Sachs/Witte, Finanzplanung und Finanzkontrolle, München 1981
Hax, H., Finanzierung, in: Bitz/Dellmann/Domsch/Egner (Hrsg.), Vahlens Kompendium der Betriebswirtschaftslehre, Band 1, 2. Auflage, München 1989
Hax, H., Invesitionstheorie, Heidelberg 1993
Heinhold, M., Investitionsrechnung, 5. Auflage, München/Wien 1989
Hesse/Frailing, Wie beurteilt man eine Bilanz, 7. Auflage, Gütersloh 1988
Hoffmann, S., Mathematische Grundlagen für Betriebswirte, 3. Auflage, Herne/Berlin 1991
Jacob, H., Investitionsrechnung, 3. Auflage, Wiesbaden 1984
Jährig/Schuck, Handbuch des Kreditgeschäfts, 4. Auflage, Wiesbaden 1982
Jahrmann, F.U., Außenhandel, 8. Auflage, Ludwigshafen/Rhein 1995
Jahrmann F.U., Finanzierung, 2. Auflage, Herne/Berlin 1992
Jehle/Blazek/Deyhle, Finanzcontrolling, 2. Auflage, Gauting/München 1982
Juesten, W., Cash Flow und Unternehmensbeurteilung, 4. Auflage, Berlin 1980
Kilger/Scheer (Hrsg.), Investitions- und Finanzplanung im Wechsel der Konjunktur, Würzburg/Wien 1981
Kobelt/Schulte, Finanzmathematik, 5. Auflage, Herne/Berlin 1991
Kruschwitz, L., Investitionsrechnung, 5. Auflage, Berlin/New York 1993
Leffson, U., Bilanzanalyse, 3. Auflage, Stuttgart 1984

Lippe, G., Das Wissen für Bankkaufleute, 6. Auflage, Wiesbaden 1990
Lücke, W., Investitionslexikon, 2. Auflage, München 1989
Lwowski, H.J., Kreditsicherheiten, 7. Auflage, Berlin 1990
Müller-Hedrich, B., Betriebliche Investitionswirtschaft, 5. Auflage, Stuttgart 1990
Obst/Hintner, Geld-, Bank- und Börsenwesen, 39. Auflage, Stuttgart 1993
Olfert, K., Finanzierung, 8. Auflage, Ludwigshafen/Rhein 1994
Olfert, K., Investition, 6. Auflage, Ludwigshafen/Rhein 1995
Olfert, K., Kostenrechnung, 10. Auflage, Ludwigshafen/Rhein 1996
Olfert/Körner/Langenbeck, Bilanzen, 7. Auflage, Ludwigshafen/Rhein 1995
Perridon/Steiner, Finanzwirtschaft der Unternehmung, 7. Auflage, München 1993
Pottschmidt/Rohr, Kreditsicherungsrecht, 4. Auflage, München 1992
Prill, M., Die liquiditätsorientierte Planung des Verschuldungsgrades, Düsseldorf 1982
Rahn, H.J., Betriebliche Führung, 3. Auflage, Ludwigshafen/Rhein 1996
Schmidt, R.-H., Grundzüge der Investitions- und Finanzierungstheorie, 3. Auflage, Wiesbaden 1989
Schneider, D., Investition, Finanzierung und Besteuerung, 7. Auflage, Wiesbaden 1992
Schult E., Bilanzanalyse, 8. Auflage, Freiburg 1991
Schulte, K.W., Wirtschaftslichkeitsrechnung, 4. Auflage, Würzburg/Wien 1986
Spielberger, M., Betriebliche Investitionskontrolle, Würzburg/Wien 1983
Steckler, B., Kompendium Wirtschaftsrecht, 3. Auflage, Ludwigshafen/Rhein 1995
Süchting, J., Finanzmanagement, 5. Auflage, Wiesbaden 1991
Swoboda, P., Investition und Finanzierung, 4. Auflage, Göttingen 1992
ter Horst, K.W., Investitionsplanung, Stuttgart 1980
Uhlir/Steiner, Wertpapieranalyse, 2. Auflage, Heidelberg/Wien 1991
Veit/Walz/Gramlich, Investitions- und Finanzplanung, 3. Auflage, Heidelberg 1990
Vormbaum, H., Finanzierung der Betriebe, 8. Auflage, Wiesbaden 1990
Wagner/Wenger/Höflacher, Zero Bonds, Optimale Investitions- und Verschuldungsstrategien, Wiesbaden 1986
Weger, G., Optionsscheine als Anlagealternative, Wiesbaden 1985
Welcker/Thomas, Finanzanalyse, München 1981
Witte, E., Finanzplanung der Unternehmung, 3. Auflage, Opladen 1983
Witte/Klein, Finanzplanung der Unternehmung, 3. Auflage, Reinbek 1983
Wöhe/Bilstein, Grundzüge der Unternehmensfinanzierung, 7. Auflage, München 1994
Ziegenbein, K., Controlling, 5. Auflage, Ludwigshafen/Rhein 1995
ZVEI, ZVEI-Kennzahlensystem, 2. Auflage, Frankfurt/Main 1971
ZVEI, Leitfaden für die Beurteilung von Investitionen, Frankfurt/Main 1971

F. Personalbereich

Balzereit, B., Personalwirtschaft, 2. Auflage, München 1988
Bellgardt, P., Recht und Taktik des Bewerbergesprächs, 2. Auflage, Heidelberg 1992
Berthel, J., Personal-Management, 3. Auflage, Stuttgart 1992
Beyer, H.T., Personallexikon, 2. Auflage, München/Wien 1991
Bisani, F., Personalführung, 3. Auflage, Wiesbaden 1992
Bisani, F., Das Personalwesen in der BRD, Teil 1, Köln 1976
Böckel, E., Moderne Arbeitsverträge, 2. Auflage, Planegg 1987
Böckly, W., Personalanpassung, Ludwigshafen/Rhein 1995
Braun, K., Der Personalplan, 2. Auflage, Wiesbaden 1982
Decker, F., Aus- und Weiterbildung am Arbeitsplatz, München 1985
Diedrich, A., Effizienz betrieblicher Weiterbildung, Köln 1988
Dielmann, K., Betriebliches Personalwesen, Stuttgart/Berlin/Köln/Mainz 1981
Dietz, K., Arbeitszeugnisse ausstellen und beurteilen, 8. Auflage, Planegg 1993
Domsch, M., Systemgestützte Personalarbeit, Wiesbaden 1980
Drumm, H.J., Personalwirtschaftslehre, 2. Auflage, Berlin/Heidelberg 1992
Eckardstein/Schnellinger, Betriebliche Personalpolitik, 4. Auflage, München 1989
Fischer/Ott, Leistungsfördernde Mitarbeiterbeurteilung, Ehningen 1987
Fröhlich, W., Personalführung, 2. Auflage, München 1990

Gesamtliteraturverzeichnis

Gaugler/Weber (Hrsg.), Handwörterbuch des Personalwesens, 2. Auflage, Stuttgart 1992
Göltenboth, H., Arbeits- und Zeitstudien, in: K.H. Engel (Hrsg.), Handbuch der neuen Techniken des Industrial Engineering, 4. Auflage, München 1985
Golas, H.G., Der Mitarbeiter, 7. Auflage, Bielefeld 1990
Goossens, F., Personalleiter-Handbuch, 7. Auflage, München 1981
Haberkorn, K., Praxis der Mitarbeiterführung, 7. Auflage, Renningen 1995
Hambusch, R., Personal- und Ausbildungswesen, 2. Auflage, Darmstadt 1980
Hammer, E., Industriebetriebslehre, 2. Auflage, München 1977
Harlander u.a., Praktisches Lehrbuch Personalwirtschaft, 2. Auflage, München 1991
Hentze, J., Personalwirtschaftslehre, Band 1, 6. Auflage, Bern/Stuttgart 1994
Hentze/Brose, Personalführungslehre, 5. Auflage, Bern/Stuttgart 1990
Hettinger/Wobbe, Kompendium der Arbeitswissenschaft, Ludwigshafen/Rhein 1993
Jung,H., Personalwirtschaft, München/Wien 1995
Kappeler, F.K., Bewerben, Arbeiten, Kündigen, 3. Auflage, Düsseldorf 1981
Knebel, H., Taschenbuch für Personalbeurteilung, 8. Auflage, Heidelberg 1992
Krellmann, M., Personalleasing, Tettnang 1987
Marr/Stitzel, Personalwirtschaft, München 1979
Maslow, A.H., Psychologie des Seins, 4. Auflage, Frankfurt/M. 1992
Mentzel, W., Personalwirtschaftliches Rechnungswesen, 2. Auflage, Wiesbaden 1988
Notter/Obenaus/Ruf, Ihre Rechte als Arbeitnehmer, München 1988
Oechsler, W., Personal und Arbeit, 5. Auflage, München/Wien 1994
Olesch, G., Praxis der Personalentwicklung, 2. Auflage, Heidelberg 1992
Olfert, K., Personalbeschaffung, Ludwigshafen/Rhein 1997
Olfert, K., Personaleinsatz, Ludwigshafen/Rhein 1997
Olfert, K., Personalentgelt, Ludwigshafen/Rhein 1997
Olfert/Phillips, Personalentwicklung, Ludwigshafen/Rhein 1997
Olfert/Rahn, Personalführung, Ludwigshafen/Rhein 1997
Olfert/Steinbuch, Personalwirtschaft, 7. Auflage, Ludwigshafen/Rhein 1997
Papmehl, A., Personal-Controlling, Heidelberg 1990
Pillat, R., Neue Mitarbeiter - erfolgreich anwerben, auswählen und einsetzen, 6. Auflage, Freiburg 1994
Potthoff/Trescher, Controlling in der Personalwirtschaft, Berlin 1986
Pullig, K.P., Personalmanagement, München 1993
Rahn, H.J., Betriebliche Führung, 3. Auflage, Ludwigshafen/Rhein 1996
Rahn, H.J., Führung von Gruppen, 3. Auflage, Heidelberg 1995
Raschke, H., Taschenbuch für Bewerberauslese, 4. Auflage, Heidelberg 1983
REFA, Methodenlehre der Betriebsorganisation, Anforderungsermittlung, 2. Auflage, München 1991
REFA, Methodenlehre der Betriebsorganisation, Arbeitsgestaltung in der Produktion, München 1991
REFA, Methodenlehre der Betriebsorganisation, Arbeitspädagogik, 3. Auflage, München 1991
REFA, Methodenlehre Betriebsorganisation, Entgeltdifferenzierung, 3. Auflage, München 1991
REFA, Methodenlehre der Betriebsorganisation, Grundlagen der Arbeitsgestaltung, München 1991
REFA, Methodenlehre der Planung und Steuerung, 5 Bände, 4. Auflage, München 1985
Rehn, M.L., Die Eingliederung neuer Mitarbeiter, München 1990
Riekhof, H., Strategien der Personalentwicklung, 2. Auflage, Wiesbaden 1988
Schaub, G., Der Betriebsrat, 5. Auflage, München 1989
Schaub, G., Meine Rechte und Pflichten als Arbeitnehmer, 4. Auflage, München 1988
Schilling/Staude, Betriebliche Sozialleistungen, Wiesbaden o.J.
Scholz, C., Personalmanagement, 3. Auflage, München 1993
Schwedes, R., Einstellung und Entlassung des Arbeitnehmers, 7. Auflage, Freiburg i.Br. 1992
Stopp, U., Betriebliche Personalwirtschaft, 19. Auflage, Ehningen 1993
Töpfer/Poersch, Aufgabenfelder des betrieblichen Personalwesens für die 90er Jahre, Frankfurt 1987
Waskewitz, B., Personalwirtschaft, Gernsbach 1980
Weber, W., Betriebliche Weiterbildung, Stuttgart 1985
Weuster/Scheer, Arbeitszeugnisse in Textbausteinen, 5. Auflage, Stuttgart u.a. 1993
Wiesner, H., Die Techniken des Personalmanagements, Wiesbaden 1980
Witthauer, K.F., Menschen führen, 6. Auflage, Ehningen-Stuttgart 1992
Zander/Glaubrecht, Personalpolitik, München 1987
Zander/Knebel, Taschenbuch für Leistungsbeurteilung und Leistungszulagen, 2. Auflage, Heidelberg 1982

G. Informationsbereich

Bauer/Goos, Informatik, 4. Auflage, Berlin u.a. 1991
Bauer, W., Computer-Grundwissen, Niedernhausen 1990
Bellgardt, P., Rechner- und Systemunterstützung im Personalwesen, in: EDV-Einsatz im Personalwesen, Hrsg. P. Bellgardt, Heidelberg 1990, S. 17-24
Biethahn, J., Einführung in die EDV für Wirtschaftswissenschaftler, 6. Auflage, München 1989
Biethahn/Muksch/Ruf, Ganzheitliches Informationsmanagement, München 1990
Bleimann/Dippel/Turetschek, Betriebsinformatik, München 1989
Bullinger, H., Handbuch des Informationsmanagements im Unternehmen, München 1991
Busch, R., Wirtschaftsinformatik, Mannheim/Wien/Zürich 1993
Bussiek/Ehrmann, Buchführung, 5. Auflage, Ludwigshafen/Rhein 1995
Domsch/Schneble, Personalinformation für Führungskräfte, in: Handwörterbuch der Führung, Hrsg. Kieser/Reber/Wunderer, Stuttgart 1987, Sp. 1668-1680
Dworatschek, S., Grundlagen der Datenverarbeitung, 8. Auflage, Berlin 1989
Franz/Mattes, Datenverarbeitung für Einsteiger, Wiesbaden 1990
Gaugler, E., Information als Führungsaufgabe, in: Handwörterbuch der Führung, Hrsg. Kieser/ Reber/Wunderer, Stuttgart 1987, Sp. 1127-1137
Gazdar, K., Informationsmanagement für Führungskräfte, Frankfurt 1989
Gerken, W., Betriebliche Datenverarbeitung, Mannheim 1991
Goldschlager/Lister, Informatik, 3. Auflage, München 1990
Grefe, C, Unternehmenssteuern, Ludwigshafen/Rhein 1996
Grob/Reepmeyer, Einführung in die EDV, 3. Auflage, München 1990
Grupp, B., Materialwirtschaft mit EDV im Mittel- und Kleinbetrieb, 4. Auflage, Renningen 1994
Gunton, T., Optimale Informationssysteme im Unternehmen, Landsberg am Lech 1990
Haefner, K., Mensch und Computer im Jahre 2000, 3. Auflage, Stuttgart/Basel 1986
Hamann, G.O., Logik der Programmierung, 4. Auflage, Stuttgart 1986
Hansen, H.R., Wirtschaftsinformatik I, 6. Auflage, Stuttgart 1992
Hehlen, M., Personal Computer (PC) - Der Einstieg, Bern 1990
Heilmann/Gassert/Horváth, Informationsmanagement, Stuttgart 1990
Heinen, E., Einführung in die Betriebswirtschaftslehre, 9. Auflage, Wiesbaden 1992
Heinen/Fahn/Wegenast, Informationswirtschaft, in: Industriebetriebslehre, Hrsg. E. Heinen, Wiesbaden 1972, S. 678-798
Heinrich/Burgholzer, Informationsmanagement, 3. Auflage, München/Wien 1990
Heinrich/Burgholzer, Systemplanung, Band 1, 5. Auflage, München 1991
Heinrich/Roithmayr, Wirtschaftsinformatik-Lexikon, 3. Auflage, München 1989
Hentze/Heineke, EDV im Personalwesen, in: Personal, 41. Jg. 1989, S. 18-21
Huckert, K., Einsatz von Personal-Computern im Personalwesen - Kriterien, Möglichkeiten und Lösungen, in: EDV-Einsatz im Personalwesen, Hrsg. P. Bellgardt, Heidelberg 1990, S. 26-53
Jacob/Schalcher, Mit Computern arbeiten, 2. Auflage, Stuttgart 1988
Jahrmann, F.U., Außenhandel, 8. Auflage, Ludwigshafen/Rhein 1995
Jamin, K.W., Das Software-Lexikon, Stuttgart 1988
Jamin/Brenneis, Praktisches Lehrbuch der Datenverarbeitung, 5. Auflage, Landsberg 1988
Kaltenbach/Reetz/Woerrlein, Das große Computer-Lexikon, Frankfurt 1991
Kirsch, W., Entscheidungsprozesse, Band II und Band III, Wiesbaden 1971
König/Borkowski, Der PC als Werkzeug, Stuttgart 1991
Korndörfer, W., Allgemeine Betriebswirtschaftslehre, 10. Auflage, Wiesbaden 1992
Krallmann, H., Innovative Anwendungen der Informations- und Kommunikationstechnologien in den 90er Jahren, München/Wien 1990
Lange, Ch., Kaufmännische Datenverarbeitung mit dem PC, 5. Auflage, Ludwigshafen/Rhein 1994
Lange, Ch., Kaufmännische Informationsverarbeitung mit dem PC, Ludwigshafen/Rhein 1992
Löffelholz, J., Repetitorium der Betriebswirtschaftslehre, 6. Auflage, Wiesbaden 1989
Ludewig, J., Einführung in die Informatik, 3. Auflage, Zürich 1991
Macharzina, K., Informationspolitik, Wiesbaden 1990
Martini/Klotz, Strategisches Informationsmanagement, 2. Auflage, München/Wien 1990
Mertens, P. (Hrsg.), Lexikon der Wirtschaftsinformatik, 2. Auflage, Berlin/New York 1990
Mertens/Griese, Integrierte Informationsverarbeitung, Band 2, 7. Auflage, Wiesbaden 1993
Oeldorf/Olfert, Materialwirtschaft, 7. Auflage, Ludwigshafen/Rhein 1995

Gesamtliteraturverzeichnis 459

Olfert, K., Finanzierung, 8. Auflage, Ludwigshafen/Rhein 1994
Olfert, K., Investition, 6. Auflage, Ludwigshafen/Rhein 1995
Olfert, K., Kostenrechnung, 10. Auflage, Ludwigshafen/Rhein 1996
Olfert/Körner/Langenbeck, Bilanzen, 7. Auflage, Ludwigshafen/Rhein 1995
Olfert/Körner/Langenbeck, Sonderbilanzen, 4. Auflage, Ludwigshafen/Rhein 1994
Olfert/Rahn, Personalführung, Ludwigshafen/Rhein 1997
Olfert/Steinbuch, Personalwirtschaft, 7. Auflage, Ludwigshafen/Rhein 1997
Rahn, H.J., Betriebliche Führung, 3. Auflage, Ludwigshafen/Rhein 1996
Rahn, H.J., Informationsmanagement stärkt die Kooperation, in: Personalwirtschaft, 18. Jg. 1991, S. 42-45
Riemann, W.O., Betriebsinformatik, München/Wien 1988
Schaber, G., Betriebspsychologie in der Praxis, Ludwigshafen/Rhein 1987
Scheer, A.W., EDV-orientierte Betriebswirtschaftslehre, 4. Auflage, Berlin/Heidelberg 1990
Scheer, A.W., CIM - Computer Integrated Manufacturing, 4. Auflage, Berlin u.a. 1990
Schierenbeck, H., Grundzüge der Betriebswirtschaftslehre, 11. Auflage, München/Wien 1993
Schneider, H.J., Lexikon der Informatik und Datenverarbeitung, 3. Auflage, München 1991
Scholz, Ch., Personalmanagement, 3. Auflage, München 1993
Spremann/Zur, Informationstechnologie und strategische Führung, Wiesbaden 1989
Schwarze, J., Einführung in die Wirtschaftsinformatik, 2. Auflage, Herne/Berlin 1991
Staehle, W.H., Management, 7. Auflage, München 1994
Stahlknecht, P., Einführung in die Wirtschaftsinformatik, 6. Auflage, Berlin/Heidelberg 1993
Stahlknecht, P., Arbeitsbuch Wirtschaftsinformatik, Berlin u.a. 1991
Steinbuch, P.A., Organisation, 9. Auflage, Ludwigshafen 1995
Steinbuch, P.A., Betriebliche Informatik, 6. Auflage, Ludwigshafen/Rhein 1995
Steinbuch/Olfert, Fertigungswirtschaft, 5. Auflage, Ludwigshafen/Rhein 1995
Ulrich, H., Die Unternehmung als produktives soziales System, 2. Auflage, Berlin/Stuttgart 1970
Wagner, D., Organisation, Führung und Personalmanagement, Freiburg 1989
Waldschmidt/Walter, Grundzüge der Informatik, 2. Auflage, Mannheim/Wien/Zürich 1990
Weis, H.,C. Marketing, 9. Auflage, Ludwigshafen/Rhein 1995
Zander, E., Führung in Klein- und Mittelbetrieben, 8. Auflage, Freiburg 1994
Zander, E., Praxis des Führens, 7. Auflage, Heidelberg 1990
Zeigermann, I.R., Elektronische Datenverarbeitung in der Materialwirtschaft, Stuttgart 1970
Ziegenbein, K., Controlling, 5. Auflage, Ludwigshafen/Rhein 1995
Zimmermann, W.L., Datenverarbeitung, 2. Auflage, Wiesbaden 1984

H. Rechnungswesen

Ahlert/Franz, Industrielle Kostenrechnung, 5. Auflage, Düsseldorf 1992
Bähr/Fischer-Winkelmann, Buchführung und Jahresabschluß, 4. Auflage, Wiesbaden 1992
BDI (Hrsg.), Empfehlungen zur Kosten- und Leistungsrechnung, Band 1, 2. Auflage, Bergisch Gladbach 1988
BDI (Hrsg.), Kosten- und Leistungsrechnung als Entscheidungshilfe für die Unternehmensleitung, Bergisch Gladbach 1981
BDI (Hrsg.), Kosten- und Leistungsrechnung als Planungsrechnung, 2. Auflage, Bergisch Gladbach 1986
BDI (Hrsg.), Industriekontenrahmen, 2. Auflage, Bergisch Gladbach 1986
Beck'scher Bilanzkommentar, 2. Auflage, München 1990
Beck'sches Handbuch der Rechnungslegung, München 1987
Bitz/Schneeloch/Wittstock, Der Jahresabschluß, München 1991
Böhm/Wille, Deckungsbeitragsrechnung, Grenzpreisrechnung und Optimierung, 6. Auflage, München 1977
Buchner, R., Buchführung und Jahresabschluß, 4. Auflage, München 1993
Buchner, R., Rechnungslegung und Prüfung der Kapitalgesellschaft, Stuttgart 1990
Bussiek, Ehrmann, Buchführung, 5. Auflage, Ludwigshafen/Rhein 1995
Bussiek, J., Buchführung, Wiesbaden 1991
Chmielewicz/Schweitzer (Hrsg.), Handwörterbuch des Rechnungswesens, 3. Auflage, Stuttgart 1993
Coenenberg, A.G., Jahresabschluß und Jahresabschlußanalyse, 15. Auflage, Landsberg/Lech 1994

Däumler/Grabe, Kostenrechnung 1, Grundlagen, 6. Auflage, Herne/Berlin 1993
Däumler/Grabe, Kostenrechnung 2, Deckungsbeitragsrechnung, 4. Auflage, Herne/Berlin 1991
Däumler/Grabe, Kostenrechnung 3, Plankostenrechnung, 4. Auflage, Herne/Berlin 1993
Döring/Buchholz, Buchhaltung und Jahresabschluß, 4. Auflage, Hamburg 1993
Ebert, G., Kosten- und Leistungsrechnung, 6. Auflage, Wiesbaden 1991
Eisele, W., Technik des betrieblichen Rechnungswesens, 5. Auflage, München 1993
Falterbaum/Beckmann, Buchführung und Bilanz, 13. Auflage, Bremen 1989
Federmann, R., Bilanzierung nach Handels- und Steuerrecht, 9. Auflage, Berlin u.a. 1992
Freidank, C.-C., Kostenrechnung, 5. Auflage, München/Wien 1994
Glade, A., Rechnungslegung und Prüfung nach dem Bilanzrichtlinien-Gesetz, 2. Auflage, Herne/Berlin 1994
Göllert/Ringling, Bilanzrecht, Einführung in Jahresabschluß und Konzernabschluß, Heidelberg 1991
Götzinger/Michael, Kosten- und Leistungsrechnung, 6. Auflage, Heidelberg 1993
Gräfer, H., Einführung in die Bilanzanalyse, 6. Auflage, Herne/Berlin 1994
Gross/Schruff, Der Jahresabschluß nach neuem Recht, Düsseldorf 1987
Haberstock, L., Kostenrechnung I, 8. Auflage, Wiesbaden 1987
Haberstock, L., Kostenrechnung II, (Grenz-)Plankostenrechnung, 7. Auflage, München 1986
Haberstock, L., Grundzüge der Kosten- und Leistungsrechnung, 4. Auflage, München 1988
Harrmann, A., Bilanzanalyse für die Praxis unter Berücksichtigung moderner Kennzahlen, 3. Auflage, Herne/Berlin 1988
Heinen, E., Handelsbilanzen, 12. Auflage, Wiesbaden 1986
Heinhold, M., Der Jahresabschluß, München 1987
Hilke, W., Bilanzieren nach Handels- und Steuerrecht, Teil 1 u. 2, Wiesbaden 1991
Huch, B., Einführung in die Kostenrechnung, 7. Auflage, Würzburg 1984
Hummel/Männel, Kostenrechnung 1, 4. Auflage, Wiesbaden 1990
Hummel/Männel, Kostenrechnung 2, Moderne Verfahren und Systeme, 3. Auflage, Wiesbaden 1993
Jost, H., Kosten- und Leistungsrechnung, 6. Auflage, Wiesbaden 1992
Kilger, W., Einführung in die Kostenrechnung, 3. Auflage, Wiesbaden 1992
Kilger, W., Flexible Plankostenrechnung und Deckungsbeitragsrechnung, 10. Auflage, Wiesbaden 1993
Kloock/Sieben/Schildbach, Kosten- und Leistungsrechnung, 7. Auflage, Tübingen/Düsseldorf 1993
Knobbe-Keuk, Bilanz- und Unternehmenssteuerrecht, 8. Auflage, Köln 1991
Körner, W., Bilanzsteuerrecht in der Praxis, 7. Auflage, Herne/Berlin 1986
Küting/Weber, Handbuch der Rechnungslegung, 3. Auflage, Stuttgart 1990
Lätsch, R., Die Rechnungslegung nach dem neuen Bilanzrichtlinien-Gesetz, 2. Auflage, Freiburg 1987
Langenbeck/Wolf, Buchführung und Jahresabschluß, Herne/Berlin 1991
Leffson, U., Die Grundsätze ordnungsmäßiger Buchführung, 7. Auflage, Düsseldorf 1987
Meffle/Stein/Weber, Das Rechnungswesen der Unternehmung als Entscheidungsinstrument, Bad Homburg v.d.H. 1994
Meyer, C., Bilanzierung nach Handels- und Steuerrecht, 10. Auflage, Herne/Berlin 1994
Michel/Torspecken, Kostenrechnung 1, 4. Auflage, München 1992
Michel/Torspecken, Kostenrechnung 2, Neuere Formen der Kostenrechnung, 3. Auflage, München 1990
Möllers, P., Buchhaltung und Abschluß, 2. Auflage, Heidelberg 1987
Moews, D., Kosten- und Leistungsrechnung, 5. Auflage, München/Wien 1992
Olfert, K., Kostenrechnung, 10. Auflage, Ludwigshafen/Rhein 1997
Olfert/Körner/Langenbeck, Bilanzen, 7. Auflage, Ludwigshafen/Rhein 1995
Olfert/Körner/Langenbeck, Sonderbilanzen, 4. Auflage, Ludwigshafen/Rhein 1994
Peter/von Bornhaupt/Körner, Ordnungsmäßigkeit der Buchführung, 8. Auflage, Herne/Berlin 1987
Preisler/Dörrie, Grundlagen der Kosten- und Leistungsrechnung, 2. Auflage, Landsberg 1987
Rahn, H.-J., Betriebliche Führung, 3. Auflage, Ludwigshafen/Rhein 1996
Reschke, H., Kostenrechnung, 6. Auflage, Stuttgart 1991
Scharnbacher, K., Statistik im Betrieb, 10. Auflage, Wiesbaden 1994
Scherrer, G., Kostenrechnung, 2. Auflage, Stuttgart 1991
Schildbach, T., Der handelsrechtliche Jahresabschluß, 3. Auflage, Herne/Berlin 1992
Schmidt, A., Steuerfachgehilfen-Lexikon, 8. Auflage, Ludwigshafen/Rhein 1993
Schweitzer, M., Break-Even-Analyse, Stuttgart 1986
Schweitzer/Hettich/Küpper, Systeme der Kostenrechnung, 5. Auflage, Landsberg 1991

Seicht, G., Moderne Kosten- und Leistungsrechnung, 6. Auflage, Wien 1990
Serfling, K., Die Kapitalflußrechnung, 2. Auflage, Herne/Berlin 1988
Serfling, K., Fälle und Lösungen zur Kostenrechnung, 4. Auflage, Herne/Berlin 1993
Stehle/Sanwald, Grundriß der industriellen Kosten- und Leistungsrechnung, 23. Auflage, Rinteln 1990
Taube, H., So lernt man Kostenrechnung und Kalkulation, 10. Auflage, Stuttgart 1990
Weber, H.K., Kosten- und Leistungsrechnung, 3. Auflage, München 1989
Weber, J., Einführung in das Rechnungswesen, Bilanzierung, 3. Auflage, Stuttgart 1994
Wilkens, K., Kosten- und Leistungsrechnung, 7. Auflage, München/Wien 1990
Wöhe, G., Bilanzierung und Bilanzpolitik, 8. Auflage, München 1992
Wöhe, G., Das betriebliche Rechnungswesen, München 1990
Zimmermann, G., Grundzüge der Kostenrechnung, 3. Auflage, Stuttgart 1985

I. Controllingbereich

Ackoff/Finnel/Gharajedaghi, Zukunftssicherung durch Controlling, Stuttgart 1989
Albach/Weber, Controlling, Wiesbaden 1991
Baumgartner, B., Die Controller-Konzeption, Bern/Stuttgart 1980
Becker, H.J., Controller und Controlling, Stuttgart 1984
Bestmann, U. (Hrsg.), Kompendium der Betriebswirtschaftslehre, 6. Auflage, München/Wien 1992
Blohm, H., Die Gestaltung des betrieblichen Berichtswesens als Problem der Leitungsorganisation, 2. Auflage, Herne/Berlin 1974
Bornemann, H., Controlling heute, eine Einführung in die Praxis mit Fallbeispielen, 2. Auflage, Wiesbaden 1987
Bornemann, H., Controlling im Einkauf, Wiesbaden 1987
Bramsemann, R., Handbuch Controlling, 3. Auflage, München 1993
Buchner, M., Controlling - ein Schlagwort?, Frankfurt/Bern 1981
Coenenberg/Baum, Strategisches Controlling, Stuttgart 1987
Deyhle, A., Tendenzen im Controlling, in: Controlling-Konzepte im internationalen Vergleich, Hrsg. Mayer/v. Landsberg/Thiede, Freiburg i.Br. 1987, S. 61-76
Ebert/Koinecke/Peemöller, Controlling, 5. Auflage, Landsberg am Lech 1993
Ehrmann, H., Planung, Ludwigshafen/Rhein 1995
Fässler/Rehkugler/Wegenast, Lexikon des Controlling, 5. Auflage, Landsberg am Lech 1993
Fischer/Rogalski, Entscheidungsorientiertes Kosten- und Erlöscontrolling, Wiesbaden 1991
Franzen, W., Controlling - Von der Kostenrechnung zur strategischen Planung: Ein Überblick zur aktuellen Controlling-Literatur, in: Die Betriebswirtschaft, 47. Kg. 1987, S. 607-621
Frese/Simon, Kontrolle und Führung, in: Handwörterbuch der Führung, Hrsg. Kieser/Reber/Wunderer, Stuttgart 1987, Sp. 1247-1257
Friedl, B., Grundlagen des Beschaffungscontrolling, Berlin 1990
Fröhlich, W., Strategisches Personal-Controlling, in: Controller-Magazin, 6. Jg. 1981, S. 283-287
Gälweiler, A., Unternehmensplanung, 2. Auflage, Frankfurt/New York 1990
Gälweiler, A., Strategische Unternehmensführung, 2. Auflage, Frankfurt 1990
Gaulhofer, M., Controlling und menschliches Verhalten, in: Zeitschrift für Betriebswirtschaft, 59. Jg. 1989, S. 141-154
Geschka/Reibnitz, Die Szenario-Technik - ein Instrument der Zukunftsanalyse und der strategischen Planung, in: Praxis der strategischen Unternehmensplanung, Hrsg. Töpfer/Afheld, 2. Auflage, Frankfurt 1986, S. 125-170
Günther, T., Erfolg durch strategisches Controlling?, München 1991
Hahn, D., Konzepte und Beispiele zur Organisation des Controlling in der Industrie, in: Zeitschrift für Organisation, 48. Jg. 1979, S. 4-24
Heigl, A., Controlling - interne Revision, 2. Auflage, Stuttgart/New York 1989
Heinrich/Burgholzer, Informationsmanagement, 2. Auflage, München 1988
Hofmeister/Stiegler, Controlling - Gestaltung und Anwendung für Klein- und Mittelbetriebe, Linz 1986
Holtmann, H.J., Der Krankenhaus-Controller - Stabs- oder Linienfunktion?, in: Controller-Magazin, H. 4 1984, S. 263-264

Horváth, P., Controlling, 5. Auflage, München 1994
Horváth/Gassert/Solare, Controllingskonzeptionen für die Zukunft, Stuttgart 1991
Hopfenbeck, W., Allgemeine Betriebswirtschafts- und Managementlehre, 10. Auflage, Landsberg 1996
Hub, H., Unternehmensführung, 3. Auflage, Wiesbaden 1990
Ihring, H.C., Einführung in das Controlling für Mittelstandsunternehmen, Wien 1986
Klenger, F., Operatives Controlling, 3. Auflage, München/Wien 1994
Koreimann, D., Management. Einführung, 5. Auflage, München 1991
Kreibich, H., Dynamische innerbetriebliche Berichte als Führungsinstrument, München 1978
Kühn/Walliser, Problemdeckungssystem mit Frühwarneigenschaften, in: Die Unternehmung, 32. Jg. 1978, S. 223-246
Küpper/Mellwig/Moxter, Unternehmensführung und Controlling, Wiesbaden 1990
Landsberg/Mayer, Berufsbild des Controllers, Stuttgart 1988
Mertens/Griese, Integrierte Informationsverarbeitung, Band 2, 7. Auflage, Wiesbaden 1993
Michel, R.M., Projektcontrolling und Reporting, Heidelberg 1989
Müller, G., Strategische Frühaufklärung, München 1981
Olfert/Steinbuch, Personalwirtschaft, 7. Auflage, Ludwigshafen/Rhein 1997
Olfert/Körner/Langenbeck, Bilanzen, 7. Auflage, Ludwigshafen/Rhein 1995
Papmehl, A., Personal-Controlling, Heidelberg 1990
Peemöller, V.H., Controlling, 2. Auflage, Herne 1992
Pfohl/Zettelmeyer, Strategisches Controlling, in: Zeitschrift für Betriebswirtschaft, 57. Jg. 1987, S. 145-175
Potthoff, E., Organisatorische Einordnung des Controlling in der Personalwirtschaft, in: Die Betriebswirtschaft, 47. Jg. 1987, S. 385-390
Potthoff/Trescher, Controlling in der Personalwirtschaft, Berlin 1986
Preißler, P.R., Controlling, 4. Auflage, München/Wien 1995
Rahn, H.J., Betriebliche Führung, 3. Auflage, Ludwigshafen/Rhein 1996
Reibnitz, U. v., Szenario-Technik, 2. Auflage, Wiesbaden 1992
Reichmann, T., Controlling mit Kennzahlen und Mangementberichten, 3. Auflage, München 1993
Reichmann, T., Controlling-Praxis, München 1987
Reichmann/Kleinschnittger, Die Controllingfunktion in der Unternehmenspraxis, in: Zeitschrift für Betriebswirtschaft, 57. Jg. 1987, S. 1090 ff.
Richter, H., Theoretische Grundlagen des Controlling, Bern 1987
Risak/Deyhle, Controlling, Wiesbaden 1991
Schierenbeck, H., Grundzüge der Betriebswirtschaftslehre, 11. Auflage, München/Wien 1993
Schott, G., Kennzahlen, Instrument der Unternehmensführung, Wiesbaden 1988
Schröder, E.F., Modernes Unternehmens-Controlling, 6. Auflage, Ludwigshafen/Rhein 1995
Schubert, G., Kontrolle, in: Management für alle Führungskräfte in Wirtschaft und Verwaltung, Band 2, Stuttgart 1972, S. 94-107
Serfling, K., Controlling, 2. Auflage, Stuttgart u.a. 1992
Siegwart, H., Kennzahlen für die Unternehmensführung, 4. Auflage, Bern 1992
Siegwart, H., Budgets als Führungsinstrument, in: Handwörterbuch der Führung, Hrsg. Kieser/Reber/Wunderer, Stuttgart 1987, Sp. 105-115
Siegwart/Menzl, Kontrolle als Führungsaufgabe, Bern/Stuttgart 1978
Sprenger, H.P., Kooperative Führungskonzepte in deutschen Unternehmen, Bielefeld 1987
Staehle, W.H., Management, 7. Auflage, München 1994
Staufenbiel, J.E., Berufsplanung für den Management-Nachwuchs, 15. Auflage, Köln 1994
Steinbuch, P.A., Betriebliche Informatik, 6. Auflage, Ludwigshafen/Rhein 1995
Ulrich, H., Unternehmenspolitik, 3. Auflage, Bern 1990
Vollmuth, H.J., Gewinnorientierte Unternehmensführung, Heidelberg 1987
Vollmuth, H.J., Gewinnsicherung mit einem Kennzahlensystem, Heidelberg 1987
Weber, J., Einführung in das Controlling, Teile 1 u. 2, 5. Auflage, Stuttgart 1994
Weber, J., Controlling - Möglichkeiten und Grenzen der Übertragbarkeit eines erwerbswirtschaftlichen Führungsinstruments auf öffentliche Institutionen, in: Die Betriebswirtschaft, 48. Jg. 1988, S. 171-194
Weber, J., Controlling im international tätigen Unternehmen, München 1991
Welge, M.K., Unternehmensführung, Band 3, Controlling, Stuttgart 1988
Witte, E., Das Informationsverhalten in Entscheidungsprozessen, Tübingen 1972
Wöhe, G., Einführung in die Allgemeine Betriebswirtschaftslehre, 19. Auflage, München 1996
Ziegenbein, K., Controlling, 5. Auflage, Ludwigshafen/Rhein 1995

Übungsteil

Aufgaben/Fälle

Aufgaben/Fälle

1: Magisches Dreieck

Das magische Dreieck der Betriebswirtschaftslehre umfaßt das ökonomische Prinzip, das Humanitätsprinzip und das Prinzip der Umweltschonung, die im Unternehmen möglichst ausgewogen beachtet werden sollten.

(1) Welche Folgen können sich ergeben, wenn das Humanitätsprinzip zu Lasten der übrigen Prinzipien stärker betont wird?

(2) Worin können die Folgen bestehen, wenn das Prinzip der Umweltschonung im Unternehmen vorrangige Bedeutung aufweist?

(3) Erläutern Sie die Folgen, die denkbar sind, wenn dem Prinzip der Wirtschaftlichkeit gegenüber den beiden anderen Prinzipien Vorrang eingeräumt wird!

2: Betriebliche Prozesse

(1) Beschreiben Sie einen güterwirtschaftlichen Prozeß eines holzverarbeitenden Unternehmens, der vom Beschaffungsmarkt über das Unternehmen bis zum Absatzmarkt verläuft!

(2) Erläutern Sie einen informationellen Prozeß, der von der Unternehmensleitung dieses holzverarbeitenden Unternehmens ausgeht und die Fertigungsabteilung betrifft!

(3) Erklären Sie einen entsprechenden finanzwirtschaftlichen Prozeß, der vom Absatzmarkt dieses Holzverarbeiters ausgeht und beim Beschaffungsmarkt endet!

3: Interne/externe Teilnehmer

(1) Erstellen Sie eine Tabelle, die in der Vertikalen verschiedene interne Teilnehmer (Vorstand, Aufsichtsrat, Abteilungs- bzw. Gruppenleiter, Sachbearbeiter, Betriebsrat) am betrieblichen Geschehen enthält! Gehen Sie dabei jeweils in der Horizontalen auf die Ebenen, Zuständigkeiten und Aufgaben dieser Teilnehmer ein!

(2) Ergänzen Sie die folgende Tabelle für externe Teilnehmer:

Externe Teilnehmer	Merkmale	Bedeutung im Hinblick auf	Einfluß
Lieferanten	Hauptlieferant		
Kunden	Stammkunde		
Konkurrenten	Hauptkonkurrent		
Kreditinstitute	Hausbank		

(3) Ergänzen Sie die folgende Tabelle:

Sonstige Teilnehmer	Merkmale	Bedeutung	Einfluß
Aktionär	Eigenkapitalgeber		
Berater	Fachkompetenz		

4: Kennzahlen

Gehen Sie von folgendem Markt der Automobilindustrie aus, zu dem folgende Unternehmen gehören:

Daten \ Unternehmen	A	B	C
Umsatz (Mrd DM)	76	27	22
PKW-Produktion (Stck.)	3 Mio	1 Mio	880.000
Beschäftigte	270.000	56.000	48.000
Marktanteil	23 %	17 %	11 %
Erfolg (Mrd DM)	1,8	1,7	0,2
Sollkosten	73,0	26,0	21,0
Istkosten	74,2	25,3	21,8

Ermitteln Sie für alle drei Unternehmen die jeweiligen Kennzahlen und interpretieren Sie das Ergebnis!

(1) Wirtschaftlichkeit
(2) Arbeitsproduktivität
(3) Umsatzrentabilität

5: Liquidität

Die Heinrich Lanz GmbH weist folgende Bilanz auf:

Aktiva		Bilanz	Passiva
Grundstücke	1.200.000	Eigenkapital	1.500.000
Maschinelle Anlagen	600.000	Rückstellungen (langfristig)	250.000
Vorräte	900.000	Verbindlichkeiten (langfristig)	620.000
Forderungen (an Kunden)	820.000	Verbindlichkeiten (kurzfristig)	600.000
Postscheck	300.000	Gewinn	930.000
Kasse	80.000		
	3.900.000		3.900.000

Aufgaben/Fälle

(1) Berechnen Sie die Liquidität 1. Grades und interpretieren Sie das Ergebnis!
(2) Ermitteln Sie die Liquidität 2. Grades und interpretieren Sie das Ergebnis!
(3) Berechnen Sie die Liquidität 3. Grades und interpretieren Sie das Ergebnis!

6: Faktor-/Branchenbezug

(1) Auf welche Produktionsfaktoren sind materialintensive, anlageintensive und arbeitsintensive Unternehmungen ausgerichtet?

(2) Zu welchen Branchen gehören folgende Unternehmen?

    (a) Henkel KGaA
    (b) Gerling Konzern
    (c) KfW Kreditanstalt für Wiederaufbau
    (d) Hapag-Lloyd
    (e) C & A Brenninkmeyer KG
    (f) Danzas GmbH
    (g) Feldmühle AG
    (h) Touristik Union International (TUI)

(3) Eine Maschinenfabrik möchte einen Teil ihrer Produktion ins Ausland verlegen. Welche Kriterien können Bestandteil der Auslandsorientierung sein?

7: Größe des Unternehmens

Entscheiden Sie, ob die folgenden Unternehmen nach § 267 HGB zu den Klein-, Mittel- oder Großbetrieben zu zählen sind!

(1) Unternehmen X hat eine Bilanzsumme von 15 Millionen DM, 33 Mill. DM Umsatz und 1.000 Beschäftigte.

(2) Unternehmen Y beschäftigt 60 Mitarbeiter, hat eine Bilanzsumme von 3,8 Mill. DM und erzielt sieben Millionen DM Umsatz.

(3) Unternehmen Z weist 30 Millionen DM Umsatz und 12 Millionen DM Bilanzsumme auf. Es beschäftigt 200 Mitarbeiter.

8: Entscheidungen

(1) Welche Aktivitäten sind welcher Phase des Willensbildungsprozesses zuzurechnen?

    (a) Produktivitätsrückgang   (e) Fehlzeitenanstieg
    (b) Stellenanzeige   (f) Kreditangebot
    (c) Produktionsverlagerung   (g) Mitarbeiterentlassung
    (d) Angebotsvergleich

(2) Ein Computerhersteller hat ein Gerät entwickelt, was in der Lage ist, jedes gesprochene Wort in jede gewünschte Fremdsprache zu übersetzen. Das Gerät ist sehr klein und

handlich. Das Unternehmen steht vor der Entscheidung, den Sprachcomputer in Serie zu produzieren. Auf dem Markt gibt und gab es bisher keine ähnliche Entwicklung.

Handelt es sich dabei um eine Entscheidung unter Risiko oder unter Unsicherheit und warum?

(3) Welche Entscheidungen sind den Gründungs-, Organisations-, Durchführungs-, Zusammenschluß- bzw. Krisenentscheidungen zuzurechnen?

(a) Aufnahme eines stillen Gesellschafters
(b) Einkaufskooperation
(c) Einrichtung eines Stabes
(d) Implementierung des Controllings im Unternehmen
(e) Entscheidung zugunsten einer neuen Produktionsanlage
(f) Antrag auf Zwangsvergleich
(g) Eröffnen eines Importkartells
(h) Umfirmierung einer GmbH in eine AG.

9: Bereiche

Welchen Unternehmensbereichen sind die folgenden Aufgaben zuzurechnen?

Aufgabe	Aufgabeninhalt	Bereiche
1	Planung von Vorgabezeiten	
2	Disposition von Kursen für Mitarbeiter	
3	Güterbeschaffung von Lieferanten	
4	Erstellung von EDV-Programmen	
5	Ermittlung des Bilanzgewinns	
6	Frühwarnindikatoren erfassen	
7	Forderungen eintreiben	
8	Rabattpolitik betreiben	
9	Umfrage durchführen	
10	Ausgabe neuer Aktien	
11	Einschaltung eines Personalberaters	
12	Abrufen von Internetdaten	
13	Auswertung der Kosten- und Leistungsrechnung	
14	Aufstellen eines Produktszenarios	
15	Anwendung des neuen Entgeltfortzahlungsgesetzes	

10: Führung

(1) Wie werden die Unternehmensleiter bei den einzelnen Rechtsformen der Unternehmen bezeichnet?

(2) Welche der folgenden Aufgaben obliegt der Gruppenleitung?

(a) Operative Planung
(b) Entscheidung über das Werbebudget
(c) Strategische Kontrolle

(d) Taktische Planung
(e) Unternehmensziele festlegen
(f) Finanzcontrolling.

(3) In Ihrer Gruppe befindet sich der 26jährige Lagerverwalter Herr Unhold, der seit einer Woche die Urlaubsvertretung für den 50jährigen Lagerverwaltungsleiter Herrn Lanz übernommen hat. Dieser ist als fähiger und arbeitsamer Vorgesetzter bekannt. Herr Unhold ist schon einige Male aufgefallen, weil er sich wichtig macht und Kollegen hinter deren Rücken zu »verkaufen« versucht. Heute kommt er in Ihr Büro und beschuldigt Herrn Lanz der Unfähigkeit. Außerdem gibt er an, daß an dem Arbeitsplatz von Herrn Lanz wesentlich weniger Arbeit zu verrichten sei als an seiner eigenen Stelle.

(a) Was verstehen wir unter einer Intrige?
(b) Erläutern Sie Persönlichkeitsmerkmale von Intriganten!
(c) Wie führen Sie Herrn Unhold in der obigen Situation?

11: Bürgerliches Recht

Beurteilen Sie folgende Rechtssituationen und begründen Sie, in welchen Fällen es sich um wirksame, anfechtbare oder nichtige Rechtsgeschäfte handelt:

(1) Ein siebzehnjähriger Auszubildender hat sich ein teueres Auto gekauft. Der Verkäufer hielt ihn für einen Achtzehnjährigen. Der Vater des Auszubildenden verweigert das Geld für das Auto.

(2) Ein Sechsjähriger benutzt das Wechselgeld aus dem Einkauf für seine Mutter, um Wundertüten zu kaufen. Die Mutter bringt die aufgerissenen Tüten zum Händler und fordert das Geld zurück.

(3) Eine neunzehnjährige Praktikantin nimmt an einem Kiosk wortlos eine Zeitung vom Stapel, bezahlt den entsprechenden Preis und geht ohne Gruß weiter.

(4) Herr Angst kauft in einem Laden Waren, die er eigentlich gar nicht benötigt. Der Händler hatte ihm nämlich gedroht, andernfalls den Arbeitgeber von Herrn Angst davon zu unterrichten, daß er früher im Laden des Händlers einen Diebstahl begangen hat.

(5) Herr Mayer kauft per schriftlichen Vertrag von Herrn Geistlos ein Grundstück im Wert von 100.000,- DM.

12: Handelsrecht

In den Unternehmen werden Rechtshandlungen vorgenommen, für die das Handelsrecht Anwendung findet. Entscheiden und begründen Sie, ob die folgenden Handlungen wirksam sind:

(1) Ein Minderkaufmann stellt einen Prokuristen ein.

(2) Der Vollkaufmann und Chef des Einzelprokuristen Hurtig hat das Unterschreiben von Wechseln im Namen der Firma (Textilhandel) ausdrücklich verboten. Dennoch unterzeichnet Hurtig einen Wechsel und bringt ihn in Umlauf. Muß der Vollkaufmann am Verfalltag bezahlen?

(3) Herr Hurtig nimmt als Einzelprokurist Reisekoffer in das Warensortiment der Textilhandlung auf und kauft Koffer für 6.000 DM. Ist er dazu berechtigt?

(4) Um ein Grundstück bezahlen zu können, nimmt Frau Reis mit allgemeiner Handlungsvollmacht einen Kredit von 100.000 DM auf. Darf sie dieses Geschäft im Namen des Unternehmens tätigen?

(5) Herr Schnell ist als Inhaber eines kleinen Kfz-Meisterbetriebes freiberuflich tätig. Er vergrößert sein Unternehmen durch den Zukauf eines Autohauses. Ist Herr Schnell Kaufmann?

(6) Der Prokurist Peter Gedankenlos analysiert während des Urlaubes des Betriebsinhabers die Bilanz. Die Bilanzanalyse zeigt, daß das Unternehmen in Schwierigkeiten steckt. Prokurist Gedankenlos gibt eine Zeitungsanzeige auf. In dieser Anzeige bietet er ein Betriebsgrundstück zum Verkauf an.

13: Sonstiges Wirtschaftsrecht

(1) Entscheiden Sie, ob die folgenden Erzeugnisse bzw. Verfahren im Rahmen des gewerblichen Rechtsschutzes zu den Patenten, Gebrauchsmustern, Geschmacksmustern oder zu den Warenzeichen zu zählen sind!

  (a) Wortzeichen »Weizenperle«
  (b) Unfallsicherung bei einem Rasentrimmer
  (c) Erfindung eines neuen Erzeugnisses
  (d) Schnappverschluß bei einem Gartengerät
  (e) Muster der Tapete »Morgentau«
  (f) Mercedes-Stern

(2) Entscheiden Sie, ob die folgenden Vorgänge zum Individualarbeitsrecht oder zum kollektiven Arbeitsrecht gehören!

  (a) Dienstvertrag
  (b) Betriebsvereinbarung
  (c) Streik
  (d) Tarifvertrag
  (e) Regelungen über Ruhepausen (ArbZRG)

(3) Nach langer kontroverser parlamentarischer bzw. gesellschaftlicher Debatte über verschiedene Modelle der Pflegeversicherung ist diese ab 01.01.1995 in Kraft getreten. Beantworten Sie folgende Fragen!

  (a) Wie ist die Pflegeversicherung organisiert?
  (b) Wer ist versicherungspflichtig?
  (c) Worauf beziehen sich die Leistungen der Pflegeversicherung?
  (d) Wie finanziert sich die Pflegeversicherung?

14: Gründung

(1) Frau Sperber ist Spezialistin für Entsorgungsprobleme. In letzter Zeit hatte sie öfter Ärger mit ihrem Chef. Grund: Frau Sperber hatte eine sehr gute Idee, wie die Entsorgung

rationeller gestaltet werden könnte. Ihr Chef lehnt Umweltinvestitionen aber ab. Frau Sperber überlegt sich ernsthaft, ob sie sich selbständig machen sollte. Welche Motive könnten Frau Sperber insgesamt zur Gründung eines Unternehmens veranlassen?

(2) Frau Sperber hat sich entschlossen, den Weg in die Selbständigkeit zu wagen und möchte ein Recyclingunternehmen gründen: Welche sachlichen Voraussetzungen sollte sie beachten?

(3) Welche Angaben muß sie ins Handelsregister eintragen lassen, wenn sie dieses Recyclingunternehmen zusammen mit einem weiteren persönlich haftenden Geschäftspartner gründen möchte?

(4) Heinz Fuchs betreibt in Ludwigshafen eine Elektrogroßhandlung als Einzelunternehmen. Er erteilt seinem Angestellten Werner Lang am 01. Februar 1997 Einzelprokura und am 15. Februar 1997 erfolgt die Eintragung der Prokura ins Handelsregister.

(a) Ab wann kann Lang als Prokurist rechtsgültige Verträge für seine Firma abschließen?
(b) Welche Bedeutung hat die Eintragung in das Handelsregister?
(c) In welcher Abteilung des Handelsregisters werden die Eintragungen vorgenommen?
(d) Nehmen Sie an, daß das Einzelunternehmen von Heinz Fuchs am 12.05.1996 gegründet wurde, die Eintragung der Firma ins Handelsregister aber erst am 14.06.1996 erfolgte. Welche Wirkung hat die Handelsregistereintragung in diesem Falle?

15: Entwicklung

(1) Zeigen Sie positive und negative Entwicklungsmöglichkeiten auf, die mit einem güterwirtschaftlichen Prozeß in einem Unternehmen der Automobilindustrie gegeben sein können!

(2) Diskutieren Sie die Folgen, die sich aus folgenden positiven Einflüssen ergeben:

Positive Einflüsse	Folgen
Volle Auftragsbücher	
Hohe Arbeitszufriedenheit	

(3) Diskutieren Sie die Folgen, die sich aus folgenden negativen Einflüssen ergeben:

Negative Einflüsse	Folgen
Preiserhöhungen	
Gesetzliche Restriktionen	

16: Sanierung/Vergleich

Die Maschinenfabrik Hans Maier ist in finanzielle Schwierigkeiten geraten. Der hinzugezogene Unternehmensberater hält eine Sanierung für erfolgversprechend. Die Sanierungseröffnungsbilanz ergibt folgende Daten:

Aktiva	Sanierungseröffnungsbilanz		Passiva
Grundstücke	100.000 DM	Eigenkapital	120.000 DM
Gebäude	80.000 DM	Darlehn	180.000 DM
Waren	60.000 DM	Verbindlichkeiten	140.000 DM
Forderungen	140.000 DM		
Zahlungsmittel	40.000 DM		
Verlust	20.000 DM		
	440.000 DM		440.000 DM

Die Gläubiger erklären sich bereit, auf 20 % ihrer Forderungen zu verzichten. Der Sanierungsgewinn wird zum Ausgleich des Verlustes sowie zur Wertberichtigung auf uneinbringliche Forderungen verwendet.

(1) Lösen Sie die Sanierungseröffnungsbilanz in ihre Bestandskonten auf! Führen Sie die »Sanierungsbuchungen« durch und benutzen Sie dabei die Konten Sanierung und Wertberichtigung! Erstellen Sie die Sanierungsschlußbilanz!

(2) Welche Maßnahmen könnten darüber hinaus ergriffen werden, um die Sanierung zum Erfolg zu bringen?

(3) Nennen Sie wesentliche Schritte, die nach dem Antrag auf Eröffnung des gerichtlichen Vergleichsverfahrens erfolgen!

17: Konkurs

Der Konkursverwalter H. Gründlich ermittelt aus den Büchern der Firma Säumig GmbH folgende Werte:

Bargeld und Bankguthaben	7.000 DM
Grundstücke	150.000 DM
Maschinen und Geschäftsausstattung	60.000 DM
Waren	40.000 DM
Forderungen	30.000 DM
Sonstige Gläubigerforderungen	320.000 DM
Masseschulden und Massekosten	10.000 DM
bevorrechtigte Gläubigerforderungen	6.500 DM

Die angegebenen Waren sind für 10.000 DM auf Eigentumsvorbehalt gekauft. Eine Maschine im Wert von 5.000 DM ist sicherungsübereignet. Die Grundstücke sind mit einer Hypothek in Höhe von 120.000 DM belastet.

Aufgaben/Fälle

(1) Erstellen Sie eine übersichtliche Tabelle!
(2) Ermitteln Sie die Restmasse!
(3) Wie hoch ist die Konkursquote?

18 : Liquidation

(1) Die Schiffswerft Arnold GmbH soll aufgelöst werden. Erstellen Sie aus folgender vereinfachten Schlußbilanz die Liquidations-Eröffnungsbilanz!

Aktiva		Schlußbilanz		Passiva
Anlagevermögen	2.000.000 DM	Stammkapital		4.000.000 DM
Umlaufvermögen	3.600.000 DM	Verbindlichkeiten		1.600.000 DM
	5.600.000 DM			5.600.000 DM

Berücksichtigen Sie bei der Eröffnungs-Liquidationsbilanz, daß das Anlagevermögen um 150.000,- DM und das Umlaufvermögen um 100.000,- DM zu hoch bewertet wurden!

(2) Warum ist eine Firma die sich in Liquidation befindet, mit dem Zusatz i.L. zu versehen?

(3) Nachdem die Schiffswerft Arnold GmbH verkauft wurde, können folgende Daten ermittelt werden:

Erzielter Verkaufserlös	5.800.000 DM
Veräußerungskosten	143.000 DM
Summe der Buchwerte des Betriebsvermögens	5.350.000 DM

Ermitteln Sie den Veräußerungsgewinn!

19 : Offene Handelsgesellschaft

An einer OHG, die einen Jahresreingewinn von 77.900 DM erzielt, sind mit einer Gesamteinlage von 200.000 DM folgende drei Gesellschafter beteiligt:

Gesellschafter A mit 65 %
Gesellschafter B mit 25 % und
Gesellschafter C mit dem Rest des Kapitals.

(1) Wie hoch sind die Gewinnanteile der Gesellschafter nach § 121 HGB? Erstellen Sie eine übersichtliche Tabelle!
(2) Welche Vor- und Nachteile hat die Gründung einer OHG gegenüber einem Einzelunternehmen?
(3) Die Maier OHG wird durch drei Gesellschafter geführt. Außer H. Maier gibt es die Gesellschafter C. Geiger und T. Weber. Herr Weber hat im Namen der Gesellschaft eine neue Produktionsmaschine gekauft. Kann der Lieferant die Zahlung der Maschine von Herrn Maier verlangen?

20 : Kommanditgesellschaft

(1) Vergleichen Sie einen Einzelunternehmer und einen Kommanditisten anhand folgender Kriterien:

	Einzelunternehmer	Kommanditist (KG)
Leitung		
Firma		
Gewinn-verteilung		
Information		
Privat-entnahme		
Widerspruchs-recht		
Einlage-pflicht		
Haftpflicht		

(2) Hans Froh hat 80.000 DM geerbt. Er ist noch unschlüssig, ob er ein Einzelunternehmen gründen oder das Geld in der Firma Adler & Münzer KG als Teilhafter anlegen soll. Der Vollhafter Adler ist mit 240.000 DM und der Vollhafter Münzer mit 200.000 DM an dieser KG beteiligt.

Nehmen Sie an, daß Herr Froh das geerbte Geld als Einlage in die KG einzubringen beabsichtigt. Wie hoch ist sein Gewinnanteil nach § 168 HGB, wenn der Reingewinn 160.000 DM beträgt und ein Verhältnis von 2:2:1 für A, M und F von den Gesellschaftern als angemessen unterstellt wird. Erstellen Sie eine übersichtliche Tabelle!

(3) Was raten Sie Herrn Froh, wenn er zwar das obige Kapital in einem Unternehmen anlegen, sich aber nicht an der Unternehmensführung beteiligen möchte.

21 : Stille Gesellschaft/GdbR

(1) Klaus Klein ist Einzelunternehmer und möchte sein Unternehmen vergrößern, ohne aber die Vorteile als Einzelunternehmer zu verlieren. Er entschließt sich zur Aufnahme eines stillen Gesellschafters.

Aufgaben/Fälle 475

(a) Wie kann sich ein stiller Gesellschafter finden lassen?
(b) Wie kann eine stille Gesellschaft enden?

(2) An einer großen Brücke über den Rhein, die erheblich zu renovieren ist, lesen Sie als Verkehrsteilnehmer die Aufschrift: »Hier baut die ARGE PYLON«. Erläutern Sie, was diese Aufschrift bedeutet!

(3) Karl Maier und seine Freunde, die alle am Samstag-Lotto teilnehmen, sitzen montags am Stammtisch zusammen. Dabei ergibt sich eine Diskussion darüber, wie künftig die Erfolgschancen des gemeinsamen Lottospiels erhöht werden können. Karl Meier unterbreitet den Vorschlag, sich künftig zu einer Gesellschaft als Lottogemeinschaft zusammenzuschließen.

(a) Welche Gesellschaftsform ist hier von einem Rechtsanwalt zu empfehlen?
(b) Wer vertritt die Gesellschaft?

22 : Gesellschaft mit beschränkter Haftung

(1) Hans Ketzer möchte eine Firma gründen, die als Hauptaufgabe das Verzinken, Vernickeln und Eloxieren von Gegenständen wahrnimmt. Er möchte Alleininhaber sein, aber nur mit seiner Einlage haften. Von einem Bekannten hört er, daß die GmbH eine geeignete Rechtsform sei. Kann Herr Ketzer die GmbH allein gründen? Welche der folgenden Namen könnte die Firma nach dem GmbHG tragen?

(a) Hans Ketzer Oberflächentechnik GmbH
(b) Hans Ketzer GmbH
(c) Hans Ketzer
(d) Oberflächentechnik GmbH.

(2) Hans Ketzer möchte darüber hinaus von Ihnen wissen, wie sich Stammkapital, Stammeinlage sowie Geschäftsanteil voneinander unterscheiden.

(3) Außerdem fragt sich Hans Ketzer, ob er das Stammkapital sofort in voller Höhe einzahlen muß.

23 : Aktiengesellschaft/KGaA

(1) Die Maschinenfabrik Hans Pfisterer GmbH konnte sich in den vergangenen Jahren erfolgreich im Markt positionieren. Herr Pfisterer spielt als 60jähriger Alleininhaber der Firma mit dem Gedanken, die Unternehmensleitung in andere Hände zu legen, ohne dabei die gesamte Entscheidungsbefugnis sofort abgeben zu müssen. Außerdem verspricht er sich viel davon, eine Kapitalerhöhung über den Aktienhandel an der Börse vorzunehmen. Inwiefern könnte dem Vorhaben von Herrn Pfisterer die Gründung einer AG entgegenkommen? Gehen Sie dabei auch auf die betreffenden Organe der AG ein!

(2) Vergleichen Sie die AG mit der GmbH im Hinblick auf die

(a) Mindesthöhe des gezeichneten Kapitals,
(b) Mindesthöhe der Einlage,
(c) Bezeichnung der Organe!

(3) Nennen Sie die Besonderheiten einer eventuell zu gründenden Hans Pfisterer KGaA!

24 : Sonstige Rechtsformen

(1) Der Unternehmer Karl Sauber hat die Absicht, zusammen mit Herrn Zünftig eine GmbH & Co KG zu gründen. Gegenstand des Unternehmens soll der Handel mit Gebrauchtwagen sein. Er möchte von Ihnen wissen,

   (a) was für eine GmbH & Co KG typisch ist,
   (b) was die Gesellschafter zu beachten haben,
   (c) wie die Rechtsverhältnisse einer evtl. zu gründenden AG & Co zu beurteilen sind.

(2) (a) Zählen Sie einige Beispiele für Genossenschaften auf!

   (b) Herr Koller ist in eine Volks- und Raiffeisenbank als Genosse eingetreten und hat eine Einzahlung von 1.000 DM geleistet. Nun ist er seit zwei Jahren an der Genossenschaft beteiligt. Im ersten Jahr ergab sich ein Verlust von 100 DM und im zweiten Jahr ein Gewinn von 250 DM. Die Beteiligung eines Genossen ist lt. Satzung auf höchstens 1.500 DM beschränkt. Im Falle eines Konkurses haftet der Genosse mit diesem Mindestbetrag bei beschränkter Nachschußpflicht.

   Ermitteln Sie das Geschäftsguthaben! Wie hoch ist die Haftsumme für Herrn Koller?

25 : Projektorganisation

Ein Großunternehmen hat den Auftrag erhalten, einen Autotunnel unter einem Eisenbahnknotenpunkt zu bauen. Dabei muß jedoch gewährleistet sein, daß das Bauvorhaben zu keinem Zeitpunkt die Unterbrechung des Schienenverkehrs nötig macht. Um dieses Großprojekt durchzuführen, entschließt man sich, eine Projektorganisation einzurichten.

(1) Aus welchen Funktionen bzw. Bereichen würden Sie die Mitglieder einer Projektgruppe hierfür rekrutieren?
(2) Welche Aufgaben sollte die Projektorganisation lösen?

26 : Aufbau-/Ablauforganisation

(1) Die Haushaltsgeräte GmbH in Mannheim hat etwa 6.000 Mitarbeiter. Zweigniederlassungen bzw. Zweigbüros existieren nicht. Sie erhalten den Auftrag, eine Organisationsform zu gestalten, die mindestens folgende Abteilungen enthält:

   - Einkauf
   - Marktforschung
   - Beschaffungslager
   - Personalwesen
   - Verkauf
   - Rechnungswesen
   - Finanzwesen
   - Materiallager
   - Werbung.

Aufgaben/Fälle

Beachten Sie, daß unterhalb des Vorstands drei Hauptabteilungen fungieren sollen, denen jeweils zwei bis drei Abteilungsleiter zu unterstellen sind.

(2) Lesen Sie den folgenden Text aufmerksam durch!

»In den heutigen mehr oder weniger stark diversifizierten Unternehmen finden wir häufig eine Organisationsform vor, die es aufgrund der unterschiedlichen Produkt/Markt-Felder, auf denen diese Unternehmen agieren, erforderlich macht, daß Strategien auf Geschäftsbereichsebene entwickelt werden. Unter dem Druck fortschreitender Diversifikation und Verzweigung sind viele Großunternehmen von der funktionalen Organisationsstruktur abgegangen und haben die bisherige Unternehmensstruktur primär nach dem Objektprinzip umgestaltet.«

(a) Bezeichnen Sie die Organisationsform und zeichnen Sie ein Organigramm, das die ersten drei Stufen dieses Aufbaus (einschließlich der Unternehmensleitung) enthält!
(b) Welche Zielsetzungen kann man mit diesem Aufbau verfolgen?
(c) Welche Probleme können mit diesem Aufbau verbunden sein?

(3) Die Krause Elektronik AG produziert elektronische Kleinteile. Seit einem Jahr wandert die Kundschaft verstärkt zur Konkurrenz ab. Nach eingehender Untersuchung zeigt sich, daß die Konkurrenzunternehmen für die Auslieferng der Artikel lediglich fünf Tage benötigen. Die AG dagegen braucht doppelt so viel Zeit.

(a) Was sollte die Krause Elektronik AG Ihrer Meinung nach tun, um wieder konkurrenzfähig zu werden?
(b) Als eine Ursache wurde die langwierige Bestellbearbeitung von Hand ermittelt. Welche Möglichkeiten hat das Unternehmen, um eine rationellere Bearbeitung zu erzielen?

27 : Unternehmenszusammenschlüsse

(1) In der Marktwirtschaft stehen die einzelnen Unternehmen in einem dauernden Wettbewerb um den Käufer. Auf der Angebotsseite kommt es dabei in zunehmendem Maße zu einem Konzentrationsprozeß.

Handelt es sich in folgenden Fällen um Beteiligungen, Kartelle oder Konzerne?

(a) Daimler Benz - Mercedes Benz - DASA - DEBIS
(b) Dresdner Bank - Allianz - Münchner Rückversicherung
(c) Heidelberger Zement - Dyckerhoff AG - Schwenk Zementwerk
(d) Ph. Holzmann - Hochtief - Strabag
(e) Bayer - Agfa - Rhein-Chemie - Faserwerke Lingen

(2) Fünf Einzelhandelsunternehmer gründen in der Fußgängerzone von Mannheim eine Interessengemeinschaft. Welche Ziele können die Selbständigen verfolgen?

(3) Geben Sie Beispiele für Aktionen dieser Interessengemeinschaft!

28 : Kartelle

Kartelle sind vertragliche Zusammenschlüsse von Unternehmen, die ihre kapitalmäßige und rechtliche Selbständigkeit erhalten. Die wirtschaftliche Selbständigkeit wird allerdings durch den Gegenstand der Kartellbildung eingeschränkt.

(1) Entscheiden Sie, ob die folgenden Kartelle Anmelde-, Widerspruchs- oder Erlaubniskartelle sind!

(a) Rationalisierungskartelle
(b) Syndikate
(c) Typenkartelle
(d) Rabattkartelle
(e) Exportkartelle mit Auslandswirkung
(f) Exportkartelle mit Aus- und Inlandswirkung.

(2) Wie funktionieren Syndikate?

(3) Wie beurteilen Sie die zunehmend starke Konzentration in der deutschen Wirtschaft?

(4) Welche Gesetze zur Kontrolle von Unternehmenszusammenschlüssen kennen Sie?

29 : Konzerne

(1) Die Maschinenfabrik Reich AG ist die Muttergesellschaft eines Konzerns mit folgender Struktur:

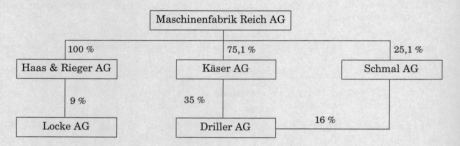

Klären Sie die jeweiligen direkten (a) bzw. indirekten (b) Beteiligungen der Muttergesellschaft an den entsprechenden Firmen!

(2) Ein Millionär hat die Absicht, mit 1,2 Millionen DM einen neuen Konzern zu strukturieren. Mit diesem Kapital könnte er theoretisch insgesamt 9 Millionen DM Kapital beherrschen. Er geht davon aus, daß ein dreistufiger Aufbau der Kapitalverflechtung nach dem Prinzip der Verschachtelung durchzuführen ist, wobei stets etwa 51 % des Aktienkapitals anderer Unternehmen beherrscht werden.

Zeigen Sie die Möglichkeiten der Verschachtelung schematisch auf!

30 : Verbände

(1) Entscheiden Sie, ob in den folgenden Fällen Fachverbände, Kammern, Arbeitgeberverbände oder sonstige Zusammenschlüsse gegeben sind und erläutern Sie die Abkürzungen!

(a) BDI
(b) BDA

(c) IHK
(d) DIHT

(2) Wie unterscheidet sich die IHK vom BDI?

(3) Nennen Sie drei Arbeitnehmerverbände!

31 : Führung/Instrumente

In der Fertigungs AG wird vom neuen Vorstand ein System eingeführt, bei dem die Personalführung auf der Grundlage von Zielen erfolgt, die zwischen den jeweiligen Vorgesetzten und seinem Mitarbeiter vereinbart werden.

Im Lagerbereich funktioniert dieses System nicht richtig, weil der Abteilungsleiter des Lagers die Zielsetzungen mit seinen Mitarbeitern nicht bespricht, sondern ihnen die Ziele aufzwingt. Er ist wenig zugänglich und schreit Herrn Eifrig sogar an, so daß bereits eine Beschwerde über diesen Vorgesetzten beim Betriebsrat vorliegt.

Als Herr Neuling in die Abteilung kommt, begeht der Abteilungsleiter wieder den Fehler, daß er wenig aufgeschlossen ist. Herr Neuling erfährt nur, welche Aufgaben er zu bewältigen hat. Ansonsten informiert ihn der Vorgesetzte nicht.

(1) Wie heißt die Führungstechnik, die der Vorstand der Fertigungs AG eingeführt hat? Welche weiteren Führungstechniken kennen Sie?

(2) Beschreiben Sie den Führungsstil, der gegenüber Herrn Eifrig angewendet wurde? Welcher Stil wäre hier angebracht gewesen?

(3) Worüber hätte der Abteilungsleiter Herrn Neuling informieren müssen?

32 : Leitung

Die Schuler AG hat etwa 9.000 Beschäftigte und wurde bisher von drei Direktoren geleitet:

- Naturwissenschaftlicher Direktor Fliege
- Kaufmännischer Direktor Klug
- Technischer Direktor Weise.

Direktor Fliege, der Generaldirektor war, wird in Pension gehen und durch Herrn Direktor Klaus ersetzt werden. Der Aufbau der Unternehmensleitung soll künftig so organisiert werden, daß die anfallenden Probleme kritischer beurteilt werden und die Urteilfindung nicht mehr vorrangig durch einen Generaldirektor erfolgt. Die Kommunikaton zwischen den Direktoren soll verbessert werden.

(1) Nach welchem Prinzip wurde die Unternehmensleitung bisher organisiert?

(2) Welche Nachteile hat dieses Organisationsprinzip?

(3) Unterbreiten Sie einen Vorschlag, nach welchem Prinzip die neue Zusammensetzung der Unternehmensleitung organisiert werden soll!

33 : Zielsetzung

(1) Formulieren Sie für die nächste Geschäftsperiode je ein meßbares Ziel für einen

    (a) Unternehmensleiter, der die Erhöhung des Jahresüberschusses als Ziel verfolgt!
    (b) Betriebsleiter, der an einer Anlage den Ausfall von Maschinenstunden reduzieren soll!
    (c) Gruppenleiter, dessen Auftragsvolumen gesteigert werden soll!

(2) Welche Beziehungen bestehen zwischen folgenden Zielen:

    (a) Die Fertigungszahlen sollen kommendes Jahr um 10 % erhöht, die Personalkosten in der Fertigung im gleichen Zeitraum um 3 % gesenkt werden.

    (b) Der Marktanteil soll im kommenden Jahr um 4 % gesteigert, der Ausschuß in der Fertigung um 2 % gesenkt werden.

    (c) Die Senkung der Materialkosten um 2 % führt bei gleichbleibenden Umsätzen zu einer Gewinnerhöhung.

34 : Prozeß

(1) Der Erfolgsplan der Firma Sportwagen AG, die im Jahre 1996 mit 550.000 Beschäftigten einen Umsatz von 29 Milliarden DM bei 28,3 Mrd. Gesamtkosten und einen Marktanteil von 6 % erzielt hat, sieht für die Zeit von 1997 bis zum Jahr 2000 folgende Planwerte vor:

Die Umsätze steigen 1997 und 1998 auf je 30 Mrd. DM. In den daraufffolgenden Jahren wird der Umsatz bis ins Jahr 2001 auf je 32 Mrd. DM pro Jahr geschätzt. Die Schätzung der Kosten dieser Firma ergeben ab 1999 Kosten in Höhe von 31 Mrd. DM pro Jahr. Für 1997 wird ein Kostenbetrag von 28,8 Mrd. DM und für 1998 werden 29 Mrd. DM veranschlagt.

Erstellen Sie eine übersichtliche Tabelle für die Erfolgsplanung der Firma Sportwagen AG für die Jahre 1996 bis 2001! Ermitteln Sie den jeweiligen Erfolg und kommentieren Sie das Ergebnis!

(2) Zu den obigen Kostensteigerungen hat erheblich der Materialbereich beigetragen. Welche der folgenden Aufgaben werden nicht im Materialbereich durchgeführt?

    (a) Bedarfsmeldung abgeben   (e) Einkaufskarteien führen
    (b) Lagerkarteien führen   (f) Wechsel bearbeiten
    (c) Kreditantrag stellen   (g) Kalkulation der Preise
    (d) Waren einordnen und pflegen   (h) Angebote vergleichen.

(3) Welche Arten der Kontrolle sind in den folgenden Fällen jeweils gemeint?

    (a) Der Materialwirtschaftsleiter stellt fest, daß ein bestimmter Arbeiter das ganze Jahr über sehr diszipliniert ist und sich gut in sein Team einfügt.

    (b) Der Fertigungsleiter prüft stichprobenartig das Zählwerk einer Maschine, das die produzierte Stückzahl ausweist.

    (c) Der Marketingleiter kontrolliert die Umsätze seiner Verkäufer für das vergangene Jahr.

Aufgaben/Fälle

Tragen Sie die jeweiligen Kontrollmerkmale mit Punkten in das folgende Schema ein!

	Kontrollobjekt		Kontrollart		Vorgehensweise		Umfang	
	Ergebnis-kontrolle	Verhaltens-kontrolle	Selbst-kontrolle	Fremd-kontrolle	Personelle Kontrolle	Automatische Kontrolle	Einzel-kontrolle	Gesamt-kontrolle
(a) Materialwirtschaftsleiter								
(b) Fertigungsleiter								
(c) Marketingleiter								

35 : Strategie

Die Kennziffern von Unternehmen der Kraftfahrzeugbranche ergeben folgende Marktanteile (in % der PKW-Neuzulassungen):

> Unternehmen A: 21 %
> Unternehmen B: 17 %
> Unternehmen C: 9 %
> Unternehmen D: 7 %
> Unternehmen E: 6 %

Bei allen diesen Unternehmen ist die Umsatzrentabilität zurückgegangen. Die Krise bereitet den Herstellern, Händlern und Importeuren große Probleme. Für das kommende Jahr erwarten die Experten (nur) etwa 3 Mio. PKW-Neuzulassungen.

Aufgrund der Absatzflaute und gestiegener Personalkosten sehen sich die PKW-Hersteller zu Anpassungsmaßnahmen gezwungen.

Entwickeln Sie in groben Zügen eine beispielgebende Strategie für den PKW-Hersteller A, die Aussagen über die

(1) Hauptstoßrichtung
(2) Hauptstrategien
(3) Bereichsstrategien enthält!

36 : Materialbedarfsplanung

(1) Im Kfz-Zubehörhandel der Ocker GmbH konnten folgende Daten ermittelt werden.

Artikelanzahl	Wert (Umsatz)
310	1.200.000 DM
110	3.400.000 DM
680	400.000 DM

(a) Ermitteln Sie die prozentualen Werte im Hinblick auf Gesamtwert und Artikelanteil!
(b) Warum sollte eine Bestellung bei den A-Artikeln ganz besonders durchdacht sein?

(2) Bei der Metall GmbH werden im März 5.000, im April 8.000 und im Mai 6.000 Erzeugnisse benötigt, die zu fertigen sind. Wie groß ist der Netto- und Bruttobedarf für ein Einzelteil, das vier mal in jedem Erzeugnis enthalten ist, wenn jeweils mit 10 % Zusatzbedarf gerechnet werden muß, der für Ausschuß und Ersatzteile anfällt, der Lagerbestand des Einzelteils Anfang März 2.000 Stück beträgt und im Februar bereits 1.000 Stück des Einzelteils nachbestellt wurden, deren Lieferung Mitte März zu erwarten ist.

(3) Der Materialbedarf beträgt im Mai 100, Juni 103, Juli 138, August 114, September 126, Oktober 98, November 169, Dezember 144 Stück.

   (a) Ermitteln Sie auf der Grundlage der letzten 6 Perioden den Vorhersagewert für Januar nächsten Jahres!

   (b) Wie hoch ist der Vorhersagewert für Februar nächsten Jahres, wenn der Materialbedarf im Januar tatsächlich 150 Stück beträgt?

   (c) Ermitteln Sie den Vorhersagewert auf der Grundlage der letzten 6 Perioden für Januar, wenn die Perioden mit 6 %, 9 %, 13 %, 18 %, 24 %, 30 % gewichtet werden!

37 : Materialbestands/-beschaffungsplanung

(1) In der Schmidtke KG werden die Materialbestände sorgfältig geplant. Entscheiden Sie, welche Bestandsart jeweils gemeint ist!

   (a) Lagerbestand, der durch körperliche Erfassung der im Lager gegebenen Gegenstände erfaßt wird.

   (b) Lagerbestand, der gegeben sein muß, damit das Unternehmen seine Leistungsbereitschaft (auch bei Lieferproblemen) erhalten kann.

   (c) Lagerbestand, der maximal am Lager sein darf, damit die Kapitalbindung nicht zu groß wird.

   (d) Lagerbestand, der im Rechnungswesen geführt wird und der sich aus Zu- und Abgängen ergibt.

   (e) Lagerbestand, bei dessen Erreichen neues Material zu beschaffen ist.

(2) Die Schmidtke KG fertigt Zulieferteile in Serienfertigung. Sie hat für ein fremdbezogenes Einzelteil einen Jahresbedarf von 5.000 Stück. Der Einstandspreis beträgt 0,50 DM/Stück, die Bestellkosten betragen 40 DM pro Bestellung. Der Lagerhaltungskostensatz wird mit 20 % des durchschnittlichen Lagerbestandes angesetzt.

(3) In den letzten Jahren führten viele Unternehmen das Just-in-time-Prinzip ein. Mittlerweile kann man beobachten, daß einige Betriebe die ausschließlich fertigungssynchrone Beschaffung durch die Bildung von kleinen Lagern ergänzen. Worin können die Gründe hierfür liegen?

38 : Materialwirtschafts-Durchführung

(1) In der Firma Petersen & Sohn wird der Stoffverbrauch nicht belegmäßig erfaßt. Der Verbrauch von Schrauben M 8 soll für das erste Quartal 1997 festgestellt werden.

Der Bestand am 31.12.1996 betrug 70 Packungen à 250 Schrauben. Bestellt worden sind am 10.01.1997 und am 20.02.1997 je 100 Packungen à 400 Schrauben, die 3 Tage danach geliefert wurden. Die Inventur am 31.03.1997 ergibt, daß noch 20 Packungen à 250 Schrauben und 65 Packungen à 400 Schrauben vorhanden sind.

Welche Methode wird zur Verbrauchsermittlung angewendet und wieviel Schrauben wurden im ersten Quartal 1997 verbraucht?

(2) Die Maschinenbau GmbH benötigt 400 Zulieferteile für ihre Fertigung von Fräsmaschinen. Sie holt drei Angebote ein:

- Die Kleinschmidt OHG fordert einen Stückpreis von 25 DM. Bei Bezug von weniger als 500 Teilen erhebt sie einen Mindermengenzuschlag von 5 %. Die Teile werden frei Haus geliefert, bei Zahlung innerhalb von 14 Tagen nach Rechnungsstellung ist ein Skontoabzug von 2 % möglich.

- Die Petersen GmbH berechnet 23 DM/Stück, zahlbar netto Kasse binnen 30 Tagen. Für Verpackung werden pro 100 Stück 6 DM berechnet, die Lieferung erfolgt frei Haus.

- Die Adolf Schmidt KG bietet die Teile für 30 DM/Stück an. Bei Zahlung innerhalb von 10 Tagen nach Rechnungsstellung ist ein Skontoabzug von 4 % möglich. Bei einer Bestellung von mehr als 300 Stück werden keine Verpackungskosten berechnet. Die Lieferung erfolgt frei Haus.

Ermitteln Sie - unter Ausnutzung möglicher Skonti - die Anschaffungswerte pro Stück! Stellen Sie fest, welches das vorteilhafteste und welches das am wenigsten vorteilhafte Angebot ist!

(3) Entscheiden Sie, welche Begriffe der Materiallagerung in den folgenden Fällen gemeint sind!

(a) Nach oben sehr umfassende Läger, die mit einer großen Zahl spezialisierter Hebe- und Förderwerkzeuge arbeiten und EDV-gesteuert sind. Die einzelnen Regale sind durch Gänge getrennt.

(b) Sammelbegriff für Lagergegenstände, die als Belade-, Entlade-, Transport- bzw. Hilfsgeräte bezeichnet werden.

(c) Läger, die nach außerhalb des Unternehmens gerichtet sind und Puffer zwischen dem Beschaffungsrhythmus und dem Fertigungsrhythmus bilden.

(d) Läger, die nach Abschluß der Fertigung Fertigprodukte, Ersatzteile, Halbfabrikate und Waren aufnehmen, und dazu dienen, die Schwankungen des Absatzmarktes aufzufangen.

(e) Prüfungsart, bei der die Warenbegleitpapiere (z.B. Lieferschein) mit den Bestellunterlagen (z.B. Auftragsnummer) verglichen werden.

(f) Prüfungsart, bei der festgestellt wird, ob die Lieferantenrechnung rechnerisch in Ordnung ist.

39 : Materialwirtschafts-Kontrolle

In der Hubert Breyer GmbH beträgt der Jahresanfangsbestand für Produkt X im Jahre 19XY 12.000 Stück. Die Summe der Monatsbestände umfaßt einen Betrag von 118.000 Stück. Der Jahresverbrauch beläuft sich auf insgesamt 80.000 Stück. Errechnen Sie

(1) den durchschnittlichen Lagerbestand!
(2) die Umschlagshäufigkeit der Ware!
(3) die Lagerdauer der Ware!

40 : Fertigungsbereich (Erzeugnisplanung)

(1) Ein Unternehmen fertigt drei Arten von Erzeugnissen. Dafür benötigt es die Einzelteile T1, T2, T3, T4, T5, T6. Die Mengenstücklisten der Erzeugnisse haben folgendes Aussehen:

E 1		E 2		E 3	
Bezeichnung	Menge	Bezeichnung	Menge	Bezeichnung	Menge
T1	1	T2	2	T1	2
T2	2	T3	1	T3	1
T5	1	T4	3	T4	2
T6	2	T5	2		

Wie können die Verwendungsnachweise dazu aussehen?

(2) Wie unterscheiden sich die Merkmale technischer Zeichnungen von denen eines Zeichnungssatzes?

41 : Fertigungsbereich (Arbeits-/Prozeßplanung)

(1) Klären Sie, welches der folgenden Arbeitspapiere jeweils gemeint ist!
   (a) Darstellung, in der das Erzeugnis graphisch beschrieben wird.
   (b) Karte, die jeden Arbeitsgang zur Erstellung des Produktes zeigt.
   (c) Karte, die der Festlegung des zeitlichen Durchlaufs durch die Fertigungsstätten dient.
   (d) Plan, der das Vorgehen bei der Umstellung auf andere Betriebsmittel zeigt.
   (e) Beleg, der der Erfassung von Entnahmemengen aus dem Materiallager dient.
   (f) Beleg, welcher der Erfassung der Arbeitszeit und der Verrechnung der Lohnkosten dient.

(2) Aus der Prozeßplanung der Firma Peter Lederle ergeben sich die folgenden Daten für **ein** bestimmtes Produkt.

Nummer	Fertigungsablauf	Rüstzeit	Stückzeit
1	Bereitstellung		15 Minuten
2	Bearbeitungsgang A	10 Minuten	50 Minuten
3	Bearbeitungsgang B	20 Minuten	40 Minuten
4	Fertigungskontrolle		15 Minuten

Während die Transportzeit für den ganzen Prozeß 400 Minuten beträgt, fallen als Liegezeit insgesamt 800 Minuten an. Gehen Sie von einer Fertigung von 10 Stück aus! Ermitteln Sie die Durchlaufzeit in Stunden!

42 : Marketing (Marktforschung)

Die Info AG betreibt intensive Marktforschung. Sie versucht, durch systematische und methodisch einwandfreie Untersuchungen marktbezogene Informationen zu erlangen.

(1) Handelt es sich bei den folgenden Beispielen um objektive oder subjektive Daten?

(a) Marktanteil der Konkurrenz
(b) Prestige
(c) Sicherheitsgefühl
(d) Kaufkraft pro Haushalt
(e) Produktakzeptanzanalyse
(f) angenehmer Geruch.

(2) Erklären Sie, welche Informationen durch die Analyse von Kundenreklamationen gewonnen werden können!

(3) Gehen Sie davon aus, daß Sie in der Info AG als Marktforscher arbeiten. Entscheiden Sie, welche Methoden bei den folgenden Gegebenheiten in Frage kommen:

(a) Wirkung wöchentlicher Kaufaktivitäten der Haushalte im Hinblick auf Lebensmittel.

(b) Untersuchung der Aufmerksamkeit von Passanten, die an einem Schaufenster vorbeigehen.

(c) Bestimmte Wünsche von Käuferinnen in einer Parfümerie.

(d) Wirkung einer neuen Verpackung eines Seifenproduktes.

(e) Meinungen von Kunden über bestimmte Funktionen einer Waschmaschine.

43 : Marketingpläne

(1) Die Süßwaren GmbH verkaufte 19XY für 600 Mill. DM eine spezielle Zuckerware. Die übrigen Konkurrenten am Inlandsmarkt verkauften für 1.600 Millionen DM diese Süßigkeiten. Die gesamte Aufnahmefähigkeit des europäischen Marktes für diese Süßwaren wird auf 10.000 Millionen DM geschätzt.

(a) Berechnen Sie das inländische Marktvolumen einschließlich des Umsatzes der Süßwaren GmbH!

(b) Ermitteln Sie den Marktanteil der Süßwaren GmbH im Inland, indem Sie deren Umsatz in das Verhältnis zum gesamten Marktvolumen an Süßwaren setzen!

(2) Marketing-Maßnahmenplan

Welche Bedeutung hat das marketingpolitische Instrumentarium bei folgenden Produkten? Verwenden Sie die Begriffe gering, mittel und hoch!

Marketingpolitik	Instrumente im einzelnen	Sparkonto	Kfz-Verkauf (Neuwagen)	Haar-schnitt
Produktpolitik	Programmpolitik			
Distributions-politik	Direkter Absatzweg			
Kontrahierungs-politik	Preispolitik			
Kommunikations-politik	Werbung			

(3) Kostenplan

Die Schoko AG bringt ein neues Produkt auf den Markt. An geplanten Marketingkosten fallen im einzelnen an:

Allgemeine Werbekosten (jährlich)	45.000 DM
Druckkosten für Prospekte (jährlich)	5.800 DM
Verkäuferschulung (jährlich)	12.000 DM
kalkulatorische Prämien (monatlich)	6.000 DM
kalkulatorische Provision (monatlich)	8.000 DM
Einstellung von zwei neuen Mitarbeitern (monatlich)	9.000 DM

(a) Ermitteln Sie die geplanten Gesamtkosten für das Jahr!
(b) Kennzeichnen Sie die fixen und variablen Kostenbestandteile!

44 : Produktpolitik

(1) Die Haushaltsgeräte GmbH bietet sechs Produktgruppen A bis F in unterschiedlichen Ausführungsformen an:

A1	B1	C1	D1	E1	F1
A2	B2	C2	D2	E2	F2
A3		C3	D3	E3	F3
		C4	D4		F4
					F5

Wie kann sich das Leistungsprogramm ändern, wenn

(a) Produktdifferenzierung
(b) Produktdiversifizierung

betrieben werden?

(2) Inwieweit ist folgender Satz zutreffend:

»Ein Produkt, das keinen Gewinn mehr abwirft, ist aus dem Leistungsprogramm zu entfernen.«

(3) Die Haushaltsgeräte GmbH stellt fest, daß sich die Produktgruppe »Küchenherde« in der Rückgangsphase befindet. Sie haben als Mitglied der Marketingabteilung die Aufgabe Vorschläge zu unterbreiten,

(a) ob eine Wiederbelebung der Produktgruppe möglich ist und wenn ja, mit Hilfe welcher Maßnahmen?

(b) Nennen Sie je drei allgemeine Produktgruppen, bei denen das Produktlebenszykluskonzept gut bzw. weniger gut anwendbar ist.

45 : Kontrahierungspolitik

(1) Die Preise ergeben sich durch das Zusammentreffen von Angebot und Nachfrage.

(a) Zeichnen Sie eine Angebotskurve und eine Nachfragekurve in ein Koordinatensystem! Erklären Sie beide Kurven und bestimmen Sie graphisch den Gleichgewichtspreis!

(b) Zeigen Sie anhand einer zweiten Zeichnung, wie sich der Marktpreis verändert, wenn sich bei konstanter Nachfrage das Angebot beträchtlich erhöht!

(c) Wie verändert sich der Preis, wenn die Nachfrage bei unverändertem Angebot sinkt?

(2) Geben Sie Beispiele für:

(a) Prämienpreise
(b) Promotionspreise!

(3) Warum sagt man: »Die Rabattpolitik dient der Feinsteuerung der Preise«?

46 : Distributionspolitik

(1) Der Geschäftsführer der Reeser Druckmaschinen GmbH hat sich für den direkten Absatz von Druckmaschinen entschieden. Welche Vor- und Nachteile hat der direkte Absatzweg?

(2) Ein Computerhersteller hat sich entschlossen seine PC's und Drucker über eine exklusive Fachhändlerkette abzusetzen. Davor konnten die Geräte nur über den Hersteller selbst bezogen werden. Weshalb könnte der Hersteller seinen Vertriebsweg umorganisiert haben?

(3) Welche Standortfaktoren spielen bei der Überlegung eine Rolle, ob Eigen- oder Fremdläger einzurichten sind?

47 : Kommunikationspolitik

(1) Welche Art der Kommunikationspolitik wird in den verschiedenen Beispielen angesprochen?

   (a) Im Fernsehen fährt der Held des Kriminalfilms einen Mercedes der S-Klasse. Das Produkt wird öfter deutlich in Szene gesetzt.

   (b) Ein Mitarbeiter der Stark-Zigaretten-AG verteilt am Marktplatz kostenlose Proben der Zigarettenmarke »Ernte 97«.

   (c) Mehrere Milchproduzenten vermarkten in Radiosendungen ihr Hauptprodukt.

   (d) Die Firma Busch-Türen AG wirbt für ihre Produkte, indem sie einem bekannten Fußballverein Trainingsanzüge mit werbendem Aufdruck schenkt. Der Verein erhält zusätzlich eine hohe Geldsumme.

(2) Ein Haarkosmetikunternehmen preist seine Produkte mit Hilfe zweier unterschiedlicher Kommunikationsstrategien an. Die erste Strategie erfolgt über die Medien. Die andere Strategie erfolgt über den Einsatz von Vertretern. Welche Ziele können die beiden getrennten Strategien verfolgen?

(3) Dasselbe Unternehmen startet acht Wochen vor Weihnachten eine Werbekampagne im Fernsehen, die durch Anzeigen in den Print Medien ergänzt wird. Neben der Produktwerbung wird auch gleichzeitig Werbung für das einzelne Friseurgeschäft betrieben. Welche Ziele verfolgt das Unternehmen?

48 : Marketingkontrolle

(1) Die Autositz AG hat einen Umsatz von 1 Milliarde DM erzielt, das entspricht einer Umsatzsteigerung gegenüber dem Vorjahr von insgesamt 10 Prozent. Der Vorstandsvorsitzende hat erklärt, daß die Umsatzsteigerung auch auf »psychische Wirkungen« der Werbung zurückzuführen ist. Nicht zuletzt deshalb wurde eine Zunahme des Marktanteils um 0,5 % erreicht.

Welche Informationen beschreiben den statistischen, ökonomischen und den außerökonomischen Erfolg der Autositz AG?

(2) Die folgenden Daten beziehen sich auf Ergebnisse der Harald Betsch GmbH, die in der vergangenen Periode erhebliche Werbe- und Verkaufsförderungsmaßnahmen gestartet hat. Interpretieren Sie die Werte der folgenden Tabelle, nachdem Sie die prozentualen Abweichungen vom Soll-Umsatz ermittelt haben!

Quartal	Soll-Umsatz in TDM	Ist-Umsatz in TDM	Abweichungen in %
I	200	300	?
II	220	360	?
III	240	490	?
IV	200	320	?

49 : Statische Investitionsrechnungen

(1) Ein Investitionsobjekt I erwirtschaftet bei einer Auslastung von 10.000 Stück/Jahr einen Ertrag von 220.000 DM/Jahr. Die Kosten betragen 185.000 DM/Jahr. Ein alternatives Investitionsobjekt II bringt lediglich einen Ertrag von 198.000 DM/Jahr bei Kosten von 164.000 DM/Jahr; die Auslastung ist kapazitätsbedingt auf 9.000 Stück/Jahr beschränkt.

Ermitteln Sie das vorteilhaftere Investitionsobjekt mit Hilfe der Gewinnvergleichsrechnung!

(2) Die Chemie AG plant die Anschaffung einer neuen Maschine. Eine Investition kommt für die Chemie AG grundsätzlich nur dann in Betracht, wenn die Rentabilität des Investitionsobjektes mindestens 20 % beträgt.

Es liegt folgendes Angebot vor:

Anschaffungskosten	DM	100.000
Nutzungsdauer	Jahre	8
Kapazität	Stück/Jahr	15.000
Fixe Kosten	DM/Jahr	19.000
Variable Kosten	DM/Jahr	90.000

Die Kapazität des Investitionsobjektes kann voll ausgeschöpft werden; die mit der Maschine gefertigten Erzeugnisse lassen sich für 8,50 DM/Stück verkaufen.

Als Kalkulationszinssatz sind 10 % anzusetzen.

Ermitteln Sie die von dem Investitionsobjekt zu erzielende Rentabilität und beurteilen Sie die Vorteilhaftigkeit der Maschine!

(3) Gehen Sie von folgenden Daten aus:

	Investitions- objekt I	Investitions- objekt II
Anschaffungskosten (DM)	240.000	180.000
Nutzungsdauer (Jahre)	6	6
Durchschnittlicher Gewinn (DM/Jahre)	36.000	29.000

Ermitteln Sie mit Hilfe der Amortisationszeit, welches der Investitionsobjekte das vorteilhaftere ist!

50 : Dynamische Investitionsrechnungen

(1) Die Chemie AG beabsichtigt, eine Investition vorzunehmen. Zwei Alternativen stehen zur Auswahl:

Maschine I kostet 90.000 DM und ist 6 Jahre nutzbar. Ihr Liquidationserlös wird mit 15.000 DM angesetzt. Als Zahlungsströme werden angenommen:

	Einnahmen	Ausgaben
1. Jahr:	52.000 DM	38.000 DM
2. Jahr:	56.000 DM	35.000 DM
3. Jahr:	65.000 DM	39.000 DM
4. Jahr:	62.000 DM	38.000 DM
5. Jahr:	55.000 DM	40.000 DM
6. Jahr:	48.000 DM	37.000 DM

Maschine II kostet ebenfalls 90.000 DM und ist 6 Jahre nutzbar. Mit einem Liquidationserlös wird in Höhe von 5.000 DM gerechnet. Die folgenden Zahlungsströme werden erwartet:

	Einnahmen	Ausgaben
1. Jahr:	60.000 DM	41.000 DM
2. Jahr:	68.000 DM	42.000 DM
3. Jahr:	67.000 DM	40.000 DM
4. Jahr:	55.000 DM	35.000 DM
5. Jahr:	48.000 DM	36.000 DM
6. Jahr:	40.000 DM	32.000 DM

Ermitteln Sie die vorteilhaftere der Maschine mit Hilfe der Kapitalwertmethode und berücksichtigen Sie dabei einen Kalkulationszinssatz von 8 %!

(2) Ein Unternehmen, das Zubehörteile für Kraftfahrzeuge fertigt, plant eine Investition. Mit Hilfe der Kapitalwertmethode wurden für zwei alternative Investitionsobjekte folgende Kapitalwerte errechnet:

	Investitionsobjekt I	Investitionsobjekt II
Kapitalwert bei einem Abzinsungsfaktor von 0,08	8.436	11.829
Kapitalwert bei einem Abzinsungsfaktor von 0,12	– 4.247	– 444

Ermitteln Sie unter Verwendung der Internen Zinsfuß-Methode, welche Investitionsobjekt das vorteilhaftere ist, wenn der Kalkulationszinssatz 10 % beträgt!

(3) Für eine Investition kommen zwei Objekte in Betracht:

Maschine I kostet 100.000 DM und ist 5 Jahre nutzbar; die jährlichen Überschüsse betragen

28.000 DM   36.000 DM   35.000 DM   32.000 DM   30.000 DM

Der Liquidationserlös wird mit 5.000 DM veranschlagt.

Maschine II kostet 80.000 DM und ist ebenfalls 5 Jahre nutzbar; die jährlichen Überschüsse betragen

22.000 DM   30.000 DM   28.000 DM   28.000 DM   20.000 DM

Ein Liquidationserlös fällt nicht an.

Ermitteln Sie mit Hilfe der Annuitätenmethode bei einem Kalkulationszinssatz von 8 %, welches Investitionsobjekt vorteilhafter ist!

Aufgaben/Fälle

51 : Investitionskontrolle

Die Bilanz der Autohaus GmbH in Gütersloh, die einen Umsatz von rund 7 Millionen DM erzielt, hat folgende Struktur:

Aktiva		**Bilanz**	Passiva
Anlagevermögen	690.000 DM	Eigenkapital	700.000 DM
Umlaufvermögen	1.570.000 DM	Fremdkapital	1.560.000 DM
Gesamtvermögen	2.260.000 DM	Gesamtkapital	2.260.000 DM

Wie hoch sind folgende Werte?

(1) Vermögenskonstitution
(2) Anlageintensität
(3) Umlaufintensität

52 : Planung im Finanzbereich

In der Firma Angermann & Söhne ist der Kapitalbedarf für die kommende Periode zu ermitteln. Es liegen folgende Daten vor:

Ausgaben für

Grundstück	280.000 DM
Gebäude	420.000 DM
Maschinen	80.000 DM
Betriebs- und Geschäftsausstattung	30.000 DM
Rohstoff-Lagerdauer	25 Tage
Lieferantenziel	10 Tage
Produktionsdauer	20 Tage
Fertigerzeugnis-Lagerdauer	5 Tage
Kundenziel	15 Tage
Durchschnittlicher täglicher Werkstoffeinsatz	5.000 DM
Durchschnittlicher täglicher Lohneinsatz	15.000 DM
Durchschnittlicher täglicher Gemeinkosteneinsatz	8.000 DM

Ermitteln Sie den

(1) Anlagekapitalbedarf,
(2) Umlaufkapitalbedarf,
(3) Gesamtkapitalbedarf!

53 : Beteiligungsfinanzierung

(1) Bei welchen Rechtsformen der Unternehmen fallen Kapitalkosten an?

	OHG	KG	GdbR	GmbH	AG
Kosten des Registergerichts					
Einkommensteuer					
Gewerbesteuer					
Körperschaftsteuer					
Kapitalertragsteuer					
Börsenumsatzsteuer					
Emissionskosten					

(2) Monika Maier möchte ihre Unternehmensberatungstätigkeit zu einer Management-Service Gesellschaft ausbauen. Dazu benötigt sie Kapital. Über eine Anzeige hat sie zwei Teilhaber gefunden. Man ist sich einig, die neue Gesellschaft in Form einer KG zu führen. Frau Maiers Unternehmenskapital beträgt als Vollhafterin 500.000 DM, Herr Frey (Vollhafter) bringt 200.000 DM und Frau Klein als Teilhafterin 100.000 DM in die neue Gesellschaft mit ein. Die Gerichtskosten betragen 14.000 DM und werden vom Gewinn bezahlt. Der Gewinn beträgt im ersten Jahr 300.000 DM vor Steuern. An Steuern fallen insgesamt 120.000 DM. an.

Führen Sie eine Gewinnverteilung durch! Es gelten die gesetzlichen Bestimmungen. Der restliche Gewinn wird im Verhältnis 10:4:1 verteilt.

54 : Fremdfinanzierung, kurzfristige

(1) Die Pharma GmbH bezieht chemische Rohstoffe von der Chemie AG. Die Rechnungsstellung erfolgt monatlich, wobei der Rechnungswert durchschnittlich 18.000 DM beträgt und die Zahlung innerhalb von 10 Tagen abzüglich 2 % bzw. innerhalb von 30 Tagen netto Kasse zu erfolgen hat.

Ermitteln Sie den effektiven Zinssatz für den Fall, daß die Pharma GmbH das Zahlungsziel ausnutzt!

(2) Der Lieferantenkredit ist der teuerste Kredit. Dennoch hat er auch Vorteile für den Kreditnehmer. Stellen Sie einige Vorteile zusammen!

(3) Zeigen Sie den schematischen Ablauf der Nutzung des Diskontkredites in einem Bild!

55 : Fremdfinanzierung, langfristige

(1) Die Stahlbau GmbH benötigt ein langfristiges Darlehen in Höhe von 200.000 DM für die Laufzeit von 6 Jahren.

Die **Stadtsparkasse** unterbreitet folgendes Angebot:

Zinssatz 8 %, Auszahlung 98 %, Tilgung Ende des 6. Jahres.

Die **Handelsbank GmbH** bietet als Konditionen:

Zinssatz 7 %, Auszahlung 95 %, Tilgung Ende des 6. Jahres.

Aufgaben/Fälle

Ermitteln Sie die effektiven Zinssätze und stellen Sie fest, welches Angebot vorteilhafter ist!

(2) Worin unterscheiden sich die Aktie und die Anleihe bei ihrer Ausgabe?

56 : Innenfinanzierung

(1) Die Maschinenfabrik Heinz Birsch GmbH schafft im Jahr 0 fünf Maschinen im Gesamtwert von 1.000.000 DM an. Die Maschinen werden mit 20 % linear abgeschrieben. Die Nutzungsdauer beträgt fünf Jahre. Für die Neuanschaffung einer Maschine müssen 200.000 DM gezahlt werden.

Wie hoch ist der Maschinenbestand am Ende des fünften Jahres bzw. am Jahresanfang des sechsten Jahres, wenn im 2., 3. und 4. Jahr je 200.000 DM und im 5. und 6. Jahr je 400.000 DM aus Abschreibungen investiert werden?

Benutzen Sie zur Berechnung folgendes Schema!

Jahr	Jahresanfang (JA) und Jahresende (JE)	Maschinenanzahl	Anschaffungswert in DM	Abschreibungen in DM	Investierte Summe aus Abschreibungen in DM	Restbuchwerte in DM	Nicht Investierte Summe aus Abschreibungen in DM
1	JA JE	5	1.000.000		—		—
2	JA JE				200.000		
3	JA JE				200.000		
4	JA JE				200.000		
5	JA JE				400.000		
6	JA				400.000		

(2) Welche betriebswirtschaftlichen Effekte ergeben sich aus obigem Vorgehen für die Maschinenfabrik Heinz Birsch GmbH?

57 : Finanzkontrolle

Die Bilanz der Angermann GmbH weist folgende Positionen aus:

Aktiva		**Bilanz**	Passiva
Anlagevermögen		*Eigenkapital*	
Grundstücke	600.000 DM	Gezeichnetes Kapital	1.000.000 DM
Maschinen	1.200.000 DM	Rücklagen	500.000 DM
Fuhrpark	250.000 DM		
		Fremdkapital	
Umlaufvermögen		Langfr. Verbindl.	450.000 DM
Werkstoffe	800.000 DM	Kurzfr. Verbindl.	1.800.000 DM
Erzeugnisse	500.000 DM		
Forderungen	100.000 DM		
Wertpapiere	100.000 DM		
Barmittel	200.000 DM		
	3.750.000 DM		3.750.000 DM

(1) Ermitteln Sie die Liquidität 1. Grades!
(2) Ermitteln Sie die Liquidität 2. Grades!
(3) Ermitteln Sie die Liquidität 3. Grades!

58 : Personalplanung

(1) Erstellen Sie eine Laufbahnplanung für den Führungsnachwuchs bei einem Kaufhauskonzern!

(2) Wie kann eine Besetzungsplanung aussehen?

(3) Wie hängen Bedarfsplanung, Bestandsplanung und Veränderungsplanung zusammen? Zeigen Sie das in einem Schema!

59 : Personalbeschaffung

Nehmen Sie im Januar 1997 eine begründete Gesamtbeurteilung des folgenden Arbeitszeugnisses vor!

Herr Henrich Doll, geboren am 20. Mai 1966 in Mannheim, war in der Zeit vom 01. Januar 1991 bis 31. Dezember 1996 als Chefbuchhalter in unserem Unternehmen tätig. Er war in dieser Zeit mit der buchhalterischen Vorbereitung und Erstellung der Gewinn- und Verlustrechnung bzw. der Bilanz befaßt. Herr Doll hat es verstanden, seine drei Mitarbeiter zielbezogen zu motivieren. Er ist sehr verläßlich. Auch schwierigen Situationen zeigte er sich voll gewachsen. Herr Doll hat die ihm übertragenen Arbeiten stets zu unserer vollen Zufriedenheit erledigt. Sein Verhalten gegenüber Vorgesetzten und Kollegen war stets einwandfrei. Das Ausscheiden von Herrn Doll bedauern wir sehr und wünschen ihm für seine berufliche Zukunft alles Gute.

Die Beurteilung des Zeugnisses soll aus folgenden Teilen bestehen:

(1) Persönlichkeits- und Verhaltensanalyse
(2) Entwicklungsanalyse

Aufgaben/Fälle

(3) Tätigkeitsanalyse
(4) Abgangsbegründungsanalyse
(5) Gesamtbeurteilung

60 : Personaleinsatz

(1) Lesen Sie folgende Texte durch und entscheiden Sie, welches Einsatzprinzip jeweils zugrundeliegt!

  (a) »... wobei durch Zusammenfassung mehrerer qualitativ gleichwertiger Tätigkeiten der Arbeitsinhalt vergrößert und ein Belastungswechsel ermöglicht wird. Es werden Arbeitselemente mehrerer Arbeitsplätze an einem Arbeitsplatz zusammengefaßt.«

  (b) »... wobei der Mitarbeiter nicht nur ausführende Tätigkeiten sondern auch Planungs-, Steuerungs- und Überwachungsaufgaben übernimmt. Es erfolgt eine Erweiterung der Arbeitsaufgabe sowohl in horizontaler als auch in vertikaler Sicht.«

  (c) »... wobei zur Verminderung einseitiger Belastung der Arbeitskräfte und zur Erhöhung der Mitarbeiterflexibilität ein planmäßiger Wechsel des Arbeitsplatzes durchgeführt wird.«

(2) Die Kurve der Tagesrhythmik bildet die Schwankungen der physiologischen Leistungsbereitschaft des Mitarbeiters. Interpretieren und begründen Sie wesentliche Merkmale dieser Kurve!

(3) In der Firma Melzer & Rieder AG ist der organisatorische Aufbau nach dem Funktionalprinzip organisiert. Es gibt folgende Abteilungen:

  (1) Materialwirtschaft   (4) Finanzwesen
  (2) Fertigungswesen   (5) Rechnungswesen
  (3) Marketing   (6) Personalwesen

  Wo werden folgende Mitarbeiter im Regelfall eingesetzt?

  (a) Verkäufer
  (b) Kostenrechner
  (c) Einkäufer
  (d) Kassenverwalter
  (e) Lagerverwalter
  (f) Ausbildungsleiter
  (g) Ingenieur

61 : Personalführung

Der Ausbilder Peter Hurtig ist 51 Jahre alt und betreut in der Firma Hanser & Becker GmbH eine Gruppe von jungen Auszubildenden. Er pflegt den kooperativen Führungsstil, ist menschlich und versteht es, die Jugendlichen zu ermutigen. Dabei setzt er wirksame Führungsinstrumente ein.

(1) Zu welchen Verhaltenstypen zählt Herr Hurtig als Führungskraft?

(2) Stellen Sie diejenigen Führungsmittel dar, die Herr Hurtig bei der Führung von Jugendlichen einsetzen kann!

(3) Welche Führungsprinzipien gelten für die Unterweisung junger Auszubildender?

(4) Vergleichen Sie den obigen Ausbilder und Jugendliche nach Alter, Art bzw. möglichen negativen bzw. positiven Wesensmerkmalen!

62 : Personalentlohnung

(1) In einem Industrieunternehmen erhalten die Mitarbeiter Zeitlohn bzw. Akkordlohn.

- (a) Ein Arbeiter hat im Abrechnungszeitraum 40 Stunden gearbeitet. Der Lohnsatz beträgt 18,70 DM/Std.

    Ermitteln Sie den Zeitlohn!

- (b) Der Zeitlohn beträgt 18,00 DM/Std., der Akkordzuschlag 20 %. Die Vorgabezeit für ein gefertigtes Stück umfaßt 10 Minuten.

    Wie hoch ist der Akkordsatz als Stückakkord?

- (c) Welchen Akkordlohn erhält ein Arbeiter unter Verwendung der Daten aus (b), wenn er durchschnittlich 8 Stück pro Stunde fertigt?

- (d) Der tarifliche Mindestlohn beträgt 18,00 DM und der Akkordzuschlag 25 %. Die Vorgabezeit für ein gefertigtes Stück ist 20 Minuten, in einer Stunde werden 6 Stück gefertigt.

    Ermitteln Sie den Minutenfaktor und den Akkordlohn.

(2) Wie hoch sind die jährlichen Lohnkosten (ohne weitere Zusatzkosten) für fünf Außendienstmitarbeiter eines Unternehmens, das einen Umsatz von 6 Millionen DM erzielt?

Die jährlich zu berechnenden Lohnkosten enthalten:
- Festes Gehalt von brutto 3.000 DM pro Monat und Mitarbeiter
- Weihnachtsgeld von 1.000 DM pro Mitarbeier
- 0,3 % Umsatzprovision pro Mitarbeiter

63 : Personalentwicklung

(1) Welche der folgenden Ausbildungsberufe sind jeweils Ausbildungsberufe mit oder ohne Spezialisierung bzw. welche sind Stufenausbildungsberufe?

- (a) Chemielaborant
- (b) Neue Metallberufe
- (c) Industriekaufmann
- (d) Bauzeichner
- (e) Neue Elektroberufe

(2) Vergleichen Sie die Möglichkeiten der Personalentwicklung nach ihrem Wesen, den gesetzlichen Grundlagen und nach dem jeweiligen System!

Aufgaben/Fälle

(3) Unterscheiden Sie die Personalentwicklung on-the-job und off-the-job!

(4) Entscheiden Sie, ob sich die folgenden Maßnahmen auf das on-the-job-System oder auf das off-the-job-System beziehen!
   (a) Planspiel
   (b) Lernen als Assistent
   (c) Job rotation
   (d) Vorlesung
   (e) Fallmethode

64 : Personalanpassung

Prüfen Sie das folgende Kündigungsschreiben der Firma Franz Ehrlicher GmbH (ordentliche Kündigung), die 150 Beschäftigte hat, und beantworten Sie folgende Fragen:

(1) Ist die neue gesetzliche Grundkündigungsfrist eingehalten worden? Erläutern Sie, was hierbei zu beachten ist!
(2) Welche Kündigungsgründe gibt es darüberhinaus? Wann bedarf eine Kündigung einer Abmahnung? Formulieren Sie ein gültiges Abmahnungsschreiben für einen Verkäufer, der einen Firmeninhaber beleidigt hatte.
(3) Welcher Anspruch des Arbeitnehmers entsteht mit dem Ausspruch der Kündigung?
(4) Welche Arten des Arbeitszeugnisses sind zu unterscheiden?

Firma
Franz Ehrlicher GmbH
Hügelweg 17

68001 Mannheim

Mannheim, 30.11.XY

Herrn
Karl Müller
Kesselring 30

67100 Ludwigshafen

Kündigung

Sehr geehrter Herr Müller,

nach sorgfältiger Prüfung und nach Anhörung des Betriebsrats bedauern wir aufrichtig, daß wir Ihr Arbeitsverhältnis zum 31.12.XY kündigen müssen. In dem gemeinsam geführten Gespräch vom 19.11.XY haben wir Ihnen mitgeteilt, daß die Gründe in dringenden betrieblichen Erfordernissen zu suchen sind.

Wir danken Ihnen für die gute Zusammenarbeit und wünschen Ihnen auf Ihrem weiteren Lebensweg alles Gute.

Mit freundlichen Grüßen

Paul Ehrlicher GmbH
ppa *Paul Ehrlicher*

65 : Informationsbereich

(1) Für welche Unternehmensbereiche sind folgende Informationen wichtig?

 (a) Deckungsbeitrag
 (b) Umsatzstatistik
 (c) Verbrauchergewohnheiten
 (d) Zahl der Schulabgänger
 (e) Ausschußquote
 (f) Rohstoffpreise

(2) Gehen Sie von folgender Teilstruktur einer Personal- bzw. Einkaufsabteilung eines großen Industrieunternehmens aus!

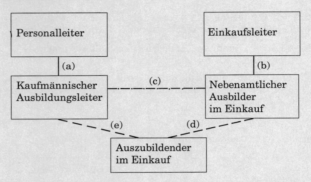

Geben Sie Beispiele für die einzelnen Arten der Informationen an das jeweilige Personal!

66 : Software

(1) Mit Hilfe welcher Geräte können Sie Informationen in eine EDV einlesen bzw. eingeben?

(2) Bestimmen Sie, welche der folgenden Anwendungsprogramme in welchem Unternehmensbereich eingesetzt werden!

Eine bestimmte Software für die

 (a) Erfassung von Kundendateien im Laptop
 (b) Liquiditätsprüfung
 (c) Lohn- und Gehaltsabrechnung
 (d) Bestandsrechnung
 (e) Bilanzerstellung

(3) In welchen wesentlichen Schritten erfolgt die Erfassung eines ausführungsreifen Programms? Ergänzen Sie die fehlenden Daten!

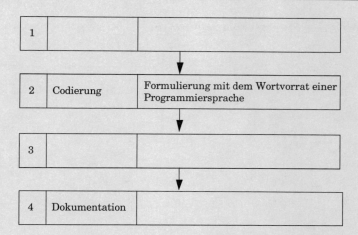

---

67 : Hardware

(1) Vergleichen Sie als Speichergerät

  (a) Diskette
  (b) Magnetplatte (als Festplatte)
  (c) CD-ROM!

(2) Welche der folgenden Begriffe gehören nicht zur Hardware?

  (1) Großrechner
  (2) Personalcomputer
  (3) Cobol
  (4) Telefax-Gerät
  (5) Bildschirm
  (6) Standardprogramm
  (7) Maus
  (8) Festplatte
  (9) Drucker
  (10) Tastatur

(3) Was wird unter dem Internet verstanden?

---

68 : Buchführung

Gehen Sie von den angegebenen Schlußbeständen aus und erstellen Sie eine Schlußbilanz!

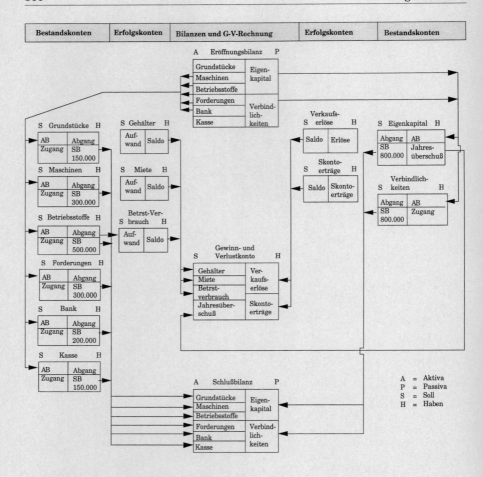

69 : Bilanz (Grundsätze)

(1) Beurteilen Sie, inwieweit die folgenden Bilanzansätze ordnungsgemäß sind:

(a) In einer Bilanz einer großen GmbH werden Bargeld, Postgiro- und Bankguthaben unter einer Sammelposition »Liquide Mittel« ausgewiesen.

(b) Um einen Absatzrückgang nicht offenlegen zu müssen, sollen die bisher getrennt ausgewiesenen Roh-, Hilfs- und Betriebsstoffe, fertigen und unfertigen Erzeugnisse in einer Bilanzposition ausgewiesen werden. Ein entsprechender Vermerk soll selbstverständlich unterbleiben.

(c) Der Marktwert eines Betriebsgrundstückes ist zwischenzeitlich auf das Fünffache gestiegen. Dieser Wertansatz soll deshalb im Interesse der Bilanzwahrheit entsprechend erhöht werden.

Aufgaben/Fälle

(d) Die im Dezember des abgelaufenen Geschäftsjahres gezahlten Versicherungsprämien für das erste Quartal des Folgejahres wurden nicht im Jahresabschluß ausgewiesen.

(2) Entscheiden Sie, ob die Einhaltung der GOB in den folgenden Fällen gegeben ist?

(a) Im Jahre 19XY wurde ein PKW angeschafft und linear abgeschrieben. Ein Jahr danach erfolgte eine degressive Abschreibung.

(b) Unternehmer Hans Breyer ist überlastet und will die Bilanzerstellung für 19XY auf den Herbst des nächsten Jahres verschieben.

(c) Die Unternehmerin Karin Ansbach setzt in ihrer Bilanz den Posten Prozeßkostenrückstellung an. Ein Prozeß ist aber in absehbarer Zeit nicht zu erwarten.

70 : Bilanz (Gliederungsvorschriften)

(1) Nennen Sie die Bilanzpositionen für folgende Ansätze der Aktiv-Seite!

(a) Arbeitsgeräte
(b) Anzahlungen für aktivierungspflichtige immaterielle Wirtschaftsgüter
(c) Pfandbriefe
(d) Versandfertige, im eigenen Unternehmen be- oder verarbeitete Vorräte

(2) Zählen Sie die Bilanzpositionen für folgende Ansätze der Passiv-Seite auf!

(a) Agio
(b) Am öffentlichen Kapitalmarkt ausgegebene Schuldverschreibungen
(c) Verpflichtungen aus dem normalen Geschäftsverkehr

(3) Die folgende »Bilanz« ist unvollständig und die Reihenfolge der Posten ist falsch.

Aktiva		Schlußbilanz		Passiva
Grundstücke	300.000 DM	Eigenkapital		???
Anlagen	400.000 DM	Steuerrückstellung		20.000 DM
Gebäude	200.000 DM	Pensionsrück-		
Anzahlung für		stellungen		60.000 DM
neue Lizenzen	20.000 DM	Verbindlichkeiten		
Geschäftsausstattung	40.000 DM	aus L. u. L.		118.000 DM
Betriebsausstattung	10.000 DM			
Roh-, Hilfs- und		Darlehen		112.000 DM
Betriebsstoffe	70.000 DM			
Unfertige Erzeugn.	40.000 DM			
Fertigerzeugnisse	60.000 DM			
Kasse	3.000 DM			
Bank	32.000 DM			
Forderungen	45.000 DM			
	???			???

(a) Ordnen Sie die Bilanzpositionen nach dem Schema des Lehrbuches von S. 391 ff.!
(b) Ermitteln Sie die Höhe des Eigenkapitals!

71 : GuV-Rechnung/Anhang/Lagebericht

(1) In welchen Positionen werden erfaßt:

   (a) Selbsterstellte Anlagen
   (b) Dividenden
   (c) Außerhalb der gewöhnlichen Geschäftstätigkeit anfallende Erträge
   (d) Körperschaftsteuer

(2) Gehen Sie von folgenden Daten aus! Löhne 40.000 DM; Mietaufwendungen 1.000 DM; Rohstoffaufwendungen 13.000 DM; Werbeaufwand 800 DM; Umsatzerlöse 59.000 DM; Zinsgutschrift 800 DM.

   (a) Erstellen Sie aus den vorliegenden Angaben ein Gewinn- und Verlustkonto!
   (b) Stellen Sie den Buchungssatz für die Verbuchung des Gewinns bzw. Verlustes auf!

(3) Entscheiden Sie, welche Positionen im Anhang bzw. im Lagebericht erscheinen!

   (a) Großschadensereignis am Ende des Jahres
   (b) Abschreibungsverfahren für die neue Produktionsanlage
   (c) Aufwendungen für Werksverpflegung
   (d) Spende für die örtliche Hochschule
   (e) Angaben für den Gebäudeleasingvertrag
   (f) Aufgliederung der Umsatzerlöse nach Tätigkeitsbereichen
   (g) Änderung der Bilanzgliederng
   (h) Angaben über die zukünftige Produktion von genmanipulierten Medikamenten.

72 : Kosten/Leistungen

(1) Eine Maschine hat eine Kapazität von 5.000 Stunden, wird aber nur 3.000 Stunden in Anspruch genommen. Die Abschreibungen betragen im betrachteten Zeitraum 8.000 DM. Ermitteln Sie die Nutz- und Leerkosten!

(2) Gegeben sind die Kostenfunktion

   $K = 2.500 + 2 x$

   und die Umsatzfunktion

   $U = 6 x$

   (a) Stellen Sie die Kosten- und Umsatzfunktion, die Nutzenschwelle und das Gewinnmaximum graphisch dar!
   (b) Ermitteln Sie die Nutzenschwelle rechnerisch!

(3) Entscheiden Sie, um welche Leistungen es sich im einzelnen handelt!

   (a) Verkauf von zehn Autoradios (Handelsware) gegen bar.
   (b) Reparatur einer Maschine durch eigene Mechaniker.
   (c) Produktion von Snow-boards auf Lager.
   (d) Wir liefern eine Trinkwasseraufbereitungsanlage nach Afrika.

(e) Erstellen von Spezialwerkzeugen durch die eigene Werkstatt.
(f) Erzeugnisverkauf (eigene Produkte) an Mitarbeiter.
(g) Kapitaleinlage durch einen Mitgesellschafter per Scheck.

73 : Kostenartenrechnung

(1) Der Angebotspreis eines Materials beträgt 5 DM/Stück. Für Verpackung werden per 100 Stück 3 DM berechnet. Bei Abnahme von 1.000 Stück wird ein Mengenrabatt von 20 % gewährt. Erfolgt die Zahlung innerhalb von 10 Tagen nach Rechnungstellung, können 3 % Skonto abgesetzt werden. Das Material wird frei Haus geliefert.

Welcher Anschaffungswert ergibt sich bei Abnahme von 1.200 Stück und Rechnungsbegleichung innerhalb von einer Woche nach Rechnungstellung für das Unternehmen?

(a) Eine Maschine wurde für 12.000 DM gekauft. Die Nutzungsdauer wird auf 5 Jahre geschätzt. Wie hoch sind die jährlichen linearen Abschreibungen?

(b) Eine Maschine wurde für 22.000 DM gekauft. Die Maschine wird schätzungsweise 5 Jahre nutzbar sein und dann einen Restwert von 2.000 DM haben. Wie hoch ist der Abschreibungs-Prozentsatz bei geometrisch-degressiver Abschreibung?

(c) Ein PKW wurde für 48.000 DM erworben. Es wird mit einer Nutzung von 4 Jahren gerechnet. Wie hoch sind die jährlichen Abschreibungsbeträge bei arithmetisch-degressiver Abschreibung?

(d) Ein PKW wird mit einer Gesamtleistung von 100.000 km veranschlagt. Der Anschaffungspreis beträgt 40.000 DM. In der Rechnungsperiode beträgt die Kilometerleistung 25.000 km. Ermitteln Sie den leistungsbezogenen Abschreibungsbetrag für die gegebene Rechnungsperiode!

(2) Ermitteln Sie die kalkulatorischen Zinsen unter Berücksichtigung der folgenden Angaben!

1. Anlagevermögen

Grundstücke/Gebäude	50.000 DM
Maschinen	40.000 DM
Beteiligungen	20.000 DM
2. Umlaufvermögen	30.000 DM

Berücksichtigen Sie dabei einen Zinssatz von 9 % und gehen Sie von einem neutralen Anlage- bzw. Umlaufvermögen von 8.000 DM aus. Das neutrale Vermögen umfaßt Bestände, die nicht der Erfüllung betriebswirtschaftlicher Ziele dienen.

Ermitteln Sie das betriebsnotwendige Vermögen bzw. das betriebsnotwendige Kapital unter Berücksichtigung von Anzahlungen in Höhe von 15.000 DM.

74 : Kostenstellenrechnung

Erstellen Sie einen Betriebsabrechnungsbogen und errechnen Sie die Ist-Zuschlagsätze sowie Über- bzw. Unterdeckungen in den verschiedenen Kostenbereichen!

Gegeben sind:

Kostenstellen / Kostenarten	Summe	Verteilung				
		Allgemeine Kostenstellen	Material-bereich	Fertigungsbereich	Verwaltungsbereich	Vertriebsbereich
Hilfs-/Betriebsstoffe	6.000	600	800	4.000	500	100
Energie	20.000	11.000	2.000	Rest	-	-
Hilfslöhne	32.000	4 :	5 :	10 :	2 :	4
Steuern	24.000	2 :	6 :	8 :	2 :	2
Raumkosten	16.000	3.000	4.000	7.000	2.000	-
Bürokosten	14.000	-	-	-	9.000	Rest
Abschreibungen	28.000	5.000	4.000	12.000	3.000	4.000
Normal-Gemeinkostenzuschläge	—	—	28,0 %	76,0 %	12,0 %	7,0 %

Fertigungsstoffe   100.000 DM
Fertigungslöhne   80.000 DM

Verteilung der Allgemeinen Kostenstelle: 4 : 6 : 8 : 3

Keine Bestandsveränderungen.

75 : Kostenträgerstückrechnung

(1) Im Jahre 19XY fielen bei einer Ausbringungsmenge von 5.000 Stück Kosten in Höhe von 50.000 DM an. Wie hoch sind die Selbstkosten pro Stück?

(2) Drei Sorten eines Erzeugnisses sollen betrachtet werden, eine in minderer (A), eine in mittlerer (B) und eine in guter Qualität (C). Die Kosten stehen im Verhältnis 1 (A) : 1,2 (B) : 1,5 (C) zueinander.

Es werden 600 kg von A, 400 kg von B und 100 kg von C hergestellt. Die Gesamtkosten betragen 3.800 DM. Ermitteln Sie die Selbstkosten für jede Sorte!

(3) Der Auftrag der Möbel GmbH, aufgrund dessen für 15.000 DM Fertigungsmaterial, für 6.000 DM Fertigungslöhne und für 500 DM Sondereinzelkosten der Fertigung aufgewendet wurden, soll kalkuliert werden. Dabei gelten:

Materialgemeinkosten	10 %
Fertigungsgemeinkosten	50 %
Verwaltungsgemeinkosten	20 %
Vertriebsgemeinkosten	10 %

Ermitteln Sie die Selbstkosten mit Hilfe der Zuschlagskalkulation!

76 : Kostenträgerzeitrechnung

(1) Gegeben sind:

	Erzeugnis-gruppe A	Erzeugnis-gruppe B	Erzeugnis-gruppe C
Erlösschmälerungen	800 DM	—	300 DM
Verwaltungsgemeinkosten	14 %	6 %	5 %
Vertriebsgemeinkosten	8 %	10 %	7 %
Sondereinzelkosten des Vertriebs	4.000 DM	1.600 DM	2.400 DM
Mehrbestand an Fertigerzeugnissen	1.000 DM	—	2.000 DM
Herstellkosten der abgesetzten Erzeugnisse	260.000 DM	140.000 DM	820.000 DM
Bruttoerlöse	441.200 DM	364.000 DM	980.000 DM

Ermitteln Sie für die Erzeugnisgruppen A, B und C das jeweilige Betriebsergebnis nach dem Umsatzkostenverfahren!

(2) Gegeben sind

Fertigungsmaterial	20.000 DM
Fertigungslöhne	26.000 DM
Materialgemeinkosten	40 %
Fertigungsgemeinkosten	50 %
Verwaltungsgemeinkosten	12 %
Vertriebsgemeinkosten	10 %
Sondereinzelkosten der Fertigung	2.000 DM
Sondereinzelkosten des Vertriebs	1.000 DM
Netto-Verkaufserlöse	108.500 DM
Mehrbestand an Fertigerzeugnissen	800 DM
Minderbestand an unfertigen Erzeugnissen	1.200 DM

Ermitteln Sie das Betriebsergebnis nach dem Gesamtkostenverfahren!

77 : Vollkostenrechnung

In der Hans Huber GmbH werden an drei Kostenstellen (A, B, C) verschiedene Produkte hergestellt, deren Herstellungsprozesse mit unterschiedlichem Flüssigkeitsverbrauch (m^3) verbunden sind:

Kostenstellen	Verbrauchsmengen
A	20.000 m³
B	30.000 m³
C	10.000 m³
Gesamt	60.000 m³

Lösen Sie folgende Aufgaben:

(1) Berechnen Sie die Gesamtkosten pro Kubikmeter, wenn die Fixkosten in Bezug zur gesamten Verbrauchsmenge 20.000 DM und die variablen Kosten 0,17 DM pro Kubikmeter betragen!

(2) Errechnen Sie die Kostenbelastung der Kostenstellen A, B und C!

78 : Teilkostenrechnung

(1) In der Huber & Söhne KG fallen für die Erzeugnisse X, Y und Z pro Monat insgesamt Fixkosten in Höhe von 90.000 DM an. Bei der Deckungsbeitragsrechnung wird von folgenden Daten ausgegangen:

Erzeugnis	X	Y	Z
Stück/Monat	30.000	25.000	8.000
Verkaufspreise (DM/Stück)	15	10	20
Variable Kosten (DM/Stück)	12	8	18

Berechnen Sie den Gewinn pro Monat und erstellen Sie ein übersichtliches Schema zur Deckungsbeitragsrechnung!

(2) Die Elektronik AG stellt Sicherheitsanlagen her. Für die Sparte Alarmanlagen wurden folgende Daten ermittelt:

Produkte	A	B	C
Verkaufte Stücke	100	200	50
Verkaufserlöse	400.000 DM	600.000 DM	240.000 DM
Variable Kosten	140.000 DM	180.000 DM	180.000 DM
Fixkosten	100.000 DM	120.000 DM	100.000 DM

(a) Ermitteln Sie den jeweiligen Gesamtgewinn!
(b) Ermitteln Sie den Deckungsbeitrag pro Stück!

(c) Welchem Produkt sollte unter der Annahme freier Produktionskapazität der Vorrang gegeben werden?

79 : Controlling (Organisation/Prozeß)

(1) Ein Controller muß zur Wahrnehmung der ihm übertragenen Pflichten gegenüber Führungskräften in verschiedenen Funktionsbereichen in hohem Maße auf die Daten des Finanz- und Rechnungswesens zurückgreifen. Diese Tatsache hat eine Organisationsvariante entstehen lassen, derzufolge Controlling als Linienstelle in die zweite Leitungsebene einzuordnen ist. Gehen Sie von vier Leitern aus, von denen einer für das Finanz- und Rechnungswesen zuständig ist! Diesem ist der Controller unterstellt.

(a) Zeigen Sie anhand einer Organisationsaufbauskizze diese Organisationsvariante auf!
(b) Klären Sie die jeweiligen Vor- und Nachteile dieser Organisationslösung!

(2) Nehmen Sie an, daß in einem Unternehmen von einer normalen Fluktuationsrate (1) von 3 % ausgegangen wird. Es ist also geplant, möglichst wenig Kündigungen (2) von Mitarbeitern entgegennehmen zu müssen. Im Unternehmensgeschehen des Produktionsbereichs zeigt es sich als störend, daß der autoritäre Vorgesetzte (3) zu laut und zu streng mit seinen Mitarbeitern umgeht. Aus den Überwachungs-Daten (4) geht hervor, daß mittlerweile die Fluktuationsrate im Produktionsbereich bei 10 % liegt. Die Untersuchung (5) ergibt, daß diese Rate im Verhalten des Vorgesetzten begründet ist. Der Controller (6) steuert dagegen, indem er den Vorgesetzten entläßt (7). Nachdem die Störgröße weggefallen ist, liegt die Fluktuationsrate bei nur noch 1 %.

Zeichnen Sie ein Regelkreismodell mit den entsprechenden Elementen und Verbindungen (mit Zahlenreihenfolge)!

80 : Controlling (Frühwarnung)

Der Personalleiter der Hurtig und Schnell AG in Mannheim ist besorgt über die Häufigkeit der nicht betrieblich verfügten Austritte des Personals in seinem Unternehmen. Außerdem beschäftigt er sich mit der Frage, ob noch genügend qualifizierter Nachwuchs im Unternehmen gegeben ist. Prüfen Sie die folgende Tabelle und gehen Sie davon aus, daß die Fluktuationsquote durch den Quotienten von nicht betrieblich verfügten Austritten x 100 (z.B. durch Mitarbeiter) geteilt durch den durchschnittlichen Personalbestand pro Monat ermittelt wird.

	1996	1997	1998	1999	2000
Personalbestand pro Monat	600	550	500	450	400
Berufsjahre im Unternehmen	15	15	15	15	15
Austritte	60	50	45	40	35

(1) Ermitteln Sie aus den obigen Daten die entsprechenden Fluktuationsquoten für die Jahre 1996 bis 2000!

(2) Berechnen Sie für 1996:

(a) $\text{Nachwuchsbedarf} = \dfrac{\text{Personalbestand pro Monat}}{\text{Berufsjahre}}$

(b) $\text{Nachwuchsquote} = \dfrac{\text{Nachwuchsbedarf} \times 100}{\text{Personalbestand}}$

Lösungen

1 : Magisches Dreieck

(1) Folgen einer starken Betonung des Humanitätsprinzips im Unternehmen:

- Motivation der Mitarbeiter kann steigen
- Betriebsklima kann sich verbessern
- Fehlzeiten können zurückgehen
- Fluktuation nach außen kann sinken
- Identifikation der Mitarbeiter mit dem Unternehmen kann steigen

(2) Bei einer vorrangigen Bedeutung des Prinzips der Umweltschonung im Unternehmen können sich als Folgen ergeben:

- Verzicht auf umweltbelastende Produktion
- Kauf von nicht umweltbelastenden Produktionsfaktoren
- Vermeiden umweltbelastender Produktionsverfahren
- Wettbewerbsfähigkeit des Unternehmens gegenüber Konkurrenten kann sinken
- Streben nach Umweltschonung kann im Rahmen der Public Relations verwertet werden

(3) Aus der Betonung des Wirtschaftlichkeitsprinzips können sich ergeben:

- Umsatzsteigerungen
- Verringerung der Kosten
- Gewinnerhöhung
- Produktivitätsverbesserung
- Mitarbeiter können sich ausgebeutet fühlen

2 : Betriebliche Prozesse

(1) Der Einkäufer im Materialbereich des holzverarbeitenden Unternehmens bestellt bei einem Holzlieferanten 10 Holzbretter zu je 8 m Länge, 1 Liter Leim und drei Kartons Nägel. Die Bretter werden in der Fertigungsabteilung unter Einsatz von Betriebsmitteln zu einem Schrank verarbeitet. Der fertige Schrank wird vom Versand der Marketingabteilung an den Kunden geliefert.

(2) Der Leiter des Unternehmens gibt dem Fertigungsleiter den Auftrag, einen Plan anzufertigen, nach dem der Schrank herzustellen ist. Der Fertigungsleiter informiert den Meister der Werkstatt über die Plandaten. Dieser führt mit zwei Arbeitern ein Gespräch über den Aufbau und Ablauf der Schrankerstellung.

(3) Der Kunde bezahlt den Preis dieses Schrankes per Überweisung, die von der Finanzabteilung des holzverarbeitenden Unternehmens erfaßt wird. Ein Teil dieser Finanzmittel wird zur Bezahlung der Lieferantenrechnungen für die Holzbretter, den Leim und für die Nägel verwendet.

3 : Interne/externe Teilnehmer

(1)
Interne Teilnehmer	Ebene	Zuständigkeiten	Aufgaben
Vorstand	Oberes Management	Unternehmensleitung	Strategische Entscheidungen
Aufsichtsrat	Oberes Management	Überwachung der Unternehmensleitung	Kontrolle von Entscheidungen des Vorstandes
Abteilungsleiter	Mittleres Management	Aufgaben und Probleme innerhalb der Abteilung	Taktische Aufgaben
Gruppenleiter	Unteres Management	Aufgaben und Probleme innerhalb der Gruppe	Operative Aufgaben
Sachbearbeiter	Ausführende Ebene	Zugeordnete Arbeitsaufgabe	Aufgabenerfüllung und Kontrolle seines Arbeitsergebnisses
Betriebsrat	Alle Ebenen	Überwachung der Einhaltung von Arbeitnehmerrechten	Interessenvertretung der Arbeitnehmer

(2)
Externe Teilnehmer	Merkmale	Bedeutung im Hinblick auf	Einfluß
Lieferanten	Hauptlieferant	Kosten bzw. Qualität der Inputfaktoren	Je nach Marktstellung
Kunden	Stammkunden	Gesicherter Absatz, Mundpropaganda	Abhängig von der Gesamtzahl der Kunden bzw. Kundenmacht
Konkurrenten	Hauptkonkurrent	Wettbewerb, Produktprogramm	Je nach Marktstellung
Kreditinstitute	Hausbank	Vermögensverwaltung, Mitsprachemöglichkeiten, Kredithöhe	Je nach Kreditbedarf

(3)
Sonstige Teilnehmer	Merkmale	Bedeutung	Einfluß
Aktionär	Eigenkapitalgeber	Hängt von der Anzahl der Stimmrechte ab	Je nach Kapitalanteil
Berater	Fachkompetenz	Sehr groß, wenn aufgrund der Untersuchungsergebnisse weitreichende Entscheidungen getroffen werden	Je nach Machtverhältnissen

4 : Kennzahlen

(1) Kennzahlen zur Wirtschaftlichkeit = $\dfrac{\text{Sollkosten}}{\text{Istkosten}}$

Unternehmen A:

$W = \dfrac{73{,}0}{74{,}2} = \underline{\underline{0{,}98}}$

Unternehmen B:

$W = \dfrac{26{,}0}{25{,}3} = \underline{\underline{1{,}03}}$

Unternehmen C:

$W = \dfrac{21{,}0}{21{,}8} = \underline{\underline{0{,}96}}$

Das Unternehmen B arbeitet wirtschaftlicher als die beiden anderen Unternehmen, weil die Istkosten niedriger als die Sollkosten sind.

(2) Kennzahlen zur Arbeitsproduktivität = $\dfrac{\text{Erzeugte Menge}}{\text{Beschäftigte}}$

Unternehmen A:

$P = \dfrac{3.000.000}{270.000} = \underline{\underline{11{,}1}}$ Stck./Beschäftigten

Unternehmen B:

$P = \dfrac{1.000.000}{56.000} = \underline{\underline{17{,}86}}$ Stck./Beschäftigten

Unternehmen C:

$P = \dfrac{880.000}{48.000} = \underline{\underline{18{,}3}}$ Stck./Beschäftigten

Die Arbeitsproduktivität ist bei den Unternehmen C und B besonders hoch.

(3) Umsatzrentabilität = $\dfrac{\text{Erfolg}}{\text{Umsatz}} \cdot 100$

Unternehmen A:

$R = \dfrac{1{,}8 \cdot 100}{76} = \underline{\underline{2{,}37}}$

Unternehmen B:

$R = \dfrac{1{,}7 \cdot 100}{27} = \underline{\underline{6{,}30}}$

Unternehmen C:

$R = \dfrac{0{,}2 \cdot 100}{22} = \underline{\underline{0{,}91}}$

Die Ergebnisse zeigen, daß das Unternehmen B bei einem Vergleich der Kennzahlen am besten abschneidet.

5 : Liquidität

(1) Liquidität 1. Grades:

$L_1 = \dfrac{\text{Kassenbestand + Postscheck}}{\text{kurzfristige Verbindlichkeiten}} \cdot 100 = \dfrac{80.000 + 300.000}{600.000} \cdot 100 = \underline{\underline{63{,}33\ \%}}$

Die kurzfristigen Verbindlichkeiten können zu 63,33 % durch die flüssigen Mittel abgedeckt werden (Barliquidität).

Lösungen

(2) Liquidität 2. Grades:

$$L_2 = \frac{\text{Kassenbestand + Postscheck + Forderungen}}{\text{kurzfristige Verbindlichkeiten}} \cdot 100 =$$

$$\frac{80.000 + 300.000 + 820.000}{600.000} \cdot 100 = \underline{\underline{200\ \%}}$$

Die kurzfristigen Verbindlichkeiten können unter Einbezug der flüssigen Mittel bzw. der Forderungen zu 200 % abgedeckt werden (Liquidität auf kurze Sicht).

(3) Liquidität 3. Grades:

$$L_3 = \frac{\text{Kassenbestand + Postscheck + Forderungen + Vorräte}}{\text{kurzfristige Verbindlichkeiten}} \cdot 100 =$$

$$\frac{80.000 + 300.000 + 820.000 + 900.000}{600.000} \cdot 100 = \underline{\underline{350\ \%}}$$

Das gesamte Umlaufvermögen ist dreieinhalb (350 %) mal so groß wie die gesamten kurzfristigen Verbindlichkeiten (Liquidität auf mittlere Sicht).

6 : Faktor-/Branchenbezug

(1) Materialintensive Unternehmen: Produktionsfaktor Werkstoffe
Anlageintensive Unternehmen: Produktionsfaktor Betriebsmittel
Arbeitsintensive Unternehmen: Produktionsfaktor Arbeit

(2) Die genannten Unternehmen sind:

- (a) Industrieunternehmen
- (b) Versicherungsunternehmen
- (c) Bankunternehmen
- (d) Verkehrsunternehmen
- (e) Handelsunternehmen
- (f) Verkehrsunternehmen
- (g) Industrieunternehmen
- (h) Fremdenverkehrsunternehmen

(3) Bestandteil der Auslandsorientierung einer Maschinenfabrik können sein:

- Absatzorientierung (ggf. Absatzmarkt vor Ort)
- Arbeitsorientierung (ggf. kostengünstigere Arbeitskräfte)
- Umweltorientierung (ggf. weniger umweltschützende Vorschriften)
- Abgabenorientierung (ggf. geringere Abgaben/Steuern)

7 : Größe des Unternehmens

Die Unternehmen sind nach § 287 HGB:

(1) Unternehmen X ist ein Großunternehmen
(2) Dieses ist ein Kleinunternehmen
(3) Unternehmen Z ist ein mittleres Unternehmen.

8 : Entscheidungen

(1) Phasen des Willensbildungsprozesses

    (a) Anregungsphase
    (b) Suchphase
    (c) Entscheidungsphase
    (d) Suchphase
    (e) Anregungsphase
    (f) Suchphase
    (g) Entscheidungsphase

(2) Hierbei handelt es sich um eine Entscheidung unter Unsicherheit. Es sind hier keine objektiven Wahrscheinlichkeiten ermittelbar, lediglich subjektive Wahrscheinlichkeiten des Planers.

(3) Entscheidungsarten

    (a) Gründungsentscheidung
    (b) Zusammenschlußentscheidung
    (c) Organisationsentscheidung
    (d) Durchführungsentscheidung
    (e) Durchführungsentscheidung
    (f) Krisenentscheidung
    (g) Zusammenschlußentscheidung
    (h) Gründungsentscheidung

9 : Bereiche

Die Aufgaben sind folgenden Bereichen zuzuordnen:

Aufgabe	Aufgabeninhalt	Bereiche
1	Planung der Vorgabezeiten	Fertigungsbereich
2	Disposition von Kursen für Mitarbeiter	Personalbereich
3	Güterbeschaffung von Lieferanten	Materialbereich
4	Erstellung von EDV-Programmen	Informationsbereich
5	Ermittlung des Bilanzgewinns	Rechnungswesen
6	Frühwarnindikatoren erfassen	Controllingbereich
7	Forderungen eintreiben	Finanzbereich
8	Rabattpolitik betreiben	Marketingbereich
9	Umfrage durchführen	Marketingbereich
10	Ausgabe neuer Aktien	Finanzbereich
11	Einschaltung eines Personalberaters	Personalbereich
12	Abrufen von Internetdaten	Informationsbereich
13	Auswertung der Kosten- und Leistungsrechnung	Rechnungswesen
14	Aufstellen eines Produktszenarios	Controllingbereich
15	Anwendung des neuen Entgeltfortzahlungsgesetzes	Personalbereich

10 : Führung

(1)

Rechtsformen	Unternehmensleiter
Einzelunternehmen	Unternehmer
BGB-Gesellschaft	Geschäftsführender Gesellschafter
OHG	Geschäftsführender Gesellschafter
KG	Komplementär
GmbH	Geschäftsführer
KGaA	Persönlich haftender Gesellschafter
AG	Vorstand
Genossenschaft	Vorstand
Verein	Vorstand

(2) Die genannten Aufgaben obliegen der
   (a) Gruppenleitung
   (b) Bereichsleitung Marketing
   (c) Unternehmensleitung
   (d) Bereichsleitung
   (e) Unternehmensleitung
   (f) Bereichsleitung

(3) (a) Intrigen sind Machenschaften, mit denen ein Gruppenmitglied anderen Gruppenmitgliedern zu schaden versucht. Manche Gruppenmitglieder setzen die Intrige als Mittel ein, um sich persönliche Vorteile zu verschaffen. Solcher Psychoterror wird auch als Mobbing bezeichnet.

   (b) Intriganten sind Gruppenmitglieder, die hinter dem Rücken der Kollegen ihr heimtückisches Spiel betreiben. Ein Intrigant ist in seinem Innersten ein falscher Mensch. Er verfolgt beispielsweise als Ränkeschmied rein egoistische Ziele und ist im Unternehmen häufig als »Radfahrer« bekannt.

   (c) Dem Verhalten von Herrn Unhold ist in einem persönlichen Gespräch der bremsende Führungsstil entgegenzusetzen. Er muß möglichst bald merken, daß der Chef das Tun längst durchschaut hat. Wenn man als 26jähriger erst eine Woche Urlaubsvertretung gemacht hat, sollte er sich solche Urteile über einen als fähig bekannten, erheblich älteren Mitarbeiter nicht anmaßen. Der Vorgesetzte sollte den Intriganten nach den Gründen seines Verhaltens fragen. Der Vorgesetzte sollte ihm sagen, daß dieses Verhalten nicht zum gegebenen Gruppendenken paßt. Die Führungskraft muß deutlich erkennen lassen, daß sie künftig von solchen Äußerungen verschont bleiben möchte.

11 : Bürgerliches Recht

Die Rechtssituationen sind in folgender Weise zu beurteilen:

(1) Der Auszubildende ist beschränkt geschäftsfähig. Das Rechtsgeschäft ist schwebend unwirksam. Der Taschengeldparagraph findet hier keine Anwendung, weil u.a. Versicherungen, Benzin usw. als Folgekosten zu tragen sind. Der Vertrag ist ohne Genehmigung der Eltern nicht wirksam, also nichtig (§§ 106, 110 BGB).

(2) Ein Sechsjähriger ist geschäftsunfähig. Seine Willenserklärung ist nichtig. Die Mutter darf das Geld zurückfordern (§§ 104, 105 BGB).

(3) Die Neunzehnjährige ist voll geschäftsfähig. Durch ihre schlüssige Willenserklärung ist das Rechtsgeschäft voll wirksam (§ 2 BGB).

(4) Herr Angst sieht sich der widerrechtlichen Drohung des Händlers ausgesetzt. Der Käufer kann das Rechtsgeschäft binnen Jahresfrist anfechten (§§ 123, 124 BGB).

(5) Dieses Rechtsgeschäft (Kaufvertrag) ist nichtig, da es gegen die Formvorschrift verstößt. Damit es Gültigkeit erlangt, muß es notariell beurkundet werden (§§ 128, 313 BGB).

12 : Handelsrecht

Die Rechtshandlungen sind in folgender Weise zu beurteilen:

(1) Die Vorschriften über die Prokura finden keine Anwendung auf Minderkaufleute (§ 4 Abs. 1 HGB). Prokura darf nur vom Vollkaufmann erteilt werden.

(2) Die Beschränkung des Umfangs der Prokura ist Dritten gegenüber unwirksam (§ 50 HGB). Der Kaufmann muß am Verfalltag zahlen. Das Verhalten von Hurtig hat für diesen nur im Innenverhältnis Folgen.

(3) Ein Prokurist ist dazu berechtigt, weil diese Aufgabe zu den Rechtsgeschäften gehört, die er ausführen darf (§ 49 HGB).

(4) Mit allgemeiner Handlungsvollmacht darf Frau Reis keine Darlehen aufnehmen, wenn sie dazu keine besondere Vollmacht hat (§ 54 Abs. 2 HGB).

(5) Herr Schnell war als Inhaber eines Kfz-Meisterbetriebes bisher kein Vollkaufmann nach HGB. Durch den Erwerb des Autohauses wird er zum Vollkaufmann, da er jetzt ein Grundhandelsgewerbe gem. § 1 HGB ausübt.

(6) Der Prokurist Peter Gedankenlos überschreitet seine Kompetenz. Gem. § 49 Abs. 2 HGB darf ein Prokurist ohne besondere Ermächtigung des Betriebsinhabers keine Betriebsgrundstücke veräußern.

13 : Sonstiges Wirtschaftsrecht

(1) Die einzelnen Erzeugnisse bzw. Verfahren sind wie folgt zuzuordnen:

  (a) Warenzeichen
  (b) Gebrauchsmuster
  (c) Patent
  (d) Gebrauchsmuster
  (e) Geschmacksmuster
  (f) Warenzeichen

(2) Arbeitsrecht

  (a) Individualarbeitsrecht   (d) Kollektivarbeitsrecht
  (b) Kollektivarbeitsrecht   (e) Individualarbeitsrecht
  (c) Kollektivarbeitsrecht

(3) Sozialrecht

(a) Die Pflegeversicherung besteht aus der gesetzlichen Pflegeversicherung und der privaten Pflichtversicherung. Sie ist ein eigenständiger Zweig der Sozialversicherung, neben der Renten-, Kranken-, Arbeitslosen- und Unfallversicherung.

(b) Versicherungspflichtig sind grundsätzlich alle Personen, für die Versicherungspflicht in der Krankenversicherung besteht.

(c) Die Leistungen beziehen sich auf die häusliche Pflege und auf die stationäre Pflege. Als Leistungen werden Dienst-, Sach- und Geldleistungen zur Grundpflege und häuslichen Versorgung sowie in bestimmtem Umfang Kostenerstattung gewährt.

(d) Die Beiträge werden je zur Hälfte von den Arbeitgebern und den Arbeitnehmern aufgebracht.

14 : Gründung

(1) Motive können beispielsweise sein:

- Unabhängigkeit
- höheres Ansehen
- Durchsetzung eigener Ideen
- Umgehung des Kündigungsrisikos
- Nutzung von Marktchancen

(2) Voraussetzungen sind vor allem:

- Bestimmung des Geschäftszweiges
- Festlegung der Kapitalbeschaffung
- Klärung der Investitionsmöglichkeiten
- Bestimmung der Bankverbindungen
- Beschaffung von Informationen
- Knüpfen von Kontakten

(3) Im Handelsregister einzutragende Angaben sind:

- Firma
- Gegenstand des Unternehmens
- Name der Geschäftsinhaber
- Namen der persönlich haftenden Gesellschafter
- Rechtsverhältnisse

(4) Die Wirkungen der Eintragung in das Handelsregister sind:

(a) Die Verträge sind ab 01.02.1997 gültig.

(b) Die Eintragung hat deklaratorische Wirkung, d.h. die Wirkung tritt bereits vor der Eintragung ein.

(c) Die Eintragung erfolgt in Abteilung A.

(d) Die Wirkung ist deklaratorisch, da Herr Fuchs ein Mußkaufmann ist. Sie ist lediglich rechtserklärend (§§ 1, 29 HGB).

15 : Entwicklung

(1) Die Entwicklungsmöglichkeiten können im güterwirtschaftlichen Prozeß sein:

	Positive Einflüsse	Negative Einflüsse
Material-bereich	Fallende Beschaffungspreise Hoher Lagerumschlag	Lange Lieferzeiten Schwund
Fertigungs-bereich	Funktionsfähige Maschinen Wenig Ausschußproduktion	Kapazitätsengpässe Überlastung
Marketing-bereich	Fähiges Verkaufspersonal Neue Absatzwege	Preiserhöhungen Rabattschleuderei

(2) Folgen der genannten positiven Einflüsse können sein:

Positive Einflüsse	Folgen
Volle Auftragsbücher	Kapazitätsauslastung Verbesserung der Marktstellung Erweiterungsinvestitionen
Hohe Arbeitszufriedenheit	Geringe Fehlzeiten Geringe Fluktuation Hohe Mitarbeitermotivation

(3) Als Folgen negativer Einflüsse können genannt werden:

Negative Einflüsse	Folgen
Preiserhöhungen	Kostensteigerung Gewinnverminderung Rationalisierung
Gesetzliche Restriktionen	Standortverlagerung Produktionsstillegung Kündigungen

16 : Sanierung/Vergleich

(1)

Aktiva	Sanierungseröffnungsbilanz		Passiva
Grundstücke	100.000 DM	Eigenkapital	120.000 DM
Gebäude	80.000 DM	Darlehen	180.000 DM
Waren	60.000 DM	Verbindlichkeiten	140.000 DM
Forderungen	140.000 DM		
Zahlungsmittel	40.000 DM		
Verlust	20.000 DM		
	440.000 DM		440.000 DM

Lösungen

S	Grundstücke	H
AB 100.000 DM	SB 100.000 DM	

S	Gebäude	H
AB 80.000 DM	SB 80.000 DM	

S	Waren	H
AB 60.000 DM	SB 60.000 DM	

S	Forderungen	H
AB 140.000 DM	SB 140.000 DM	

S	Zahlungsmittel	H
AB 40.000 DM	SB 40.000 DM	

S	Verlust	H
AB 20.000 DM	Sanikonto 20.000 DM	

S	Eigenkapital	H
SB 120.000 DM	AB 120.000 DM	

S	Darlehn	H
SB 180.000 DM	AB 180.000 DM	

S	Verbindlichkeiten	H
Sanikonto 28.000 DM	AB 140.000 DM	
SB 112.000 DM		

S	Wertberichtigung	H
SB 8.000 DM	Sanikonto 8.000 DM	

S	Sanierungskonto	H
Bil.verlust/Wertberichtig. 28.000 DM	Verlust 28.000 DM	

Die Buchungssätze lauten:

1. Verbindlichkeiten   28.000,- DM
   an Sanierungskonto   28.000,- DM

2. Sanierungskonto   28.000,- DM
   an Bilanzverlust   20.000,- DM
   an Wertberichtigung   8.000,- DM

Aktiva	Sanierungsschlußbilanz		Passiva
Grundstücke	100.000 DM	Eigenkapital	120.000 DM
Gebäude	80.000 DM	Darlehn	180.000 DM
Waren	60.000 DM	Wertberichtigung auf	
Forderungen	140.000 DM	Forderungen	8.000 DM
Zahlungsmittel	40.000 DM	Verbindlichkeiten	112.000 DM
	420.000 DM		420.000 DM

(2) Folgende Maßnahmen könnten ergriffen werden:
- Personelle Maßnahmen, z.B. einen neuen Prokuristen bestellen
- Organisatorische Maßnahmen, z.B. nach Kosteneinsparungen suchen
- Sonstige Maßnahmen, z.B. Abstoßen unwirtschaftlich arbeitender Betriebsmittel

(3) Wesentliche Schritte für ein gerichtliches Vergleichsverfahren sind:
- Prüfung durch das zuständige Amtsgericht
- Verfahrenseröffnung durch das zuständige Amtsgericht
- Bestellen eines Vergleichsverwalters
- Gläubigerabstimmung
- Bestätigung des Amtsgerichts

17 : Konkurs

(1) **Aktiva**   **frei für Masse**

Grundstücke	150.000 DM	
– Hypothek	120.000 DM	30.000 DM
Maschinen und Geschäftsausstattung	60.000 DM	
– Sicherungsübereigung	5.000 DM	55.000 DM
Waren	40.000 DM	
– Eigentumsvorbehalt	10.000 DM	30.000 DM
Forderungen		30.000 DM
Bargeld und Bankguthaben		7.000 DM
Konkursmasse		**152.000 DM**

Passiva

Masseschulden und Massekosten	10.000 DM
Bevorrechtigte Gläubiger	6.500 DM
Sonstige Gläubiger	320.000 DM
	336.500 DM

Der Konkurs kommt zustande, da die Kosten des Verfahrens gedeckt sind.

(2)
Konkursmasse	152.000 DM
– Massegläubiger	10.000 DM
– Bevorrechtigte Gläubiger	6.500 DM
Restmasse für sonstige Gläubiger	**135.500 DM**

(3) Die **Konkursquote** wird ermittelt:

320.000 DM sind 100 %
135.500 DM sind   x %

$$x = \frac{100 \cdot 135.500}{320.000} = \underline{\underline{42{,}3\ \%}}$$

18 : Liquidation

(1) Die Liquidations-Eröffnungsbilanz enthält folgende Informationen:

Aktiva	Liquidations-Eröffnungbilanz		Passiva
Anlagevermögen	1.850.000 DM	Stammkapital	3.750.000 DM
Umlaufvermögen	3.500.000 DM	Verbindlichkeiten	1.600.000 DM
	5.350.000 DM		5.350.000 DM

(2) Die Gläubiger sollen erkennen können, daß sich das Unternehmen in Auflösung befindet.

(3) Der Veräußerungsgewinn wird wie folgt ermittelt:

Erzielter Verkaufserlös	5.800.000 DM
− Veräußerungskosten	143.000 DM
= Nettoverkaufserlöse	5.657.000 DM
− Summe der Buchwerte des Betriebsvermögens	5.350.000 DM
= Veräußerungsgewinn	307.000 DM

19 : Offene Handelsgesellschaft

(1)

Gesell-schafter	Einlagen Anteile	4 % der Einlage	Rest des Gewinns	Gesamt-gewinn
A	130.000	5.200	23.300	28.500
B	50.000	2.000	23.300	25.300
C	20.000	800	23.300	24.100
	200.000	8.000	69.900	77.900

65 % von 200.000 DM
sind 130.000 DM

77.900 DM
− 8.000 DM
69.900 DM : 3 (nach Köpfen)
= 23.300 DM

(2)

Vorteile	Nachteile
• Kreditwürdigkeit ist größer • Unternehmerrisiko wird verteilt • Bessere Nutzung der unterschiedlichen Kenntnisse und Fähigkeiten der Gesellschafter erhöht die Qualität der Geschäftsführung.	• Dem Unternehmenswachstum sind i.d.R. finanzielle Grenzen gesetzt • Kommt es zu Meinungsverschiedenheiten der Gesellschafter, kann der Bestand des Unternehmens gefährdet sein. • Unbeschränkte, direkte, gesamtschuldnerische Haftung.

(3) Der Lieferant kann die Zahlung von Herrn Maier verlangen. Jeder Gesellschafter haftet für die Schulden im Rahmen der OHG unbeschränkt, direkt und gesamtschuldnerisch.

20 : Kommanditgesellschaft

(1)

	Einzelunternehmer	Kommanditist
Leitung	Er leitet das Unternehmen allein und er trägt auch das Risiko allein.	Er ist nicht zur Unternehmensleitung berechtigt.
Firma	Sie muß mindestens einen ausgeschriebenen Vornamen und den Zunamen enthalten.	Die KG ist eine Personenfirma. Der Name des Kommanditisten darf nicht in der Firma erscheinen.
Gewinnverteilung	Es erfolgt keine Teilung des Gewinns.	Nach HGB vom Jahresreingewinn 4 % der Einlage und der Restgewinn wird im angemessenen Verhältnis zum Vollhafter verteilt.
Information	Sie ist jederzeit möglich.	Einsicht ist nur am Ende des Jahres möglich, sonst über das Amtsgericht.
Privatentnahme	Sie ist unbegrenzt möglich.	Sie ist nicht möglich.
Widerspruchsrecht	Keine Meinungsverschiedenheiten.	Bei außergewöhnlichen Geschäftshandlungen.
Einlagepflicht	Er bringt das Kapital allein auf.	Einlage erfolgt in Geld oder Sachen.
Haftpflicht	Mit dem gesamten Privat- und Geschäftsvermögen	Haftung nur mit der Einlage, Privatvermögen haftet nicht.

(2)

Gesellschafter	Einlagen	4 % der Einlage	Schlüssel	1 Gewinnanteil	vorl. Anteil	endgült. Anteil
A	240.000	9.600	2	27.840	55.680	65.280
B	200.000	8.000	2	27.840	55.680	63.680
C	80.000	3.200	1	27.840	27.840	31.040
		20.800	5			160.000

$$\begin{aligned} &160.000 \text{ DM} \\ &- \ 20.800 \text{ DM} \\ &\overline{139.200 \text{ DM} : 5 = 27.840 \text{ DM}} \end{aligned}$$

(3) Herr Froh kann in der Kommanditgesellschaft Teilhafter oder Stiller Gesellschafter werden. In beiden Fällen ist er nach §§ 164, 233 HGB nicht an der Unternehmensführung beteiligt.

Lösungen 523

21 : Stille Gesellschaft/GdbR

(1) (a) Möglichkeiten sind beispielsweise:

- Anzeige in Tageszeitungen
- Anzeige in Fachzeitschriften
- Über IHK oder Handwerkskammer
- Suche im Familien- und Bekanntenkreis
- Kontaktaufnahme mit Geschäftspartnern

(b) Eine stille Gesellschaft kann enden durch:

- Liquidation
- Konkurs
- Kündigung
- Zeitablauf

(2) Die Aufschrift »ARGE PYLON« ist eine Kurzbezeichnung für eine Arbeitsgemeinschaft, die den »Pylon« (Brücke) zu renovieren hat. Mehrere Bauunternehmen haben sich zusammengeschlossen, um dieses große Bauprojekt gemeinsam zu bewältigen. Ein Unternehmer allein würde dazu finanziell und kapazitätsmäßig nicht in der Lage sein.

Solche Arbeitsgemeinschaften werden als vertragliche Vereinigung von Unternehmen gebildet, die ein gemeinsames Ziel verfolgen. Die Gesellschaft des Bürgerlichen Rechts (GdbR) ist für diese Arbeitsgemeinschaft eine typische Rechtsform.

(3) (a) Als Gesellschaftsform kommt hier die Gesellschaft des bürgerlichen Rechts (GdbR) in Betracht. Es handelt sich um eine vertragliche Personenvereinigung. Diese besitzt keine Rechtsfähigkeit. Die BGB-Gesellschaft kann zu jedem beliebigen Zweck gegründet werden, sofern keine rechtlichen Bestimmungen dagegenstehen.

(b) Die GdbR kann vertreten werden:

- durch alle Gesellschafter gemeinschaftlich
- indem mehrere hierzu beauftragte Gesellschafter die Gesellschaft vertreten
- durch einen beauftragten Gesellschafter allein.

22 : Gesellschaft mit beschränkter Haftung

(1) Herr Ketzer kann eine GmbH allein gründen. Er hat zu beachten:

(a) Gemischte Firma ist möglich
(b) Personenfirma ist möglich
(c) Als GmbH nicht möglich, nur bei Einzelunternehmung
(d) Sachfirma möglich

(2) Das Stammkapital ist das gezeichnete Kapital. Es setzt sich aus den Stammeinlagen aller Gesellschafter zusammen. Eine Stammeinlage ist dagegen der von einem Gesellschafter übernommene Anteil am Stammkapital. Er muß mindestens 500 DM betragen.

Unter dem Geschäftsanteil versteht man dagegen den echten Anteil am Vermögen der GmbH. Dieser Anteil ist um die stillen und offenen Rücklagen bereinigt. Er wird also in der

Regel höher sein als die Stammeinlage. Scheidet ein Gesellschafter aus, verlangt er normalerweise auch seinen »Geschäftsanteil«.

(3) Herr Ketzer hat neben der Möglichkeit, die 50.000 DM sofort voll einzuzahlen auch noch die Alternative, nur 25.000 DM einzuzahlen und die restlichen 25.000,- DM über Sicherheiten, z.B. eine Bankbürgschaft, abzusichern (gem. § 7 GmbH-Gesetz).

23 : Aktiengesellschaft/KGaA

(1) Indem Herr Pfisterer die Unternehmensleitung als Vorsitzender aus der Hand gibt, aber gleichzeitig sich als Vorsitzender des Aufsichtsrates wählen läßt. Herr Pfisterer könnte in Zusammenarbeit mit anderen Mitgliedern des Aufsichtsrates bzw. den Vertretern der Anteilseigner im Aufsichtsrat den Vorstand bestellen und entlassen. Gleichzeitig ist der Vorstand verpflichtet, dem Aufsichtsrat regelmäßig Bericht zu erstatten.

(2) Vergleich zwischen AG und GmbH

Merkmale	AG	GmbH
Mindesthöhe des gezeichneten Kapitals	100.000 DM	50.000 DM
Mindesteinlage	5 DM	500 DM
Organe	Vorstand Aufsichtsrat Hauptversammlung	Geschäftsführer evtl. Aufsichtsrat Gesellschafterversammlung

(3) Eine eventuell zu gründende Hans Pfisterer KGaA stellt eine Kombination von AG und KG dar. Sie ist eine juristische Person. Hier gibt es mindestens einen Gesellschafter, der persönlich haftet. Die übrigen Gesellschafter sind über ihre Aktien am Unternehmen beteiligt, ohne persönlich zu haften. Werden durch die Hauptversammlung irgendwelche Beschlüsse getroffen, die die Belange des persönlich haftenden Gesellschafter betreffen, so sind sie nur mit dessen Zustimmung umsetzbar.

24 : Sonstige Rechtsformen

(1) (a) Die typische GmbH & Co KG ist eine Kommanditgesellschaft, bei der eine GmbH der Komplementär ist. Die GmbH-Gesellschafter sind zugleich die Kommanditisten der KG (auch Herr Sauber). Hier werden die Vorteile der KG erhalten, aber die volle Haftung des Komplementärs wird »umgangen«.

(b) Die Gesellschafter sind mit einem geringen Betrag an einer GmbH beteiligt, die als Vollhafter fungiert (mindestens 50.000 DM). Das erforderliche Kapital wird in Form von Kommanditeinlagen geleistet. Beide Gesellschafter können sich als Geschäftsführer der GmbH bestellen (evtl. Kompetenzabgrenzung zwischen Herrn Sauer und Herrn Zünftig). Der Gewinn, der dem Komplementär zusteht, kann durch die Geschäftsführer-Gehälter aufgezehrt werden.

(c) Im Falle einer AG & Co KG übernimmt die Aktiengesellschaft als juristische Person die Stellung des Komplementärs. Sie haftet mit einem Kapital von mind. 100.000,- DM. Herr Sauber und Herr Zünftig bzw. u.U. weitere Personen sind als Aktionäre die Kommanditisten.

(2) (a) Volks- und Raiffeisenbank Ludwigshafen eG, Winzerkeller Leiningerland eG, Winzergenossenschaft Deidesheim eG.

(b)
Einzahlung H. Koller	1.000 DM
− Verlustanteil	100 DM
+ Gewinnanteil	250 DM
Geschäftsguthaben	1.150 DM
Haftsumme H. Koller	1.500 DM

25 : Projektorganisation

(1) Fuhrpark
Kostenrechnung
Materialwirtschaft

(2) Erarbeitung eines Umsetzungsplanes
Koordination der Umsetzung
Koordination zwischen den Abteilungen
Imformation der betroffenen Abteilungen
Kontrolle der Umsetzung

26 : Aufbau-/Ablauforganisation

(1) Der Organisator kommt zu folgendem Ergebnis:

(2) (a) Es handelt sich um eine Spartenorganisation, die auch Divisionalorganisation genannt wird.

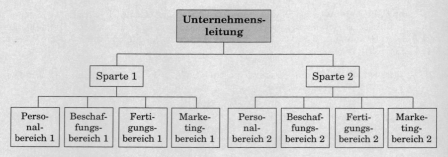

(b) Zielsetzungen
- Entlastung der Geschäftsleitung, die sich auf die eigentlichen Führungsaufgaben konzentrieren kann
- Mehr Vertrauen in Mitarbeiter und Potentialnutzung
- Entscheidungsfreiräume und bessere Motivation der Mitarbeiter
- Eigenverantwortlichkeit der Spartenleiter für den Gewinn

(c) Probleme
- Dezentralleiter stellen Divisionsinteressen zu sehr in Vordergrund
- Ressortdenken und Hausmachtpolitik sind möglich
- Doppelarbeit bei Herstellung ähnlicher Erzeugnisse ist denkbar

(3) (a) Sie sollte eine Systemanalyse erwägen. Bei der Systemanalyse wird die bisherige Organisationsstruktur auf ihre Effizienz hin untersucht. Als Maßnahmen hierzu können z.B. die Befragung der Mitarbeiter bzw. die Beobachtung der Mitarbeiter kommen.

(b) Bearbeitung der Bestellungen per EDV
- Standardisierung der Bestellarbeiten
- Bestellungen mit Eingangs- und Endbearbeitungsstempel versehen
- Schulen der Mitarbeiter in der Bestellbearbeitung
- Verknüpfen der Bestell-(Auftrags-)bearbeitung mit der Fertigungs- und der Materialwirtschaft

27 : Unternehmenszusammenschlüsse

(1) Es handelte sich um:
  (a) Konzern
  (b) Beteiligungen
  (c) Kartell
  (d) Kartell
  (e) Konzern

(2)
- Gemeinsame Werbung
- Planung und Durchführung gemeinsamer Veranstaltungen, wie z.B. Preisausschreiben
- Planung und Durchführung von Aktionen, wie z.B. Spendenaufruf
- Einheitliche Interessenvertretung, z.B. gegenüber der Stadtverwaltung
- Organisieren eines Sicherheitsdienstes

(3) • Gewerbefest
- Weihnachtsmarkt
- Leistungsschau
- Aufruf zu Spendenaktionen

28 : Kartelle

(1) Die genannten Kartelle sind

(a) Erlaubniskartelle
(b) Erlaubniskartelle
(c) Anmeldekartelle
(d) Widerspruchskartelle
(e) Anmeldekartelle
(f) Erlaubniskartelle

(2) Syndikate funktionieren in folgender Weise:

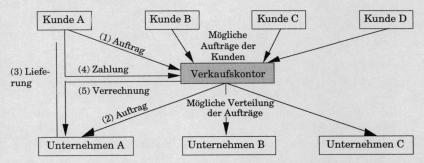

(3) Unternehmenszusammenschlüsse widersprechen in ihrer Zielsetzung den freiheitlichen Grundregeln der sozialen Marktwirtschaft, weil der Wettbewerb beschränkt wird. Andererseits schreitet der Konzentrationsprozeß in Europa in hohem Maße fort. Dies führt dazu, daß deutsche Großunternehmen weniger konkurrenzfähig sind. Der Wettbewerb verlagert sich auf eine höhere Ebene. Im Ergebnis sind verschiedene Stellungnahmen möglich.

(4) Gesetz gegen den unlauteren Wettbewerb (UWG)
Gesetz gegen Wettbewerbsbeschränkungen (GWB)
Wettbewerbsvorschriften des EG-Vertrages

29 : Konzerne

(1) Die Beteiligungsverhältnisse der Maschinenfabrik Reich AG sind:

(a) Direkte Beteiligungen:
- Totalbeteiligung (100 %) an der Firma Haas und Rieger AG
- Qualifizierte Mehrheitsbeteiligung an der Firma Käser AG (75,1 %)
- Sperrminorität an der Firma Schmal AG (25,1 %)

(b) Indirekte Beteiligungen
- Geringe Beteiligung (9 %) an Firma Locke AG
- Einfache Mehrheitsbeteiligung (51 %) an der Firma Driller AG

(2) Die Verschachtelung kann in folgender Weise erfolgen (nach *Fischer*):

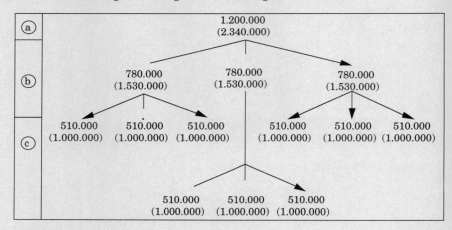

Erläuterungen:

(a) Der Millionär beteiligt sich am Leitungsunternehmen mit 51 % am gezeichneten Kapital von 2.340.000,- DM, das sind 1.193.400,- DM, also rund 1.200.000,- DM.

(b) Das Leitungsunternehmen beteiligt sich mit über 50 % an drei Finanzierungs- oder Schachtelunternehmen.

(c) Diese drei Unternehmen beteiligen sich ihrerseits an 9 Fertigungsunternehmen mit je 51 Prozent.

30 : Verbände

(1) (a) BDI = Bundesverband der Deutschen Industrie: Fachverband
(b) BDA = Bundesvereinigung der Deutschen Arbeitgeberverbände: Arbeitgeberverband
(c) IHK = Industrie- und Handelskammer: Kammer
(d) DIHT = Deutscher Industrie- und Handelstag: Spitzenverband der Industrie- und Handelskammern

(2) Die IHK stellt eine Körperschaft des öffentlichen Rechts dar. Ihre Mitglieder sind per Gesetz zur Mitgliedschaft verpflichtet. Die IHK nimmt neben der Interessenvertretung ihrer Mitglieder auch folgende Aufgaben wahr: Führung der Verzeichnisse der Berufsausbildungsverhältnisse, Abnahme von Prüfungen, Kontrolle der Ausbildungsbetriebe durch den Ausbildungsberater der Kammer sowie Unterstützung der Behörden.

Der BDI ist dagegen keine Körperschaft des öffentlichen Rechts. Seine Mitglieder sind zur Mitgliedschaft nicht verpflichtet. Der BDI vertritt in erster Linie die Interessen seiner Mitglieder, indem er Stellung zu Fragen nimmt, die die Mitglieder betreffen und die

Bevölkerung mittels der Öffentlichkeitsarbeit für die Belange der Deutschen Industrie sensibilisiert.

(3) Deutscher Gewerkschaftsbund (DGB)
Deutsche Angestelltengewerkschaft (DAG)
Christlicher Gewerkschaftsbund (CGB)

31 : Führung/Instrumente

(1) Die Führungstechnik heißt Management by Objektives. Außerdem gibt es u.a. die Führungstechnik Management by Delegation, bei der Kompetenzen und Handlungsverantwortung auf Mitarbeiter übertragen werden. Bei der Führungstechnik Management by Exception darf der Mitarbeiter innerhalb eines vorgegebenen Rahmens selbständig entscheiden.

(2) Bei Herrn Eifrig wurde der autoritäre Führungsstil angewendet, bei dem die Mitarbeiter nicht in das Geschehen einbezogen werden. Der Vorgesetzte zwingt die Ziele auf, ist wenig zugänglich und schreit Herrn Eifrig sogar an. Der Führende sollte den kooperativen Führungsstil pflegen, bei dem Führungskraft und Mitarbeiter partnerschaftlich zusammenarbeiten. Mit diesem Führungsstil wird die Bereitschaft des Mitarbeiters zur Zusammenarbeit i.d.R. geweckt.

(3) Folgende Informationen sind angebracht:

- Vorstellung der Mitarbeiter
- Hinweise auf formelle und informelle Normen der Gruppe
- Aufgaben besprechen
- Informationen bei einem Einführungsseminar geben
- Schon bei ersten Leistungserfolgen loben.

32 : Leitung

(1) Die bisherige Form war eine Direktorialorganisation, da Direktor Fliege als Generaldirektor allein entschieden hat.

(2) Diese Form bringt große Machtzusammenballung mit sich und kann zu »einsamen« Beschlüssen führen, mit denen sich die Direktoren Klug und Weise nicht identifizieren können. Außerdem ist eine qualitative und quantitative Überlastung des Generaldirektors möglich.

(3) Der Vorschlag besteht in der Kollegialorganisation, in die der neue Direktor Klaus integriert wird und bei der alle Direktoren mehr oder weniger gleichberechtigt sind:

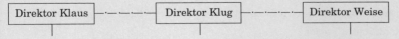

Eine klare Kompetenzabgrenzung der Zuständigkeiten ist zu empfehlen. Die Direktoren stehen miteinander in Querverbindung.

33 : Zielsetzung

(1) Ziele können beispielsweise sein:

(a) Das Ziel besteht darin, daß
- der Jahresüberschuß
- im kommenden Jahr
- um mindestens
- 5 % zunimmt.

(b) Das Ziel besteht darin, daß
- bei der Verpackungsanlage V
- im nächsten Monat
- nicht mehr als
- 50 Maschinenstunden ausfallen.

(c) Das Ziel besteht darin, daß
- das Auftragsvolumen
- im nächsten Halbjahr
- um mindestens
- 500.000,- DM steigt.

(2) (a) Sofern keine Personalreserven vorhanden sind bzw. automatisierte Fertigung relativ unabhängig von Personal macht, ist anzunehmen, daß es sich um konkurrierende Ziele handelt.

(b) Die Ziele sind indifferent, d.h. die Erfüllung des einen Zieles beeinflußt den Zielerreichungsgrad des anderen Zieles nicht.

(c) Die Ziele sind komplementär, d.h. die Erfüllung des einen Zieles führt auch zur Erfüllung des anderen Zieles.

34 : Prozeß

(1)

	1996	1997	1998	1999	2000	2001
Umsatz (Mrd. DM)	29,0	30,0	30,0	32,0	32,0	32,0
Kosten	28,3	28,8	29,0	31,0	31,0	31,0
Erfolg	0,7	1,2	1,0	1,0	1,0	1,0

Nachdem 1997 der Erfolg von 0,7 auf 1,2 Mrd. DM gestiegen ist, wird er nach den Planwerten ab 1998 mit 1 Mrd. DM konstant bleiben. Ob diese Ergebnisse wirklich erzielt werden können, wird allerdings erst die Realität zeigen.

(2) Folgende Arbeiten werden nicht im Materialbereich durchgeführt:

(c) Kreditantrag stellen
(f) Wechsel bearbeiten
(g) Kalkulation der Preise

(3) Es handelt sich um folgende Kontrollmerkmale:

	Kontrollobjekt		Kontrollart		Vorgehensweise		Umfang	
	Ergebnis-kontrolle	Verhaltens-kontrolle	Selbst-kontrolle	Fremd-kontrolle	Personelle Kontrolle	Automatische Kontrolle	Einzel-kontrolle	Gesamt-kontrolle
(a) Materialwirt-schaftsleiter		•		•	•			•
(b) Fertigungs-leiter	•			•		•	•	
(c) Marketing-leiter	•			•	•			•

35 : Strategie

Die Gesamtstrategie für den PKW-Hersteller A kann beispielsweise bestehen aus:

(1) Hauptstoßrichtungen:
 - Internationale Kooperation
 - Erhaltung des Marktanteils
 - Entlassungen von Mitarbeitern

(2) Hauptstrategien:
 - Klares Marktleistungskonzept
 - Ausgewogenes Finanzierungskonzept
 - Ideen für ein neues PKW-Modell
 - Gezielte Weiterbildung für Mitarbeiter
 - Kooperativer Führungsstil
 - Umstellung auf Spartenorganisation

(3) Bereichsstrategien:
 - Marketing:
   Rabatte verringern, Preise nicht steigern

 - Forschung und Entwicklung:
   neues Modell »Rasant«

 - Fertigung:
   bewährtes Starprodukt
 - Handbremse verbessern

 - Personal: 3.000 Mitarbeiter freistellen

36 : Materialbedarfsplanung

(1) (a)

Artikel	Artikelanzahl	Mengenanteil %	Wertanteil %	Wert (Umsatz)
A	110	10 %	68 %	3.400.000 DM
B	310	28 %	24 %	1.200.000 DM
C	680	62 %	8 %	400.000 DM
	1.100	100 %	100 %	5.000.000 DM

(b) Bei den A-Artikeln handelt es sich um Waren mit einem relativ geringen Mengenanteil, die einen verhältnismäßig hohen Umsatzanteil erwirtschaften, aber auch relativ hohe Anschaffungskosten verursachen. Der Einkauf sollte bei Bestellungen von A-Gütern besonders auf deren Preise achten bzw. Preisverhandlungen sowie deren Bezugsbedingungen sorgfältig aushandeln. Darüber hinaus muß aber auch darauf geachtet werden, daß nicht zu viele A-Güter auf Lager liegen, da dies sonst zu einer hohen Kapitalbindung führt.

(2)

	März	April	Mai
Primärbedarf	5.000	8.000	6.000
Sekundärbedarf	20.000	32.000	24.000
+ Zusatzbedarf	2.000	3.200	2.400
= **Bruttobedarf**	**22.000**	**35.200**	**26.400**
− Lagerbestand	2.000	0	0
− Bestellbestand	1.000	0	0
+ Vormerkbestand			
= **Nettobedarf**	**19.000**	**35.200**	**26.400**

(3) (a) $V = \dfrac{T_7 + T_8 + T_9 + T_{10} + T_{11} + T_{12}}{6} = \dfrac{138 + 114 + 126 + 98 + 169 + 144}{6} = \underline{\underline{131{,}5}}$

(b) $V = \dfrac{T_8 + T_9 + T_{10} + T_{11} + T_{12} + T_1}{6} = \dfrac{114 + 126 + 98 + 169 + 144 + 150}{6} = \underline{\underline{133{,}5}}$

(c) $V = \dfrac{138 \cdot 6 + 114 \cdot 9 + 126 \cdot 13 + 98 \cdot 18 + 169 \cdot 24 + 144 \cdot 30}{6 + 9 + 13 + 18 + 24 + 30} = \underline{\underline{136}}$

37 : Materialbestands/-beschaffungsplanung

(1) (a) Inventurbestand
   (b) Sicherheitsbestand (= eiserner Bestand, Mindestbestand, Reserve)
   (c) Höchstbestand
   (d) Buchbestand
   (e) Meldebestand (= Bestellbestand, Bestellpunktbestand)

(2) $x_{opt} = \sqrt{\dfrac{200 \cdot M \cdot K_B}{E \cdot L_{HS}}} = \sqrt{\dfrac{200 \cdot 5.000 \cdot 40}{0{,}50 \cdot 20}} = \underline{\underline{2.000 \text{ Stück}}}$

(3) Gründe können sein:
- Abhängigkeit vom Lieferanten
- Leerzeiten verursachen hohe Kosten
- Erhöhung der Flexibilität
- Sicherheitsdenken

38 : Materialwirtschafts-Durchführung

(1) Da keine belegmäßige Erfassung erfolgt, können die Inventurmethode oder die retrograde Methode in Betracht kommen. Die retrograde Methode läßt sich jedoch nicht anwenden, da keine Rückrechnung vom Produkt her möglich ist.

Anwendung findet damit die Inventurmethode:

Verbrauch = Anfangsbestand + Zugang - Endbestand
Verbrauch = 70 · 250 + 2 (100 · 400) - (20 · 250 + 65 · 400)
Verbrauch = 66.500 Stück

(2)

	Klein-schmidt OHG	Petersen GmbH	Adolf Schmidt KG
Angebotspreis	25,00	23,00	30,00
− Rabatt	0	0	0
+ Mindermengenzuschlag	1,25	0	0
= Zieleinkaufspreis	26,25	23,00	30,00
− Skonto	0,53	0	1,20
= Bareinkaufspreis	25,72	23,00	28,80
+ Bezugskosten	0	0,06	0
= Anschaffungswert	25,72	23,06	28,80

Das Angebot der Petersen GmbH ist das vorteilhafteste, das Angebot der Adolf Schmidt KG das am wenigsten vorteilhafte Angebot.

(3) Materiallagerung

(a) Hochregallager
(b) Fördermittel
(c) Eingangslager

(d) Erzeugnislager
(e) Belegprüfung
(f) Rechnungsprüfung

39 : Materialwirtschafts-Kontrolle

(1) Durchschnittlicher Lagerbestand = $\dfrac{\text{Jahresanfangsbestand + 12 Monatsendbestände}}{13}$

$= \dfrac{12.000 + 118.000}{13} = 10.000$ Stück

(2) Umschlagshäufigkeit = $\dfrac{\text{Jahresverbrauch}}{\text{Durchschnittlicher Lagerbestand}} = \dfrac{80.000}{10.000} = 8$ mal

(3) Lagerdauer = $\dfrac{\text{Zahl der Tage der Periode}}{\text{Umschlagshäufigkeit}} = \dfrac{360}{8} = 45$ Tage

40 : Fertigungsbereich (Erzeugnisplanung)

(1)

T 1	
Bezeichnung	Menge
E1	1
E3	2

T2	
Bezeichnung	Menge
E1	2
E2	2

T3	
Bezeichnung	Menge
E2	1
E3	1

T 4	
Bezeichnung	Menge
E2	3
E3	2

T5	
Bezeichnung	Menge
E1	1
E2	2

T6	
Bezeichnung	Menge
E1	2

(2) Durch eine technische Zeichnung wird das Erzeugnis graphisch beschrieben. Die Art ihrer Erstellung unterliegt strengen Normen, damit jeder sachkundige Betrachter gleiche Daten aus der technischen Zeichnung gewinnt.

Bei komplexen Erzeugnissen reicht vielfach eine Zeichnung nicht aus. Es ist dann ein Zeichnungssatz zu erstellen, der eine Zusammenstellungszeichnung, eine Baugruppenzeichnung und Einzelzeichnungen enthalten kann.

41 : Fertigungsbereich (Arbeits-/Prozeßplanung)

(1) (a) Zeichnung
 (b) Laufkarte
 (c) Terminkarte
 (d) Einrichteplan
 (e) Materialentnahmeschein
 (f) Lohnschein

(2) Die Durchlaufzeit läßt sich wie folgt ermitteln:

(a) Rüstzeiten		
	Nr. 2	10 Min.
	Nr. 3	20 Min.
(b) Bearbeitungszeiten:		
	Nr. 1	150 Min.
	Nr. 2	500 Min.
	Nr. 3	400 Min.
	Nr. 4	150 Min.
(c) Transportzeit:	insgesamt	400 Min.
(d) Liegezeit:	insgesamt	800 Min.
Durchlaufzeit		2.430 Min.

Die Durchlaufzeit beträgt insgesamt 40,5 Stunden

Lösungen

42 : Marketing (Marktforschung)

(1)

	Beispiele	Daten
(a)	Marktanteil der Konkurrenz	objektiv
(b)	Prestige	subjektiv
(c)	Sicherheitsgefühl	subjektiv
(d)	Kaufkraft pro Haushalt	objektiv
(e)	Produktakzeptanzanalyse	objektiv
(f)	angenehmer Geruch	subjektiv

(2) Die Analyse von Reklamationen gibt dem Unternehmen Hinweise auf Produkt- oder Organisationsschwächen. Diese Schwächen können darin begründet sein, daß das Fertigungsverfahren noch nicht optimiert ist, die Qualität der Einsatzstoffe nicht korrekt ist oder die Qualitätskontrolle nicht optimal funktioniert. Reklamationen ermöglichen dem Unternehmen somit Schwachstellen im Unternehmen zu erkennen. Moderne Unternehmen nutzen Kundenreklamationen auch für ihr Marketing, indem sie den Kunden informieren und die Reklamation honorieren.

(3) (a) Haushaltspanel
 (b) Beobachtung
 (c) Befragung
 (d) Feldexperiment, Beobachtung
 (e) Befragung

43 : Marketingpläne

(1) Es ergeben sich folgende Werte

(a) Marktvolumen = 600 Mill. + 1.600 Mill. = 2.200 Millionen DM

(b) = Marktanteil = $\dfrac{\text{Umsatz der Süßwaren GmbH}}{\text{Marktvolumen an Süßwaren}} \cdot 100$

 = $\dfrac{600 \text{ Mill.}}{2.200 \text{ Mill.}} \cdot 100$ = $\underline{\underline{27{,}27\,\%}}$

(2)

Marketingpolitik	Instrumente im einzelnen	Sparkonto	Kfz-Verkauf (Neuwagen)	Haar-schnitt
Produktpolitik	Programmpolitik	mittel	sehr hoch	gering
Distributions-politik	Direkter Absatzweg	mittel	gering	sehr hoch
Kontrahierungs-politik	Preispolitik	mittel	hoch	mittel
Kommunikations-politik	Werbung	hoch	hoch	mittel

(3) (a) Ermittlung der jährlichen Gesamtkosten:

Allgemeine Werbekosten	45.000 DM
Druckkosten	5.800 DM
Verkäuferschulung	12.000 DM
Kalkulatorische Prämie	72.000 DM
Kalkulatorische Provision	96.000 DM
Mitarbeitergehalt	108.000 DM
	338.800 DM

(b) Die variablen Kostenbestandteile lauten:

kalkulatorische Prämie
kalkulatorische Provision
Alle übrigen Kosten sind Fixkosten.

44 : Produktpolitik

(1) Das Leistungsprogramm ändert sich insofern, als

(a) eine oder mehrere zusätzliche Ausführungsformen hinzukommen, beispielsweise:

A1	B1	C1	D1	E1	F1
A2	B2	C2	D2	E2	F2
A3	B3	C3	D3	E3	F3
	B4	C4	D4	E4	F4
					F5

(b) eine oder mehrere zusätzliche Produktgruppen hinzukommen, beispielsweise:

A1	B1	C1	D1	E1	F1	G1	H1
A2	B2	C2	D2	E2	F2		
A3		C3	D3	E3	F3		
		C4	D4		F4		
					F5		

(2) Die Elimination des verlustbringenden Produktes darf nicht erfolgen, ohne daß ihre Auswirkungen auf das gesamte Leistungsprogramm zuvor untersucht worden sind.

Beispielsweise bringt ein Produkt voraussichtlich einen jährlichen Verlust von 30.000 DM. Wird es eliminiert, muß mit einem Rückgang des Umsatzes anderer Produkte gerechnet werden, da die Abnehmer ein für ihren Bedarf »komplettes Angebot« erwarten. Die Umsatzeinbußen können zu einem größeren Gewinnrückgang führen.

(3) (a) Folgende Maßnahmen könnten in Frage kommen:

- Verkaufsförderungsmaßnahmen,
- Produkt im Design verändern
- Produkt technisch verändern/verbessern
- Produkt mit Zusatzfunktionen ausstatten
- Garantieleistung gegenüber Konkurrenzprodukten verändern
- Einsatz preispolitischer Maßnahmen

(b) Das Produktlebenszykluskonzept ist gut anwendbar bei:
- Autos
- Kleidung
- Möbeln

Das Produktlebenszykluskonzept ist weniger gut anwendbar bei:
- Waschmitteln
- Lebensmitteln
- klassischer Musik

45 : Kontrahierungspolitik

(1) (a) Mit steigendem Preis steigt auch das Angebot, da die Unternehmer mehr zu verdienen hoffen. Mit steigenden Preisen sinkt die Nachfrage, wenn die Waren vom Verbraucher als zu teuer empfunden werden.

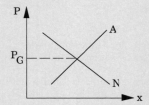

Der Gleichgewichtspreis bildet sich im Schnittpunkt der Kurven.

(b) Bei beträchtlicher Erhöhung des Angebots sinkt der Preis, wenn die Nachfrage konstant bleibt. Grund: Die Unternehmer müssen die Preise senken, damit die Nachfrager wieder Kaufanreize erhalten.

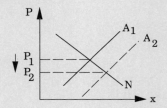

(c) Wenn die Nachfrage bei unverändertem Angebot sinkt, dann sinkt der Preis ebenfalls.

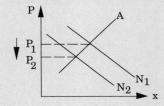

(2) (a) Parfüms, Luxusautomobile, Markenkleidung.
(b) Polaroid-Kameras, Taschenrechner, "die Weißen".

(3) Unternehmen neigen vielfach dazu, die Preise relativ kontinuierlich zu gestalten. Beispielsweise gibt es auch in Zeiten schlechten Absatzes bei Kfz-Herstellern keine Preissenkungen. Mitunter werden die Preise sogar periodisch erhöht. Dafür gewährt man bei den Kfz-Anbietern offene oder versteckte Rabatte. Ohne daß die Preise nach unten verändert werden, kommt der Kunde – zumindest in Zeiten schlechten Absatzes – dann günstiger zu seinem Kraftfahrzeug.

46 : Distributionspolitik

(1) Vorteile:

- Intensiver Kontakt zu Abnehmern der Druckmaschinen
- Gegenüber Händlern entfallen die Handels- und Provisionsspannen
- Produktabsatz kann durch das Unternehmen direkt beeinflußt werden

Nachteile:

- Der Druckmaschinen-Hersteller muß den Absatz allein organisieren
- Der Aufbau eines eigenen Vertriebssystems ist mit Kosten verbunden

(2) Die Kunden möchten in der Regel neben dem Kauf auch individuell betreut werden. Insbesondere dann, wenn sie beim Kauf unsicher sind oder aber nach dem Kauf Probleme auftreten. Ein direkter Absatzweg kann kaum eine adäquate Betreuungs- und Servicefunktion bieten. Der Aufbau eines eigenen Händlernetzes ist für ein Unternehmen normalerweise zu teuer. Allerdings könnten sogenannte Franchiseverträge eine Alternative darstellen.

(3) Folgende Standortfaktoren sollten beachtet werden:

- angestrebter Lieferservice
- Struktur des Absatzgebietes
- voraussichtliche Nachfrageentwicklung
- Verkehrslage und Anbindung
- Transport- und Lagerhauskosten

47 : Kommunikationspolitik

(1) Die Beispiele beziehen sich auf:

(a) Product Placement
(b) Verbraucherpromotions
(c) Gemeinschaftswerbung
(d) Sponsoring

Lösungen

(2)

Anzeige	Vertreter
Ansprache eines breiten Publikums	Er informiert und berät
Sie weckt Bedürfnisse	Er kann die Fachhändler schulen
Sie hilft der Meinungsbildung	Er kann die Fachhändler motivieren
Sie veranlaßt die Fachgeschäfte zum Kauf der Produkte	Er bekommt Hinweise über die Annahme des Produktes beim Konsumenten

(3) Die Friseurgeschäfte werden dazu veranlaßt (indem der Kunde die Produkte nachfragt), diese Produkte auf Lager zu halten sowie mit dem Unternehmen zu kooperieren. Als Gegenleistung erhalten die Unternehmen eine kostenlose Werbung. Ziel des Unternehmens kann es u.a. sein, den Konsumenten sowie das Fachgeschäft zu binden, indem diese Produkte nur über die Fachgeschäfte erhältlich sind.

48 : Marketingkontrolle

(1) Arten des Erfolges:

- Statistischer Erfolg: 1 Milliarde DM Umsatz
- Ökonomischer Erfolg: 10 % Umsatzwachstum
                                0,5 % Zuwachs des Marktanteils
- Außerökonomischer Erfolg: psychische Werbewirkungen

(2) Tabellen und Interpretation:

Quartal	Soll-Umsatz in TDM	Ist-Umsatz in TDM	Abweichungen in %
I	200	300	+ 50 %
II	220	360	+ 63,63 %
III	240	490	+ 104,16 %
IV	200	320	+ 60 %

Der Vergleich der Ist-Umsatzzahlen mit den Soll-Daten legt die Vermutung nahe, daß die eingesetzten Kommunikationsmaßnahmen erfolgreich eingesetzt wurden. Ergänzend müßte untersucht werden, ob das Unternehmen auch seinen Marktanteil vergrößern konnte.

49 : Statische Investitionsrechnungen

(1)

		Investitions-objekt I	Investitions-objekt II
Auslastung	Stück/Jahr	10.000	9.000
Erträge	DM/Jahr	220.000	198.000
Kosten	DM/Jahr	185.000	164.000
Gewinn	DM/Jahr	35.000	34.000
Gewinndifferenz I - II	DM/Jahr	+ 1.000	

Das Investitionsobjekt I ist das vorteilhaftere, da es einen Gewinn erwirtschaftet, der pro Periode um 1.000 DM höher liegt als beim Investitionsobjekt II.

(2)

Anschaffungskosten	DM		100.000
Restwert	DM		0
Nutzungsdauer	Jahre		8
Auslastung	Stück/Jahr		15.000
Zinssatz	%		10
Erträge	DM/Jahr		127.500
Fixe Kosten	DM/Jahr	31.500	
Variable Kosten	DM/Jahr	90.000	
Gesamte Kosten	DM/Jahr		121.500
Gewinn	DM/Jahr		6.000

$$R = \frac{E - K}{D} \cdot 100 = \frac{6.000}{50.000} \cdot 100 = \underline{\underline{12\ \%}}$$

Die Investition ist nicht vorteilhaft, weil die von der Chemie AG festgelegte Mindestrentabilität nicht erreicht wird.

(3)

		Investitions-objekt I	Investitions-objekt II
Anschaffungskosten	(DM)	240.000	180.000
Nutzungsdauer	(Jahre)	6	6
Durchschnittlicher Gewinn	(DM/Jahre)	36.000	29.000

$$W_1 = \frac{240.000}{36.000 + (240.000 : 6)} = \underline{3{,}16\ \text{Jahre}}$$

$$W_2 = \frac{180.000}{29.000 + (180.000 : 6)} = \underline{3{,}05\ \text{Jahre}}$$

Das Investitionsobjekt II ist das vorteilhaftere, da es eine geringere Amortisationszeit benötigt.

50 : Dynamische Investitionsrechnungen

(1)

Jahr	Abzinsungs-faktor	Maschine I		Maschine II	
		Überschuß	Barwert	Überschuß	Barwert
1. Jahr	0,925926	14.000	12.963	19.000	17.593
2. Jahr	0,857339	21.000	18.004	26.000	22.291
3. Jahr	0,793832	26.000	20.640	27.000	21.433
4. Jahr	0,735030	24.000	17.641	20.000	14.701
5. Jahr	0,680583	15.000	10.209	12.000	8.167
6. Jahr	0,630170	11.000	6.932	8.000	5.041
+ Liquidationserlös	0,630170	15.000	9.453	5.000	3.151
= Summe			95.842		92.377
− Anschaffungswert			90.000		90.000
= Kapitalwert			5.842		2.377

Beide Maschinen erzielen einen positiven Kapitalwert. Da die Maschine I jedoch einen um 3.465 DM höheren Kapitalwert erreicht als die Maschine II, ist ihr der Vorzug zu geben.

(2) $r = i_1 - C_{o1} \cdot \dfrac{i_2 - i_1}{C_{o2} - C_{o1}}$

$r_I = 0,08 - 8.436 \cdot \dfrac{0,12 - 0,08}{-4.247 - 8.436} = \underline{\underline{0,107}}$

$r_{II} = 0,08 - 11.829 \cdot \dfrac{0,12 - 0,08}{-444 - 11.829} = \underline{\underline{0,119}}$

Beide Investitionsobjekte liegen über dem Kalkulationszinssatz. Das vorteilhaftere Investitionsobjekt ist die Alternative II mit einem internen Zinsfuß von 11,9 %.

(3)

Jahr	Abzinsungs-faktor	Investitionsobjekt I		Investitionsobjekt II	
		Überschuß	Barwert	Überschuß	Barwert
1. Jahr	0,925926	28.000	25.926	22.000	20.370
2. Jahr	0,857339	36.000	30.864	30.000	25.720
3. Jahr	0,793832	35.000	27.784	28.000	22.227
4. Jahr	0,735030	32.000	23.521	28.000	20.581
5. Jahr	0,680583	30.000	20.417	20.000	13.612
= Summe			128.512		102.510
+ Liquidationserlös	0,680583	5.000	3.403	0	0
= Barwert			131.915		102.510
− Anschaffungswert			100.000		80.000
= Kapitalwert			31.915		22.510

$$d = C_o \cdot \frac{q^5 (q-1)}{q^5 - 1}$$

$d_I = 31.915 \cdot 0{,}250456 = \underline{\underline{7.993 \text{ DM/Jahr}}}$

$d_{II} = 22.510 \cdot 0{,}250456 = \underline{\underline{5.638 \text{ DM/Jahr}}}$

Das Investitionsobjekt I ist vorteilhafter als Investitionsobjekt II, da es eine um 2.355 DM höhere Annuität erzielt.

51 : Investitionskontrolle

Die Investitionskontrolle bezieht sich vorrangig auf die Vermögensseite der Bilanz:

(1) Vermögenskonstitution = $\dfrac{\text{Anlagevermögen}}{\text{Umlaufvermögen}} \cdot 100$

$= \dfrac{690.000}{1.570.000} \cdot 100 = \underline{\underline{43{,}95\ \%}}$

(2) Anlageintensität = $\dfrac{\text{Anlagevermögen}}{\text{Gesamtvermögen}} \cdot 100$

$= \dfrac{690.000}{2.260.000} \cdot 100 = \underline{\underline{30{,}53\ \%}}$

(3) Umlaufintensität = $\dfrac{\text{Umlaufvermögen}}{\text{Gesamtvermögen}} \cdot 100$

$= \dfrac{1.570.000}{2.260.000} \cdot 100 = \underline{\underline{69{,}47\ \%}}$

52 : Planung im Finanzbereich

(1) Anlagekapitalbedarf	Grundstücke	280.000 DM
	Gebäude	420.000 DM
	Maschinen	80.000 DM
	Betriebs- und Geschäftsausstattung	30.000 DM
		810.000 DM
(2) Umlaufkapitalbedarf	$(15 + 5 + 20) \cdot 15.000$	
	$+ (15 + 5 + 20 + 25 - 10) \cdot 5.000$	
	$+ (15 + 5 + 20 + 25) \cdot 8.000 =$	1.395.000 DM
(3) Gesamtkapitalbedarf		2.205.000 DM

53 : Beteiligungsfinanzierung

(1)

	OHG	KG	GdbR	GmbH	AG
Kosten des Registergerichts	•	•		•	•
Einkommensteuer	•	•	•		
Gewerbesteuer	•	•	•	•	•
Körperschaftsteuer				•	•
Kapitalertragsteuer				•	•
Börsenumsatzsteuer					•
Emissionskosten					•

(2)

Namen	Kapitalanteil	Verzinsung (4 %)	Gewinnanteil	Neuer Kapitalanteil
Maier	500.000 DM	20.000 DM	89.333,33 DM	609.333,33 DM
Frey	200.000 DM	8.000 DM	35.733,33 DM	243.733,33 DM
Klein	100.000 DM	4.000 DM	8.933,34 DM	112.933,34 DM
	800.000 DM	32.000 DM	134.000,00 DM	966.000,00 DM

Nebenrechnung:

Gewinn vor Steuern	300.000 DM
− Gerichtskosten	14.000 DM
Zwischenergebnis	286.000 DM
− Steuern	120.000 DM
Gewinn nach Steuern	166.000 DM
− Verzinsung gesamt (4 %)	32.000 DM
Restgewinn	134.000 DM

134.000 DM : 15 Teile = 8.933,$\overline{33}$ (ein Anteil)

54 : Fremdfinanzierung, kurzfristige

(1) $r = \dfrac{S}{z-s} \cdot 360 = \dfrac{2}{30-10} \cdot 360 = \underline{\underline{36\,\%}}$

(2) Vorteile des Lieferantenkredites für den Kreditnehmer können sein:
- Die Schnelligkeit der Kreditgewährung
- Die Bequemlichkeit der Kreditgewährung
- Die Formlosigkeit der Kreditgewährung

- Das Fehlen einer systematischen Kreditprüfung
- Die Entlastung der Kreditlinie bei Banken
- Die Kreditgewährung trotz ausgeschöpfter Kreditlinien
- Die Kreditsicherung durch Eigentumsvorbehalt.

(3)
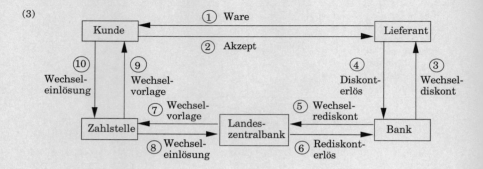

55 : Fremdfinanzierung, langfristige

(1) Darlehen der Sparkasse

$$r = \frac{8 + \frac{2}{6}}{98} \cdot 100 = \underline{\underline{8{,}50\ \%}}$$

Darlehen der Handelsbank GmbH

$$r = \frac{7 + \frac{5}{6}}{95} \cdot 100 = \underline{\underline{8{,}25\ \%}}$$

Das Angebot der Handelsbank GmbH ist das vorteilhaftere.

(2) Die Aktie kann ab 5,- DM, die Teilschuldverschreibung der Anleihe ab 100 DM Nennwert ausweisen. Die Ausgabe darf bei beiden Papieren über dem Nennwert erfolgen. Unter dem Nennwert darf allerdings nur die Wandelschuldverschreibung ausgegeben werden, nicht dagegen die Aktie.

56 : Innenfinanzierung

(1)

Jahr	Jahres-anfang (JA) und Jahres-ende (JE)	Maschi-nenan-zahl	Anschaf-fungswert in DM	Ab-schrei-bungen in DM	Investierte Summe aus Abschrei-bungen in DM	Rest-buch-wert in DM	Nicht Inve-stierte Sum-me aus Abschreibun-gen in DM
1	JA	5	1.000.000		—	1.000.000	—
	JE		1.000.000	200.000		800.000	
2	JA	6	1.200.000		200.000	1.000.000	0
	JE		1.200.000	240.000		760.000	
3	JA	7	1.400.000		200.000	960.000	40.000
	JE		1.400.000	280.000		680.000	
4	JA	8	1.600.000		200.000	880.000	120.000
	JE		1.600.000	320.000		560.000	
5	JA	10	2.000.000		400.000	960.000	40.000
	JE		1.000.000	400.000		560.000	
6	JA	7	1.400.000	—	400.000	960.000	40.000

(2) Die Finanzierung aus Abschreibungsgegenwerten führt zu zwei betriebswirtschaftlichen Effekten:

- Dem Kapazitätserweiterungseffekt, der auch Lohmann-Ruchti-Effekt genannt wird. Darunter wird diejenige Wirkung verstanden, die sich daraus ergibt, daß die freigesetzten Abschreibungsgegenstände sofort für Neuinvestitionen für gleichwertige Anlagen verwendet werden.

- Dem Kapitalfreisetzungseffekt, der daraus entsteht, daß die Abschreibungen durch den Verkauf der Produkte in den jeweils produktbezogenen kalkulierten Teilbeträgen dem Unternehmen wieder zufließen.

Die Finanzierung aus Abschreibungsgegenwerten ist eine Form der Innenfinanzierung. Der Kapazitätserweiterungseffekt ist in der Praxis allerdings nicht ohne weiteres erzielbar, weil das Kapital auch in zusätzlich erforderlichem Umlaufvermögen gebunden werden muß. Außerdem bleiben der technische Fortschritt sowie die Entwicklung des Beschaffungs- und Absatzmarktes unberücksichtigt.

57 : Finanzkontrolle

(1) Liquidität 1. Grades = $\dfrac{\text{Zahlungsmittelbestand}}{\text{Kurzfristige Verbindlichkeiten}} \cdot 100$

$= \dfrac{200.000}{1.800.000} \cdot 100 = \underline{\underline{11{,}11\ \%}}$

(2) Liquidität 2. Grades = $\dfrac{\text{Zahlungsmittel + Forderungen + Wertpapiere}}{\text{Kurzfristige Verbindlichkeiten}} \cdot 100$

$= \dfrac{400.000}{1.800.000} \cdot 100 = 22{,}22\ \%$

(3) Liquidität 3. Grades = $\dfrac{\text{Gesamtes Umlaufvermögen}}{\text{Kurzfristige Verbindlichkeiten}} \cdot 100$

$= \dfrac{1.700.000}{1.800.000} \cdot 100 = 94{,}44\ \%$

58 : Personalplanung

(1) Laufbahnplanung

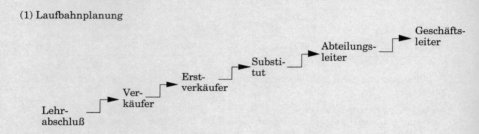

(2)
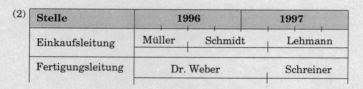

(3)
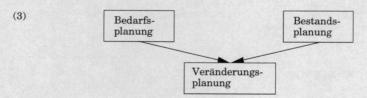

59 : Personalbeschaffung

Im Januar 1997 ergeben sich aus dem Zeugnis über Herrn Doll folgende Daten:

Lösungen

(1) Persönlichkeits- und Verhaltensanalyse:

    Alter: 30 Jahre
    Persönlichkeit: sehr verläßlich, man kann ihm vertrauen
    Verhalten: Er hat Mitarbeiter zielbezogen motiviert
                   Schwierigen Situationen ist er voll gewachsen
                   Das Verhalten gegenüber Vorgesetzten und Kollegen war in Ordnung

(2) Entwicklungsanalyse:

    Von 01/1991 bis 12/1996 Chefbuchhalter

(3) Tätigkeitsanalyse:

    Buchhalterische Vorbereitung und Erstellung der Bilanz bzw. der Gewinn- und Verlustrechnung

(4) Abgangsbegründungsanalyse:

    Das Ausscheiden wird sehr bedauert, d.h. es handelt sich um einen Mitarbeiter, den das Unternehmen gern behalten hätte.

(5) Gesamtbeurteilung:

    Stets zu unserer vollen Zufriedenheit
    = Gute Leistungen

60 : Personaleinsatz

(1) Die Einsatzprinzipien sind:

    (a) Job enlargement (Arbeitserweiterung)
    (b) Job enrichment (Arbeitsbereicherung)
    (c) Job rotation (Arbeitsplatzwechsel)

(2) Die Leistungsbereitschaft ist

- gut gegen 7 bzw. 11 Uhr und zwischen 15 und 22 Uhr
- weniger gut zwischen 13 und 15 Uhr (nach dem Mittagessen)
- schlecht gegen 3 Uhr nachts (Tiefpunkt, Schlafbedarf)

(3) Die Mitarbeiter werden im Regelfall wie folgt eingesetzt:

    (1) Materialwirtschaft: (c) Einkäufer und (e) Lagerverwalter
    (2) Fertigungswesen: (g) Ingenieur
    (3) Marketing   (a) Verkäufer
    (4) Finanzwesen   (d) Kassenverwalter
    (5) Rechnungswesen   (b) Kostenrechner
    (6) Personalwesen   (f) Ausbildungsleiter

61 : Personalführung

(1) Herr Hurtig zählt zu den humanen Führungskräften.

(2) Führungsmittel können bei Jugendlichen sein:
- Arbeitsrechtliche Mittel: Hinweise auf die vertraglich festgelegten Aufgaben
- Anreizmittel:
  - Neugier wecken
  - Ehrgeiz auslösen
  - Interessante Aufgaben übertragen
  - Anerkennung geben
  - Teilverantwortung übertragen
  - Vorliebe und Neigungen nutzen
  - Buchpreise versprechen
  - Auf Übernahme in Arbeitsverhältnis hinweisen
- Kommunikationsmittel: im Gespräch Geduld und Verständnis zeigen, aber trotzdem konsequent sein
- Steuerungsmittel: Aufgeschlossenheit gegenüber Ideen und Anregungen; nicht provozieren lassen, sondern sachlich bleiben; bei Lügen helfen, eine neue Einstellung zu finden; zur Eigenkontrolle erziehen und Selbsterkenntnis erwirken
- Beurteilungsmittel: nicht überfordern, nicht unterfordern
- Informationsmittel: mit den nötigen Daten versorgen

(3)
- Aktivität: Selbständig erworbene Kenntnisse werden besser behalten
- Praxisnähe: Problematik durch Anwendungsbeispiele und praxisnahe Formulierungen näherbringen
- Anschauung: Lerninhalte sollen über alle Sinne aufgenommen werden
- Jugendgemäßheit: Unterweisungen und Erklärungen sollen dem Alter angemessen sein
- Erfolgssicherung: Durch Wiederholungen und Übungen wird der Lernstoff erfolgreich bewältigt.

(4)

Alter	Jugendliche	Ausbilder
Alter	16 - 18 Jahre	51 Jahre
Art	Auszubildende	Menschlicher Typ
Merkmale positiv	Leistungswilligkeit Strebsamkeit Leistungsstärke Engagiertheit Disziplin	Beliebtheit Verständnis Hilfsbereitschaft Ausgeglichenheit Partnerschaftlich
Merkmale negativ	Oppositionslust Widerstand Auffälligkeiten	Ängstlichkeit Konfliktscheu Gefälligkeitstyp

62 : Personalentlohnung

(1) (a) Zeitlohn = 18,70 · 40 = 748,00 DM

(b) Der Akkordsatz beträgt als Stückakkord:

$$\text{Akkordsatz} = \frac{18 + 18 \cdot 0{,}20}{6} = 3{,}60 \text{ DM/Stück}$$

(c) Der Akkordlohn des Arbeiters beträgt:

Akkordlohn = 8 · 3,60 = 28,80 DM/Std.

(d) Minutenfaktor = $\frac{18{,}00 + 18{,}00 \cdot 0{,}25}{60}$ = 0,375

Akkordlohn = 6 · 20 · 0,375 = 45,00 DM/Std.

(2) Jährliche Lohnkosten für Außendienstmitarbeiter
- Gehaltskosten pro Mitarbeiter:
  12 x 3.000 DM = 36.000 DM
  Bei fünf Außendienstmitarbeitern   180.000 DM
- Weihnachtsgeld für fünf Mitarbeiter   5.000 DM
- 0,3 % Umsatzprovision (0,3 x 60.000 x 5)   90.000 DM
  Gesamt   275.000 DM

63 : Personalentwicklung

(1) Ausbildungsberufe:
  (a) Chemielaborant: Mit Spezialausbildung
  (b) Neue Metallberufe: Stufenausbildung
  (c) Industriekaufmann: Ohne Spezialausbildung
  (d) Bauzeichner: Ohne Spezialausbildung
  (e) Neue Elektroberufe: Stufenausbildung

(2)

	Ausbildung	Fortbildung	Umschulung
Wesen	Zum Beruf hin	Auf Beruf basierend	Neuer Beruf
Gesetze	Berufsbildungsgesetz	Berufsbildungsgesetz Arbeitsförderungsgesetz	Berufsbildungsgesetz Arbeitsförderungsgesetz
System	Duales System	On-the-job Off-the-job	On-the-job Off-the-job

(3) Unterschiede

Die Personalentwicklung on-the-job geschieht am Arbeitsplatz. Demgegenüber ist die Personalentwicklung off-the-job außerhalb des Arbeitsplatzes gegeben.

(4) Entscheidungen

   (a) Planspiel: off-the-job
   (b) Lernen als Assistent: on-the-job
   (c) Job rotation: on-the-job
   (d) Vorlesung: off-the-job
   (e) Fallmethode: off-the-job

64 : Personalanpassung

(1) Ja, die neue Grundkündigungsfrist ist nach dem Kündigungsfristengesetz eingehalten worden. Sie gilt für die ersten zwei Beschäftigungsjahre für Angestellte und Arbeiter gleich und beträgt 4 Wochen zum Monatsende (oder auch zum 15. eines Monats). Die die Kündigung rechtfertigenden betrieblichen Gründe müssen wirklich dringend sein und zum Wegfall des Arbeitsplatzes oder der Arbeitsplätze geführt haben. Es ist eine Sozialauswahl zu treffen.

(2) Es gibt darüber hinaus die Kündigung aus personenbezogenen Gründen (z.B. Leistungseinschränkung) oder aus verhaltensbezogenen Gründen (z.B. Beleidigungen). Vor Ausspruch einer verhaltensbedingten Kündigung ist eine Abmahnung nötig, wie folgendes Beispiel zeigt:

Die Beschwerden unserer Kundenfirma Heinrich & Co. vom 27.08.XY und vom 29.08XY beziehen sich auf Ihre beleidigenden Äußerungen gegenüber dem Firmeninhaber Herrn Heinrich. Wir weisen Sie darauf hin, daß wir in diesem Verhalten einen schweren Verstoß gegen ihre arbeitsvertraglichen Pflichten sehen. Wir nehmen diese Pflichtwidrigkeiten in Zukunft nicht mehr hin und fordern Sie hiermit auf, Ihre arbeitsvertraglichen Pflichten ordnungsgemäß zu erfüllen. Sollten Sie - entgegen dieser Abmahnung - erneut gegen Ihre Pflichten aus dem Arbeitsvertrag verstoßen, werden wir Ihr Arbeitsverhältnis gegebenenfalls ordentlich kündigen. Eine Durchschrift dieses Schreibens nehmen wir zu Ihrer Personalakte.

(3) Mit dem Ausspruch der Kündigung entsteht der Anspruch des Arbeitnehmers auf ein Arbeitszeugnis.

(4) Es sind zu unterscheiden:

- Das einfache Arbeitszeugnis enthält Angaben über die Person des Arbeitnehmers sowie die Art und Dauer der Beschäftigung.

- Das qualifizierte Arbeitszeugnis beinhaltet zudem eine Beurteilung des Verhaltens und der Leistung des Arbeitnehmers.

65 : Informationsbereich

(1) (a) Rechnungswesen
    (b) Marketingbereich
    (c) Marketingbereich
    (d) Personalbereich
    (e) Fertigungsbereich
    (f) Materialbereich

Lösungen 551

(2) Beispiele:

(a) Der Personalleiter gibt dem Ausbildungsleiter die Weisung, 10 Auszubildende einzustellen. Es ist eine Information mit voller Weisungsbefugnis.

(b) Der Einkaufsleiter lobt seinen Mitarbeiter. Auch diese Information ist mit voller Weisungsbefugnis verbunden.

(c) Der Ausbildungsleiter informiert den nebenamtlichen Ausbilder über neue Ausbildungsvorschriften des Gesetzgebers. Diese Information ist nicht mit Weisungsbefugnis verbunden.

(d) Der nebenamtliche Ausbilder unterweist den Auszubildenden über das Einkaufen. Es handelt sich um Informationen mit begrenzter Weisungsbefugnis.

(e) Der Ausbildungsleiter nimmt eine disziplinarische Weisung vor, weil der Auszubildende im Verkauf und im Einkauf jeweils schlechte Beurteilungen erhielt. Es ist eine Information mit begrenzter Weisungsbefugnis.

66 : Software

(1)
- Tastatur
- Mikrophone
- Kamera
- Scanner

(2) Unternehmensbereiche:

(a) Marketingbereich
(b) Finanzbereich
(c) Personalbereich
(d) Materialbereich
(e) Rechnungswesen

(3) Es sind folgende Schritte zu ergänzen:

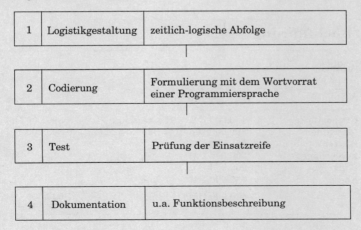

| 1 | Logistikgestaltung | zeitlich-logische Abfolge |

| 2 | Codierung | Formulierung mit dem Wortvorrat einer Programmiersprache |

| 3 | Test | Prüfung der Einsatzreife |

| 4 | Dokumentation | u.a. Funktionsbeschreibung |

67 : Hardware

(1) (a) Disketten sind klein, leicht, handlich und preiswert. Sie sind kleine, weiche Scheiben, die aus einer mit eisenhaltiger Beschichtung überzogenen Kunststoffolie bestehen. Diese wird umschlossen von einer Kunststoffhülle, um die Scheibe vor Beschädigung und Verschmutzung zu schützen. Man kann Disketten je nach Größe und Beschaffenheit unterscheiden. Die heute gängigen Disketten haben eine Große von 3,5 Zoll. Die sog. HD-Disketten (high density) können bis zu 4 mal so viele Daten speichern wie die DD-Disketten (double density). Vor dem ersten Gebrauch müssen Disketten stets formatiert werden.

(b) Im Gegensatz zu den Disketten (aus weichem Material) besteht eine Magnetplatte aus einer Aluminiumplatte oder aus mehreren solchen Platten. Diese sind in einem luftdicht abgeschlossenen Gehäuse untergebracht. Dadurch sind diese Festplatten erheblich unempfindlicher gegenüber Verschmutzung. Darüber hinaus können Festplatten erheblich mehr Daten speichern als einzelne Disketten.

(c) CD-ROM steht für die Abkürzung "Compact Disc Read Only Memory". Diese CD's können nicht nur Musik speichern, sondern auch Texte, Bilder und Grafiken. Beim Lesen des Datenträgers werden die darauf gespeicherten Informationen mit Hilfe des Laserstrahls abgetastet und von der Hardware des PC's wiedergegeben. Eine CD-ROM besitzt eine enorme Speicherkapazität. Bücher und Nachschlagewerke, die u.U. ein ganzes Bücherregal füllen würden, finden auf einer CD-ROM Platz.

(2) Zur Hardware gehören folgende Begriffe nicht:

(3) Cobol
(6) Standardprogramme

(3) Das Internet ist ein weltweit verzweigtes Computernetz, an dem z.Z. über 40 Millionen Computeranwender angeschlossen sind. Jeder Computer ist weltweit mit jedem Computer vernetzt und jeder Computer hat eine eigene "Adresse". Damit die Kommunikation funktionieren kann, müssen alle angeschlossenen Rechner nach einem einheitlichen Standard miteinander kommunizieren (Internet-Sprache).

68 : Buchführung

Es ergibt sich folgende Schlußbilanz:

Aktiva		Schlußbilanz	Passiva
Grundstücke	150.000 DM	Eigenkapital	800.000 DM
Maschinen	300.000 DM	Verbindlichkeiten	800.000 DM
Betriebsstoffe	500.000 DM		
Forderungen	300.000 DM		
Bank	200.000 DM		
Kasse	150.000 DM		
	1.600.000 DM		1.600.000 DM

69 : Bilanz (Grundsätze)

(1) Die Bilanzansätze sind wie folgt zu beurteilen:

(a) In diesem Fall liegt ein Verstoß gegen den Grundsatz der Bilanzwahrheit (§ 243 Abs. 2 HGB) und gegen die Gliederungsvorschriften (§ 266 HGB) vor.

(b) Die vorliegende Handlungsweise verstößt gegen den Grundsatz der formellen Bilanzkontinuität (§ 265 Abs. 1 HGB) und ist außerdem nicht mit dem Grundsatz der Bilanzklarheit vereinbar, sie erfolgte ohne sachliche Gründe.

(c) Der allgemeine Grundsatz der Bilanzwahrheit erfährt insbesondere durch Bewertungsvorschriften Einschränkungen. In diesem Fall schafft das Anschaffungswertprinzip eine objektivierte Obergrenze in Höhe der Anschaffungskosten, das Grundstück darf handels- und steuerrechtlich zum Anschaffungswert angesetzt werden.

(d) Aufwendungen und Erträge für das Geschäftsjahr sind ohne Rücksicht auf den Zeitpunkt ihrer Ausgabe oder Einnahme im Jahresabschluß zu berücksichtigen. Hier wurde gegen den Grundsatz der Periodenabgrenzung (§ 252 Abs. 1 Nr. 5 HGB) verstoßen.

(2) (a) Es liegt ein Verstoß gegen die Bilanzkontinuität vor. Die Abschreibungstechnik darf nicht willkürlich geändert werden. Eine Änderung ist nur in bestimmten Fällen möglich.

(b) Auch hier liegt ein Verstoß gegen die Bilanzkontinuität vor, da der Bilanzstichtag nicht willkürlich geändert werden darf.

(c) Hier liegt ein Verstoß gegen den Grundsatz der Bilanzwahrheit vor, da kein Rückstellungsgrund vorliegt (Passivierungsverbot).

70 : Bilanz (Gliederungsvorschriften)

(1) Aktiv-Seite

(a) A.II.3. andere Anlagen, Betriebs- und Geschäftsausstattung
(b) A.I.3. geleistete Anzahlungen
(c) A.III.5. Wertpapiere des Anlagevermögens
(d) B.I.3. fertige Erzeugnisse und Waren

(2) Passiv-Seite

(a) A.II. Kapitalrücklage
(b) C.1. Anleihen
(c) C.4. Verbindlichkeiten aus Lieferungen und Leistungen

(3) Ermittlung der Schlußbilanz

Aktiva		Schlußbilanz		Passiva
A. Anlagevermögen		A. Eigenkapital		910.000 DM
I. Immaterielle Vermögens-gegenstände		B. Rückstellungen		
Anzahlungen für neue Lizenzen	20.000 DM	1. Pensionsrückstellungen		60.000 DM
		2. Steuerrückstellungen		20.000 DM
II. Sachanlagen		C. Verbindlichkeiten		
1. Grundstücke	300.000 DM	1. Darlehen		112.000 DM
2. Gebäude	200.000 DM	2. Verbindlichkeiten aus Lieferungen und Leistungen		118.000 DM
3. Anlagen	400.000 DM			
4. Betriebsausstattung	10.000 DM			
5. Geschäftsausstattung	40.000 DM			
B. Umlaufvermögen				
I. Vorräte				
1. Roh-, Hilfs- und Betriebsstoffe	70.000 DM			
2. Unfertige Erzeugnisse	40.000 DM			
3. Fertigerzeugnisse	60.000 DM			
II. Forderungen	45.000 DM			
III. Guthaben				
1. Bank	32.000 DM			
2. Kasse	3.000 DM			
	1.220.000 DM			1.220.000 DM

71 : GuV-Rechnung/Anhang/Lagebericht

(1) (a) 3. Andere aktivierte Eigenleistungen
   (b) 9. Erträge aus Beteiligungen
   (c) 15. Außerordentliche Erträge
   (d) 18. Steuern vom Einkommen und vom Ertrag

(2) Gewinn- und Verlustkonto

(a)

Soll	Gewinn- und Verlustkonto		Haben
Rohstoffaufwand	13.000 DM	Umsatzerlöse	59.000 DM
Löhne	40.000 DM	Zinsgutschrift	800 DM
Mietaufwand	1.000 DM		
Werbeaufwand	800 DM		
Gewinn	5.000 DM		
	59.800 DM		59.800 DM

(b) Gewinn- und Verlustkonto   5.000 DM
    an Eigenkapitalkonto   5.000 DM

(3) (a) Lagebericht
    (b) Anhang gem. § 268 (2) HGB
    (c) Lagebericht
    (d) Lagebericht
    (e) Anhang gem. § 285 (3) HGB
    (f) Anhang gem. § 284 (4) HGB
    (g) Anhang gem. § 265 (1) HGB
    (h) Lagebericht

72 : Kosten/Leistungen

(1) Nutzkosten = $8.000 \cdot \frac{3.000}{5.000}$ = 4.800 DM

   Leerkosten = $8.000 - 4.800$ = 3.200 DM

(2) (a)

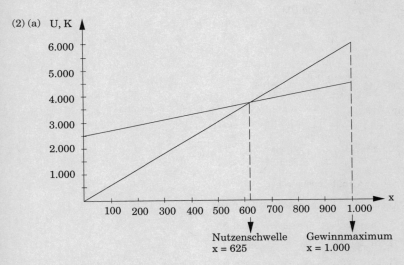

(b) Die Nutzenschwelle wird rechnerisch durch das Gleichsetzen der beiden Gleichungen ermittelt, da ihr Schnittpunkt die Nutzenschwelle darstellt:

$6x = 2.500 + 2x$
$x = 625$ Stück

(3) Es handelt sich um folgende Leistungen:

- (a) Absatzleistung (Kundenauftrag)
- (b) Eigenleistung (Reparatur)
- (c) Absatzleistung (Lagerauftrag)
- (d) Absatzleitung (Kundenauftrag)
- (e) Eigenleistung (Selbsterstellte Güter)
- (f) Absatzleistung (Kunde ist ein Mitarbeiter)
- (g) Keine Leistung (im obigen Sinne)

73 : Kostenartenrechnung

(1)
$$
\begin{array}{lrl}
\text{Angebotspreis} & 1.200 \cdot 5{,}00 = & 6.000 \text{ DM} \\
- \ 20\ \% \text{ Rabatt} & 6.000 \cdot 0{,}20 = & 1.200 \text{ DM} \\
- \ 3\ \% \text{ Skonto} & 4.800 \cdot 0{,}03 = & 144 \text{ DM} \\
+ \text{ Verpackung} & 12 \cdot 3{,}00 = & 36 \text{ DM} \\
\hline
= \text{ Anschaffungswert} & & 4.692 \text{ DM}
\end{array}
$$

(a) $a = \dfrac{B}{n} = \dfrac{12.000}{5} = \underline{\underline{2.400 \text{ DM}}}$

(b) $p = 100 \cdot (1 - \sqrt[n]{\dfrac{B}{n}})$

$p = 100 \cdot (1 - \sqrt[5]{\dfrac{2.000}{22.000}}) = \underline{\underline{38{,}1\ \%}}$

(c) $D = \dfrac{B}{N}$

$D = \dfrac{48.000}{1 + 2 + 3 + 4} = \underline{\underline{4.800 \text{ DM}}}$

Jährliche Abschreibungsbeträge:

$a_1 = D \cdot n \quad\ \ = 4.800 \cdot 4 = 19.200 \text{ DM}$

$a_2 = D \cdot (n - 1) = 4.800 \cdot 3 = 14.400 \text{ DM}$

$a_3 = D \cdot (n - 2) = 4.800 \cdot 2 = \ \ 9.600 \text{ DM}$

$a_4 = D \cdot (n - 3) = 4.800 \cdot 1 = \ \ 4.800 \text{ DM}$

(d) $a = \dfrac{B}{L} \cdot L_p$

$a = \dfrac{40.000}{100.000} \cdot 25.000 = \underline{\underline{10.000 \text{ DM}}}$

(2) Anlagevermögen
    Grundstücke/Gebäude   50.000 DM
    Maschinen   40.000 DM
    Beteiligungen   20.000 DM
  + Umlaufvermögen   30.000 DM
  − Neutrales Vermögen   8.000 DM
  ──
  Betriebsnotwendiges Vermögen   132.000 DM
  − Anzahlungen   15.000 DM
  ──
  Betriebsnotwendiges Kapital   117.000 DM

  Die kalkulatorischen Zinsen betragen 9 % von 117.000 DM, d.h. 10.530 DM.

74 : Kostenstellenrechnung

Kostenstellen / Kostenarten	Summe	Allgem. Kostenstelle	Materialbereich	Fertigungsbereich	Verwaltungsbereich	Vertriebsbereich
Fertigungsmaterial	*100.000*		*100.000*			
Fertigungslohn	*80.000*			*80.000*		
Hilfs-, Betriebsstoffe	6.000	600	800	4.000	500	100
Energie	20.000	11.000	2.000	7.000	0	0
Hilfslöhne	32.000	5.120	6.400	12.800	2.560	5.120
Steuern	24.000	2.400	7.200	9.600	2.400	2.400
Raumkosten	16.000	3.000	4.000	7.000	2.000	0
Bürokosten	14.000	0	0	0	9.000	5.000
Abschreibungen	28.000	5.000	4.000	12.000	3.000	4.000
Summe	140.000	27.120	24.400	52.400	19.460	16.620
Umlage Allg. Ko.st.			5.166	7.749	10.331	3.874
Summe			29.566	60.149	29.791	20.494
Ist-Zuschläge			29,57 %	75,19 %	11,05 %	7,60 %
Normal-Zuschläge			28,00 %	76,00 %	12,00 %	7,00 %
Normal-Gemeinkosten			28.000	60.800	32.256	18.816
Über-/Unterdeckung			− 1.566	+ 651	+ 2.465	− 1.678

75 : Kostenträgerstückrechnung

(1) Die Selbstkosten pro Stück betragen:

$$k = \frac{K}{x} = \frac{50.000}{5.000} = \underline{\underline{10 \text{ DM/Stück}}}$$

(2) $k_A = \dfrac{3.800}{1 \cdot 600 + 1,2 \cdot 400 + 1,5 \cdot 100} = \underline{\underline{3,09 \text{ DM/Stück}}}$

$k_B = \dfrac{3.800}{1.230} \cdot 1,2 = \underline{\underline{3,71 \text{ DM/Stück}}}$

$k_C = \dfrac{3.800}{1.230} \cdot 1,5 = \underline{\underline{4,63 \text{ DM/Stück}}}$

(3) Als Selbstkosten ergeben sich:

	%	DM
Fertigungsmaterial + Materialgemeinkosten	10	15.000 1.500
= Materialkosten		16.500
Fertigungseinzelkosten + Fertigungsgemeinkosten + Sondereinzelkosten der Fertigung	50	6.000 3.000 500
= Fertigungskosten		9.500
= Herstellkosten + Verwaltungsgemeinkosten + Vertriebsgemeinkosten + Sondereinzelkosten des Vertriebs	20 10	26.000 5.200 2.600 200
= **Selbstkosten**		34.000

76 : Kostenträgerzeitrechnung

(1) Umsatzkostenverfahren

	Erzeugnisgruppe A	Erzeugnisgruppe B	Erzeugnisgruppe C
Herstellkosten der abgesetzten Erzeugnisse	260.000 DM	140.000 DM	820.000 DM
Verwaltungsgemeinkosten	36.400 DM $^{(14\%)}$	8.400 DM $^{(6\%)}$	41.000 DM $^{(5\%)}$
Vertriebsgemeinkosten	20.800 DM $^{(8\%)}$	14.000 DM $^{(10\%)}$	57.400 DM $^{(7\%)}$
Sondereinzelkosten des Vertriebs	4.000 DM	1.600 DM	2.400 DM
= Selbstkosten der abgesetzten Erzeugnisse	321.200 DM	164.000 DM	920.800 DM
Bruttoerlöse	441.200 DM	364.000 DM	980.000 DM
− Erlösschmälerungen	800 DM	—	300 DM
= Nettoerlöse	440.400 DM	364.000 DM	979.700 DM
− Selbstkosten der abgesetzten Erzeugnisse	321.200 DM	164.000 DM	920.800 DM
= **Betriebsergebnis**	119.200 DM	200.000 DM	58.900 DM

Achtung: Ein Mehr- bzw. Minderbestand wird beim Umsatzkostenverfahren nicht berücksichtigt.

(2)

	%	DM
Fertigungsmaterial + Materialgemeinkosten	40	20.000 8.000
= Materialkosten		28.000
Fertigungslöhne + Fertigungsgemeinkosten + Sondereinzelkosten der Fertigung	50	26.000 13.000 2.000
= Fertigungskosten		41.000
= Herstellkosten der Erzeugung − Mehrbestand an Fertigerzeugnissen + Minderbestand an unfertigen Erzeugnissen		69.000 800 1.200
= Herstellkosten des Umsatzes + Verwaltungsgemeinkosten + Vertriebsgemeinkosten + Sondereinzelkosten des Vertriebs	12 10	69.400 8.328 6.940 1.000
= Selbstkosten des Umsatzes		85.668
Netto-Verkaufserlöse − Selbstkosten des Umsatzes		108.500 85.668
= **Betriebsergebnis**		**22.832**

77 : Vollkostenrechnung

(1) Errechnung der Gesamtkosten pro Kubikmeter

K_f = Fixkosten
K_v = Variable Kosten pro m³
x = Verbrauchsmenge

$$K = \frac{K_f}{x} + K_v$$

$$K = \frac{20.000}{60.000} + 0,17 = 0,33 + 0,17 = \underline{0,50 \text{ DM/m}^3}$$

(2) Kostenbelastung der Kostenstellen bei 0,50 DM m³

	A =	10.000 DM
	B =	15.000 DM
	C =	5.000 DM
Gesamt		30.000 DM

78 : Teilkostenrechnung

(1)

Erzeugnisse	X	X	X
Verkaufspreis Variable Kosten	15 DM 12 DM	10 DM 8 DM	20 DM 18 DM
Deckungsbeiträge Stück/Monat	3 DM 30.000 St.	2 DM 25.000 St.	2 DM 8.000 St.
Bruttogewinn	90.000 DM	50.000 DM	16.000 DM

Gesamtgewinn	156.000 DM
- Fixkosten gesamt	90.000 DM
Nettogewinn	66.000 DM

(2) (a)

Produkte	A	B	C
Verkaufserlöse	400.000 DM	600.000 DM	240.000 DM
− Selbstkosten	240.000 DM	300.000 DM	280.000 DM
= Gewinn/Verlust	160.000 DM	300.000 DM	− 40.000 DM

Lösungen 561

(b)

Stückbetrachtung	A	B	C
Stückerlöse	4.000 DM	3.000 DM	4.800 DM
− Variable Stückkosten	1.400 DM	900 DM	3.600 DM
= Deckungsbeitrag pro Stück	2.600 DM	2.100 DM	1.200 DM

(c) Wird der Deckungsbeitrag pro Stück als Entscheidungskriterium herangezogen, ergibt sich folgende Produktionsreihenfolge: A - B - C.

79 : Controlling (Organisation/Prozeß)

(1) (a) Darstellung der Organisationsvariante

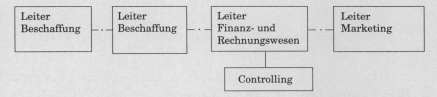

(b) Vorteile:

- Keine Abspaltung der Controllingfunktion als Beratungsinstanz (Sonderdasein),
- sondern direkte Durchsetzbarkeit in der Linienfunktion.

Nachteile:

- Vorgesetzter der Controllinginstanz hat Informationsvorsprung.
- Relativ lange Zeit, bis der Controller an die Informationen herankommt.
- Der direkte Vorgesetzte ist möglicherweise überlastet.

(2) Controlling als Regelkreis:

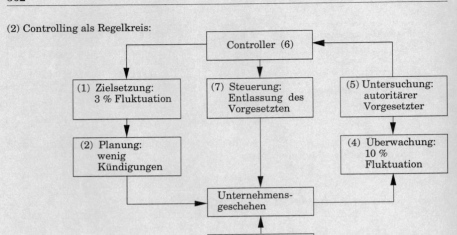

(8) Da die Störgröße weggefallen ist, bewegt sich die Fluktuation nun bei nur 1 %. Es sind zunächst keine neuen Steuerungsmaßnahmen nötig.

80 : Controlling (Frühwarnung)

(1) Es ergeben sich folgenden Fluktuationsquoten:

	1996	1997	1998	1999	2000
Flukutionsquoten	10 %	9,1 %	9 %	8,9 %	8,75 %

Offensichtlich versucht der Personalleiter die Fluktuationsquote kontinuierlich von 10 % auf 8,75 % zu senken.

Beispiel für das Jahr 2000:

$$\text{Fluktuationsrate} = \frac{\text{nicht betrieblich verfügte Austritte} \cdot 100}{\text{durchschnittlicher Personalbestand}}$$

$$F = \frac{35 \cdot 100}{400} = \underline{\underline{8,75\ \%}}$$

(2) Der Nachwuchsbedarf für 1996 beträgt:

$$\text{Nachwuchsbedarf} = \frac{600}{15} = 40 \text{ Personen}$$

$$\text{Nachwuchsquote} = \frac{40 \times 100}{600} = \underline{\underline{6,66\ \%}}$$

Um die gegebene Altersstruktur zu erhalten, sollten in den Folgejahren jeweils 6,66 % der gegebenen Mitarbeiter durch Nachwuchskräfte ersetzt werden.

Stichwortverzeichnis

Stichwortverzeichnis

A-Güter 198, 200, 212
Abbauplanung 323
ABC-Analyse 198
Abfindung 343
Abgaben, Öffentliche 409
-, soziale 399
Abgabenordnung 78, 79, 387
Ablaufart .... 226 ff.
Ablaufdiagramm 137, 138
Ablauforganisation 45, 127
Absatz 237
Absatzlagerplan 177
Absatzmarkt 28, 31, 95, 195, 217, 237
Absatzmittler 240, 265
Absatzplan 243
Absatzvermittler 31, 32
Absatzvolumen 239
Absatzweg, direkter 258
-, indirekter 260
Abschlußgliederungsprinzip 375
Abschlußstichtag 387, 397
Abschreibung 312, 396, 399, 401, 405
-, arithmetisch-degressive 412
-, außerplanmäßige 396
-, degressive 313
-, geometrisch-degressive 412
-, jährliche 285
-, kalkulatorische 411
-, leistungsbezogene 313, 412
-, lineare 411
-, planmäßige 396, 411
Abschreibungspolitik 164
Abschreibungssatz 411, 412
Abschreibungsverfahren 411
Absetzung für Abnutzung 396
Abweichungsanalyse .... 55, 439 ff.
Abzahlungsdarlehen 308
Abzinsungsfaktor 287, 288, 290
Agio 118, 393
Akkordlohn 337
Akkordzuschlag 337
Aktie 292
Aktiengesellschaft 118, 163, 393
Aktiengesetz .... 118 ff., 146
Aktienkurs 366
Aktionär 383
Aktiva 386
Akzept 279
Akzeptkredit 306
Altersversorgung 335, 399
Amortisationsvergleichsrechnung 285
Amortisationszeit 285
Änderungskündigung 343
Anforderungsart 336
Angebot 59, 178, 179, 212, 252, 253
Angebotspreis 410, 424
Angestellte, leitende 74

Anlagegut 284, 313
Anlageintensität 294
Anlagekapitalbedarf 297
Anlagevermögen 294, 315, 375, 391
Anleihe .... 309 f.
Annuität 289
Annuitätendarlehen 308
Annuitätenmethode 289
Anpassungsstrategie 188
Anreiz-Beitrags-Modell 157
Anschaffungsdarlehen 257
Anschaffungskosten .... 284, 285, 287, 396 ff.
Anschaffungswert 410
Anschlußkonkurs 101
Anwendungsprogramm 360, 362
Anzahlung 391, 392, 394
Äquivalenzziffernkalkulation 418
Arbeitgeber 60, 73, 321, 328
Arbeitnehmer 60, 73, 74, 120, 321,
                                 328, 387, 411
Arbeitsanalyse 137, 335
Arbeitsanforderung 335
Arbeitsanweisung 353
Arbeitsbedingung 329, 336
Arbeitsbelastung 330
Arbeitsbeschreibung 335
Arbeitsbewertung 321, 335
-, analytische 336
-, summarische 336
Arbeitschutzrecht 74
Arbeitsgemeinschaft 114, 139, 140
Arbeitsintensität 325
Arbeitskraft 195, 225, 321, 324, 410
Arbeitslohn 329, 337
Arbeitsmarkt 325
Arbeitsplan 49, 223
Arbeitsplatz 328, 329, 331, 335
Arbeitsplatzgestaltung .... 329 ff.
Arbeitsplatzsicherheit 157
Arbeitsproduktivität 34
Arbeitsrecht 73
Arbeitsstättenverordnung 74
Arbeitsteilung 38, 349
Arbeitsunterweisung 223
Arbeitsverhältnisse 321, 328, 342
Arbeitsvermittlung 325
Arbeitsvertrag 321, 328
Arbeitszeit 321, 330, 342
-, gleitende 127
Arbeitszeitrechtsgesetz 73, 74, 330
Arbeitszeitschutz 74
Arbeitszeitstudie 155
Arbeitszeugnis 344
Arbeitszufriedenheit 171
Assessment-Center 327
Aufbauorganisation 45, 127, 129
Aufbewahrungspflicht 105

Aufgabenanalyse 129
Aufgabensynthese 130
Aufsichtsrat 32, 117, 120, 126, 164
Aufwendungen
-, außerordentliche 380, 400
-, betriebliche 375
-, betriebsfremde 380
-, neutrale 375, 404
-, periodenfremde 380
Ausbildung 329, 340
Ausgaben 275, 280, 287, 291, 299, 356, 361
Ausgabenplan 177
Auslandsmarkt 146
Außenfinanzierung 189, 296
Aussperrung 75
Auszubildender 74
Autonomieprinzip 25
Avalkredit 306

B-Gut 198, 200, 212
BAB 413
Bankrott 101
Bargeld 51
Bargründung 89, 119
Barscheck 277, 278
Barwert 288, 290
Barzahlung 276
Barzahlungsrabatt 71, 256
Barzahlungsverkehr 51, 276
Baukastenprinzip 441
Bedarfsplanung 202, 323
Bedürfnis 21
-, soziales 157
Bedürfnispyramide 157
Befragung 30, 160
Beobachtung 242, 333
Bereichscontrolling 431
Bereichsleiter 175, 176, 353, 431
Bereichsstrategie 189
Bereitstellungsplanung 49
Berichtswesen 190, 431, 443
-, internes 54
Berufsbildung .... 339 f.
Beschaffungskosten 209
Beschaffungsleiter 165
Beschaffungsmarkt 28, 31, 95
Beschaffungsplan 243
Beschaffungszeit 201
Beschäftigungsgrad 405, 406
Beständewagnis 412
Bestand, eiserner 203
Bestandsart 203
Bestandsaufnahme 373, 378
Bestandsbewegung 211
Bestandsdifferenz 384
Bestandsergänzung .... 206 f.
Bestandsführung 210

Bestandskonto 376
Bestandsmehrung 381, 399
Bestandsminderung 399
Bestandsplanung 323
Bestandsstrategie .... 204 ff.
Bestandsveränderung 211, 374, 420
Bestellkosten 209
Bestellpunktverfahren 207
Bestellrhythmusverfahren 207, 208
Beteiligung 292, 392, 399, 401
Beteiligungsfinanzierung 50, 124, 295,
296, 300
Betriebsaufspaltung 123
Betriebsbuchführung 372, 375, 402, 403
Betriebsergebnis 419, 420, 421
Betriebsgröße 42
Betriebsklima 440
Betriebsleiter 165
Betriebsmittel 24, 27, 195, 224, 225, 231
Betriebsordnung 353
Betriebsrat 32, 75, 76, 321, 325, 328
-, allgemeine Aufgaben 76
-, Mitbestimmungsrechte 76
-, Mitwirkungsrechte 76
Betriebsstoffe 27, 196, 358, 382, 397
Bewegungsbilanz 388
Bewerbung 326
Bewertungsgrundsatz 395
Bewertungsmethode 401
Bewertungsstrategie 190
Bewertungsvorschrift 395
Bezugskosten 410
Bilanz .... 53, 164, 374, 386 ff., 391, 441
Bilanzgewinn 121
Bilanzidentität 390
Bilanzklarheit 389
Bilanzkontinuität 389
-, formelle 389
-, materielle 389
Bilanzwahrheit 389
Bonitätsprüfung 363
Bottom up-Planung 436
Break-Even-Analyse 283
Bruttoerlöse 421
Bruttoinvestition 293
Buchführung .... 363, 373 ff.
Buchgeld 276, 277
Buchhaltung 53
Buchungssatz 372, 378
Budgetierung 54, 190, 431, 437, 441
Budgetkontrolle 54
Bundeskartellamt 140, 253
Bürgschaft 61

C-Gut 198, 200, 212
CAD 219
Cash-and-Carry-Großhandlungen 261

Stichwortverzeichnis

Cash Flow 189, 316, 432, 440
CDE-Gütezeichen 247
Chargenfertigung 235
Computer 219, 357, 359
Controlling .... 174, 431, 432 ff., 437
Controllingprozeß 216, 237, 267, 294, 316, 344, 359, 436
Controlling-Organisation 433
Controllingstrategie 190
Corporate Identity 55, 164, 186
Culpa in Contrahendo 65

Damnum 308
Darlehen 292, 308
Darlehensvertrag 60
Datenbank 352, 362
Datenflußplan 137
Datenorganisation 364
Datenschutz 72, 164
Datenschutzbeauftragter 72, 365
Datensicherung 365
Datenspeicher 365
Datenträger 361, 365
Datenverarbeitung, konventionelle 356
-, maschinelle 363
-, vollautomatische 357
Deckungsbeitragsrechnung 423
Degressionsbetrag 411
Desinvestition 280
Dezentralisierung 133
Diagonalinformation 355
Dialogdatenverarbeitung 357
Dialoggerät 366
Dialogpartner 357
Dialogsystem 360
Dienstleistungsunternehmen .. 37, 38, 91, 197
Dienstvertrag 60, 73
Direktorialorganisation 163
Direktorialsystem 131, 435
Disagio 302
Diskontkredit 305
Distributionspolitik 49, 257
Diversifikation 189, 248
Diversifikationsgrad 438
Diversifizierungsinvestition 293
Dividende 119
Divisionalorganisation 133
Divisionskalkulation 417
Dokumentenanalyse 160
Dreieck, magisches 21
Durchlaufterminierung 232
Durchlaufverkürzung 232
Durchlaufzeit 201, 231
Durchschnittsbewertung 397, 398

EDV-Anlage 359
EDV-Organisator 365

Eigenfertigung 424
Eigenkapital 50, 294, 295, 300, 315, 375, 391, 398, 432
Eigenkapitalkonto 377
Eigenkapitalrentabilität 35, 171, 315
Eigenleistung 399, 403
-, aktivierte 381
Eignungstest 327
Eingangsfracht 406
Einheitsbewertung 79
Einkaufsstammdaten 364
Einkaufszentrum 261
Einnahmen 275, 291, 299, 356
Einnahmeplan 177
Einstandspreis 410
Einzelarbeitsvertrag 335
Einzelbevollmächtigter 69
Einzelbewertung 398
Einzelbilanz 388
Einzelentlohnung 337
Einzelfertigung 226, 234, 418
Einzelhandel 108, 260
Einzelhandelspanel 242
Einzelinvestition 281
Einzelkosten 404, 408, 410, 414, 417, 423
Einzelprokura 68
Einzelunternehmen 41, 106, 108, 163
Einzelunternehmer 105, 108
Einzelwagnis 412
Einzelwerbung 264
Electronic Cash-System 276, 277
Entgelt 335
Entscheidungen, konstitutive 44
Entscheidungsansatz 25
Entscheidungsaufgaben 164, 166, 167
Entscheidungstabellen 137
Entscheidungsträger 435
Entsorgung 196
Entwicklung 93, 95, 97
Entwicklungsbereich 49
Erbzersplitterung 124
Erfahrungskurvenkonzept 176
Erfindungen 70
Erfolgsbeteiligung 335
Erfolgskonten 379
Erfolgskontrolle 333
Erfolgsplan 177, 243
Erfolgspotential 438, 440
Erfolgsrechnung, kalkulatorische 402
Erfüllungsort 63, 256
Erfüllungszeit 256
Ergebnis, außerordentliche 400
Ergebnisbudget 442
Ergebniskontrolle 182
Ergebnisrechnungen 375
Erlöse .... 284, 399, 420 f., 424
Eröffnungsbilanz 377

Ersatzinvestition 283, 284, 285, 286, 293
Ersatzlieferung 256
Ersatzwert 404, 410
Erträge 375, 380, 399, 400, 401
-, außerordentliche 381
-, betriebliche 381
-, betriebsfremde 381
-, innerbetriebliche 381
-, neutrale 380
-, periodenfremde 381
Ertragslage 386
Ertragsplan 177
Ertragssteigerung 171
Ertragswert 281
Ertragswirtschaftlichkeit 33
Erweiterungsinvestition 282, 283, 284, 285, 287, 288, 289, 293
Erwerbswirtschaftliches Prinzip 25
Erzeugnisse 196, 200
-, fertige 392
-, unfertige 392
Eurochecks 278
EVA-Prinzip 361
Exportkartelle 144

Factor 307
Factoring 307
Familienunternehmen 111, 113, 117
Fehlzeiten 440
Fehlzeitenquote 344, 432
Fertigerzeugnisse 195, 196
Fertigpackungsverordnung 247
Fertigteileläger 213
Fertigungs-Durchlaufzeiten 217
Fertigungsaufträge 232
Fertigungsbereich 49, 195, 216, 362, 413, 415
-, Durchführungsaufgaben 233
-, Kontrollaufgaben 236
-, Planungsaufgaben 217
Fertigungsbereichsdaten 364
Fertigungscontrolling 432
Fertigungskontrolle 236
Fertigungskosten 233, 419, 420
Fertigungslohn 410, 415, 416, 420
Fertigungslohnkosten 405
Fertigungsmaterialkosten 404
Fertigungsmaterial 415, 416, 420
Fertigungsplanung 218
Fertigungsprogramm 143, 200, 201, 218, 222, 225
-, Breite 223
-, Kundenaufträge 200
-, kurzfristiges 223
-, Lageraufträge 200
-, langfristiges 223
-, mittelfristiges 223
-, optimales 424

-, Tiefe 223
Fertigungssteuerung 49, 225, 235, 360
Fertigungsstrategie 189
Fertigungstermin 179, 201, 217
Fertigungsverfahren 224, 234, 281, 292
-, optimales 424
Fifo-Verfahren 397
Filialunternehmen 261
Finance-Leasing 310
Finanz- und Bilanzbudget 442
Finanz- und Rechnungswesen 434
Finanzanlage 375, 391
Finanzbereich 300
-, Kontrolle 314
-, Planung 296
Finanzbuchführung 372
Finanzcontrolling 432, 435
Finanzierung 50
-, aus Abschreibungsgegenwerten 312
-, aus Rückstellungsgegenwerten 314
-, aus sonstigen Kapitalfreisetzungen 314
-, aus Umsatzerlösen 312
-, mit Eigenkapital 295
-, mit Fremdkapital 295
-, mit unterschiedlicher Kapitalherkunft . 296
Finanzierungsplan 291
Finanzinvestition 292
Finanzkontrolle 314
Finanzlage 386
Finanzplan 177, 298, 299
Finanzstrategie 189
Firma 44, 66, 67, 90, 91, 125
-, gemischte 92, 116
Firmengrundsätze 91, 92
Firmenwert 391
Fließbandfertigung 234
Fluktuation 343
Fluktuationsrate 432
Forderung ... 314, 382, 390, 391, 392, 396, 397
Forderungskonto 377
Forfaitierung 307
Forschungsprojekt 127
Forschung und Entwicklung 217
Fortbildung 341
Franchising 311
Fremdbezug 424
Fremdfinanzierung .... 50, 295, 296, 302 ff.
Fremdkapital .... 50, 294, 295, 303 f., 314, 315
Fremdkapitalzinsen 315
Fremdlager 262
Frühwarnsystem 190, 216, 237, 267, 294, 344, 431, 439
Führung .... 54 ff., 155, 331
Führungsansätze 157
Führungsebene 55, 169
Führungsentscheidung 164, 169
Führungskraft .... 32, 331 ff.

Stichwortverzeichnis 569

Führungslehre 26
Führungskonzept 189, 199, 238
Führungsmittel 160
Führungsprozeß 351
Führungsqualität 332
Führungsstil 158, 159, 334
Führungsstrategie 189
Führungstechnik 156, 160
Führungstyp 332
Führungsverhalten 57, 332
Funktionalorganisation 45, 132, 432
Funktionendiagramm 136
Funktionsrabatt 255
Funktionssystem 135
Fusion 46, 89, 139, 146, 164
Fusionsbilanz 388

Garantieleistung 358
GdbR 114, 140
Gehalt 410
Gemeinkosten .... 405, 408, 408, 410, 413 f.
Gemeinschaftskontenrahmen (GKR) 374
Genossenschaft 66, 105, 124, 125, 163
Gesamtkapitalbedarf 298
Gesamtkapitalrentabilität 35, 171, 315
Gesamtkostenkurve 407
Gesamtkostenverfahren 398, 419
Gesamtprokura 68
Gesamtschuldner 110
Geschäftsbereich 133
Geschäftsbuchhaltung 403, 409
Geschäftseinheiten, strategische 190, 441
Geschäftsfähigkeit 62, 63, 89
-, beschränkte 62
Geschäftsführung 113, 114, 117, 122
Geschäftswert 390, 391
Gesellschaft, stille 113, 114
Gesellschafterversammlung 116, 117, 164
Gesellschaft des bürgerlichen Rechts
  s. GdbR
Gesellschaftsrecht 69
Gesellschaftsvertrag 109, 116, 118
Gewerbeertragsteuer 400
Gewerbefreiheit 87
Gewerbeordnung 74, 87, 330
Gewerbesteuer 79, 123, 124
Gewerkschaft 74, 148
Gewinn 285, 310, 312, 315, 384, 419
-, maximaler 181
Gewinn- und Verlustrechnung 53, 398, 441
Gewinnrücklagen 383, 391
Gewinnschuldverschreibung 394
Gewinnschwelle 424
Gläubiger 32, 100
-, bevorrechtigter 100
Gläubigerausschuß 104
Gläubigerversammlung 102

GmbH 115, 163
GmbH & Co KG 123
Gratifikation 339
Grenzplankostenrechnung 424
Grundhandelsgewerbe 66
Grundkapital 118
Grundkosten 404
Grundlohn 337, 338
Grundpfandrecht 308
Grundsätze ordnungsmäßiger
  Bilanzierung (GoB) 374, 389
Grundsätze ordnungsmäßiger
  Buchführung 372, 389
Grundsätze ordnungsmäßiger
  Inventur 373, 389
Grundschuld 304
Gründung 88, 94, 164, 297
-, Kosten der 91, 121, 122
Gründungsbericht 118
Gründungsbilanz 388
Gründungsinvestition 293
Gründungskosten 390
Gründungsvoraussetzung 89, 90, 91
Gruppe 169
-, formelle 169
-, informelle 155, 169
Gruppenauswahlverfahren 327
Gruppencontrolling 431
Gruppenentlohnung 337
Gruppenfertigung 234
Gruppenführung 57
Gruppengespräch 30, 352
Gruppenleitung 169
Gruppenmitglied 158, 169
Gruppenrolle 57
Güteprämie 338
Gut 27, 87
-, immaterielles 27
-, materielles 27

Haftung .... 110 ff., 122
Halbfabrikat 223
Handelsbilanz 386
Handelsbuch 65
Handelsgeschäft 65
Handelsgesellschaft 65
Handelsgewerbe 65
Handelskredit 304
Handelsrecht 65, 373, 387
Handelsregister 61, 66, 67, 92, 93, 105,
                          109, 112, 116, 119, 122
Handelsunternehmen 39, 90
Handelsvertreter 66, 258, 306
Handlungsbevollmächtigter 117, 165
Handlungsgehilfe 74
Handlungsreisender 69
Handlungsvollmacht 68

Hardware 52, 190, 366
Hauptabschlußübersicht 384
Hauptkostenstelle 413
Hauptversammlung 105, 121
Haushaltspanel 242
Herstellkosten 419
Herstellungskosten 375, 396, 400
Hifo-Verfahren 397
Hilfskostenstelle 413
Hilfslohn 410
Hilfsstoff 196, 358, 397
Hochregallager 214
Höchstbestand 204
Human-Recources-Ansatz 156
Humanisierung 127
Humanitätsprinzip 22
Human Relations-Bewegung 155
Hygienefaktor 157
Hypothek 304

Identität 374
Identitätskonzept 189
Illiquidität 36
Image 164, 171
Importkartell 144
Individualplanung 322
Individualziel 173
Indossament 279
Industrie- und Handelskammer 89, 92, 147
Industriekontenrahmen (IKR) 375
Industrieobligation 309, 310
Information ...... 55, 180, 221, 262, 333, 349 ff.
-, externe 29
-, interne 29
-, Personal 160
Informationsfluß 30
Informationsmanagement 30
Inhaberscheck 278
Innenfinanzierung 50, 189, 296, 311
Innovation 180, 189
Instanz 354
Interaktionsansatz 158
Interessengemeinschaft 46, 139, 140
Interview 137
Inventar 374, 378
Inventurbestand 203
Inventurmethode 210, 409
Inventur 211, 373, 378
Investition .... 50, 281 ff.
-, immaterielle 292
Investitionsentscheidung 164
-, dynamische 50
-, statische 50
Investitionsrechnung 179, 282, 286, 402
ISDN-Dienst 367
Ist-Analyse 137
Ist-Aufnahme 137

Ist-Fertigungsmaterial 416
Ist-Gemeinkostenzuschlag 414
Ist-Materialgemeinkostenzuschlag 416
Ist-Verwaltungsgemeinkosten 416
Istbeschäftigung 422, 423
Istkostenrechnung 422

Jahresabschluß 108, 164, 386
Jahresbilanz 117
Jahresfehlbetrag 391, 400, 401
Jahresüberschuß 116, 383, 391, 400, 401
Job sharing 343
Job enlargement 330
Job enrichment 330
Job rotation 330
Joint Venture 146

Kalkulation 179, 417
Kalkulationszinsfuß 287, 290
Kannkaufleute 66
Kapazität .... 179, 222, 233 ff., 405 ff.
Kapital 275, 386
-, abstraktes .... 275, 294 ff., 401, 412
-, gezeichnetes 93, 315, 391
Kapitalbedarfsrechnung 297, 298
Kapitalbeschaffung 275
Kapitalbindung 204, 217
Kapitalbindungsdauer 298
Kapitaldeckung 291
Kapitaleinlage 112
Kapitaleinsatz 284
Kapitalerhaltung 411
Kapitalerhöhung 119, 437
-, bedingte 310
Kapitalflußrechnung 316
Kapitalfreisetzungseffekt 313
Kapitalgeber 103
Kapitalgesellschaft 41, 66, 93, 105,
120, 124, 146
Kapitalkosten 300, 301, 304, 306, 307
Kapitalmarkt 118, 121
Kapitalbeschaffungskosten 390
Kapitalrücklage 391
Kapitalwert 287, 288, 290
Kartellabsprache 140
Kartell 46, 71, 140
Kaufmannseigenschaft 66, 93, 108
Kennzahlenanalyse 216, 236, 267, 293,
314, 344
Kifo-Verfahren 397
Kleinserienfertigung 234
Kollegialorganisation 163
Kollegialsystem 131, 435
Kollektivarbeitsrecht 74
Kollektivplanung 323
Kommanditgesellschaft 111
Kommanditgesellschaft auf Aktien 122

Stichwortverzeichnis 571

Kommanditist 111, 112
Kommissionär 258
Kommunikation 180, 333, 351
Kommunikationspolitik 50, 262
Komplementär 111, 122, 123, 163
Konferenz 137, 161, 333
Konferenzmethode 341
Kongruenzprinzip 131
Konkurs 47, 101
Konkursabwicklung 101
Konkursausfallgeld 78
Konkursbilanz 389
Konkurseröffnung 101
Konkursgericht 104
Konkursmasse 102, 103
Konkursquote 102, 103
Konkursverwalter 102
Konsortium 139, 141
Konto 374
Kontenrahmen 374
Kontokorrentkredit 305
Kontrahierungspolitik 49, 252
Kontrolle 179, 181, 431, 439
Konzernbilanz 388
Konzern 46, 139, 144, 145
Konzession 391
Kooperation 98, 139, 181, 198
Kooperationskartell 143
Körperschaftsteuer ... 79, 124, 312, 387, 400
Kosten 284, 404-406, 420, 424
-, fixe 254, 282, 405, 406, 424
-, progressive 406
-, proportionale 406
-, variable 254, 282, 406, 423
-, kalkulatorische 411
Kostenart 375, 415
Kostenartenplan 408
Kostenartenrechnung 408, 423, 424
Kostenbudget 442
Kostenkurve 408
Kostenplan 177, 243, 323
Kostenrechnung 53, 190, 402
Kostenrechnungssystem 421
Kostensenkung 171, 437
Kostenstelle 375, 415
Kostenstellenrechnung 413, 423, 424
Kostenstellenstammdatei 365
Kostenstruktur 440
Kostenträger 403, 404, 423
Kostenträgerblatt 419, 420
Kostenträgerrechnung 417, 423, 424
Kostenträgerstückrechnung 417
Kostenträgerzeitrechnung 419
Kostentragfähigkeitsprinzip 417
Kostenverursachungsprinzip 417
Kosten- und Leistungsrechnung 363, 375
Kostenvergleichsrechnung 282

Kreditaufnahme 113
Kreditpolitik 257
Kreditwürdigkeitsprüfung 303
Kundendienst 251, 358
Kundenkredit 305
Kündigung 59, 60, 76, 321, 343, 344
Kündigungsschutz 74
Kündigungstermin 344
Kuppelkalkulation 419

Lagebericht 164, 401
Lagerbestand 203, 440
-, durchschnittlicher 216, 432
Lagerbuchhaltung 211, 374
Lagerdauer 216, 432
Lagerentnahme 410
Lagerhaltungskosten 209
Lagerkartei 178
Lärm 329
Leasing 257, 310
Leerkosten 406
Leiharbeitskraft 399
Leistung 155, 329
Leistungsbereich 28, 48, 195
Leistungsbereitschaft 329, 330
Leistungserstellung 25, 217, 358, 371, 381
Leistungsort 63
Leistungspflicht 64
Leistungsstörung 63, 64
Leistungsverrechnung, innerbetriebliche . 416
Leistungsverwertung 25, 195, 327, 358, 371, 381
Leistungszeit 64
Leistungszulage 337
Leitung 25, 161
Leitungsorganisation 164
Lieferant 365
Lieferantenkartei 212
Lieferantenkredit 257, 304
Lieferantenrechnung 213
Lieferbereitschaft 199
Lieferbereitschaftsgrad 205
Lieferfrist 231, 292, 440
Liefertermin 212
Lifo-Verfahren 397
Linienstelle 131
Liniensystem 134
Liquidation .... 47, 104 f.
Liquidationsbilanz .... 104 f., 389
Liquidationserlös 104, 116, 119
Liquidationsproblem 101
Liquidierbarkeit 388
Liquidität .... 35, 171, 188, 189, 280, 297, 311 ff., 432
-, absolute 35
-, dynamische 35
-, relative 35

-, statische 35
Liquiditätsbilanz 388
Lizenzvertrag 70
Lizenz 248, 391
Logistik 189
Lohmann-Ruchti-Effekt 313
Lohnabrechnung 179
Lohnbuchhaltung 410
Lohnform 337
Lohnkosten 440
Lohnzettel 179
Lombardkredit 306
Losgröße 209
Lower Management 172, 431

Mahnwesen 357, 363
Managementlehre 26, 155
Management by-Ansätze 156
Management by Delegation 160
Management by Exception 160
Management by Objectives 160
Markenartikel 70
Markenrechtsreformgesetz 70
Marketing 217, 237
Marketing-Audit 267
Marketing-Logistik 262
Marketing-Maßnahmenplan 244
Marketing-Mix 188, 244, 267
Marketingbereich 49, 195, 362
Marketingcontrolling 432, 435
Marketingkommunikation 262
Marketingkontrolle 267
Marketingkosten 245
Marketingplan 177, 239, 243
Marketingprogramm 441
Marketingstrategie 189
Marktanalyse 240
Marktanteil 239, 428
Marktbeherrschung 121, 140, 145
Marktbeobachtung 240
Marktdurchdringung 189
Marktforschung 49, 239
Marktwirtschaft 21, 25
Marx-Engels-Effekt 313
Massekosten 103
Massenfertigung 235
Masseschulden 103
Materialabgang 214
Materialannahme 201
Materialaufwand 399
Materialbedarf .... 48, 199 ff.
Materialbereich 48, 195, 196, 210, 362, 413
Materialbeschaffung 48
Materialbestand 48, 203, 210
Materialcontrolling 432, 435
Materialdisposition 359
Materialeingang 212

Materialeinzelkosten 419
Materialentnahmeschein 223, 235
Materialentsorgung 48, 214
Materialgemeinkosten 416, 419, 420
Materialkosten 197, 409
Materiallagerung 48, 212, 213
Materialnummerung 199
Materialproduktivität 34
Materialstandardisierung 197
Materialwirtschaftsplan 177
Matrixorganisation 45, 133, 355
Maximalprinzip 22
Meldebestand 204
Menge, kritische 283, 284
Mengenerfassung 210
Mengenleistungsprämie 338
Mengenprüfung 212
Methode, retrograde 210, 409
Middle Management 172, 431
Minderbestand 416, 420
Minderkaufleute 67, 90
Minderleistung 337
Minderung 256
Mindestbestand 203
Mindestlohn 337
Minimalprinzip 22
Mitbestimmung 25, 157
Mittelwert 281
Mittelwert-Verfahren 202
Modularprogramm 361
Modul 361
Monatsbudget 442
Monatslohn 337
Monopolisten 254
Motivationsansatz 156
Motivation 181
Multimomentaufnahme 137
Mußkaufleute 66
Muttergesellschaft 145

Nachfrage 252
Nachfragemonopol 253
Nachfrageoligopol 253
Nachschußpflicht 116, 125
Nennbetrag 393, 398
Nennwert 309
Nettoinvestition 293
Nettoverkaufspreis 424
Netzwerk 363
Neuinvestition 313
Niederstwertprinzip 397
Niedrigpreis 248
Nominalkapital 115
Normal-Fertigungsgemeinkosten ... 416
Normal-Gemeinkosten 414
Normal-Gemeinkostenzuschlagssätze ... 414
Normal-Herstellkosten 416

Stichwortverzeichnis 573

Normal-Vertriebsgemeinkosten 416
Normal-Verwaltungsgemeinkosten 416
Nummernschlüssel, klassifizierender 221
Nutzenschwelle 407
Nutzkosten 406
Nutzungsdauer 285, 286, 411
Nutzungsjahr 287
Nutzungsperiode 313
Nutzungsprämie 338
Nutzwertanalyse 186
Nutzwertrechnungen 50, 281

Obligation 392
Offene Handelsgesellschaft (OHG) 109
Öffentlichkeitsarbeit 266
Ökonomische Ziele 171
Oligopol 248, 254
Operate-Leasing 310
Operations Research 364, 372
Optionsanleihe 310, 394
Orderscheck 278
Organigramm 135
Organisation 25, 127, 364
Organisationsarbeit 364
Organisationsentwicklung 87, 95
Organisationsform 135, 164
Organisationskonzept 189
Organisationsplan 135
Organisationsrichtlinie 138
Organisationsschaubild 135
Organisationsstuktur 132
Organisationssystem 164
Organisationsrichtlinie 353
Organmitglied 401
Orgware 52, 190, 364
Outplacement 343

Panel 242
Patent 70, 391
Pauschalwertberichtigung 397
Pay-Off-Rechnung 285
Penetrationspreis 254
Pensionsrückstellung 314, 390, 394
Personalabbau 342, 343
Personalabteilung 321, 355
Personalakte 179, 324
Personalanpassung 342, 343
Personalaufwand 399
Personalauswahl 327
Personalbedarf 321, 323
Personalberater 325
Personalbeschaffung 51, 324
Personalbestand 323
Personalbetreuung 52, 335
Personalbeurteilung 161
Personalbudget 442
Personalcomputer 357, 360, 362, 366

Personalcontrolling 51, 432, 435
Personaldatei 179, 363
Personaldatenbank 179
Personaleinsatz 52, 328
Personalentlohnung 52, 335
Personalentwicklung 52, 325, 339
Personalfragebogen 321, 326
Personalführung 51, 157, 160, 331, 352
Personalinformation 160
Personalkommunikation 161
Personalkosten 189, 323, 410
Personalleasing 325
Personalnebenkosten 323
Personalorganisation 51
Personalplan 177, 243
Personalplanung 51, 76, 363
-, qualitative 323
-, quantitative 323
Personalpolitik 51
Personalsicherheit 303
Personalstammdatei 365
Personalstatistik 179, 324
Personalstrategie 189
Personaltraining 179
Personalverwaltung 52, 324, 363
Personalvorauswahl 326
Personalzusatzkosten 339
Personen, juristische .... 66, 117 ff.
Personenfirma 92, 109, 112, 116
Personengesellschaften 41, 92, 93, 105,
                                                  109, 123, 124
Persönlichkeitstest 327
Pfandbrief 392
Pfandrecht 303
Pflegeversicherung 77
Phasenanalyse 129
Pittsburg-Studie 156
Planbudget 174
Plankosten 422, 424
Plankostenrechnung, flexible 422
Planspiel 341
Planung 25, 174, 431, 437, 439
-, der Produktionsfaktoren 225
-, im Fertigungsbereich 217
-, im Finanzbereich 296
-, im Informationsbereich 349
-, im Marketingbereich 239
-, im Materialbereich 199
-, im Personalbereich 322
-, operative 177
-, strategische 54, 175, 177, 431, 438
-, taktische 177
-, von Investitionen 280
Planungsaufgabe 359
Planungsebene 436
Planungsphase 436
Planungsrechnung 53, 371, 441

Planungsträger 436
Planwert 436
Plotter 366
Polypol 248, 253
Portfolio-Strategie 190
Postanweisung 276
Postgiroamt 278
Prämie 266, 338
Prämienlohn 338
Preisabweichung 422
Preisbildung 253
Preisdifferenz 410
Preisdifferenzierung 255
Preisgestaltung -, psychologische 255
Preisliste 266
Preisnachlaß 399
Preispolitik 252
Preisschwankung 410
Preissenkung 437
Preistheorie 253
Preisuntergrenze 254, 424
Primärbedarf 200
Primärforschung 241
Prinzip, Ökonomisches 22
Privatvermögen 110, 112, 114, 121, 122
Product Placement 262
Produktdifferenzierung 248
Produktdiversifikation 248
Produkteinführung(sphase) 247, 249, 254
Produktelimination 250
Produktentwicklung 189, 249
Produktgestaltung 249
Produktidee 249
Produktimage 440
Produktinnovation 248
Produktinnovationsphase 249
Produktinnovationsprozeß 218
Produktionsbudget 442
Produktionscontrolling 435
Produktionsfaktoren 24, 25, 225
-, dispositive 25
-, elementare 24
-, Kombination 25
Produktionsplan 177, 243
Produktionsprogramm 200
Produktionsstrategie 188
Produktivität 34, 93, 364, 432, 440
Produktlebenszyklus 247, 254
Produktname 249
Produktpolitik 49, 246
Produktprogrammanalyse 250
Produktprüfung 249
Produktqualität 189, 254
Produktvariation 249
Produzentenhaftung 246
Profit center 133
Prognose 174, 300

Programmablaufplan 138
Programmierung 359, 360, 363
Programmorganisation 363
Programmplanung 49, 222
Programmpolitik 250
Programmvorgabe 363
Projektdurchführung 127
Projektgruppe 128, 131
Projektkontrolle 128
Projektorganisation 45
Projektplanung 127
Projektprozeß 127
Prokurist 67, 93, 113, 117, 165
Promotionspreis 254
Provision 259, 266, 302
Prozeß, finanzwirtschaftlicher 28, 195, 358
-, güterwirtschaftlicher 27, 358
-, informationeller 29
-, leistungswirtschaftlicher 195
-, materialwirtschaftlicher 214
Prozeßgliederungsprinzip 375
Prozeßkosten 380
Prozeßplanung 49, 225
Prüfanweisung 223, 235
Prüfungsanforderung 340
Prüfungsordnung 340
Prüfungszeugnis 340
Public Relations 266

Qualität 236
Qualitätskontrolle 231, 236
Qualitätsprüfbericht 213
Qualitätsprüfung 213
Qualitätsverbesserung 171
Qualitätszirkel 30, 352

Rabatt 252, 255, 410
Rabattgesetz 71, 263
Rabattkartell 143
Rabattpolitik 255
Rack Jobber 261
Ranganalyse 129
Rangfolgeverfahren 336
Rangreihenverfahren 336
Rationalisierung 295, 314, 325, 342
Rationalisierungsinvestition 293
Rationalprinzip 174
Realsicherheit 303
Rechnungsabgrenzungsposten 391, 394
-, aktiver 390
Rechnungslegung 372
Rechnungsperiode 419
Rechnungsprüfung 213
Rechnungswesen 53
Recht, bürgerliches 58
Rechtsfähigkeit 63
Rechtsform 41, 44, 106, 388

Stichwortverzeichnis

Rechtsformwechsel 89
Rechtsgeschäft 59
Rechtsschutz 70
-, gewerblicher 70
Rechtsstreitigkeit 78
Recycling 39, 215
REFA-Zeit 226
Referenz 326
Refinanzierung 306
Regelkreis 437
Reifephase 248
Reihenfertigung 234
Reinvestition 293
Reisender 258
Reklamation 179
Reklamationsrate 440
Rektascheck 278
Rentabilität 35, 280, 284, 297, 432
Rentabilitätskennziffer 440
Rentabilitätsvergleich 285
Rentabilitätsvergleichsrechnung 284
Rentabiliätsziel 171
Rentenversicherung 411
Reproduktionswert 281
Ressortkollegialität 163
Risiko 186, 357, 372
Rohstoff 196, 358, 397, 404
Rücklage 390
-, gesetzliche 393
Rückstellung 314, 375, 384, 390, 391,
                                                                   394, 398
Rüsterholungszeit 230
Rüstgrundzeit 230
Rüstkosten 217
Rüstverteilzeit 230

S-O-R-Konzept 156
Sachanlage 294, 375, 391
Sachenrecht 58
Sachfirma 92, 116, 119, 125
Sachgut 216, 294
Sachinvestition 292
Sachwertbezug 399
Sales Promotion 266
Sanierung 47, 99
Sanierungsbilanz 388
Sanierungsmaßnahme 388
Sättigungsphase 248
Satzung .... 119 ff.
SB-Warenhaus 261
Scanner 366
Scheck 276, 279, 391
Scheck-Wechsel-Verfahren 306
Schlußbilanz 379, 384, 390
Schulden 373, 376, 393
Schuldrecht 58
Schuldschein 309

Schuldverschreibung 394
Schutzrecht 69, 391
Scientific Management 155
Sekundärbedarf 200
Sekundärforschung 241
Selbstbedienung 261
Selbstfinanzierung 295
-, aus zurückbehaltenen Gewinnen 312
-, offene 312
-, stille 312
Selbstkosten 411, 417, 418, 419, 421
Serienfertigung 234, 418
Sicherheitsbedürfnis 157
Sicherheitsbestand 203
Sicherheitsvorschrift 353
Sicherungsabtretung 304
Sicherungsinvestition 293
Sicherungsübereignung 303
Situationsanalyse 185
Situationsansatz 158
Skonto 256, 410
Skontrationsmethode 210
Software 52, 190, 360
Soll-Ist-Vergleich 179
Sollkaufleute 66
Sollkosten 422
Sonderbilanz 388
Sondereinzelkosten 405, 406
-, Fertigung 405, 419, 420
-, Vertrieb 405, 419, 420, 421
Sondervergütung 339
Sortenfertigung 235
Sortiment 250
Sortimentsgroßhandlung 261
Sozialinvestition 292
Sozialkosten 410, 411
Sozialleistung 324, 335
Sozialmaßnahme 335
Spartenorganisation 45, 133, 432
Spezialisierungskartell 143
Speziallager 213
Sponsoring 263
Stabliniensystem 135
Stabsabteilung 433
Stabscontrolling 432, 433
Stabsstelle 131, 433
Stammeinlage 116
Stammkapital 115
Standardisierung 198
Standardprogramm 362
Standort 40, 44, 90, 188, 262
Stapelverarbeitung 356
Statistik 53, 179, 363, 371
Statusbilanz 387
Stelle 131
Stellenanforderung 135
Stellenanzeige 325

Stellenausschreibung 321
-, innerbetriebliche 325
Stellenbeschreibung 135
Stellenbesetzungsplan 135
Stellvertreter 135
Stellvertreterregelungen 135
Steuerbilanz 387
Steuern 179, 295, 400, 401
-, direkte 79
-, indirekte 79
Steuersystem 40
Steuerung 180, 294, 371, 431, 437, 438
-, im Fertigungsbereich 237
-, im Marketingbereich 267
-, im Materialbereich 216
-, im Personalbereich 344
-, im Finanzbereich 316
Steuerrückstellung 394
Steuerungsmaßnahme 181, 441, 442
Stichprobenkontrolle 237
Stichprobe 241
Stichtagsinventur 211, 374
Strategie 176, 184
Strategieentscheidung 187
Strategieentwurf 186, 438
Strategien, preispolitische 254
Streik 75, 181
Struktogramm 138
Strukturablaufdiagramm 138
Strukturierungsstrategie 188
Strukturstückliste 219
Stückakkord 338
Stückliste 200, 219
Stufenwertverfahren 336
Stundenlohn 337
Substanzwert 281
Suggestivwerbung 264
Summenbilanz 384
Syndikat 143
Systemanalyse 136
Systemansatz 26

Tageswert 211, 404, 410
Tarifvertrag 335, 336
Tarifvertragsbestimmung 321, 328
Teilkostenrechnung 423
Teilplan 436
Teilschuldverschreibung 309
Teilwert 397
Teilzahlungskredit 257
Teilzeitstelle 342
Tensororganisation .... 45´, 134
Terminal 235, 357, 366
Terminkarte 223, 235
Terminüberwachung 178
Textverarbeitungsprogramm 366
Tilgung 308, 309

Top down-Planung 436
Top Management 163, 172, 431
Transportkosten 40, 217
Transportmittel 262
Transportweg 224, 262
Transportzeit 233
Typung 143

Überordnungsverhältnis 354
Überschuldungsbilanz 388
Überschuldung 389
Überstunde 325
Überwachung 43
Überweisung 278
Überweisungsverkehr 278
Umbuchungsbilanz 384
Umlaufintensität 294
Umlaufkapitalbedarf 298
Umlaufvermögen 294, 298, 315, 375
Umsatz 294, 315, 387
Umsatzbudget 442
Umsatzerlös 120, 381, 382, 399, 400
Umsatzfunktion 407
Umsatzkostenverfahren 400, 420
Umsatzkurve 408
Umsatzprämie 338
Umsatzprovision 400
Umsatzrentabilität 35, 171, 315, 432
Umschlagshäufigkeit 216, 432
Umschulung 342
Umtauschrecht, Aktien 310
Umwandlungsbilanz 388
Umwelt 329, 440
Umweltanalyse 185
Umweltbelastung 215
Umweltschutz 72
Unfallverhütung(svorschriften) 74, 236
Unternehmen 21, 36, 87, 95
-, anlageintensive 39
-, arbeitsintensive 38
-, materialintensive 39
-, öffentliche 37
-, private 37
-, verbundene 394, 400
Unternehmensanalyse 185
Unternehmensauflösung 108
Unternehmensbereich 350
Unternehmenscontrolling 431
Unternehmensforschung 364, 372
Unternehmensführung 55
Unternehmensgestaltung 55
Unternehmensgröße 372
Unternehmensidentität 164, 186
Unternehmenskonzentration 98
Unternehmenskrise 36, 47, 98
Unternehmenskultur 186
Unternehmensleitbild 186

Stichwortverzeichnis

Unternehmensleitung 55, 131, 163, 178,
349, 355, 372, 433, 442
Unternehmensphilosophie 164
Unternehmensplanung 55
Unternehmenspolitik 157
Unternehmenszusammenschluß 138
Unternehmer 163
Unternehmerlohn, kalkulatorischer 412
Urlaub 339, 343

Verbindlichkeit 35, 375, 390, 391, 394, 398
-, kurzfristige 36, 315
-, ungewisse 390
Verbotsprinzip 142
Verbraucherpromotion 266
Verbrauchsteuer 79
Verbrauchsabweichung 422
Verbrauchsbewertung 397
Verbrauchsmenge 409
Verbundschlüssel 221
Vergleich 47, 100, 104, 101
-, außergerichtlicher 100
Vergleichsbilanz 389
Vergütung 60
Verhaltensansatz 158
Verhaltensstrategie 188
Verkäufermarkt 237
Verkäufermotivation 266
Verkäuferschulung 266
Verkauf 238
Verkaufserlös 407
Verkaufsförderung 266, 358
Verkaufsprogramm .... 197, 250 ff.
Verkaufspromotion 266
Verkaufsstelle 259
Verkehrsunternehmen 39
Verlust 384, 419
-, drohender 390
Verlustschwelle 248
Verlustvortrag 391
Verlustzone 407
Vermögen 373, 386, 393
Vermögensgegenstände,
immaterielle 375, 391
Vermögensseite 294
Verpackung 265, 249, 410
Verpfändung 306
Verrechnungsscheck 278
Versandhandel 261
Versandkosten 256
Versandpapier 179
Verschmelzung 146
Verschuldungskoeffizient 315, 432
Versetzung 321, 324, 325, 343
Versicherung 259, 410
Versicherungsprämie 405
Vertragshändler 259

Vertretung .... 113 ff.
Vertrieb 238
Vertriebsbereich 413, 415
Vertriebsbindung 258
Vertriebsgemeinkosten 419, 420, 421
Vertriebskostenplan 245
Vertriebskosten 245, 400
Vertriebsplandatei 364
Vertriebswagnis 412
Verwaltung 359
Verwaltungsbereich 413, 415
Verwaltungsgemeinkosten 416, 419, 420, 421
Verwaltungskosten 400
Vollkaufmann 90, 373
Vollkosten 424
Vollmacht 67
Vorgabezeit 224, 330, 338
Vorgesetzter 321, 353
Vorrat 196, 197
Vorratsaktie 401
Vorratsbeschaffung 208
Vorratsvermögen 396, 397
Vorschlagswesen 352
Vorschuß 393, 401
Vorstand 120, 126, 163
Vorstellungsgespräch 327

Wachstumsphase 248
Wagnis, kalkulatorisches 412
Wandelobligation 394
Wandelschuldverschreibung 310
Wandlung 256
Warenbegleitpapier 212
Warenhaus 261
Warenzeichen 70
Wechsel 179, 276, 279, 394
-, gezogener 278
Wechselverkehr 278
Weisung 180, 321, 343, 353
Weisungsbefugnis 432
-, begrenzte 355
-, volle 353
Weiterbildung 147, 339, 341
Werbebudget 265
Werbeerfolg 267
Werbeerfolgskontrolle 265
Werbegrundsatz 263
Werbeinhalt 264
Werbemittel 242, 265
Werbeobjekt 264
Werbeprämie 263
Werbesubjekt 264
Werbezeitschrift 266
Werbeziel 264
Werbung 71, 181, 240, 358
-, Arten 264
-, herabsetzende 263

-, irreführende 263
-, vergleichende 263
Werkstattfertigung 234
Werkstattsteuerung 362
Werkstoff 195, 196, 225
Werkstoffläger 213
Wertanalyse 198
Wertansatz 404
Wertberichtigung 384, 397
Wertbrief 276
Wertewandel 187
Wertminderung 396
Wertpapier 391, 392, 398, 399, 400, 401
-, festverzinsliches 292
Wertveränderung 371
Wertverzehr 396
Wettbewerb 140, 253
Wettbewerbsschutz 70
Wettbewerbsverbot 111
Widerspruchskartelle 142
Wiederbeschaffungswert 211, 313, 410
Willenserklärung 59-61, 344
Wirtschaftlichkeit . 25, 33, 188, 199, 263, 357,
                                          359, 364, 374, 432
Wirtschaftsgut 390
Wirtschaftsrecht 58

Zahlkarte 277
Zahlungsanweisung 277
Zahlungsart 358
Zahlungsbedingungen 256
Zahlungsbilanz 440
Zahlungsfähigkeit 363
Zahlungsfrist 256
Zahlungsmittel 276, 2990
Zahlungsmittelbestand 315

Zahlungsschwierigkeit 98
Zahlungsstrom 286, 297
Zahlungsunfähigkeit 98, 101
Zahlungsverkehr 51, 276, 277
Zahlungsweise 256
Zeitakkord 338
Zeitlohn 337, 338
Zero Bond 310
Zession 303
Zeugnis, einfaches 326
-, qualifiziertes 326
Zielbeziehung 172
Ziel .... 171 ff., 322
-, soziales 171
Zieleinkaufspreis 410
Zielgruppe 266
Zielsetzung 171, 437
Zielsystem 172
Zinsanspruch 393
Zinsen 399, 400, 401
-, kalkulatorische 412
Zinsfuß, interner 289
Zinsfuß-Methode, interne 288
Zinssatz 412
Zulieferteil 196, 358
Zusammenschluß 138, 139
Zusatzkosten 404
Zuschlag 339
Zuschlagskalkulation 418
Zuschuß 411
Zustellgroßhandlung 261
Zwangsauflösung 103
Zwangsvergleich 47, 103
Zweckaufwendungen 380, 404
Zweckbeziehungsanalyse 129
Zwei-Faktoren-Ansatz 156